ABRAHAM IN MAMRE

CULTURE AND HISTORY OF
THE ANCIENT NEAR EAST

EDITED BY

B. HALPERN, M. H. E. WEIPPERT

TH. P.J. VAN DEN HOUT, I. WINTER

VOLUME 17

ABRAHAM IN MAMRE

Historische und exegetische Studien zur Region von Hebron und zu Genesis 11,27-19,38

BY

DETLEF JERICKE

BRILL

LEIDEN · BOSTON

2003

This book is printed on acid-free paper.

Library of Congress Cataloging-in-Publication Data

Jericke, Detlef.
  Abraham in Mamre : historische und exegetische Studien zur Region von Hebron und zu Genesis 11,27-19,38 / by Detlef Jericke.
    p. cm. -- (Culture and history of the ancient Near East ; v. 17)
  Includes bibliographical references (p.) and index.
  ISBN 90-04-12939-1
  1. Abraham (Biblical patriarch) 2. Bible. O.T. Genesis XI, 27-IXX, 38--Criticism, interpretation, etc. 3. Bible. O.T. Genesis XI, 27-IXX, 38--Geography. 4. Hebron Region--Historical geography. I. Title. II. Series.

BS580.A3J47 2002
222'.11067--dc21

2002033034

ISSN   1566-2055
ISBN   90 04 12939 1

PRINTED IN THE NETHERLANDS

INHALT

VORWORT

Die vorliegende Studie wurde ermöglicht durch ein mehrjähriges Stipendium der Deutschen Forschungsgemeinschaft. Dafür danke ich sehr herzlich. Dem Kollegium der Herausgeberinnen und Herausgeber der Reihe *Culture and History of the Ancient Near East*, namentlich Herrn Prof. Dr. Manfred Weippert, danke ich für die Bereitschaft, die Arbeit in die genannte Reihe aufzunehmen. Ebenso danke ich Frau Patricia Radder vom Verlagshaus Brill für die erfreuliche Zusammenarbeit.

Aufgrund meiner Arbeit an dem Forschungsprojekt *Handbuch der Topographie des Alten Testaments* am Biblisch-Archäologischen Institut der Universität Tübingen hatte ich die technischen und organisatorischen Möglichkeiten, das druckfertige Manuskript in relativ kurzer Zeit anzufertigen. Dem Projektleiter Herrn Prof. Dr. Siegfried Mittmann danke ich deshalb für sein freundliches Entgegenkommen.

Die archäologisch ausgerichteten Kapitel der Arbeit wären ohne die bereitwillige Unterstützung von Kolleginnen und Kollegen in Jerusalem nicht zustande gekommen. Stellvertretend seien Arieh Rochman von den *Israel Antiquities Authoritiy* und Avi Ofer von der Tel Aviv University genannt.

Das Manuskript war im wesentlichen im Mai 1999 abgeschlossen. Die seither erschienene Fachliteratur konnte lediglich in Auswahl berücksichtigt werden.

Einige Abschnitte des Manuskripts konnte ich im Doktorandenseminar der Theologischen Fakultäten der Universität Mainz und in der Alttestamentlichen Sozietät der Universität Heidelberg vortragen. Für kritische und konstruktive Hinweise aus dem Kreis der Teilnehmerinnen und Teilnehmer war ich sehr dankbar. Besonders erwähnen möchte ich die freundschaftlich-kritische Begleitung, die ich während der Erstellung des Manuskripts durch die Kollegen Prof. Dr. Jan Christian Gertz, Mainz, und Prof. Dr. Manfred Oeming, Heidelberg, sowie durch die Berliner Kollegen Prof. Dr. Peter Welten und Prof. Dr. Rüdiger Liwak erfuhr.

Tübingen, im Januar 2003   Detlef Jericke

KAPITEL EINS

FRAGESTELLUNG UND METHODE

1. *Die Traditionen zu Mamre*

1.1 *Lokaltraditionen*

Seit dem 4. Jahrhundert, als die ersten christlichen Pilger Palästina bereisten, wird etwa vier Kilometer nördlich von Hebron (*Abb. 2* und *Abb. 3*) eine ummauerte Ruinenstätte gezeigt, die arabisch *Rāmet el-Ḥalīl* heißt. Bereits den frühen Reisenden galt dieser Platz als der des alttestamentlichen Mamre[1]. Die modernen Ausgrabungen des 20. Jahrhunderts scheinen diese Lokaltradition zu bestätigen[2]. Der heutige Besucher bzw. die Besucherin sieht sich mit archäologischen Resten konfrontiert[3], die aus der mittelalterlich-islamischen (8.–15. Jh. n.Chr.) und aus der frühkirchlichen (4.–7. Jh. n.Chr.) Epoche, teilweise noch aus der Zeit des Herodes (gestorben 4 v.Chr.) stammen. Eine dauerhafte Siedlung bestand offensichtlich nie. Herodes ließ eine Umfassungsmauer anlegen, die in ähnlicher Weise konstruiert ist wie diejenige um den Platz der Patriarchengräber in Hebron oder wie die Substruktionen des Tempelplatzes in Jerusalem. In byzantinischer Zeit stand in *Rāmet el-Ḥalīl* eine Basilika und möglicherweise ein Kloster. Aus islamischer Zeit wurden einige Gebäudereste freigelegt, deren Funktion noch nicht genauer untersucht ist. Die entsprechende Lokaltradition hat sich im arabischen Ortsnamen erhalten. Die Bezeichnung *Rāmet el-Ḥalīl* „Anhöhe des Freundes", d.h. des Freundes Gottes, bezieht sich auf Abraham, den Gott in Menschengestalt besucht, und zwar eben in Mamre (Gen 18,1–16)[4].

---

[1] Zu den Pilgerberichten s. u. Seite 36–39.

[2] Zum Befund s. u. Seite 30–48.

[3] Am 20. September 1984 konnte ich den Platz im Rahmen des Lehrkurses des Deutschen Evangelischen Instituts für Altertumswissenschaft des Heiligen Landes besichtigen.

[4] Gleiches gilt für den traditionellen arabischen Namen Hebrons (*el-Ḥalīl*) und für die Bezeichnung der Patriarchengräber in Hebron (*Ḥaram el-Ḥalīl*); vgl. MADER 1957, I 19; zur umfangreichen Bezeugung Abrahams im Koran s. MARTIN-ACHARD

Auf der einen Seite löst der bislang bekannte archäologische Befund Verwunderung aus darüber, dass ältere Relikte, die in die alttestamentliche Zeit weisen, fehlen. Auf der anderen Seite deutet ebendieser Befund darauf hin, dass Mamre für Juden, Christen und Muslime von solcher Bedeutung war und ist, dass die Tradition der Ortslage über Jahrhunderte hinweg gepflegt wurde. Aus keinem anderen Grund hielt man sich in *Rāmet el-Ḥalīl* auf als zur Pflege des Gedächtnisses an die Erzählungen, die mit Mamre verknüpft sind.

Etwa zwei Kilometer südwestlich von *Rāmet el-Ḥalīl* befindet sich mit *Ḥirbet es-Sibte* ein weiterer Platz, der mit Mamre in Verbindung gebracht wird (*Abb. 2* und *Abb. 3*). Im 19. Jahrhundert wurde hier eine freistehende „Eiche Abrahams" gezeigt[5]. Seit einigen Jahrzehnten hat sich die russische Kirche der Pflege dieser Stätte angenommen. Insbesondere wurde der Baum eingezäunt, um ihn vor den Zugriffen der modernen Pilger zu schützen.

Konkurrierende Lokaltraditionen zu biblischen Stätten sind häufig anzutreffen. Nicht zuletzt zeigen sie an, wie schwierig es ist, die entsprechende Ortstradition bis in biblische Zeit, v.a. auch bis in alttestamentliche Zeit, zurückzuverfolgen. Auf der anderen Seite deuten die unterschiedlichen Traditionen an, mit welchem Eifer das Gedächtnis der Mamre-Erzählungen bis in jüngste Zeit gepflegt wird. Ohne sichtbare Erinnerungsstätte, so scheint es, droht die Relevanz der überlieferten Texte zu schwinden. Dies gilt auch im Falle von Mamre, obwohl der Ort vergleichsweise selten genannt wird. Die acht Belegstellen beschränken sich auf das Buch Genesis (Gen 13,18; 18,1; 23,17.19; 25,9; 35,27; 49,30; 50,13). Traditionsbildend war im Grunde nur ein Text: Gen 18,1–16. Bei den „großen Bäumen Mamre"[6] בְּאֵלֹנֵי מַמְרֵא empfangen und bewirten Sara und Abraham drei

---

1969, 161–175; BASSET 1997. Sure 51, 24–37 bietet Gen 18 in freier Nacherzählung (MARTIN-ACHARD 1969, 162f). Der Titel „Freund Gottes" für Abraham basiert auf biblischer Überlieferung (Jes 41,8; 2Chr 20,7); zur jüdischen Tradition vgl. KEEL/KÜCHLER 1982, 701–705; LOADER 1990; KAESTLI 1997; zu der Abrahamgestalt in der jüdischen, christlichen und islamischen Überlieferung s. HAHN 1993, 203–206; RÖMER 1997b.

[5] Beschreibung und Fotos bei HEPPER/GIBSON 1994; eine sehr schöne Aufnahme auch bei GUTHE 1908, 89 Abb. 83.

[6] So die m.E. adäquate Übersetzung der Ortsangabe Gen 18,1. אֵלֹון ist die Bezeichnung für einen großen Baum (s. die Lexika). Die Übersetzung „Terebinthen" bzw. „Terebinthe" (GUNKEL 1910, 193; WESTERMANN 1981, 329) ist Interpretation im Sinne der Ortsbezeichnung in der antiken Literatur seit Josephus (s. u. Seite 36–39). Eine weitere Übersetzungsvariante, die „Eichen von Mambre" bzw. die „Eichen

Männer, göttliche Wesen. Daraufhin erhalten die Erzeltern die wunderbare Zusage der Geburt eines Sohnes, wunderbar deshalb, weil beide in einem Alter sind, in dem sie bereits Großeltern oder Urgroßeltern sein sollten.

Nach der neutestamentlichen Genealogie Mt 1,1–17 ist die Sohnesverheißung von Mamre[7] der Beginn der Geschichte Jesu. Deshalb wird Mamre geradezu das „Nazaret des ATs" genannt[8]. Doch ist es nicht in erster Linie diese genealogische Vorstellung, die den Ruhm von Mamre in der christlichen Tradition begründet. Vielmehr gilt die Erscheinung Gottes in der Form der drei Männer (Gen 18,1) als einer der wenigen biblischen loci zur Begründung der diffizilen Trinitätstheologie[9]. Die bekannte Ikone von Rubliow aus dem 15. Jahrhundert findet sich daher nicht nur als Strichzeichnung im Studien-Reiseführer von Othmar Keel und Max Küchler[10], sie ziert auch das Deckblatt einer Sammlung von Schriften zur Trinitätstheologie von Jürgen Moltmann[11]. Mamre als Ort einer vermeintlich trinitarischen Gotteserscheinung ist für die christliche Tradition, ob nun orthodoxer, römisch-katholischer oder protestantischer Ausprägung ein heiliger Platz geworden und geblieben.

1.2 Die alttestamentliche Überlieferung

Die Mehrzahl der Belege zu Mamre sind Begräbnisnotizen (Gen 23,17.19; 25,9; 35,27; 49,30; 50,13). Sie sind durch wörtliche Über-

---

von Mamre" (so die Einheitsübersetzung in sinnloser Variatio zwischen Gen 13,18 und 18,1), basiert auf LXX, die ἡ δρῦς liest. Der Erkenntnis, dass wir nicht sicher wissen, welche Spezies Baum gemeint ist, trägt am ehesten die Luther-Übersetzung Rechnung, die über alle Revisionen hinweg „Hain Mamre" beibehalten hat. Der Vorschlag von GREIFF (1960), אֵלוֹן als „Hügel" zu übersetzen, gründet auf der einmaligen Verbindung אֵלוֹן תָּבוֹר (1Sam 10,3). Die Behauptung, mit אֵלָה, אֵלוֹן und עֵץ lägen schon genügend Bezeichnungen für Bäume vor, ist als solche nicht beweiskräftig. Allerdings zeigt Greiff in der Sache ein richtiges Gespür. Der Plural אֵלֹנֵי dürfte einen bewaldeten Platz oder auch einen bewaldeten Hügel kennzeichnen. S. u. Seite 35f.

[7] Trotz der Ausführungen o. Anm. 6 wird aus praktischen Gründen im Folgenden meist nur die Kurzform „Mamre" verwendet.

[8] KEEL/KÜCHLER 1982, 698. Eine traditionsgeschichtliche Verbindung zwischen Gen 18,1–16 und Lk 1f sehen WESTERMANN (1981, 342f) und BEGRICH 1989.

[9] VON ERFFA (1995, 91–102) bietet einen instruktiven Überblick über die Auslegungen von Gen 18,1–16 v.a. in der Zeit der Kirchenväter (s. dazu auch u. Seite 181) und ein detailliertes Verzeichnis von Bilddarstellungen zum Text.

[10] KEEL/KÜCHLER 1982, 708 Abb. 455.

[11] MOLTMANN 1991. In den Texten findet sich allerdings kein Hinweis auf Gen 18.

einstimmungen von Gen 23 abhängig. Dieses Kapitel ist ein später Text innerhalb der Abrahamgeschichte, zumindest machen redaktionsgeschichtliche Überlegungen eine solche These wahrscheinlich[12]. Allein die „Spätdatierung" von Gen 23 reicht nicht aus, von der Behandlung des Kapitels und der von ihm abhängigen Notizen abzusehen. Entscheidend für die Ausgrenzung ist die Beobachtung, dass sich Abraham nach der Darstellung von Gen 23 gar nicht in Mamre befindet. Sara stirbt in Kirjat-Arba/Hebron. Abraham kommt aus Beerscheba (Gen 22,19), um einen Platz für ein Familiengrab zu erwerben. Mamre dient lediglich als topographischer Fixpunkt zur näheren Bestimmung des Grabplatzes Machpela. Immerhin bleibt festzuhalten, dass zweimal (Gen 23,19; 25,27) Mamre mit Hebron gleichgesetzt ist מַמְרֵא הִוא חֶבְרוֹן „Mamre, das ist Hebron". Derartige Identifizierungen werden in den seltensten Fällen ohne realen topographischen Anhaltspunkt vorgenommen. Wer die historischen Hintergründe der Mamretexte der Genesis ausloten will, muss auch die Geschichte Hebrons beleuchten.

Die vermeintlich älteren Belege zu Mamre finden sich Gen 13,18 und 18,1. Gen 13,18 geht davon aus, dass die „großen Bäume Mamre" im Gebiet von Hebron liegen, aber nicht mit der Stadt Hebron identisch sind: אֵלֹנֵי מַמְרֵא אֲשֶׁר בְּחֶבְרוֹן „die großen Bäume Mamre bei Hebron".

Diese Interpretation hängt an der Übersetzung der Präposition בְּ. Instruktiv ist ein Vergleich ähnlicher Wendungen der Abfolge Ortsname / אֲשֶׁר / בְּ / Ortsname. Solche sind zu verzeichnen Jos 13,30 (Dörfer Jaïr in Baschan); Ri 10,8 (Land der Amoriter in Gilead); 2Sam 2,16 (Helkat-Hazzurim bei Gibeon); 1Kön 4,13 (Argob in Baschan); 2Kön 23,10 (das Tofet im Hinnomtal, vgl. Jer 7,31); Jer 32,35 (die Höhen des Baal im Hinnomtal); Esr 1,2 (Jerusalem in Juda, vgl. 2Chr 36,23); Esr 1,5 (das Haus YHWHs in Jerusalem, vgl. Esr 2,68; 7,27); 2Chr 11,10 (Hebron in Juda). Die zweite Ortsangabe bezeichnet jeweils den größeren Bereich, innerhalb dessen der erstgenannte Platz liegt. Die Wendung אֲשֶׁר בְּ meint deshalb „im Gebiet von", so etwa

---

[12] Die redaktionelle Klammerfunktion der Erwähnung Nahors in Gen 11,27–32 und 22,20–24 lässt Gen 11,27–22,24 als einen in sich geschlossenen, kompakten Block von Abrahamerzählungen erscheinen. Demnach sind Gen 23 und Gen 24 als späte Nachträge zu bestimmen, s. BLUM 1998; JERICKE 1999. Die beiden Kapitel dienen u.a. einer Parallelisierung von Abraham und David. Darauf weist die formgeschichtliche Verwandtschaft zu 2Sam 24–1Kön 1,1 mit der jeweils gleichen Abfolge: Landkauf (Gen 23; 2Sam 24) / Notiz über das fortgeschrittene Alter Abrahams (Gen 24,1) bzw. Davids (1Kön 1,1), vgl. MCDONOUGH 1999. Zu Gen 24 als einem späten Text der Erzelterngeschichte vgl. auch GILLMAYER-BUCHER 1998; 2001; RÖMER 2001b, 195f.

בִּירוּשָׁלַם אֲשֶׁר בִּיהוּדָה „in Jerusalem, das im Gebiet von Juda liegt". Die nächste Parallele zu Gen 13,18 ist 2Sam 2,16. Auch hier wird ein unbekannter Platz (Helkat-Hazzurim) durch den Hinweis auf eine bekannte Stadt (Gibeon) erläutert. Die sachlich zutreffende, aber umständliche Übersetzung für חֶלְקַת־הַצֻּרִים אֲשֶׁר בְּגִבְעוֹן wäre: „Helkat Hazzurim, das im Gebiet von Gibeon liegt". Prinzipiell wäre auch die Kurzübersetzung: „Helkat Hazzurim in Gibeon" analog zu „Jerusalem in Juda" angemessen. Allerdings löst eine solche Version beim heutigen Leser die falsche Vorstellung aus, Helkat Hazzurim läge im bebauten Stadtgebiet von Gibeon. Das Gebiet einer altorientalischen Stadt umfasste nicht nur das bebaute Stadtgebiet, sondern auch noch eine mehr oder weniger große Fläche des die Stadt umgebenden freien Landes mit Dörfern, Gehöften usw. Das ansonsten unbekannte Helkat Hazzurim stellt offensichtlich einen solchen zum Gebiet von Gibeon gehörenden Platz dar. Nach heutigem Sprachgebrauch ist daher die Kurzübersetzung „bei Gibeon" zutreffend. Gleiches gilt für Gen 13,18. Statt der umständlichen Langübersetzung „die großen Bäume Mamre, die im Gebiet von Hebron liegen" wird die Kurzübersetzung „die großen Bäume Mamre bei Hebron" gewählt.

Gleichwohl könnte Mamre in der Verbindung בְּאֵלֹנֵי מַמְרֵא auch Personenname sein wie in Gen 14,13.24. In diesem Fall wäre „bei den großen Bäumen des Mamre" zu übersetzen. Dies wird jedoch zu Recht in der Fachliteratur nicht ernsthaft erwogen. Nach dem Sinnzusammenhang in Gen 18,1–16 scheint Mamre in 18,1 Ortsangabe zu sein. Eindeutig sind die Verhältnisse in Gen 23,17.19, wo Mamre jeweils zur genaueren Lokalisierung anderer Toponyme dient und deshalb als Ortsangabe aufzufassen ist. Gegen eine Deutung von Mamre als Person in Gen 13,18 spricht auch die parallele Formulierung אֵלוֹן מוֹרֶה (Gen 12,6) bzw. אֵלוֹנֵי מֹרֶה (Dtn 11,30). מֹרֶה ist zwar als Substantiv im Sinne von Lehrer (Prov 5,13; Hi 36,22 u.ö.) oder Frühregen (Joel 2,23, wo beide Bedeutungen vorkommen) belegt, nicht aber als Personenname. Gen 14 bewegt sich mit der Personalisierung von Ortsbezeichnungen im geistes- und literargeschichtlichen Umfeld der Chronikbücher[13].

Gen 18,1 nennen „die großen Bäume Mamre" als eigenständige Ortslage, ohne Referenz zu Hebron. Gen 13,18 und 18,1 zeigen, dass bei Mamre an eine von der Stadt Hebron unterschiedene, territorialgeschichtlich aber zum Stadtgebiet gehörende Ortslage gedacht ist. Wieder erweist sich, dass im Zusammenhang historischer Fragen zu Mamre ein intensiver Blick auf die Geschichte Hebrons unabdingbar

---

[13] Als naheliegende Beispiele seien Hebron (1Chr 2,42f) und Betlehem (1Chr 2,54) genannt; dazu OEMING 1990, 102f.125ff; JAPHET 1993, 85f. Hebron ist 1Chr 2,42f nicht „als Orts- und als Personenname" (OEMING 1990, 102f) zu verstehen. Erzähltechnisch ist Hebron an dieser Stelle eindeutig Personenname. Die Bedeutung als Ortsname ist Hörern/Lesern aus anderen Erzählzusammenhängen bekannt.

ist. Insbesondere werden die territorialgeschichtlichen Verhältnisse zu Hebron im 1. Jt. v.Chr. zu beachten sein.

2. Methodische Vorbemerkungen

2.1 Redaktionsgeschichtliche Fragestellung

Das Thema „Abraham in Mamre" zielt auf den Textkomplex Gen 11,27–19,38. Mamre ist Endpunkt einer Wanderung Abrahams, die ihren Ausgangspunkt in Mesopotamien nimmt und in das Land Kanaan führt (Gen 11,31; 12,5; *Abb. 1*). Nachdem Abraham das Land Kanaan von Nord nach Süd durchwandert hat (Gen 12,1–9), von einem erzwungenen Abstecher nach Ägypten zurückgekehrt ist (Gen 12,10–13,4) und sich von seinem Neffen Lot getrennt hat (13,5–17), lässt er sich in Mamre nieder und baut dort einen Altar für YHWH. Somit ist der Aufenthaltsort Abrahams während der Gen 14–19 erzählten Ereignisse markiert. In Mamre erfährt Abraham zwei große Verheißungen und zwei Bundesschlüsse (Gen 15 und 17). Indirekt ist dort auch die Geburt Ismaels lokalisiert (Gen 16). Und von Mamre aus unternimmt Abraham einen Feldzug gegen vier mesopotamische Großkönige zur Rettung seines Verwandten Lot (Gen 14). In Gen 18,1 wird die Ortsangabe von Gen 13,18 zumindest partiell wieder aufgenommen, weil mit Gen 18 und 19 die Thematik von Gen 13 weitergeführt wird: das unterschiedliche Schicksal von Abraham und Lot. Erst Gen 20,1 zieht Abraham weiter nach Süden in den Negeb[14], wo er sich zunächst in Gerar[15] (20,1) und dann in Beerscheba[16] (21,31ff) aufhält.

Innerhalb des solchermaßen umrissenen Textkomplexes „Abraham in Mamre" Gen 11,27–19,38 hebt sich Gen 18,1–16 heraus als eine Erzählung, die ausdrücklich in Mamre lokalisiert ist. Dieser Text wird demzufolge im Zentrum der Auslegung stehen (Kapitel fünf). Daneben ist Gen 13,18 aufgrund der ausdrücklichen Kennzeichnung Mamres als Aufenthaltsort Abrahams im Rahmen einer Analyse von Gen 11,27–13,18 zu besprechen (Kapitel sechs). Um die Konzeption

---

[14] Wenn von dem biblischen Toponym die Rede ist, wird die Namensform „Negeb" verwendet, als Bezeichnung für die heutige Landschaft dient die Form „Negev".

[15] Wahrscheinlich *Tell Abū Hurēre* (Koord. 1126.0879) im nordwestlichen Negev, vgl. AHARONI 1956a; 1984, 440. Zum archäologischen Befund OREN u.a. 1991; OREN 1993.

[16] *Tell es-Sebaᶜ* (1343.0726) im nördlichen Negev, vgl. JERICKE 1992. Zum archäologischen Befund zuletzt HERZOG 1993; JERICKE 1997a, 166–186.

„Abraham in Mamre" literarhistorisch einzuordnen, ist es notwendig, auch auf die Texte einzugehen, die Mamre als Ortsangabe nicht ausdrücklich nennen. Gen 15 und Gen 16 werden im Zusammenhang mit Gen 11,27–13,18 besprochen. Gen 17 wird im Rahmen der Auslegung von Gen 18,1–16 verhandelt. Ausgespart bleibt Gen 14. Mit diesem Kapitel liegt anerkanntermaßen eine Überlieferung vor, die innerhalb der Abrahamgeschichte isoliert bleibt, d.h. die weder nach vorne noch nach hinten literarische Anknüpfungspunkte bietet[17]. Zudem deutet Gen 14 durch die Personifizierung Mamres die Gen 11,27–19,38 zu ersehende Konzeption „Abraham in Mamre" in einer Weise um („Abraham bei Mamre", Gen 14,13), die ausserhalb der in dieser Arbeit zugrunde gelegten Fragestellung liegt.

Die zu untersuchenden Texte bieten ein vielgestaltiges, episodenhaftes Bild der Abrahamgestalt. Abraham ist zunächst der Erstgeborene Terachs (Gen 11,27). Nach dessen Tod (Gen 11,32) übernimmt er die Rolle des Familienvorstandes. Er zieht durch die im 2. und 1. Jt. v.Chr. bekannte vorderorientalische Welt (Gen 12,1–13,4). Nebenbei übernimmt er bei Altarbauten und bei der Proklamation des YHWH-Namens priesterliche und profetische Funktionen (Gen 12,6ff; 13,18). Auch Gen 15 zeigt ihn als Profeten (V.1–6) und Priester (V.7–21). Gen 16 und Gen 17 erscheint er v.a. als Patriarch, übernimmt aber auch institutionelle Funktionen wie die Beschneidung der männlichen Mitglieder seines Haushaltes. Gen 18 schließlich bietet das Bild der Erzeltern Abraham und Sara als Zeltbewohner im ländlich-nomadischen Milieu. Literarische Assoziationen an charismatische Gestalten aus den Überlieferungen zur Frühzeit Israels wie Gideon oder Elischa sind dabei unverkennbar. Auch die Vorstellung von Abraham als Fürbitter (Gen 18,23–33) fehlt nicht.

Ein stabilisierendes Element der Textgestaltung sind die Verheißungsreden. In z.T. wörtlicher Übereinstimmung sind sie an wichtigen Stellen der Erzählung eingeschaltet (Gen 12,1–3; 12,7; 13,14–17; 15,5; 15,7; 15,18; 16,10; 17 passim; 18,17ff). Diese Reden werden denn auch häufig bearbeitet, wenn es um die Frage der inhaltlichen Konsistenz der Abrahamgeschichte geht, um deren literarische Entstehung und v.a. um deren Verbindung mit der wesentlich kompakter erscheinenden Jakobgeschichte[18]. Demgegenüber ist die Vorstellung

---

[17] Neben den Kommentaren u.a. EMERTON 1971; SCHATZ 1972; ANDERSEN 1995; SOGGIN 1995; GOSSE 1996.

[18] U.a. WESTERMANN 1976; BLUM 1984; SCHMIDT 1992.

von „Abraham in Mamre" fest im erzählenden Material von Gen 11, 27–19,38 verankert. Die folgenden Untersuchungen haben sich demzufolge den erzählenden Partien der Texte zu widmen. Deren bereits oben angedeutete Disparatheit wird seit dem Kommentar von Hermann Gunkel[19] zumeist überlieferungsgeschichtlich erklärt. Die Episodenhaftigkeit der Abrahamgeschichte ist nach dieser Vorstellung Ausfluss einer vor-, besser: frühliterarischen Entstehungsphase[20]. Mit guten Gründen wird jedoch die literarische Formierung der Abrahamgeschichte teils an das Ende der Königszeit, teils in die exilische und in die nachexilische Zeit gerückt[21]. Eine vor- oder frühliterarische Phase fällt daher nicht in das Halbdunkel einer mehr oder minder romantisch verklärten vorstaatlichen „Väterzeit"[22], sondern in die historisch gut fassbare Epoche der mittleren und späten Königszeit, eventuell sogar in die Exilszeit. Dieser Erkenntnis entspricht die Forderung, die frühliterarische Entstehungsphase der Texte auch geschichtlich deutlicher zu fassen. Hilfreich ist dabei ein redaktionsgeschichtlich ausgerichtetes Arbeitsmodell. Dieses setzt voraus, dass die Vielfalt der Abrahambilder in Gen 11,27–19,38 ein Produkt sukzessiver Fortschreibung bzw. sukzessiver Überarbeitungen eines literarischen Basistextes ist[23].

Zu einer solchen Annahme zwingt allein der alttestamentliche Befund. Ez 33,24 kennzeichnet Abraham als Identifikationsfigur der nichtexilierten Landjudäer, die im Namen des Erzvaters ihre Landansprüche gegenüber den im babylonischen Exil Lebenden verteidigen[24]. Die vorliegende Textgestalt von Gen 11,27–19,18 hingegen kennt für Abraham einen geographischen Horizont, der von Babylonien bis Ägypten reicht. Mithin erscheint Abraham auch als Identifikationsfigur für die judäisch-israelitische Diaspora im Zweistromland und in Ägypten. Ez 33,24 indiziert demzufolge eine ältere Fassung der Abrahamgeschichte, die nicht mit der vorliegenden „Endfassung"

---

[19] GUNKEL 1910.
[20] So noch LEVIN 1993.
[21] VAN SETERS 1975; 1992; BLUM 1984; KILIAN 1989; LEVIN 1993.
[22] So noch STEINGRIMSSON 1989; RUPPERT 1994b.
[23] Vgl. KNIPPING 1998. BLUM (1984; 1990) versucht, den Begriff „Komposition" für die Erklärung der literarischen Phänomene der Erzeltern- und der Israelgeschichte fruchtbar zu machen. Dieser Ausdruck berücksichtigt, dass Überarbeitungen nicht für sich stehen, sondern das bereits vorhandene Textcorpus einschließen und z.T. neu gestalten (BLUM 1984, 171).
[24] Vgl. DIETRICH 1997.

übereinstimmt. Auch die ungleichmäßige Verteilung der Toledotformeln in der Erzelterngeschichte und insbesondere das Fehlen einer solchen Formel für Abraham[25] weisen auf ein literarisches Wachstum der Abrahamgeschichte im Sinne sukzessiver Fortschreibungen bzw. Überarbeitungen.

2.2 *Sozialgeschichtliche Fragestellung*

Der Durchgang durch die alttestamentlichen Texte zeigt, dass die Ortsangabe Mamre nahezu ausschließlich im Rahmen der Abrahamerzählungen fällt[26], ja dass die Abrahamgeschichte insgesamt weitgehend durch diese Angabe strukturiert wird. Das Thema „Abraham in Mamre" enthält demnach zwei Aspekte, die sich gegenseitig bedingen. Die literarische Figur Abraham wird ohne die genauere Beleuchtung der Ortsangabe Mamre nicht einsichtig. Das Verständnis dieser Ortsangabe wiederum ist ohne eine Untersuchung der Abrahamüberlieferung nicht möglich, zumindest wenn man den erzählerischen Gehalt der Ortsbezeichnung erheben und sich nicht lediglich auf Fragen der Lokalisierung beschränken will. Sowohl die Lokaltradition als auch die alttestamentliche Überlieferung werden einer historisch-kritischen Rückfrage unterzogen. Diese zielt darauf, den jeweiligen historischen Ort—möglicherweise neu, in jedem Fall aber in kritischer Überprüfung der Tradition—zu definieren.

Die Zusammenschau archäologischer und exegetischer Arbeit impliziert eine sozialgeschichtliche Fragestellung. Die solchermaßen definierte Ausrichtung des Themas bedeutet nicht, dass nach der Geschichtlichkeit einer Person namens Abraham oder nach der faktischen Historizität der Gen 11,27–19,38 erzählten Ereignisse gefragt wird[27]. Eine solche Intention war, auch auf der Basis historisch-kritischer Forschung, noch bis in die 70er Jahre des 20. Jahrhunderts möglich[28], ohne dass der Abstand zwischen dem vermeintlichen Pa-

---

[25] S. dazu u. Seite 134–142.

[26] Die Notizen zu Isaak (Gen 35,27) und zu Jakob (Gen 49,30; 50,13) sind von Gen 23 abhängig.

[27] In dieser Weise ist noch die von der Formulierung des Themas her strukturell ähnlich erscheinende Arbeit von Eckart Otto, „Jakob in Sichem" (OTTO 1979) konzipiert.

[28] PARROT 1962; DE VAUX 1971, 157–273; skeptisch schon MARTIN-ACHARD 1969; der Versuch von GÖRG (1988), die Abrahamgestalt mit den in ägyptischen Texten genannten Schasu in Verbindung zu bringen, ist äußerst hypothetisch, zumal

triarchenzeitalter im 2. Jt. v.Chr. und der Entstehung der Texte im 1. Jt. v.Chr. wirklich geschlossen werden konnte. Auch jüngere Vermittlungsversuche, welche die Väterepoche an die Wende vom 11. zum 10. Jh. v.Chr. und damit in größere Nähe zur Textformierung verlegen[29], sind nicht beweiskräftig[30]. Abraham ist als historische Person nicht zu fassen, er wird verständlich nur als literarische Figur[31]. An dem Missverständnis von Abraham bzw. den Erzeltern insgesamt als geschichtlichen Individuen scheitern die wenigen sozialgeschichtlichen Versuche, die sich in der interpretierenden Literatur finden. Trotz der durch Thompson aufgezeigten Problematik[32] wird das sozialgeschichtliche Milieu der Erzeltern im 2. Jt. v.Chr. gesucht, wohl wissend, dass die literarische Gestaltung der Erzählungen erst wesentlich später erfolgte[33]. So sehen Robert Martin-Achard[34] und Udo Worschech[35] die Abrahamfamilie als kleinviehzüchtende Halbnomaden des 2. Jts. v.Chr. Ähnliches ist auch in den einleitenden Partien des Genesiskommentares von Claus Westermann zu lesen[36]. Westermanns Schüler Rainer Albertz legt seinen Ausführungen zur „Väterreligion" ebenfalls die Vorstellung von bäuerlichen und nomadischen Familien der vorstaatlichen Zeit zugrunde[37], obgleich er erkennt, dass die Erzelternerzählungen der Genesis zu einem nicht geringen Teil auch die nicht- oder halboffizielle Religionspraxis der nachexilischen Zeit widerspiegeln[38]. Die Rekonstruktion der vorstaatlichen „Väterreligion" bleibt denn auch zwangsläufig in der Paraphrase der Erzelternerzählungen stecken. Für die Israel-Geschichtsschreibung hatte schon Martin Noth die Erzeltern als ein rein überlie-

---

auch Görg zugestehen muss, dass die alttestamentliche Überlieferung „die Konzeption der Verdichtung mehrerer «Abrahame»" (GÖRG 1988, 14) aufweist.

[29] MAZAR 1969; LEMAIRE 1993.

[30] S. dazu ausführlich u. Seite 99ff.

[31] THOMPSON 1974; DONNER 2000, 84–97; LEMCHE 1996; OEMING 1997a; NOCQUET 1997.

[32] THOMPSON (1974) zeigt, dass die in Mari und Nuzi gefundenen Dokumente des 2. Jts. v.Chr., insbesondere von ihren Rechtsvorstellungen her, nicht mit den Erzelternerzählungen in Deckung zu bringen sind (vgl. auch u. Seite 97ff).

[33] Vorbild für diese Argumentationsweise ist die materialreiche Darstellung bei DE VAUX 1971, 157–273.

[34] MARTIN-ACHARD 1977.

[35] WORSCHECH (1983) in ausdrücklicher Absetzung von den Thesen Thompsons.

[36] WESTERMANN 1981, 52–90.

[37] ALBERTZ 1996a, 47–68.

[38] ALBERTZ 1997a, 413–427.

ferungsgeschichtliches Phänomen behandelt[39]. Seine Nachfolger lassen sie als historische Gestalten wieder aufleben. Siegfried Herrmann[40] sieht ihren geschichtlichen Ort im Rahmen der Landnahme aramäischer Gruppen im 2. Jt. v.Chr. Herbert Donner reiht sie in den komplizierten Prozess der Landnahme früh- bzw. protoisraelitischer Gruppen ein[41]. Das Vorgehen von Donner ist signifikant. Ihm ist wohl bewusst, dass es sich bei den Erzelternerzählungen im Grunde um ein überlieferungsgeschichtliches Problem handelt. Dennoch gewinnt er aus der Paraphrase von Gen 12–50 Umrisse eines geschichtlichen Bildes[42]. Donner charakterisiert die Erzeltern als „prominente Frühisraeliten, oder besser: Urisraeliten… als Sippenoberhäupter von Kulturlandnomaden, die regional und zeitlich zu jenen Gruppen gehörten, aus denen später Israel hervorgegangen ist oder die im späteren Israel aufgegangen sind"[43]. Eine solche vor- bzw. unkritische Textbehandlung lässt sich nicht oder nur schwer mit historischen Daten korrelieren, die aufgrund archäologischer Zeugnisse gewonnen wurden. Daher muss ein derartiger sozialgeschichtlicher Rekonstruktionsversuch scheitern. Zwei Gründe sind dafür ausschlaggebend:

(1) Die Erzelterngeschichte bildet den Beginn der alttestamentlichen Geschichtsdarstellung. Nur äußerst ungern geben die Kommentatoren daher die Vorstellung auf, dass auch die historische Folie für die Erzelternerzählungen in früher Zeit zu suchen ist. Manfred Weippert nennt diesen Aspekt in einer ausführlichen Rezension der Arbeit Donners eine „»subdeuteronomistische« Geschichtsschreibung", die er näherhin als eine „an die Überlieferung angelehnte und diese rationalisierende narrative Geschichtsschreibung" kritisiert[44].

(2) Ein weiterer Grund für die unbefriedigenden Ergebnisse der sozialgeschichtlichen Interpretationen zu Abraham ist die bereits angesprochene Sicht der Erzeltern als historische Individuen[45]. Damit ist der Weg frei für ein vorkritisches Referat alttestamentlicher Texte.

---

[39] NOTH 1969, 114–120.
[40] HERRMANN 1980, 73–81.
[41] DONNER 2000, 84–97.
[42] Der latente Biblizismus wird von Donner mit dem Hinweis umschrieben, dass seine geschichtliche Rekonstruktion „nahe an dem, was das AT von den Patriarchen behauptet", ist (DONNER 2000, 88).
[43] DONNER 2000, 88.
[44] WEIPPERT 1993, 73.
[45] DONNER 2000, 90.

Eine methodisch verantwortbare Korrelation archäologischer Zeugnisse und kritischer Textanalysen wird möglich, wenn Abraham konsequent als literarische Figur betrachtet wird. Die Fragestellung ist in diesem Fall nicht die nach dem sozialen Milieu eines historischen Abraham oder einer historischen Abrahamfamilie. Vielmehr wird nach dem sozialgeschichtlichen Lebenshintergrund der Menschen gefragt, die die Abrahamgeschichte und insbesondere Gen 11,27–13,18; 18,1–16 formulierten und dabei Abraham als Identifikationsfigur bzw. die Abrahamfamilie als paradigmatische hinstellten[46].

2.3 *Exegese und Archäologie*

Die solchermaßen definierte historische Fragestellung ist unverzichtbar. Wer die Abrahamerzählungen unter einem ausschließlich theologischen Aspekt interpretiert, findet in ihnen mitunter schnell seine eigene theologische Position[47]. Zudem gehen Arbeiten, die sich auf das theologische Profil der Abrahamgeschichte bzw. der Erzelterngeschichte insgesamt konzentrieren[48], mehr oder weniger ausdrücklich von dem vor gut hundert Jahren von Julius Wellhausen zwar nicht entwickelten, aber vermeintlich gültig formulierten Entstehungsmodell für den Pentateuch, von der sogenannten Neueren Urkundenhypothese, aus[49]. In diesem Vorgehen liegt eine eminente methodische Problematik, indem ein neues theologisches Verständnis der Abrahamfigur auf der Basis eines überprüfungsbedürftigen und inzwischen mehrfach kritisch durchleuchteten literarhistorischen Modells entwickelt wird[50]. Demgegenüber ist bei den Quellen selbst, d.h. beim kanonischen Endtext, bei der historisch-kritischen Rekonstruktion der Entstehungsgeschichte dieses Endtextes und bei den entstehungsgeschichtlichen Bedingungen für die Textformierung neu anzusetzen.

---

[46] Vgl. NOCQUET 1997.

[47] Oeming erschließt aus Gen 15,6: „Der articulus stantis ac cadentis ecclesiae — die Rechtfertigungslehre—wird aus der Struktur der gesamten fiktiven Abrahamerzählung erhellt" (OEMING 1997a, 56). Zunächst einmal müsste aufgewiesen werden, inwiefern Gen 15,6 strukturbildend für die Abrahamgeschichte ist. Darüber hinaus ist die Übersetzungsproblematik zum genannten Vers zu bedenken. OEMING (1983) hat selbst einen ausführlich begründeten Übersetzungsvorschlag vorgelegt, der eine unmittelbare Übertragung auf die Rechtfertigungslehre nicht zulässt, vgl. auch MOSIS 1989.

[48] GESE 1991b; SCHREINER 1992; OEMING 1997a.

[49] WELLHAUSEN 1899; 1905.

[50] S. dazu u. Kapitel 4.

Das bedeutet einen doppelten Frageaspekt, einen internen und einen externen. Der interne betrifft die relative Chronologie der Texte. Der externe beinhaltet zumindest eine Annäherung an eine absolute Chronologie, wie sie nur im Vergleich mit außerbiblischen, im weitesten Sinne archäologischen Quellen zu leisten ist. Der zweite Aspekt soll durch die Konzentration auf die die Abrahamgeschichte über weite Strecken strukturierende Ortsangabe Mamre ins Werk gesetzt werden.

Die Geschichte Mamres und Hebrons ist im wesentlichen aus archäologischen Quellen zu erheben. Dabei wird nicht unter der Hand eine archäologische „external evidence" an die Textüberlieferung herangetragen. Beide methodischen Verfahren, die Auswertung archäologischer Funde und die kritische Textanalyse, werden zunächst unabhängig voneinander vorgenommen. Die Korrelation archäologischer und exegetischer Befunde betrifft dann in erster Linie die absolute Datierung der Texte und den geschichtlichen Rahmen für das aus den Texten erhobene theologische Profil. Die sozialgeschichtlich orientierte Zielfrage heißt: wann und unter welchen historischen Bedingungen wurden die theologischen Grundaussagen gepflegt, die zu der Konzeption „Abraham in Mamre" führten?

Die Datierung alttestamentlicher Texte erfolgt meist aufgrund inneralttestamentlicher Kriterien. Das ist legitim, in den Ergebnissen aber mit großen Unsicherheiten behaftet, da die zeitliche Einordnung der herangezogenen Vergleichstexte oft ebenso wenig gesichert ist wie die der zu bestimmenden Texte. So wird etwa die in den letzten Jahrzehnten aufgekommene These der Spätdatierung eines „jahwistischen" Werkes entweder durch Vergleiche mit profetischer Überlieferung[51] oder durch spezielle Verweise auf Übereinstimmungen mit Jes 40–55 begründet[52]. Das gesamte solchermaßen entworfene Datierungsgebäude gerät ins Wanken, wenn ein guter Teil der traditionell den Profeten des ausgehenden 8. und des 7./6. Jhs. v.Chr. zugerechneten Texte[53] ebenso wie ein nicht unerheblicher Anteil von Jes 40–55 auch in nachexilische Zeit datiert werden[54]. Daher entwirft Christoph Levin für die Datierung des von ihm rekonstruierten „jahwistischen" Werkes ein Koordinatensystem aus Deuteronomium, deuteronomistischer Geschichts-

---

[51] SCHMID 1976.
[52] VAN SETERS 1975; 1992; 1994.
[53] Zu Jes 1–12 vgl. KAISER 1981; 1994, 29–49; weniger rigoros zuletzt BLUM 1996; 1997; BECKER 1997.
[54] Zu Jes 40–55 vgl. KRATZ 1991.

schreibung und Jes 40–55[55] und kommt so auf eine zeitliche Festlegung in
das 6. Jh. v.Chr[56]. Auch dieser Ansatz steht und fällt u.a. mit der Beurteilung
der Eckdaten für die zeitliche Fixierung des Deuteronomiums, d.h. mit der
relativen und absoluten Chronologie der Rechtssammlungen im Alten Testament bzw. mit der Beurteilung der historischen Glaubwürdigkeit einer
Kultzentralisation unter König Joschija[57].

Angesichts der geschilderten Unsicherheiten scheint die Forderung, au-
ßeralttestamentliche, im weitesten Sinne archäologische Dokumente für die
Datierungsfrage heranzuziehen, nicht unbegründet. Ein solches Verfahren ist
in der deutschsprachigen Forschung in Misskredit geraten v.a. durch die
vorschnelle und oft unsachgemäße Parallelisierung altorientalischer Dokumente mit alttestamentlichen Texten, speziell mit Texten aus der Genesis,
wie sie von einer Reihe von Schülern William Foxwell Albrights unter dem
Stichwort „external evidence" vorgenommen wurden[58] und noch werden[59].
In der Auseinandersetzung mit der sogenannten Albright-Schule hat sich
nicht nur im deutschsprachigen Raum spätestens seit den Arbeiten von Martin Noth und Roland de Vaux die methodische Forderung durchgesetzt,
archäologische Zeugnisse und alttestamentliche Texte unabhängig voneinander und nach den jeweils angemessenen methodischen Verfahren zu interpretieren[60]. Dies führte dazu, dass sich alttestamentliche Exegese und Palä-
stina-Archäologie als je „eigenständige Wissenschaftszweige" voneinander
entfernten, ohne dass weiterhin nach Berührungspunkten gefragt wurde[61].
Die Diskussion um die Frühgeschichte Israels in den letzten zwei Jahrzehnten zeigt jedoch, dass archäologische Dokumente weit intensiver für die
Rekonstruktion der Geschichte Israels herangezogen werden müssen[62] als
dies die an Idealen der Geschichtswissenschaft des 19. Jahrhunderts orientierte Israel-Geschichtsschreibung wahrhaben will[63]. Die Korrelation von

---

[55] „Drei Koordinaten sind vorgegeben: Der Jahwist setzt das Deuteronomium
voraus, und er wird seinerseits vom deuteronomistischen Geschichtswerk und vom
Deuterojesajabuch [!] vorausgesetzt" (LEVIN 1993, 430).

[56] LEVIN 1993, 430–435.

[57] LEVIN (1993, 430 Anm. 22) mit Verweis auf LEVIN 1984.

[58] Grundlegend ALBRIGHT 1935; 1946. Für die Biblische Archäologie, die Geschichte Israels und die Genesis-Exegese wurde der Ansatz durchgeführt u.a. bei
ALBRIGHT 1956; WRIGHT 1958; BRIGHT 1972; SPEISER 1964. Eine kritische Diskussion, die darüber hinaus auch die Arbeiten von GORDON (u.a. 1940; 1954) berücksichtigt, findet sich bei THOMPSON 1974; vgl. auch WESTERMANN 1981, 52–115.

[59] Auch die neueste Gesamtdarstellung der Biblischen Archäologie von MAZAR
(1990) ist weitgehend dem methodischen Ansatz Albrights und seiner Schüler verpflichtet.

[60] NOTH 1938; 1960; DE VAUX 1970.

[61] HÜBNER 1998. Er spricht in diesem Zusammenhang von einem „Distinktionsmodell".

[62] JERICKE (1997a, 1–38) mit ausführlicher Diskussion u.a. der Arbeiten von
LEMCHE 1985; 1988; FINKELSTEIN 1988a; COOTE/WHITELAM 1987.

[63] Selbst der mit archäologischen Funden vertraute Martin Noth geht davon aus,
dass sich Geschichte „nur auf Grund literarischer Überlieferung darstellen" lässt

Texten und archäologischen Dokumenten ist daher unabdingbar. Wenn eine solche Korrelation methodisch durchdacht vorgenommen wird, d.h. wenn zunächst die jeweiligen Zeugnisse für sich analysiert und wenn dann die Ergebnisse dieser Analysen unter einer bestimmten Fragestellung aufeinander bezogen werden, lassen sich fundierte Ergebnisse erzielen[64].

Über die methodischen Implikationen der Korrelation archäologischer und exegetischer Ergebnisse im Rahmen einer historisch ausgerichteten Fragestellung habe ich in meiner Dissertation ausführlich gehandelt[65]. Ich möchte nur noch einmal auf das Modell konzentrischer Kreise hinweisen[66]. Dieses besagt, dass der Ausgangspunkt und der innere Kern der Untersuchung bei der Darstellung archäologischer Gegebenheiten zu suchen ist. Diese erlauben einen höheren Grad materieller Überprüfbarkeit als das auf dem Feld der Textanalyse möglich ist. Daher geht auch in der vorliegenden Arbeit die Darstellung des archäologischen Materials zu Hebron und Mamre den Textinterpretationen voraus.

(NOTH 1969, 45). Donner definiert zwar grundsätzlich „das literarische und das archäologische Material" als „zwei große Quellenbereiche", fährt aber einschränkend fort: „Fürs erste genügt die Feststellung, daß die literarischen Quellen der Geschichte eines Volkes in der Regel unmittelbarer, lebendiger und deutlicher sprechen als die archäologischen. Literatur spricht von selbst, während materielle Überreste zunächst stumm sind und erst zum Reden gebracht werden müssen. Nicht ohne Grund hat es sich eingebürgert, die menschliche Geschichte mit dem Gebrauche der Schrift beginnen zu lassen und alles, was voraufgeht, der Prähistorie zuzuweisen" (DONNER 2000, 22). Zur Kritik vgl. WEIPPERT 1993.

[64] FREVEL 1989; CONRAD 1999. Frevel setzt dem „Distinktionsmodell" ein „Kooperationsmodell" entgegen und bezeichnet dieses als „den Idealfall einer methodisch abgesicherten fruchtbaren Zusammenarbeit" (FREVEL 1989, 42).

[65] JERICKE 1997a, 13–38.

[66] JERICKE 1997a, 38.

KAPITEL ZWEI

DER ARCHÄOLOGISCHE BEFUND ZU HEBRON UND MAMRE

1. *Hebron*

1.1 *Topographie und Verteilung der archäologischen Reste*

Die heutige Stadt Hebron (arab. *el-Ḥalīl*)[1] liegt ca. 30 km südlich von Jerusalem. Hebron ist der Hauptort des judäischen Berglandes. Das Zentrum der Stadt (927 m ü.NN) befindet sich im Talgrund des *Wādī el-Ḥalīl /Naḥal Ḥevron*[2] zwischen dem *Ğebel Ğaʿābire* im Osten und dem *Ğebel er-Rumēde* (974 m ü.NN) im Westen[3] (*Abb. 2* und *Abb. 3*). Die Niederschlagsmengen bei Hebron[4] erlauben Landwirtschaft ohne künstliche Bewässerung. Allerdings erfordern die meist steilen Hänge eine Terrassierung. Demzufolge werden hauptsächlich Oliven- und Feigenbäume angebaut[5]. Von jeher war die Umgebung von Hebron auch ein Weinbaugebiet[6]. Ein wesentlicher Faktor für die Entstehung bedeutender Siedlungen im Altertum ist der Quellenreichtum

---

[1]   Dieser Name ist noch bei GUTHE (1911, Nr. 20) als aktueller Ortsname verzeichnet. *El-Ḥalīl* („der Freund") bezieht sich auf Abraham, nach islamischer Tradition „der Freund Gottes", s. o. Seite 1f. Die Ortsbezeichnung scheint im Mittelalter aufgekommen zu sein, als die Patriarchengräber ein beliebtes Ziel islamischer Pilger waren. Bei mittelalterlichen arabischen Geographen waren daneben die Ortsbezeichnungen *Masğid Ibrāhīm* (Abraham-Moschee) und v.a. die von dem biblischen Ortsnamen abgeleiteten Namensformen *Ḥabrā* bzw. *Ḥabrūn* geläufig. Zum Ganzen LESTRANGE 1890, 309.318.

[2]   Südlich von Hebron heißt das Tal *Wādī el-Qāḍi*, vgl. SCHICK 1898; MADER 1957, I 192f.

[3]   Die erste genaue Karte von Hebron und Umgebung findet sich bei SCHICK 1898 (mit Hinweis auf ältere kartographische Versuche).

[4]   Die Angaben schwanken. MADER (1957, I 192) nennt 650 mm, KARMON (1983, 207) gibt 450 mm als Jahresmittel an. Die letztgenannte Zahl erscheint zuverlässiger, vgl. ATLAS OF ISRAEL (1970, Map IV/2A). Lediglich in regenreichen Jahren liegt die Niederschlagsmenge bei ca. 800 mm, in trockenen Jahren dagegen lediglich bei ca. 250 mm, vgl. ATLAS OF ISRAEL (1970, Map IV/2C und Map IV/2D).

[5]   MADER 1957, I 192ff.

[6]   KARMON 1983, 207f; ZWICKEL 1994; vgl. auch die Schilderungen mittelalterlicher arabischer Geographen bei LESTRANGE 1890, 309ff.

von Hebron und Umgebung[7]. Die historische Bedeutung als Zentralort des judäischen Berglandes verdankt Hebron seiner verkehrsgeo-
graphischen Lage[8]. Im Altertum führten von hier aus Straßen nach
Norden (Jerusalem), nach Osten (Totes Meer)[9], nach Süden (Negev,
Ägypten)[10] und nach Westen (Schefela, Küstenebene)[11].

Archäologische Reste finden sich sowohl im heutigen Stadtgebiet
(Zentrum bei Koord. 1605.1035) als auch auf dem westlich davon
gelegenen *Ǧebel er-Rumēde* (Koord. 1597.1036)[12]. Auf dem *Ǧebel
er-Rumēde* lag das Siedlungszentrum während der Mittelbronze- und
der Eisenzeit (20.–16. bzw. 12.–6. Jh. v.Chr.). Spätestens in römischer Zeit ist die Ansiedlung im Tal beim heutigen Stadtzentrum zu
finden. Zwischen beiden Fundstellen, am Ostfuß des *Ǧebel er-
Rumēde*, liegt die für die Wasserversorgung der Stadt wichtige Quelle
ᶜAin el-Ǧudēde[13]. Von ihr aus war sowohl eine Siedlung im Tal als
auch eine solche am *Ǧebel er-Rumēde* zu versorgen. Leider ist die
Quelle wenig erforscht[14]. Die archäologischen Aktivitäten konzentrierten sich zunächst auf das heutige Stadtgebiet[15]. Seit den ersten
Oberflächenuntersuchungen von Mader[16] richtet sich das Interesse
verstärkt auf die archäologischen Reste auf dem *Ǧebel er-Rumēde*,
wo auch zwei kleinere Ausgrabungen stattfanden[17]. Von den jüngsten
archäologischen Aktivitäten in der Umgebung Hebrons sind bislang

---

[7]   MADER 1957, I 189ff; OFER 1994, 94.
[8]   ROLL 1983, 139; JERICKE/SCHMITT 1992.
[9]   AMIT 1989/90; 1992.
[10] JERICKE 1997a, 63 mit 58 Karte 2.
[11] Zu Einzelheiten des Straßenverlaufs ALT 1931a, 13–20.
[12] Zusammenfassend OFER 1993b.
[13] SCHICK 1898; ABEL 1910, 145; HAMMOND 1968, 254 Fig. 6; CHADWICK 1992,
151.
[14] Beschreibung bei MADER 1957, I 189ff. Mader vergleicht den mit Brunnen
und Schächten gefassten Komplex mit den entsprechenden Wasserversorgungsanla-
gen von Megiddo und Gibeon. Ein 1914 von Mader angefertigter Plan ging offenbar
verloren (MADER 1957, I 190 Anm. 31).
[15] VINCENT/MACKAY 1923. Eine umfangreiche Aufnahme der mittelalterlichen
Baudenkmäler findet sich im Archiv der Israel Antiquities Authority im Rockefeller-Museum, Jerusalem (Ordner „Hebron"). Von Maders „wochenlangen Vermes-
sungsarbeiten der Stadt und ihrer Umgebung mit Theodolit und Meßband zur Her-
stellung eines genauen Stadtplanes" (MADER 1957, I 189) existieren m.W. keine
Unterlagen.
[16] MADER 1957, I 188–200.
[17] S. u. Seite 19ff.

nur die Ausgrabungen von *Ḥirbet Nimrā/Ǧebel Nimrā* (1609.1038) im Norden der Stadt veröffentlicht[18].

1.2 *Archäologische Funde im Stadtgebiet*

Im Zentrum der Stadt befindet sich der imposante *Ḥaram el-Ḫalīl*, ein ca. 59 x 34 m großer Memorialbau aus herodianischer Zeit. Er markiert den Platz, an dem nach jüdischer, christlicher und islamischer Tradition die Gen 23 genannte Höhle Machpela mit den Gräbern der Erzeltern zu suchen ist. Der herodianische Bau, der aus einer Umfassungsmauer und einem gepflasterten Hof besteht, ist weitgehend unversehrt erhalten. Er wurde seit dem Beginn des 20. Jahrhunderts archäologisch untersucht[19]. Seine Ähnlichkeit mit den Substruktionen des Tempelplatzes in Jerusalem aus der herodianischen Zeit[20] wurde dabei immer wieder konstatiert[21]. Der erste ernsthafte Versuch, in Bereiche unter dem herodianischen Bau vorzudringen, wurde in der Kreuzfahrerzeit unternommen[22]. Weitere folgten im Spätmittelalter[23] und v.a. im 19. und 20. Jahrhundert[24]. Von daher ist zumindest bekannt, dass sich unter dem *Ḥaram* Gräber befinden. Eine spektakuläre Aktion, bei der ein Mädchen durch einen Schacht hinuntergelassen wurde, erbrachte kein Ergebnis[25]. Nach neuesten Erkenntnissen sind die Grabanlagen vermutlich in die Mittelbronze- und in die ausgehende Eisenzeit II zu datieren[26]. Grabanlagen aus diesen Perioden wurden auch in der Umgebung Hebrons und am *Ǧebel er-Rumēde* gefunden[27]. Solange der zentrale Siedlungsplatz auf dem *Ǧebel er-Rumēde* war, lag der Begräbnisplatz im Bereich der heutigen Stadt. Dieser Zustand mit dem Siedlungsplatz auf dem Hügel und dem Be-

---

[18] HIMZI/SHABTAI 1993.
[19] Grundlegend VINCENT/MACKAY 1923; zu einigen Details YEIVIN 1974; 1976/77.
[20] Beschreibung zuletzt bei GEVA/AVIGAD 1993, 736–744.
[21] DALTON 1897; JACOBSON 1981.
[22] VINCENT/MACKAY 1923, 163–188; MILLER 1985, 39–42.
[23] Vgl. die stark legendenhaft eingefärbten Erzählungen bei LESTRANGE 1890, 315–327. Sie schildern die Erzväter als auf dem Rücken liegende, weißgelockte, bärtige und grüngewandete Leichname.
[24] VINCENT/MACKAY 1923, 53–66; ARDEN-CLOSE 1951; CHEN 1987.
[25] DAYAN 1976; MILLER 1985.
[26] YEIVIN 1974; OFER 1993b, 607; MAGEN mündlich (Mai 1995).
[27] MADER 1957, I 194f; CHADWICK 1992, 71f.123; MAGEN mündlich (Mai 1995). Die meisten Gräber am *Ǧebel er-Rumēde* stammen jedoch aus dem 4. Jt. v.Chr., vgl. CHADWICK 1992, 37–40.

gräbnisplatz im Tal hielt vermutlich bis in hellenistische Zeit an. Bei Gräbern im Bereich der heutigen Stadt wurden griechische Inschriften entdeckt, von denen einige Namen das Element *Qōs* enthalten[28]. *Qōs* ist der Hauptgott der Edomiter. Die Inschriften zeugen daher von der Zugehörigkeit Hebrons zu Edom/Idumäa in hellenistischer Zeit[29]. Konsequenterweise wurde dann im Bereich des Begräbnisplatzes im Talgrund zur Zeit des Herodes die Gen 23 erwähnte Machpela gesucht und der entsprechende Memorialbau errichtet. In diesem Zusammenhang, möglicherweise auch schon etwas früher, dürfte die Verlagerung des zentralen Siedlungsplatzes vom *Ǧebel er-Rumēde* in den Talgrund erfolgt sein[30]. Dort war auch die Wasserversorgung besser zu bewerkstelligen. Die archäologischen Reste aus hellenistischer und römischer Zeit auf dem *Ǧebel er-Rumēde* scheinen lediglich auf einige landwirtschaftliche Aktivitäten zu weisen[31].

1.3 *Archäologische Forschungen auf dem Ǧebel er-Rumēde*

Auf der Ostseite des Berges erstreckt sich der *Tell er-Rumēde* über eine Fläche von ca. 280 x 280 m[32]. Die ersten Oberflächenuntersuchungen unternahm Mader zwischen 1914 und 1926. Die an der Oberfläche sichtbaren „zyklopischen" Mauern datiert er korrekt in die Mittelbronzezeit[33]. Zwischen 1964 und 1966 wurden drei Grabungskampagnen eines amerikanischen Teams unter Philip C. Hammond durchgeführt. Dabei wurden sieben Areale verschiedener Größe ergraben. Alle liegen in der Südhälfte des Tell. Darüber hinaus wurden Sondierungen an sieben Gräbern durchgeführt[34]. Wegen des Sechs-Tage-Krieges wurden die Arbeiten jedoch vorzeitig abgebrochen. Hammond veröffentlichte noch drei Vorberichte[35]. Aus jüngster Zeit

---

28 MAGEN mündlich (Mai 1995).
29 Vgl. 1Makk 5,65.
30 CHADWICK 1992, 44.
31 OFER 1993b, 609.
32 HAMMOND 1968, 254 Fig. 6; OFER 1984, 94; 1989, 89f; CHADWICK 1992, 150f.
33 MADER 1957, I 189, II Lichtbild 176. Mader weist dabei auf GARSTANG (1931, 209f) hin. Tatsächlich datiert auch Garstang die Mauer in die Mittelbronzezeit. Ansonsten schließt er sich jedoch, entgegen den Darstellungen Maders, der Position Albrights an, der bereits das alttestamentliche Hebron im Tal sucht (ALBRIGHT 1935, 133.208), weil seine Oberflächenuntersuchung auf *Tell er-Rumēde* keine alten Reste zu Tage förderte, vgl. auch noch GALLING 1937, 276.
34 HAMMOND 1968, 254 Fig. 6; CHADWICK 1992, 151.
35 HAMMOND 1965; 1966; 1968; vgl. auch CAMPBELL 1965.

liegt eine Dissertation von Jeffrey R. Chadwick vor, die es sich zum
Ziel gesetzt hat, die Ergebnisse der amerikanischen Grabung darzu-
stellen[36]. Von 1984 bis 1986 führte Avi Ofer von der Universität Tel
Aviv nochmals drei Kampagnen durch. Teilweise wurden die von
Hammond angelegten Areale weiter untersucht. Hauptsächlich wurde
jedoch ein Probeschnitt („Trench S") angelegt, der von der Spitze des
Tell über den gesamten Ostabhang verläuft. Außerdem wurde im
Nordteil des Tell ein neues Areal („Area F") geöffnet[37] (*Abb. 4*). Von
diesen Ausgrabungen liegen Kurzberichte vor[38].

Die Korrelation der Darstellungen von Chadwick und Ofer wird durch methodische Differenzen erschwert. Trotz ihres Umfangs ist die Arbeit von
Chadwick kein Ausgrabungsbericht. Chadwick beschreibt lediglich die Befunde der sieben Grabungsareale und der sieben untersuchten Gräber. Größtenteils handelt es sich dabei um wörtliche Zitate aus Hammonds Feldtage-
büchern. Leider bietet Chadwick so gut wie keine Abbildungen, die seine
Interpretationen stützen könnten. Außerdem führt er sozusagen literarisch
die Wheeler-Kenyon-Methode weiter, der sich die Ausgrabung verpflichtet
wusste[39]. Er beschreibt nacheinander die Phasen eines Ausgrabungsareales
für jeweils eine archäologische Epoche. Dabei setzt er voraus, dass die Phasen jeweils den gesamten Zeitraum der Epoche abdecken; z.B. Areal 6: die
Phasen 36–33 werden der Spätbronzezeit zugeordnet und sollen von der
frühen Spätbronzezeit IA (2. Hälfte 16. Jh. v.Chr., Phase 36) bis zur späten
Spätbronzezeit IIB (Ende 13. Jh. v.Chr., Phase 33) reichen[40]. Dadurch entsteht der Eindruck einer ununterbrochenen Siedlungstätigkeit. Eine solche
These ist aber aufgrund des beschriebenen Materials nicht haltbar[41]. Darüber
hinaus argumentiert Chadwick in der Tradition „Biblischer Archäologie"
von William Foxwell Albright und G. Ernest Wright. Die absoluten Datier-

---

[36] CHADWICK 1992. Die Arbeit ist in öffentlichen Bibliotheken des deutschsprachigen Raumes nicht vorhanden. Auch über den Buchhandel ist sie nicht zu erwerben. Durch Vermittlung eines Berliner Antiquariats erhielt ich eine Xerokopie. Da es
sich um eines der wenigen außerhalb der USA vertriebenen Exemplare handeln
dürfte—ein weiteres befindet sich im Besitz von Avi Ofer—referiere ich die Arbeit
hier vergleichsweise ausführlich. Ihr wissenschaftlicher Standard entspricht jedoch in
vielen Punkten nicht demjenigen, der von einer in Europa angefertigten Dissertation
erwartet wird. Das ist deshalb bedauerlich, weil dadurch vorläufig die Chance vertan
ist, das archäologische Material der Hammond-Grabung adäquat, d.h. mit Abbildungen und genauen Beschreibungen, zu publizieren.
[37] OFER 1984, 94; 1989, 90.
[38] OFER 1984; 1986; 1987/88; 1989; 1993b.
[39] CHADWICK 1992, 29ff.
[40] CHADWICK 1992, 88–91.
[41] Die Phasen 35 und 34 werden lückenfüllend auf das 15. und 14. Jh. v.Chr.
verteilt (CHADWICK 1992, 89f.144), obwohl etwa „in the floor make-ups"—was auch
immer darunter zu verstehen ist—von Phase 34 Scherben der Frühbronzezeit I und
der Mittelbronzezeit II gefunden wurden (CHADWICK 1992, 90).

ungen werden nicht dem archäologischen Material im Vergleich zu anderen Ausgrabungen, sondern biblischen Texten und anderen altvorderorientalischen Quellen entnommen[42]. Eine weitere Schwierigkeit in der Korrelation der Darstellung Chadwicks mit den Berichten von Ofer besteht in der Periodisierung der Eisenzeit. Auch in diesem Fall steht Chadwick in der Tradition der Albright-Schule. Die Eisenzeit I endet demzufolge 922 bzw 918 v.Chr.[43] Ofer dagegen bezeichnet die Übergangszeit 11./10 Jh. v.Chr. bereits als Eisenzeit IIA[44].

Auf dem Hintergrund dieser unterschiedlichen methodischen Prämissen ist die Geschichte Hebrons in Umrissen nachzuzeichnen.

a) Frühbronzezeit und Mittelbronzezeit

Im 4. Jt. v.Chr. war der Platz bereits intensiv besiedelt. Hammond fand in allen Arealen, die von ihm geöffnet wurden, sowie in zwei Gräbern Material, das er der Übergangszeit vom Chalkolithikum zur Frühbronzezeit I zuweist[45]. Auch Ofer berichtet von zahlreichen Funden der Frühbronzezeit I, darüber hinaus von Siedlungsspuren der ausgehenden Frühbronzezeit[46]. Demzufolge existierte in der Frühbronzezeit (Ende 4. und 3. Jt. v.Chr.) eine offene Siedlung in Hebron. In der Mittelbronzezeit II (erste Hälfte 2. Jt. v.Chr.) wurde die Siedlung mit einer „zyklopischen", d.h. einer ca. 3 m breiten[47], aus bis zu 2 m langen Steinen bestehenden[48] Mauer umgeben. Im Bereich der turmartigen Mauervorsprünge erreicht die Mauer eine Breite von ca. 9 m[49]. Den Mauerverlauf konnte Ofer weitgehend rekonstruieren[50] (*Abb. 4*). Aus der Mittelbronzezeit stammt auch ein Keilschrifttäfelchen, das vier Personennamen und eine Liste von Tieren enthält[51]. Ob diese Angaben auf einen kultischen Hintergrund weisen[52], ist zwei-

---

[42] Augenfälligstes Beispiel ist die zeitliche Festlegung der mittelbronzezeitlichen Stadtmauer auf 1728 v.Chr. aufgrund der Angabe in Num 13,22 (CHADWICK 1992, 15.74.131f). Num 13,22 ist als absolute Zeitangabe jedoch untauglich, vgl. NAʾAMAN 1981; JERICKE 1997a, 289.

[43] CHADWICK 1992, 100–103. Die Festlegung auf 918 v.Chr. erfolgt dabei nach dem vermeintlichen Datum des Schoschenk-Feldzuges.

[44] OFER 1994, 102ff.

[45] CHADWICK 1992, 37ff.42. Zur Problematik des Übergangs vom Chalkolithikum zur Frühbronzezeit s. HANBURY-TENISON 1986, 6–32; JOFFE 1993, 39–50.

[46] OFER 1993b, 607f.

[47] OFER 1984, 95.

[48] CHADWICK 1992, 63.

[49] CHADWICK 1992, 63f.132.

[50] OFER 1989, 90.

[51] ANBAR/NAʾAMAN 1986/87.

[52] So OFER 1993b, 607.

felhaft. Die Funde zeigen, dass Hebron in der ersten Hälfte des 2. Jts.
v.Chr. eine bedeutende Stadt war. Hier lag das städtische Zentrum des
judäischen Berglandes. Über das Ende der mittelbronzezeitlichen
Stadt ist praktisch nichts bekannt. Da die Mauern weitgehend erhalten
sind, ist eine kriegerische Zerstörung unwahrscheinlich. Die Ursachen
liegen vermutlich in der allgemeinen ökonomischen Situation des
Landes, die durch politische Turbulenzen der Hegemonialmacht
Ägypten verursacht waren[53].

b) *Spätbronzezeit und Eisenzeit I*
Schwieriger zu beurteilen ist die Siedlungsgeschichte des Platzes in
der Spätbronzezeit. Chadwick postuliert eine Besiedlung während der
gesamten Spätbronzezeit (15.–13. Jh. v.Chr.)[54]. Er behauptet auch,
dass die Stadtmauer der Mittelbronzezeit II weiter benutzt wurde,
obwohl die besiedelte Fläche in der Spätbronzezeit gegenüber der
Mittelbronzezeit II abnahm[55]. Diese Thesen scheinen weitgehend von
der Annahme der Historizität der Notiz Jos 10,36f bestimmt zu sein[56].
Jos 10,36f erzählen von der Einnahme der befestigten Stadt Hebron
durch das Heer der israelitischen Stämme[57]. Mit dieser Notiz verbindet Chadwick die Angaben von der Besiedlung Hebrons durch Kaleb
Jos 14,12f; 15,13f und interpretiert den archäologischen Befund in
diesem Rahmen[58].

---

[53] WEIPPERT 1988, 254f; AHLSTRÖM 1993, 217f; BUNIMOVITZ (1994) entwickelt
in diesem Zusammenhang das Erklärungsmodell der „shifting frontier": je nach der
allgemeinen ökonomischen Lage lag die Grenze des sesshaften Wohnens mehr in der
Küstenebene (bei instabilen Verhältnissen wie etwa während der Spätbronzezeit)
oder mehr im Bergland (in Zeiten der Prosperität wie der Mittelbronzezeit II).
[54] CHADWICK 1992, 1–5.77–96.133ff.
[55] CHADWICK 1992, 80.93ff.134f.
[56] CHADWICK 1992, 94f.
[57] Jos 10,36f sind, ebenso wie die Notizen zu Makkeda (V.28), Eglon (V.34f)
und Debir (V.38f), von einer P nahestehenden Redaktion in Abhängigkeit von Jos 15
gestaltet (JERICKE 1997a, 296ff) und daher historisch nicht auswertbar. NAᵓAMAN
1994a, 255f sieht in Jos 10,29–39 Ähnlichkeiten zu der historischen Situation bei
Sanheribs Feldzug 701 v.Chr.
[58] CHADWICK 1992, 92–96. KRAHMALKOV (1994) will den Ort *ḫ-b-r*, der zweimal in den Inschriften von *Medīnet Habu* aus der Zeit Ramses III. vorkommt
(SIMONS 1937, 168.174) mit Hebron identifizieren. Er parallelisiert die Reihenfolge
der Orte in der Inschrift „List XXVII" (SIMONS 1937, 168) mit Jos 15,52ff. Allerdings stimmen weder die Ortsnamen noch die Reihenfolge von Jos 15,52ff mit dem
ägyptischen Dokument überein. Insofern ist die Argumentation von Krahmalkov
irreführend. Sie ist im übrigen ganz von seiner apologetischen Absicht bestimmt, die
historische Richtigkeit der alttestamentlichen Exodus- und Landnahmedarstellung
aus ägyptischen Quellen nachzuweisen.

Die Funde selbst geben keinen Hinweis auf eine dauerhafte Besiedlung während der Spätbronzezeit. Dies lässt sich an vier Punkten
zeigen: (1) Die Weiterbenützung der mittelbronzezeitlichen Mauer ist
archäologisch nicht zu erweisen. Sicherlich ist davon auszugehen,
dass die Mauer oder Teile derselben weiterhin existierten, zumal einzelne Mauerabschnitte bis heute an der Oberfläche zu sehen sind. Ob
die Mauer jedoch in der Spätbronzezeit funktional als Stadtmauer genutzt wurde, bleibt zweifelhaft. (2) Keramik, die typologisch—zumindest nach Chadwicks Beschreibung—der Spätbronzezeit zuzu-
ordnen ist, wurde lediglich im Schutt außerhalb der mittelbronzezeitlichen Mauer[59] und in einem Grab[60] gefunden. Der „typical Late
Bronze »knob base« storage jar", den Chadwick einer frühen Phase
der Spätbronzezeit zuweist[61], ist in die ausgehende Spätbronzezeit II
zu datieren[62]. Unerfindlich ist auch der Hinweis auf angeblich für die
Spätbronzezeit typische „squarish-section handles"[63]. (3) Archi-
tekturreste, die der Spätbronzezeit zugewiesen werden[64], sind nicht
durch signifikante Keramik datiert. Ein pauschaler Hinweis auf *Tell
Bēt Mirsim* C reicht nicht[65]. (4) Ein Skarabäus aus der Zeit Ramses II.
(1290–1224 v.Chr.) wurde in der angeblich ältesten spätbronzezeitlichen Phase 36 (16./15. Jh. v.Chr.) gefunden[66]. In verwickelter Argumentation versucht Chadwick nachzuweisen, dass der Skarabäus
aus der jüngsten spätbronzezeitlichen Schicht (Phase 33) stammt und
bei der Zerstörung der darunter liegenden Fußböden in Phase 36 gelangte[67]. Diese Interpretation ist nicht haltbar. Vielmehr muss Phase
36 nach dem Skarabäus datiert werden. Als terminus post quem ist
demnach die erste Hälfte des 13. Jhs. v.Chr. anzusetzen. Bei der relativ langen Benutzungsphase von Skarabäen ist eine Datierung von
Phase 36 in die zweite Hälfte des 13. Jhs. v.Chr. am wahrscheinlichsten. Die darauffolgenden Schichten mit architektonischen Resten

---

[59]   „… a few fragments of Cypro-Phoenician bilbil ware and one fragment of an
Cypriot »milk bowl"" (CHADWICK 1992, 85).
[60]   Gefäße vom bilbil-Typ (CHADWICK 1992, 92).
[61]   CHADWICK 1992, 83.
[62]   AMIRAN (1969, 141) nennt das entsprechende Phänomen eine „button-like base" und führt zwei Gefäße der Spätbronzezeit IIB als Beispiele an (AMIRAN 1969, Pl.
43:8; 44:9).
[63]   CHADWICK 1992, 90.134.
[64]   CHADWICK 1992, 84.89f.
[65]   CHADWICK 1992, 89f.
[66]   CHADWICK 1992, 89 (Abbildung S. 185).
[67]   CHADWICK 1992, 90f.

(Phasen 35 und 34) sind demzufolge in das ausgehende 13. oder in das 12. Jh. v.Chr. zu datieren.

Nach dieser Interpretation der Funde bestand auf *Tell er-Rumēde* während der Spätbronzezeit keine Siedlung[68]. Die Grabfunde[69] lassen jedoch auf nomadische Präsenz schließen[70]. In der Spätbronzezeit fehlen auch die Siedlungen in der Umgebung Hebrons[71], also das Hinterland, von dem die städtische Entwicklung Hebrons abhängig war. Der Zentralort der Region während der Spätbronzezeit war De-bir/*Ḫirbet Rabūd*. Erst zum Ende der Spätbronzezeit, am Übergang zur Eisenzeit I (Ende 13./Anfang 12. Jh. v.Chr.) ist wieder eine Be-siedlung des Ortes, vermutlich in Form einer kleinen offenen Sied-lung, festzustellen. Diese Deutung deckt sich mit dem Befund von Ofer, der in „Trench S" ein Stratum des 12. oder späten 13. Jhs. v.Chr. freilegte[72].

c) *Eisenzeit I/II*

Auch für die Eisenzeit I behauptet Chadwick eine durchgehende Be-siedlung vom 12. bis zum ausgehenden 10. Jh. v.Chr.[73]. Die in der Mittelbronzezeit II errichtete Mauer soll weiter in Benutzung gewe-sen sein[74], obwohl die bebaute Fläche anscheinend wesentlich gerin-ger war als in der Mittelbronzezeit. Funde der Eisenzeit I notiert Chadwick nur für zwei Areale: Areal 3 (außerhalb der mittelbronze-zeitlichen Mauer!) und Areal 6 (Zentrum des Tell)[75]. Zum größten Teil bestehen die Phasen, die er aufzählt, jedoch nur aus einem Fuß-bodenniveau, das kein signifikantes oder gar kein Material enthält. In die Eisenzeit I weisen allenfalls vier Fragmente philistäischer Ware[76] und zwei collared-rim-jar-Fragmente[77]. Philistäische Ware ist nicht

---

[68] Vgl. OFER 1993b, 608f.
[69] Vgl. HAMMOND 1965, 269; 1966, 568.
[70] Das Phänomen von Friedhöfen, die nicht in Verbindung zu Siedlungen stehen, ist nicht systematisch erforscht. Verschiedene Beobachtungen, v.a. zur Frühbronze- und zur Mittelbronzezeit, lassen vermuten, dass es sich um zentrale Begräbnisstätten nomadischer Bevölkerung handelt. Aus der Spätbronzezeit sind mehrere solcher Plätze im judäischen Bergland bekannt. Vgl. PRAG 1985; COHEN 1992, 107; AVNI 1992, 246; OFER 1994, 100; FINKELSTEIN 1994a, 163; OFER 1998, 46.
[71] OFER 1993a, 29*; 1994, 100f.
[72] OFER 1987/88, 92.
[73] CHADWICK 1992, 97–113.
[74] CHADWICK 1992, 111.
[75] CHADWICK 1992, 103f.
[76] CHADWICK 1992, 105.
[77] CHADWICK 1992, 108.

vor der Mitte des 12. Jhs. v.Chr.[78], im Bergland aber sicher nicht vor dem 11. Jh. v.Chr. anzusetzen[79]. Der undifferenzierte Hinweis auf collared-rim-jars reicht für eine Datierung in das 12. Jh. v.Chr. nicht aus. Diese Gefäßart erstreckt sich über die gesamte Eisenzeit I und taucht z.T. noch in Horizonten der Eisenzeit II auf[80]. Da sich sowohl die philistäische Ware als auch die collared-rim-jar-Fragmente in den ältesten von Chadwick beschriebenen Phasen finden, ist das 11. Jh. v.Chr. als oberster Zeitrahmen für die Datierung der im übrigen äußerst spärlichen architektonischen Funde anzusetzen.

Diese Erkenntnis ist mit dem Befund von Ofer zu korrelieren. Er beschreibt für das 11./10 Jh. v.Chr. eine vergleichsweise intensive Besiedlung des Ortes, ein „golden age at Hebron"[81]. Diese Aussage basiert allerdings lediglich auf dem Befund von Areal F im Norden des Tell. Dort wurden 5 m außerhalb der mittelbronzezeitlichen Mauer Reste des 11./10. Jhs. gefunden[82]. Weiteres Material dieser Zeit wurde in „Trench S" in Füllschichten entdeckt[83]. Ofer leitet daraus zwei Schlüsse ab: (1) die Siedlung im 11./10. Jh. v.Chr. war wahrscheinlich („probably") größer als die Stadtanlage der Mittelbronzezeit II[84]; (2) die mittelbronzezeitliche Mauer wurde vermutlich („presumably") weiter benützt als „fortifications for the upper sector of the city"[85]. Für beide Thesen gibt es jedoch m.E. noch keine ausreichenden Indizien im archäologischen Befund. Allenfalls könnte die Ausdehnung der Siedlung nachgezeichnet werden, wenn die Befunde von Ofer für das 11./10 Jh. v.Chr. mit denen von Hammond/Chadwick für die Eisenzeit I zusammen gesehen werden. Die Siedlung umfasste dann zumindest die Areale F und S (Ofer) bzw. 6

---

[78] AHARONI 1982, 184f; MAZAR 1985; DOTHAN 1989. FINKELSTEIN (1995; 1998) entwickelt die weitergehende These, dass sich philistäische Gruppen erst nach Beendigung der ägyptischen Herrschaft am Ende des 12. Jhs. v.Chr. in der Küstenebene ansiedelten. Er verweist darauf, dass bislang an keinem Ausgrabungsplatz ägyptische Fundstücke und monochrome philistäische Keramik in einer Besiedlungsschicht gefunden wurden und dass deshalb von einem Nacheinander ägyptischer und philistäischer Präsenz auszugehen ist; zur kritischen Diskussion dieser These s. NAʾAMAN 2000; BUNIMOVITZ/FAUST 2001.

[79] Zur Ausdehnung philistäischer Herrschaft in das Bergland im 11. Jh. v.Chr. s. SINGER 1994, 322–325.

[80] WORSCHECH 1992.

[81] OFER 1993b, 609.

[82] OFER 1984, 95; 1993b, 608.

[83] OFER 1986, 92; 1993b, 607.

[84] OFER 1993b, 609.

[85] OFER 1993b, 609.

und 3 (Hammond/ Chadwick) und wäre demnach ähnlich groß gewesen wie die Stadt der Mittelbronzezeit II (*Abb. 4*). Allerdings hätte sich nach dieser Rekonstruktion die Siedlung des 11./10. Jhs. mehr um die Spitze des Hügels orientiert, während die Stadt der Mittelbronzezeit II sich weit über den Ostabhang und dadurch unmittelbar bis an die Quelle ʿ*Ain el-Ǧudēde* erstreckte. Eine solche hypothetische Rekonstruktion spräche dann auch dafür, dass die Siedlung im 11./10. Jh. v.Chr. nicht befestigt war. Unabhängig von der Frage der Befestigung der Ortslage war die Eisenzeit I/II ein zweiter Siedlungshöhepunkt am Ort nach der Mittelbronzezeit II.

d) *Eisenzeit II*

Ein dritter Siedlungshöhepunkt ist für die späte Eisenzeit II ab dem ausgehenden 8. Jh. v.Chr. zu konstatieren. Über die Tatsache einer Besiedlung während dieser Periode besteht kein Zweifel. Unklar bleiben allerdings die Art der Siedlung und ihre zeitliche Erstreckung. Ein an die mittelbronzezeitliche Mauer nach innen angebauter Turm[86] und Reparaturarbeiten an der Mauer[87] sprechen für eine befestigte Anlage unter Weiterbenutzung der mittelbronzezeitlichen Stadtmauer. Hammond hat in Areal 1 ein Pfeilerhaus freigelegt[88]. Ansonsten ist von der Architektur der Siedlung nichts bekannt. Die von Chadwick beschriebene Keramik[89] weist in das 8./7. Jh. v.Chr.: black juglets[90], vierhenklige Vorratskrüge (wie Lachisch III und II)[91] und unterhalb der Schulter karinierte Dekanter (wie Lachisch II)[92] sowie Lampen mit und ohne den für das judäische Bergland in der ausgehenden Eisenzeit typischen Standfuß[93]. Auch Ofer berichtet von Fußbodenniveaus des 8./7. Jhs. v.Chr. und von einem „floor fragment from the end of the Iron Age"[94]. Eindeutig in das 8. Jh. v.Chr. zu datieren sind fünf gestempelte Krughenkel[95] mit jeweils einem zweiflügligem Symbol. Zwei der Henkel tragen die Inschrift *lmlk ḥbrn* „für den Kö-

---

[86] OFER 1993b, 607f.
[87] OFER 1987/88, 92.
[88] CHADWICK 1992, 119. Ofer weist das Haus der Eisenzeit I zu (mündlich Mai 1995).
[89] CHADWICK 1992, 121ff.
[90] Vgl. AMIRAN 1969, 263.
[91] Vgl. ZIMHONI 1990.
[92] ZIMHONI 1990, 44ff.
[93] Vgl. AMIRAN 1969, 291ff; ZIMHONI 1990, 47 Fig. 35:7.8.
[94] OFER 1986, 92.
[95] S. u. Seite 27–31.

nig. Hebron"[96]. Sie sind die bisher einzigen Exemplare der Königs-stempel, deren Ortsangabe zweifelsfrei mit dem Fundort identisch ist[97].

Exkurs: Die Königsstempel

Die Königsstempel stellen eine wichtige spätkönigszeitliche Fundgruppe aus dem judäischen Bergland und aus der westlich angrenzenden Schefela dar. Sie tragen teilweise die zweizeilige, durch ein Bildmotiv getrennte, Auf-schrift *lmlk ḥbrn* „für den König. Hebron". Außer Hebron sind im unteren Register nur noch die Orte Sif, Socho und *Mmšt* „Mamschit" genannt (*Abb. 5*). Art und Aussehen der Stempel sowie der Krughenkel bzw. der Vorrats-krüge, auf denen die Stempel zu finden sind, wurden von Peter Welten aus-führlich dargestellt[98]. Dabei ist besonders auf die grundlegende Feststellung zu verweisen, dass die beiden Teile der Inschrift getrennt zu betrachten sind. *lmlk* ist mit Artikel zu lesen und bezieht sich auf den judäischen König in Jerusalem. Die darunter gestellte Ortsangabe bezeichnet die Herkunft des jeweiligen Kruges[99]. Seit der Arbeit von Welten erhöhte sich die Anzahl der gefundenen Stempel beträchtlich[100]. In der Frage ihrer Bedeutung und ihres historischen Ortes sind jedoch vergleichsweise weniger Fortschritte gemacht worden. Dennoch sind gegenüber den Thesen von Welten einige Korrek-turen und Ergänzungen anzubringen.

(1) *Klassifizierung*. Welten teilt die Stempel in vier Gruppen ein, wobei das zentrale Bildsymbol als Kriterium gilt. Er unterscheidet jeweils zwischen einer ausgeführten und einer stilisierten Fassung des vierflügligen (Skara-bäus) und des zweiflügligen Symbols (Flügelsonne). Lemaire dagegen zeigt, dass letztendlich nur zwei Klassen zu unterscheiden sind: die Skarabäen und die Flügelsonnen. Diese sind in verschieden guten Abdrücken zu finden[101].

(2) *Datierung*. Welten datiert die vierflügligen Symbole in das ausgehen-de 8. Jh. v.Chr., für die zweiflügligen Symbole nimmt er eine Laufzeit bis in das 7. Jh. v.Chr. an[102]. Die Auswertung der Grabungen in Lachisch und die Festlegung der Zerstörung von Lachisch III auf 701 v.Chr.[103] zeigen, dass sowohl die zweiflügligen als auch die vierflügligen Symbole in das ausge-hende 8. Jh. v.Chr. zu datieren sind[104]. Für eine solche Datierung in einen

---

[96] OFER 1987/88, 92; 1993b, 608f mit Abbildung.

[97] S. aber u. Seite 28f.

[98] WELTEN 1969. Eine anschauliche Zusammenstellung der Krüge findet sich bei ZIMHONI 1990.

[99] WELTEN 1969, 8f.

[100] WELTEN (1969) arbeitet auf der Basis von ca. 800 Stempelabdrücken, OFER (1993a) listet knapp 1500 Belege auf, Gabriel Barkay hat ca. 2000 registriert (münd-lich Mai 1995); VAUGHN (1999, 166.185–197) kennt 1716 Stempelungen.

[101] LEMAIRE 1981.

[102] WELTEN 1969, 103–117. Ähnlich noch TUSHINGHAM 1992.

[103] USSISHKIN 1982; 1983.

[104] USSISHKIN 1977; NAꞌAMAN 1979a; 1986; AHARONI 1984, 405f; WEIPPERT 1988, 606; VAUGHN 1999, 81–167.

vergleichsweise kurzen Zeitraum spricht zum einen die Beobachtung, dass die entsprechenden Krüge alle aus demselben Ton, vermutlich an demselben Ort, hergestellt wurden[105].

(3) *Die Lokalisierung von Mmšt.* Die Lokalsierung von Sif (*Tell Zīf,* Koord. 1634.0985)[106], Hebron (*Tell er-Rumēde*) und Socho (*Ḫirbet ʿAbbād,* Koord. 1475.1211)[107] ist nicht strittig. Weitgehend ungeklärt ist dagegen die Identifizierung von *Mmšt.* Relativ viele Stempel mit dieser Ortsangabe stammen aus dem nördlichen Juda. Daher scheidet eine Gleichsetzung mit dem spätantiken Mampsis/*Kurnub* im Negev aus, zumal von dort kein eisenzeitlicher Befund vorliegt[108]. Welten sucht *Mmšt* im nördlichen judäischen Bergland oder in der nördlichen Schefela, ohne eine bestimmte Ortslage anzugeben[109]. Erschwert wurde die genauere Festlegung durch die Beobachtung, dass anscheinend bei keinem der bis in die 70er Jahre gefundenen Stempel der in der Inschrift genannte Ort mit dem Fundort des Henkels übereinstimmte. Deshalb wurde keiner der Hauptfundorte der Stempel für eine Identifizierung mit *Mmšt* erwogen[110]. Durch die Funde zweier Stempel mit dem Ortsnamen *ḥbrn* „Hebron" auf *Tell er-Rumēde* hat sich diese Voraussetzung geändert. Daher hat Gabriel Barkay für die Lokalisierung von *Mmšt* einen der Hauptfundplätze von Königsstempeln, *Rāmat Rāḥēl/Ḫirbet Ṣaliḥ* (Koord. 1708.1275)[111] unmittelbar südlich von Jerusalem, vorgeschlagen[112]. Neben den Funden von Königsstempeln in *Rāmat Rāḥēl/ Ḫirbet Ṣaliḥ*[113] spricht auch die geographische Lage für eine Identifizierung mit *Mmšt.* Die auf den Stempeln genannten Orte verteilen sich auf verschiedene Regionen Judas. Sif liegt im südlichen, Hebron im zentralen Bergland und Socho in der Schefela[114]. *Mmšt* ist daher zwangsläufig im nördlichen Juda bzw. in der Region Jerusalem zu suchen, wenn Juda flächendeckend durch die vier Orte repräsentiert sein soll (*Abb. 5*). Allerdings gibt es auch gute Gründe, den südlich von Jerusalem in der Gegend von Betlehem und Tekoa

---

[105] MOMMSEN u.a. 1984.

[106] KEEL/KÜCHLER 1982, 747ff; AHARONI 1984, 446.

[107] ABEL 1938, 467; KEEL/KÜCHLER 1982, 844ff; AHARONI 1984, 446.

[108] NEGEV 1993.

[109] WELTEN 1969, 156: „Man kann an eine Ortslage zwischen Hebron und Bethlehem denken, wahrscheinlicher aber dürfte sein, dass *Mmšt* in der Gegend von Beth-Semes und Ajalon gelegen hat". Noch etwas nördlicher greift der Vorschlag von LEMAIRE (1975), *Mmšt* in Emmaus/ʿ*Amwās* (Koord. 1492.1383) zwischen Jerusalem und Tel Aviv anzusetzen.

[110] Eine Ausnahme ist die Überlegung von AHARONI (1984, 410), *Mmšt* als die Bezeichnung für Jerusalem in seiner „administrativen Funktion" zu verstehen. Dieser Vorschlag ist deshalb unwahrscheinlich, weil ansonsten keinerlei Beleg zu finden ist, der Jerusalem mit *Mmšt* in Verbindung bringt.

[111] Zum archäologischen Befund s. AHARONI u.a. 1993.

[112] Referiert bei AHARONI u.a. 1993, 1267; vgl. schon WEIPPERT 1964, 178.

[113] WELTEN (1969, 184ff) und OFER (1993a, 96) nennen jeweils 147 Exemplare. Die Ortsnamen Hebron (30 Belege), Sif (36) und *Mmšt* (25) sind häufig, Socho (7) ist nur wenig vertreten, die restlichen Exemplare sind unlesbar.

[114] NAʾAMAN 1986, 14f.

gelegenen Ort Bet-Kerem (Jos 15,59 LXX[A]; Jer 6,1; Neh 3,14; vgl. 1Q apGen XXII 14; 3Q 15 X 5 [Kupferrolle]) in *Rāmat Rāḥēl/Ḥirbet Ṣaliḥ* zu lokalisieren[115]. Insofern ist der Vorschlag von Barkay zumindest mit einem Fragezeichen zu versehen.

(4) *Historischer Hintergrund.* Die auf den Stempeln genannten Ortsnamen geben die Herkunft der Krüge bzw. der in ihnen gelieferten Waren an. Welten meinte, bei den genannten Orten handelte es sich um Krongüter, die im Auftrag des Jerusalemer Königshauses militärstrategisch wichtige Plätze zu beliefern hatten[116]. Yohanan Aharoni hält die vier Orte für Distriktshauptstädte von vier Distrikten, die durch eine Verwaltungsrefom zur Zeit Hiskijas entstanden[117]. Zumindest jedoch Sif und Socho erscheinen wenig geeignet, um als Hauptstädte eines Distriktes zu gelten[118]. Im südlichen Bergland waren etwa Horma/*Tell el-Ḥuwēlife* (Koord. 1373.0879)[119] oder Debir/*Ḥirbet Rabūd* (Koord. 1515.0933)[120] wesentlich größer als Sif[121]. In der Schefela war Lachisch der Hauptort, Socho nur ein verhältnismäßig unbedeutender Platz[122]. Nadav Naʾaman bezieht die vier Ortsnamen nicht auf einzelne Orte, sondern meint, durch ihre Nennung seien nur bestimmte Regionen. angegeben, um die Herkunft der Krüge zu markieren. Er begründet diese These damit, dass in keinem Fall Fundort und Ortsname der Inschrift übereinstimmen[123]. Insofern ist auch diese Theorie hinfällig. Daher ist auf die ältere Theorie von Welten zurückzukommen. Ob es sich speziell bei den genannten Orten um Krongüter handelt, muss allerdings offen bleiben, da die Quellenlage in dieser Frage nicht eindeutig ist[124]. Zumindest aber waren es Sammelplätze, zu denen Waren aus der Umgebung im Auftrag der königlichen Verwaltung angeliefert und in die genormten und entsprechend gekennzeichneten Krüge[125] zum Weitertransport umgefüllt wurden. Mit Niemann, der sich weitgehend an Welten anlehnt, erklärt sich die Funktion der genannten Orte „am einfachsten und wahrscheinlichsten so, dass in der Nähe

---

[115] AHARONI 1956b, 150–155; KEEL/KÜCHLER 1982, 596–606; AHARONI 1984, 364f; AHARONI u.a. 1993; SCHMITT 1995, 95.213. Leitend für diese Lokalisierung sind v.a. die Funde aus persischer Zeit. Mehr als die Hälfte aller in Juda entdeckten Siegelabdrücke mit dem Provinznamen Yᵉhūd *yh(w)d* und/oder mit der Beamtenbezeichnung „Statthalter" *pḥwʾ* stammen aus *Rāmat Rāḥēl/Ḥirbet Ṣaliḥ* (CARTER 1999, 267). Dieser Befund entspricht der aus Neh 3,14 zu erschließenden Funktion von Bet-Kerem als Verwaltungs-Unterzentrum der perserzeitlichen Provinz Juda.

[116] WELTEN 1969, 143–174.

[117] AHARONI 1984, 409ff.

[118] NIEMANN 1993a, 157ff.

[119] Zum archäologischen Befund s. SEGER 1993.

[120] KOCHAVI 1974.

[121] Zum archäologischen Befund s. KOCHAVI u.a. 1972, 29.68 (Nr. 178).

[122] Vgl. KEEL/KÜCHLER 1982, 844ff.

[123] NAʾAMAN 1986.

[124] NIEMANN 1993a, 156–169.

[125] Die Bestimmungsorte sind auf den Stempeln nicht angegeben, lediglich der Herkunftsort. Das mag daran liegen, dass entweder die Krüge zurückgeschickt werden mussten und/oder an die Lieferregionen für die Lieferung bezahlt werden musste.

der Orte besonders umfangreiche Krongutkomplexe existierten." Die Orte
waren „die gegebenen Haupt-Sammel- und Umschlagplätze für die Verteilung der akut benötigten Güter zur Versorgung der königlichen Grenz-
festungen und der Residenz(en), die aus Krongutierträgen am sichersten kri-
senfrei zu bewerkstelligen war, sicherer als aus sporadischen oder Sonderab-
gaben"[126]. Die vier Orte waren deshalb für eine solche Funktion geeignet,
weil sie jeweils an Verkehrsknotenpunkten lagen[127] (*Abb. 5*). Von hier aus
konnten die gesammelten Lebensmittel am schnellsten weiter transportiert
werden.

Zumeist wird der historische Ort der mit den Königsstempeln markierten
Krüge in den Verteidigungsbemühungen Hiskijas gegen den Feldzug Sanheribs 701 v.Chr. gesehen[128]. Der vorwiegend militärische Charakter der Organisation könnte damit begründet werden, dass in erster Linie die militärstrategisch wichtigen Regionen um Jerusalem und Lachisch beliefert wurden[129], bei denen zu Recht eine unmittelbare Bedrohung durch den Assyrer-
feldzug zu erwarten war. Eine rein militärpolitische Deutung greift jedoch zu
kurz. Vaughn interpretiert den archäologischen Gesamtbefund als einen
Hinweis auf den hohen Standard der Verwaltungsorganisation zur Zeit
Hiskijas. Da Königsstempel auch an Plätzen gefunden wurden, die nicht
befestigt waren, muss auch die Zivilbevölkerung von den in den Krügen
transportierten Waren profitiert haben[130]. Bei einer solchen Deutung bleibt
jedoch die Funktion der Eignerangabe *lmlk* vergleichsweise unklar. Für eine
Interpretation, die über eine rein militärpolitische Funktion hinaus greift,
sind zwei Aspekte leitend: (1) die Krüge enthielten vermutlich Wein, Öl und
Getreide[131]; (2) zusammen mit den Königsstempeln finden sich mitunter
Abdrücke sogenannter privater Siegel, die zumeist nur einen Namen enthalten[132]. Bei den genannten Personen handelt es sich um Funktionäre aus dem
königlichen Dienst[133]. Aus dem Zweistromland ist die Praxis bekannt, königliche Funktionäre ausschließlich in Naturalien, in Wein und Getreide, zu
entlohnen. Dies ist sowohl für die neuassyrische[134] als auch für die achäme-

---

[126] NIEMANN 1993a, 159.

[127] Vgl. JERICKE/SCHMITT 1992.

[128] USSISHKIN 1977; NAʾAMAN 1979a; 1986; AHARONI 1984, 405f; WEIPPERT
1988, 606.

[129] Nach OFER (1993a, 96) stammen 986 der insgesamt 1453 aufgelisteten Stücke
aus Lachisch (413), Jerusalem (426) und *Rāmat Rāḥēl/Ḫirbet Ṣaliḥ* (147). Die bei
VAUGHN (1999, 166) referierte Verteilung weicht etwas davon ab: Lachisch (407),
Jerusalem (275+), *Rāmat Rāḥēl/Ḫirbet Ṣaliḥ* (160).

[130] VAUGHN 1999, 157–167.

[131] WELTEN 1969, 54ff; WEIPPERT 1988, 605; MITTMANN 1991, 63. VAUGHN
(1999, 167) meint, wahrscheinlich sei in der Hauptsache Wein transportiert worden.

[132] USSISHKIN 1976. Mitunter ist ein Titel angeführt. In sehr seltenen Fällen findet
sich auch ein Bildsymbol.

[133] GARFINKEL 1985; 1990; BARKAY 1995; BARKAY/VAUGHN 1996; VAUGHN
1999, 90–135.

[134] KINNIER WILSON 1972; GRAYSON 1993, 21f.

nidische Verwaltung bis in das 5. Jh. v.Chr. hinein bezeugt[135]. Daher darf zumindest vermutet werden, dass Hiskija diese Praxis zur effektiven Gestaltung seiner Verwaltung von den zeitgenössischen neuassyrischen Herrschern übernahm. Die mit dem königlichen Eignervermerk *lmlk* gestempelten Krüge enthielten Naturalien zur Entlohnung von Funktionsträgern. In diesem Zusammenhang wird auch verständlich, warum in erster Linie die königlichen Residenzorte Jerusalem, *Rāmat Rāḥēl/Ḥirbet Ṣaliḥ* und Lachisch[136] beliefert wurden. Hier befanden sich die meisten königlichen Funktionäre. Die auf den privaten Namenssiegeln genannten Personen dürften demzufolge diejenigen gewesen sein, für deren Entlohnung die Lieferung gedacht war[137].

Zusammenfassend ist festzuhalten, dass aus der Nennung Hebrons auf den Königsstempeln keineswegs eine politisch führende Position der Stadt im zentralen judäischen Bergland abgeleitet werden darf. Hebron war ein lokales ökonomisches Zentrum, dessen Wichtigkeit sich v.a. aus seiner verkehrsstrategischen Lage ergab. Politisch und verwaltungsmäßig war Hebron von Jerusalem abhängig, was der erste Teil der Stempelinschrift *lmlk* zum Ausdruck bringt.

e) *Neubabylonische Zeit*

Ausgesprochen schwierig zu beurteilen ist die Situation während der neubabylonischen Zeit, also während der sogenannten Exilszeit. Zumeist wird das Jahr 587/86 v.Chr. als das Ende der Eisenzeit II angegeben[138]. Auch für Hebron ist dies indirekt vorausgesetzt[139]. Zerstö-

---

[135] H.KOCH 1992, 36–62.

[136] Die Funktion als Residenzort ist einmal aus 2Kön 14,19f zu erschließen: der judäische König Amazja flieht vor einer Verschwörung nach Lachisch, allerdings vergeblich, denn er wird dort ergriffen und getötet. Das erinnert an 2Kön 9f, wo der israelitische König Joram sich zur Heilung seiner Kriegsverletzungen aus Ramot-Gilead nach Jesreel begibt und dort von Jehu getötet wird. Jesreel war eine Nebenresidenz der Omriden (ALT 1934; OEMING 1989; WILLIAMSON 1991; USSISHKIN 1997). Vor allem aber spricht für die These, dass Lachisch eine Nebenresidenz der judäischen Könige war, die Rolle der Stadt beim assyrischen Vormarsch 701 v.Chr. Die aufwendige Einnahme von Lachisch wird paradigmatisch breit auf den Reliefs im Palast Sanheribs in Ninive dargestellt. Diese Präsentation diente möglicherweise sogar propagandistisch als Kompensation für die Nichteinnahme der eigentlichen judäischen Residenz Jerusalem.

[137] Diese Deutung wird dadurch gestützt, dass auch die Namensiegel überwiegend aus Lachisch (76 Exemplare), *Rāmat Rāḥēl/Ḥirbet Ṣaliḥ* (17 Exemplare) und Jerusalem (15 Exemplare) stammen. Lediglich Bet-Schemesch (13 Exemplare) und *Tell el-Ǧudēde* (17 Exemplare) weisen eine vergleichbare Anzahl auf (VAUGHN 1999, 166.198–219).

[138] WEIPPERT (1988, 352) bezeichnet diese Festlegung zwar als „problematisch", hält aber gleichwohl an dem Datum als Übergang von der Eisenzeit IIC zur neubabylonisch-persischen Zeit fest (1988, 572–578.687). Kritik an dieser zeitlichen Fixierung bei KNAUF/LENZEN 1987, 86f. Neuerdings stellt BARKAY (1993) das Datum als kulturhistorischen Einschnitt auch für Jerusalem in Frage.

rungen und Deportationen durch das babylonische Heer betrafen jedoch in erster Linie Jerusalem und teilweise die Schefela. In diesen
Regionen ist demnach ein Einschnitt in der materiellen Kultur mit
587/86 v.Chr. vorauszusetzen. Die Siedlungen im Bergland waren
von den Strafaktionen der Babylonier allenfalls indirekt betroffen[140].
Von daher ist ein Einschnitt in der materiellen Kultur im Jahr 587/86
v.Chr. nicht zwangsläufig gegeben. Aller Wahrscheinlichkeit nach
existierte die Stadtanlage der Eisenzeit II auf dem *Tell er-Rumēde* bis
über dieses Datum hinaus. Über den genaueren Status Hebrons in
neubabylonischer Zeit liegen keine Daten vor. Zumindest ist zu vermuten, dass die Abhängigkeit von Jerusalem nicht mehr gegeben war.

f) *Persische und hellenistische Zeit*

Aus persischer Zeit sind bisher keinerlei Funde bekannt, weder aus
dem heutigen Stadtgebiet noch vom *Tell er-Rumēde*[141]. Lediglich der
nordöstlich der Stadt gelegene Fundplatz *Ğebel Nimrā* weist eine
Anlage aus dieser Epoche auf[142]. Das eigentliche Hebron blieb demnach unbesiedelt. Auch die Vermutung, Reste der Perserzeit könnten
sich an bisher nicht ausgegrabenen Stellen des *Tell er-Rumēde* finden[143], ist nach den neueren Ausgrabungen von Ofer mit den entsprechenden Probeschnitten gegenstandslos. Dagegen zeigen Oberflächenuntersuchungen, dass die Besiedlung des Hebron umgebenden
judäischen Berglandes während der persischen Zeit derjenigen der
ausgehenden Königszeit kaum nachsteht (*Abb. 8*). Ofer verzeichnet
88 Plätze für die Perserzeit gegenüber 113 Plätzen seiner Eisenzeit
IID genannten Epoche (7./6. Jh. v.Chr.)[144]. Allerdings zeigt sich für
die persische Zeit eine Siedlungskonzentration in der Nordhälfte zwischen Hebron und Jerusalem, während vordem eine gleichmäßige
Verteilung der bewohnten Orte über das gesamte judäische Bergland
festzustellen ist[145]. Das Gebiet von Hebron gerät dadurch in Randlage

---

[139] OFER (1994, 102 Anm. 13) setzt seine letzte eisenzeitliche Phase (Eisenzeit
IID) zeitgleich mit Lachisch Stratum II an, für das eine Zerstörung 587/86 v.Chr. als
wahrscheinlich gilt, s. ZIMHONI 1990.
[140] BARSTAD 1996; LIPSCHITS 1998; 1999.
[141] OFER 1993b, 609; CHADWICK 1992, 43.
[142] S. u. Seite 48–52.
[143] CHADWICK 1992, 43.
[144] OFER 1993a, Abb. 60. CARTER (1999, 325–349) listet 132 Plätze mit perser-
zeitlichem Befund auf, wobei die Region nördlich von Jerusalem bis zur Höhe von
Bet-El/*Bētīn* eingeschlossen ist.
[145] OFER 1998, 48f.

und war aller Wahrscheinlichkeit nach außerhalb der um die Mitte des 5. Jhs. v.Chr. installierten Provinz Juda[146].

Erst für die hellenistische Zeit (3./2. Jh. v.Chr.) ist wieder eine rege Siedlungstätigkeit in Hebron selbst zu erschließen. Der Ort lag jetzt im Talgrund an der Stelle der heutigen Stadt. Auf diesen Tatbestand weisen Gräber und Inschriften, die in der unmittelbaren Umgebung der Stadt gefunden wurden. Die Inschriften enthalten verschiedentlich Personennamen mit dem Element des edomitischen Hochgottes *Qōs*[147]. Daher ist die Zugehörigkeit Hebrons zu Idumäa wahrscheinlich[148]. Grabungen im Bereich der heutigen Bebauung wurden nicht durchgeführt[149]. Auf dem *Tell er-Rumēde* befand sich eine landwirtschaftliche Anlage[150].

1.4 *Hebron und das judäische Bergland*

Im wesentlichen verläuft die Geschichte Hebrons im 2. und 1. Jt. v.Chr. parallel zu der des judäischen Berglandes, wo Siedlungshöhepunkte in der Mittelbronzezeit II, der Eisenzeit I/II und der späteren Eisenzeit II festzustellen sind, während die Spätbronzezeit nur äußerst spärlich und die Eisenzeit I mit relativ wenigen Siedlungen nachzuweisen ist[151] (*Abb. 6* und *Abb. 7*). Aufschlüsse über das Verhältnis von Hebron zu seinem Hinterland gibt andeutungsweise der sogenannte rank size index (rsi), wie er in neueren Auswertungen von Regional-Surveys angewandt wird. Der rsi wird durch ein Diagramm errechnet, das durch die Größe und die Anzahl der während einer archäologischen Periode besiedelten Ortslagen determiniert ist. Die vertikale Achse gibt die Größe der Ortslagen an, die horizontale Achse ihre Anzahl, wobei unter Position 1 auf der horizontalen Achse zunächst die Größe der größten Ortslage, unter Position 2 die der zweitgrößten markiert wird usw. Dadurch entsteht eine mehr oder minder abfallende Kurve, aus deren Abweichung von einer angenom-

---

[146] Zur perserzeitlichen Provinz Juda s. u. Seite 86–96.

[147] MAGEN mündlich (Mai 1995).

[148] S. u. Seite 86–96.

[149] Aufgrund der eingeschränkten Grabungsmöglichkeiten kann der Befund auch nicht im Sinne nomadischer Präsenz gedeutet werden, wie dies im Falle der spätbronzezeitlichen Reste (nur Grabfunde, s. o. Seite 22–24) getan wird. Dass sich im Bereich der heutigen Stadt eine Siedlung aus hellenistischer Zeit verbirgt, muss als Option zumindest offen bleiben.

[150] OFER 1993b, 609.

[151] OFER 1993a; 1994; 1998.

menen idealen Kurve der rsi abgelesen wird. Je höher der rsi ausfällt, desto mehr unabhängige Orte gibt es nebeneinander in der untersuchten Region. Je niedriger der rsi, desto deutlicher wird die Abhängigkeit der verschiedenen Siedlungen von einem Zentralort[152]. Für das judäische Bergland werden die höchsten Werte (0.45 bis 0.84) im Chalkolithikum gemessen[153], als praktisch noch kein Siedlungszentrum bestand. In der Mittelbronzezeit II zeigt sich ein mittlerer bis niedriger rsi (−0.20 bis 0.28)[154]. Die Spätbronzezeit hat den absolut niedrigsten Wert (−2.54 bis −1.46, *Abb. 9*)[155]. Die Eisenzeit I hat wieder mittlere Werte (um 0.30). Dagegen bleibt der rsi während der Eisenzeit I/II, der Eisenzeit II und v.a. auch während der Perserzeit gleichbleibend hoch (0.34 bis 0.73, *Abb. 10*)[156]. Eindeutige Zentralorte sind demnach nur für die Mittelbronzezeit II und die Spätbronzezeit zu konstatieren. Die zentrale Rolle Hebrons in der Mittelbronzezeit II geht aus dem geschilderten archäologischen Befund hervor. In der Spätbronzezeit, als Hebron praktisch nicht besiedelt war, lag das regionale Zentrum weiter südlich in Debir/*Ḫirbet Rabūd* (Koord. 1515.0933)[157]. Dagegen ist Hebron weder für die Eisenzeit I/II- noch für die Eisenzeit II eine solche zentrale Rolle innerhalb des judäischen Berglandes zuzuschreiben, wie das für die Mittelbronzezeit II der Fall ist. Das nötigt auch zur Vorsicht hinsichtlich der Vermutung des städtischen Charakters, d.h. der Weiter- bzw. Wiederbenutzung der mittelbronzezeitlichen Stadtmauer. Für die spätere Eisenzeit II ist eine solche archäologisch wahrscheinlich gemacht, nicht aber für die Eisenzeit I/II. Daher ist vorläufig davon auszugehen, dass der Ort im 11./10. Jh. v.Chr. zwar relativ groß, aber unbefestigt war. Ein grundlegend anderes Bild ergibt sich, wenn bei der Festlegung des rsi die Daten von Jerusalem miteinbezogen werden. Über die gesamte Eisenzeit und in der Perserzeit zeigen sich dann niedrige Werte (−0.30 bis −0.08, *Abb. 11*)[158]. Insofern bestätigt sich das bei der Besprechung der Königsstempel gewonnene Bild: das judäische Bergland einschließlich Hebron war in der Königszeit politisch und wirtschaftlich

---

[152] Allgemein dazu BUNIMOVITZ 1994, 187–193.
[153] OFER 1993a, Fig. 90.
[154] OFER 1993a, Fig. 90.
[155] OFER 1993a, Fig. 90.
[156] OFER 1993a, Fig. 91.
[157] OFER 1993a, 29*; 1994, 100; JERICKE 1997a, 259f.
[158] OFER 1993a, Fig. 92.

weitgehend von Jerusalem abhängig, Hebron war allenfalls ein lokales Zentrum.

2. Mamre

2.1 Die alttestamentliche Überlieferung

Art und Aussehen der Ortslage von Mamre[159] ist nur in Umrissen aus den alttestamentlichen Texten zu erheben. Gen 13,18 lassen an einen offenen Kultplatz denken, was bei der Stereotypie der Altarbaunotizen in Gen 12f (12,7f; 13,4) jedoch nicht allzu aussagekräftig ist. Gen 18,1 setzen eine Art offenen Lagerplatz voraus. Auffällig im Ortsnamen ist der Plural אֵלֹנֵי „große Bäume". LXX ändert in den Singular δρῦς und scheint dabei mehrere Argumente auf ihrer Seite zu haben: (1) Gen 12,6 nennt als entsprechende Ortslage bei Sichem einen Platz namens אֵלוֹן מוֹרֶה. Dtn 11,30 schreibt den Ortsnamen allerdings als אֵלוֹנֵי מֹרֶה. (2) Gen 18,4 ist nur von einem Baum הָעֵץ die Rede, an den sich die Besucher Abrahams anlehnen sollen. (3) Verbindungen von אֵלוֹן mit Ortsnamen (Jos 19,33 Zaananim; 1Sam 10,3 Tabor) oder Ausdrücke wie אֵלוֹן בָּכוּת „Trauerbaum" (Gen 35,8), אֵלוֹן מְצָב „starker Baum" (Ri 9,6) und אֵלוֹן מְעוֹנְנִים „Zauberbaum" (Ri 9,37) legen die Vermutung eines durchgängigen singularischen Gebrauchs nahe. Trotz dieser indirekten Argumente für eine singularische Lesung אלון ממרא in Gen 13,18; 18,1[160] ist die Pluralform אֵלֹנֵי מַמְרֵא beizubehalten[161], da der Singular in hebräischen Textzeugen nicht belegt ist. Vergleichbar mit den אֵלֹנֵי מַמְרֵא sind die אַלּוֹנֵי בָשָׁן „Eichen des Baschan" (EÜ, Sach 11,2), die אַלּוֹנֵי הַבָּשָׁן (Jes 2,13) oder die אַלּוֹנִים מִבָּשָׁן „Eichen vom Baschan" (EÜ, Ez 27,6), die jeweils eine Mehrzahl bzw. Vielzahl von Bäumen meinen. Somit ist bei den אֵלֹנֵי מַמְרֵא am ehesten an einen bewaldeten[162], d.h. in Palästina

---

[159] Zum Folgenden vgl. JERICKE 1996.

[160] VON RAD 1976, 130; WESTERMANN 1981, 199. PROCKSCH (1924, 106) äußert die Vermutung, die Pluralversion sei eine „rabbinische Korrektur", um die Vorstellung eines heiligen Baumes zu verdecken. Hier wird allerdings eine erst noch am Text zu erweisende religionsgeschichtliche These zum textkritischen Argument.

[161] DILLMANN 1892, 232; GUNKEL 1910, 176.193; 1920, 140.148; SPEISER 1964, 96; ZIMMERLI 1976, 29; SCHARBERT 1986, 132; LEVIN 1993, 56.

[162] אֵלֹנֵי wird teilweise mit „Eichen" widergegeben (ZIMMERLI 1976, 29; SCHARBERT 1986, 132; EÜ), da der in LXX gebrauchte Ausdruck δρῦς im klassischen Griechisch dies auch—neben der einfachen Bedeutung „großer Baum"—heißen kann (LIDDELL/SCOTT o.J, I 451). Meist wird jedoch an eine Terebinthe (Pistacia atlantica)

meist licht bewaldeten, markanten Geländepunkt, etwa an eine Kuppe oder einen Hügel zu denken, der nicht oder nur wenig bebaut war. In jedem Fall schließt die Beibehaltung des Plurals אֵלֹנֵי die Möglichkeit einer rein kultischen Interpretation der Ortslage im Sinne eines Baumheiligtums aus[163].

2.2 Die nachalttestamentliche Überlieferung

In hellenistischer Zeit erfreute sich Mamre einer großen Beachtung. Gleichzeitig ist eine Aufwertung der Abrahamüberlieferung etwa gegenüber der Jakobüberlieferung zu beobachten. Das Jubiläenbuch aus dem 2. Jh. v.Chr. bezeugt die zeitgenössische Hochschätzung des Ortes Mamre, da hier neben den herkömmlichen Überlieferungen (Gen 13 und 18) ausdrücklich auch die Gen 15 geschilderten Ereignisse lokalisiert werden. Außerdem wird der Wohnsitz Jakobs dorthin verlegt[164]. Seit römisch-byzantinischer Zeit setzt sich die Vorstellung eines durch einen großen Baum markierten Platzes bzw. Heiligtums durch.

Mader führt als Belege für diese Tradition auch Passagen aus der jüdisch-apokalyptischen Literatur des 1. Jhs. n.Chr. (syrische Baruch-Apokalypse, 4. Esra) an[165]. Allerdings ist in beiden Werken Mamre nicht genannt. Die Stellen, die Mader zitiert, sind für die Ortstradition nicht heranzuziehen, obgleich sie immer wieder in dieser Weise geltend gemacht werden[166]. Bei Baruch wird zweimal eine „Eiche" genannt (6,1f; 77,18; JSHRZ V/2, 126.174). Nach dem jeweiligen Textzusammenhang zu schließen, befindet sich diese jedoch bei Jerusalem. Der Baum, unter dessen Zweigen Baruch Schatten sucht (55,1; JSHRZ V/2, 160), verweist zwar, als schriftgelehrte Reminiszenz, auf Gen 18,4, ist aber in Hebron und nicht in Mamre loka-

---

gedacht (MADER 1957, I 285–288; KEEL u.a. 1984, 92ff; auch schon DILLMANN 1892, 232; GUNKEL 1910, 176.193; PROCKSCH 1924, 106), die bis zu 20 m hoch werden kann und in Höhen von 800–1000 m noch wächst . Bei dieser Übersetzung spielen zwei Aspekte eine Rolle: (1) Die antike Tradition schreibt größtenteils τερέβινθος für Mamre (s. u. Seite 36–39). (2) LXX übersetzt אֵלָה z.T. mit τερέβινθος. אֵלָה steht an mehreren Stellen parallel zu אֵלוֹן bzw אַלּוֹן (Gen 35,4; Jes 6,13; Hos 4,13).

[163] Anders HOLZINGER (1898, 141), der zwar zur pluralischen Lesart neigt, aber dennoch von einem „Baumheiligtum in oder bei Hebron" spricht.

[164] Der als Wohnort Jakobs genannte „Turm [Abrahams]" (37,14; JSHRZ II/3, 507f) bzw. das „Haus Abrahams" (32,22; 33,21; JSHRZ II/3, 484.490) soll auf dem „Gebirge Hebron" liegen (36,18ff; JSHRZ II/3, 503f) und ist vermutlich mit dem in den aufgeführten Texten genannten Mamre zu identifizieren, vgl. KLEIN 1934, 21f; MADER 1957, I 263–270; anders ABEL (1921), der das „Haus Abrahams" in Hebron selbst sucht.

[165] MADER 1957, I 270–284.

[166] KEEL/KÜCHLER 1982, 702; WELTEN 1992, 11.

lisiert (vgl. 47,1f; JSHRZ V/2, 151). Ein zeitgenössisches Baumheiligtum ist nicht gemeint, da in diesem Falle doch wohl der Ortsname Mamre/Terebinthos genannt wäre. Mit dem 76,3f (JSHRZ V/2, 173) genannten Berg ist der Sinai gemeint (vgl. die Erwähnung von „40 Tagen", die Baruch auf das Gotteswort warten muss, über das er dann das Volk belehren soll) und nicht, wie Mader meint, der *Ğebel el-Baṭrak* bei Hebron[167]. 4.Esra nennt mehrfach das Feld „Ardav" ארדב. Mader nimmt, ohne weitere Begründung, eine Verschreibung aus ארבע an und stellt so, über קִרְיַת־אַרְבַּע (vgl. Gen 23,2), eine Verbindung zu Hebron her. Auch die in der siebenten Vision genannte „Eiche", an der ein Profet eine „Stimme aus dem Dornbusch" (JSHRZ V/4, 400) hört, ist eindeutig eine Anspielung auf den Sinai bzw. den Gottesberg von Ex 3 und ist deshalb nicht mit Mamre in Verbindung zu bringen.

Der Name des Platzes wird bei Josephus, auf der Madebakarte, in Pilgerberichten und einigen anderen Quellen[168] mit τερέβινθος angegeben. Ob tatsächlich an einem für Mamre gehaltenen Platz in römisch-byzantinischer Zeit eine Terebinthe oder ein entsprechender großer Baum gezeigt wurden, wie das Onomastikon des Eusebius (EusOn 76,1) nahelegt[169] und wie es die Madebakarte bildlich darstellt[170], ist fraglich. Eusebius ist bei der Lokalisierung von Mamre vom alttestamentlichen Text abhängig. An der bereits genannten Stelle (EusOn 76,1) lokalisiert er Mamre „bei Hebron" und folgt damit Gen 13,18; an anderer Stelle (EusOn 124,5)[171] identifiziert er Mamre mit Hebron wie in Gen 23,19. Bereits Hieronymus kennt die Terebinthe in Mamre nur mehr vom Hörensagen bzw. aus der literarischen Erwähnung bei Eusebius. Er interpretiert die entsprechende Passage dahingehend, dass der Baum lediglich bis in seine, d.h. des Hieronymus Jugend bzw. bis in die Zeit Konstantins dort stand[172]. Auch die Pilger sahen allenfalls „Spuren" des Baumes, so der Pilger von Bordeaux[173], oder „eine Art abgeschnittenen Stumpf" (Arkulf),

---

[167] MADER 1957, I 270–276. Insgesamt zeigt sich bei Mader die Tendenz, alle Ereignisse, die in Zusammenhang mit Hebron genannt sind, also etwa auch die Erhebung Davids zum König über die Südstämme oder den Abschalom-Aufstand, in Mamre zu lokalisieren (MADER 1957, I 251–256).

[168] U.a. Sozomenos Historia Ecclesiastica (PG 67,941ff; vgl. MADER 1957, I 396). Zu einer inschriftlichen Erwähnung s. ALT 1930, 79f; BEYER 1931, 234f.

[169] EusOn 76,1f: „Δρῦς Μαμβρῆ (Gen 13,18) ἡ πρὸς τῇ Χεβρὼν εἰς ἔτι νῦν δεικνυμένη τερέβινθος…".

[170] AVI-YONAH 1954; DONNER/CÜPPERS 1977; KEEL/KÜCHLER 1982, 707.

[171] „Μαμβρῆ (Gen 13,18) αὕτη ἐστί Χεβρών,…". Die Nennung von Gen 13,18 an dieser Stelle erhöht den Grad der Konfusion.

[172] EusOn 77,1f: „Drys, *id est quercus*, Mambre iuxta Chebron, quae usque adaetatem *infantiae meae et Constantii regis imperium* terebinthus monstrabatur…".

[173] DONNER 1979, 63.

der als Grundlage eines offenbar florierenden Reliquienhandels diente[174]. Die Madebakarte allein ist als Zeugnis für die Existenz eines Baumes nicht aussagekräftig, da sie, wie an anderen Stellen, vermutlich nur den Text des Eusebius bildlich darstellt[175].

Für die Lokalisierung von Mamre/Terebinthos sind drei Überlieferungen wichtig: einmal die Angaben bei Josephus, dann die Hinweise für den Bau einer Basilika zur Zeit Konstantins (Anfang 4. Jh.), zum dritten die Angaben in den bereits genannten zwei Pilgerberichten.

(1) Josephus (Bellum 4,533) spricht davon, dass sechs Stadien von Hebron entfernt (ca. 1100 m) eine große urzeitliche Terebinthe steht. In Antiquitates 1,186 wird der Baum als δρῦς bezeichnet und nach einem Helden der griechischen Tradition Ogyges genannt. In ähnlichem Zusammenhang wird dieser Baum (δρῦς) in Mamre lokalisiert (Antiquitates 1,196). Trotz der unverkennbaren Überlieferungsmischung aus Altem Testament (LXX) und griechischer Tradition ist zunächst an der Korrektheit der Entfernungsangabe von sechs Stadien nicht zu zweifeln.

(2) Nach den Einlassungen des Eusebius (Vita Constantini 3,53ff)[176] gab Kaiser Konstantin den Befehl, in Mamre eine Basilika zu bauen. Ausschlaggebend sollen zwei Gründe gewesen sein. Einmal der Bericht seiner Schwiegermutter Eutropia, die Palästina bereist und vom heidnischen Treiben in Mamre berichtet hatte[177]. Zum anderen wurde Mamre nach Gen 18 als Ort einer trinitarischen Gotteserscheinung verehrt.

(3) Die geographischen Angaben der Pilgerberichte sind eindeutig: nach dem Pilger von Bordeaux (4. Jh. n.Chr.) beträgt die Entfernung

---

[174] DONNER 1979, 380f.

[175] DONNER 1992, 22ff.

[176] PG 20,1111–1118, deutsche Übersetzung BKV 1/9 (1913) 126ff. Die Ausführung des Befehls scheint gesichert zu sein, da die Pilger und Sozomenos die Basilika erwähnen.

[177] Durch indirekte Zeugnisse des Hieronymus und verschiedener Targumim (BACHER 1909) ist bekannt, dass in Mamre seit Hadrian ein Sklavenmarkt bestand. Der Ausdruck „Terebinthenmarkt" findet sich in den Targumim (BACHER 1909) und wird als „mercatum Terebinthi" von Hieronymus erwähnt (Comm. in Jer 31,15; PL 24,911; vgl. auch Comm. in Zach. 11,45; PL 25,1573; s. MADER 1957, I 294). Ein Dokument des 2. Jhs. n.Chr., der sogenannte Pseudo-Jeremias, spricht von einem „Markt der Heiden" ἀγορὰ τῶν ἐθνῶν (MADER 1957, I 284f) in Mamre. Möglicherweise befand sich dort auch ein römisches Heiligtum für Merkur oder Dionysos, vgl. die Statuenfragmente bei MADER 1957, II Tf. LXXIII u. LXXIV (Lichtbilder 137 u. 138) und MADER 1957, I 135f.

von Hebron zur Terebinthe zwei römische Meilen[178], also ca. 3 km, Arkulf (Ende 7. Jh. n.Chr.) nennt entsprechend tausend Doppelschritte[179]. Aus dem Zusammenhang geht jeweils hervor, dass Mamre nördlich von Hebron liegt: Arkulf schreibt dies ausdrücklich; der Pilger von Bordeaux kommt von Norden, von der Philippus-Quelle bei Bet-Zur, zunächst nach Mamre, dann nach Hebron. Zu den genannten Pilgerberichten kommt das Zeugnis des Sozomenos, der als Entfernung zwischen Hebron und Mamre fünfzehn Stadien angibt[180].

Die letztgenannten Angaben aus dem 4.–7. Jh. n.Chr. widersprechen denen von Josephus, der mit sechs Stadien eine wesentlich kürzere Distanz zwischen Hebron und Mamre/Terebinthos angibt. Für dieses Problem sind u.a. zwei Lösungsmöglichkeiten denkbar: (1) Josephus auf der einen und die späteren Quellen der byzantinischen Zeit auf der anderen Seite meinen zwei verschiedene Plätze; d.h. die Ortstradition von Mamre/Terebinthos wanderte zwischen dem 1. und dem 4. Jh. um ca. 2 km weiter nach Norden[181]. (2) Die Entfernungsangabe bei Josephus wird von sechs in sechzehn Stadien korrigiert, allerdings ohne textkritischen Anhaltspunkt. Die Verschreibung von sechzehn zu sechs ist bei ausgeschriebener Kardinalzahl (ἑκκαδεκα bzw. ἑξ) nur schwer vorstellbar, wird aber wahrscheinlicher bei der Annahme von griechischen Zahlzeichen als Vorlage des Josephus (ις bzw. ϛ). Diese Erklärungsmöglichkeit wird bis in jüngste Zeit bevorzugt[182].

---

[178] GEYER 1898, 25; DONNER 1979, 63.

[179] DONNER 1979, 380. Etwas verwirrend sind die Angaben bei Theodosius (6. Jh. n.Chr.), der von der Terebinthe bis Hebron insgesamt sechs Meilen vorauszusetzen scheint (GEYER 1898, 139f; DONNER 1979, 205). Aufgrund der Art des Werkes und der Textüberlieferung sind jedoch die Angaben bei Theodosius nicht immer zuverlässig, vgl. DONNER 1979, 190–198.

[180] MADER 1957, I 396; vgl. PG 67, 941ff.

[181] ABEL 1910.

[182] Zuletzt WELTEN 1992; MAGEN 1993.

2.3 *Rāmet el-Ḫalīl*

Der nahezu einhellig akzeptierte Lokalisierungsvorschlag[183] Mamre/Terebinthos=*Rāmet el-Ḫalīl* (Koord. 1602.1072, ca. 3,5 km nördlich des modernen Hebron, *Abb. 2* und *Abb. 3*) basiert in erster Linie auf den Grabungen, die Andreas Evaristus Mader in den Jahren 1926–1928 dort durchführte[184]. Mader legte den von Oberflächenbegehungen[185] her bereits bekannten „heiligen Bezirk" (arab. *ḥaram*) in seinen vollen Ausmaßen von ca. 65 x 50 m frei (*Abb. 14*). Der Platz ist von einer massiven Steinmauer umgeben. Diese wird von Mader in hadrianische Zeit (117–138 n.Chr.) datiert[186]. Darüber hinaus wurde—teils in situ[187], teils wiederverwendet—Steinwerk gefunden, das durch seine Ähnlichkeit mit dem des *Ḥaram el-Ḫalīl* in Hebron[188] und mit den Substruktionen des Tempelpatzes in Jerusalem[189], beides Baumaßnahmen der Zeit Herodes d.Gr., in herodianische Zeit zu datieren ist. Daraus folgert Mader, dass die Umfassungsmauer unter Herodes zwar begonnen, aber nicht fertiggestellt wurde, und dass der Bau deshalb bei Josephus in den Beschreibungen der Baumaßnahmen des Herodes nicht erwähnt wird[190]. Neuere Grabungen von Itzhaq Magen ergaben dagegen, dass die Umfassungsmauer vollständig be-

---

[183] KEEL/KÜCHLER 1982, 696–713; MAGEN 1991; 1993; WELTEN 1992.

[184] MADER 1930; 1957.

[185] MADER 1918, 47–103. Referat älterer Begehungen bei MADER 1957, I 23–26.

[186] MADER 1957, I 81–95; vgl. VINCENT/MACKAY 1923, 110; VINCENT/ABEL 1932, 71. Die Datierung erfolgt weitgehend aufgrund historischer Überlegungen und späterer Textzeugnisse, die einen „Terebinthenmarkt" zur Zeit Hadrians erwähnen, auf dem im großen Stil Sklaven gehandelt wurden (s. o. Seite 38 Anm. 177). Allerdings fehlen Münzen aus hadrianischer Zeit (MADER 1957, I 166–171). Hingegen ist die Zeit des Septimius Severus (193–211 n.Chr.) belegt, die Mader ebenfalls als Datum für die Errichtung der Umfassungsmauer des *Ḥaram* erwägt (MADER 1957, I 85).

[187] MADER (1957, I 81) notiert sechs große Spiegelquader in der Nordmauer des *Ḥaram*, ähnlich den Quadern, die zur Fundamentierung des *Ḥaram* in Hebron und des Tempelplatzes in Jerusalem verwendet wurden.

[188] VINCENT/MACKAY 1923; MAGEN 1991.

[189] GEVA/AVIGAD 1993, 736–744.

[190] MADER (1957, I 78–81) fand einige Quader ohne Spiegelschlag, die seiner Ansicht nach gar nicht mehr verbaut wurden; denn der Spiegelschlag wurde vermutlich erst nach der Einbringung des Quaders in die Mauer angebracht. Außerdem vermisst er eine dem *Ḥaram* von Hebron entsprechende Pilastermauer. In dieser Frage konnten die neuen Ausgrabungen von Magen auch keine volle Klarheit bringen. Zumindest wurden aber einige Pilaster frei gelegt.

reits in herodianischer Zeit errichtet wurde[191]. In diesem Zusammenhang vertritt Magen die These, dass in *Rāmet el-Ḫalīl* von vornherein nur eine einfache Mauer um einen offenen Platz geplant war, was der alttestamentlichen Vorstellung eines unbebauten Platzes in etwa entspräche. Da keinerlei Reste eines Überbaus gefunden wurden, scheint diese Ansicht zutreffend zu sein. Die fehlende Erwähnung bei Josephus muss anders erklärt werden.

Innerhalb des *Ḥaram* fanden sich Reste einer Basilika, die Mader mit der auf Befehl Konstantins erbauten identifiziert[192]. Neben der Basilika sind Überreste einer kleinen Siedlung aus frühislamischer Zeit zu erkennen[193]. Außerdem beschreibt Mader eine Reihe von vorrömischen Resten, die er größtenteils der Eisenzeit II, speziell dem 9./8. Jh. v.Chr. zuordnet. Daraus ergibt sich das Bild einer durchgängigen Besiedlung, die von der alttestamentlichen bis in die frühchristliche Zeit hinein reicht, und gleichzeitig die Vorstellung von einer entsprechend konstanten Heiligtumstradition in *Rāmet el-Ḫalīl*.

Die zwei Hauptpfeiler der Argumentation Maders hinsichtlich einer Identifikation von Mamre/Terebinthos mit *Rāmet el-Ḫalīl* sind einmal die Hochschätzung der frühkirchlichen Tradition und zum anderen die Interpretation des alttestamentlichen Ausdrucks אֵלֹנֵי מַמְרֵא im Sinne eines einzelnen Baumes, einer Terebinthe, bzw. eines Baumheiligtums[194].

Der erstgenannte Punkt ist sicherlich fundiert. Die Übereinstimmung der schriftlichen Quellen mit dem archäologischen Befund ist insbesondere für die byzantinische Zeit evident. Die Entfernungsangaben der Pilgerberichte entsprechen der Distanz von Hebron nach *Rāmet el-Ḫalīl*. Auch die Freilegung der Basilika stützt die Gleichset-

---

[191] MAGEN 1993. Hinweise auf spätrömisches Mauerwerk interpretiert Magen im Sinne von Reparaturarbeiten.

[192] MADER 1918, 47–103; 1957, I 95–115; OVADIAH 1970, 131ff; OVADIAH/GOMEZ DE SILVA 1982, 153 Nr. 41.

[193] Diese Bauphase wird von Mader nicht eigens besprochen. Die Reste werden bei der Besprechung der älteren Architektur erwähnt und auf der steingerechten Planzeichnung von Fritz Frank widergegeben (MADER 1957, II Plan I). Nach den Münzfunden zu schließen, erstreckte sich die Besiedlung des Platzes bis in das 15. Jahrhundert, s. MADER 1957, I 180ff.

[194] Deutlich wird dies in der Zurückweisung der von ABEL (1910) vorgeschlagenen Identifizierung des alttestamentlichen Mamre mit *Ḫirbet Nimrā*. Mader hält Abel vor, dass dort „nicht die Spur einer Terebinthe oder einer Ruine zu sehen ist, die als Überrest der Konstantinsbasilika angesprochen werden könnte" (MADER 1957, I 340). Vgl. auch die ganz und gar hypothetischen Rekonstruktionsversuche des alttestamentlichen Baumheiligtums bei MADER 1957, II Zeichnung 9.

zung von Mamre/Terebinthos mit *Rāmet el-Ḫalīl*. Ähnliches gilt für die römische Zeit. Nicht zu bezweifeln ist, dass Herodes mit der Umfassungsmauer den Lagerplatz Abrahams in Mamre markieren wollte. Wie auch beim *Ḫaram el-Ḫalīl* in Hebron ist darin eine architektonische Manifestierung der seit hellenistischer Zeit wachsenden Bedeutung der Abrahamtraditionen zu sehen.

Ob diese römisch-byzantinische Lokaltradition von *Rāmet el-Ḫalīl* allerdings auch das vorrömische, insbesondere das alttestamentliche Mamre markiert, bleibt fraglich. Die Vorstellung eines durch einen einzelnen Baum markierten Heiligtums, die Mader seinen Einlassungen zugrunde legt, ist unzutreffend, wie die Überlegungen zu Gen 13,18 und 18,1 zeigen[195]. Dazuhin ist das von Mader präsentierte archäologische Material aus vorrömischer Zeit äußerst problematisch. Insbesondere die Datierungen in die Eisenzeit sind nicht haltbar.

Die Schwierigkeiten liegen einmal in der Grabungstechnik selbst, zum anderen in einigen Mängeln der Dokumentation. Bei der Grabung wurden v.a. architektonische Reste vermessen. Auf stratigraphische Erhebungen wurde verzichtet. Die Chronologie, die Mader aufstellt[196], basiert im wesentlichen auf historischen Überlegungen und der Beurteilung von Mauerwerk. Im Grabungsbericht fehlen auf den Plänen Höhenangaben, die zumindest eine relative Stratigraphie erlaubten. Keramik wird allenfalls durch Fotografien, häufig jedoch gar nicht, dokumentiert. Diese Mängel wurden schon unmittelbar nach dem Erscheinen des Ausgrabungsberichtes angemahnt[197]. Dennoch werden Maders Interpretationen z.T. kritiklos übernommen[198].

Mader führt fünf Fundgruppen aus vorrömischer Zeit an: (1) Keramik aus der Frühbronzezeit; (2) Keramik aus der Eisenzeit II; (3) zwei Gebäude aus der Eisenzeit II; (4) eine „via sacra" aus der Eisenzeit II; (5) einen Steinplattenbelag aus der Eisenzeit II.

(1) Im Nordteil des ummauerten Platzes fand Mader „in 3,50 m Tiefe auf dem gewachsenen Felsen" drei handgemachte Gefäße, die

---

[195] S. o. Seite 35f.
[196] MADER 1957, I 34.
[197] DE VAUX 1958; NORTH 1958.
[198] KEEL/KÜCHLER 1982, 696–713. Zurückhaltender WELTEN (1992, 12f), der empfiehlt, den archäologischen Teil des Werkes von Mader nicht ohne die Rezension von DE VAUX (1958) zu lesen.

er „der ersten Bronzezeit"[199] zuordnet. Die kugelige Form, die Ösen-
henkel, die flachen Böden[200] und die Materialbeschaffenheit[201] machen eine Zuweisung zum ausgehenden Chalkolithikum[202] oder zur
frühen Frühbronzezeit I[203] wahrscheinlich. Strittig ist, ob diese Funde
eine Siedlung im ausgehenden 4. Jt. v.Chr. an der Ortslage bezeugen
oder ob sie von einem anderen Platz zufällig in den Bereich des späteren *Ḥaram* gerieten[204]. Mader vermutet, dass die Stücke aus *Ḥirbet
Abū eḍ-Ḍabᶜa* (Koord. 1601.1075) unmittelbar nördlich von *Rāmet
el-Ḥalīl* stammen, wo „ganz ähnliche, uralte Keramikreste wie die
beschriebenen" zu finden sein sollen[205]. Eine Oberflächenuntersuchung erbrachte für *Ḥirbet Abū eḍ-Ḍabᶜa* jedoch keinerlei Spuren
antiker Reste[206]. Der vergleichsweise gute Erhaltungszustand der von
Mader veröffentlichten Gefäße könnte dafür sprechen, dass sie aus
einem Grab stammen[207].

(2) In einer „Fundamentgrube" für zwei rechteckige Gebäude an
der „Außenseite der westlichen *Ḥaram*-Mauer" entdeckte Mader

---

[199] MADER 1957, I 146f; 1957, II Lichtbilder 151 u. 151a. Einer der beiden Krüge
sollte unter der Registrier-Nr. 4150 im Archiv des Rockefeller-Museums, Jerusalem,
lagern, konnte dort aber im Mai 1995 nicht gefunden werden.

[200] Die von MADER (1957, I 147 Anm. 3) angegebenen Parallelstücke zeigen fast
ausnahmslos gerundete Böden: MACALISTER 1912, 135 Fig. 305; KARGE 1917, 238
Fig. 47; MACALISTER/DUNCAN 1926, 177 Fig. 186.

[201] MADER 1957, I 147: „Die Innenwände sind voll von Eindrücken des Stroh-
oder Grasbüschels, mit dem der Überzug aufgetragen wurde, während die Außenwände überall noch die Fingereindrücke zeigen. Der Brennprozeß am Feuer ist un-
vollkommen durchgeführt und hat die Unterseite des Gefäßes stark geschwärzt." Zur
Materialbeschaffenheit chalkolithischer Ware der Beerscheba-Kultur s. PERROT
1955, 189; 1957, 19.

[202] Vgl. PERROT 1955, 81 Fig. 16:8 (ident. mit PERROT 1957, 21 Fig. 19:8 und
AMIRAN 1969, Pl. 5:7); DE CONTENSON 1956, 231 Fig. 11:2.3.5.6.7.10; COMMENGE-
PELLERIN 1990, Fig. 53:9. DE VAUX (1958, 595) spricht ohne weitere Diskussion von
„deux vases chalcolithiques". Allerdings umfasst nach der Periodisierung von de
Vaux das Chalkolithikum noch einige Jahrhunderte der gemeinhin zur Frühbronze-
zeit I gerechneten Zeitspanne, vgl. HANBURY-TENISON 1986.

[203] Dr. Hermann Genz aus Tübingen berichtete mir mündlich, dass bei einer Grabung in der Arava ähnliche Gefäße gefunden wurden, die in das ausgehende 4. Jt.
v.Chr. zu datieren sind.

[204] HEMPEL (1929, 73; 1958, 171) vermutet einen „Hirtenfund", der nicht auf eine
Siedlung am Platz hinweist. Sein Haupteinwand, dass die Stücke nicht auf dem gewachsenen Fels lagen, wird allerdings durch die von Mader geschilderten Fundum-
stände hinfällig.

[205] MADER 1957, I 148.

[206] KOCHAVI u.a. 1972, 57 Nr. 117.

[207] Auch in Hebron wurden Gräber aus der Übergangszeit vom Chalkolithikum
zur Frühbronzezeit gefunden, s. o. Seite 21f.

„fünfzehn kleine *Scherben aus der ersten und zweiten Eisenzeit*".
Zudem befanden sich in derselben Fundamentgrube, vermischt mit
den vorgeblich eisenzeitlichen Stücken, „auch römische, byzantinische und arabische Scherben"[208]. Eine Stratifizierung der Funde ist
daher von vornherein unmöglich[209]. William Foxwell Albright datierte das vermeintlich eisenzeitliche Material bei einem Besuch der
Ausgrabungsstätte in das 9./8. Jh. v.Chr.[210] Einige Stücke nahm er zur
Archivierung mit in das Rockefeller-Museum[211]. Père Hugues Vincent dagegen weist die Keramik dem 7./6. Jh. v.Chr. zu[212]. Die Stücke
sind weder durch Zeichnungen noch durch Fotos dokumentiert. Eine
Anmerkung von Friedrich Stummer, der nach Maders Tod (1949) den
Ausgrabungsbericht weiter bearbeitete, gibt folgende Auskunft: „Die
Fotos, die P. Mader hiervon in Jerusalem anfertigen ließ, sind nicht
geliefert worden"[213]. Bei den Scherben, von denen in Jerusalem Fotos
angefertigt werden sollten, handelt es sich vermutlich um die von
Albright im Rockefeller-Museum deponierten Stücke. Bei einem
Aufenthalt in Jerusalem im Mai 1995 konnte ich die Keramik in den
Lagerbeständen des Museums ausfindig machen. Das Ergebnis der
Untersuchung vor Ort ist negativ. Die Stücke sind für eine Datierung
nicht signifikant. Größtenteils handelt es sich um Gefäßkörperscher-
ben (body-sherds). Daneben sind drei Henkelfragmente zu finden[214],
eines aus dunkelrotem bis braunem Ton, die beiden anderen aus rot-

---

[208] MADER 1957, I 148.

[209] Berechtigte Kritik an der auch für den Standard der ausgehenden 20er Jahre
völlig unzureichenden Keramikpräsentation findet sich bei DE VAUX 1958, 595
(„malheureusement insuffisante") und NORTH 1958.

[210] Dieser Datierungsvorschlag Albrights wird lediglich von MADER (1957, I
148) referiert. An der dort genannten Belegstelle (ALBRIGHT 1928, 12) ist keine Rede
von eisenzeitlicher Keramik.

[211] Bei den dort unter den Registrier-Nr. 4171–4173 verzeichneten Stücken ist
auf der Dateikarte der Vermerk „Iron II (?)" zu finden.

[212] VINCENT 1929, 108f. MADER (1957, I 148) hält diesen Datierungsvorschlag
für einen „Druckfehler" bzw. ein „Versehen", „Die erste Eisenzeit dauerte nach
allgemeiner Annahme [!] von 1200 bis 800 vor Christus, so dass Vincents Datierung
der Scherben derjenigen Albrights gleichkommt". Diese Ausführungen legen den
Verdacht nahe, dass sich Mader nicht allzu intensiv mit der Archäologie der Eisenzeit beschäftigt hat.

[213] MADER 1957, I 148.

[214] Registrier-Nr. 4171–4173.

orangenem Ton mit dunkelgrauem Kern. Keines der drei Fragmente zeigt datierungsleitende Formmerkmale[215].

(3) Auch die beiden rechteckigen Gebäude westlich außerhalb des ummauerten Platzes, bei denen die Keramik gefunden wurde, hält Mader für eisenzeitlich[216] (*Abb. 14*). Beide Gebäude sind etwa gleich groß: 7 x 5 bzw. 6,5 x 5,1 m. Der Abstand zwischen ihnen beträgt ca. 4,5 m[217]. Mader stützt seine Datierung einerseits auf die vorgeblich eisenzeitliche Keramik, die bei den Gebäuden gefunden wurde, und andererseits auf das „doppelhäuptige Mauerwerk... aus nur wenig zugerichteten Bruch- und Feldsteinen"[218]. Diese Argumentation hält einer Nachprüfung nicht stand. Selbst wenn eisenzeitliche Scherben in der Fundamentgrube gewesen sein sollten, bildeten sie, zusammen mit der erwähnten Keramik aus römischer, byzantinischer und frühislamischer Zeit, die Fundamentschicht für die Gebäude. Sofern die architektonischen Angaben Maders korrekt sind, könnten die Gebäude demnach frühestens in frühislamischer Zeit errichtet worden sein[219]. Auch der Hinweis auf nicht oder nur wenig bearbeitetes Steinwerk ist als Datierungskriterium untauglich. Zu fast allen historischen Perioden wurden in Palästina einfache Gebäude mit unbehauenen Steinen fundamentiert[220].

(4) Die beiden rechteckigen Gebäude sollen, als eine Art flankierender Türme, Teil einer „via sacra", einer Prozessionsstraße zum heiligen Bezirk, gewesen sein, die—nach Maders Rekonstruktion— ca. 450 m westlich des *Ḥaram*, an einem *Bēt el-Ḫalīl* genannten Platz, begann. Dort wurde, unmittelbar an der Fahrstraße von Hebron nach Jerusalem, ein 5,6 m langer „Steinbalken" freigelegt, den Mader als „Torschwelle" interpretiert[221]. Nach dem Foto zu schließen[222], könnte es sich aber auch um eine umgestürzte Säule oder Ähnliches handeln. Archäologisch ist eine Verbindung des Fundes in *el-Ḫalīl* mit den beiden rechteckigen Gebäuden an der Westseite des *Ḥaram*

---

[215] Die beiden Kollegen, die mich im Museum betreuten, Arieh Rochman und Joseph Zias, neigten dazu, die Stücke in byzantinische oder frühislamische Zeit zu datieren.
[216] MADER 1957, I 38–42.
[217] MADER 1957, II Plan I und Zeichnung 6.
[218] MADER 1957, I 40.
[219] So schon DUPONT-SOMMER (1930, 31f) mit etwas anderen Argumenten (Hinweis auf wiederverwendete Steine im Mauerwerk). Auch Itzhaq Magen vertrat mir gegenüber eine Datierung in die frühislamische Zeit (mündlich, Mai 1995).
[220] WEIPPERT 1977b.
[221] MADER 1957, I 38.
[222] MADER 1957, II Lichtbild 6.

beiden rechteckigen Gebäuden an der Westseite des *Ḥaram* nicht
nachzuweisen[223]. Zudem wurde oben bereits dargelegt, dass die Gebäude nicht aus der Eisenzeit stammen können. Darüber hinaus sind
die Parallelen, die Mader für eine von Türmen flankierte „via sacra"
anführt, sowohl geographisch als auch zeitlich so weit entfernt[224],
dass sie seine These keineswegs stützen, sondern sie geradezu in Frage stellen.

(5) Im Südteil des ummauerten Platzes sowie zwischen den beiden
rechteckigen Gebäuden vor der Westmauer wurde ein „Plattenbelag"
aus Steinen freigelegt, den Mader ebenfalls in die Eisenzeit datiert
(*Abb. 14*). Zumindest soll die ursprüngliche Anlage des Belages in
diese Zeit fallen. Die Steine sind verschieden groß und variieren in
der Ausrichtung. Daher muss der Ausgräber zu der Hilfsannahme
greifen, dass der Plattenbelag mindestens einmal, möglicherweise
aber noch öfter, ausgebessert wurde[225]. Die Argumente, die in diesem
Zusammenhang für die Zuweisung der ältesten Bauphase des Plattenbelages in die Eisenzeit genannt werden (*a–c*), sind nicht stichhaltig:
(*a*) Die Platten sind asymmetrisch zur Mauer des *Ḥaram* ausgerichtet.
Diese Beobachtung ist richtig[226]. Sie sagt aber noch nichts darüber
aus, ob der Plattenbelag vor oder nach der Mauer errichtet wurde.
Dies zu entscheiden fällt v.a. deshalb schwer, weil die Pläne im Ausgrabungsbericht keinerlei Höhenangaben enthalten[227]. In diesem Zusammenhang fällt eine Beobachtung von André Dupont-Sommer ins
Gewicht. Er gibt zu bedenken, dass beim Bau der Mauer ein breiter
Fundamentgraben ausgehoben werden musste, der die Steinplatten an
der Mauer zerstört hätte[228]. Die Platten reichen jedoch sowohl an die
Westmauer als auch an die Südmauer unmittelbar heran. Von daher
scheint die Einrichtung des Pattenbelages in vorherodianischer Zeit,

---

[223] WELTEN 1992, 12.

[224] MADER (1957, I 39) nennt zwei moderne Bauten aus der Umgebung von Hebron sowie zwei Bauten aus Syrien, die aus dem 2. bzw. 6. Jh. n.Chr. stammen.

[225] MADER 1957, I 42–49.

[226] Anders DUPONT-SOMMER (1930, 29f), der die Abweichungen mit dem Zeit-
druck beim Bau der Anlage erklärt und daher Plattenboden und Umfassungsmauer
für zeitgleich hält.

[227] DE VAUX 1958, 595 Anm. 2: „Il se pose aussi une question de niveau; d'après
les photographies, ces constructions «israélites» semblent bien hautes par rapport aux
fondations «hérodiennes». Malheureusement,—et cela vaut aussi pour l'étude des
autres périodes—, les plans ne donnent aucune cote de niveau et les quelques traces
d'élévations et de sections qui sont publiés remédient unsuffisament à ce manque."

[228] DUPONT-SOMMER 1930, 30f.

also vor dem Bau der Mauer, ausgeschlossen. *(b)* Beim Bau der Basilika wurde der Plattenbelag teilweise zugeschüttet, um eine ebene
Baufläche zu erhalten; außerdem wurden Steine aus dem Plattenbelag
herausgebrochen und für den Bau der Kirche verwendet. Diese Beobachtung würde allenfalls eine vorbyzantinische Datierung des
Plattenbelages stützen, nicht aber die von Mader vorgenommene Zuweisung zur Eisenzeit. *(c)* Der Plattenbelag befindet sich unter zwei
Kanälen, die in frühislamischer Zeit angelegt wurden. Hier gilt der-
selbe Vorbehalt wie im Falle der Basilika, d.h. allenfalls stellen die
beiden Kanäle einen terminus ante quem für den Steinbelag dar. Die
These einer eisenzeitlichen Datierung des Plattenbelages lässt sich
demnach nicht aufrecht erhalten[229]. Mehrere Indizien sprechen für
eine Zuweisung zur frühislamischen Zeit. In einer „Bresche" des
Plattenbelages, d.h. doch wohl unter demselben, wurden Münzen aus
römischer und byzantinischer Zeit gefunden[230]. Außerdem verläuft
der Plattenbelag nicht unter den Kanälen der frühislamischen Zeit,
sondern bildet den Boden für dieselben[231]. Auch die Relation zwischen Basilika und Plattenbelag ist zu revidieren: nicht die Steine des
Bodens sind für die Basilika verwendet worden, sondern umgekehrt:
von der vermutlich 641 n.Chr. zerstörten oder zerfallenen Basilika
wurden Steine für den Bodenbelag verwendet. Darüber hinaus könnten noch Steine von anderen Gebäuden in den Plattenbelag verbaut
worden sein. Aus diesem Vorgehen resultiert die Unterschiedlichkeit
in Größe und Ausrichtung der Steine in verschiedenen Bereichen des
Belags. Literarisch bezeugt ist der Plattenbelag ebenfalls erst im 12.
Jh. n.Chr., im Pilgerbericht des russischen Hegumenos Daniel[232].

---

[229] NORTH 1958, 317: „… it seems best to consider as henceforward inadmissible
any notably pre-Herodian construction-date for these pavements." Schon MADER
(1957, I 46 Anm. 6) gibt zu bedenken, dass der Belag einem römischen Straßenpfla-
ster ähnlich sieht. Er verwirft diese Deutung allerdings mit dem Hinweis auf fehlende
„tiefe Radspuren und Fahrrinnen" bzw. eine fehlende „solide Unterlage", wie sie für
römische Straßen typisch sei. WELTEN (1992, 12) vermutet eine Entstehung in „hellenistischer Zeit".

[230] MADER 1957, I 107.

[231] MADER 1957, I 43: „Im Kanalboden sind die Fugen der einzelnen Platten
deutlich sichtbar." Vgl. dazu MADER 1957, II Lichtbild 12.

[232] LESKIEN 1884, 42; KHITROWO 1889, 43. Nach den Angaben des russischen
Pilgers liegen die Eiche und der Plattenbelag aus „weißem Marmor" rechts vom
Weg. Da Daniel aus Betlehem kommt, könnte somit auch die *Ḥirbet es-Sibte* (Koord. 1582.1051) gemeint sein (ABEL 1910, 199f), die heute westlich der Fahrstraße
liegt (HEPPER/GIBSON 1994) (*Abb. 2*). Möglicherweise ist aber im Pilgerbericht noch

Die archäologischen Funde von *Rāmet el-Ḫalīl* stammen demzufolge in der Hauptsache aus herodianischer, römischer, byzantinischer und frühislamischer Zeit. Im Chalkolithikum bestand bereits eine kleine Siedlung oder ein Begräbnisplatz. In alttestamentlicher Zeit, nach archäologischen Termini in der Eisenzeit und in persischer Zeit, war der Platz nicht besiedelt. Auch ein heiliger Bezirk bestand in vorherodianischer Zeit nicht[233]. Mit dem geschilderten Negativbefund wird ein gewichtiges Argument hinfällig, auch das alttestamentliche Mamre auf *Rāmet el-Ḫalīl* zu suchen.

2.4 *Ḫirbet Nimrā*

Bereits ein Vierteljahrhundert vor den Ausgrabungen in *Rāmet el-Ḫalīl* entfaltete Félix-Marie Abel einen ausführlichen Lokalisierungsvorschlag zu Mamre[234]. Die an der Oberfläche sichtbaren archäologischen Reste auf *Rāmet el-Ḫalīl* datiert er, ähnlich wie Mader, in die Zeit Hadrians bzw. des Septimius Severus (2. Jh. n.Chr.). Seit dieser Zeit, so Abel, wird Mamre/Terebinthos auf *Rāmet el-Ḫalīl* gesucht[235]. Den alttestamentlichen Platz und auch den Platz der frührömischen Zeit, den Josephus beschreibt, lokalisiert Abel auf *Ḫirbet Nimrā*, einer Ortslage ca. 1 km nördlich des heutigen Hebron (Koord. 1609.1038, *Abb. 2* und *Abb. 3*)[236]. Dabei sind v.a. zwei Gesichtspunkte leitend: (1) Die Entfernungsangabe bei Josephus weist auf einen Ort, der näher bei Hebron liegt als *Rāmet el-Ḫalīl*. (2) Der Konsonantenbestand von מַמְרֵא hat sich weitgehend im Ortsnamen *Nimrā* erhalten[237]. Dieser Vorschlag geriet weitgehend in Vergessenheit, weil die spätrömisch-byzantinischen Quellen und die archäologischen Funde für eine Gleichsetzung sowohl des römisch-byzantinischen als

---

der auf die römische Zeit zurückgehende Weg gemeint, der östlich an *Rāmet el-Ḫalīl* vorbeiführte, vgl. MADER 1957, I 322–326.342–345; II Zeichnung 1.

[233] Mit unüberhörbarem ironischen Nebenton bewundert DE VAUX (1958, 596) den Mut („le courage") von Maders Architekt Mauritius Gisler, der den heiligen Bezirk während der Eisenzeit gleich in fünf Bauphasen von der vordavidischen bis zur makkabäischen Zeit zeichnerisch rekonstruiert (MADER 1957, II Zeichnung 9).

[234] ABEL 1910. Nach meinen Recherchen befindet sich das einzige noch greifbare Exemplar in der Bibliothek des Rockefeller-Museums, Jerusalem. Auch die Bibliothek der École Biblique in Jerusalem besitzt den Band nicht.

[235] ABEL 1910, 170–191.

[236] ABEL 1910, 211–218.

[237] Für den Wechsel von *Mēm* bzw. *Mīm* zu *Nūn* macht ABEL (1910, 212ff) auf das gleiche Phänomen im Falle von Mizpa/*Tell en-Naṣbe* aufmerksam.

auch des vorrömischen Mamre mit *Rāmet el-Ḫalīl* zu sprechen schienen.

Seit kurzem liegt nun auch für die *Ḫirbet Nimrā* ein archäologischer Befund vor. Die Grabungen fanden 1986 statt und wurden 1993 an schwer zugänglicher Stelle publiziert[238]. Bei der Grabung wurde ein mehrräumiges Gebäude aus der frühpersischen Zeit (6./5. Jh. v.Chr.) freigelegt (*Abb. 15*). Seine Funktion ist noch unklar. Die Ausgräber interpretieren es als öffentliches Gebäude[239]. Ein Vergleich mit entsprechenden Bauten derselben Epoche lässt diese Deutung fraglich erscheinen. Öffentliche Gebäude der persischen Zeit lassen meist einen offenen Hofbereich erkennen, um den sich an drei Seiten Räume gruppieren[240]. Das Gebäude von *Ḫirbet Nimrā* ist demgegenüber vergleichsweise unstrukturiert, ein spezieller Hofbereich lässt sich nicht ausmachen[241]. Ob die Nische an der westlichen Längswand des Raumes M eine kultische Deutung zulässt, muss offen bleiben. Eher ist an einen Durchgang zu denken, der beim Umbau des Gebäudes zugemauert wurde. Auf Kultausübung weisen allenfalls ein kleiner Räucheraltar aus Basalt[242] und eine Rhyton[243], ein Trink- oder Libationsgefäß[244] (*Abb. 16:7*).

Die veröffentlichte Keramik zeigt Stücke, die zur perserzeitlichen lokalen Ware zu rechnen sind: die Schüssel mit nach außen gebogenem breiten, flachen Rand[245] (*Abb. 16:1*), die Schüssel mit verdicktem Rand und flachem Boden[246] (*Abb. 16:2*), Kochtöpfe mit horizontal verlaufender Schulter[247] (*Abb. 16:3*), Henkeltöpfe mit am Rand angesetzten Henkeln[248] (*Abb. 16:4*), eine Rhyton[249] (*Abb. 16:7*), ein

---

[238] HIMZI/SHABTAI 1993. Durch Vermittlung von Itzhaq Magen erhielt ich eine Kopie der Veröffentlichung, die nur im Israel-Museum, Jerusalem, zugänglich ist. Deshalb wird der Grabungsbefund hier vergleichsweise ausführlich referiert.
[239] HIMZI/SHABTAI 1993, 66–74.
[240] AMIRAN/DUNAYEVSKY 1958, 30; E.STERN 1982, 53.
[241] HIMZI/SHABTAI 1993, 67 Abb. 2.
[242] HIMZI/SHABTAI 1993, 79.
[243] HIMZI/SHABTAI 1993, 75 Fig. 1:3.
[244] Vgl. E.STERN 1982, 132.
[245] HIMZI/SHABTAI 1993, 75 Fig. 1:1.2; vgl. E.STERN 1982, 95 Fig. 116. Der Typus ist allerdings auch schon am Ende der Eisenzeit II vertreten, so in Engedi V (MAZAR u.a. 1966, 63 Fig. 15:1).
[246] HIMZI/SHABTAI 1993, Fig. 1:7; vgl. MAZAR 1981, 236 Fig. 3:1 (*Ḫirbet Abū et-Tuwēn*); STERN/MAGEN 1982, 186 Fig. 2:9.10.12.13 (*Qadum*).
[247] HIMZI/SHABTAI 1993, 75 Fig. 1:10; vgl. MAZAR 1981, 240 Fig. 5:7–9.
[248] HIMZI/SHABTAI 1993, 75 Fig. 1:11.12; vgl. MAZAR 1981, 238 Fig. 4:15; STERN/MAGEN 1982, 189 Fig. 4:3.

„Zwillingsgefäß" („twin-vessel")[250], Kännchen mit Henkeln vom
Hals zur Schulter[251] (*Abb. 16:5.6*), das Fragment einer keilförmigen
Dekoration[252] und Lampen mit flachem Standfuß[253]. Daneben sind
Formen zu erkennen, die schon in der späten Eisenzeit vorhanden
waren oder in der Tradition der späten Eisenzeit stehen: ein *lmlk*-
Krug[254] (*Abb. 17:1*), Schüsseln mit leicht nach außen gebogenem
Rand[255] (*Abb. 17:2*) und Pilgerflaschen[256] (*Abb. 17:3*).

Der Räucheraltar (ca. 8,4 x 6 cm)[257] ist nicht von der Form, aber
vom Material (Basalt) her eine Besonderheit. Die entsprechenden
Exemplare in Palästina sind ausnahmslos aus Kalkstein[258]. Lediglich
ein Exemplar aus Megiddo ist auch aus Basalt, zeigt aber sonst keine
Ähnlichkeit zu dem Stück von *Ḥirbet Nimrā*[259]. Die vergleichbaren
Parallelen reichen von der Eisenzeit II[260] bis in die hellenistische
Zeit[261]. Insofern ist der Räucheraltar nicht datierungsleitend, zumal
einige wenige Stücke hellenistischer Keramik auf eine zweite Sied-
lungsphase von *Ḥirbet Nimrā* eben in dieser Zeit weisen[262].

---

[249] HIMZI/SHABTAI 1993, 75 Fig. 1:3; vgl. E.STERN 1978, Fig. 11:5; 1982, 132
(*Tēl Mᵉvoraḥ*).

[250] HIMZI/SHABTAI 1993, 77 Fig. 2:1; vgl. E.STERN 1982, 129f.

[251] HIMZI/SHABTAI 1993, 77 Fig. 2:2.3; vgl. MAZAR/DUNAYEVSKY 1967, Pl. 33:1
(Engedi IV); E.STERN 1971, 29 Fig. 3:1.3 (ᶜ*Ain* ᶜ*Arrub*); E.STERN 1982, 120f Fig.
184.

[252] HIMZI/SHABTAI 1993, 77 Fig. 2:10; vgl. E.STERN 1982, 133f Fig. 217; STERN/
MAGEN 1982, 193 Fig. 6:1.

[253] HIMZI/SHABTAI 1993, 77 Fig. 2:11–13; vgl. E.STERN 1982, 127f; STERN/
MAGEN 1982, 193 Fig. 6:2–4.

[254] HIMZI/SHABTAI 1993, 76 Abb. 13; *lmlk*-Krüge vom Ende der Eisenzeit II (Lachisch II, 7. Jh. v.Chr.) bei ZIMHONI 1990, 31–35. Das Exemplar von *Ḥirbet Nimrā*
zeigt allerdings schon deutlich Merkmale entsprechender perserzeitlicher Krüge:
nach außen gebogener Rand, ausgebildeter Hals, nach unten gezogene Schulter, vgl.
E.STERN 1982, 103f Typ A; SELLERS 1933, 48 Pl.12:10 (Bet-Zur, angeblich hellenis-
tisch); dazu E.STERN 1982, 36ff (perserzeitlich).

[255] HIMZI/SHABTAI 1993, 75 Fig. 1:4.5; vgl. MAZAR u.a. 1966, 63 Fig. 15:9.

[256] HIMZI/SHABTAI 1993, 77 Fig. 2:6.7; vgl. GRANT/WRIGHT 1938, Pl. LXVIII:1.5
(Bet-Schemesch, 6. Jh. v.Chr.); TUFNELL 1953, Pl. 92:436.437 (Lachisch, Eisenzeit
II?); MAZAR u.a. 1966, 96f Fig. 32:1 (Eisenzeit II?, nach E.STERN 1982, 114f perserzeitlich); MAZAR/DUNAYEVSKY 1967, Pl. 33:7 (Engedi IV, perserzeitlich); E.STERN
1971, 27 Fig. 2:1.2 (5. Jh. v.Chr.).

[257] HIMZI/SHABTAI 1993, 79 Abb. 14.

[258] E.STERN 1982, 182–195.

[259] SCHUMACHER 1908, 127 und Tf. XLa.

[260] E.STERN 1982, 192ff.

[261] E.STERN 1982, 190ff; DERFLER 1993, 242f.

[262] HIMZI/SHABTAI 1993, 94 Fig. 7.

Vom geographischen Gesichtspunkt und vom Keramikrepertoire
her sind die nächsten Parallelen zur Ware von *Ḥirbet Nimrā* in En-
gedi V und IV, in *Ḥirbet Abū et-Tuwēn* und in *ʿAin ʿArrub* zu finden.
ʿAin ʿArrub (Koord. 1636.1139) liegt etwa auf halbem Weg zwischen
Betlehem und Hebron. Dort wurde ein Grab freigelegt mit einem
homogenen Repertoire aus dem 5. Jh. v.Chr.[263]. *Ḥirbet Abū et-Tuwēn*
(Koord. 1585.1193) ist ein festungsartiges Gebäude ca. 12 km südwestlich von Betlehem am Abfall des Berglandes in die Schefela. In
der Erstpublikation wird der Platz vom Ausgräber Amihai Mazar in
das 7./6. Jh. v.Chr. datiert[264]. Neuerdings wird eine zeitliche Ansetzung in die persische Zeit favorisiert[265]. Das Keramikrepertoire zeigt
sowohl Stücke, die gemeinhin der ausgehenden Eisenzeit zugeordnet
werden als auch solche, die in persische Zeit datiert werden können.
In diesem Rahmen können die archäologischen Reste von *Ḥirbet
Nimrā* in die Zeit des 6./5. Jhs. v.Chr. eingeordnet werden.

Neben den bereits von Abel genannten Gründen spricht demnach
auch der archäologische Befund, der ein Keramikrepertoire aus der
im weiteren Sinne alttestamentlichen Zeit ausweist, für eine Gleichsetzung des alttestamentlichen Mamre mit *Ḥirbet Nimrā*. Eine solche
archäologische Untermauerung der alten These von Abel löst nicht
alle Probleme. Zwei Fragen tun sich auf, die eine befriedigende Antwort suchen: (1) Warum errichtete Herodes den auf Mamre bezogenen Memorialbau auf der weiter von Hebron entfernten *Rāmet el-
Ḫalīl* und nicht auf der *Ḥirbet Nimrā*? (2) Warum bezieht sich Josephus bei der Erwähnung Mamres (Bellum 4,533; Antiquitates
1,186.196)—nach der hier vorgetragenen Interpretation—nicht auf
den herodianischen Bau, der doch zu seiner Zeit schon existierte?[266]

(1) Eine territorialgeschichtliche Lösung, etwa in dem Sinne, dass
das Einflussgebiet des Herodes südlich von *Rāmet el-Ḫalīl* endete,
erscheint gegenstandslos. Herodes hatte Zugriff auch auf Hebron, wie
die Errichtung des *Haram el-Ḫalīl* über den vermeintlichen Patriar-
chengräbern zeigt. Auch über kurzfristige territoriale Veränderungen
während der Regierungszeit des Herodes ist nichts bekannt. Am ehesten kommt eine praktische Lösung in Betracht. Das hügelige Gelän-

---

[263] E.STERN 1971.
[264] MAZAR 1981. Vgl. MAZAR 1982.
[265] HOGLUND 1992, 191–197.
[266] Für Abel waren beide Fragen nicht von Belang, da er die Umfassungsmauer in
das 2. Jh. n.Chr. datiert.

de bei der *Ḥirbet Nimrā* war für die Errichtung eines repräsentativen Baus, wie ihn Herodes plante, ungeeignet. Deshalb wählte er einen etwas weiter nördlich gelegenen Platz, der aber noch nahe genug an Hebron lag und vielleicht noch zum Stadtterritorium gehörte, um mit Mamre in Verbindung gebracht zu werden[267].

(2) Die von Möller/Schmitt[268] geäußerte Vermutung, der herodianische Bau auf *Rāmet el-Ḥalīl* sei unvollendet geblieben und daher für Josephus bedeutungslos, basiert auf Maders Deutungen des archäologischen Befundes, die nach den neueren Ausgrabungen von Magen hinfällig sind[269]. Eine Antwort auf die gestellte Frage ist eher in der Art und Gewichtung der Darstellung des Josephus zu finden. Bei der Beschreibung der Großbauten des Herodes im 1. Buch des Jüdischen Krieges (Bellum 1,401–428) geht Josephus auffällig wenig auf Bauten ein, die jüdische Tradition markieren. Der Umbau des Jerusalemer Tempels wird nur kurz erwähnt, der Bau in Hebron gar nicht. Dagegen werden sowohl Bauten, die Herodes für sich selbst anfertigen ließ, als auch solche, die in hellenistischer Tradition stehen, breit referiert, z.B. die entsprechenden Anlagen um Jericho oder Stratonsturm, das spätere Caesarea. Josephus nimmt hier auf die Akzeptanz der römischen Leser Rücksicht. Darüber hinaus ist zu bemerken, dass Josephus bei der Erwähnung Hebrons fast ausschließlich alttestamentliche Überlieferung verschiedener Provenienz paraphrasiert. Die Vermutung liegt nahe, dass er Hebron und Umgebung nicht kannte. Von daher referiert er zu Mamre noch die vorrömische Lokaltradition, die den alttestamentlichen Ort nahe bei Hebron, eben auf der ca. sechs Stadien entfernten *Ḥirbet Nimrā* sucht. Erst zwischen dem 2. und 4. Jh. n.Chr. wanderte die Lokaltradition vollständig auf die weiter nördlich gelegene, von Herodes ausgewählte und durch den Bau der Umfassungsmauer gleichsam sanktionierte *Rāmet el-Ḥalīl*.

---

[267] Vgl. MADER 1957, I 188: „Noch heute endet die Flur von Hebron unmittelbar nördlich von *rāmet el-Ḥalîl*, …". Ob daraus Schlüsse auf die territorialen Verhältnisse in der Antike gezogen werden können, ist fraglich. Zu den Verhältnissen dieser Zeit um Hebron vgl. BEYER 1931, 230–237.

[268] MÖLLER/SCHMITT 1976, 133.

[269] S. o. Seite 40f.

KAPITEL DREI

TERRITORIALGESCHICHTE DES GEBIETES VON HEBRON

1. *Mittelbronzezeit und Eisenzeit II*

Die Auswertung der archäologischen Funde im vorangehenden Kapitel ergab für Hebron Siedlungshöhepunkte in der Mittelbronzezeit II (erste Hälfte 2. Jt. v.Chr.), in der Eisenzeit I/II (11./10. Jh. v.Chr.) und in der späten Eisenzeit II (8.–6. Jh. v.Chr.). Der Vergleich der für das judäische Bergland zur Verfügung stehenden Daten und die Darstellung dieser Daten in einer rsi-Kurve lässt sich dahingehend deuten, dass der Stadt während der Mittelbronzezeit eine Mittelpunktfunktion für die umgebende Region zukam. In dieser Zeit war Hebron vermutlich Zentrum eines teilautonomen Stadtstaates. Eine solche Interpretation legt sich zumindest im Rahmen der mittelbronzezeitlichen Stadtkultur[1] nahe. Für die Eisenzeit I/II ist hinsichtlich territorialgeschichtlicher Gegebenheiten keine Aussage möglich, da entsprechende Quellen fehlen. Im 8. und vermutlich auch im 7. Jh. v.Chr. gehörte Hebron zu Juda. Ein erstes Indiz sind die rsi-Werte, die eine Abhängigkeit des gesamten judäischen Berglandes von Jerusalem andeuten[2]. Auch die Königsstempel mit der Ortsangabe *ḥbrn* weisen, wenigstens für das ausgehende 8. Jh. v.Chr., auf die Zugehörigkeit Hebrons zu Juda, d.h. zum Herrschaftsbereich der judäischen Könige[3]. Zudem scheint zumindest die flächige Interpretation von Ausgrabungen und Oberflächenuntersuchungen im Süden Palästinas für die Annahme zu sprechen, dass das zentrale und südliche judäische Bergland auch nach 701 v.Chr. bei Juda verblieb[4]. Die Gesamtauswertung der zur Verfügung stehenden literarischen und archäologischen Quellen lässt darüber hinaus erkennen, dass Juda überhaupt erst im 8. und 7. Jh. v.Chr. zu einem Staatsgebilde wurde, dessen Ver-

---

[1] Vgl. WEIPPERT 1988, 200–255.
[2] S. o. Seite 33f.
[3] S. o. Seite 33ff.
[4] FINKELSTEIN 1994b.

waltungsmaßnahmen bis in das südliche Bergland und den Negev
reichten[5].

Die territorial- und verwaltungsgeschichtlichen Gegebenheiten
nach dem Ende der Regierungszeit Joschijas im Jahr 609 v.Chr. sowie in der Zeit neubabylonischer und persischer Herrschaft in Syri-
en/Palästina (6.–4. Jh. v.Chr.) stellen sich dagegen äußerst komplex
dar. Sie sollen im Folgenden näher untersucht werden. Eine solche
Untersuchung ist insbesondere in Hinsicht auf die sozialgeschichtliche Einordnung der Texte des Buches Genesis geboten. Der siedlungsgeschichtliche Hiatus in Hebron während der persischen Zeit
wird durch die Besiedlung von Mamre/*Ḥirbet Nimrā* im 6./5. Jh.
v.Chr. ausgeglichen. Mamre tritt während dieser Zeitspanne sozusagen an die Stelle Hebrons. Die Durchleuchtung der territorialgeschichtlichen Verhältnisse der Hebron-Region im 6. und 5. Jh. v.Chr.
kann somit wichtige Aufschlüsse für die historische Einordnung der
Mamre-Texte liefern.

Ausgangspunkt der historischen Rekonstruktion hat die für das 5.
und 4. Jh. v.Chr. durch Siegel- und Münzinschriften[6] sowie durch die
Elefantine-Korrespondenz[7] archäologisch und literarisch bezeugte
eigenständige Provinz Juda (*Y^ehūd*) zu sein. Die kritischen Fragen
betreffen zum einen das perserzeitliche Provinzsystem überhaupt,
insbesondere die Frage, wann dieses System den Süden Palästinas
einschloss, zum anderen den territorialen Umfang der Provinz Juda.

2. Die perserzeitliche Provinz Juda (Y^ehūd)

2.1 Die These von Albrecht Alt

Die alttestamentliche Überlieferung in den Büchern Esra und Nehemia vermittelt den Eindruck, dass eine eigenständige Provinz Juda
erst zu der Zeit Nehemias um die Mitte des 5. Jhs. v.Chr. eingerichtet

---

    5   JAMIESON-DRAKE 1991; NIEMANN 1993a.
    6   Zuletzt CARTER (1999, 249–285) mit älterer Literatur. Die Datierung einzelner
Siegelinschriften in das 6. oder frühe 5. Jh. v.Chr. ist schwerlich nachzuvollziehen.
Zum Ganzen s. u. Seite 70–73.
    7   Der Brief auf dem Papyrus Cowley Nr. 30 ist im Jahr 407 v.Chr. von der jüdi-
schen Gemeinde an Bagoas (*bgwhy*), den Statthalter von Juda (*pḥt yhwd*), aufgesetzt
und betrifft den Wiederaufbau des bei einem Aufruhr teilweise zerstörten
YHWH(*yhw*)-Heiligtums auf der Nilinsel (COWLEY 1923, 108–119; englische Übersetzung PORTEN 1996, 139–144 Nr. B19; deutsche Übersetzung GALLING 1979, 84–
87 Nr. 51).

wurde[8]. Zunächst verhandeln die „Feinde von Juda und Benjamin", die sich als Nachfahren der vom Assyrerkönig Asarhaddon in Samaria angesiedelten Gruppen ausgeben, mit Serubbabel, Jeschua und den „Familienoberhäuptern" (רָאשֵׁי הָאָבוֹת) in Jerusalem wegen einer Beteiligung am Tempelbau (Esr 4,1–3). Bei Serubbabel und Jeschua fehlen Angaben zu ihrer Funktion, so dass der Eindruck entsteht, eine Art Ältestenrat sei vor Ort für die Geschicke Jerusalems verantwortlich. Auf der anderen Seite senden „der Befehlshaber Rehum [רְחוּם בְּעֵל־טְעֵם] und der Schreiber Schimschai" aus dem Kreis der in Samaria Angesiedelten einen Protestbrief an den Großkönig, in dem sie die vermeintlichen Gefahren schildern, die ein Wiederaufbau Jerusalems für den persischen Hof bedeutet (Esr 4,8–16). Umgehend trifft dann eine Antwort aus Persien ein, welche die Unterbrechung der Arbeiten anordnet (Esr 4,17–24). Die gesamte Darstellung von Esr 4 vermittelt somit den Anschein, als seien auf offizieller Verwaltungsebene gegenüber dem persischen Hof Institutionen aus Samaria für die Verhältnisse in Jerusalem verantwortlich. Gleiches gilt für die Erzählungen in Esr 5f. Tattenai, der Verwalter der Satrapie „Jenseits des Flusses" (hebr. ʿēber hannāhār, aram. ʿᵃbar nahᵃrāh, akkad. eber nāri) trifft mit seiner Delegation in Jerusalem nicht auf einen Provinzstatthalter, sondern lediglich auf die „Ältesten der Juden" (שָׂבֵי יְהוּדָיֵא, Esr 5,5). Diese weisen ihn auf die durch Kyrus ergangene Erlaubnis zum Wiederaufbau des Tempels hin. Auf Nachfrage beim König Darius wird diese Angelegenheit durch einen Hinweis auf das sogenannte Kyrus-Edikt (Esr 1,1–4; 6,3–5) bestätigt und der Tempelbau beendet (Esr 6,13–22)[9]. Schließlich finden weder Esra (Esr 7f)

---

8 WILLI 1995.
9 Dem Gefälle der Erzählung gemäß müsste es sich um Darius II. (424–404 v.Chr.) handeln, da das von Rehum und Schimschai verfasste Schreiben an Artaxerxes I. (464–424 v.Chr.) geht (Esr 4,7) und eine Unterbrechung der Arbeiten „bis zum zweiten Jahr der Herrschaft des Perserkönigs Darius" (Esr 4,24) nach sich zieht. Die Anachronismen im Text sind jedoch deutlich (JAPHET 1994, 201–208). Der Einspruch Rehums und Schimschais richtet sich nicht gegen den Tempelbau, sondern gegen den Wiederaufbau der Stadtmauern Jerusalems (Esr 4,13). Das Erzählgefüge von Esr 4–6 folgt demnach nicht historischen, sondern theologischen Gesichtspunkten (KRÜGER 1988; JAPHET 1994; MATZAL 2000). Auf die zunächst gescheiterte politisch-militärische (Esr 4) folgt die geglückte kultpolitische Restitution Jerusalems (Esr 5f). Aus historischer Sicht ist daher weiterhin die Annahme am wahrscheinlichsten, dass der Wiederaufbau des Tempels unter Darius I. (521–485 v.Chr.) in den Jahren 520–515 v.Chr. erfolgte (grundlegend GALLING 1964, 127–148; vgl. DONNER 2001, 437–449; KINET 2001, 194–197.).

noch Nehemia (Neh 2) bei ihrer Ankunft in Jerusalem[10] einen Provinzstatthalter an. Dagegen wird Nehemia mit diesem Titel versehen (Neh 12,26)[11].

Die genannten Indizien hat Albrecht Alt zu der These verdichtet, dass das judäische Gebiet erst ab etwa 450 v.Chr. eine selbständige Verwaltungseinheit innerhalb des persischen Großreichs wurde, zuvor aber zu der bereits seit neuassyrischer Zeit bestehenden Provinz Samaria (akkad. *sāmerīna*) gehörte[12]. Alts Argumentation geht von den Unterschieden „in den Schicksalen Samarias und Jerusalems unter den Großreichen"[13] aus. Die neuassyrischen Könige errichteten in Samaria eine eigenständige Provinz, deportierten die Oberschicht dauerhaft und siedelten fremde Bevölkerungsgruppen als neue herrschende Klasse an. Dagegen beließen es die Neubabylonier nach der Einnahme Jerusalems bei einem „Provisorium"[14]. Sie verzichteten auf die Ansiedlung einer fremden Oberschicht und auf eine definitive territoriale Ordnung. Daher waren die Verhältnisse in Juda während der Perserzeit für eine „Revision" offen[15]. Diese erfolgte jedoch erst in der zweiten Hälfte des 5. Jhs. v.Chr. Erst aus dieser Zeit liegen, so Alt, mit den Siegelinschriften und dem bereits erwähnten Elefantine-Papyrus hinreichende Dokumente für die Existenz einer eigenständigen Provinz Juda vor. Außerdem sei nur so der harte Widerstand Samarias gegen den von Nehemia betriebenen Wiederaufbau der Mauern Jerusalems zu verstehen (Neh 2f; 6). Scheschbazzar und Serubbabel, die in frühpersischer Zeit als Abgesandte nach Jerusalem

---

10 Umstritten ist die historische Reihenfolge. Nach alttestamentlicher Chronologie kommt Esra im siebten Jahr des Artaxerxes I. (= 458 v.Chr., Esr 7,12), Nehemia erst im zwanzigsten Jahr desselben Königs (= 445 v.Chr., Neh 1,1; 2,1) in Jerusalem an. K.KOCH (1996, 239–245) hält diese Angaben für historisch zuverlässig. Die zeitliche Vorordnung Nehemias dagegen wird ausführlich begründet von GALLING (1964, 158–161: Datierung Esras in die Zeit Artaxerxes II., d.h. kurz nach 400 v.Chr.) und NOTH (1969, 286–304: Mitte 5. Jh. nach Nehemia), vgl. DONNER 2001, 451ff. Ein Hauptargument ist, dass bei der Schilderung der Ankunft Nehemias in Jerusalem Hinweise auf Auswirkungen der vorgeblich einschneidenden Maßnahmen Esras fehlen. Außerdem wird zunehmend die theologisch, d.h. keinesfalls historisch ausgerichtete Anordnung der Überlieferungen in den Büchern Esra und Nehemia deutlich, dazu JAPHET 1994. Eine Extremposition nimmt auch in dieser Frage LEBRAM (1987) ein, der Esra für eine fiktive Gestalt hält, die in hellenistischer Zeit als „Gegengestalt" zu Nehemia entwickelt wurde.
11 Neh 8,9; 10,2 nennen den Titel mit dem persischen Lehnwort הַתִּרְשָׁתָא.
12 ALT 1934 = ALT 1959, 316–337.
13 ALT 1959, 318.
14 ALT 1959, 326.
15 ALT 1959, 330.

kamen und ebenfalls mit dem Titel פֶּחָה belegt sind (Esr 5,14; Hag 1,14)[16], interpretiert Alt lediglich als Kommissare mit einem sachlich und zeitlich begrenzten Auftrag. So war Serubbabel „Repatriierungskommissar". Die durch ihn vorgenommene Rückgabe des Grundbesitzes an die Zurückkehrenden schuf eine „zweite Oberschicht" neben der von den Assyrern in Samaria installierten[17]. Diese Maßnahme führte im Laufe der Zeit zu unerträglichen Spannungen, die jedoch erst Mitte des 5. Jhs. v.Chr. durch die Einrichtung einer unabhängigen Provinz Juda gelöst wurden. Die von Alt vorgelegte historische Rekonstruktion fand breite Zustimmung[18].

2.2 Kritische Prüfung der These von Albrecht Alt

Alts These beruht im wesentlichen auf der Ausdeutung alttestamentlicher Texte sowie auf allgemeinen rechtshistorischen Prämissen. Eine kritische Durchsicht der wichtigsten von Alt angeführten Texte leistet Siegfried Mittmann[19]. Er hält die Passagen in Esr 4–6, die davon reden, dass weder eine Gesandtschaft aus Samaria noch der Satrap Tattenai in Jerusalem einen Provinzstatthalter antreffen, für chronistische Formulierungen[20]. Den Titel בְּעֵל־טְעֵם, den Rehum trägt (Esr 4,8), interpretiert Mittmann als Funktionsbezeichnung des Kanzleivorstehers der Satrapie „Jenseits des Flusses"[21]. Rehum war mithin keineswegs Beamter der Provinz Samaria, wie das Esr 4,9f voraussetzen. Die Verse seien „religiös motivierter Reflex der antisamarischen Polemik des Chronisten". Rehum und der Schreiber Schimschai repräsentieren vielmehr die „Verwaltungsspitze der Satrapie"[22]. Daher könnten die Erzählungen von Esr 4 nicht im Sinne einer territorialrechtlich abgesicherten Zuständigkeit samarischer Institutionen für Juda und Jerusalem ausgelegt werden. Die Szene von 5,3ff, in der Tattenai in Jerusalem nicht einen Statthalter, sondern die „Ältesten" als Gesprächspartner antrifft, löst Mittmann textkritisch auf. Statt wie im masoretischen Text שָׂבֵי „Älteste" (Esr 5,5) sei

---

[16] Den Titel פֶּחָה sieht Alt als „unscharfe[n] Titel", da er u.a. auch dem Satrapen Tattenai beigelegt ist (ALT 1959, 333 Anm. 2).

[17] ALT 1959, 334f.

[18] GALLING 1964, 39ff.47.93; MCEVENUE 1981; E.STERN 1981; WILLI 1995, 18–39.66–117; SCHUNCK 1999; ALBERTZ 2000; 2001, 84.

[19] MITTMANN 2000, 28–43.

[20] MITTMANN 2000, 31–37; im Rückgriff auf GUNNEWEG 1985, 77–82.

[21] MITTMANN 2000, 32–35.

[22] Beide Zitate MITTMANN 2000, 33.

mit LXX, Peschitta und anderen Textzeugen שְׁבִי/hebr. גוֹלָה zu lesen.
Daraus folge: „Die Behauptung, in Juda und Jerusalem hätte zur Zeit
der Wiedereinrichtung des Tempels eine Art Gerusie die Leitung in
Händen gehabt, hat in Esra 5:1–6:14 keinen Anhalt". Tatsächlich
verhandle Tattenai mit der politischen Führung einer eigenständigen
Provinz Juda. Diese sei in Serubbabel und Jeschua (Esr 5,2) vertreten,
die „—trotz hier fehlender Titulatur—den Statthalter und den Hohenpriester" repräsentierten[23]. Die Kennzeichnung Serubbabels als Statthalter (פֶּחָה) „paßt nicht in das Konzept des Chronisten". Die entsprechende Titulatur Serubbabels sei jedoch u.a. aus Hag 1,1 erwiesen. So
kann Mittmann abschließend folgern: „Alts Behauptung, Tatnai habe
in Jerusalem einen Statthalter nicht zur Rechenschaft ziehen können,
steht also nur auf den tönernen Füßen einer chronistischen Geschichtskonstruktion"[24]. Die von Mittmann gegen Alt angeführten
literar- und textkritischen Argumente sind zwar möglich, jedoch nicht
zwingend. Wie schwierig die Trennung von Tradition und Redaktion
in den Büchern Esra und Nehemia ist, zeigt nicht zuletzt das Beispiel
der Listen Esr 2/Neh 7[25]. Insgesamt ergibt die von Mittmann vorgelegte kritische Sichtung der bei Alt herangezogenen Texte lediglich,
dass eine wie auch immer durchgeführte Analyse alttestamentlicher
Texte allein die Frage der territorialrechtlichen Verhältnisse in Juda
während des 6. und 5. Jhs. v.Chr. nicht zu lösen vermag.

Daher sind auch Alts rechtshistorische Prämissen kritisch zu hinterfragen. Auf dem Prüfstand steht insbesondere seine Annahme, das
Rechtsverständnis in territorialen Fragen sei von den neuassyrischen
über die neubabylonischen bis zu den achämenidischen Herrschern
über Jahrhunderte gleich geblieben. Diese Linie wird ganz offensichtlich durch die zumindest kurzfristigen Suprematiebestrebungen

---

23 MITTMANN 2000, 35f, Zitate S. 36.
24 Beide Zitate MITTMANN 2000, 37.
25 S. u. Seite 86–89. Dazu kommt ein prinzipielles methodisches Problem. Mittmann hält an der Historizität der Esr 5 vorausgesetzten Personenkonstellation (Se-
rubbabel/Jeschua/Tattenai/Führungsgremium in Jerusalem) fest, obgleich er das
Erzählgefüge des Textes als eine „Geschichtskonstruktion" des Chronisten ansieht,
die für eine geschichtliche Rekonstruktion der Ereignisse nicht auswertbar ist. Die
Anwendbarkeit eines solchen Verfahrens, das den Verfassern der Texte zwar eine
grundsätzliche Kenntnis der historischen Lage zubilligt, ihnen gleichzeitig jedoch
theologisch motivierte Umdeutungen des Handlungsverlaufs unterstellt, ist m.E. noch
zu wenig methodisch reflektiert. Das Verfahren basiert mehr oder minder auf einer
rationalisierenden Ausdeutung theologischer Texte.

Ägyptens in Palästina am Ende des 7. Jhs. v.Chr. unterbrochen[26]. Allerdings trifft der kritische Hinweis auf die möglichen Veränderungen durch ein ägyptisches Interregnum Alts These nur partiell. Alt weiß selbstverständlich um die möglichen Einschnitte etwa durch das Vordringen Pharao Nechos II. nach Palästina[27]. Die Vorstellung eines gleichbleibenden territorialrechtlichen Status entwickelt er daher lediglich hinsichtlich der Verhältnisse in Samaria. Dagegen sieht er für Jerusalem und Juda eine solche Konstanz nicht. Vielmehr betont er hier die in neubabylonischer und persischer Zeit vorgenommenen Veränderungen, die dazu führten, dass in Juda erst nach 450 v.Chr. mit der Einrichtung einer eigenständigen Provinz die territorialrechtlichen Gegebenheiten geschaffen wurden, die in Samaria bereits seit 720 v.Chr. zu finden waren.

Ein Hauptpfeiler der Argumentation Alts ist die Behauptung, dass Nebukadnezzar 598 v.Chr. territoriale Verhältnisse wiederherstellte, wie sie kurzfristig nach dem Feldzug Sanheribs im Jahr 701 v.Chr. herrschten. Alt geht davon aus, dass Juda nach 701 v.Chr. zunächst nur mehr aus Jerusalem und einem Restgebiet, das südlich bis etwa Betlehem und Netofa reichte, bestand. Das 598 v.Chr. wieder auf einen solchen Minimalbestand reduzierte Juda war zu klein, um eine eigene Verwaltungseinheit im neubabylonischen Reich zu werden. Deshalb schlug Nebukadnezzar nach der endgültigen Vernichtung des judäischen Königtums dieses Restjuda zur Provinz Samaria[28]. Diese Argumentationskette hält allerdings einer kritischen Rückfrage nicht stand[29]. Zunächst führt Alt die Zahlenangaben aus den Annalen des Sanherib an, die von 46 eroberten Orten und 200 150 Gefangenen aus Juda berichten[30]. Die Zahl der Gefangenen ist jedoch entweder eine Verschreibung[31] oder—was wahrscheinlicher sein dürfte—propagan-

---

[26] HOGLUND 1992, 15ff; MITTMANN 2000, 41; zu den historischen Vorgängen vgl. SCHIPPER 1999, 228–247; REDFORD 2000.

[27] Vgl. ALT 1959, 325.

[28] ALT 1959, 327ff.

[29] Bereits in einer älteren Arbeit zu den Auswirkungen des Feldzugs Sanheribs weist Alt auf die „spärlichen Quellen" für seine Sicht der Dinge hin (ALT 1930a = 1959, 242–249, Zitat ALT 1959, 242).

[30] GALLING 1979, 67ff Nr. 39; TUAT 1, 389f.

[31] UNGNAD (1942/43) liest 2150 als ursprünglich gemeinte Zahl und rechnet mit einem Versehen aufgrund der Missverständlichkeit des in Assyrien verwendeten Dezimalsystems. Weniger wahrscheinlich ist die Annahme, die hohe Zahl beruhe auf einer Addition der mitgeführten Menschen und Tiere (MAYER 1995, 41–45; vgl. ALBERTZ 2001, 69). In einer ähnlichen Auflistung zum 8. Feldzug Sargons II. wer-

distische Übertreibung[32]. Rückschlüsse auf die Einnahme praktisch des gesamten judäischen Gebietes einschließlich der Schefela bzw. auf einen radikal beschnittenen Territorialbestand Judas lassen die Angaben nicht zu. Die von Sanherib angeordneten Gebietsabtrennungen zugunsten philistäischer Stadtstaaten betrafen lediglich die Schefela und auch hier in der Hauptsache die Region um Lachisch[33]. Weiterhin meint Alt, im Gefolge der Ereignisse von 701 v.Chr. sei „die Grenze zwischen dem Stadtstaat Jerusalem und erst dem Stamme, dann dem Reiche Juda in seiner ursprünglichen Gestalt" wieder hergestellt worden[34]. Über die „ursprüngliche Gestalt" des Stadtstaates Jerusalem ist wenig Genaues bekannt. Aus der Amarna-Korrespondenz ist zu entnehmen, dass Abdi-Ḫepa von Jerusalem zumindest Ansprüche auf den ca. 30 km südwestlich von Jerusalem am Übergang vom Bergland in die Schefela gelegenen Ort Keïla/Ḫirbet Qīlā (1503.1134) geltend machte[35]. Selbst wenn diese Ansprüche nicht realisiert wurden und Keïla beim Stadtstaat von Gat verblieb[36], reichte das Territorium Jerusalems nach Süden und Südwesten doch entscheidend über die von Alt auf der Höhe von Betlehem und Netofa gezogene Grenzlinie hinaus[37]. Auch die Notiz Jer 41,17 („Sie zogen ab und machten in der Herberge des Kimham bei Betlehem halt, in der Absicht, nach Ägypten weiterzuziehen", EÜ) gibt keinen Hinweis auf eine territorialrechtliche Scheidung zwischen Jerusalem und der judäischen Landschaft. Ähnliches gilt von 2Kön 23,5. Der Vers erzählt, dass die Priester in den „Städten Judas" (בְּעָרֵי יְהוּדָה) und aus der „Umgebung Jerusalems" (וּמִסְבֵּי יְרוּשָׁלָם) entlassen werden. Erzähltechnisch ist mit dieser Doppelformulierung

---

den Menschen und Tiere getrennt aufgelistet, wobei 1235 Schafe genannt sind. In den später abgefassten Annalen Sargons werden bei demselben Ereignis 100 225 Schafe verzeichnet (FUCHS 1994, 111.129). „Hierbei kann es sich nur um einen Schreibfehler handeln. Offenbar hatte der Steinmetz den Winkelhaken vergessen und damit 1 ME statt 1 LIM geschrieben. Da Fehler auf Stein kaum zu korrigieren sind, blieb er stehen, und das korrekte LIM wurde hinzugefügt mit dem Ergebnis: 1 ME LIM = 100 000" (MAYER 1995, 41 mit Anm. 2). Strukturell liegt dieselbe—unabsichtliche oder absichtliche—Verschreibung vor wie im Falle der Sanherib-Annalen.

[32] LAATO 1995; vgl. ODED 1998.
[33] FINKELSTEIN 1994b; MITTMANN 1990.
[34] ALT 1959, 244.
[35] EA 279f; 289; 366; vgl. KEEL/KÜCHLER 1982, 788f.
[36] NAʾAMAN 1992.
[37] NAʾAMAN (1997a) umschreibt das Territorium Jerusalems in der zweiten Hälfte des 2. Jts v.Chr. etwas pauschal von Bet-El bis Hebron und von Jericho bis zur Schefela reichend.

die Gesamtheit des Kultpersonals außerhalb des Jerusalemer Stadt-
tempels gemeint. Territorialrechtliche Verhältnisse sind nicht anvi-
siert. Schließlich halten der Hinweis auf die Königsstempel und Alts
Vermutung, die vier auf den Stempeln genannten Orte seien im Sinne
einer „wahrscheinlichen Vierteilung Judas durch Sanherib" zu interpretieren[38], den neueren Forschungen zu dieser Fundgruppe in keiner
Weise stand[39]. Alts Behauptung, Nebukadnezzar habe 598 v.Chr.
territorialrechtliche Verhältnisse wiederhergestellt wie sie bereits
Sanherib 701 v.Chr. zumindest für kurze Zeit geschaffen habe, ist
daher nicht aufrecht zu erhalten.

Mit der Abweisung dieser Prämisse scheint auch die These von der
Einrichtung der Provinz Juda erst um die Mitte des 5. Jhs. v.Chr. in
Frage zu stehen. Alt selbst weist jedoch darauf hin, dass seine These
vom nicht provinzfähigen Restjuda unter Nebukadnezzar auch dann
gilt, wenn die Südgrenze Judas zu dieser Zeit nicht bei Betlehem,
sondern weiter südlich zwischen Bet-Zur und Hebron wie auch später
in persischer Zeit „zwischen den Territorien der Juden und der Araber" gelegen war. Denn auch in diesem Fall erfolgte die Grenzfestle-
gung seiner Ansicht nach „598 in Anknüpfung an noch viel ältere
Verhältnisse"[40]. Welches diese „viel älteren Verhältnisse sind", führt
er jedoch nicht weiter aus. Und selbst die Behauptung, Nebukadnezzar habe bereits die für die persische Zeit belegte Südgrenze zwischen
Bet-Zur und Hebron geschaffen, hängt nahezu ausschließlich an der
entsprechenden Interpretation von Jer 13,19 („Die Städte im Negeb
sind verschlossen, und niemand kann sie öffnen. Weggeführt wird
ganz Juda, vollständig weggeführt", EÜ)[41]. Die These eines für eine
eigenständige Provinz zu kleinen Juda in neubabylonischer Zeit lässt
sich demnach nicht hinreichend quellenmäßig verifizieren, unabhängig davon, ob die Südgrenze Judas auf der Höhe von Betlehem oder
zwischen Bet-Zur und Hebron angenommen wird[42]. Fällt jedoch diese

---

[38] ALT 1959, 248.
[39] S. o. Seite 27–31.
[40] Beide Zitate ALT 1959, 328.
[41] Im Sinne von Alt argumentiert noch DONNER (2001, 407f.458f), wenn er die
territoriale Ausdehnung der perserzeitlichen Provinz Juda auf Nebukadnezzars Maßnahmen im Jahre 598 v.Chr. zurückführt und dabei auf Jer 13,18f verweist. Zum
zweifelhaften historischen Aussagewert der Verse vgl. bereits RUDOLPH 1958, 89.
[42] Eine weitere Schwierigkeit besteht darin, dass sich für das 6. und 5. Jh. v.Chr.
südlich von Hebron kein eigenständiger Verwaltungsbezirk nachweisen lässt (s. u.
Seite 81–86). ALT (1959, 327f) geht jedoch von der Existenz eines solchen aus, zu
dem der nicht der Provinz Samaria eingegliederte Südteil Judas hinzugefügt wurde.

neben der Textauslegung zweite Säule der Argumentation von Alt, so
ist ein drittes Hauptargument um so kritischer zu durchleuchten. Dieses besagt, dass für die Einrichtung einer eigenständigen Provinz Juda
vor der Mitte des 5. Jhs. keine Belege vorzubringen sind. Gegen eine
solche Argumentation wurden insbesondere archäologische Funde
geltend gemacht.

2.3 Die Frühdatierung der Provinz Juda

Seit den Arbeiten Alts wurde das Bild von Jerusalem und Juda während der Zeit neubabylonischer Herrschaft einer gründlichen Revision
unterworfen. Sicherlich ging Alt nicht davon aus, dass Juda zwischen
586 und 539 v.Chr. ein „leeres" oder „totes" Land war[43]. Dennoch
hielt er die nicht deportierte, in Juda verbliebene Bevölkerung in politischer Hinsicht für eine zu vernachlässigende Größe[44]. Allgemeine
historische bzw. sozio-ökonomische Überlegungen[45], Oberflächenuntersuchungen auf dem judäischen Gebirge[46] und im „bejaminiti-
schen" Gebiet[47] sowie die kritische Sichtung älterer Ausgrabungser-
gebnisse[48] lassen erkennen, dass insbesondere die Region unmittelbar
nördlich von Jerusalem auch nach 586 v.Chr. dicht besiedelt und
intensiv wirtschaftlich genutzt wurde. Aus diesem Befund einer kon-
tinuierlichen Besiedlung und einer dementsprechenden ökonomischen
Prosperität wird die These abgeleitet, dass Juda auch politisch weiterhin eine eigengewichtige Größe war und mindestens seit dem Beginn
der persischen Zeit[49], wahrscheinlich jedoch bereits seit neubabylonischer Zeit Provinzialstatus hatte[50]. Diese Frühdatierungs-Thesen sind
nicht ganz neu. Bereits die historische Auswertung der Siegel, die den
Provinznamen *Y^ehūd* tragen, führte zu ähnlichen Überlegungen. Auch
bei diesen Untersuchungen sind beide Varianten der Frühdatierung zu
finden, sowohl die Ansicht, die Einrichtung der Provinz Juda sei für
die Zeit unmittelbar nach der persischen Machtübernahme am Ende

---

[43]   Der diesbezügliche Vorwurf trifft eher die Exegeten und Historiker des 19.
Jahrhunderts (BARSTAD 1996, 13–23); vgl. 2Chr 36,20f.
[44]   ALT 1959, 330.
[45]   BARSTAD 1996.
[46]   OFER 1994; 1998.
[47]   FINKELSTEIN/MAGEN 1993.
[48]   ZORN 1997; CARTER 1999, 119–134; LIPSCHITS 1999.
[49]   CARTER 1999.
[50]   LIPSCHITS 1998; 1999.

des 6. Jhs. v.Chr. nachzuweisen[51], als auch die Meinung, Juda sei als provinziale Verwaltungseinheit bereits während der neubabylonischen Zeit, in unmittelbarer Weiterführung der spätkönigszeitlichen Verhältnisse, entstanden[52]. Im Folgenden sollen die für die Frühdatierung genannten sozialgeschichtlichen und archäologischen Argumente daraufhin geprüft werden, ob sie die These einer Einrichtung der Provinz Juda im Jahre 598 v.Chr. oder doch spätestens direkt nach der persischen Machtübernahme 539 v.Chr. tragen können.

Aus allgemein historischer und sozio-ökonomischer Sicht votiert Hans M. Barstadt für die Revision des Bildes, das von den Verhältnissen in Juda während neubabylonischer Zeit gezeichnet wird[53]. Nicht allein die Exilierten, deren Schicksal in der alttestamentlichen Forschung zuvorderst Beachtung fand[54], sondern auch die in Juda verbliebene Bevölkerung sei noch nach 598 bzw. 586 v.Chr. ein wichtiger politischer und ökonomischer Faktor im neubabylonischen Großreich gewesen. Für die Aufrechterhaltung ihres hohen Lebensstandards sei die babylonische Führungsschicht auf Lieferungen aus dem gesamten Reich angewiesen gewesen. Juda war dabei in erster Linie wegen seiner nach wie vor praktizierten Überschussproduktion an Wein und Öl wichtig. Daher konnte die Zerstörung der judäischen Landschaft nicht im Interesse der neubabylonischen Könige liegen. Die Deportation der Königsfamilie und der in Babylonien benötigten Handwerker bedeutete lediglich das Ende der Eigenstaatlichkeit Judas. Diese Hinweise auf die auch in „exilischer" Zeit unverändert stabilen Lebensumstände der judäischen Landbevölkerung sind wichtig etwa auch im Hinblick auf die Möglichkeit literarischer Produktivität in Juda im 6. Jh. v.Chr.[55]. Sie geben jedoch keine entscheidenden Hinweise zum territorialrechtlichen Status Judas.

Grabfunde im Hinnomtal südlich der Jerusalemer Altstadt erbrachten erste Hinweise darauf, dass nach 586 v.Chr. weiterhin noch

---

[51] AVIGAD 1976; AHARONI 1984, 424–433; MEYERS 1987; WILLIAMSON 1988; LEMAIRE 1990b; 1994a; HOGLUND 1992; LAPERROUSAZ 1994.
[52] WEIPPERT 1988, 687–692.
[53] BARSTAD 1996.
[54] Ein letztes Beispiel ist die Monographie zur Geschichte Israels im 6. Jh. v.Chr. von Rainer Albertz (ALBERTZ 2001). Allein der Titel „Die Exilszeit" zeigt die Gewichtung. In der Darstellung streift Albertz zwar kurz die Lage der nichtexilierten Judäer und der ägyptischen Gola (ALBERTZ 2001,81–86), der Hauptteil gilt jedoch der babylonischen Gola (ALBERTZ 2001, 86–97). Auch die literarische Produktion der „Exilszeit" wird größtenteils in Babylonien angesiedelt.
[55] Vgl. dazu BARSTAD 1997.

begüterte Familien in oder bei der Stadt lebten, dass also die Deportation anscheinend nur einen sehr kleinen Kreis von Menschen umfasste[56]. Die kritische Sichtung von Grabungsberichten „benjaminitischer" Orte, die in der späten Königszeit und vermutlich auch danach zum Territorium Judas gehörten, zeigt, dass viele dieser Orte wie etwa Mizpa/*Tell en-Naṣbe*[57], Gibeon/*el-Ǧīb*, Gibea/*Tell el-Fūl* oder Bet-El/*Bētīn* noch in neubabylonischer Zeit besiedelt waren[58]. An die Besiedlung während neubabylonischer Zeit scheint sich nahezu nahtlos eine ebenso dichte Besiedlung in frühpersischer Zeit anzuschließen[59]. Daher unterbreitet Charles E. Carter die These, dass Juda zumindest seit 539 v.Chr. eigenständige Provinz[60] innerhalb des persischen Großreichs war[61]. Dabei setzt er sich kritisch mit den Thesen Alts auseinander. Gegen Alt wendet er ein, dass im Falle einer temporären Zugehörigkeit Judas zu Samaria wenigstens Siegelinschriften samaritanischer Provenienz im archäologischen Material judäischer Orte zu finden sein müssten[62]. Die aus Juda vorliegenden Inschriften weisen dagegen auf eine rein lokale Administration[63]. Keines dieser Argumente ist stichhaltig. Die Tatsache einer Besiedlung sowohl in neubabylonischer als auch in persischer Zeit sagt noch nichts über den territorialrechtlichen Status[64]. Carter muss auch zugestehen, dass Siegelinschriften unzweifelhaft samaritanischer Herkunft erst aus dem 4. Jh. v.Chr. bekannt sind. Für das 6. und das 5. Jh. v.Chr. fehlt demnach Vergleichsmaterial. Daher ist das angebliche Fehlen samaritanischer Inschriften im archäologischen Material Judas kein Argument. Die historische Auswertung und vor allem die Datierung der

---

[56] BARKAY 2000.

[57] ZORN 1997.

[58] CARTER 1999, 119–134; LIPSCHITS 1999. Gibeon/*el-Ǧīb* fungierte weiterhin als Zentrum der Weinproduktion (LIPSCHITS 1999, 172–179).

[59] CARTER 1999, 114–324.

[60] CARTER (1999, 50ff) kennzeichnet den Status Judas als „semi-autonomous".

[61] Vgl. schon CARTER 1994.

[62] CARTER 1999, 280.

[63] CARTER 1999, 279.

[64] Die von CARTER (1999) vorausgesetzte Unterscheidung der archäologischen Funde in Persisch I (538–450 v.Chr.) und Persisch II (450–332 v.Chr.) bleibt diffus. Kriterien für eine solche Differenzierung werden nicht genannt, und auch die von Carter zugrunde gelegten Surveyberichte (KOCHAVI u.a. 1972; FINKELSTEIN/MAGEN 1993; OFER 1993a; 1994; 1998) kennen keine solche Unterscheidung. Eine Zweiteilung der persischen Periode ist politisch-historisch sinnvoll, archäologisch jedoch bislang nicht überzeugend nachgewiesen.

aus Juda kommenden Siegelinschriften ist äußert umstritten[65]. Insbesondere ist ungeklärt, ob ein Teil der Inschriften überhaupt aus neubabylonischer oder frühpersischer Zeit stammt, wie das Carter ohne weiteres voraussetzt[66]. Schließlich bleibt Carter der Hinweis auf die vorgeblich aus den Siegelinschriften zu entnehmende lückenlose Reihe perserzeitlicher Statthalter in Juda, die den „final death" für Alts Theorie darstelle[67]. Dieses Argument bedarf einer eingehenden Prüfung[68].

Auf breiter Basis referiert auch Oded Lipschits den archäologischen Befund der neubabylonischen Periode[69]. Nicht allein die Vielzahl der besiedelten Plätze, sondern auch die häufig anzutreffenden Installationen zur industriellen Verarbeitung landwirtschaftlicher Produkte wie Wein- und Ölpressen zeigen ein unvermindert aktives Leben nach 586 v.Chr. Aus der Korrelation dieses archäologischen Befundes und der alttestamentlichen Überlieferung insbesondere in Jer 37–42 erschließt Lipschits die territorialrechtlichen Verhältnisse in Juda. Mit der Einsetzung Gedaljas als Statthalter und der Verlegung des administrativen Zentrums von Jerusalem nach Mizpa etablierten die neubabylonischen Könige eine Provinz Juda[70], die auch über die kurzfristige Wirksamkeit Gedaljas hinaus weiter bestand[71] und von den persischen Großkönigen als Verwaltungseinheit einfach übernommen wurde.

Diese Sicht der Dinge ist in mehrfacher Hinsicht wenig fundiert[72]. Methodisch gesehen bedeutet Siedlungskontinuität und Weiterführung landwirtschaftlicher Produktion noch nicht zwangsläufig Kontinuität der verwaltungs- und territorialrechtlichen Verhältnisse. Das zeigt die Situation am Beginn des 6. Jhs. v.Chr., wo trotz archäologisch erwiesener Siedlungskontinuität in der Region unmittelbar nördlich von Jerusalem mit der Abschaffung des judäischen Königtums eine einschneidende Änderung der politischen und verwaltungsgeschichtlichen Lage erfolgte. Daher ist eine Siedlungskontinuität von der neubabylonischen in die persische Zeit hinein noch kein

---

[65] S. u. Seite 70–73.
[66] CARTER 1999, 249–285, v.a. 277 Table 29.
[67] CARTER 1999, 280.
[68] S. u. Seite 70–73.
[69] LIPSCHITS 1998; 1999.
[70] LIPSCHITS 1998, 479ff; 1999, 160f.
[71] LIPSCHITS 1998, 482ff; 1999, 162ff.
[72] Vgl. STIPP 2000.

zwingendes Indiz für gleichbleibende Verwaltungsstrukturen. Darüber hinaus ist eine Kontinuität der Besiedlung von der neubabylonischen in die persische Zeit hinein zumindest nicht als Kontinuität der besiedelten Orte zu erweisen. Nach der tabellarischen Aufstellung Carters war nur ein einziger Ort, an dem Ausgrabungen stattfanden, sowohl in neubabylonischer als auch in frühpersischer Zeit besiedelt[73]. Tendenziell zeigt sich eine Siedlungsverlagerung. Während in neubabylonischer Zeit der Schwerpunkt der Besiedlung nördlich von Jerusalem lag, so verlagerte sich dieser in persischer Zeit wieder weiter nach Süden in die Region zwischen Jerusalem und Hebron[74]. Diese Verlagerung hängt mit einem weiteren Unterschied in der Praxis der neubabylonischen und der persischen Großkönige zusammen. Erstgenannte verlegten die Hauptstadt an einen „neutralen" Ort nördlich von Jerusalem, während letztere wieder Jerusalem als Metropole einrichten ließen. Auch die Auswahl der lokalen Beamten zeigt auffällige Differenzen. Die Neubabylonier wählten mit Gedalja ein Mitglied einer in Juda verbliebenen Familie[75]. Die Perser dagegen schickten Mitglieder der nach Babylonien deportierten ehemaligen judäischen Führungsschicht als loyale Funktionäre nach Jerusalem. Keineswegs gesichert ist darüber hinaus die Annahme, Gedalja sei Statthalter („first governor of the province established in Judah"[76]) gewesen. Weder die alttestamentliche Überlieferung noch der epigraphische Befund können diese Behauptung verifizieren. Alttestamentlich ist lediglich von der Einsetzung (hebr. *pqd*) Gedaljas durch den König von Babel die Rede (2Kön 25,22f; Jer 40,5.7.11). Eine amtliche Titulatur wird nicht verwendet. Zwei nicht präzise zu datierende Siegel verbinden den Personennamen Gedalja (*gdlyhw*) mit den Titeln „Palastvorsteher" (*ʾšr ʿl hbyt*) bzw. „Diener des Königs" (*ʿbd*

---

[73] CARTER 1999, 118 Table 1. Allerdings zeigt die Aufstellung einige Ungereimtheiten. Zwei Beispiele seien genannt. Carter listet Bet-El/*Bētīn* als Ort der neubabylonischen und der spätpersischen Periode auf. Die Funde von *Bētīn* indizieren jedoch eher eine Besiedlung in neubabylonischer und in frühpersischer Zeit (s. u. Seite 87f). Die Klassifizierung von Ketef Hinnom als einem rein frühpersischen Fundplatz widerspricht zumindest der Interpretation des Ausgräbers (BARKAY 2000).

[74] OFER 1998, 49; LIPSCHITS 1999, 184f.

[75] Nach alttestamentlicher Darstellung gehörte Gedalja bereits unter dem letzten König Zidkija zu denjenigen Beamten am Hof, die Jeremia und seine probabylonische Haltung unterstützten (Jer 39,14); vgl. ALBERTZ 2001, 81f.

[76] LIPSCHITS 1998, 479.

hmlk)[77]. Der letztgenannte Titel (*ᶜbd hmlk*) ist eine generalisierende Bezeichnung königlicher Beamten, ohne dass eine spezifische Funktion zu erkennen wäre (2Kön 18,26; 19,6; 22,9)[78]. Die Bezeichnung *ᵓšr ᶜl hbyt* meint dagegen eine spezielle Funktion. Sie wird mehrfach in der erzählerischen Darstellung der Königszeit für hohe Funktionäre verwendet (1Kön 4,6; 18,3; 2Kön 10,5). Speziell wird sie einem der Beamten Hiskijas beigegeben (2Kön 18,18.37; 19,2)[79]. Es scheint sich um ein vergleichsweise einflussreiches Amt gehandelt zu haben, denn dem Amtsträger wird die Anlage eines eigenen Felskammergrabes zugestanden (Jes 22,15). Diese Praxis ist für die späte Königszeit durch eine Grabinschrift aus dem Kidrontal östlich von Jerusalem bezeugt[80]. Bedenkt man die solchermaßen dokumentierte privilegierte Stellung des „Palastvorstehers" (*ᵓšr ᶜl hbyt*), so wäre in Kombination mit Jer 39,14 immerhin denkbar, dass Gedalja zur Zeit Zidkijas dieses Amt inne hatte, bevor er von Nebukadnezzar zum obersten Beamten über Juda in Mizpa eingesetzt wurde. Selbst diese letztlich nicht zu beweisende Annahme macht aber Gedalja noch nicht zum Statthalter einer Provinz.

Mehr als zweifelhaft ist in dieser Hinsicht auch die These von Lipschits, dass sich der Status von Juda mit der Ermordung Gedaljas (Jer 41,1–3) in keiner Weise änderte, dass vielmehr die Provinzverwaltung unter nachfolgenden Statthaltern weitergeführt wurde, deren Namen uns nicht erhalten sind[81]. Der einzige Beleg, den Lipschits beibringen kann, ist Jer 42,7–22. Der Versuch Jeremias, die in Mizpa Verbliebenen von der Flucht nach Ägypten abzuhalten, indem er die Sicherheit und den Schutz herausstellt, den die Babylonier bieten können, zeigt nach Lipschits „that most of the people remained in the country and that the restoration process was not over"[82]. Im Gegenzug muss Lipschits den zuvor erzählten mehrheitlichen Aufbruch

---

[77] AVIGAD/SASS 1997, 172f Nr. 405.409; vgl. LIPSCHITS 1998, 479. Beide Siegel sind nicht datiert. Nr 405 stammt aus Lachisch, ist aber nicht stratifiziert. Nr. 409 ist aus einer Jerusalemer Privatsammlung. ALBERTZ (2001, 81) hält an der Identität des im Siegel aus Lachisch Genannten mit der alttestamentlichen Figur fest, ohne dass dies letztlich nachzuweisen wäre.

[78] RÜTERSWÖRDEN 1985, 4–19; zu den inschriftlichen Bezeugungen vgl. AVIGAD/SASS 1997, 51ff Nr. 6–10. 323 Nr. 861. 388f Nr. 1050f.

[79] RÜTERSWÖRDEN 1985, 77–85.

[80] RENZ/RÖLLIG 1995, 261–265; zu einer inschriftlichen Bezeugung des Titels auf einem Namenssiegel vgl. AVIGAD/SASS 1997, 49 Nr. 1.

[81] LIPSCHITS 1998, 482ff; 1999, 162–165.

[82] LIPSCHITS 1998, 483.

nach Ägypten (Jer 41,16ff) als „tendentious account of the departure
for Egypt" interpretieren[83]. Diese Auslegungen erscheinen willkürlich
und von der Unterordnung unter die vorgefasste These geleitet. So
muss Lipschits auch zugestehen, dass Maßnahmen wie die Einrichtung einer eigenständigen Provinz und die Einsetzung von Statthaltern für das neubabylonische Reich durchaus ohne Parallelen wären.
Er kann lediglich auf eine neuassyrische Praxis verweisen, wo in der
nördlichen Eufrat-Region, also in relativer Nähe zum Kernland, im 9.
und 8. Jh. v.Chr. Einheimische als hohe Beamte eingesetzt wurden[84].
Diese Maßnahmen der neuassyrischen Könige lassen sich aber weder
zeitlich noch räumlich mit der Situation nach 598 v.Chr. in Juda als
einer weit vom babylonischen Kernland entfernten Region vergleichen. Demnach ist weder nachzuweisen, dass Gedalja Statthalter war,
noch dass mit ihm eine kontinuierliche Reihe von Provinz-Statthal-
tern eröffnet wurde, die in persischer Zeit nahtlos fortgesetzt werden
konnte. Gedaljas kurzfristige Funktion gehört, wie Alt richtig erkannte, zu den eher provisorischen Maßnahmen der Neubabylonier[85].
Gleiches dürfte auch für die Einrichtung des provisorischen Verwaltungszentrums in Mizpa zutreffen.

Von einer historischen, speziell verwaltungs- und territorialrechtlichen Kontinuität von der neubabylonischen in die persische Zeit kann
demnach keine Rede sein. Die Praxis der neubabylonischen Könige
verfolgte in erster Linie die Ausschaltung der David-Dynastie. Deshalb erfolgte die Verlegung der Hauptstadt und die Wahl eines im
Lande Verbliebenen, der möglicherweise schon zu Zeiten Zidkijas
mit einer probabylonischen Opposition am Hof in Jerusalem kollabo-
rierte, zum obersten Verwaltungsbeamten. Hier zeigt sich ein vornehmlich aktuelles, stark situationsbezogenes Interesse. Insofern waren die Maßnahmen nach 598 und 586 v.Chr. genau das, was Alt in
ihnen sieht: ein „Provisorium"[86]. Die Herrschafts- und Verwal-
tungspraxis der achämenidischen Großkönige der persischen Zeit
dagegen ist von anderen Prämissen geleitet. Sie greifen partiell auf
verwaltungstechnische Muster der neuassyrischen Epoche zurück,
indem sie versuchen, eine gewachsene politische Einheit—das spät-

---

[83] Lipschits 1999, 165.
[84] Lipschits 1998, 479; 1999, 161.
[85] Alt 1959, 329. Nicht völlig auszuschließen ist eine dritte Deportation nach
Babylonien im Jahr 582 v.Chr., möglicherweise als Reaktion auf die Ermordung
Gedaljas (Jer 52,30; vgl. Albertz 2001, 68–73.83f).
[86] Lipschits 1959, 326.

königszeitliche Juda—unter neuer, loyaler Führung wiederzubeleben. Deshalb lassen sie die alte judäische Metropole Jerusalem in Stand setzen und übertragen die Führung über Juda Funktionsträgern, deren Familien zwar aus Juda stammen, die jedoch in Babylonien aufgewachsen und möglicherweise kulturell so weit adaptiert waren, dass sie als eine Art „fremde" Oberschicht von den in Juda Verbliebenen angesehen wurden. Die Planungen der Perser sind in diesem Sinne weitreichender und auch langfristiger angelegt als die der Neubabylonier. So ist auch an diesem Punkt Alt zuzustimmen, der betont, dass Juda erst in persischer Zeit den Status erhielt, den Samaria bereits seit neuassyrischer Zeit hatte: „die vollen Rechte einer in sich geschlossenen Provinz des Großreiches mit eigenem Statthalter, eigenem städtischen Mittelpunkt, der noch dazu durch den Besitz eines privilegierten Heiligtumes ausgezeichnet war, eigener und sogar einheimischer Oberschicht, eigenem Landvolk, eigener Kultus- und Rechtsordnung"[87].

Als Fazit ist festzuhalten, dass archäologische Erkenntnisse zur Besiedlung und zur ökonomischen Prosperität des nördlichen Juda zwischen 598 und 539 v.Chr. nicht die These einer bereits unmittelbar nach der Abschaffung der judäischen Monarchie eingerichteten und danach unverändert fortbestehenden Provinz Juda erweisen können. Vielmehr spricht die Siedlungskonzentration nördlich von Jerusalem, die Verlegung des Verwaltungszentrums in den nördlich von Jerusalem gelegenen Ort Mizpa, aber auch die nur kurzfristig nachzuweisende Einsetzung eines loyalen Beamten und der in jeder Hinsicht fehlende Hinweis auf einen Provinzstatus weiterhin für die Sicht Alts, dass Juda nach 598 bzw. 586 v.Chr. mit der nördlich von Juda/Jerusalem gelegenen Provinz Samaria verbunden wurde. Solange die Frühdatierung der Provinz Juda nicht positiv erwiesen ist, gilt die These Alts dem Grundsatz nach, obgleich die Textbasis unsicher ist und die rechtshistorischen Prämissen nicht in jeder Hinsicht kritischer Nachfrage Stand halten.

Mit der Zurückweisung der These einer bereits seit 598 bzw. 586 v.Chr. bestehenden Provinz und einer sich daraus ergebenden neubabylonisch-persischen Kontinuität der verwaltungsrechtlichen Ge-

---

[87] ALT 1959, 337. Ob jedoch die vom persischen Hof geschickten Funktionäre uneingeschränkt als „einheimische Oberschicht" angesehen wurden, bleibt angesichts der offensichtlichen Spannungen zwischen Rückkehrern und im Lande Verbliebenen zweifelhaft, vgl. LEMAIRE 1994a, 22ff; MAIER 1995, 25–68; DIETRICH 1997.

gebenheiten ist allerdings noch nicht entschieden, wann Juda in persischer Zeit als eigenständige Verwaltungseinheit eingerichtet wurde. Kritisch zu prüfen bleibt, ob dieser Schritt, trotz fehlender Kontinuität zur neubabylonischen Epoche, bereits 539 v.Chr oder doch kurz danach erfolgte, oder ob erst um die Mitte des 5. Jhs. v.Chr. eine Provinz Juda entstand. Wie die vorgängigen Überlegungen zeigen, ist für die Beantwortung dieser Frage letzten Endes ausschlaggebend, ob eine mehr oder minder lückenlose Liste von Statthaltern seit 539 v.Chr. erstellt werden kann, oder ob die Reihe der Statthalter erst bei Nehemia einsetzt.

2.4 *Die Statthalter der Provinz Juda*

Die Versuche, eine Liste von Statthaltern der Provinz Juda zu rekonstruieren, die bis in die Anfänge achämenidischer Herrschaft in Palästina zurück reicht[88], basieren im wesentlichen auf der Interpretation verschiedener Inschriften auf Bullen und Stempelsiegeln, die zuerst von Nahman Avigad publiziert wurden[89]. Auf den Siegeln ist teilweise der Provinzname *yh(w)d* (*Yᵉhūd*) oder die Funktionsbezeichnung *phwʾ* zu lesen[90]. Mindestens 28 Siegelabdrücke weisen beide Ausdrücke auf[91]. Mehr als die Hälfte aller Siegelabdrücke stammen aus *Rāmat Rāḥēl/Ḥirbet Ṣaliḥ* bei Jerusalem, ein weiterer Hauptfundplatz ist Jerusalem selbst. Aufgrund der Kombination *yh(w)d/phwʾ* und der Konzentration der Funde um Jerusalem legt es sich nahe, die mit dem Titel *phwʾ* bezeichneten Personen als Beamte der Provinz Juda zu interpretieren. Mit dem genannten Titel sind drei Eigennamen verbunden: *ʾlntn* Elnatan[92], *yhwʿzr* Jehoëzer[93] und *ʾḥzy* Ahzai[94]. Die Bezeichnung *phwʾ* wird dem alttestamentlichen Titel פֶּחָה gleichgesetzt und als „Statthalter" übersetzt[95]. Mit dem Titel פֶּחָה sind neben Nehemia (Neh 12,26) auch Scheschbazzar (Esr 5,14) und Serubbabel (Hag 1,1.14) versehen. Die Liste der möglichen Statthalter Judas erweitert

---

[88] AHARONI 1984, 424–433; WILLIAMSON 1988; WEIPPERT 1988, 689; LEMAIRE 1990b, 35f; 1994a, 18f (einschließlich einer Liste der Hohenpriester).

[89] AVIGAD 1976.

[90] Zusammenfassend CARTER 1999, 259–268.

[91] CARTER 1999, 267.

[92] AVIGAD 1976, 5ff Nr. 5.

[93] CARTER 1999, 264 Fig. 23:7.

[94] AVIGAD 1976, 35.

[95] Vgl. dagegen CROSS (1969), der statt *phwʾ* mit erwägenswerten Gründen *phr* „Töpfer" liest.

André Lemaire um zwei Namen, die auf Siegelinschriften ohne den Titel *pḥwʾ*, aber in Verbindung mit der Provinzbezeichnung *yh(w)d* genannt sind[96]: *ʿryw* Urija[97] und *ḥnnh* Hananja[98]. Durch Kombination der alttestamentlich genannten Beamten und der epigraphisch bezeugten Personen scheint der Nachweis einer lückenlosen Reihe von Provinzstatthaltern, die in Juda zwischen dem letzten Drittel des 6. Jhs. v.Chr. (Scheschbazzar) und der Mitte des 5. Jhs. v.Chr. (Nehemia) wirkten, gelungen zu sein. Damit wäre auch die Annahme einer spätestens seit dem Beginn der persischen Herrschaft selbständig existierenden Provinz Juda belegt.

Diese These ist jedoch in mindestens dreifacher Hinsicht fragwürdig:

(1) Die entsprechenden Inschriften werden von Avigad allein aufgrund paläographischer Kriterien in das ausgehende 6. Jh. und v.a. in das 5. Jh. v.Chr. datiert. Ob sie tatsächlich aus der ersten Hälfte des 5. Jhs. v.Chr. stammen, ist jedoch unsicher[99]. Auch die von Carter vorgeschlagene Unterteilung in Typen der neubabylonisch-frühpersischen (598–450 v.Chr.) und solche der spätpersischen Zeit (450–332 v.Chr.) entbehrt solider Grundlagen[100]. Sie beruht auf einer bislang nicht ausreichend dokumentierten Stratigraphie der Grabung von Yigael Shiloh auf dem Südosthügel von Jerusalem[101]. Außerdem ist die Unterscheidung Carters für die vorliegende Frage irrelevant, da alle drei syntaktischen Kombinationen der oben angeführten Siegelinschriften (*pḥwʾ*/Personenname, *yhwd*/*pḥwʾ*/Personenname, *yhwd*/Personenname) nach seiner tabellarischen Aufstellung in beiden Zeitspannen vorkommen können[102]. Insofern ist keine Datierungssicherheit gewonnen.

(2) Die alttestamentliche Bezeichnung פֶּחָה bezieht sich keineswegs ausschließlich auf Provinzstatthalter[103], sondern dient, selbst in

---

[96] LEMAIRE 1990b, 35; 1994a, 18.
[97] AVIGAD 1957.
[98] AVIGAD 1976, 4f Nr. 3; CARTER 1999, 264 Fig. 23:8.
[99] Diskussion bei LEMAIRE 1990b, 34; 1994a, 17; 1994b, 270f; MAIER 1995, 29; BIANCHI (1996) datiert die Stempelsiegel in das 4./3. Jh. v.Chr.
[100] CARTER 1999, 276f.
[101] „I suggest the following reconstruction… based in part on the tentative phasing from the City of David excavations" (CARTER 1999, 276).
[102] CARTER 1999, 277 Table 29.
[103] So MACHINIST (1994, 373) mit Berufung auf MEYERS (1985) und WILLIAMSON (1988); vgl schon JAPHET 1982. WILLIAMSON (1988, 69–74) interpretiert den Ausdruck *pḥwʾ* in den entsprechenden Inschriften zwar im Sinne von „Statthal-

den Büchern Esra und Nehemia[104], als generelle Kennzeichnung der dem persischen Hof unterstellten Amtsträger[105]. So wird auch Tattenai, der Satrap von „Jenseits des Flusses" als פֶּחָה bezeichnet (Esr 5,3.6; 6,6.13)[106]. Die Lösung des Problems kann nicht darin liegen, dass „Jenseits des Flusses" vor 450 v.Chr. noch keine eigene Satrapie, sondern Teil der Satrapie „Babylon und Jenseits des Flusses" (bābilī u eber nāri)[107] und damit Tattenai nicht Satrap, sondern ein dem Satrapen untergeordneter Beamter war[108]. Selbst in diesem Fall wäre „Jenseits des Flusses" eine weit größere Verwaltungseinheit als die Provinz Juda. Tattenai ist demzufolge nicht mit einem Provinzstatthalter gleichzusetzen. In die Richtung einer nicht genau zu bestimmenden Bedeutung des Titels פֶּחָה weist der Gebrauch in Neh 2 und 3, wo alternativ entweder von einem einzigen עֵבֶר הַנָּהָר פַּחַת (3,7) oder von mehreren פַּחֲווֹת עֵבֶר הַנָּהָר (2,7.9) die Rede ist.

(3) Um die nicht mit dem Titel *phw'* gekennzeichneten Personen der *yh(w)d*-Stempel als Statthalter zu interpretieren, muss Lemaire diffizile genealogische Zusammenhänge konstruieren. So soll Urija mit dem Esr 8,33 und Neh 3,4.21 genannten Urija, dem Vater des Priesters Meremot, identisch sein, wobei ihn seine priesterliche Abkunft zum Statthalter avancieren ließ. Hananja soll mit Serubbabel, Elnatan und der Schelomit, die auf einem Siegel als „Dienerin" (*'mh*

---

ter", gesteht aber zu, dass der Ausdruck nicht grundsätzlich in diesem Sinn zu verstehen ist; vgl. LEMAIRE 1990b, 35.

[104] 1Kön 10,15/2Chr 9,14; 2Kön 18,24/Jes 36,9; Ez 23,6.12.23 wird der Ausdruck jeweils für Amtsträger verwendet, deren genaue Funktion aus dem Zusammenhang nicht ersichtlich ist. Ähnliches gilt für 1Kön 20,24, wenn Ben-Hadad aufgefordert wird, die mit ihm verbündeten (Stadt)könige durch *paḥōt* zu ersetzen. Lediglich Jer 51,23.28.57 könnten Provinzstatthalter gemeint sein, wenn im Zusammenhang mit der Ankündigung der Vernichtung Babels vom Untergang der Könige und der *paḥōt* die Rede ist. Vgl. MCEVENUE 1981. SCHUNCK (1999) versucht das Problem so zu lösen, dass er alle Texte, die über die vorexilische Zeit erzählen, in die exilische oder in die nachexilische Zeit datiert.

[105] ALT 1959, 333 Anm. 2; LEUZE 1935, 38f; HOGLUND 1992, 19. SCHUNCK 1999. Zur Diskussion der Funktion von Scheschbazzar vgl. WEINBERG 1977 (inoffizieller Vertreter der Bürger-Tempel-Gemeinde von Jerusalem, referiert bei MAIER 1995, 47); DONNER 2001, 443f („Wiedergutmachungskommissar", Serubbabel als „Repatriierungskommissar", jeweils im Rückgriff auf ALT 1934); AHLSTRÖM 1993, 837ff (Funktion bei der Rückführung der Tempelgeräte); SCHUNCK 1999, 95f („Untergouverneur" für Juda innerhalb der Provinz Samaria).

[106] Vgl. FLEISHMAN 1995.

[107] Zum Problem der Satrapieneinteilung im Achämenidenreich s. u. Seite 76–81.

[108] LEMAIRE 1990b, 35.

bzw. ʾmt) des Elnatan[109] bezeichnet ist, verwandt sein. Dabei muss Lemaire den Ausdruck ʾmh mit „Ehefrau" übersetzen und als Beleg für die Verwandtschaftsverhältnisse auf 1Chr 3,19 („Die Söhne Pedajas waren Serubbabel und Schimi. Die Söhne Serubbabels waren Meschullam und Hananja. Ihre Schwester war Schelomit") zurückgreifen[110]. Eine solche Rekonstruktion, die eine Art Dynastiebildung auf dem Statthalterposten voraussetzt, ist mit sehr vielen Fragezeichen belastet[111].

Demzufolge sind die Versuche, eine Liste von Statthaltern Judas vor Nehemia durch Auswertung des inschriftlichen Materials aufzustellen, mit allzu vielen Unsicherheiten behaftet. Der Nachweis einer bereits seit 539 v.Chr. oder gar seit 598 v.Chr. eingerichteten selbständigen Provinz Juda kann auf diese Weise nicht erbracht werden. Die Ankündigung des „final death"[112] für die von Alt unterbreitete These ist unbegründet. Vielmehr erscheint es aufgrund der genaueren Untersuchung der Titulatur pḥwʾ bzw. פֶּחָה weiterhin „sehr zweifelhaft, daß Juda bereits mit dem Übergang unter persische Herrschaft zu einer eigenen Provinz wurde"[113].

2.5 Reichsautorisation

Die Versuche, einen bereits 598 v.Chr. oder doch kurz nach 539 v.Chr. eingerichteten und die gesamte persische Zeit hindurch unveränderten Provinzialstatus Judas nachzuweisen, basieren nicht zuletzt

---

[109] AVIGAD 1976, 11ff Nr. 14; MEYERS 1985.

[110] LEMAIRE 1990b, 34f; vorsichtiger formuliert LEMAIRE 1994b, 240: „Shelomit épouse/servante [ʾmh] d'Elnatan le gouverneur…"; ähnlich WILLIAMSON 1988, 73: „the wife or female subordinate…"; dagegen versteht AVIGAD (1976, 11ff) den Ausdruck als Amtsbezeichnung, parallel zu dem inschriftlich vielfach in diesem Sinn belegten maskulinen ʿbd, so auch WEIPPERT 1988, 695.

[111] WEIPPERT (1988, 689) bietet denn auch lediglich eine Minimallösung, indem sie die drei inschriftlich als pḥwʾ Qualifizierten (Elnatan, Jehoëzer, Ahzai) zwischen Serubbabel und Nehemia auflistet und auf die Nennung von Urija und Hananja verzichtet; vgl. AVIGAD 1976, 35. Kritisch zu der Qualifizierung Hananjas als Statthalter auch ALBERTZ 2001, 109 Anm. 238. In ganz anderer Hinsicht muss Lemaire eine wesentliche Änderung der Verhältnisse um die Mitte des 5. Jhs. v.Chr. konzedieren. Mit Nehemia endet die Reihe der vorgeblichen Statthalter aus der Davidfamilie (Serubbabel, Elnatan, Hananja), die Lemaire als Hinweis auf eine Art Erbfolge in der Provinzverwaltung interpretiert. Damit endet auch der Versuch der persischen Zentralregierung, ein Vasallenkönigtum in Fortführung des davidischen Königtums in Juda einzurichten (LEMAIRE 1996b).

[112] CARTER 1999, 280.

[113] SCHUNCK 1999, 94.

auf allgemeinen verwaltungs- und rechtsgeschichtlichen Überlegungen, die der Schweizer Althistoriker Peter Frei unter dem Stichwort
„Reichsautorisation" fasst[114]. Dieser Begriff meint die „Gewährlei-
stung lokaler Normen durch die Zentrale" bzw. „ein Verfahren, durch
das die von einer lokalen Instanz gesetzten Normen von einer Instanz
der Zentrale nicht einfach gebilligt und akzeptiert, sondern übernommen und zur eigenen Norm gemacht werden"[115]. Frei entwickelt seine
These anhand verschiedener Urkunden aus unterschiedlichen Teilen
des achämenidischen Großreichs, v.a. anhand eines lykisch, griechisch und aramäisch verfassten Textes, der sogenannten Trilingue
von Letoon im Xanthostal (Lykien). Den Bezug zum nachexilischen
Juda stellt er überraschenderweise nicht über die Verlesung des „Gesetzes" durch Esra (Neh 8), sondern über die Gesetztesratifikation
(Neh 10) und den sogenannten Artaxerxesfirman (Esr 7,12–26) her[116].
Insbesondere der letztgenannte Text ist jedoch in seiner historischen
Valenz äußerst umstritten[117]. Zur weiteren Stützung seiner These
muss Frei auf Textabschnitte aus hellenistischer Zeit zurückgreifen
(Dan 6,7–10; Est 1,12–22). Neben einer solchen zumindest diskussi-
onswürdigen Quellenbasis[118] sind noch weitere Kritikpunkte zu nennen:

   (1) In direkter Erwiderung an Frei macht Josef Wiesehöfer[119] darauf aufmerksam, dass die Autorisation lokaler Gesetze oder Gesetzes-
sammlungen nie durch den Großkönig, sondern allenfalls durch Sa-

---

[114] FREI 1984; 1990; 1995; 1996. Zum Zusammenhang von Frühdatierung der
Provinz Juda und der These einer Reichsautorisation vgl. WEIPPERT 1988, 687–692.
[115] FREI 1995, 3.
[116] FREI 1995, 6–12.
[117] Vgl. die Darstellung der Forschungsgeschichte bei LEBRAM (1987) und
K.KOCH (1996, 210–220), die zu gänzlich entgegengesetzten Ergebnissen führt.
Lebram führt aus, dass der Textabschnitt zwar aramäisch überliefert, von Inhalt und
Diktion her aber unzweifelhaft jüdisch geprägt sei, was allein mit der Behauptung,
dem achämenidischen König habe ein Entwurf aus Kreisen der exilierten Judäer
vorgelegen, nicht hinreichend erklärt ist. Daher hält er den Text für eine literarische
Fiktion aus hellenistischer Zeit. Koch dagegen hält an der Historizität des Textabschnittes fest, in erster Linie mit dem traditionellen Argument der reichsaramäischen
Sprache.
[118] Irritierend erscheint in diesem Zusammenhang auch der ausdrückliche Verzicht auf eine Darbietung der Quellen in chronologischer Reihenfolge (FREI 1995, 4).
Vgl. auch die wohlwollend-kritische Anmerkung zu Freis These der „Reichsautorisation" von HÖGEMANN 1992, 11f: „Leider liegen nicht alle genannten Fälle ganz so
klar, wie man sich das wünschte, so daß man seine [Freis] Annahme von einer regulären persischen Praxis nur mit Vorbehalten akzeptieren kann."
[119] WIESEHÖFER 1995.

trapen erfolgte. Die Initiative für derartige Vorgänge lag meist bei der Bevölkerung vor Ort, nicht aber beim achämenidischen Hof. Ziel der Gesetzesautorisation waren Erhaltung von Recht und Ordnung sowie Effizienz in Fragen der Steuereintreibung und der Heerfolge. Hinweise auf eine regelrechte Autorisierung als Reichsgesetz gibt es nicht. Insofern spricht Wiesehöfer von „Einzelfallgerechtigkeit".

(2) Ähnlich betont Udo Rüterswörden[120] die lokale Initiative bei den in der Trilingue aus dem Xanthostal geschilderten Vorgängen und in dem ebenfalls von Frei besprochenen Brief der jüdischen Gemeinde von Elefantine an Bagoas, den Statthalter von Juda (Ende 5. Jh. v.Chr.), hinsichtlich des Wiederaufbaus des YHWH-Heiligtums auf der Nilinsel. In der Antwort wird der Wiederaufbau genehmigt, Brandopfer werden jedoch untersagt. Dieses Verbot verstößt gegen die Bestimmungen der Tora, daher kann die Tora nicht Reichsgesetz gewesen sein, folglich gab es keine Reichsautorisation, so zumindest die Argumentation von Rüterswörden. Möglicherweise sind die Beobachtungen von Rüterswörden auch so zu deuten, dass Neh 10 bzw. Neh 8 erst im Zuge der literarischen Ausgestaltung der chronistischen Literatur in hellenistischer Zeit ihre Gestalt erhielten. Die Existenz einer Mose-Tora und die Verlesung derselben in persischer Zeit wäre mithin als literarische Fiktion zu bewerten[121].

(3) Selbst wenn die Gesetzesproklamation Esras im Sinne einer „Reichsautorisation" zu verstehen wäre, wären von einem solchen Vorgang lediglich die verwaltungsrechtlichen Gegebenheiten in Juda ab der Mitte des 5. Jhs. v.Chr. betroffen, unabhängig davon, ob Esra historisch einige Jahre vor Nehemia oder doch wohl wahrscheinlicher erst nach Nehemia[122] plaziert wird. In keinem Fall ist aus der These einer achämenidenzeitlichen „Reichsautorisation" zu folgern, dass „die die persische Regierungsform bestimmenden Leitlinien, die die Dauerhaftigkeit des Imperiums garantierten, ... gleich" blieben[123].

---

[120] RÜTERSWÖRDEN 1995.

[121] RENDTORFF (1984) weist darauf hin, dass in Neh 8 schon wesentliche Elemente des synagogalen Gottesdienstes zu erkennen sind. Dennoch bleibt Rendtorff bei der zeitlichen Ansetzung des Textes in die persische Zeit, schlägt aber, mit aller Zurückhaltung, schon einen Bogen zur „rabbinischen Tradition" (1984, 184).

[122] S. o. Seite 56 Anm. 10.

[123] WEIPPERT (1988, 690 mit Hinweis auf FREI 1984), obwohl sie zuvor auch von den Änderungen in der persischen Reichsverwaltung zwischen 539 und 331 v.Chr. spricht.

2.6 *Die spätperserzeitliche Provinz Juda innerhalb der Satrapie „Jenseits des Flusses"*

Keiner der bislang genannten Gesichtspunkte zwingt demnach zu der Annahme einer selbständigen Provinz Juda bereits am Ende des 6. Jhs. v.Chr. Vielmehr weist alles darauf hin, dass ein solcher Status nicht vor der Mitte des 5. Jhs. v.Chr. zu belegen ist. Die Schlussfolgerung liegt auf der Hand: im 6./5. Jh. v.Chr. gehörte Juda zu der bereits 720 v.Chr. von den Assyrern gebildeten Provinz Samaria/*Samerina*. Diese war in babylonischer und frühpersischer Zeit Teilgebiet der Satrapie „Jenseits des Flusses". Eine eigene Satrapie war „Jenseits des Flusses" jedoch frühestens seit Darius I. (522–486 v.Chr.) oder Xerxes I. (486–465 v.Chr.). Vorher bildete das von Mesopotamien aus gesehen transeufratenische Gebiet zusammen mit dem Kernland des ehemaligen neubabylonischen Reiches die Satrapie „Babylon und Jenseits des Flusses"[124].

Ein Spezialproblem hinsichtlich der Verhältnisse in der Satrapie „Jenseits des Flusses" stellt die Frage dar, ob auch das ammonitische Territorium als eine „persische Subprovinz von Samaria innerhalb der »Satrapie« *eber nāri/ᶜbr nhr*»[125] ebenso wie Juda vor der Mitte des 5. Jhs. v.Chr. zu Samaria gehörte. Zu dieser Annahme könnte die nähere Kennzeichnung des im Nehemiabuch mehrfach erwähnten Tobija[126] als eines „ammonitischen Dieners" טוֹבִיָּה הָעֶבֶד הָעַמֹּנִי verleiten[127]. Aus dem Titel עֶבֶד kann nicht auf eine

---

[124] LEUZE 1935, 43–144; GALLING 1964, 42–48; RAINEY 1969, 53; DONNER 2001, 434f; LEMAIRE 1994a, 13. Unterschiedliche Rekonstruktionen der Satrapienaufteilung des gesamten achämenidischen Großreichs bieten CALMEYER 1990; HÖGEMANN 1992; H.KOCH 1993; JACOBS 1994. Die Unterschiede resultieren aus dem jeweils gewählten zeitlichen Einsatz und der zugrunde gelegten Quellenbasis. Entweder wird der Ausgangspunkt am Beginn der Achämenidenzeit gewählt und auf literarischer Ebene argumentiert, wobei die Liste der Steuerbezirke (νόμοι) bei Herodot III 89–95 zugrunde gelegt wird (LEUZE 1935; GALLING 1964; RAINEY 1969; HÖGEMANN 1992); oder der Einsatz erfolgt am Ende der achämenidischen Herrschaft und die Verhältnisse um 331 v.Chr. werden auf das 6.–4. Jh. v.Chr. zurück projeziert (JACOBS 1994); dabei werden archäologische Dokumente, v.a. die sogenannten Länderlisten aus der Zeit Darius I. und Xerxes I. ausgewertet, gleichzeitig wird die Darstellung Herodots im wesentlichen als literarische Fiktion bestimmt (CALMEYER 1990). Jacobs entspricht damit der Beobachtung, dass „regelrechte Satrapienlisten" erst aus „nachachaimenidischer Zeit" bekannt sind (WIESEHÖFER 1993, 96). Einen eigenen Weg schlägt H.KOCH (1993) ein, wenn sie versucht, die Satrapienorganisation aus Angaben auf elamitischen Keilschrifttafeln zu erheben.

[125] HÜBNER 1992, 208.

[126] Neh 2,10.19; 3,35; 4,1; 6,1.12.14.17.19. Fraglich ist, ob der Neh 13,4.7f genannte Tobija mit dem Neh 2–6 erwähnten identisch ist.

[127] DONNER 2001, 456.

Funktion Tobijas als eines von den Achämeniden eingesetzten Statthalters über Ammon geschlossen werden[128]. Gleichwohl ist mit der Bezeichnung ein höherer Funktionsträger gemeint. Darauf weist neben 2Kön 24,10f v.a. der Befund der palästinischen Namensiegel[129]. Tobija ist mehrfach in Verbindung mit Sanballat, dem Statthalter von Samaria, aufgeführt (Neh 2,10.19; 4,1; 6,1.12.14). Aufgrund der geschilderten Befunde erscheint es zumindest möglich, in Tobija einen für Ammon zuständigen Provinzialbeamten der Provinz Samaria zu sehen. Damit verbunden wäre dann auch die Annahme einer zwischen 539 und 445 v.Chr. existierenden Großprovinz in Palästina, die neben dem samarischen Kernland noch Juda und Ammon umfasste. Gegen eine solche These sind jedoch mehrere Einwände geltend zu machen:

(1) In der Verbindung טוֹבִיָּה הָעֶבֶד הָעַמֹּנִי ist הָעַמֹּנִי nicht Teil einer Berufsangabe, sondern Herkunftsbezeichnung. Tobija ist nicht Beamter in oder über Ammon, er stammt aus Ammon[130]. Dies wird durch Neh 3,35 unterstrichen, wo Tobija ausdrücklich als Ammoniter bezeichnet wird טוֹבִיָּה הָעַמֹּנִי. Die Wendung טוֹבִיָּה הָעֶבֶד הָעַמֹּנִי ist demnach parataktisch aufzulösen: Tobija, der Beamte, der Ammoniter[131]. Aus der dezidiert judäischen Perspektive des Nehemiabuches erhält die Herkunftsbezeichnung הָעַמֹּנִי eine pejorativen Anstrich. Tobija scheint zwar YHWH-Verehrer zu sein—dafür spricht sein Name—, aber eben kein Judäer[132]. Er gehört zu den national-religiösen, restaurativen Kreisen in Jerusalem missbilligten Gruppen. In derselben Weise ist auch die für Sanballat gebrauchte Herkunftsbezeichnung

---

[128] MITTMANN (2000, 2–13) im Rückgriff auf ALT (1959, 341); weitere Belege aus der älteren Literatur bei KELLERMANN 1967, 167 Anm. 85.

[129] Aus persischer Zeit sind nur vereinzelte Belege mit dem ʿbd-Titel bekannt, vgl. E.STERN 1982, 207; WEIPPERT 1988, 695. Dazu kommt das weibliche Äquivalent ʾmh (s. o. Seite 72f). Unter den von LEMAIRE (1996a) veröffentlichten Inschriften der spätpersischen und der hellenistischen Zeit aus Idumäa befinden sich einige, die ʿbd-haltige Eigennamen aufweisen. Auf Siegelinschriften des 8. und 7. Jhs. v.Chr. ist der Titel verbreitet. Das bekannteste Beispiel ist das Siegel des Schema, des „Dieners Jerobeams [II.]" (lšmʿ ʿbd yrbʿm), das in Megiddo gefunden wurde (WEIPPERT 1988, 676 Abb. 4.77:9; AVIGAD/SASS 1997, 49f Nr. 2). Zu weiteren Belegen für ʿbd-Siegel der späten Königszeit s. AVIGAD 1986; HÜBNER 1991; AVIGAD/SASS 1997.

[130] KELLERMANN 1967, 168; anders MITTMANN 2000, 2–13.

[131] Als Parallele ist der Jer 38f erwähnte „Ebed-Melech, der Kuschiter" עֶבֶד־מֶלֶךְ הַכּוּשִׁי (Jer 38,7.10.12; 39,16) zu nennen. Sein „Name" ist kein Personenname, sondern Funktionsbezeichnung: er ist königlicher Beamter. Die Wendung הַכּוּשִׁי bezeichnet selbstverständlich seine Herkunft: er ist aus Kusch, d.h. aus dem heutigen Sudan, dem antiken Nubien. Keinesfalls ist er Beamter für Kusch! Er scheint Angehöriger einer kuschitischen Familie am Hof Zidkijas zu sein. Diese Familien lebten offenbar seit der Zeit Hiskijas in Jerusalem, als mit den kuschitischen Pharaonen der 25. Dynastie Kontakte gepflegt wurden (SCHIPPER 1999, 199–284).

[132] Ähnlich HÜBNER 1992, 213f: „Tobija war also—je nach Sichtweise—ein Halbjudäer bzw. Halbammoniter, d.h. der Sohn aus einer der zu dieser Zeit in Jerusalemer Kreisen massiv kritisierten Mischehen". Anders MITTMANN 2000, 4: „Volljudäer oder -israelit".

zu verstehen. Er ist הַחֹרֹנִי „der Horoniter", er stammt aus Bet-Horon[133]. Die provinzielle Herkunft lässt ihn als Statthalter für Samaria ungeeignet erscheinen, v.a. aber hat er aus judäischer Sicht keine Berechtigung, in Jerusalem sein Amt auszuüben. Mit den Herkunftsbezeichnungen הָעַמֹּנִי und הַחֹרֹנִי wird der Versuch der Gegner Nehemias, die Wiederbefestigung Jerusalems zu verhindern, als eine ungerechtfertigte Störaktion fremdländischer, d.h. unbefugter Elemente gebrandmarkt.

(2) Historisch fassbar ist die Familie der Tobijaden ab dem 3. Jh. v.Chr.[134] Sie beherrschte das der Ammanitis westlich vorgelagerte Territorium mit dem Zentralort Sourabitta/Tyros/ʿIrāq el-Emīr (Koord. 221.142)[135], also den südlichen Teil der späteren Pereia. Historisch gesehen ist demnach das Gebiet der Tobijaden von der Ammanitis zu unterscheiden[136]. Eine unmittelbare geschichtliche Verbindung der Tobijaden der ptolemäischen Zeit mit einem Tobija zur Zeit Nehemias ist nicht möglich[137]. Dennoch konnte ein Tobijade des 3. oder des frühen 2. Jhs. v.Chr. aus judäischer Sicht als „ammonitisch" angesehen werden, allein aufgrund der Pufferlage des tobijadischen Gebietes zwischen Juda und Ammon[138]. Daher erscheint es denkbar, dass die Erwähnungen des Tobija im Nehemiabuch Verhältnisse der hellenistischen Zeit, demnach die Sichtweise der chronistischen Verfasser, widerspiegeln[139]. Auch der Name Sanballat führt nicht zwangsläufig in die Mitte

---

[133] Bēt ʿŪr el-Fōqā (Koord. 1602.1463) und Bēt ʿŪr et-Taḥta (Koord. 1580.1447) ca. 15 km nordwestlich von Jerusalem. MITTMANN (2000, 13–17) liest statt „Horoniter" die Herkunftsbezeichnung „Hauraniter" haḥawrānī (החורני). Eine solche Variante ist bislang textkritisch nicht bezeugt. Territorialgeschichtlich ist die Annahme, Sanballat stamme aus dem Haurangebirge (Ǧebel ed-Drūz) im südlichen Syrien und habe sowohl seinen eigenen, dort gelegenen Familienbesitz als auch die Provinz Samaria beherrscht, zumindest erklärungsbedürftig. Selbst wenn das als Hauran bezeichnete Gebiet in persischer Zeit bis zum oberen Jordangraben reichte (MITTMANN 2000, 16 mit Hinweis auf Ez 41,18), ergeben sich doch keine territorialen Berührungspunkte mit der Provinz Samaria. Die Beispiele, die MITTMANN (2000, 17) für solche exterritorialen Herrschaften angibt, betreffen wesentlich höher gestellte Funktionsträger wie den Satrapen von Ägypten und den Stadtkönig von Sidon.

[134] HÜBNER 1992, 217–228; DONNER 2001, 479ff; MITTMANN 2000, 2–13.

[135] WILL u.a. 1991; N.L.LAPP 1993; GINOUVÈS 1994. Anders MITTMANN 2000, 9ff: der in den Zenon-Papyri erwähnte Tobija ist „halbautonomer Herr" der gesamten Ammanitis und hat seine Residenz in Βιρτα της Αμμανιτιδος/ʿAmmān. Sourabitta/ Tyros ist tatsächlich erst als Residenz von Tobijas Enkel Hyrkan bezeugt.

[136] HÜBNER 1992, 221.

[137] HÜBNER 1992, 217–228; anders LEMAIRE 1994a, 48f.

[138] Für eine solche Sicht der Dinge spricht, dass die Makkabäerbücher einen direkten Zugang von Juda nach Ammon voraussetzen (1Makk 5,6ff; 2Makk 4,26; 5,7). Hübner wertet diese Textstellen dahingehend aus, dass das Tobijaden-Gebiet nicht zur Ammanitis gehörte, weil es hier nicht genannt ist (HÜBNER 1992, 225ff). Mir scheint eher ein gegenteiliger Schluss angebracht: weil das Tobijaden-Gebiet nicht eigens erwähnt ist, obgleich es zwischen Juda und Ammon lag, wurde es zu Ammon gerechnet.

[139] MITTMANN (2000, 12) erkennt die Parallelen zwischen dem historischen Tobija (Tubia) der ptolemäischen Zeit und dem Tobija des Nehemiabuches, ohne die

des 5. Jhs. v.Chr. Nach Ausweis des Elefantine-Papyrus Nr. 30 aus dem Jahr 408 v.Chr.[140] und dem Zeugnis der Inschriften aus dem *Wādī Dālīye* (Mitte 4. Jh. v.Chr.)[141] ist für den Statthalterposten in Samaria eine Art Dynastiebildung der „Familie der Sanballatiden" zu vermuten[142]. Der Name Sanballat im Nehemiabuch kann sich demnach auf ein beliebiges Mitglied dieser Familie aus dem 5. oder dem 4. Jh. v.Chr. beziehen.

(3) Wenn das Gebiet der Tobijaden im territorialgeschichtlichen Sinne nicht zu Ammon, also weder zu einer perserzeitlichen Provinz Ammon— über die so gut wie nichts bekannt ist[143]—noch zur Hyparchie Ammanitis der ptolemäischen Zeit[144] gehörte[145], dann gab es gar keine oder nur eine minimale territoriale Verbindung von Samaria nach Ammon[146]. Von Samaria aus gesehen müsste Ammon eine territoriale Enklave gewesen sein.

Die genannten Gesichtspunkte stehen einer Interpretation von Neh 2,10.19 in dem Sinn, dass Ammon in der Perserzeit Subprovinz von Samaria war, entgegen. Allenfalls könnte man spekulieren, ob diese Verhältnisse nach der Mitte des 5. Jhs. v.Chr. geschaffen wurden, d.h. dass Ammon mit Samaria verbunden wurde als Ausgleich für die Abtrennung Judas. Aber auch in dieser Hinsicht sind die Dokumente nicht aussagekräftig. Die größte Wahrscheinlichkeit hat die Annahme, dass Neh 2,10.19 Verhältnisse der ausgehenden persischen oder der frühen hellenistischen Zeit reflektieren. Als Widersacher Nehemias werden die Namen der nördlich (Sanballat) und östlich (Tobija) regierenden Familien eingesetzt[147]. Ihr Vorgehen wird durch die Herkunftsbezeichnungen („der Horoniter", „der Ammoniter") diskreditiert: sie sind „Ausländer" zumindest in dem Sinn, dass sie in Jerusalem keine Amtsbefugnisse haben.

Zu überprüfen bleibt letztlich die Vorstellung eines das achämenidische Großreich durchziehenden Systems von Provinzen, zu denen Samaria und Juda gehörten. In Arbeiten zur Geschichte Israels von alttestamentlich orientierten Autoren wird mit einer gewissen Selbstverständlichkeit das Vorhandensein von Provinzen in Syri-

---

hier geäußerten Vermutungen, letzterer sei nach der historischen Person des 3. Jhs. v.Chr. gezeichnet, anzudenken.

[140] COWLEY 1923, 108–119; Zeile 29 sind zwei Söhne des Sanballat, Delaja und Schelemja, erwähnt; vgl. GALLING 1979, 87.

[141] CROSS 1974.

[142] DONNER 2001, 468.

[143] HÜBNER 1992, 210–216.

[144] HÜBNER 1992, 218.

[145] HÜBNER 1992, 217–228; anders LEMAIRE 1994a, 48–51.

[146] Über die Nordausdehnung des Tobijaden-Gebietes ist allerdings zu wenig bekannt, um diese These zu untermauern. Auch die territorialgeschichtlichen Verhältnisse während der persischen Zeit in Gilead liegen weitgehend im Dunkeln (LEMAIRE 1994a, 52).

[147] Dazu in Neh 2,19 mit „Geschem, dem Araber" ein südlicher Widerpart, vgl. Neh 6,1. S. auch u. Seite 81–86.

en/Palästina während persischer Zeit vorausgesetzt[148]. Indirekte Hinweise darauf bieten der punktuelle Gebrauch von מְדִינָה „Provinz" im Zusammenhang mit den Bewohnern Judas (Esr 1,2; Neh 1,3; 7,6; 11,3)[149] und die Y^ehūd-Inschriften auf Siegeln und Münzen. Die Quellenlage zur Geschichte des achämenidischen Großreiches insgesamt erlaubt jedoch lediglich die Rekonstruktion von Satrapien, wie auch immer diese definiert werden[150]. Der Versuch, die Darstellung bei Herodot im Sinne eines das gesamte Reich durchziehenden Provinzialsystems zur effektiven Steuereintreibung zu interpretieren[151], scheitert einmal an der nicht zu beweisenden Übertragung von Verhältnissen der babylonischen Zeit auf die gesamte persische Zeit, zum anderen an der Quellenfrage allgemein[152], nicht zuletzt auch an der vergleichsweise unkritischen Handhabung des Esrabuches im Sinne einer historischen Primärquelle[153]. Das Provinzensystem scheint im Achämenidenreich teilweise ein lokal begrenzter Rückgriff auf Praktiken der assyrischen Verwaltung[154], in erster Linie aber ein Phänomen der spätpersischen Zeit im Übergang zur hellenistischen Zeit zu sein[155]. Die Einrichtung der Provinz Juda um die Mitte des 5. Jhs. v.Chr. mag mit der unruhigen Lage in den transeufratenischen Gebieten des Achämenidenreiches nach dem Tod Darius I. (485 v.Chr.) zusammenhängen. Ob der Aufstand in Ägypten, bei dem die Flotte Athens assistierte (460 v.Chr.), unmittelbarer Anlass für die Entsendung Nehemias und den Wiederaufbau der Mauern Jerusalems war, lässt sich nicht belegen[156]. In jedem Fall kam den Rückkehrern um Nehemia die Konstituierung der Provinz entgegen. Die Restituierung

---

[148] DONNER 2001, 434f; ALBERTZ 2001.

[149] Breit gestreut tritt der Ausdruck als Bezeichnung einer territorialen Größe jedoch erst im Esterbuch auf. In Esra/Nehemia wird an keiner Stelle מְדִינָה mit יְהוּדָה „Juda" verbunden. Dagegen ist als verwaltungstechnisch unspezifischer Ausdruck אֶרֶץ יְהוּדָה „Land Juda" (Neh 5,14) belegt.

[150] S. o. Seite 76 Anm. 124.

[151] HÖGEMANN 1992; zu Einzelheiten des Steuersystems SCHAPER 1995.

[152] Dazu H.KOCH 1996.

[153] So HÖGEMANN 1992, 35.

[154] GALLING 1964, 47f.

[155] LEMAIRE 1990b; 1994a. Für diese Einschätzung spricht auch der Befund der Siegel und Münzen. Die Siegelinschriften sind mehrheitlich, die Münzinschriften durchweg in spätpersische und in hellenistische Zeit zu datieren (CARTER 1999, 259–285).

[156] HOGLUND 1992, 97–164. MEYERS (1987) nimmt an, die persische Verwaltung wollte eine Inlandsroute befestigen, zu der auch Jerusalem gehörte, da die Athener bereits einen Teil der Küstenstraße kontrollierten.

spätkönigszeitlicher Verhältnisse mit einer starken Stellung Jerusalems in einem begrenzten Restjuda bedeutete für sie die Möglichkeit, ihre alte Machtstellung und v.a. ihre ehemaligen Besitztümer wieder zu erlangen. Insofern ist an eine Kollaboration zwischen der achämenidischen Herrschaft und den von ihr eingesetzten judäischen Beamten zu denken, die für die Achämeniden eine pro-persische Politik und für die zurückkehrenden Judäer eine weitgehende Autonomie Jerusalems und Restjudas garantierten[157].

2.7 Edom/Idumäa und Arabien

Die im vorhergehenden Abschnitt entwickelte Anschauung wird bestätigt durch einen Blick auf die territorialgeschichtlichen Verhältnisse im südlichen judäischen Bergland und im Negev. Dort ist seit dem 7. Jh. v.Chr. ein wachsender edomitischer Einfluss nachweisbar. Dieser erstreckt sich im 7./6. Jh. v.Chr. noch lediglich auf den nördlichen Negev[158]. Im 4. Jh. v.Chr. scheint er bis auf die Höhe von Hebron vorgedrungen zu sein. Aus dieser Zeit liegt ein Corpus aramäischer Ostraka vor, das möglicherweise aus Ḫirbet el-Kōm, einem etwa zwanzig Kilometer westlich von Hebron gelegenen Platz, stammt[159]. Namensformen, die mit dem Namen des edomitischen Gottes Qōs gebildet sind, weisen auf eine Bevölkerungsgruppe edomitischer Herkunft. Daneben sind Namen arabischer, phönizischer und judäischer Provenienz vertreten, wobei die beiden letztgenannten Gruppen offenbar eine Minorität darstellen[160]. Die Datumsformeln auf den Ostraka lassen erkennen, dass das südliche Palästina im 4. Jh. v.Chr. fest in die Verwaltungsstruktur zunächst des achämenidischen Reiches und danach in diejenige des makedonischen Imperiums bzw. seiner Nachfolgestaaten integriert war[161]. Daher ist ein Provinzialstatus für diese Zeit wahrscheinlich. Es handelt sich um die Provinz Idumäa. Diese wurde nach Ausweis der Datierungen auf den Ostraka zwischen 385 und 363 v.Chr. eingerichtet[162]. Die früheste quellenmä-

---

[157] HOGLUND 1992, 244; ALBERTZ 1997a, 468–478; ALBERTZ 2000; 2001, 102–112.

[158] BEIT-ARIEH 1988; 1998; FINKELSTEIN 1994b; JERICKE 1997a, 238f.

[159] EPHꜥAL/NAVEH 1996; LEMAIRE 1996a; 1999.

[160] LEMAIRE 1999, 20.

[161] Das früheste Datum ist der 14. Juni 363 v.Chr., die jüngste datierbare Inschrift stammt aus dem Jahr 313 v.Chr.

[162] LEMAIRE 1990b, 50ff; 1994a, 29f; 1996, 147–153; 1999, 19; anders GALLING (1938; 1964, 47), der eine Provinz Idumäa schon für das 5. Jh. v.Chr. annimmt.

ßige Bezeugung findet sich jedoch erst in den Zenon-Papyri des 3. Jhs. v.Chr.[163] Ein indirektes Zeugnis für die Existenz der Provinz Idumäa im ausgehenden 4. Jh. v.Chr. liefert Diodoros Siculus (1. Jh. v.Chr.). Er bietet im Zusammenhang der Darstellung eines fehlgeschlagenen Feldzuges des Demetrios Poliorketes nach Petra im Jahr 312 v.Chr. eine breit angelegte Schilderung des Toten Meeres und erwähnt dabei Idumäa als „Eparchie" (ἀπὸ τῆς Ἰδουμαίας ἐπαρχίας, XIX 95,2) bzw. als „Satrapie" (τὴν σατραπείαν τῆς Ἰδουμαίασ, XIX 98,1)[164]. Die von den achämenidischen Großkönigen im 4. Jh. v.Chr. möglicherweise als Reaktion auf regionale Unruhen gebildete Provinz erstreckte sich von En-Gedi am Toten Meer über Hebron, *Ḥirbet el-Kōm*, Marescha und Lachisch bis in die Küstenebene und umfasste auch noch den nördlichen Negev[165] (*Abb. 12*).

Im Gegensatz zu der solchermaßen umrissenen territorialrechtlichen Lage im 4. Jh. v.Chr. lassen sich die Verhältnisse des 6. und 5. Jhs. v.Chr. nicht eindeutig definieren. In der ersten Hälfte des 6. Jhs., zumindest bis zum Vordringen Nabonids nach Arabien im Jahr 553/2 v.Chr., dürfte das südliche Palästina in irgendeiner Weise zu Edom gehört haben[166]. Ob der edomitische Einfluss über den Negev hinaus nach Norden hin reichte, ist nicht zu entscheiden. Zumindest fehlen materielle Zeugnisse edomitischer Präsenz aus dem südlichen Bergland[167]. Für das ausgehende 6. und und das 5. Jh. v.Chr. ist sowohl literarisch wie auch archäologisch die politische Dominanz arabischer Gruppen im südlichen Palästina bezeugt. Stammesfürsten der arabischen Kedar kontrollierten diese Region im Auftrag der achämenidischen Großkönige[168]. Aufgrund logistischer Hilfe für Kambyses bei seinem Krieg gegen Ägypten im Jahr 525 v.Chr. soll den Arabern Steuerfreiheit gewährt worden sein (Herodot III 88)[169]. Das Nehemia-

---

[163] Papyrus Nr. 59015 verso, col. II 42 (EDGAR 1925, 36; DURAND 1997, 217 Nr. 42, Zeile 42).

[164] Zum geschichtlichen Zusammenhang ABEL 1952, 22–43.

[165] LEMAIRE 1990b, 45–54; 1999, 16 Abb. 1. Für eine Ausdehnung bis in die Küstenebene sprechen u.a. aramäische Ostraka von *Tell Ǧemme* (ca. 10 km südlich von Gaza), die den aus dem Bergland westlich von Hebron stammenden Exemplaren des 4. Jhs. v.Chr. vergleichbar sind (LEMAIRE 1999, 15 mit Hinweis auf NAVEH 1992).

[166] LEMAIRE 1999, 16f.

[167] CARTER 1999, 98f.

[168] MITTMANN 1983; KNAUF 1990; LEMAIRE 1996a, 147–153; 1999.

[169] Die angeblich freiwillige jährliche Lieferung von Weihrauch an den achämenidischen Hof (III 97) dürfte jedoch im Sinne einer regulären Steuerabgabe zu interpretieren sein (MITTMANN 1983, 137).

buch nennt mehrfach „Geschem, den Araber" גֶּשֶׁם הָעַרְבִי gemeinsam mit Sanballat und Tobija als Widersacher Nehemias beim Wiederaufbau der Mauern Jerusalems (Neh 2,19; 6,1.2.6). Geschem ist als Name eines arabischen Stammesfürsten, der gleichzeitig die Funktion eines von den Achämeniden eingesetzten Beamten innehatte, durch eine altsüdarabische (lihyanische) Inschrift aus el-ʿUla/Dedan belegt[170]. Eine Inschrift des 5./4. Jhs v.Chr. von *Tell el-Mashuta* im östlichen Nildelta nennt „Geschem, den König der Kedar" *gšm mlk qdr*[171]. Die Kedar sind in Nordwest-Arabien und am Rand des südostjordanischen Kulturlandes beheimatet. Sie dürften im Zuge der Kontrolle der Handelswege zwischen Arabien und dem Mittelmeer bis in die Gegend von Gaza vorgedrungen sein[172]. Die territoriale Erstreckung des von ihnen im Süden Palästinas kontrollierten Gebietes ist nicht eindeutig zu bestimmen. Nach Herodot III 91 handelte es sich lediglich um eine Enklave an der Küste bei Gaza. Diese Darstellung ist sicher ein „vereinfachtes Bild". Eine Ausdehnung ihres Herrschaftsgebietes nach Norden bis in die Schefela und in das judäische Gebirge „zu einer Linie jenseits noch von Hebron"[173] ist jedoch nur dann wahrscheinlich, wenn angenommen wird, dass die lokale Residenz der Kedar in Lachisch war. Dort wurde ein als Palast interpretiertes Gebäude aus persischer Zeit freigelegt[174]. Außerdem wird ein auf einer aramäischen Inschrift aus Lachisch genannter König von Lemaire als arabisch-kedrenischer Fürst gedeutet[175]. Insbesondere die letztgenannte Interpretation ist keineswegs gesichert. Die lokale Residenz der kedrenischen Fürsten könnte auch in Gaza gewesen sein[176]. Ihre wesentlichen Interessen bzw. die Interessen der sie protegierenden Achämenidenkönige lagen im Nordwest-Negev und in der südlichen Küstenebene, in Gebieten demnach, durch welche die von Ara-

---

[170] *bʾym gšm bn šhr wʿbd fht ddn brʾ[y* „Zur Zeit des Geschem, des Sohnes von Sahr und von ʿAbd, des Statthalters von Dedan..." (LEMAIRE 1999, 17 mit älterer Literatur).

[171] DUMBRELL 1971; LEMAIRE 1999, 17.

[172] EPHʿAL 1982, 223–227; AHARONI 1984, 46–54.429f; KNAUF 1985,96–102.103–108; 1995.

[173] Beide Zitate MITTMANN 1983, 138.

[174] USSISHKIN 1993, 910f.

[175] *ʾyš bn mhly hmlk* „Iyās, Sohn des Machlai, der König" (LEMAIRE 1974; 1999, 17).

[176] MITTMANN 1983, 139.

bien über Petra bzw. das Nordende des Roten Meeres führende Handelsroute nach Gaza verlief[177].

Lemaire interpretiert den geschilderten Befund im Sinne einer klar abgrenzbaren Folge zunächst edomitischer (von 597 bis 552 v.Chr.) und anschließend arabischer (bis spätestens 363 v.Chr.) Oberherrschaft. Dabei geht er davon aus, dass im 6./5. Jh. v.Chr. das südliche Palästina Teil einer Provinz Arabien war[178]. So geradlinig dürften die verwaltungsgeschichtlichen Veränderungen jedoch nicht abgelaufen sein. Nach Beendigung der von den achämenidischen Großkönigen begünstigten arabischen Kontrolle wird im 4. Jh. v.Chr. der vermeintlich ältere Name Edom/Idumäa als Provinzbezeichnung gewählt. Dieser Name war demnach auch nach 552 v.Chr. noch im Umlauf, was auf konstante Anwesenheit edomitischer Gruppen deutet. Auf der anderen Seite waren Araber bereits seit dem ausgehenden 7. Jh. v.Chr. in Juda präsent, wie Inschriftenfunde aus Jerusalem andeuten[179]. Auch die Annahme, unmittelbar vor der Einrichtung der Provinz Idumäa seien die arabischen Kedar im Süden Palästinas von den Persern praktisch beseitigt worden[180], entbehrt jeder Grundlage. Noch 332 v.Chr. kämpft ein Kontingent arabischer Söldner auf der Seite des persischen Stadtkommandanten von Gaza gegen die makedonischen Belagerer[181]. Vom ausgehenden 7. bis zum ausgehenden 4. Jh. v.Chr. sind demnach im Negev, in der südlichen Schefela und im südlichen judäischen Bergland sowohl edomitische als auch arabische Gruppen präsent. Das geben auch die besprochenen Ostraka zu erkennen. Lediglich die jeweilige regionale, von den Großmächten delegierte politische Dominanz wechselt von den edomitischen (6. Jh.) zu den arabischen (Ende 6. bis Anfang 4. Jh.) und möglicherweise wieder zu den edomitischen Gruppen (4./3. Jh.). Auf eine zumindest marginale Anwesenheit judäischer Gruppen weist neben dem Befund der Ostraka auch Neh 11,25–30, ein Textabschnitt, der in Form einer Ortsliste vermutlich den judäischen Bevölkerungsanteil in Idumäa umschreiben will[182].

---

[177] JERICKE 1997a, 63f.
[178] LEMAIRE 1990b, 45–54; 1999, 16ff. Allerdings formuliert er stellenweise auch vorsichtiger und spricht lediglich vom „Königreich von Kedar" (LEMAIRE 1999, 18).
[179] SASS 1990; HÖFNER 2000.
[180] LEMAIRE 1999, 18f.
[181] MITTMANN 1983, 140.
[182] S. u. Seite 89ff.

Der entscheidende Einwand richtet sich gegen den von Lemaire postulierten Provinzialstatus Arabiens. Ein solcher ist aus den von ihm zitierten literarischen Quellen nicht zu erheben[183]. Herodot bezeichnet Arabien als „Land" oder „Gebiet" (χώρα), wobei er sich meist auf das arabische Kernland östlich des Golfes von Suez bezieht (II 8.24.158; III 107). Ansonsten spricht er von den südpalästinischen Arabern als einer Bevölkerungsgruppe, einen verwaltungsrechtlichen Terminus gebraucht er nicht (III 88.97). Mit guten Gründen verweist Knauf auf eine Doppelstrategie der achämenidischen Großkönige in Arabien. In Städten und an wichtigen Verkehrsknotenpunkten wurden persische Beamte installiert. Die ländlichen Gebiete bzw. die Wüstenregionen wurden arabischen Stammesfürsten zur Kontrolle überlassen, die im Gegenzug weitgehend von Abgaben befreit waren[184]. Ein solches duales System setzt nicht zwangsläufig die Einrichtung einer territorial fest umrissenen Provinz voraus.

Die Einführung einer regelrechten provinzialen Verwaltung erfolgte demnach auch im äußersten Süden Palästinas erst in spätpersischer Zeit, im 4. Jh. v.Chr. Bis zu dieser Zeit ist lediglich ein Nebeneinander verschiedener Gruppen zu erkennen, die sich als edomitisch, arabisch, judäisch oder phönizisch verstanden. Zu vermuten sind konkurrierende Siedlungs- und Herrschaftsinteressen, wobei zur Kontrolle eine wechselweise von den herrschenden Imperien delegierte regionale Suprematie entweder der Edomiter oder der Araber ausreichte.

Die territorialrechtlichen Verhältnisse im südlichen Palästina vom 6. bis zum 4. Jh. v.Chr. lassen sich somit als eine stufenweise Ausweitung des vordem von den neuassyrischen Herrschern in Syrien, an der phönizischen und philistäischen Mittelmeerküste und in Zentralpalästina praktizierten Provinzialsystems beschreiben. Die neubabylonischen Könige gliederten zunächst größere Teile Judas, wahrscheinlich mit Ausnahme des Südens, in die bereits bestehende Provinz Samaria ein. Die achämenidischen Herrscher beließen es nach 539 v.Chr. einstweilen bei diesem Zustand. Um die Mitte des 5. Jhs.

---

[183] Ähnlich kritisch ist Lemaires Rekonstruktion der perserzeitlichen Provinzen des Ostjordanlandes zu beurteilen. Sie beruht im wesentlichen auf der Übertragung des assyrerzeitlichen Provinzialsystems in das 6./5. Jh. v.Chr. Dabei ist durchaus nicht geklärt, inwieweit Gilead, Ammon und Moab im 8./7. Jh. v.Chr. Provinzialstatus hatten oder lediglich tributzahlende Vasallenstaaten waren, vgl. BIENKOWSKI 2000, 47.
[184] KNAUF 1990.

v.Chr. wurden dann die bislang zu Samaria gehörenden Teile Judas
als eigenständige Provinz abgetrennt. Die südlichen und vermutlich
auch die westlichen Randgebiete Judas—also das südliche judäische
Bergland, der Negev und weite Teile der Schefela—wurden, zusammen mit dem südlichen Teil des ehemaligen philistäischen Gebietes,
erst im 4. Jh. v.Chr. als Provinz Idumäa definiert. Die Gründe für eine
solche stufenweise Ausweitung des provinzialen Verwaltungssystems
mögen einerseits militärstrategischer Art (Sicherung des Grenzlandes
zu Ägypten hin), andererseits ökonomischer Natur (Sicherung der
Handelsstraßen) gewesen sein.

3. Die territoriale Zugehörigkeit des Gebietes von Hebron

3.1 Die Ausgrenzung aus Juda

Die vorausgehenden Überlegungen deuten bereits an, dass die Grenze
zwischen dem 586 v.Chr. zu Samaria gekommenen judäischen Gebiet
bzw. der späteren Provinz Juda einerseits und dem edomitisch/ara-
bisch geprägten Süden Palästinas bzw. der späteren Provinz Idumäa
andererseits nördlich von Hebron verlief[185]. Zumeist wird davon ausgegangen, dass Hebron unmittelbar südlich der Grenze Judas lag[186]
(*Abb. 12*). Die Kriterien für diese Annahme sind archäologischer und
literarischer Art.

(1) In Hebron wurden keine $Y^ehūd$-Inschriften auf Siegeln oder
Münzen gefunden. Diese Beobachtung lässt sich nur teilweise mit
dem Argument der Nichtbesiedlung Hebrons in persischer Zeit relati-
vieren, da die $Y^ehūd$-Inschriften zum nicht geringen Teil aus hellenistischer Zeit stammen[187]. Entsprechende Siegel- oder Münzfunde aus
dieser Zeit wären in Hebron durchaus möglich.

(2) Für die Rekonstruktion der Ausdehnung der Provinz Juda werden die nahezu identischen Listen Esr 2,1–35/Neh 7,6–38 zugrunde

---

[185] Da Hebron selbst in persischer Zeit nicht besiedelt war, betreffen die folgenden Aussagen in erster Linie das Gelände der Stadt, wo zumindest auf *Ḥirbet Nimrā*
ein Befund des 6./5. Jhs. v.Chr. festzumachen ist, s. o. Kapitel 2. In diesem Sinn ist
„Hebron" in den folgenden Abschnitten gebraucht, wenn von der persischen Zeit die
Rede ist.

[186] Zuletzt LEMAIRE 1990b, 41; 1994a, 19ff; 1999; vgl. die Karten TADMOR 1978,
211; E.STERN 1982, 247; AHARONI 1984, 433; WEIPPERT 1988, 691; LEMAIRE 1990b,
74; 1994a, 12; LEMAIRE 1999, 16 Abb. 1; CARTER 1999, 84–87 Figures 1–4.

[187] E.STERN 1982, 196–228; MILDENBERG 1988; LEMAIRE 1994b, 285; CARTER
1999, 270f.

gelegt[188] (*Abb. 13*). Hebron fehlt in diesen Listen. Dies könnte mit dem Hinweis auf die Nichtbesiedlung Hebrons in persischer Zeit befriedigend erklärt werden, ohne dass daraus territorialgeschichtliche Folgerungen gezogen werden müssten. Wie Überlegungen zu den Esr 2,28/Neh 7,32 genannten Orten Bet-El und Ai zeigen, ist jedoch zumindest mit Erweiterungen der Liste in hellenistischer Zeit zu rechnen[189].

Der Befund von Bet-El für die persische Zeit ist schwierig zu bestimmen. Die Ausgräber interpretieren die Fundlage dahingehend, dass der Ort in der Übergangsphase von babylonischer zu persischer Herrschaft zwischen 550 und 500 v.Chr. aufgegeben und erst wieder am Ende des 4. Jhs. v.Chr., am Beginn der hellenistischen Zeit, besiedelt wurde[190]. Das würde eine Siedlungslücke im gesamten 5. Jh. v.Chr. bedeuten[191]. Diese Interpretation stützt sich v.a. auf die Analyse der Keramik[192]. Darüber hinaus wurden jedoch drei Funde veröffentlicht, die auf eine nicht unerhebliche Besiedlung der Ortslage zumindest in der ersten Hälfte des 5. Jhs. v.Chr. weisen: (1) zwei Säulenbasen, die Ähnlichkeiten zu entsprechenden monumentalen Basen des 5. Jhs.

---

[188] E.STERN 1982, 245–249; WEIPPERT 1988, 690f; LEMAIRE 1990b, 37–45; 1994a, 19f; DONNER 2001, 444f. Zumeist wird den Listen dokumentarischer Charakter zuerkannt. GALLING (1964, 89–108) geht aufgrund der wenigen abweichenden Details von der Priorität der Version in Neh 7 aus, ähnlich RUDOLPH (1949, 7–17) und zuletzt WILLIAMSON 1983. Dagegen meint GUNNEWEG (1985, 53–56), prinzipiell sei die Priorität der Fassung von Esr 2 „wahrscheinlicher", wobei er auf MOWINCKEL (1964, 29–45) verweisen kann, ähnlich NOTH 1943, 128f. Gunneweg kommt zu dem Schluss, dass der Chronist selbst für die Doppelung verantwortlich ist, indem er ein ihm vorliegendes Dokument jeweils mit geringen Varianten in Esr 2 bzw Neh 7 eingearbeitet hat.

[189] Ähnliche Überlegungen gelten vermutlich auch für drei Orte der Küstenebene: Ono, Hadid und Lod (Esr 2,33; Neh 7,37); vgl. SAPIN 1991; LEMAIRE 1994a, 19ff.

[190] SINCLAIR 1964, 62; P.W.LAPP 1965, 6; KELSO u.a. 1968, 36–40.51ff; HOGLUND 1992, 67; KELSO 1993, 194. Die absolute Chronologie beruht z.T. auf einem Vergleich mit der Ware von *Tell Bēt Mirsim* (KELSO u.a. 1968, 37 Anm. 4). Albright datierte das Ende der eisenzeitlichen Siedlung auf *Tell Bēt Mirsim* um 597 bzw. 587 v.Chr., weil er auf Stempelsiegeln den Namen des vorletzten judäischen Königs Jojachin zu erkennen meinte (zuletzt ALBRIGHT 1993). Dies hat sich als Irrtum erwiesen (GARFINKEL 1990). Eine revidierte Analyse der Keramik zeigt, dass die eisenzeitliche Siedlung am Ende des 8. Jhs. v.Chr., zeitgleich mit Lachisch Stratum III, zerstört wurde (GREENBERG 1987; 1993). Von daher sind auch die absoluten Datierungen der Funde von Bet-El mit Vorsicht zu betrachten. Eine Überprüfung der diesbezüglichen Keramik bedürfte einer eigenen Untersuchung. Vorerst muss die Auskunft genügen „that the pottery from the burned Iron II houses [von Bet-El] is to be dated well after the destruction of TBM [=*Tell Bēt Mirsim*], Beth-shemesh, Lachish [ohne Angabe eines Stratums], Gibeah, and other towns of Judah by the Chaldaeans" (KELSO u.a. 1968, 37 Anm. 4).

[191] Vgl. die Chronologie bei KELSO u.a. 1968, XIV.

[192] KELSO u.a. 1968, 70–76.

in Persepolis aufweisen[193]; (2) ein konoides Steinsiegel, das einen Adoranten/eine Adorantin (?) zwischen einem Altar und einem Symbol des babylonischen Hochgottes Marduk zeigt[194]; (3) das Fragment eines attischen Lekythos, das zunächst fälschlicherweise im Zusammenhang spätbronzezeitlicher Importware veröffentlicht wurde[195], das aber in den Kontext des 5. Jhs. v. Chr. weist. Aufgrund der genannten Funde ist die These einer Besiedlungslücke im 5. Jh. v.Chr. überholungsbedürftig. Zumindest in der ersten Hälfte des 5. Jhs. v.Chr. scheint Bet-El bewohnt gewesen zu sein[196], ohne dass Einzelheiten über die Art der Bebauung zu erheben sind. Erst ab der Mitte des 5. Jhs. v.Chr. existierte bis zum Wiederaufleben des Ortes in hellenistischer Zeit keine Siedlung mehr.

Dagegen ist die Nichtbesiedlung von Ai/*et-Tell* in nachexilischer Zeit unbestritten[197]. Eine mögliche Lösung des Problems besteht darin, eine Verlegung des Ortes Ai und damit eine Wanderung des Ortsnamens in persischer Zeit anzunehmen. Solche Verlagerungen sind insbesondere für die hellenistische und die römische Zeit belegt wie das Beispiel von Hebron zeigt, wo die bis in das 6. Jh. v.Chr. auf dem *Ǧebel er-Rumēde* gelegene Siedlung vermutlich in hellenistischer, spätestens aber in römischer Zeit im Talgrund neu entstand[198]. Der Esr 2,28; Neh 7,32; 11,31 genannte Ort Ai bzw. Aja wird demzufolge auf *Ḫirbet Ḥayyān* (Koord. 1757.1458) ca. 1,5 km südlich von *et-Tell* gesucht[199] (*Abb. 18*). Allerdings weist auch diese Ortslage keinen perserzeitlichen Befund auf. Die ältesten architektonischen Reste stammen aus spätrömischer Zeit[200]. Nach dem Oberflächenbefund lagen die Hauptbesiedlungsphasen in hellenistischer (32% der datierbaren Scherben) und in byzantinischer Zeit (58%)[201]. Für die Lokalisierung des nachexilischen Ai käme auch eine namenlose 0,6 ha große Ortslage (Koord. 1738.1464) in Frage, die ca. 1,2 km südwestlich von *et-Tell* liegt. Neben der in erster Linie vertretenen Keramik der hellenistischen und der römischen (67% der datierbaren Scherben) sowie der byzantinischen Zeit (31%) wurde hier zumindest

---

[193] KELSO 1955, 9f mit Fig. 3. Auf die möglichen Parallelen zu Persepolis weist Albright in einer Fußnote hin (KELSO 1955, 10 Anm. 5). Die Fotos allein können allerdings keinen Aufschluss geben, zumal die beiden Steine, wie Kelso bemerkt, stark verwittert sind. Zu den Säulenbasen von Persepolis vgl. SCHMIDT 1953, 67 Fig. 28, 93 Fig. 37, 106 Fig. 50, 112 Fig. 54.

[194] KELSO u.a. 1968, 51 und Fig. 1. Das Stempelsiegel wurde allerdings nicht im Zuge der Ausgrabungen gefunden, sondern von Bewohnern des Ortes *Bētīn* erworben, KELSO u.a. 1968, 51 Anm. 52.

[195] KELSO u.a. 1968, Pl. 37:10, bereits korrigiert von KELSO u.a. 1968, 80.

[196] P.W.LAPP (1965, 5) hält aufgrund der Keramikanalyse eine Weiterexistenz der befestigten Siedlung zumindest bis 480 v.Chr. für möglich.

[197] CALLAWAY 1993.

[198] S. o. Kapitel 2.

[199] ALBRIGHT 1924; AHARONI 1984, 423.

[200] CALLAWAY/NICOL 1966.

[201] FINKELSTEIN/MAGEN 1993, 36*.183 Nr. 218. Die restlichen 10% der Scherben verteilen sich auf die Mittelbronzezeit (2%) und auf die ottomanische Zeit (8%).

eine Scherbe aus persischer Zeit gefunden[202]. So oder so ist das Problem eines nachexilischen Ai nicht zweifelsfrei geklärt. Zwischen dem Ende der Siedlung auf *et-Tell* im 10. Jh. v.Chr. und einer Neubesiedlung im 5. oder 4. Jh. v.Chr. lägen immerhin fünf- bis sechshundert Jahre. Ob sich der Ortsname über solch eine lange Zeit erhalten hat, ist fraglich. Allenfalls durch den immer sichtbaren Schutthügel auf *et-Tell* wäre ein solches Namenskontinuum ohne Besiedlung erklärbar. Für eine Gleichsetzung von Ai/Aja mit *Ḫirbet Ḥayyān* spricht zumindest eine gewisse Namensähnlichkeit. Vom archäologischen Befund her—und das gilt, trotz des minimalen perserzeitlichen Befundes, auch für die erwähnte namenlose Ortslage—ist eine Wiederbesiedlung Ais frühestens für die hellenistische Zeit zu erschließen.

Eine gemeinsame Auflistung von Bet-El und Ai ist von daher, zumindest unter der Voraussetzung, dass beide Orte zur Zeit der Abfassung der Liste besiedelt waren, in nachexilischer Zeit erst ab der hellenistischen Epoche denkbar. Die listenartigen Aufzählungen Esr 2,1–35 und Neh 7,6–38 können demzufolge nicht ohne Einschränkung als Dokumente der persischen Zeit betrachtet werden. Mit Zusätzen aus hellenistischer Zeit muss gerechnet werden[203]. Insofern hätte Hebron ebenfalls nachgetragen werden können, wenn die Stadt zur Provinz Juda gehört hätte, die in frühhellenistischer Zeit als Hyparchie zunächst unverändert weiterbestand. Das Fehlen des Ortsnamens Hebron in Esr 2,1–35/Neh 7,6–38 wird also zu Recht so ausgedeutet, dass der Ort bzw. dass sein Gebiet ab der persischen Zeit außerhalb Judas lag.

(3) Ein Hinweis auf Hebron fehlt allerdings in den Büchern Esra und Nehemia nicht ganz. Unter der Namensform Kirjat-Arba ist der Ort Neh 11,25 erwähnt. Neh 11,25–30 bieten eine Liste von Orten aus dem südlichen judäischen Bergland, aus dem Negev und aus der Schefela. Im allgemeinen werden die Verse als eine Ergänzung in Neh 11 bestimmt[204], ähnlich wie die Liste benjaminitischer Orte 11,31–36. Lemaire sieht in Neh 11,25–30 eine Liste von Orten der spätperserzeitlichen Provinz Idumäa aus dem 4. Jh. v.Chr.[205]. Diese These ist allerdings nur eine von mehreren denkbaren Erklärungs-

---

[202] FINKELSTEIN/MAGEN 1993, 34*.175 Nr. 204.

[203] Dies gilt auch, wenn die von K.KOCH (1996, 252f) aus einem Vergleich mit Esr 8 und Esr 10 gewonnene Deutung im Sinne eines „Personenstandsverzeichnisses" zugrunde gelegt wird.

[204] RUDOLPH 1949, 187–191; GALLING 1954, 245; MOWINCKEL 1964, 150f; GUNNEWEG 1987, 142–150; BLENKINSOPP 1989, 327–332.

[205] LEMAIRE 1990b, 40f; 1994a, 20.28.

möglichkeiten[206]. Dem territorialgeschichtlichen Verständnis von Lemaire stehen gewichtige Gründe entgegen. Zum einen fehlt sowohl für Hebron selbst als auch für die Umgebung der Stadt ein archäologischer Befund aus dem 4. Jh. v.Chr. Zudem dürfte sich die Provinz Idumäa bis zur südlichen Küstenebene erstreckt haben[207]. Sie hatte daher eine größere Ausdehnung als die Neh 11,25–30 genannten Orte anzeigen. Mit den meisten Auslegern[208] ist daran festzuhalten, dass die Verse entweder aus der späten Königszeit oder aus hellenistischer Zeit stammen. Aufgrund überlieferungsgeschichtlicher und auch aufgrund allgemeiner historischer Überlegungen erweist sich eine Datierung in die Königszeit, etwa in die Epoche Joschijas[209], als nicht durchführbar[210]. Eine Festlegung auf die „Makkabäerepoche"[211] ist nur dann gefordert, wenn vorausgesetzt wird, dass die Neh 11,25–30 genannten Orte zur Zeit der Entstehung des Textes zu Juda gehörten. In diesem Fall greift der Hinweis auf 1Makk 5,65. Allerdings ist aus Neh 11,25 nicht ohne weiteres zu entnehmen, dass es sich um eine Liste von Orten handelt, die im territorialrechtlichen Sinne zu Juda gehörten. Vielmehr scheint eine Auflistung des judäischen Bevölkerungsanteils südlich der Provinz bzw. der Hyparchie Juda beabsichtigt zu sein. Für eine solche Auffassung spricht zumindest die Wendung מִבְּנֵי יְהוּדָה „von den Judäern". Archäologische und literarische Indizien machen es daher wahrscheinlich, dass Neh 11,25–30 historische Verhältnisse der frühen hellenistischen Zeit widergeben, als

---

[206] LEMAIRE (1990b, 40f) nennt noch folgende Alternativen: a) eine utopische Liste, zusammengestellt aus Orten des ehemaligen Königreiches Juda (ähnlich GALLING 1954, 245: V.25–35 zeigen den „Anspruch des Jerusalemer Tempels über die [politische] Provinz Juda hinaus"; CARTER 1999, 80f: „an idealized portrait of Yehud, one that conforms more to Judea during the late monarchy than to the reconstituted community of the Persian period"; vgl. CARTER 1999, 297); b) eine Liste aus der Makkabäerzeit; c) eine Liste von Orten mit jüdischer Bevölkerung außerhalb der Provinz Juda; d) eine Liste von Orten des ehemaligen Königreiches Juda, die in persischer Zeit außerhalb der Provinz Juda lagen.

[207] S. o. Seite 81–86.

[208] RUDOLPH 1949, 189ff; GUNNEWEG 1985, 148f; BLENKINSOPP 1989, 327–332.

[209] KELLERMANN 1966.

[210] ALT 1951 = ALT 1959, 289–305; GALLING 1954, 245.

[211] GUNNEWEG 1987, 148f; vgl. MOWINCKEL 1964, 150f; sehr abwägend noch RUDOLPH 1949, 191: „In jedem Fall bleibt der Eindruck, daß es uns bis jetzt nicht gelingt, mit dieser Liste in wissenschaftlich befriedigender Weise fertig zu werden." Der Vorschlag von BLENKINSOPP (1989, 329), in Neh 11,25–30 ein vom Chronisten aus Jos 14f literarisch herausgesponnenes „exodus-settlement pattern" im Sinne der „idea of the land as an encampment around the sanctuary, a reproduction of the arrangement during the wilderness journeying…" zu sehen, erscheint etwas gekünstelt.

nach wie vor ein judäischer Bevölkerungsanteil im idumäischen Süden lebte. Insofern liegt ein indirektes Zeugnis für die Zugehörigkeit Kirjat-Arbas/Hebrons zur Provinz/Hyparchie Idumäa in spätpersisch-frühhellenistischer Zeit vor.

(4) Das Hauptargument für eine Ausgrenzung Hebrons aus der Provinz Juda scheint noch immer 1Makk 5,65 zu sein, wo von der Einnahme Hebrons durch Judas Makkabäus im Rahmen seines Feldzuges gegen Idumäa die Rede ist. Gleichzeitig ist aus 1Makk 4,29.61; 6,7.26.31.49f; 9,52; 10,14; 11,65; 14,7.33 zu erkennen, dass der ca. 7 km nördlich von Hebron gelegene Ort Bet-Zur (Ḥirbet eṭ-Ṭubēqa, Koord. 1595.1109) judäische Grenzfestung gegen Idumäa war.

Neuerdings versucht Charles E. Carter, unter Absehung der vier oben genannten Kriterien, den Umfang der perserzeitlichen Provinz Juda allein aufgrund geographischer und ökonomischer Gegebenheiten festzulegen[212]. Nach Carter umfasste Juda im Westen weder Teile der Küstenebene noch die Schefela[213]. Die Südgrenze ist nicht eindeutig festzulegen. Für die frühe persische Zeit bis 450 v.Chr. folgt Carter der gängigen These und sieht den Grenzverlauf zwischen Bet-Zur und Hebron. In der Zeit nach 450 v.Chr. wurde die Grenze weiter nach Süden verschoben, so dass Hebron innerhalb der Provinz Juda lag[214]. Als Begründung führt Carter an, dass nördlich des Negev bislang keine archäologischen Reste gefunden wurden, die auf eine edomitische Präsenz hinweisen. Daher könne von einer edomitischen bzw. idumäischen Kontrolle im Bergland keine Rede sein. Außerdem sei 1Makk 4f für die Verhältnisse der Perserzeit nicht relevant[215].

Gegen die These von Carter sprechen archäologische und literarische Belege. Das Zeugnis der aramäischen Ostraka zugunsten einer edomitischen Präsenz bis auf die Höhe von Hebron wurde bereits referiert[216]. Auf diese Fundgruppe geht Carter nicht ein. Der Textbeleg 1Makk 5,65 definiert Hebron eindeutig als idumäisch. Sicherlich spiegelt der Text Verhältnisse des 2. Jhs. v.Chr. Nach den Grundsätzen territorialgeschichtlicher Methodik ist

---

[212] CARTER 1994; 1999. Carter nennt folgende Argumente: (a) die Y^{e}hūd-Inschriften stammen nur z.T. aus persischer Zeit; (b) Esr 2,1–35/Neh 7,6–38 haben nicht eine Grenzbeschreibung im Blick, sondern wollen die Verteilung der jüdischen Bevölkerung angeben; (c) 1Makk 5,65 gibt Verhältnisse des 2./1. Jhs. v.Chr. wider und ist nicht relevant für die persische Zeit.

[213] Ähnlich auch LEMAIRE 1994a, 19ff; 1999.

[214] „In the later portion of the Persian period, the border would have extended to just south of Hebron and then continued westward until it reached the western border at the edge of the hill country" (CARTER 1999, 98). In seiner älteren Arbeit (CARTER 1994) definiert er als Südgrenze noch den Südrand des judäischen Berglandes auf der Höhe der 300 mm-Isohyete, die die natürliche Grenze zum Negev markiert (vgl. JERICKE 1997a, 43ff).

[215] CARTER 1999, 98f.

[216] S. o. Seite 81–86.

jedoch anzunehmen, dass ein solcher Zustand nicht erst in der Makkabäerzeit entstand, sondern schon länger andauerte. Die Zugehörigkeit Hebrons zu
Idumäa ist demnach auch für die vorhasmonäische Zeit, d.h. für die frühhel-
lenistische (4./3. Jh. v.Chr.) und vermutlich auch für die spätpersische Zeit
(5./4. Jh. v.Chr.) zu postulieren. Insofern scheint nach wie vor die Annahme
am sinnvollsten, dass Hebron bei der Einrichtung der Provinz Juda im 5. Jh.
v.Chr. südlich außerhalb der Provinzgrenze belassen wurde.

Die genauen Gründe für eine solche Ausgrenzung sind nicht bekannt.
Sie könnten möglicherweise darin gesucht werden, dass Hebron in
neubabylonischer Zeit ein Zentrum der im Lande verbliebenen judäischen Landbevölkerung war. Zwischen dieser und den aus Babyloni-
en Zurückkehrenden ist in den Büchern Esra und Nehemia ein unver-
hohlener Interessengegensatz zu erkennen[217]. Mit der Ausgrenzung
Hebrons sollte demnach ein möglicher Herd ländlicher Opposition
gegen die sich wieder in und um Jerusalem etablierenden Heimkehrer
stillgelegt werden.

Mit der Gründung der Provinz Idumäa im 4. Jh. v.Chr. dürfte der
territoriale Status Hebrons eindeutig im Sinne einer Zugehörigkeit zu
dieser neuen Verwaltungseinheit geklärt worden sein. Dies betrifft
jedoch ausschließlich die verwaltungsrechtliche Ebene. Auch in Idumäa lebten neben Gruppen, die sich als Edomiter und als Araber be-
trachteten, weiterhin Menschen, die—zumindest von der Außen-
wahrnehmung—als Judäer verstanden wurden, einige von diesen
offensichtlich im Gebiet von Hebron (Neh 11,25–30). Hebron lag
also vom 6. bis zum 2. Jh. v.Chr., unabhängig vom territorialrechtlichen Status, in einem Gebiet verschiedener, möglicherweise auch
konkurrierender Siedlungs- und Herrschaftsinteressen. Im 2. Jh.
v.Chr. griffen die Makkabäer durch ihre militärischen Aktionen noch
einmal in die territorialen Verhältnisse ein. Hebron und das südliche
judäische Bergland kamen wieder zu Juda.

Vermutlich lautete der offizielle Name des Ortes in hellenistischer
Zeit Kirjat-Arba. Der einzige Text, der Kirjat-Arba ohne Bezugname
auf den Ortsnamen Hebron nennt (Neh 11,25) stammt aus dieser
Epoche. Der Name Kirjat-Arba[218] könnte auf eine in vier Stadtbezirke
unterteilte Anlage deuten. Eine solche Stadtanlage wäre im Rahmen

---

[217] JAPHET 1983; WEINBERG 1992; LEMAIRE 1994a, 22ff; MAIER 1995, 25–68;
DIETRICH 1997.
[218] Zu anderen Deutungen, die aber alle davon ausgehen, dass Kirjat-Arba der
alte, vorisraelitische Name des Ortes ist, s. LIPIŃSKI 1974.

der Stadtorganisation in hellenistischer Zeit[219] durchaus möglich.
Dies ist jedoch reine Vermutung. Archäologische Zeugnisse, die eine
solche Annahme stützen könnten, sind bislang nicht bekannt. Die im
1. Makkabäerbuch, bei Josephus[220] und in der rabbinischen Literatur[221] verwendete Namensform Hebron (Χεβρων, חֶבְרוֹן) dürfte ein
Rückgriff auf die biblische Tradition, insbesondere auf die Abrahamerzählungen und die Erzählungen von Davids frühem Königtum sein.

3.2 *Ertrag und Folgerungen*

Zwischen dem 6. und dem 2. Jh. v.Chr. lag Hebron südlich außerhalb
von Juda. Inwieweit diese Ausgrenzung in neubabylonischer Zeit (6.
Jh. v.Chr.) de facto zum Tragen kam, ist nicht mehr nachzuvollziehen. Da die Interessen der neubabylonischen Herrscher schwer-
punktmäßig im äußersten Norden Judas, in der Region zwischen Jerusalem und Bet-El lagen, dürfte auf eine klare Grenzziehung im
Süden kein allzu großes Augenmerk gelegt worden sein. Insofern ist
für diese Zeit mit einer weitgehend ungehinderten Durchlässigkeit
zwischen dem judäischen Kerngebiet und der Landschaft um Hebron
zu rechnen. Ähnliches dürfte auch noch für die frühpersische Zeit
(539 bis ca. 450 v.Chr.) zutreffen, wenngleich die Region südlich von
Jerusalem bis nach Hebron siedlungsgeschichtlich wieder an Gewicht
gewann. Eine erste klarere Abgrenzung Hebrons gegen das judäische
Kerngebiet brachte die Einrichtung der selbständigen Provinz Juda
um die Mitte des 5. Jhs. v.Chr. Die Grenze zwischen der neuen Provinz und dem wechselweise edomitisch oder arabisch kontrollierten
Süden Palästinas verlief wenige Kilometer nördlich von Hebron. Allerdings darf man sich für das Altertum keine Grenzziehung in dem
eindeutigen Sinne vorstellen wie wir das aufgrund unserer europä-
isch-neuzeitlichen Erfahrungen gewohnt sind. Daher ist anzunehmen,
dass auch im 5. Jh. v.Chr., trotz der literarisch und archäologisch
nachweisbaren Stabilisierung von Judas Südgrenze, eine Durchlässigkeit im Sinne eines möglicherweise sogar ungehinderten Grenz-

---

[219] In hellenistischer Zeit setzt sich im Vorderen Orient eine Stadtplanung durch,
die verschiedene Stadtviertel durch parallel und quer zueinander angeordnete Stra-
ßenzüge klar gegeneinander abgrenzt, vgl. HOROWITZ 1980; BARGHOUTI 1982;
KUHNEN 1990, 43–60. Andeutungsweise ist eine solche Aufteilung bereits bei
Stadtanlagen der späten Königszeit zu beobachten, vgl. FRITZ 1990, 75 Abb. 32
(Megiddo Stratum III, 7. Jh. v.Chr.).
[220] MÖLLER/SCHMITT 1976, 193f mit Stellenangaben.
[221] REEG 1989, 243f.

verkehrs in das Gebiet von Hebron und in den edomitisch-arabischen
Süden Palästinas weiterhin gegeben war. Ein nächster Schritt in
Richtung auf die Verfestigung der Grenzlinie war dann zweifellos die
Einrichtung der Provinz Idumäa im 4. Jh. v.Chr. Hebron wurde damit
im verwaltungsrechtlichen Sinne idumäisch. Die westlich von Hebron
gefundenen Ostraka zeigen jedoch, dass die Region weiterhin ein
typisches Grenzland mit der Präsenz verschiedener ethnischer Gruppen blieb, unter denen die Judäer nach wie vor eine Minorität dar-
stellten.

Aus dem solchermaßen in aller Kürze zusammengefassten Befund
der territorialgeschichtlichen Untersuchungen zum Gebiet von Hebron sind erste Schlussfolgerungen für die Interpretation der Abrahamgeschichte im Buch Genesis zu ziehen. Gen 12 und 13 erzählen
die Wanderungen Abrahams im Land Kanaan einschließlich einer
Digression nach Ägypten. Die in Kanaan genannten Stationen sind
die Gebiete um Sichem (Gen 12,6f), um Bet-El (Gen 12,8; 13,3f) und
um Hebron (Gen 13,18). Zwei der genannten Orte, Sichem und Bet-
El, lagen im 6. und in der ersten Hälfte des 5. Jhs. v.Chr. in einer
Verwaltungseinheit, in der um das nördliche und zentrale Juda erweiterten Provinz Samaria. Hebron lag zwar wenige Kilometer südlich außerhalb dieser Provinz. Die Durchlässigkeit der Südgrenze
dürfte jedoch zu dieser Zeit vergleichsweise groß gewesen sein. Die
neubabylonische und die frühpersische Zeit war demnach eine Zeitspanne von eineinhalb Jahrhunderten, zu der die in Gen 12 und 13
erzählten Wanderbewegungen zumindest theoretisch aufgrund der
territorialrechtlichen Gegebenheiten denkbar war[222].

Das Ergebnis der vorstehenden Überlegungen ist umso deutlicher
hervorzuheben, als die drei Orte Sichem, Bet-El und Hebron im 6./5.
Jh. v.Chr. noch bewohnt waren und daher eine solche territorialgeschichtliche Zuordnung überhaupt zum Tragen kam.

Aus Sichem/*Tell Balāṭa* liegt auch für die Zeit nach der Zerstörung der befestigten Stadt durch die Assyrer im 8. Jh. v.Chr. ein, allerdings nicht näher

---

[222] In weiterer Sinne war die babylonisch-frühpersische Zeit überhaupt die einzige Periode vor der Herrschaft der Seleukiden (200–135 v.Chr., vgl. DONNER 2001,
481 mit Hinweis auf 1Makk 3,10), zu der das judäische und das zentralpalästinische
Bergland, also die Kerngebiete der ehemaligen Königtümer Juda und Israel, in einer
Verwaltungseinheit lagen. Diese Beobachtung gilt zumindest für die Situation seit
dem 9. Jh. v.Chr., d.h. für die Zeit, für die neben den alttestamentlichen Erzählungen
gesicherte und historisch auswertbare außerbiblische Dokumente zur Rekonstruktion
der Geschichte Israels und Judas vorliegen.

spezifizierter, Siedlungsbefund vor[223]. Die Siedlung der persischen Zeit (6./5. Jh. v.Chr.) scheint gegenüber der des 7./6. Jhs. v.Chr. wenn nicht an Größe, so doch an Bedeutung gewonnen zu haben. Architektonische Reste wurden zwar nur wenige ergraben[224], aber die relativ große Anzahl von Scherben schwarzgrundiger attischer Ware weist auf eine „cosmopolitan and relatively well-to-do population"[225]. Aufgrund der Analyse der genannten attischen Ware wird das Ende der frühpersischen Siedlung auf ca. 480 v.Chr. datiert[226]. Allerdings wurden in der Umgebung Sichems Gräber gefunden, die Material der zweiten Hälfte des 5. Jhs. v.Chr. aufweisen[227]. Die Wiederbesiedlung des Ortes erfolgte, ähnlich wie in Bet-El, erst in hellenistischer Zeit am Ende des 4. Jhs. v.Chr.

Besiedlungsgeschichtlich sind demnach für die frühe persische Zeit (6./5. Jh. v.Chr.) deutliche Parallelen zwischen den drei in Gen 12f genannten Orten festzustellen, wenn im Fall von Hebron der Befund von *Ḥirbet Nimrā* mit einbezogen wird. Sowohl Sichem als auch Bet-El und Hebron/Mamre waren bewohnt, ohne dass die Art der Siedlung genauer definiert werden könnte. An allen drei Orten ist attische Importware bzw. die lokale Imitation derselben vertreten. Streng genommen setzt sich die siedlungsgeschichtliche Parallelität in spätpersischer Zeit ab der Mitte des 5. Jhs. v.Chr. fort, da sowohl in Sichem als auch in Bet-El und Hebron/Mamre eine Siedlungslücke zu konstatieren ist. In diese Zeit fällt die verwaltungsmäßige Aufteilung der Orte in die drei verschiedenen Provinzen Samaria (Sichem), Juda (Bet-El) und Idumäa (Hebron/Mamre). Eindeutige Verbindungslinien zwischen Sichem, Bet-El und Hebron sind dann wieder für die hellenistische Zeit festzustellen[228]. Sichem[229] und Bet-El[230] wurden ab dem Ende des 4. Jhs. v.Chr. von neuem besiedelt. In beiden Orten wurden die alten Befestigungssysteme reaktiviert. In Hebron entstand im Talgrund, an der Stelle der heutigen Stadt, eine neue Siedlung, wäh-

---

[223] WRIGHT 1965, 163–169; JAROŠ 1976, 45ff; CAMPBELL 1993, 1352f.
[224] WRIGHT 1965, 139–169; JAROŠ 1976, 43–47.
[225] CAMPBELL 1993, 1353.
[226] WRIGHT 1965, 167ff; N.L.LAPP 1965; 1985; JAROŠ 1976, 47.123; kritisch HOGLUND 1992, 64ff.
[227] E.STERN 1980.
[228] In hellenistischer Zeit ist auch das Stichwort „Ägypten" aus Gen 12 von neuem aktuell aufgrund der intensiven Verbindungen judäischer Familien und auch der Hasmonäer zum ptolemäischen Hof in Alexandria (M.STERN 1981).
[229] WRIGHT 1965, 170–184; JAROŠ 1976, 47ff.123ff; CAMPBELL 1993, 1353f.
[230] KELSO 1993, 194; KELSO u.a. 1968, 18.38ff.

rend auf dem *Tell er-Rumēde,* wo das königs- und exilszeitliche Hebron lag, nur mehr eine landwirtschaftliche Anlage existierte[231].

---

[231] S. o. Seite 32f.

KAPITEL VIER

DAS THEMA „ABRAHAM IN MAMRE" IN DER ALTTESTAMENTLICHEN FORSCHUNG

1. *Biblisch-archäologische und historisch-topographische Arbeiten*

1.1 *Datierung in das zweite Jahrtausend v.Chr.*

Die beiden für das Thema „Abraham in Mamre" zentralen Textkomplexe sind Gen 11,27–13,18 und Gen 18f. Der geographische Horizont von Gen 18f reicht nicht über das südliche Palästina hinaus. Abraham und Sara wohnen in Mamre, Lots Schicksal spielt sich in der Region um das Tote Meer ab. Lediglich in Gen 19,30–38 wird mit den Geburtslegenden von Ammon und Moab das zentrale Ostjordanland gestreift. Gen 11,27–13,18 umfassen dagegen einen wesentlich weiteren Horizont. Der Textabschnitt erzählt die Wanderungen der Abrahamfamilie vom Aufbruch in Mesopotamien bis zur Ansiedlung in Mamre. Dabei werden drei größere Orte aus dem palästinischen Bergland genannt: Sichem, Bet-El und Hebron. Daher lag und liegt es nahe, die Geschichte dieser drei Orte im Zusammenhang der Geschichte des Vorderen Orients im zweiten und ersten Jahrtausend v.Chr. zu betrachten, um Anhaltspunkte für einen historischen Rahmen der Erzelternerzählungen zu gewinnen.

Die ältesten archäologisch nachweisbaren Parallelen in der Geschichte der drei genannten Orte finden sich am Ende der Mittelbronzezeit II (18.–16. Jh. v.Chr.). Sichem[1], Bet-El[2] und Hebron[3] waren zu dieser Epoche befestigte Städte. Diese Beobachtung könnte die The-

---

[1] Die erste Befestigung auf *Tell Balāṭa* (Koord. 1768.1798), dem alttestamentlichen Sichem, enstand in der Mittelbronzezeit IIB um die Mitte des 18. Jhs. v.Chr., als zumindest die Akropolis im Nordwesten der Stadt von einer Mauer umgeben war. Eine Befestigung mit einer vermutlich die gesamte Stadt umgebenden Mauer und mindestens zwei Stadttoren ist für die Mittelbronzezeit IIC (ab Mitte 17. Jh. v.Chr.) zu rekonstruieren, vgl. WRIGHT 1965, 57–79; JAROŠ 1976, 26–38; CAMPBELL 1993, 1349–1352.

[2] Die älteste Stadtbefestigung stammt aus der Mittelbronzezeit IIB (erste Hälfte 17. Jh. v.Chr.), vgl. KELSO u.a. 1968, 10–19.23–27; KELSO 1993, 193.

[3] S. o. Seite 21f.

sen stüzten, die insbesondere William Foxwell Albright und seine
Schüler vertraten und vertreten. Sie postulieren ein Patriarchenzeital-
ter entweder an der Wende vom dritten zum zweiten Jahrtausend
v.Chr. (Mittelbronzezeit I) oder um die Mitte des zweiten Jahrtausends v.Chr. (Mittelbronzezeit II). Sie stützen sich allerdings weniger
auf den archäologischen Befund der biblischen Kernländer als vielmehr auf Inschriften aus Nordsyrien (Nuzi, Mari, Ebla)[4]. Ein solcher
Ansatz im Sinne einer „Biblical Archaeology", der die alttestamentliche Chronologie aufgrund archäologischer Zeugnisse als historisch
zuverlässig erweisen will, wird spätestens seit den Arbeiten von Martin Noth im deutschen Sprachraum nur mehr ansatzweise erwogen[5].
Der Dominikanerpater Roland de Vaux legte daher den Versuch einer
Vermittlung zwischen den Prämissen der „Biblical Archaeology" und
dem überlieferungsgeschichtlichen Ansatz Noths vor[6]. Er geht davon
aus, dass die literarische Gestaltung der Erzelternerzählungen erst in
der israelitisch-judäischen Königszeit, also in der ersten Hälfte des
ersten Jahrtausends v.Chr. erfolgte, dass gleichwohl einzelne Überlieferungen bereits etwa ein Jahrtausend früher entstanden und über
Jahrhunderte hinweg mündlich tradiert bzw. an zentralen Orten
(Beerscheba, Hebron, Sichem) gesammelt und zu kleineren Erzähleinheiten geformt wurden. Auch für eine solche Sicht der Dinge
scheint die städtische Kultur der Mittelbronzezeit II, wie sie u.a. für
Hebron und Sichem nachweisbar ist, zumindest noch ein flankieren-
des Argument zu sein.
    Eine radikale Kritik erfuhren die Thesen der Albright-Schule
durch John Van Seters[7] und Thomas L. Thompson[8]. Van Seters konzentriert sich auf den Nachweis, dass die naheliegendsten altorientalischen Parallelen zu den in den Erzelternerzählungen der Genesis geschilderten Lebensgewohnheiten nicht aus dem zweiten, sondern aus
dem ersten Jahrtausend v.Chr. stammen. Damit sind erzählte Zeit—
die vorgebliche Erzelternzeit—und Erzählzeit—die Epoche der
literarischen Gestaltung—weitgehend deckungsgleich. Der in den
Erzählungen der Genesis geschilderte Abraham ist als literarische
Figur gleichsam Zeitgenosse der Erzähler. Der noch in den Arbeiten

---

[4]   Tabellarische Übersicht bei WESTERMANN 1975, 73.
[5]   S. o. Seite 9–12 zu den Arbeiten von HERRMANN (1980), WESTERMANN
(1981), WORSCHECH (1983) und ALBERTZ (1996a).
[6]   DE VAUX 1971, 157–253; andeutungsweise schon PARROT 1962.
[7]   VAN SETERS 1975; 1978; 1992.
[8]   THOMPSON 1974. Zu Einzelheiten s. o. Seite 9–12.

von de Vaux zwangsläufig postulierte, überlieferungsgeschichtlich überbrückte Hiatus von nahezu einem Jahrtausend zwischen angenommener historischer Erzelternzeit und der Epoche der literarischen Formierung entfällt. Im englischsprachigen Raum wird allerdings die Kontroverse zwischen den Prämissen der „Biblical Archaeology" und dem überlieferungsgeschichtlich orientierten Auslegungsansatz nach wie vor geführt[9]. Wenn jedoch im Gefolge der kritischen Arbeiten von Noth und Van Seters die Erzeltern konsequent als literarische Figuren und nicht als historische Personen verstanden werden[10], so verbietet sich ein Festhalten an der Mittelbronzezeit-These.

1.2 Datierung in das 11./10. Jahrhundert v.Chr.

Da die These einer weit in das zweite Jahrtausend v.Chr. hinein reichenden Erzelternzeit kritischer Nachfrage nicht Stand hält, wurden verschiedene Versuche unternommen, die Erzählungen der Genesis aufgrund der in ihnen enthaltenen topographischen Angaben geschichtlich neu einzuordnen. Nicht selten wird dabei auf die Rolle Hebrons in der Abrahamgeschichte zurückgegriffen. Benjamin Mazar sieht den historischen Ort der Erzählungen im 11. Jh. v.Chr.[11] Die Frühzeit Davids erscheint ihm als der soziokulturelle Hintergrund für die erzählten Geschehnisse und für die schriftliche Fixierung der Texte. Mazar erkennt weitgehende Verbindungen zwischen den Erzelternerzählungen und der Überlieferung vom Aufstieg Davids in den Samuelbüchern. Daneben nennt er die Geschichte einzelner Orte: Ai/et-Tell war nach einer langen Siedlungsunterbrechung im dritten und zweiten Jahrtausend v.Chr. lediglich vom ausgehenden 12. bis zur Mitte des 10. Jhs. v.Chr. bewohnt[12]; Hebron bildet den topographischen Mittelpunkt der Abrahamerzählungen und war die erste Hauptstadt Davids[13]. Die Berechtigung von Mazars Ansatz liegt ein-

---

[9] Vgl. die Diskussion zwischen SARNA (1977) und VAN SETERS (1978) bzw. die zwischen KITCHEN (1995) und HENDEL (1995). Einen instruktiven Abriss der Forschungsgeschichte bietet DAVIES 2001.

[10] S. o. Kapitel 1.

[11] MAZAR 1969.

[12] Zuletzt CALLAWAY (1993) mit älterer Literatur. Callaway gibt als Ende der Siedlung ein Datum um 1050 v.Chr. an. Vom archäologischen Befund her ist auch ein späteres Datum möglich, über die Mitte des 10. Jhs. v.Chr. kommt man allerdings nicht hinaus, vgl. FINKELSTEIN 1988a, 69–72.

[13] Dem scheint auch der archäologische Befund zu entsprechen, der für Hebron eine vergleichsweise große Siedlung aus dem 11./10. Jh. v.Chr. ausweist (s. o. Seite 24ff). Dagegen lassen die ebenfalls in den Erzelternerzählungen als Zentralorte ge-

mal in der Abweisung der traditionellen These eines Erzelternzeital-
ters im frühen zweiten Jahrtausend v.Chr., in erster Linie aber in der
Definition des Buches Genesis als einer eigenständigen überlieferungsgeschichtlichen Größe. Kritik gegenüber der Arbeit von Mazar
ist in zwei Punkten angebracht. Zum einen sucht Mazar, ebenso wie
die Verfechter der Mittelbronzezeit-These, den frühest möglichen
historischen Anknüpfungspunkt für die Erzelternerzählungen. Zeitlich später liegende Varianten werden nicht ins Auge gefasst. Zum
anderen betrachtet Mazar ohne weitere Nachfrage die Erzählungen
der Samuelbücher als zeitgenössische Quellen zur Geschichte Davids.

Eine ähnliche Ausrichtung zeigt die Arbeit von André Lemaire[14].
Er rekonstruiert einen „cycle primitif d'Abraham", einen Grundbestand der Abrahamerzählungen, ohne präzise anzugeben, welchen
Umfang dieses Textcorpus hatte[15]. Wie Mazar datiert Lemaire die
erste schriftliche Fassung der Abrahamerzählungen in das ausgehende
11. Jh. v.Chr. Ausgangspunkt ist dabei die Rolle Hebrons als Zentralort der Abrahamerzählungen. Eine herausgehobene Rolle in der Geschichte Israels spielte Hebron nur in der Frühzeit Davids. Von daher
erscheint Lemaire auch eine Datierung der Abrahamgeschichte in
diese Epoche berechtigt. Immerhin diskutiert er in diesem Zusammenhang eine mögliche Spätdatierung in persische Zeit. Eine solche
lehnt er jedoch mit dem Hinweis ab, dass Hebron in dieser Zeit nicht
besiedelt war[16]. Andere Alternativen wie etwa die späte Königszeit,
zu der Hebron eine bedeutende Siedlung war[17], werden nicht erwogen[18]. Dagegen führt Lemaire weitere Argumente für die von ihm
verteidigte Datierung ins Feld: (1) epigraphische Zeugnisse belegen
die Schreibkenntnisse im 11. Jh. v.Chr. Die aus dieser Zeit gefundenen kurzen Inschriften stützen jedoch keinesfalls die These der
Abfassung eines umfangreichen Erzählwerkes[19]. (2) Übereinstim-

---

nannten Städte Sichem und Bet-El keinen vergleichbaren Status erkennen. In Sichem
fehlen archäologische Reste aus dem 11./10. Jh. v.Chr. (CAMPBELL 1993, 1352), für
Bet-El sind lediglich Besiedlungsspuren belegt (KELSO 1993, 194).

[14]   LEMAIRE 1993.
[15]   Nach verschiedenen Einlassungen im Text der Arbeit von Lemaire umfasste
der „cycle primitif" praktisch alle Überlieferungen in Gen 12–26 außer dem P-Kapi-
tel Gen 17, also auch zumindest einen Grundbestand von Gen 14 und Gen 23!
[16]   LEMAIRE 1993, 68f.
[17]   S. o. Seite 26–31.
[18]   Zur Kritik an Lemaires Datierung vgl. auch RÖMER 2001b, 189f.
[19]   LEMAIRE (1993, 69f) nennt einige beschriebene Pfeilspitzen aus el-Ḥadr (Koord. 1654.1234) westlich von Betlehem, die in das ausgehende 12. oder in das 11. Jh.

mungen bestehen in topographischen Angaben zwischen Teilen der Abrahamerzählungen und den Davidererzählungen in den Samuelbüchern[20]: Engedi am Toten Meer (1Sam 24) weist auf die Erzählungen über Lot (Gen 13; Gen 19) und die topographische Angabe „Negeb" (1Sam 27) stellt eine Verbindung zu den Isaak-Überlieferungen her (Gen 22; 24; 26). Wie bei Mazar ist hier die unbedingte Historizität der Erzählungen der Samuelbücher vorausgesetzt. Eine solche ist zwar nicht grundsätzlich in Abrede zu stellen, muss aber für jede einzelne Überlieferung nachgewiesen werden[21].

1.3 Datierung in das 10. Jahrhundert v.Chr.

Auf der Grundlage der Thesen Noths bewegt sich die Arbeit von Wolfgang Zwickel. Er will durch die Untersuchung der topographischen Angaben von Gen 12f einen „Jahwisten" des ausgehenden 10. Jhs. v.Chr. erschließen, der im wesentlichen für die erzählerische Gestaltung der nichtpriesterlichen Erzelterngeschichte verantwortlich zeichnet[22]. Zwickels Zielsetzung ist, „die in Gen 12f genannten Ortslagen auf ihren *Sinngehalt* im Kontext hin zu befragen und nach der zugehörigen zeitgeschichtlichen Situation zu suchen, um so ein neues Argument für die Ansetzung des Jahwisten zu finden"[23]. Als Referenztext für die Ortsangaben in Gen 12,8 und Gen 13,3 gilt Zwickel die Grenzbeschreibung Jos 16,1b–3[24]. In Jos 16,1b–3 und demzufolge auch in Gen 13,3 sei vorausgesetzt, dass die Grenze zwischen Juda und Israel zwischen den Orten Bet-El und Ai verläuft. Ein solcher Grenzverlauf sei historisch allein für die Zeit Rehabeams festzuma-

---

v.Chr. zu datieren sind (vgl. KAI Nr. 21; CROSS 1980; JAROŠ 1982, 34 Nr. 6). Das in diesem Zusammenhang von Lemaire ebenfalls angeführte Keilschrifttäfelchen von *Tell er-Rumēde*/Hebron (s. o. Seite 21f) kann die Argumentation nicht stützen, da es aus der Mittelbronzezeit II stammt. Lemaire vermutet, dass hinsichtlich der Verbreitung der althebräischen Schrift im 11. Jh. v.Chr. kein Zweifel bestehen kann, wenn bereits im 17. Jh. v.Chr. die schwierige Keilschrift in Palästina beherrscht wurde. Diese Schlussfolgerung ist abwegig. Zum einen ist nicht sicher, ob das Täfelchen tatsächlich in Palästina beschrieben und nicht etwa im Zuge von Handelsbeziehungen aus Mesopotamien eingeführt wurde, zum anderen wissen wir nichts darüber, wie schwer für die Bewohner Palästinas im zweiten und ersten Jahrtausend das Erlernen verschiedener Sprachen und Schriften war. Auch Lemaires Auslassungen über eine mögliche schriftgelehrte Bildung Davids sind reine Spekulation.

[20] LEMAIRE 1993, 72–75.
[21] Vgl. DIETRICH/NAUMANN 1995.
[22] ZWICKEL 1992.
[23] ZWICKEL 1992, 207 (Hervorhebung Zwickel).
[24] ZWICKEL 1992, 211ff.

chen. Letztlich will Zwickel zeigen, dass die Verheißung von Gen
13,14–17 mit der 13,3 genannten Ortsbestimmung zusammenhängt
und dass demzufolge in 13,14–17 eine Verheißung vorliegt, „die auf
der Grenze zwischen Nord- und Südreich gesprochen wurde und daher für beide Reiche Gültigkeit hat"[25]. Die Verheißung sei Formulierung des „Jahwisten", auf den auch die Ortsangaben in Gen 12,1–9*
und 13,2–9* zurückgehen sollen. Daraus folgert Zwickel auf ein
„jahwistisches" Werk, das im ausgehenden 10. Jh. v.Chr. entstand.
Diese Sicht ist in mindestens drei Punkten anfechtbar:

(1) Ob die Ortsangaben von Gen 12,8 und 13,3 auf einer literarischen Ebene mit Gen 13,14–17 gesehen werden können, ist zumindest umstritten[25]. Derartige Vorbehalte gelten auf jeden Fall für das
Verhältnis von Gen 13,14–17 zu 13,18[27]. Zwickel erkennt sehr wohl,
dass in 13,18 eine gegenüber 13,14–17 „unmotivierte Handlung
Abrahams"[28] beschrieben wird, indem Abraham nicht der V.17 gegebenen Weisung YHWHs folgt, das Land in alle vier Himmelsrichtungen zu durchschreiten, sondern sich auf den Süden beschränkt. Diese
Einsicht hindert Zwickel jedoch nicht daran, Gen 13,12b–18 insgesamt einem „Jahwisten" des späten 10. Jhs. v.Chr. zuzuweisen[29].

(2) In der Grenzbeschreibung Jos 16,1–3 wird zwar Bet-El genannt, nicht aber Ai. Ein literarischer Bezug von Gen 12,8 und 13,3
zu Jos 16,1–3 ist daher nicht herzustellen. Auch ein historisch-topo-
graphischer Bezug, wie ihn Zwickel postuliert[30], besteht nicht. Aus
Jos 16,1–3 geht keineswegs ein Grenzverlauf zwischen Bet-El und Ai
hervor[31]. Zum einen ist etwa das nach Bet-El genannte Lus nicht zu

---

[25] ZWICKEL 1992, 214.
[26] S. u. Kapitel 6.
[27] KÖCKERT 1988, 252.
[28] ZWICKEL 1992, 213.
[29] Die literarische Zusammengehörigkeit wird von ZWICKEL (1992, 207) nicht
nachgewiesen, sondern im Anschluss an NOTH (1948, 29) vorausgesetzt.
[30] ZWICKEL 1992, 214ff.
[31] Zwickel bezieht sich auf SCHUNCK (1963, 139–169). Schunck bestimmt jedoch lediglich Jos 16,1–3 als die Beschreibung der Nordgrenze Judas zur Zeit Rehabeams. Er erwähnt dabei ausdrücklich das Fehlen Ais und erklärt dies damit, dass Ai
zur Zeit Rehabeams am Ende des 10. Jhs. v.Chr. bereits verlassen war (SCHUNCK
1963, 146–149). Von der Festlegung eines Grenzverlaufs zwischen Bet-El und Ai
kann demnach bei Schunck nicht die Rede sein. Zu den vermeintlich komplizierten
überlieferungsgeschichtlichen Verhältnissen in Jos 16,1–3 vgl. SCHMITT 1980;
SEEBASS 1984.

lokalisieren[32]. Zum anderen erfolgt die Beschreibung offenbar von Ost (Jericho)[33] nach West (Geser, Mittelmeer)[34]. Falls die Grenzziehung den Angaben in Gen 12,8 und 13,3 entsprechen soll, d.h. die Grenze zwischen den etwa zwei Kilometer auseinander liegenden Orten Bet-El und Ai zu denken sein sollte (*Abb. 18*), wäre—zumindest abschnittweise—ein Grenzverlauf von Nord nach Süd vorauszusetzen[35]. Aus den genannten Gründen ist ein wie auch immer gearte-

---

[32] FRITZ 1994, 171; ähnlich skeptisch schon GALLING 1937, 98ff. NOTH (1971a, 101) sucht Bet-El auf *Burǧ Bētīn* und Lus im unmittelbar nordwestlich davon gelegenen Ort *Bētīn* (Koord. 1731.1483), vgl. dazu NOTH 1935, 13f; WÜST 1977; SCHUNCK 1980; NEEF 1995a, 143; (*Abb. 18*). Ausgangspunkt für diese These ist Gen 12,8, wo von einem Altarbau Abrahams zwischen Bet-El und Ai die Rede ist. Die archäologischen Reste, die auf eine Abrahamtradition in *Burǧ Bētīn* weisen könnten, stammen jedoch aus spätrömisch-byzantinischer Zeit (SCHNEIDER 1934; SCHMITT 1980, 49; FINKELSTEIN/MAGEN 1993, 22*.82 Nr. 86). Die Lokalisierung von Bet-El und Lus wird dadurch erschwert, dass beide Orte Gen 28,19; 35,6; 48,3; Jos 18,13; Ri 1,23 miteinander identifiziert sind. Jos 18,12f liegt eine teilweise Jos 16,1–3 parallel formulierte Beschreibung der Nordgrenze Benjamins vor, allerdings mit einer von Jos 16,2 abweichenden Bestimmung des Verhältnisses von Bet-El und Lus. NOTH (1971a, 109) löst dieses Problem, indem er בֵּית־אֵל הִיא „das ist Bet-El" in 18,13 als „eine spätere Interpolation" bestimmt. SCHUNCK (1963, 149–153) sieht den gesamten Text Jos 18,12f in literarischer Abhängigkeit von Jos 16,1–3. Für diese These spricht zumindest die Namensform כֶּתֶף לוּזָה (18,13), die das ursprüngliche He locale von לוּזָה (16,2) zum Eigennamen' zieht (SCHMITT 1980, 43; zu den textkritischen Problemen NEEF 1995a, 138–141). Bei der Annahme der literarischen Priorität von Jos 16,1–3 und unter der Voraussetzung, dass dabei historische Verhältnisse widergegeben sind, wäre Lus in der Tat ursprüglich ein von Bet-El unabhängiger Ort. Lus wäre westlich von Bet-El zu suchen, allerdings nicht nur wenige hundert Meter, wie dies beim Verhältnis von *Burǧ Bētīn* zu *Bētīn* der Fall ist, sondern in einer erheblich größeren Entfernung. Dies entspräche zumindest der „grobgliedrigen" Aufteilung der Grenzpunkte in Jos 16,1–3 (SCHMITT 1980, 49f). Nach SEEBASS (1984) hingegen ist Jos 18,12f nicht von Jos 16,1–3 literarisch abhängig. Seebass hält demzufolge Lus für den alten Namen von Bet-El. Wahrscheinlicher ist die umgekehrte These: ähnlich wie Kirjat-Arba in Relation zu Hebron (s. o. Seite 92f) oder Jebus im Verhältnis zu Jerusalem (Ri 19,10f; 1Chr 11,4f), ist Lus ein vergleichsweise junger Name, der zunächst archaisierend neben Bet-El gesetzt und schließlich als selbständige Ortsangabe missverstanden wurde (andeutungsweise SCHMITT 1980, 38 mit weiteren Beispielen).

[33] Vgl. MITTMANN 1993.

[34] Jos 16,3b mit der Nennung des Mittelmeeres, die das Siedlungsgebiet der Stämme idealisierend abrundet, wird meist als Zusatz betrachtet, mitunter auch die Nennung von Geser in 16,3a, vgl. SEEBASS 1984, 77.

[35] Von einem kurzen Nord-Süd-Verlauf könnte nur dann die Rede sein, wenn das Jos 16,2 genannte Atarot tatsächlich auf *Ḥirbet ʿAṭṭāra* am Südfuß von *Tell en-Naṣbe*/Mizpa und damit ca. 6 km südlich von *Bētīn* zu suchen ist (NOTH 1971a, 101; FRITZ 1994, 171). Diese Lokalisierung ist aber keineswegs gesichert, vgl. die Ausführungen bei NOTH (1971a, 101) und SCHUNCK (1963, 150 Anm. 69). Selbst wenn die genannte Lokalisierung zutrifft, bedeutet dies lediglich, dass die Grenze von Bet-

ter Bezug zwischen Gen 12,8; 13,3 und Jos 16,1 auszuschließen. Gen 12,8 und v.a. Gen 13,3 beziehen sich vielmehr eindeutig auf Jos 8,9[36]. (3) Auch Zwickels Argumentation im Zusammenhang mit Ai ist nicht einleuchtend. Er geht davon aus, dass die Nennung von Ai die Besiedlung des Ortes voraussetzt. Diese endete jedoch spätestens um 950 v.Chr.[37] Dennoch datiert Zwickel den „Jahwisten" in die Zeit Rehabeams, also in die zweite Hälfte des 10. Jhs. v.Chr., als Ai nicht mehr besiedelt war[38].

Ähnlich wie Zwickel kommt Matthieu Collin zu einer Datierung in die Zeit Rehabeams. Gegenüber den Arbeiten von Lemaire und Zwickel zeichnet sich die von Collin durch eine detaillierte Textanalyse aus. Als literarisch primärer Erzählbestand in Gen 12f wird „une »tradition itinéraire« certainement ancienne" herausgearbeitet, die allerdings nur Gen 12,1a.4a.; 13,3*.14f.17 umfasst und älter als die frühesten Überlieferungen des Dtn sein soll[39]. Die Verheißungsrede Gen 13,14f.17[40] wird demzufolge mit dem Gen 13,3 genannten Platz zwischen Bet-El und Ai in Zusammenhang gesehen. Gleichzeitig wird die Ortsbeschreibung Gen 13,3 auf die Grenze zwischen Nord- und Südreich zur Zeit Rehabeams bezogen[41]. Auch die Analyse von Collin zeigt Unstimmigkeiten. Die für die These einer auf der Nord-Süd-Grenze ergangenen Verheißung beigezogenen Paralleltexte Jos 18,12 und Jos 7,2 (wegen מִקֶּדֶם „im Osten") beziehen sich nicht auf Gen 13,3, sondern auf Gen 12,8. Dieser Vers wird jedoch von Collin als gegenüber Gen 13,3 sekundär bestimmt und nicht zur alten „tradition itinéraire" gezählt. Zudem wird die Erwähnung Lots Gen 13,1 als gegenüber Gen 12,4a sekundär aufgefasst, weil 13,1 die Präposition עִם im Gegensatz zu אֵת in 12,4a verwendet[42]. Bei der Analyse von Gen 13,14 übersieht Collin dann aber, dass hier mit der Formulierung

---

El nach Mizpa kurzfristig in Nord-Süd-Richtung verlief, d.h. „bei Bet-El einen scharfen Knick" macht (FRITZ 1994, 171; Hervorhebung D.J.). In keinem Fall kann ein Grenzverlauf zwischen Bet-El und Ai erschlossen werden.

[36] Gen 13,3 בֵּין בֵּית־אֵל וּבֵין הָעָי „zwischen Bet-El und Ai" ist wörtliches Zitat aus Jos 8,9.

[37] S. o. Seite 99 Anm. 12.

[38] ZWICKEL 1992, 214ff.

[39] COLLIN 1992, 217. V.18 wird als sekundär eingestuft und damit nicht auf einer Überlieferungsstufe mit V.14–17 gesehen.

[40] V.16 wird wegen זרע als sekundär bestimmt (COLLIN 1992, 217), der Ausdruck steht aber auch V.15!

[41] COLLIN 1992, 218f.

[42] COLLIN 1992, 215.

אַחֲרֵי הִפָּֽרֶד־לֹוט מֵעִמֹּו „nachdem sich Lot von ihm getrennt hatte" ein Zusammenhang zu Gen 13,1 וְלֹוט עִמֹּו „und Lot mit ihm" hergestellt ist. Insgesamt ist daher die Rekonstruktion einer alten „tradition itinéraire" in dem von Collin vorgeschlagenen Sinne nicht haltbar. Damit fällt auch die These einer zur Zeit Rehabeams auf der Grenze zwischen Nord- und Südreich plazierten Verheißungsrede, welche die Hoffnung auf Wiedervereinigung der beiden Reiche zum Ausdruck bringen soll.

Die besprochenen Arbeiten zeigen die Problematik, aus historisch-geographischen Erwägungen bzw. aus der Erhebung eines „contexte géographico-historique"[43] alttestamentliche Texte oder Textsammlungen zu datieren. Häufig sind auch geographische Angaben inneralttestamentliche Zitate mit theologischem Aussagegehalt. Im Fall von Bet-El und Ai (Gen 12,8; 13,3; Jos 8,9) sollen sie Abraham als denjenigen zeigen, der bereits die Landnahme vollzieht. Das Toponym Hebron führt Abraham als ersten Davididen ein[44].

1.4 Spätdatierung

In zwei Aufsätzen zur Abrahamgeschichte setzt Karel A. Deurloo ausdrücklich bei den Ortsangaben im Sinne einer „Narrative Geography" an[45]. Mamre gilt ihm als Chiffre für den Süden des Landes. Abraham baut in allen Landesteilen, im Norden, in der Mitte und im Süden einen Altar und deckt damit das gesamte Land Kanaan ab. Nach Deurloo werden darüber hinaus in Gen 18 die beiden Hauptthemen der Abrahamgeschichte verbunden, das Thema „Land Kanaan" und das Thema „Nachkommen".

In ähnlicher Weise hatte bereits Bernd Jørg Diebner den theologischen Charakter der Ortsangaben Mamre und Machpela herausgestellt, wobei er durchaus historisch argumentiert[46]. Er geht davon aus, dass erst Herodes eine konkrete Lokalisierung von Mamre vornahm, als er die Umfassungsmauer in *Rāmet el-Ḫalīl* bauen ließ. Bis dahin war Mamre eine „kultpolitische Fiktion der nachexilischen (Jerusalemer) Orthodoxie"[47], die durch Literarisierung volkstümlicher Über-

---

43 LEMAIRE 1993. LEMAIRE (1993, 63) spricht in diesem Zusammenhang auch von einem indirekten Zugang über den „contexte historique" im Gegensatz zum linguistischen bzw. literarkritischen Zugang.
44 S. u. Kapitel 6 Abschnitt 6 und 7.
45 DEURLOO 1990; vgl. auch DEURLOO 1994.
46 DIEBNER 1975; ähnlich DIEBNER 1998b.
47 DIEBNER 1975, 20.

lieferungen zu Mamre bei gleichzeitiger Identifizierung von Mamre
mit Hebron konkurrierende Kultvorstellungen „kirchlich" verein-
nahmte. Da ein judäischer Horizont in den Mamre/Hebron-Texten
vorausgesetzt ist, Hebron aber in nachexilischer Zeit zunächst idumäisch war, kann nach Diebner die literarische Fixierung nicht vor
der makkabäischen Expansion nach Idumäa an der Wende vom 2.
zum 1. Jh. v.Chr. vorgenommen worden sein. Diese Argumentation
greift nur dann, wenn gezeigt wird, dass die Tradition zu *Rāmet el-
Ḥalīl* nicht in vorhellenistische Zeit zurück reicht, bzw. wenn keine
andere Ortslage für die Lokalisierung des alttestamentlichen Mamre
in Frage kommt. Mit der *Ḥirbet Nimrā* existiert jedoch ein Platz, der
alle Bedingungen erfüllt, um mit dem Mamre der alttestamentlichen
Überlieferung identifiziert zu werden[48]. Dieser Fund relativiert Dieb-
ners Überlegungen.

Dennoch unterstreichen die genannten Arbeiten von Deurloo und
Diebner die These, dass Abraham nicht eine historische, sondern eine
literarische Figur ist[49]. Darüber hinaus zeigen sie, dass in einem solchen Verstehenshorizont die Ortsangabe Mamre nicht allein topographischer Hinweis sein kann, sondern eine theologische Konnotation
erhält[50].

2. *Literarkritische und überlieferungsgeschichtliche Arbeiten*

2.1 *Literarkritik*

Bei der Behandlung der nichtpriesterlichen Abrahamerzählungen
durch Wellhausen liegt das Hauptinteresse auf dem Nachweis, dass
ein „jahwistischer" und ein „elohistischer" Erzählfaden zu einem
umfassenden „jehowistischen" Werk verbunden wurden[51]. Ortsangaben finden bei Wellhausens Analyse lediglich am Rande Berücksichtigung. Nach seiner Interpretation lokalisiert die „jahwistische" Darstellung Abraham in Hebron:

> Ferner hegt der Jahvist gar nicht die Vorstellung, dass Abraham halb
> nomadisch das heilige Land durchwandert; er läßt ihn vielmehr auf
> dem nächsten Wege über Sichem und Bethel nach Hebron gelangen. In

---

[48] S. o. Kapitel 2 Abschnitt 2.
[49] So jetzt auch STRANGE 1997.
[50] Konsequent durchgeführt bei DIEBNER 1998b.
[51] WELLHAUSEN 1899, 15–29. Nicht zum „jehowistischen" Werk gehören nach
Wellhausen lediglich Gen 14; 17; 23; 25.

Hebron bleibt er bis an seinen Tod, dort wohnt er Kap. 16 und Kap. 18s., dort wohnt er auch Kap. 24—erst Isaak verlegt 24,62.25,11b seinen Sitz nach dem Negeb. Nur wenn man den Jahvisten mit dem Elohisten combiniert, der Beerseba an die Stelle Hebrons setzt, erscheint Abrahams Wohnort schwankend[52].

Formal bezieht sich Wellhausen bei der Lokalisierung Abrahams auf Gen 13,18. Allerdings erklärt er nicht, warum er die Ortsangabe Mamre unterschlägt. Selbst wenn die Präposition בְּ in der Wendung בְּאֵלֹנֵי מַמְרֵא אֲשֶׁר בְּחֶבְרוֹן nicht im oben begründeten Sinne („bei")[53], sondern inklusiv („in") übersetzt wird, bleibt die Tatsache, dass Mamre als spezieller Wohnort Abrahams genannt ist. Offensichtlich liegt bei Wellhausen an diesem Punkt eine „Quellenharmonisierung" vor, indem er den vorgeblichen „J"-Text Gen 13,18 im Sinne des von ihm als P-Text bestimmten Verses Gen 23,19 liest.

Überraschenderweise ist eine gewisse Übereinstimmung bei der nachlässigen Behandlung der Ortsangaben zwischen der Arbeit von Wellhausen und neueren, teilweise synchron orientierten Textinterpretationen festzustellen. David M. Carr versucht eine Verbindung zwischen synchroner und diachroner Analyse der Genesis[54]. Die Abraham- und Isaakerzählungen versteht er als sekundären Vorbau zu einer weitgehend literarisch fixierten Jakob-Josef-Erzählung[55]. Auf die Ortsangabe Mamre geht er gar nicht ein, sondern lokalisiert Abraham, wie Wellhausen, in Hebron[56]. Ohne Rücksicht auf literarkritische Schichtungen versucht Gary A. Rendsburg, den Aufbau des Buches Genesis nach dem vorliegenden Text zu entschlüsseln[57]. Für die Abrahamgeschichte konstatiert Rendsburg einen, in synchronen Textanalysen offenbar unvermeidlichen, chiastischen Aufbau. Gen 18,16–19,38 wird dabei parallel zu Gen 14,1–24 unter dem Thema „Abraham comes to the rescue of Sodom and Lot" gelesen[58]. Rendsburg argumentiert u.a. mit der Ortsangabe בְּאֵלֹנֵי מַמְרֵא in Gen 14,13. Allerdings muss er in einer verwickelten Kombination auf Gen 18,33

---

[52] WELLHAUSEN 1899, 24.
[53] S. o. Seite 4f.
[54] CARR 1996; 1998.
[55] CARR (1996, 301–311) spricht von einer „Jacob-Joseph Composition" und von einer „Proto-Genesis Composition".
[56] „Significantly, it is not only at this point that Abraham finally stops moving... and «settles» in the land, in Hebron (Gen 13:18; cf. also 13:12)" (CARR 1996, 180).
[57] RENDSBURG 1986.
[58] RENDSBURG 1986, 39ff.

zurückgreifen, um Gen 14,13 mit 18,1 zu vergleichen[59], da er Gen 18,1–15, einschließlich Gen 17, mit Gen 15f parallelisiert. Zudem unterschlägt er, dass Gen 14,13 Mamre Personenname[60] und daher nicht ohne weiteres auf Gen 18,1 zu beziehen ist. Bei der Besprechung von Gen 12,10–13,18 geht er vorsichtshalber gar nicht auf die Gen 18,1 nahezu identische Ortsangabe Gen 13,18 ein, da er den Abschnitt auf Gen 20,1–21,34 bezieht, wo sich Abraham im Negeb aufhält[61].

2.2 Überlieferungsgeschichte

Innerhalb der Abrahamgeschichte rekonstruiert Hermann Gunkel einen vorquellenhaften „Abraham-Lot-Sagenkranz", der einen Grundbestand von Gen 13 und Gen 18f umfasste[62]. Der „Abraham-Lot-Sagenkranz" verbindet verschiedene, z.T. noch mündlich tradierte Einzelsagen. Nach Gunkels Analyse wurde dabei die „Bethel-sage" (Gen 13)[63] bereits auf die „Ḥebronsage" (Gen 18,1–16)[64] und die „Sodom-Lot-Sage" (Gen 19)[65] hin verfasst. Der Sagenkranz bildet den Ausgangspunkt für die weitere literarische Komposition der Abrahamgeschichte im „jahwistischen" bzw. „jehowistischen" Werk. Der Konzeption „Abraham in Mamre" kommt damit eine tragende Funktion bei der Formierung der Abrahamgeschichte zu, sie bildet den erzählerischen Grundstock, um den herum die anderen nichtpriesterlichen Texte wie Gen 12, Gen 15 und Gen 16 gruppiert wurden. Im Gefolge der Arbeit von Gunkel galt und gilt Mamre/Hebron als

---

[59] „In 14:13 we learn that Abram is in ʾēlonê mamrēʾ; when 18:33 is read with 18:1 we learn that the patriarch is in the same locale in this chapter" (RENDSBURG 1986, 40).

[60] Was nichts an der richtigen Beobachtung ändert, dass der Ausdruck בְּאֵלֹנֵי מַמְרֵא als ganzer Ortsangabe ist.

[61] RENDSBURG 1986, 35–39.

[62] GUNKEL 1910, 159f.

[63] GUNKEL 1910, 176f.

[64] GUNKEL 1910, 199ff. Auch bei Gunkel lässt sich eine gewisse Unschärfe hinsichtlich der Ortsangaben beobachten. Die Lokalisierung der Erzählung vom Besuch der drei Männer in Hebron basiert auf Gen 13,18, wo er „unter den Terebinthen von Mamre zu Ḥebron" (GUNKEL 1910, 176) übersetzt. Die Wendung zu Mamre Gen 18,1a hält er demgegenüber für eine redaktionelle Passage, die vom Sammler des „Abraham-Lot-Sagenkranzes" bei der Zusammenfügung von Gen 13 und Gen 18f angebracht wurde (GUNKEL 1910, 193).

[65] GUNKEL 1910, 214–217.

der Ort, an dem die Abrahamerzählungen vor ihrem Einbau in ein umfassendes Erzählwerk gesammelt wurden[66].

Eine durchaus phantasievolle „Sonderentwicklung" innerhalb des überlieferungsgeschichtlichen Auslegungsansatzes ist bei Martin Noth zu bemerken[67]. Immerhin gelingt es ihm, die in Gen 13 und 18f genannten Ortslagen in seiner Rekonstruktion der vorliterarischen Überlieferungsgeschichte zu verankern. Fixpunkte der Überlegungen zum Thema „Abraham in Mamre" sind die Verbindung von Lot und Haran (Gen 11,27) sowie der nördlich des Toten Meeres gelegene Ort Bet-Haran (Num 32,36) bzw. Bet-Haram (Jos 13,27). Bet-Haran war nach Noth „eine der Oasensiedlungen…, die wie dürftige Überbleibsel und damit zugleich Zeugen einer einstigen üppigen Pracht dieser jetzt im wesentlichen durch das Tote Meer und die Wüste des untersten Jordangrabens eingenommenen Landschaft wirkten und damit den eigentlichen Anlaß gaben zur Entstehung der Geschichte vom Untergang von Sodom und Gomorrha". Haran war eine lokale Gottheit, wurde aber außerhalb des Ortes als Personenname aufgefasst, und zwar als Name „eines frommen Mannes, der aus der großen über jene Landschaft ergangenen Katastrophe gerettet worden war". Auch in Hebron/Mamre gab es eine Überlieferung von einem „Frommen". Im Laufe der Überlieferungsgeschichte wurden die beiden Frommen zu Brüdern und somit Haran als der Bruder des Frommen von Hebron/Mamre zum Ahnherrn „derer, die um das Tote Meer wohnen". Lot gehörte ursprünglich zu einer lokalen Überlieferung, die an einer Höhle bei Zoar haftete. Durch Karawanen gelangte diese Erzählung nach Hebron/Mamre. Lot wurde dann zum Sohn Harans und zog als die „populärere Erzählfigur" auch den Inhalt der Harangeschichte an sich. Erst spät wurde der Fromme von Hebron/Mamre mit Abraham identifiziert. Diese gesamte Rekonstruktion ist äußerst spekulativ, um das Wenigste zu sagen. Als konstruktive Beobachtung kann jedoch vermerkt werden, dass Abraham als eine späte Figur der Genesisüberlieferung verstanden wird.

Der Auslegungsansatz von Gunkel hat die forschungsgeschichtlichen Turbulenzen der letzten Jahrzehnte nahezu unbeschadet überstanden. Er wurde in überlieferungsgeschichtlich orientierten Arbeiten u.a. von Gerhard von Rad[68], Walther Zimmerli[69], Robert Kümpel[70], Ernst

---

[66] ALT 1929, 55–60 = 1968, 52–55; NOTH 1948, 112–127; DE VAUX 1971, 163; HERRMANN 1980, 74; SCHREINER 1992; STRANGE 1997. In ähnlicher Weise wird Beerscheba als Haftpunkt der Isaaküberlieferungen bestimmt. Dagegen sind die Vorstellungen zum entsprechenden lokalen Haftpunkt der Jakob/Israel-Erzählungen eher vage. Ein Teil der Überlieferungen soll im Bereich Efraim/Manasse (Bet-El?, Sichem?), ein anderer Teil im Ostjordanland (Mahanajim?, Penuël?) gesammelt worden sein.
[67] NOTH 1948, 168f. Dort auch die folgenden Zitate.
[68] VON RAD 1976, 177f.
[69] ZIMMERLI 1976, 79.

Haag[71] und Hartmut Gese[72] nahezu vorbehaltlos übernommen und
teilweise noch ausgebaut. Lediglich Claus Westermanns Auslegung
weicht von derjenigen Gunkels ab, da Texte, die um das Familien-
motiv kreisen (Gen 12; 16; 18*; 20–25) als Kern der Abrahamgeschichte angesehen werden, während die Lot-Erzählungen Gen 13;
18f* eine erste Erweiterungsphase repräsentieren sollen[73]. Selbst Arbeiten, die literarkritisch orientiert sind wie die von Rudolf Kilian[74]
und Christoph Levin[75] rekurrieren auf das von Gunkel formulierte
Entstehungsmodell. Dieses erweist seine Überzeugungs- und Behar-
rungskraft letztlich darin, dass sogar noch Exegeten, die den traditionellen Methodenkanon weitgehend hinter sich gelassen haben wie
Thomas Römer und Ernst Axel Knauf von den Mamretexten als einem möglichen Kern der Abrahamgeschichte reden[76].
  Die zuletzt genannten Arbeiten von Kilian, Levin und Römer bilden jedoch gegenüber Gunkels Thesen insofern eine Neuerung, als
sie einen veränderten zeitlichen Rahmen formulieren. Nach ihrer
Sicht der Dinge entstanden übergreifende literarische Werke erst in
exilischer oder nachexilischer Zeit. Die schriftlich fixierten Vorstufen, zu denen die auf dem Zusammenhang von Gen 13 und Gen 18f
basierende Konzeption „Abraham in Mamre" gehört, werden somit in

---

  [70] KÜMPEL 1977. Gen 18,1–16 hat seinen „Sitz im Leben… in der Überlieferung
des Abrahamstammes… im Kult des Stammesheiligtums in Mamre" (KÜMPEL 1977,
160).
  [71] HAAG (1981) bestimmt Mamre als Haftpunkt einer aus dem „Abrahamkreis"
stammenden Mamreerzählung.
  [72] GESE 1991b, 36–39.
  [73] WESTERMANN 1981, 139–149.
  [74] KILIAN (1966, 285–290) zählt neben Gen 13*; 18f* noch Gen 12* zu einer
vorjahwistischen, zusammenhängenden Abrahamerzählung; KILIAN (1989) korrigiert
die ältere Arbeit. Das „jahwistische" Werk wird nicht mehr in die frühe Königszeit,
sondern in die exilisch-nachexilische Epoche datiert.
  [75] „Die in 18,1–8*.16a enthaltene Erzählung ist keine eigenständige Überliefe-
rungseinheit. Sie setzt Gen 13 als Vortext voraus und ist mit dem Szenenschluss
V.16a auf die Fortführung in Gen 19 hin angelegt" (LEVIN 1993, 155; vgl. LEVIN
1993, 163).
  [76] „Il est tout à fait pensable que ces histoires, dans lesquelles avait puisé
l'auteur de CA[1], existaient à Mamre/Hébron aux alentours du viie siècle, comme le
pense E.A.KNAUF". Mit CA[1] meint Römer einen „cycle d'Abraham–première version", der Gen 12,10–20*; 13*; 16*; 18,1–16; 19; 21,1–7 umfasst haben soll, gleichzeitig bezeichnet er Gen 13 als „le «berceau» probable des traditions abrahamiques"
(alle Zitate RÖMER 1994, 111; vgl. RÖMER 2001b). Die Arbeit von Knauf, auf die
Römer verweist, konnte ich nicht verifizieren. Zur Pentateuchentstehung vgl. jetzt
KNAUF 1998.

die spätere Königszeit, bei Römer etwa in das 7. Jh. v.Chr., datiert[77].
Mithin wird „Abraham in Mamre" aus einer geschichtlich schwer
fassbaren, vermeintlich vorstaatlichen Patriarchenepoche in eine historisch besser beleuchtete Zeit versetzt. Mit dieser zeitlichen Verschiebung zeigt sich aber auch wieder: Abraham ist literarische Figur,
die Konzeption „Abraham in Mamre" ist eine theologisch motivierte
literarische Bildung.

2.3 Überlieferungsgeschichtliche Modifikationen

Die Arbeiten von Rolf Rendtorff und Erhard Blum[78] verzichten gänzlich auf die von Wellhausen einst quasi kanonisierte Quellenhypothese, die auch noch Gunkel als Folie für seine überlieferungsgeschichtlichen Rückfragen beibehielt. Dabei zeigt   sich in aller Deutlichkeit, dass das Gunkelsche Modell zur Erklärung der Konzeption
„Abraham in Mamre" auch ohne Rekurs auf die Quellenhypothese
funktioniert. Rendtorff plädiert dafür, die einzelnen Abschnitte des
Pentateuch wie etwa die Erzelterngeschichte oder die Exoduserzählung als „größere Einheiten" mit einer vergleichsweise lange währen-
den eigenständigen Überlieferungsgeschichte zu betrachten, die erst
von einer deuteronomisch geprägten Bearbeitung zu einem zusammenhängenden Geschichtswerk verbunden wurden[79]. Bei der Interpretation der Abrahamgeschichte erklärt Rendtorff Gen 13 als Vorbereitung für Gen 18f, folgt demnach in der Sache der bei Gunkel festgestellten Sichtweise der Konzeption „Abraham in Mamre"[80], obwohl
Rendtorff in der Frage der zeitlichen Einordnung eine relative Spätdatierung vertritt[81]. Noch augenfälliger ist der Rückgriff auf Gunkel bei
Blum[82]. Er sieht einen unmittelbaren überlieferungsgeschichtlichen
Zusammenhang zwischen Gen 13 und Gen 18f im Sinne einer „Abraham-Lot-Erzählung"[83]. Auch für Blum ist dabei „Gen 13* schon als

---

[77] S. o. Anm. 76.
[78] Vgl. JERICKE 1997a, 31–36.
[79] RENDTORFF 1976.
[80] RENDTORFF (1976, 35) mit ausdrücklichem Hinweis auf Gunkel.
[81] RENDTORFF (1976, 170f) nennt das 8. Jh. v.Chr. als terminus post quem für
eine umfassende Geschichtsdarstellung.
[82] BLUM 1984. Auf die etwas abweichenden Ergebnisse in der jüngeren Arbeit
von BLUM (1990) wird unten Seite 113f einzugehen sein.
[83] BLUM 1984, 273–289. Blum setzt sich dabei begrifflich von Gunkels Bezeichnung „Sagenkranz" ab. Nach Blum ist „Erzählung" die adäquatere Kennzeichnung für die „geschlossene »neu« gestaltete Komposition" von Gen 13; 18f. Diese

Exposition der Abraham-Lot-Erzählung *konzipiert*"[84]. „Die Abraham-Lot-Erzählung in Gen 13; 18f bildet den kompositionellen Nukleus der Abrahamgeschichte"[85]. Durch Verbindung der Abraham-Lot-Erzählung mit der Jakobgeschichte entsteht die „Vätergeschichte 1". Diese wiederum wird durch Hinzusetzung einiger Abrahamüberlieferungen zur „Vätergeschichte 2" ausgebaut[86]. Das vorfindliche erzählerische Gefälle von Gen 12 bis Gen 50 wird schließlich durch eine D-Bearbeitung und durch eine priesterliche Bearbeitungsschicht geformt[87].

3. Die Eigenständigkeit des Buches Genesis

Der Durchgang durch die Forschung der letzten hundert Jahre führt zu dem Ergebnis, dass die Frage „Abraham in Mamre" nach wie vor im Sinne Gunkels, der einen unmittelbaren überlieferungsgeschichtlichen Zusammenhang zwischen Gen 13 und Gen 18f annimmt, beantwortet wird. Lediglich in Fragen zur Datierung der Texte und zur Gültigkeit der Neueren Urkundenhypothese wurden Modifikationen angebracht. Die angesprochenen Modifikationen sind jedoch keine Marginalien. Sie erfordern auch inhaltlich eine Infragestellung der Gunkelschen These. Eine abweichende Datierung impliziert abweichende historische Bedingungen für die literarische Formierung der Texte. So zeigt sich im Blick auf den weiteren literarischen Zusammenhang, dass der vermeintliche Erzählzusammenhang der Erzelterngeschichte mit den Moseerzählungen, der traditionell im Rahmen eines vorpriesterlichen „jahwistischen" bzw. „jehowistischen" Werkes postuliert wurde, nicht ersatzweise durch die Annahme übergreifender deuteronomischer oder deuteronomistischer Bearbeitungen erklärt werden kann, wie das bei Rendtorff und Blum geschieht.

---

begriffliche Nuancierung schließt die weitgehende Übereinstimmung in der Beschreibung des Sachverhaltes jedoch nicht aus.

[84] BLUM 1984, 284 (Hervorhebung Blum).
[85] BLUM 1984, 273.
[86] BLUM 1984, 289–361.
[87] BLUM 1984, 362–458.

3.1 *Die Frage einer deuteronomistischen Bearbeitung (Erhard Blum)*

Die beiden monographischen Studien von Blum[88] weisen indirekt auf die Sonderstellung der Genesis gegenüber der mit dem Buch Exodus einsetzenden Mose/Israel-Geschichte. Nach Blum ist eine D-Bearbeitung sowohl im Buch Genesis als auch in der Moseüberlieferung ab dem Buch Exodus zu erkennen. Allerdings formuliert er schon 1984 „den vorläufigen Eindruck, dass an [sic] Exodus die D-Überlieferung erheblich stärker in die Erzählsubstanz hineinreicht"[89]. Ganz im Sinne Gunkels[90] sucht Blum die Unterschiede auf dem Gebiet der Überlieferungsgeschichte:

> Für den Komplex der Vätergeschichte kann dafür auf deren gesonderte Untersuchung verwiesen werden, von der hier nur soviel zu rekapitulieren ist, daß dort dem/n D-Tradenten offenbar die erzählerische Hauptsubstanz in einer noch gut erkennbaren Komposition schon vorgegeben war. In der vorliegenden Arbeit zu den Texten der Moseüberlieferung ist diese Fragehinsicht jedoch kein eigengewichtiges Thema. Im Gegenteil, die »rekonstruierende« diachrone Rückfrage bleibt hier bewußt bei der umfassenden D-Komposition stehen. Und diese Zurückhaltung hat ihre Gründe, in erster Linie: die Komplexität des Textbefundes. Anders als in der Erzelterngeschichte, wo sich die Konturen älterer Kompositionen und Erzählungen vielfach noch deutlich im gegebenen Text abzeichnen und zu entsprechenden Rückfragen einladen, haben die Tradenten ihre Texte in Exodus und Numeri in einer Weise gestaltet, die zwar häufig eine *Unter*scheidung von »Tradition« und »Komposition« gestattet, seltener aber deren subtraktive Scheidung[91].

Die von Blum postulierte D-Bearbeitung im Buch Genesis ist jedoch nicht festzumachen. Der „Basistext" der D-Bearbeitung ist für Blum Gen 15[92]. Die Kriterien für diese Charakterisierung entnimmt er größtenteils einem Vergleich der Verheißungsreden in Gen 15 mit anderen vorgeblich deuteronomistischen Passagen wie Gen 22,15–18 und 26,3b–5. Zu Gen 15,18 liefert Blum selbst die Argumente für

---

[88] BLUM 1984; 1990.

[89] BLUM 1984, 467; ausgeführt bei BLUM 1990, 208–218.

[90] Die von Blum formulierte Beobachtung lässt sich bereits in der unterschiedlichen Gestaltung, bei prinzipiell gleichen methodischen Voraussetzungen, des Genesis-Kommentares von GUNKEL (1910) und der Auslegung der Bücher Exodus bis Könige von GRESSMANN (1913; 1921; 1922) erkennen. Gunkel kann ausführlich auf die einzelnen Erzählungen eingehen, Gressmann dagegen tut sich schwerer, einzelne „Sagen" zu isolieren, er muss stärker die übergreifende Gestaltung beachten.

[91] BLUM 1990, 213ff (Hervorhebung Blum).

[92] BLUM 1984, 362–389, Zitat S. 382.

eine nachdeuteronomistische Abfassung[93]. Auch die Auslegungen
von Rendtorff und Anbar, die den deuteronomistischen Charakter von
Gen 15 aufzeigen wollen, nennen als Verweistexte Passagen aus der
P-Literatur, der exilischen und nachexilischen Profetie und der chronistischen Geschichtsschreibung[94]. Matthias Köckert hat die These,
dass Gen 15 als eine nachdeuteronomistische Bildung zu verstehen
ist, breit dokumentiert[95]. In ähnlicher Weise sehen John Ha und Thomas Römer das Kapitel als eine späte, zumindest nachpriesterliche
Traditionsbildung[96].

Wenn aber die „Basis" für eine D-Bearbeitung in der Genesis fällt,
so trifft das auch den Aus- oder Überbau, d.h. die weiteren Texte, die
Blum in diesem Zusammenhang sehen will. Insbesondere ist sein
Hinweis auf Gen 24 nicht haltbar[97]. Das Kapitel ist ein später Zusatz
zu der durch die Nahor-Passagen Gen 11,27–31 und Gen 22,20–24
gerahmten Abrahamgeschichte[98]. Dagegen deuten die „Studien" von
Blum an, dass ein übergreifender deuteronomistischer Erzählfaden
(KD) ab dem Buch Exodus sehr wohl festzustellen ist, auch wenn
man den Zuweisungen einzelner Textabschnitte zu KD nicht in jedem
Fall folgt[99]. Mehr oder weniger indirekt erhärtet sich der Anfangsver-
dacht einer weitgehenden Eigenständigkeit des Buches Genesis durch
den kritischen Blick auf die Arbeiten Blums. Die Darstellung der
Geschichte Israels ab dem Buch Exodus ist primär geprägt durch
einen als deuteronomistisch zu kennzeichnenden Erzählfaden. Ein
solcher fehlt aber in der Genesis[100].

---

[93] Er muss „konstatieren, daß unser Text die Ausdehnung des verheißenen Landes über die großzügigen Beschreibungen in dtrG hinaus dergestalt steigert, daß als
Grenzmarken die Hauptflüsse der beiden im Alten Orient dominierenden Machtzentren erscheinen" (BLUM 1984, 382 Anm. 137).

[94] RENDTORFF 1980; ANBAR 1982; ähnlich auch NOORT 1995.

[95] KÖCKERT 1988, 204–207.

[96] HA 1989; RÖMER 1989/90; 1994.

[97] BLUM 1984, 283–289.

[98] Andeutungsweise schon WESTERMANN 1981, 448; vgl. o. Seite 4 mit Anm.
12.

[99] BLUM 1990. Ausführliche Kritik bei OTTO 1995a. Ob die von Otto postulierte
Zuweisung der KD-Texte zu einer Pentateuchredaktion überzeugt, bleibt abzuwarten.

[100] So zuletzt RÖMER (2001b, 188f) mit Hinweis auf LEVIN (1993, 436) und PONS
(1990).

3.2 *Die Väter Israels im Deuteronomium (Thomas Römer)*

Die These einer deuteronomistisch geprägten Geschichtsdarstellung ab dem Buch Exodus, die von den Erzelternerzählungen der Genesis weitgehend unabhängig ist, vertritt die Studie von Thomas Römer zur Väterthematik im Deuteronomium. Römer versucht nachzuweisen, dass mit den im Deuteronomium häufig genannten „Vätern" nicht die Vätertrias der Genesis, sondern die Generation des Exodus gemeint ist[101]. Die Näherbestimmung der „Väter" als Abraham, Isaak und Jakob (Dtn 1,8; 6,10; 9,5; 29,12; 30,20; 34,4) beruht nach Römer auf Zusätzen zum deuteronomistischen Textbestand des Dtn. Solche literarkritischen Optionen sind nicht in jedem Fall überzeugend. In einem zentralen Text wie Dtn 6 ist ein Drei-Generationen-Schema auszumachen. Die von Mose Angesprochenen repräsentieren die Exodusgeneration (V.12.21ff). Von dieser werden die „Väter" als vorausgehende (V.10) und die „Söhne" als nachfolgende Generation (V.2.20f) abgesetzt[102]. Eine literarkritische Abtrennung der Väternamen in V.10 ist daher zumindest inhaltlich nicht gefordert. Die Arbeit Römers provozierte dementsprechend eine konstruktiv-kritische Diskussion. An dieser beteiligte sich v.a. Norbert Lohfink, der neben den bereits genannten Argumenten noch allgemeine hermeneutische Kriterien gegen die von Römer präsentierten Ergebnisse ins Feld führt[103]. Unter Einbeziehung der hier kurz skizzierten kritischen Rezeption ist festzuhalten, dass insbesondere im Deuteronomium die Ausgestaltung der Väterthematik differenzierter ist als Römer dies darlegt. Nicht zu bestreiten ist jedoch, dass in den im weiteren Sinne deuteronomistisch geprägten Schriften des Alten Testaments, die Römer ebenfalls in seine Untersuchung mit einbezieht, der Terminus „Väter" überwiegend auf die Exodusgeneration rekurriert. An diesem Punkt sind die Überlegungen Römers nicht neu. Er selbst verweist auf die

---

[101] RÖMER 1990.

[102] Vgl. CARR 2001, 290.

[103] LOHFINK 1991. Allerdings sieht Lohfink die Konsequenzen aus den Thesen Römers fast noch schärfer als dieser selbst. Wenn die „Väter" des Buches Deuteronomium die Exodusgeneration bezeichnen, so Lohfink, dann hatten die ersten Autoren des Pentateuch einen zusammenhängenden Textblock Exodus-Sinai-Wüste vor sich, während die Erzelternerzählungen noch in Einzelüberlieferungen vorlagen (LOHFINK 1992, 59f). Lohfink setzt hier das Erklärungsmodell von Rendtorff (s. o. Seite 111f) voraus und kennzeichnet die erste literarische Gestaltung des Pentateuch als deuteronomistisch. Die Eigenständigkeit des Buches Genesis wird in diesem Erklärungszusammenhang nicht inhaltlich, sondern überlieferungsgeschichtlich bzw. hinsichtlich der literarischen Kohärenz definiert.

Arbeit von Kurt Galling zu den „Erwählungstraditionen Israels"[104].
Dabei stellt Galling fest, dass Vätertradition und Exodus-Landnahme-
Tradition bis zur exilischen Profetie unverbunden nebeneinander
stehen. Obwohl er der Meinung ist, dass mit den „Vätern" des Buches
Deuteronomium die „Erzväter" der Genesis gemeint sind[105], sieht er
den Einsatzpunkt des „Credo" in Dtn 26,5–10 keineswegs bei Abraham oder Jakob, sondern beim Ägyptenaufenthalt und beim Exodus
der Israeliten: „Die vorherrschende Meinung, daß der Ahnherr von
Dtn 26 der Jakob der Genesis sei, ist unhaltbar. Schwerlich hätte ein
Israelit den von den Vätern her Gesegneten (Gen 27,28) einen ʾobēd
ʾaramī genannt. Das Lied kennt den Aufenthalt der Erzväter im ge-
lobten Lande nicht"[106].

Die grundlegende Beobachtung Römers ließe sich durch Textver-
weise und verschiedene Forschungsarbeiten der letzten Jahre erhär-
ten. Neben Dtn 26,5–10 liegt mit 1Sam 12,6–15 ein weiterer Ge-
schichtsrückblick vor, der zwar ad personam bei Jakob, inhaltlich
jedoch beim Exodusthema ansetzt[107]. Frederic V. Winnett[108] unterbreitete vor über dreißig Jahren die These einer eigenständigen vorpriesterlichen literarischen Gestaltung der Genesis[109]. Auch neuere
grammatikalische Untersuchungen weisen in die genannte Richtung.
So stellen unabhängig voneinander Ehud Ben-Zvi und Alviero Niccacci aufgrund syntaktischer Untersuchungen der Schluss- bzw. Ein-
gangssätze eine Sonderstellung der Genesis gegenüber den Büchern
Gen–Dtn bzw. Gen–2Kön fest[110].

3.3 *Die genealogische Prägung der Genesis (Albert de Pury)*

Die bislang genannten Arbeiten, die die Sonderstellung der Genesis
zur Sprache bringen, basieren entweder auf formalen Gesichtspunkten (Ben-Zvi, Niccacci) oder auf Themen, die in den Verheißungsreden verankert sind (Galling, Blum, Römer). Die Verheißungsreden
stellen innerhalb der Erzelterngeschichte der Genesis meist jedoch
schon ein die Erzählungen zusammenfassendes Interpretament dar.
Eine These, die sich auf die Auslegung dieser Reden gründet, trifft

---

[104] GALLING 1928. Vgl. auch VAN SETERS 1992, 215f.
[105] GALLING 1928, 7f.
[106] GALLING 1928, 8.
[107] Vgl. schon WELLHAUSEN 1905, 248f.
[108] WINNETT 1965.
[109] WINNET 1965, 18.
[110] BEN-ZVI 1992b; NICCACCI 1995.

vorderhand noch nicht den erzählerischen Bestand der Erzelterngeschichte, zu dem unzweifelhaft die Konzeption „Abraham in Mamre"
gehört. An diesem Punkt greifen, zumindest teilweise, die Arbeiten
von Albert de Pury, der eine Definition der Sonderstellung der Genesis vorlegt, die auch die erzählerische Substanz des Buches berührt[111].
De Pury erarbeitet die These von zwei unterschiedlichen, bis in die
nachexilische Zeit unverbundenen „Ursprungssagen" Israels. Die eine
ist die Jakobtradition, die nach de Pury genealogisch konzipiert ist[112].
Die andere findet sich in der Exodus- und Wüstentradition. Sie ist
profetisch-deuteronomistisch geprägt. Während der ausgehenden
Königszeit und in der Exilszeit standen sich beide Konzeptionen kon-
kurrierend gegenüber. Erst P stellte eine Verbindung her:

> Wie ich an einem anderen Ort zu zeigen versucht habe, sind sowohl
> die Jakobserzählung als auch die Auszugsgeschichte selbständige, voll-
> wertige Ursprungssagen Israels. Keine von ihnen braucht die andere
> als Nach- oder Vorspiel. Beide erklären, wie das neugeborene Israel
> außerhalb des Landes herangewachsen ist und dann unter der Leitung
> seines Ahnen bzw. seines Propheten seine Geburtsgegend verlassen hat
> und in das Land eingewandert ist. Beide geben eine in sich suffiziente
> Ätiologie für die Anwesenheit Israels im palästinischen Bergland. Es
> lässt sich wahrscheinlich machen, dass auch auf der literarischen Ebe-
> ne beide Ursprungsgeschichten mindestens bis zum Exil auf getrennten
> Bahnen weitertradiert wurden. Noch das deuteronomistische Deutero-
> nomium, sowie das ganze deuteronomistische Geschichtswerk, lassen
> die Geschichte in Ägypten beginnen und wissen nichts—oder besser,
> wollen nichts wissen—von einer erzväterlichen »Neben- oder Vorge-
> schichte«. Die Priesterschrift könnte wohl das erste literarische Werk
> gewesen sein, das die beiden in Konkurrenz stehenden Sagen (die Erz-
> vätergeschichte, jetzt hauptsächlich auf Abraham konzentriert, und die
> Auszugsgeschichte) gleichsam miteinander versöhnte und beide in sei-
> ne Geschichtskonstruktion aufnahm[113].

Mehrfach nimmt de Pury seinen Ausgangspunkt bei einer Exegese
von Hos 12[114]. Er sieht in dem Kapitel einen einheitlichen Text, der
von Schülern des namengebenden Profeten zusammengestellt wurde
und daher zumindest mittelbar auf Hosea zurückgeht. Die „Kernstel-

---

[111] DE PURY 1988; 1989a; 1991; 1992; 1994; 2001.

[112] „Klar ist, dass in der uns bekannten Jakobsgeschichte alles auf die Geburt der
Söhne Jakobs ausgerichtet ist. Die Erzählung von der Geburt der Stammeseponymen
in Gen 29,30–30,24, wie immer man sich die Urform dieser Episode denkt, stellt das
zentrale Element der ganzen Gesta dar" (DE PURY 1994, 429).

[113] DE PURY 1994, 430.

[114] Zuletzt DE PURY 2001, 227–235.

le"[115] ist Hos 12,13f. Hier werden die beiden Traditionen gegeneinander gestellt: die Jakobtradition im Bild des Dienens um eine Frau (V.13)[116] und die Exodus/Wüsten-Tradition im Bild des Profeten, der Israel aus Ägypten herausführt (V.14). Dass mit diesem Profeten Mose gemeint ist, erscheint vom Wortlaut des Hoseatextes her evident. „In V.13 und 14 stehen sich also zwei Typen von Vermittlung, zwei »Instanzen« gegenüber: die genealogische und die prophetische … Hosea ruft Israel dazu auf, zwischen seinen »Ahnen« zu wählen: Jakob oder Mose!"[117]. Freilich hat Hosea selbst längst gewählt, zumal Jakob in Hos 12 wesentlich negativer besetzt ist als in der Genesisüberlieferung:

> Die dritte Strophe unseres Gedichts [Hos 12, D.J.] läuft also auf ein lapidarisch formuliertes Bekenntnis hinaus: Die wahre Geschichte vom Ursprung Israels ist nicht die Geschichte des Ahnvaters Jakob, sondern die Geschichte der Begegnung mit Jahwe in der Wüste. Anders ausgedrückt: die wahre Identität Israels beruht nicht auf Geburt, sondern auf Berufung[118].

Mit dem Profeten hat sich freilich auch der Autor entschieden, der bei der sozialgeschichtlichen Kennzeichnung der Träger der Exodus/Wüstentradition geradezu schwärmerisch von einem „kämpferische[n] Oppositionsprophetentum"[119], von „spezifisch[e] jahwistische[n] Bruderschaften"[120] und von einer auf der profetischen Wortverkündigung basierenden „Utopie"[121] spricht. Als Täger der Jakobtradition werden dagegen die „ländlichen Stammeseliten", der „ʿam haʾares"[122] identifiziert. Die von ihm getragene Jakobtradition erscheint zwar schon im monotheistischen Gewande des YHWH-Glau-

---

[115] DE PURY 1994, 427.
[116] DE PURY 1994, 428f. Er verweist auf das zweimalige בְּאִשָּׁה „um eine Frau" in V.13, das dem zweimaligen בְּנָבִיא „durch einen Profeten" in V.14 parallel geht. Daher erscheint die These von de Pury plausibel, dass den Frauen Jakobs ebenso eine Mittlerfunktion zugeschrieben wird wie dem Profeten Mose beim Auszug. Diese Interpretation ist zumindest naheliegender als die Vermutung, V.13 spiele auf kultische Sexualpraktiken der Kanaaniter an (WOLFF 1961, 280; WHITT 1991, 27.38–41; kritisch dazu GESE 1986).
[117] DE PURY 1994, 429.
[118] DE PURY 1994, 429.
[119] DE PURY 1994, 432.
[120] DE PURY 1994, 435.
[121] DE PURY 1994, 433.
[122] DE PURY 1994, 431f.

bens, lässt aber noch kanaanäische, d.h. polytheistische, mithin heidnische Elemente erahnen:

> Im Israel des 8. Jh. ist diese Stammesgesellschaft freilich jahwisiert. Jahwe ist auch für sie der unbestrittene nationale Gott geworden. Für diese Gesellschaft ist aber die Jakobsgeschichte die eigentliche Ursprungslegende, auch was die Jahweverehrung betrifft. Dass dieser Jahwe selber mit anderen Göttern und Göttinnen auch genealogisch verbunden war, läßt sich zwar von den Jakobserzählungen selbst her nicht mehr belegen, ist aber höchst wahrscheinlich[123].

Selbst wenn man einige Züge der Darstellung de Purys nicht unterschreiben kann, etwa die Rückführung von Hos 12 auf den Profeten des 8. Jhs. v.Chr.[124] oder die eindeutige Parteinahme für die profetische Ursprungskonzeption Israels[125], so bleibt als weiterführende Erkenntnis doch festzuhalten: im Buch Genesis ist eine Darstellung von den Anfängen Israels verankert, die inhaltlich mit dem Stichwort „genealogisch" zu kennzeichnen ist und die sich charakteristisch von einer profetisch-deuteronomistischen Konzeption der Bücher Exodus bis Könige unterscheidet. Träger der genealogischen Ursprungssage waren vermutlich Teile der Landbevölkerung, die allerdings noch einer genaueren Präzisierung bedürfen[126].

---

[123] DE PURY 1994, 432. In ähnlicher Weise konstatiert HOUTMAN (1997) für die Genesis eine „philo-Canaanite tendency" (HOUTMAN 1997, 227; im Rückgriff auf VAN SELMS 1958) im Gegensatz zu einer deutlich antikanaanäischen Ausrichtung der deuteronomistischen Geschichtsschreibung ab dem Buch Exodus. Allerdings wertet er diese Beobachtung eher historisch aus, indem er den antikanaanäischen Deuteronomismus in die Exilszeit datiert, während er in der prokanaanäischen Tendenz der Genesis eine Überlebensstrategie in der nachexilischen Minderheiten-Situation erkennt. Immerhin zitiert HOUTMANN (1997, 226) die Arbeit von GEMSER (1958), der dem Gottesbild der Genesis „Katholizität" bescheinigt. Die Parteinahme für den kämpferischen, exklusiven Deuteronomismus scheint demgegenüber eine reformatorische Tradition zu sein.

[124] Ähnlich GESE 1986; NEEF 1987, 15–57; WHITT 1991. Die zitatartige Zusammenstellung mehrerer Traditionen sowie die etablierte Identifizierung von Jakob und Israel scheinen nicht eben für solch frühe Ansetzung zu sprechen.

[125] Die Lösung kann jedoch auch nicht darin liegen, die Antithese von Hos 12,13f durch eine parataktische Interpretation aufzulösen: „… während V.13f. die Summe zieht und die zwei heilsgeschichtlichen Ereignisse des Väterdienstes und der prophetischen Moseoffenbarung in ihrem Gegensatz nebeneinanderstellt" (GESE 1986, 47 = GESE 1991a, 93).

[126] Zu den unterschiedlichen Vorstellungen vom ʿam hāʾāræṣ vgl. GUNNEWEG 1983 (mit älterer Literatur); LIPIŃSKI 1989, 190–194; ALBERTZ 1996a, 304–373. Zuletzt bringt de Pury die beiden Trägergruppen der unterschiedlichen Konzeptionen wieder in engeren Zusammenhang. Er vermutet, dass sowohl die Jakoberzählung als auch die ersten Sammlungen profetischer Worte—die Grundformen der Bücher

Die genealogische Ausrichtung sieht de Pury allein in der Jakobgeschichte. Diese bestimmt er als eine im 8. Jh. v.Chr. weitgehend
geschlossen vorliegende „geste"[127]. Im Gegensatz dazu erkennt de
Pury in der Abrahamgeschichte eine Reihe wenig zusammenhängender, jüngerer Überlieferungen[128]. Selbst die ältesten dieser Überlieferungen sind bereits von der Jakobgeschichte abhängig (Gen 12f).
Größtenteils weisen die Abrahamerzählungen aber in exilische (Gen
15) oder nachexilische Zeit (Gen 17; 20–22), ganz abgesehen von
einem sehr späten, midraschartigen Text wie Gen 14. Bei einer solchen Sicht der Dinge bleibt kein Platz für eine überlieferungsgeschichtlich relativ alte Konzeption „Abraham in Mamre"—im Sinne
einer unmittelbaren Zusammengehörigkeit von Gen 13 und Gen
18f—wie sie, mit je eigener Akzentuierung, bei Gunkel und Blum
breit ausgeführt ist[129].

In den älteren Arbeiten zeigt sich an diesem Punkt bei de Pury eine
gewisse Unschärfe. Die erste literarische Verbindung der Genesiser-
zählungen mit der Moseüberlieferung soll auf P zurückgehen. In welcher Form P dabei die Abrahamgeschichte vorfand, bleibt hingegen
offen[130]. Zwischen einer in sich kohärenten, literarisch primären Ja-
kob- und einer aus disparatem Material anwachsenden, literarisch sekundären Abrahamgeschichte zeigen sich in dieser Sichtweise kon-
zeptionelle Divergenzen[131]. Im Rückgriff auf die exegetische Literatur des 19. Jahrhunderts hält es de Pury daher jetzt zumindest für
möglich, dass P in der Abrahamgeschichte die literarisch primäre

---

Hosea und Amos—in Bet-El entstanden. Bet-El sei ein Ort gewesen, wo konkurrierende Theologien nebeneinander wirkten (DE PURY 2001). Eine solche These erscheint sehr spekulativ, zumal die Einbettung von Gen 28,10–22 in einen literarisch
primären Bestand der Jakobgeschichte umstritten ist, vgl. VAN SETERS 1998; BLUM
2000a.

[127] DE PURY 1989a; 1991, 85ff. Der Ausdruck ist nicht adäquat ins Deutsche zu
übersetzen. Nach der deutschsprachigen Fassung (DE PURY 1994) ist eine annalenar-
tige Literaturgattung gemeint, die im Lateinischen als res gestae bezeichnet wird.

[128] DE PURY 1989a, 261f.

[129] Dagegen betont DE PURY (2001, 237–241) die überlieferungsgeschichtlichen
Wurzeln von Gen 25–35 in früher, möglicherweise vorstaatlicher Zeit.

[130] Die eher beiläufig geäußerte These einer nachpriesterlichen Bearbeitung, die
erst Genesis mit Exodus verbunden hat, währenddem P für die Formierung der Genesis verantwortlich war (DE PURY 1991, 95), wird von de Pury nicht weiter verfolgt.

[131] Das mag der Ansatzpunkt für die These Römers sein, der in Gen 12f*; 16,
18f*; 21* eine Kernfassung der Abrahamgeschichte erkennt, die er literatursoziolo-
gisch ebenfalls auf den ʿam hāʾāræṣ zurückführt und in das 7. Jh. v.Chr. datiert
(RÖMER 1994; 2001b).

„Grundschrift" darstellt[132]. Die nichtpriesterlichen Texte der Abra-hamgeschichte setzen in ihrer literarischen Form P voraus. Dies ex-emplifiziert de Pury etwa am Verhältnis von Gen 16 zu Gen 17. Gen 16—und ähnlich Gen 18f—zielen auf die Ausgrenzung nichtjudäi-scher bzw. nichtisraelitischer Gruppen, die P noch ohne weiteres als Verwandte Judas bzw. Israels akzeptiert. Damit deutet sich für Gen 11,27–25,11 ein Paradigmenwechsel hinsichtlich des Verhältnisses von priesterlichen zu nichtpriesterlichen Textabschnitten an, der zu-mindest die literarische Ausgestaltung betrifft[133].

3.4 *Erzeltern und Exodus (Konrad Schmid)*

In einer breit angelegten Studie systematisiert Konrad Schmid die verschiedenen Argumente, die für eine vergleichsweise lange unab-hängige literarische Gestaltung der Erzelterngeschichte und der Mo-se/Israel-Geschichte sprechen[134]. Zunächst weist er darauf hin, dass es keine literarische Brücke zwischen den Büchern Genesis und Exodus im vorpriesterlichen Textbestand gibt[135]. Schmid greift an mehreren Punkten die Überlegungen de Purys auf und erweitert die Untersu-chung auf größere Textcorpora[136]. Zunächst betrifft dies den Befund in den Profetenbüchern. Nahezu durchgehend werden Erzeltern-geschichte und Mosegeschichte als unterschiedliche Ursprungslegenden verstanden. Die Mehrzahl der profetischen Schriften definiert Israel vom Exodus her, während die Erzelternzeit häufig negativ besetzt

---

[132] DE PURY 2000. Auf überlieferungsgeschichtlicher Ebene gesteht de Pury weiterhin zu, dass die nichtpriesterlichen Texte der Abrahamgeschichte, ähnlich wie diejenigen der Jakobgeschichte, älteres Material enthalten können. Die Diskrepanz zwischen den Beobachtungen am literarischen Bestand der Abrahamgeschichte, die zu einer generellen Spätdatierung der Texte führen, und dem überlieferungs-geschichtlichen Vorbehalt wird nicht befriedigend gelöst. Mir scheint, dass an diesem Punkt dem Eindruck neuzeitlicher Leser Rechnung getragen wird, die im Fehlen theologischer Begrifflichkeit bei gleichzeitiger vorgeblich „lebensnaher" Detailschil-derung ein Indiz hohen Alters der Erzählungen sehen wollen. Wenn dieses Alter literarisch nicht zu erweisen ist, dann soll es zumindest für ein vorliterarisches Über-lieferungsstadium gelten.
[133] Vgl. auch u. Abschnitt 6 (Seite 142–149).
[134] SCHMID 1999.
[135] „Ohne die Annahme von Textausfall läßt sich in Ex 1 kein vorpriesterlicher Textbestand rekonstruieren, der nahtlos von Gen zu Ex übergeführt hat" (SCHMID 1999, 71).
[136] Ganz allgemein sieht auch SCHMID (1999, 124) eine genealogische Prägung der Erzelterngeschichte.

setzt ist[137]. Umgekehrt rekurrieren Jes 40–55 auf die unbedingten
Zusagen insbesondere an Abraham und Sara (Jes 41,8; 51,2), wäh-
rend der Exodus aus Ägypten als Gründungsdatum Israels nach dem
Verlust des verheißenen Landes als überholt gilt[138]. Als Träger der
Erzählungen von Gen 12–50 im literatursoziologischen Sinn definiert
Schmid den ʿam hāʾāræṣ, den er als eine die davidische Dynastie
stützende Gruppe, die über 587/86 v.Chr. hinaus wirkte, versteht[139].
Die erste literarische Zusammenarbeit von Erzeltern- und Exodus/
Mose-Erzählung führt er auf P zurück[140]. Gen 15 als einziger ausge-
führter Text der Erzelterngeschichte, der über das Buch Genesis hinaus weist[141], ist nach Schmid nachpriesterlich und gehört zusammen
mit Ex 3f* und Jos 24 einer übergreifenden Redaktion an, die über
die Unheilsgeschichte der Königszeit auf die Heilsankündigungen der
Profetenbücher weisen will[142]. Alle anderen Verheißungsreden in Gen
12–50 lassen sich innerhalb des Buches Genesis verstehen[143].

Zuletzt hat David M. Carr die Arbeit von Schmid kritisch aufgenommen[144]. Er bezweifelt nicht, dass in P eine Verbindung zwischen
Genesis und der Mosegeschichte vorliegt. Nach Carr konnte P für
diese Konzeption jedoch bereits auf einen vorpriesterlichen Übergang
von den Erzeltern- zu den Moseerzählungen zurückgreifen. Zu dieser
These gelangt er, indem er die entsprechenden nichtpriesterlichen
Texte, die auch Schmid anführt (Gen 15; Ex 1,6.8), kurzerhand wieder für vorpriesterlich erklärt, ohne dafür eine nähere Begründung zu
liefern[145]. Die Frage der literarisch primären Zusammenarbeit von
Erzeltern- und Exodusgeschichte entscheidet sich demnach zunächst

---

[137] SCHMID 1999, 81–89.
[138] SCHMID 1999, 266–270.
[139] SCHMID 1999, 117–120. An diesem Punkt muss Schmid die Thesen von de
Pury und Römer (s. o. Seite 115–121) verbinden, wenn er sowohl die Abraham- als
auch die Jakobgeschichte in ihren Kernbeständen auf den ʿam hāʾāræṣ zurückführen
will.
[140] SCHMID 1999, 255–266.
[141] Als weiteren kurzen Text nennt Schmid Gen 50,24 mit seinen „Satelliten"
Gen 24,7; 26,4 (SCHMID 1999, 107–116). Gen 50,24 gehört zu einer Pentateuchredaktion, die erst Gen–Dtn als Tora von einem größeren Geschichtswerk Gen–2Kön
ausgrenzt (SCHMID 1999, 293–299).
[142] SCHMID 1999, 241–246.
[143] SCHMID 1999, 107–116.
[144] CARR 2001.
[145] Für die These einer vorpriesterlichen „deuteronomistischen" Brücke zwischen
Gen und Ex, die in Gen 50,24; Ex 1,6.8 vorliegt, kann sich Carr aus der neueren
Literatur auf BLUM (1990, 364) berufen.

an der literarischen Analyse einzelner Textabschnitte, schließlich aber auch an der näheren Bestimmung dessen, was unter P zu verstehen ist. Zu Gen 15 wurde oben bereits angedeutet, dass die Annahme vorpriesterlicher Abfassung problematisch ist und lediglich auf literarkritischen Operationen beruht, die vom Text selbst her nicht geboten sind[146]. Für den Übergang zwischen den Büchern Genesis und Exodus hat jetzt Jan Christian Gertz eine eingehende literarische Analyse vorgelegt[147]. Er kommt zu dem Ergebnis, dass in Ex 1,1–10 der gesamte nichtpriesterliche Textbestand, also V.1–6.8ff, als nachpriesterlich anzusehen ist. Ex 1,8ff und damit zusammenhängend Gen 50,24 bestimmt Gertz als Zeugnis einer „Endredaktion", Ex 1,1–6 ist nachendredaktionelle Erweiterung im Zuge der Büchertrennung[148]. Damit entfällt die noch von Blum und Carr vorausgesetzte literarische Grundlage für die Annahme einer vorpriesterlichen Verbindung der Erzeltern- und der Moseerzählungen, die im wesentlichen an Ex 1,6.8 und ihrem Rückbezug auf Gen 50,24 hängt. In großen Zügen trifft sich die Analyse von Gertz mit den Überlegungen von Schmid. Dies betrifft die Bestimmung von Ex 1,1–6 als einer späten Ergänzung[149] und v.a. die Einschätzung von Gen 50,24 als einem Text der Pentateuch- bzw. Endredaktion. Allerdings definiert Gertz die Leistung der „Endredaktion" nicht wie Schmid im Sinne einer Abtrennung der fünf Bücher der Tora von einem größeren literarischen Erzählkomplex[150], sondern im Sinne der Zusammenarbeitung einer priesterschriftlichen Erzählung mit einer selbständig überlieferten vorpriesterlichen Exoduserzählung[151].

Bei genauerer Betrachtung zeigt die Textanalyse von Gertz, dass auch die solide Textbasis für eine auf P zurückzuführende Verbidung zwischen den Büchern Genesis und Exodus fehlt. Der erzählerische Hiatus zwischen den von Gertz als P-Texten bestimmten Versen Gen 50,22 und Ex 1,7 kann nur durch die Annahme eines Textausfalls

---

[146] S. o. Seite 113f. Vgl. auch u. Seite 280–283.
[147] GERTZ 2000, 349–388.
[148] Vgl. auch u. Seite 124 Anm. 152.
[149] SCHMID 1999, 233.
[150] S. o. Seite 122 Anm. 141.
[151] GERTZ 2000, 389–393. Anmerkungsweise sei noch notiert, dass die beiden Autoren auch in der Frage, wo die vorpriesterliche Exoduserzählung ihren Anfang hat, unterschiedlicher Auffassung sind. GERTZ (2000, 370–373) sieht diesen in Ex 1,11f, SCHMID (1999, 69ff.233ff) dagegen erst in Ex 2. Allerdings berührt dies eine Problematik, die für den vorliegenden Fragehorizont nicht erheblich ist.

überbrückt werden[152]. Eine solche in mancher Hinsicht unbefriedigende Prämisse macht zumindest deutlich, dass an dieser Stelle noch Erklärungsbedarf besteht[153].

4. *Die Definition von P*

4.1 *Allgemeine Beobachtungen*

Die Größe P hat die Turbulenzen der Pentateuchkritik weitgehend unbeschadet überstanden. Gegen den Konsens der deutschsprachigen Forschung nach 1945 erkannten Rendtorff und Blum zwischenzeitlich in P eine redaktionelle Bearbeitungsschicht[154]. Dabei konnten sie sich auf eine vergleichsweise breite, jedoch selten rezipierte Forschungstradition aus dem 19. und dem frühen 20. Jahrhundert berufen[155]. Die Beobachtungen Blums basierten zunächst auf der Auslegung der Erzelternerzählungen im Buch Genesis. Die kritische Aufarbeitung der P-Texte in den Büchern Ex–Num erbrachte eine Modifizierung seiner These. Für Blum ist P hier nicht redaktionelle Bearbeitung, sondern eine Kompositionsschicht (KP), die in ihrer Ausgestaltung den herkömmlichen Quellenschriften nicht unähnlich erscheint[156]. Die Einlassungen von Blum zum Charakter von KP bleiben jedoch etwas unbestimmt:

> M.E. handelt es sich bei den priesterlichen Texten aufs Ganze gesehen um eine *nicht*-selbständige Textschicht; dies erweist insbesondere der Befund in der Erzelterngeschichte, aber auch anderswo. Zugleich freilich will sich die eigentümliche Geschlossenheit und Sperrigkeit zen-

---

[152] GERTZ 2000, 352–357.381. Umstritten ist die Zuweisung von Ex 1,1–5, der Liste der Jakobsöhne. Die ältere Literarkritik seit NÖLDEKE (1869, 35) erkannte hier einen P-Text (u.a. EISSFELDT 1922, 106*; NOTH 1960, 14.18; ELLIGER 1966, 174f; SCHMIDT 1988, 26ff; auch noch BLUM 1990, 239–242). LEVIN (1993, 315) und GERTZ (2000, 352–357) bestimmen den Abschnitt als nachpriesterliche, sogar noch nachendredaktionelle Ergänzung im Zuge der Büchertrennung (vgl. SCHMID 1999, 233). Levins Argument ist die Übereinstimmung der Liste Ex 1,2ff mit Gen 35,22b–26. Ein ähnliches literarisches Phänomen der nahezu wortgleichen Wiederholung ist beim Übergang von Jos zu Ri (Jos 24,29–33; Ri 2,6–10; vgl. GERTZ 2000, 380), aber auch im Falle von 2Chr 36,22f und Esr 1,1–3 zu konstatieren. GERTZ (2000, 354) weist noch darauf hin, dass Ex 1,1.5 „deutlich an die nachpriesterschriftliche Genealogie in Gen 46,8ff" erinnern.
[153] Denkbar ist die Annahme, P sei im Buch Genesis als Redaktion, ab dem Buch Exodus jedoch als kohärente Quellenschrift zu definieren (vgl. GERTZ 2000, 391).
[154] RENDTORFF 1976, 112–146; BLUM 1984, 420–458.
[155] Forschungsgeschichtlicher Überblick bei POLA 1995, 29f.
[156] BLUM 1990, 219–285.

traler priesterlicher Texte gegenüber der vorgegebenen Überlieferung (KD) nicht in das übliche Bild einer »Redaktion« fügen... Z.T. erweisen sich die priesterlichen Texte eben als Bearbeitungen, die in Anlehnung an und im Zusammenspiel mit der vor-priesterlichen Überlieferung gedeutet werden wollen, z.T. aber stehen sie distanziert, kontrastierend oder gar korrigierend *neben* der vorgegebenen Überlieferung, ohne mit dieser harmonisiert werden zu wollen—und zwischen diesen Möglichkeiten ist wiederum mit einer Reihe von Zwischentönen zu rechnen[157].

Einige Formulierungen erwecken den Anschein[158], als sei KP doch mehr im Sinne einer zunächst unabhängigen Quellenschrift zu verstehen[159]. Der Vergleich der Arbeit eines „Kompositors" mit „M. Noths Sicht des »Deuteronomisten«"[160] wiederum spricht gegen eine solche Interpretation. Die vergleichsweise unscharfe Definition der Kompositionsschicht KP konnte sich nicht nachhaltig durchsetzen. Die im vorigen Abschnitt besprochenen Arbeiten von Römer, de Pury, Schmid und Gertz kehren mit der Definition von P als einer zunächst selbständigen, in sich kohärenten Quellenschrift wieder zu den Prämissen der Urkundenhypothese zurück[161]. Allerdings wird das Festhalten an dieser traditionellen Forschungsmeinung nur selten hinreichend begründet. Einige Autoren versuchen, durch radikale Verkürzung einer priesterlichen Grundschrift P^g auf die Bücher Genesis und Exodus, die gleichzeitig eine inhaltliche Straffung von P bedeutet, das Problem zu lösen[162]. Eine solchermaßen reduzierte P-Grundschrift erfüllt jedoch kaum mehr das Kriterium einer zumindest den Tetrateuch strukturierenden Quellenschrift. Die angedeuteten Schwierigkeiten bei der Definition von P zwingen dazu, die P zugewiesenen Textabschnitte noch einmal genauer zu betrachten.

---

[157] BLUM 1990, 222.

[158] „So liegt es nahe, daß unsere Tradenten bei ihren Textgestaltungen nicht nur den allgemeinen Kontext im Blick hatten, sondern auch und mitunter vielleicht in erster Linie, die konzipierte *priesterliche* Kompositionsschicht" (BLUM 1990, 241).

[159] Vgl. SCHMIDT 1993, 8.

[160] BLUM 1990, 213.

[161] Auch der Einleitungswissenschaft erscheint diese Sicht nahezu durchgehend als konsensfähig, vgl. ZENGER 1997; 2001; KRATZ 2000, 226–248.

[162] POLA (1995) beschränkt P^g auf den Textbereich zwischen Gen 1 und Ex 40. Radikalisiert wird dieser Ansatz durch OTTO (1997), der das Ende von P^g in Ex 29,46 erkennt.

Der Umfang von P im Buch Genesis blieb seit der Arbeit von Theodor Nöldeke praktisch unangetastet[163]. Im Hinblick auf die hier zu untersuchende Frage soll zunächst ein Blick auf die durch das Thema „Abraham in Mamre" begrenzte Texteinheit Gen 11,27–19,38 genügen. Nach herkömmlicher Ansicht werden folgende Abschnitte als priesterlich bestimmt: Gen 11,27–32; 12,4b.5; 13,6.11b. 12; 16,1.3.15f; 17; 19,29[164]. Ein Blick auf diese Liste zeigt, dass P ein Sammelbecken für Texte verschiedenster Art zu sein scheint. Neben einer ausgeführten Erzählung (Gen 17) finden sich genealogische Listen (Gen 11,27ff), Altersangaben (Gen 11,32; 12,4b; 16,16), Itinerare (Gen 11,31; 12,5; 13,12) und kurze erzählende Notizen (Gen 11,30; 13,6.11b; 16,1.3.15; 19,29). Erklärungsbedürftig ist insbesondere das Nebeneinander von breit ausgestalteter Erzählung (Gen 17) und kurzen Notizen. Letztere sind weitgehend genealogisch geprägt. In ihnen ist von Geburt, Überleben im Lande und vom Sterben die Rede.

Der P-Charakter von Gen 17 ist weitgehend unbestritten[165]. Diese Bestimmung gründet in den inhaltlichen und formalen Übereinstimmungen zu Gen 28,1–9; 35,9–15 und Ex 6,2–8[166]. Zusammen mit Gen 1,1–2,3; 9,1–17 und den P-Partien der Fluterzählung[167] ergibt sich so ein sicherer Bestand an P-Literatur in der Genesis. Mit Recht weist jedoch Blum darauf hin, dass von „priesterlichen" Abschnitten

---

[163] NÖLDEKE 1869, 17–22; WELLHAUSEN 1905, 331–336; NOTH 1948, 17; ELLIGER 1952; SMEND 1989, 47; DE PURY 2001, 222 Anm. 33.

[164] Vgl. o. Anm. 163. Nöldeke rechnet den gesamten Abschnitt Gen 11,27–32 zu P. Diese Ansicht wird auch in neueren Exegesen wieder vertreten (u.a. WESTERMANN 1981, 152f.160f; BLUM 1984, 440f; SEEBASS 1997, 2–8; SKA 1997, 368f Anm. 9). Alternativ dazu werden lediglich V.27.31f zu P, V.28ff jedoch zu „J" gezählt (u.a. GUNKEL 1910, 157.162; EISSFELDT 1922, 18*; VON RAD 1976, 121; EMERTON 1992, 38–41).

[165] GUNKEL 1910, 264–272; MCEVENUE 1971, 145–178; VAN SETERS 1975, 279–293; VON RAD 1976, 153–159; RENDTORFF 1976, 120–142; WESTERMANN 1981, 301–328; BLUM 1984, 420–432; WEIMAR 1988; SKA 1989; LEVIN 1993, 157; SEEBASS 1997, 95–114. Lediglich EERDMANS (1908, 13–19) sieht in Gen 17 einen aus dem 4. Jh. v.Chr. stammenden Text, der bereits eine verwurzelte babylonische und ägyptische Diaspora voraussetzt. Allerdings konstatiert auch er einen unmittelbaren literarhistorischen Zusammenhang mit Gen 35,9–15 („aus einer Feder", EERDMANS 1908, 13) und Gen 28,3. Die These einer Spätdatierung wird weitergeführt von DIEBNER (1983; 1984), der in Gen 17 eine „Art Proselyten-Beschneidung" (DIEBNER 1984, 130) erkennt und den Text als „frühpharisaeisch" (DIEBNER 1984, 132) kennzeichnet; vgl. DIEBNER 1998a.

[166] BLUM 1984, 420–432; vgl. auch SKA 1989; 1995.

[167] S. dazu u. Seite 146–149.

in diesem Zusammenhang nur deshalb zu sprechen ist, weil die genannten Texte wesentliche Übereinstimmungen zum P-Material der Sinaiperikope aufweisen[168].

Die kurzen, genealogisch geprägten Notizen dagegen sind nicht für P zu reklamieren[169], da bei ihnen weder sprachliche noch inhaltliche Querbezüge zum oben definierten gesicherten P-Bestand aufzuweisen sind. Für die Itinerare und die erzählenden Notizen (Gen 12,5; 13,6.11b.12; 16,1.3.15; 19,29) hat Rendtorff dies ausführlich nachgewiesen[170]. Dagegen zählen Rendtorff und Blum sowohl die Toledotformeln wie Gen 11,27(f) als auch die Altersangaben zu der von ihnen weit gefassten „priesterlichen Schicht"[171]. Auch in diesen Fällen ist jedoch eine solche Charakterisierung nicht haltbar. Die Toledotformeln[172] wie Gen 11,27 gliedern zwar „den gesamten Erzählstoff"[173]; allerdings spricht ihre ungleichmäßige Verteilung, insbesondere das Fehlen der Toledotformel für Abraham sowie die Doppelung bei Esau (Gen 36,1.9), gegen die Annahme, dass dabei eine sekundäre Gliederung des gesamten Erzählstoffes vorliegt. Zumindest wäre diese Gliederung für unser Verständnis sehr ungleichgewichtig ausgefallen. Anders verhält es sich mit den Altersangaben. Diese verteilen sich gleichmäßig über den gesamten Erzählstoff. Sie werden von Rendtorff und Blum einer späten, aber noch zur „priesterlichen Schicht" gehörenden Redaktion zugeschrieben[174]. Blum verweist dabei auf Gen 17,1a.24.25[175]. Doch zumindest Gen 17,1a gehört zu einer Gen 17,1–3a umfassenden jahwisierenden Einleitung, die der priesterlichen Erzählung möglicherweise sekundär vorangestellt ist[176]. Mit den Altersangaben liegt daher eine späte, den gesamten Erzählstoff voraussetzende Bearbeitung der Erzelterngeschichte vor, deren P-Charakter sich jedoch im einzelnen nicht erweisen lässt[177].

---

[168] BLUM 1984, 430ff.
[169] Schon DILLMANN (1892, XVIII) kennzeichnete sie als „vereinzelte Brocken oder ... nichts ergänzende Wiederholungen".
[170] RENDTORFF 1976, 120–126.141f.
[171] RENDTORFF 1976, 130–142; BLUM 1984, 420–458.
[172] BLUM 1984, 432–441.
[173] BLUM 1984, 433.
[174] RENDTORFF 1976, 131–138; BLUM 1984, 446–450.
[175] BLUM 1984, 448f.
[176] S. u. Seite 220ff.
[177] Dies gesteht auch Emerton, in Auseinandersetzung mit Rendtorff, zu. Dennoch bleibt er bei der Zuweisung zu P, indem er ein zweifelhaftes Subtraktionsver-

Die traditionell P zugewiesenen kurzen Notizen lassen sich demnach nicht dem priesterlichen Textbestand in der Genesis zuordnen.
Im Grunde werden die genannten Texte nur deshalb für P reklamiert,
um einen durchgehenden, einer „jehowistischen" Erzählung parallel
verlaufenden Erzählfaden zu erhalten[178]: Abrahams Aufbruch aus
Mesopotamien (Gen 11,27–32), seine Ankunft in Kanaan (Gen
12,4b.5), die Trennung von Lot (Gen 13,6.11b.12)[179], die Geburt Ismaels (Gen 16,1.3.15f), die Zerstörung des Kikkar und die Rettung
Lots (Gen 19,29). Zwangsläufig führt dieses Verfahren zu ungerecht-
fertigten Zirkelschlüssen: P ist eine eigene Schrift, daher muss ein
geschlossener Erzählfaden vorliegen; da eine in sich geschlossene
Erzählung, wenn auch teilweise nur in kurzen Notizen, nachgewiesen
werden kann, ist P eine eigenständige Schrift. Eine derartig verhängnisvolle Argumentation lässt sich vermeiden, wenn P als Bearbeitungsschicht erkannt wird.

4.2 P als redaktionelle Bearbeitungsschicht

Ein bemerkenswerter Versuch, anhand dichter Textbeobachtungen P
als Quellenschrift zu bestimmen, liegt mit den Arbeiten von Jean-
Louis Ska vor. Ska konzentriert sich auf die im vorigen Abschnitt
herausgearbeiteten zentralen Texte, im Bereich der Erzelterngе-
schichte auf Gen 17 und Gen 35,9–15. Basistext für P insgesamt ist
Ex 6,2–8[180]. Die Argumentation von Ska gerät jedoch, mehr oder

---

fahren zur Anwendung bringt: da die Altersangaben nicht zu „JE" zu rechnen sind,
müssen sie P-Material sein (EMERTON 1988b, 391).

[178] „Die These von einer zusammenhängenden P-Erzählung hängt in der bisherigen Forschung weitgehend an der Annahme, dass bestimmte kleine Textstücke zu P
zu rechnen seien, die die Verbindung zwischen den eben genannten Texten herstel-
len, so dass ein fortlaufender Erzählzusammenhang entsteht. Bei der Untersuchung
dieser Textstücke zeigte sich, dass die Argumente für ihre Zuweisung an P (die im
übrigen in der neueren Literatur meistens überhaupt fehlen) in der Mehrzahl der Fälle
der kritischen Überprüfung nicht standhalten, ja daß sich in erheblichem Umfang
sogar Behauptungen finden, die durch den bloßen Konkordanzbefund als falsch
erwiesen werden" (RENDTORFF 1976, 141f).

[179] WESTERMANN (1981, 201) sieht in Gen 13,6.11b.12a „eine abgekürzte Parallele zu 5–13.18". Seine Begründung für die Zuweisung zu P bleibt vage. Er verweist
auf Gen 36,7, also auf einen Vers, der zu einer mit der Toledotformel eingeleiteten
Genealogie gehört (Gen 36,1–8). Seine Argumentation beschließt er folgendermaßen:
„Es ist eine literarische Parallele, die eine andere Konzeption voraussetzt, höchstwahrscheinlich P; für P spricht auch die Wiederholung in 6a und 6b" (WESTERMANN
1981, 202). Das verstehe, wer will!

[180] SKA 1989.

minder unfreiwillig, zu einem glänzenden Plädoyer für die Annahme, P sei redaktionelle Bearbeitungsschicht[181]. So führt er aus, dass die jeweiligen Texte, insbesondere auch Gen 17, nicht ohne den vorfindlichen Kontext verständlich sind[182]. Sie beinhalten Aufnahme, Kommentierung und Neuinterpretation älterer Überlieferungen, bilden somit keine Parallelerzählung, sondern sind „relecture"[183] bzw. „une nouvelle façon de lire l'histoire ancienne"[184]. Ska rückt diese P-relecture ausdrücklich in die Nähe der Endredaktion des Pentateuch[185]. Unabhängig davon, ob letztgenannte Verhältnisbestimmung geteilt wird oder nicht, untermauert die Beschreibung von Ska die Definition von P als einer Bearbeitungsschicht. Wenn eine literarische Größe weitgehend für die Endredaktion des Pentateuch verantwortlich sein soll, so ist diese literarische Größe als Redaktion zu bestimmen. In einem ausführlichen Rezensionsartikel zu Ludwig Schmidts „Studien zur Priesterschrift"[186] geht Ska auf den extrem fragmentarischen Charakter der P-Stücke insbesondere im Buch Genesis ein[187]. Obwohl er erkennt, dass wichtige Personen der Erzählung wie Jakob und Mose nicht eingeführt werden, definiert er P als „nouvelle «recension» des récits plus anciens"[188]. Als Hauptargument führt er ins Feld, dass alle wichtigen Themen der älteren Quellen behandelt sind. Den fragmentarischen und teilweise elliptischen Charakter von P erklärt er im Sinne einer „progression négative"[189]: je weiter die Erzählung fortschreitet, desto knapper wird die Einführung der Hauptpersonen. P kann sich dieses leisten, da die Kenntnis der älteren Quellen bei den fiktiven Lesern/Hörern vorausgesetzt wird: „P n'introduit pas Moïse parce que cela est superflu; le personnage est bien trop connu et il n'a rien de spécial à ajouter à ce qu'en disent les anciennes sources. Cela signifie cependant que P suppose ici comme à quelques autres endroits la connaissance explicite d'autres traditions ou d'autres tex-

---

[181] Dies wird auch in den Diskussionsbeiträgen deutlich, die im Anschluss an den Aufsatz von Ska bei DE PURY (1989b, 127f) widergegeben sind.

[182] „Ainsi, Gn 17 peut difficilement être lu, dans l'état actuel du Pentateuque, en dehors de son contexte… il paraît bien avoir été rédigé [!] pour être lu là où nous le trouvons aujourd'hui" (SKA 1989, 113f).

[183] SKA 1989, 115.

[184] SKA 1989, 123.

[185] SKA 1989, 115; DE PURY 1989b, 127f.

[186] SCHMIDT 1993.

[187] SKA 1995.

[188] SKA 1995, 404.

[189] SKA 1995, 399.

tes et que, par conséquent, il ne peut être considéré comme un texte complètement autonome"[190]. Wenn aber P nicht mehr als eigenständiges Dokument definiert wird, fallen die Grundlagen der traditionellen Quellentheorie. P in der von Ska teilweise sehr präzise beschriebenen Weise ist nichts anderes als Bearbeitungsschicht oder Redaktion. Die von Ska selbst vorgeschlagene Kompromisslösung, P zwar als eigene Schrift, aber eben nicht als unabhängiges Dokument, sondern als eine aktualisierende Rezension anzusehen, funktioniert nicht. Sie setzt Hörer/Leser voraus, die um die Ecke denken: sie hören oder lesen die P-Schrift und wissen gleichzeitig, an welcher Stelle der jeweilige Text in einer älteren Quellenschrift stehen müsste. Ska verwechselt die antiken Rezipienten mit neuzeitlichen Exegeten, die selbstverständlich, auch bei einer gesonderten Behandlung der P-Texte, immer deren Stellung und Funktion im Endtext mit vor Augen haben.

Die oben begründete und auch von Ska vorausgesetzte Reduzierung des P-Materials in der Erzelterngeschichte auf wenige Kerntexte stützt demnach das Verständnis von P als einer redaktionellen Bearbeitungsschicht. Indirekt wird das noch einmal in den bereits angesprochenen Arbeiten von de Pury und Gertz deutlich, insofern sie sich um eine Rekonstruktion der P-Erzählung bemühen. De Pury geht von einem in sich geschlossenen kohärenten P-Erzählfaden in der Jakobgeschichte aus. Neben der Auslegung von Hos 12 ist diese These ein zweites Argument für die Annahme, dass es eine ältere Jakobgeschichte gab, auf deren Erzählgefälle wiederum die P-Version beruht[191]. Die Rekonstruktion des P-Fadens basiert jedoch auf erheblichen Textumstellungen und gelingt nur partiell. So postuliert de Pury zwischen Gen 35,15 und der vermeintlichen Fortsetzung in Gen 31,18; 33,18b; 35,9f eine Lücke im Text, welche die Ankunft in Paddan-Aram, die Heirat mit Lea und Rahel und die Geburt der Kinder, demnach erzählerische Hauptstücke der Jakobgeschichte, enthalten haben soll[192]. Eine solche fragmentarische Wiederherstellung der Erzählung widerlegt offensichtlich die zugrunde gelegte Definition von P als einer in sich kohärenten, selbständigen Erzählung. Nur unwesentlich besser ergeht es Gertz bei dem Versuch, den P-Faden in

---

[190] SKA 1995, 400.
[191] DE PURY 2001. Als drittes Argument nennt de Pury die Querverbindungen von der Jugendgeschichte Moses (Ex 2–4) zur Jakobgeschichte.
[192] DE PURY 2001, 222ff.

Ex 1–15 zu rekonstruieren. Eine „konsequente Linienführung"[193] und ein Fortschreiten „auf der Deutungsebene"[194] innerhalb der P zugewiesenen Plagenerzählungen ist an sich noch kein Argument für die Definiton von P als eigenständiger Schrift. Ein solches Phänomen könnte auch als bewusst eingesetztes Stilmittel einer redaktionellen Bearbeitung interpretiert werden. Das wichtigste Argument gegen die Annahme, P sei Quellenschrift, ist nach wie vor das Fehlen eines adäquaten Erzählanfangs der Mosegeschichte. Die Figur des Mose wird vor Ex 6,2–8 erzählerisch nicht eingeführt[195]. Eine solche Lücke lässt sich nicht mit dem Argument überbrücken, dass eine Endredaktion hier auf an sich vorhandene P-Überlieferungen zugunsten nichtpriesterlicher Textabschnitte verzichtet habe[196]. Auch andere Erklärungsversuche wie die, dass P Bedenken gegen Moses Jugendgeschichte hatte[197] oder dass das biographische Interesse an Mose zugunsten einer Aufwertung der Figur des Aaron geschwunden sei[198], überzeugen nicht. Die fehlende erzählerische Einführung Moses wird insbesondere dann zum Argument gegen die Definition von P als einer eigenständigen Schrift, wenn diese Eigenständigkeit lediglich für eine auf die Bücher Genesis und Exodus begrenzte „Grundschrift" P^g gefordert wird[199]. Der Nachweis einer vergleichsweise kurzen selbständigen Schrift überzeugt nur dann, wenn ein durchgehender kohärenter Erzählfaden ohne jegliche Hilfs- und Nebenannahmen aufgewiesen wird. Die gleichen Vorbehalte gelten, wenn einzelne P-Texte im Buch Deuteronomium[200] oder im Josuabuch zu finden sein sollten[201]. P muss hier redaktionelle Bearbeitung sein, da sich keine P-Erzählung aufweisen lässt, die einer älteren Erzählung auch nur

---

[193] GERTZ 2000, 82.
[194] GERTZ 2000, 83. Vgl. auch die diffizile Argumentation, zu der GERTZ (2000, 84–97) gezwungen ist, um Argumente Van Seters und Blums, die gegen eine Selbständigkeit der P-Erzählung eingebracht werden, zu entkräften.
[195] RENDTORFF 1976, 130; BLUM 1990, 240f.
[196] GERTZ (2000, 250f.357.381) mit älterer Literatur.
[197] SCHMIDT 1993, 34.
[198] POLA 1995, 103ff; OTTO 1997, 12f.
[199] POLA 1995; OTTO 1997.
[200] NOTH (1948, 9) und ELLIGER (1952) sehen das Ende von P^g in Dtn 34,1*.7ff. Andere Texte aus dem Buch Deuteronomium werden nicht für P reklamiert. FREVEL (2000) versucht, diese These in modifizierter Form neu zu begründen.
[201] Zu möglichen P-Texten im Josuabuch s. LOHFINK 1978; vgl. EISSFELDT 1922, 70.75.

entfernt parallel verliefe[202]. Dagegen fällt die angesprochene erzählerische Lücke vor Ex 6,2–8 nicht in gleicher Weise argumentativ ins
Gewicht, wenn P ohne weitere Differenzierung bis in das Numeri-
buch verfolgt und gleichzeitig auf den Tetrateuch eingegrenzt wird[203].
In diesem Fall könnte die Lösung greifen, P in der Genesis als Bearbeitungsschicht, in Ex–Num dagegen als Quellenschrift zu verstehen[204].

4.3 Datierung

Wenn P zumindest im Buch Genesis als redaktionelle Bearbeitungsschicht aufgefasst wird, scheint die Frage der Datierung schwieriger
zu beantworten als beim herkömmlichen Verständnis im Sinne einer
Quellenschrift. Die Datierungsdebatten werden im allgemeinen um
die zeitliche Einordnung von P^g geführt[205]. Da vorgängig das P-Material in der Erzelterngeschichte auf Texte eingegrenzt wurde, die auch
von Verfechtern der Quellentheorie fraglos zu P^g gezählt werden, ist
ein Blick auf die Diskussion um die zeitliche Einordnung von P dennoch sinnvoll. Die Datierungsansätze reichen von der Königszeit[206]
über die exilisch-frühnachexilische (6. Jh. v.Chr.)[207] bis zur ausgesprochen nachexilischen Zeit (5. Jh. v.Chr.)[208]. Die Frühdatierung in
die Königszeit, die im Gefolge Yehezkel Kaufmanns vorgenommen
wird[209], hat ihre eigene Problematik, die hier nicht verfolgt werden
kann[210]. Gewichtige Anzeichen sprechen dafür, dass in der P-Literatur zumindest die Kenntnis babylonischer Kultur vorausgesetzt ist[211].
Von daher hat eine zeitliche Einordnung am Übergang vom 6. zum 5.
Jh. v.Chr. zumindest eine gewisse Wahrscheinlichkeit.

---

[202] NÖLDEKE (1869, 144) rechnete allerdings noch mit einer Vielzahl von P-Texten im Josuabuch.
[203] BLUM 1990.
[204] So andeutungsweise GERTZ 2000, 388.391.
[205] Ausführlicher Forschungsüberblick bei POLA 1995, 31–40.
[206] HURVITZ 1988; 2000; KNOHL 1995; weitere Literatur bei POLA (1995, 37ff)
und ZENGER (1997, 439f).
[207] Zuletzt POLA 1995; ZENGER 1997; 2001, 153.
[208] Zuletzt ausführlich SCHMIDT 1993.
[209] Vgl. KRAPF 1992.
[210] Vgl. BLENKINSOPP 1996.
[211] Zumindest für Gen 1,1–2,3 ist dies nicht zu bestreiten. Die Zugehörigkeit zu P
wird nur zaghaft bestritten, vgl. FIRMAGE (1999), der den Abschnitt in Zusammenhang mit Lev 11 und dem Heiligkeitsgesetz liest.

4.4 *Zwischenergebnis*

Als vorläufiges Ergebnis ist festzuhalten, dass P im Buch Genesis als redaktionelle Bearbeitungsschicht zu verstehen ist. Ob dies in gleicher Weise auch für die mit dem Buch Exodus einsetzende Mose/Israel-Geschichte zu gelten hat, bleibt vorerst offen. Die Frage, wie P in der Geschichtsdarstellung ab dem Buch Exodus zu definieren ist, hängt letzten Endes daran, bis in welche alttestamentlichen Schriften hinein P nachzuweisen ist. Diese Problematik liegt jedoch außerhalb des Fragehorizontes der vorliegenden Studie.

Das zuvor begründete Verständnis von P als einer redaktionellen Bearbeitungsschicht im Buch Genesis impliziert, dass der Redaktionsarbeit von P bereits schriftlich formulierte Erzählungen vorlagen. Im Bereich der Jakobgeschichte scheint darüber kein Zweifel zu bestehen. Die Existenz einer entsprechenden vorpriesterlichen Erzählung wird nicht ernsthaft bestritten[212]. Allerdings muss auch in dieser Frage auf offensichtliche Zirkelschlüsse hingewiesen werden. So begründet de Pury das Vorhandensein einer älteren, vorpriesterlichen Jakobgeschichte mit der These einer selbständigen P-Erzählung, die ihr erzählerisches Gefälle der älteren Erzählung entnimmt[213]. Noch ungeklärter sind die Verhältnisse in der Abrahamgeschichte. Für Blum ergeben sich keine Probleme, da er, im Rückgriff auf Gunkel, mit Gen 13 und Gen 18f einen Nukleus der Abrahamgeschichte erkennt, der zunächst mehrfach erweitert und dann erst von P redigiert wurde. Ähnliches gilt für die Analyse von Römer, der in Gen 12–25 eine vorpriesterliche Grunderzählung aus dem 7. Jh. v.Chr. erkennt[214]. Nimmt man jedoch die Textbeobachtungen von de Pury ernst und sieht Gen 17 als Voraussetzung für die literarische Gestaltung der nichtpriesterlichen Abrahamerzählungen[215], so stellt sich die Frage, auf welche Texte eine P-Redaktion in Gen 12–25 überhaupt Bezug nehmen konnte. Dieser Problematik soll im folgenden Abschnitt im Rückgriff auf ältere Forschungsliteratur nachgegangen werden.

---

[212] BLUM 1984, 5–203; NAUERTH 1997; vgl. auch die o. Seite 117 Anm. 111 genannten Arbeiten von de Pury.
[213] DE PURY 2001.
[214] RÖMER 1994; 2001b.
[215] DE PURY 2000.

5. Die Genesis als Toledotbuch

5.1 Die These von Bernhardus Dirks Eerdmans

Das Buch Genesis bietet mit elf Toledotformeln[216] eine Reihe ausdrücklich genealogischer Formulierungen. Diese leiten mit der Wendung אֵלֶּה תוֹלְדֹת (וְ) „das sind die Toledot (von NN)" bzw. זֶה סֵפֶר
תוֹלְדֹת „das ist das Buch der Toledot (von NN)" entweder eine Liste
der Nachfahren der in der Formel genannten Person (Gen 11,10;
25,12; 36,1.9) oder die Darstellung der Geschichte dieser Nachfahren
(Gen 5,1; 6,9; 10,1; 11,27; 25,19; 37,2)[217] ein[218]. Unbeschadet der
strukturierenden Funktion[219] ist die diachrone Einordnung der Toledotformeln umstritten. Nach der Neueren Urkundenhypothese stellen
sie einen genuinen Bestandteil der priesterschriftlichen Quelle dar[220].
Diese vergleichsweise einfache Sicht der Dinge hat Eerdmans radikal
in Frage gestellt[221]. Er bestreitet die Gültigkeit der Quellenhypothese
zumindest für das Buch Genesis[222]. Als literarische Grundlage der
Genesis arbeitet Eerdmans eine „Toledoth-Sammlung" heraus, die
nachträglich durch Überlieferungen verschiedener Herkunft zum

---

[216] Eine zwölfte findet sich Num 3,1 mit den „Toledot Aarons und Moses".

[217] In keinem Fall wird mit der Toledotformel die Geschichte der in der Formel
genannten Person eingeleitet. Dies gilt auch für Gen 6,9. Der Vers eröffnet die Fluterzählung mit der Wendung אֵלֶּה תוֹלְדֹת נֹחַ „Das sind die Toledot Noachs". In
diesem Sinn ist die Fluterzählung eine Geschichte von Noachs Söhnen. Die Geschichte Noachs beginnt Gen 5,28 als Teil der Toledot Adams. Die Toledotformeln
kennzeichnen eine im strengen Sinn genealogische, keine biographische Konzeption.

[218] Eine Ausnahme bildet Gen 2,4 mit den „Toledot des Himmels und der Erde",
da hier nicht eine Person, sondern der gesamte Kosmos genannt ist. Umstritten ist, ob
die Formel an der Stelle als Unterschrift zu Gen 1,1–2,3 (GUNKEL 1910, 101; NOTH
1948, 17; WEIMAR 1974, 72–75; WESTERMANN 1981, 112f) oder als Überschrift zu
Gen 2,4b–4,26 (EICHRODT 1916, 22; KÜLLING 1964, 217; BREUKELMAN 1991, 82–85;
K.KOCH 1999, 185) gemeint ist. Aus der Logik der Toledotformeln ist m.E. nur auf
eine Überschriftfunktion zu schließen. Gen 2,4a leitet die Geschichte der Nachfahren
der Weltschöpfung ein (vgl. WENHAM 1999, 252ff). Oder etwas anders formuliert:
Gen 2,4a ist Überschrift zu Gen 2,4–4,26 mit dem Thema „הָאָדָם" auf der אֲדָמָה
coram Deo" (BREUKELMAN 1991, 82.84).

[219] So zuletzt BLUM 1984, 433; CARR 1998; CRÜSEMANN 1998; K.KOCH 1999.

[220] NÖLDEKE 1869; BUDDE 1914; 1916; EISSFELDT 1958.

[221] EERDMANS 1908.

[222] „In dieser Abhandlung über die Komposition der Genesis sage ich mich los
von der kritischen Schule Graf-Kuenen-Wellhausen und bestreite ich die sogenannte
neuere Urkundenhypothese überhaupt" (EERDMANS 1908, III).

vorliegenden Text erweitert wurde[223]. Zu der „Toledoth-Sammlung" zählt Eerdmans Gen 5,1–32; 6,9–22; 7,6–9.17–22.24; 8,1–19; 9,8–29; 11,10–26.27–32; 12; 13,1–13.18; 15,7–12.17–21; 23; 25,7–11.19–34; 27; 28,11–22; 32,4–23; 33,1–17; 35,1–8.16–20.23–29; 36,1–14; 37,2. 25–27.28b.34f; 40; 41; 42; 45,1–27; 46,2b–7; 47,6–12.28; 49,1a.29– 33; 50,12f[224].

Einsatzpunkt für die exegetischen Überlegungen ist Gen 5,1 mit der Überschrift זֶה סֵפֶר תּוֹלְדֹת אָדָם „das ist das Buch der Toledot Adams". Diese Wendung kann nach Eerdmans „nur den Anfang einer selbständigen Schrift bilden"[225], da סֵפֶר „immer ein selbständiges Schriftstück" kennzeichnet[226]. Von dieser Erkenntnis aus bemängelt er die Unvollständigkeit der vorgeblichen P-Schrift, die „kein vollständiges Bild der Geschichte" bietet, vielmehr „viele Lücken" aufweist[227]. Außerdem sind die einzelnen Sagen der Genesis viel zu unterschiedlich und dazuhin noch stark polytheistisch geprägt, um Teile durchgehender Quellenschriften wie „J" oder „E" darzustellen[228]. Eerdmans entwirft insofern ein Bild der Entstehungsgeschichte der Genesis, das den beiden von de Pury allgemein formulierten Interpretamenten (Eigenständigkeit der Genesis, genealogische Prägung) weitgehend entspricht: literarischer Kern ist eine genealogisch konzipierte Schrift, eben das Toledotbuch; zumindest ein Teil der vermeintlichen P- und „JE"-Stücke sind als spätere, sukzessive Ergänzungen zu verstehen.

Aufgrund der zuletzt genannten Affinitäten zur neuesten Genesis-Forschung sind beide grundlegenden Beobachtungen Eerdmans bei der Detailanalyse der Texte auf ihre Stimmigkeit hin weiter zu verfolgen. Zum einen liegt mit Gen 5,1 ein formal und inhaltlich ad-

---

[223] Rein formal ist daher HOLZINGER (1910, 245) im Recht, wenn er feststellt, dass die Arbeit von Eerdmans „mutatis mutandis als Kombination der früheren Fragmenten- und der Ergänzungshypothese bezeichnet werden kann".

[224] EERDMANS 1908, 87.

[225] EERDMANS 1908, 4. Dabei nimmt er eine Beobachtung von HOLZINGER (1898, 58: „eigentlich Überschrift eines Buches, nicht Einleitung eines Abschnittes") auf.

[226] EERDMANS 1908, 5. Eerdmans wehrt sich in diesem Zusammenhang gegen den Einwand Gunkels, dass „סֵפֶר nicht nur unser »Buch«, sondern auch kleinere Aufzeichnungen Jer 32,10 Jes 50,1 u.a." meint (so noch GUNKEL 1910, 134; Eerdmans hat die Äußerung Gunkels selbstverständlich einer früheren Auflage des Genesis-kommentares entnommen).

[227] EERDMANS 1908, 6. Er kann dabei auf das Diktum Wellhausens „Das ist das Ganze" nach der Paraphrase der P-Stücke der Genesis (WELLHAUSEN 1905, 336) verweisen.

[228] EERDMANS 1908, 82f.

äquater Buchanfang im Sinne einer Überschrift vor[229]. Im Gegensatz
zu anderen im Alten Testament als Quellen zitierten „Büchern" wie
dem „Buch des Aufrechten" סֵפֶר הַיָּשָׁר (Jos 10,13; 2Sam 1,18), dem
„Buch der Geschichte Salomos" סֵפֶר דִּבְרֵי שְׁלֹמֹה (1Kön 11,41) oder
den „Tagebüchern der Könige von Israel und Juda" סֵפֶר דִּבְרֵי הַיָּמִים
לְמַלְכֵי יִשְׂרָאֵל / יְהוּדָה (1Kön 14,19.29 u.ö.), deren Rekonstruktion
nicht annähernd zu bewerkstelligen ist, findet sich in der Genesis
ausreichend Material, mit dem das „Buch der Toledot Adams" zu
füllen wäre. Zum zweiten erscheint die weitere Prüfung der Frage
gerechtfertigt, ob nicht die Vielgestaltigkeit der Überlieferungen innerhalb der Abrahamgeschichte auf sukzessive Ergänzungen einer
Grundschrift zurückzuführen ist.

5.2 Die Toledot als Teil von P

Eerdmans belastet seine Untersuchung mit zwei Unsicherheitsfakto-
ren, welche der Akzeptanz seiner grundlegenden Thesen nicht förder-
lich waren. Zum einen enthält das von ihm rekonstruierte Toledotbuch Texte so unterschiedlicher formaler wie inhaltlicher Prägung,
dass eine Profilierung dieser vermeintlichen Grundschrift der Genesis
nicht gelingen will. Dazu kommt seine Beobachtung, in der Genesis
seien hintergründig polytheistische Anschauungen zu erkennen. Diese
Interpretation trifft sicherlich auf den einen oder den anderen Text zu.
Sie wird jedoch von Eerdmans auch auf Textphänomene angewandt,
die nicht in dieser Weise zu verstehen sind. So interpretiert er etwa
die Gottesbezeichnung Elohim durchweg als Hinweis auf polytheistische Tendenzen der Texte.

Der zuletzt genannte Punkt forderte eine z.T. harsche Kritik heraus[230]. Demzufolge konnte sich das von Eerdmans entwickelte Modell in der Genesis-Forschung des 20. Jahrhunderts nicht durchsetzen[231]. Manche Ausleger wollen für die Toledot-Konzeption eher

---

[229] Vgl. WENHAM 1999, 242.

[230] HOLZINGER 1910; BUDDE 1914; 1916; EISSFELDT 1958. Die Arbeiten von
Budde richten sich zunächst gegen die Untersuchungen von SMEND (1912) und
EICHRODT (1916), die beide die Toledot-Passagen als sekundäre Zusätze zu P verstehen. Ein vernichtender Seitenhieb auf Eerdmans fehlt jedoch nicht: „Tapfer genug
hat E. [Eichrodt, D.J.] sich gewehrt gegen die bohrende Zähigkeit, mit der EERDMANS
seine Divide et impera-Politik durchführt; aber doch hat er wie SMEND sich dadurch
weiter drängen lassen, als durch die Sache gerechtfertigt wird" (BUDDE 1916, 7).

[231] Forschungsgeschichtliche Überblicke bei WEIMAR 1974, 84ff; BLUM 1984,
438–441; OEMING 1990, 51ff.

einen nachpriesterlichen Redaktor verantwortlich machen[232]. Dagegen erheben sich die Stimmen, die in der Toledot-Konzeption eine genuine Leistung von P sehen[233]. In deren Gefolge hat sich die Einbindung der Toledotformeln in die nähere Behandlung von P durchgesetzt. Gerhard von Rad geht prinzipiell noch von der Existenz eines eigenständigen Toledotbuches aus[234] und erkennt auch Gen 5,1 als den Anfang eines solchen an[235]. Allerdings reduziert er den Umfang des Buches auf die „Genealogien und nichts als das"[236]. Außerdem bindet er das Toledotbuch in die von ihm als durchaus komplex geschilderte Entstehungsgeschichte der Priesterschrift ein[237]. In ähnlicher Weise nimmt Martin Noth an, dass das Toledotbuch eine der „Vorlagen" von P war[238]. Seit den Arbeiten von Rads und Noths wird denn die Frage der Toledotformeln auch nur mehr im Rahmen von P abgehandelt[239], ganz gleich, ob diese Größe als eigenständige Quellenschrift[240] oder als Bearbeitungsschicht angesehen wird. So sieht Peter Weimar die Toledotformeln als Teil einer „«*Urgeschichte*», die deutlich als Vorspann zur Patriarchen- und Exodusgeschichte konzipiert ist". Allerdings spielt sich seine Rekonstruktion lediglich innerhalb der Entstehungsgeschichte der priesterlichen Grundschrift P^g ab, für die mit Gen 5,1 ein „schon vorgegebener Gesamtentwurf ihres Geschichtswerkes eingeleitet" ist[241]. Tengström verweist auf sekundä-

---

[232] SMEND 1912, 14ff; EICHRODT 1916, 22f; LÖHR 1924, 3ff.

[233] BUDDE 1914; 1916; EISSFELDT 1958.

[234] VON RAD 1934, 33–40; 1976, 47f.

[235] „... und wir behaupten bündig, daß diese Worte [Gen 5,1, D.J.] unter gar keinen Umständen anders denn als der Anfang eines Buches verstanden werden können" (VON RAD 1934, 35).

[236] VON RAD 1934, 36; etwas modifiziert VON RAD 1976, 47: „... bestehend nur aus Genealogien, Listen und höchstens ganz kurzen theologischen Vermerken".

[237] Das Toledotbuch mit einigen Ergänzungen bildet die „Urzelle von P" (VON RAD 1934, 37), eine Art „Ur-P" (VON RAD 1934, 39) bzw. „den ältesten Grundstock der Priesterschrift, die aus ihm durch planmäßigen Ausbau durch verschiedenartigste sakrale Traditionen langsam erwachsen ist" (VON RAD 1976, 47).

[238] NOTH 1948, 10.254f. Der Eindruck, dass durch die Einbindung in eine monotheistisch geprägte Quellenschrift der vermeintliche oder latente Polytheismus eines Toledotbuches gebändigt werden soll, lässt sich nicht ganz von der Hand weisen.

[239] Ob die Arbeit von K.KOCH (1999) von diesem Konses abweicht und auf die vermittelnde Zwischengröße P verzichtet, ist nicht genau nachzuvollziehen. Die der kurzen Bemerkung, „daß eine Toledotrolle in die Genesis eingebaut wurde (vgl. 5,1)" (K.KOCH 1999, 188) zugrunde liegende Konzeption wird nicht näher erläutert.

[240] RENAUD 1990.

[241] WEIMAR 1974; beide Zitate S. 86.

re Passagen innerhalb von P[242]. Für Blum ist der „Toledot-Rahmen der Vätergeschichte"[243] Teil einer umfangreichen priesterlichen Bearbeitungsschicht[244]. Auch die Arbeiten von David Carr[245] und Frank Crüsemann[246], die neuerdings wieder den prononciert genealogischen Charakter der Genesis betonen, bleiben in ihren diachronen Rückfragen im Rahmen herkömmlicher, durch relative Spätdatierungen modifizierter Anschauungen[247]. Die von den beiden letztgenannten Autoren im wesentlichen am vorliegenden Endtext gewonnenen Beobachtungen[248] nötigen dennoch zu der kritischen Rückfrage, inwieweit möglicherweise ein der Genesis zugrunde liegendes Toledotbuch zumindest in Umrissen zu rekonstruieren ist, ohne dass dabei ein unstrukturiertes Gebilde entsteht, wie es die „Toledoth-Sammlung" Eerdmans darstellt.

5.3 Umrisse eines Toledotbuches

Bei der näheren Behandlung der P zugeschriebenen Texte innerhalb der Erzelterngeschichte ergab sich eine Eingrenzung auf wenige Kerntexte[249]. Die kurzen genealogischen Notizen, die in der Abrahamgeschichte Gen 11,27–31; 12,5; 13,6. 11b.12; 16,1.3.15; 19,29 umfassen, sind dagegen nicht als P-Texte zu bestimmen. Daher legt sich die Frage nahe, inwieweit diese kurzen Notizen das Gerüst eines Toledotbuches bzw. einer ein solches Buch konstituierenden Toledoterzählung bilden. Drei Beobachtungen sind dabei leitend:

---

[242] TENGSTRÖM 1982.

[243] BLUM 1984, 432–446.

[244] BLUM 1984, 420–458.

[245] CARR 1996; 1998. Carr sieht im Buch Genesis „a gradual stretching of the *toledot* system" (CARR 1998, 170). Er schließt daraus: „In this way, the structure formed by the *toledot* headings makes Genesis into a genealogical Prologue to the Moses story as a whole" (CARR 1998, 171; Hervorhebungen Carr).

[246] CRÜSEMANN 1998. CRÜSEMANN (1998, 184) kennzeichnet die Genealogien in der Genesis als „Skelett... festes Gerüst, das alle anderen Teile zusammenhält und trägt".

[247] „Das Grundraster des genealogischen Systems entstammt zweifellos der Priesterschrift" (CRÜSEMANN 1998, 186).

[248] In diesem Zusammenhang ist auch die Arbeit von BREUKELMAN (1991) zu nennen, der ausdrücklich den vorliegenden Endtext auslegt und die Genesis als Erzählung der „Zeugungen Adams" Gen 5,1–50,26 versteht. Er gliedert das Buch in vier Teile: Gen 5,1–11,26; 11,27–25,11; 25,12–35,29; 36,1–50,26. Allein an dieser Aufstellung ist zu erkennen, dass sich Gen 1,1–4,26 nicht ohne weiteres einfügt. Diachrone Rückfragen sind unvermeidlich.

[249] S. o. Seite 124–128.

(1) Die genealogischen Notizen heben sich literarisch von dem sie umgebenden erzählenden Text ab. Dies muss hier nicht noch einmal aufgewiesen werden. Die Argumente wurden bei der Kommentierung der Genesis im 19. und 20. Jahrhundert reichlich wiederholt.

(2) Die genealogischen Notizen sind literarisch miteinander vernetzt[250]. Gen 12,5 zeigt die gleiche syntaktische Struktur wie Gen 11,31, und Gen 19,29 verweist mit der Ortsangabe „Städte des Kreises" auf Gen 13,12.

(3) Die einzelnen Notizen können trotz ihres literarisch andersartigen Charakters nicht aus dem Erzählzusammenhang gelöst werden, ohne dass dieser unverständlich wird. Sie bilden in vielen Fällen sogar das primäre Erzählgefälle. Ohne Gen 11,27f bleibt die Figur des Abraham ohne erzählerische Einführung[251], denn in Gen 12 bleibt unerwähnt „wer Abraham sei und woher er komme"[252]. Ebensowenig kann in Gen 12,1–9 auf V.5 verzichtet werden, da sonst das V.1 und V.6 erwähnte „Land" namenlos bleibt. Schließlich bleibt auch Gen 16 ohne die Konstatierung der Geburt Ismaels in V.15 unvollständig.

Die drei angeführten Gesichtspunkte sprechen dafür, in den genealogischen Notizen einen durchgehenden, wenn auch kurzen, aber in sich durchaus verständlichen Erzählfaden zu erblicken. Gen 17 setzt nun nicht nur die Ankündigung, sondern die tatsächlich erfolgte Geburt Ismaels, mithin Gen 16,15 voraus. Sofern man der These einer durch die genealogischen Notizen konstituierten Toledoterzählung innerhalb der Abrahamgeschichte folgt, wäre diese Toledoterzählung demnach vorpriesterlich.

Die Wendung „Das sind die Toledot Terachs" וְאֵלֶּה תּוֹלְדֹת תֶּרַח in Gen 11,27 weist darauf, dass die solchermaßen zumindest hypothetisch umrissene Toledoterzählung, wenn es sie denn gab, zu dem mit Gen 5,1 beginnenden Toledotbuch, dem „Buch der Toledot Adams" gehörte. Der mögliche Bestand eines solchen vorpriesterlichen Toledotbuches kann allenfalls in Umrissen nachgezeichnet werden. Die Häufung der Toledot bei Esau und die Übertragung der Formel auf die Personifizierung des Kosmos Gen 2,4a weisen darauf hin, dass die Toledot-Konzeption eine produktive Nacharbeit erfahren

---

[250] So auch PROPP (1996), allerdings mit dem Rückschluss auf eine intakte P-Quellenschrift.
[251] Gleiches gilt für Noach, dessen Erwähnung unmittelbar vor Beginn der Fluterzählung (Gen 6,8) nicht ohne die genealogische Notiz seiner Geburt (Gen 5,28f) zu verstehen ist.
[252] WELLHAUSEN 1899, 7; ähnlich WESTERMANN 1981, 170.

hat. Abgesehen von Gen 2,4a sind aufgrund der erzählerischen Weiterführung der jeweiligen Toledotformel zwei Textgruppen zu unterscheiden:

(1) Toledot, die mit Formel und anschließender Zeugungsnotiz eingeleitet werden (Gen 5,1; 6,9; 11,10; 11,27; 25,19)[253];

(2) Toledot, die als einfache Namenslisten auf die Formel folgen (Gen 10,1; 25,12; 36,1; 36,9; 37,2; Num 3,1)[254].

Mehrere Beobachtungen sprechen dafür, die erstgenannte Gruppe als die literarisch ältere anzusehen: (a) In dieser Gruppe ist die Buchüberschrift Gen 5,1 enthalten. (b) Toledotformel und Zeugungsnotiz treffen sich in der gemeinsamen Wurzel ילד. Der Sinn der Formel wird hier noch erzählerisch definiert, während er in der zweiten Gruppe, den einfachen Listen, vorausgesetzt ist. (c) Gen 37,2, ein Text der zweiten Gruppe, hat insofern eine Sonderstellung, als auf die Formel keine Liste der Nachkommen Jakobs, sondern sofort die Erzählung von Josef mit der entsprechenden Altersangabe folgt. Eine solche Textkonstellation setzt die Kenntnis einer Konzeption voraus, die mit der Toledotformel jeweils die Geschichte der Nachfahren einleitet (v.a. Gen 5,1; 11,27).

Ein älteres Toledotbuch könnte demnach die Toledot Adams (Gen 5,1), Noachs (Gen 6,9); Sems (Gen 11,10); Terachs (Gen 11,27) und Isaaks (Gen 25,19) enthalten haben. Folgt man dieser Aufstellung, so waren v.a. die Geschichten Noachs, seiner Söhne, Abrahams und Jakobs mehr oder minder breit ausgeführt. In diesem Zusammenhang ist seit langem das Fehlen einer Toledotformel zu Abraham aufgefallen. Meist wird eine Textänderung in Gen 11,27 vorgeschlagen, wo statt den Toledot Terachs diejenigen Abrahams zu lesen seien[255]. Eine solche Annahme ist nicht sinnvoll, denn die Toledotformeln führen nicht die Geschichte der in der Formel genannten Person, sondern die Geschichte der Nachfahren ein[256]. Auch ein völliger Textausfall ist

---

[253] Der erzählerische Rückblick, der Gen 5,1b.2 Toledotformel (V.1a) und Zeugungsnotiz (V.3) trennt, ist möglicherweise als Textzusatz zu bewerten (VON RAD 1934, 40; anders WEIMAR 1974, 76–80).

[254] K.KOCH (1999, 186) unterscheidet zwischen „Epochen-Toledot" und „Generationen-Toledot", wobei er 5,1 und 11,10 zu den „Generationen-Toledot" zählt. RENAUD (1990) trennt zwischen „narrativen" und „enumerativen" Toledot. Formal stimmig wird 5,1 den „narrativen" Toledot zugerechnet.

[255] EERDMANS 1908, 22; GUNKEL 1910, 249f; BUDDE 1914, 249.

[256] Insofern ist auch die vermeintlich „einfachste Erklärung" (K.KOCH 1999, 188) abzuweisen, dass in einer „Toledotrolle" eine substanzielle Terach-Überlieferung enthalten war, die bei der Einarbeitung in das Genesisbuch unterschlagen wurde.

wenig wahrscheinlich[257]. Von der erzähltechnischen Systematik der Toledotformeln her wären die Toledot Abrahams vor der Isaaküberlieferung zu erwarten[258]. Diese Überlegung trifft, entgegen der Annahme Blums, auch dann zu, wenn die Isaaküberlieferung „in der Genesiskomposition Teil der *Jakob*geschichte"[259] ist. Weiterführend ist ein Blick auf den Gesamtbestand der Toledotformeln. In allen Fällen, in denen die Toledotformel mit einer Zeugungsnotiz weitergeführt wird, ist die in der Toledotformel genannte Person auch Subjekt der Zeugungsnotiz. Lediglich Gen 25,19 greift von Isaak (Formel) eine Generation auf Abraham (Zeugungsnotiz) zurück. Daher erscheint die Annahme vernünftig, dass Gen 25,19 ursprünglich die Toledotformel für Abraham hatte. Durch die Einschaltung der Isaaküberlieferung zwischen Abraham- und Jakobgeschichte wurde eine Abraham-Toledot als Einleitung der Jakobgeschichte unsinnig. Die Toledotformel für Abraham wurde in eine solche für Isaak umgeschrieben. Die These, in Gen 25,19 die ursprüngliche Toledot Abrahams zu sehen, wird durch eine weitere Textbeobachtung gestützt: In den zur ersten, älteren Gruppe der Toledotformeln gerechneten Texten wird die in der nächstfolgenden Formel genannte Person immer durch eine Zeugungsnotiz eingeführt, die in unmittelbarer Abhängigkeit von der vorhergehenden Toledotformel steht: Zeugung Noachs durch einen Nachfahren Adams (Gen 5,28f), Zeugung Sems durch Noach (Gen 6,10), Zeugung Terachs durch einen Nachfahren Sems (Gen 11,24). Im vorliegenden Text ist diese Reihe bei der Folge Terach/Isaak unterbrochen.

In jedem Fall erscheint, im Rückgriff auf ältere Forschungsliteratur, bei der Detailanalyse der Texte die Annahme eines der P-Redaktion vorausgehenden Toledotbuches zumindest als Arbeitshypothese sinnvoll. Das im vorausgehenden Absatz hypothetisch umrissene Toledotbuch enthielt in der Erzelterngeschichte allenfalls die Abraham- und die Jakobgeschichte[260]. Dabei wäre die Jakobgeschichte

---

[257] WELLHAUSEN (1899, 15) nimmt an, dass die Toledot Abrahams vor Gen 12,4b ausgefallen sind.
[258] WESTERMANN 1981, 156f.
[259] BLUM 1984, 434 (Hervorhebung Blum).
[260] In gewisser Weise bestätigt diese Annahme die These einer „Vätergeschichte 1", wie sie BLUM (1984, 273–297) vorlegt. Blum belastet seine Ausführungen jedoch durch zwei Prämissen: (1) Er postuliert eine durch Verbindung von Jakob- und Joseferzählung gebildete umfangreiche „Jakobgeschichte", die bei der Zusammenarbeitung mit der vergleichsweise kurzen Abraham-Lot-Erzählung bereits vorlag (1984,

vermutlich schon durch eine Reihe zusammenhängender Erzählungen vertreten[261]. Ob Gleiches auch für die Abrahamgeschichte zu gelten hat oder ob in Gen 11,27–25,11 bzw. 11,27–19,38 lediglich die oben angeführten genealogischen Notizen für ein Toledotbuch zu reklamieren sind, müssen die Textanalysen erweisen.

6. Die nichtpriesterlichen („jahwistischen") Abschnitte der Genesis

6.1 Modifikationen eines vorpriesterlichen „Jahwisten"

In den vorgängigen Abschnitten wurde ein entstehungsgeschichtliches Modell für das Buch Genesis umrissen, dessen Koordinaten ein bislang lediglich hypothetisch umrissenes Toledotbuch und eine priesterliche Bearbeitungsschicht bilden. Die Mamretexte der Abrahamgeschichte (Gen 13,18; 18,1) werden herkömmlicherweise jedoch als „jahwistische" Texte aufgefasst[262]. Daher bleibt zu fragen, wie die traditionell als „jahwistisch" gekennzeichneten Texte in diesem Koordinatensystem einzuordnen sind. Die in der Tradition Gunkels stehenden Arbeiten von Rendtorff, Blum und Römer behalten weitestgehend die überlieferungsgeschichtliche Priorität der nichtpriesterlichen Texte gegenüber den P-Abschnitten bei, ohne dabei auf die Bezeichnung „jahwistisch" zu rekurrieren[263]. Daneben liegen Versuche vor, die These eines „Jahwisten" mit z.T. erheblichen Modifikationen beizubehalten.

John Van Seters hat in drei umfangreichen Werken das Bild eines „Jahwisten" aus exilischer Zeit entworfen[264]. Nach der Interpretation Van Seters war der „Jahwist" ein Historiker, der sich mit entsprechenden Schriftstellern der griechischen und der altorientalischen Antike vergleichen lässt. Das „jahwistische" Werk bildet die Grundschrift des Pentateuch und wurde durch eine priesterliche Bearbeitung lediglich erweitert. Die inhaltliche Ausrichtung von „J" umschreibt

---

204–270). Eine solche überlieferungsgeschichtlich frühe Verbindung von Jakob- und Joseferzählung erscheint mir allein aufgrund der oben zu Gen 37,2 geäußerten Beobachtungen mehr als fraglich. (2) Blum legt zu viel Gewicht auf die Verheißungsreden als redaktionelle Klammern. So revidiert er seine Konzeption von „Vätergeschichte 1" und „Vätergeschichte 2" nahezu ausschließlich aufgrund einer Neubewertung von Gen 13,14–17 bei KÖCKERT 1988, 250–255 (BLUM 1990, 214 Anm. 35).

[261] S. o. Seite 133.
[262] S. o. Seite 106–111.
[263] S. o. Seite 111f.
[264] VAN SETERS 1975; 1992; 1994.

Van Seters als demokratisch[265], universalistisch, liberal, humanistisch und weisheitlich geprägt[266]. Die Kennzeichnung als universalistisch und die von ihm beobachtete Nähe zu Jes 40–55 führt Van Seters dazu, „J" als nachdeuteronomistisch einzustufen. „J" ist eine sehr breite, liberal geprägte Einleitung zu der eher national-kämpferischen deuteronomistischen Geschichtsdarstellung in Dtn–2Kön[267]. So eingängig sich der Gesamtentwurf von Van Seters liest, ist doch an entscheidenden Punkten Kritik anzubringen: (1) Die literarischen Analysen sind stark nivellierend[268]. Für „J" werden auch Texte vereinnahmt, die in der traditionellen Kritik zu P gerechnet oder auch als nachquellenhafte Ergänzungen angesehen werden. (2) Das historische und inhaltliche Profil von „J" wird zu stark an der Urgeschichte[269] und an den Verheißungsreden erarbeitet. Die Behandlung der erzählenden Partien bleibt randständig.

Christoph Levin trifft sich mit Van Seters zumindest in der Charakterisierung des „jahwistischen" Werkes als der Grundschrift des Pentateuch und in der historischen Einschätzung als eines im babylonischen Exil entstandenen Werkes[270]. Die fundamentalen Unterschiede liegen in der Textbehandlung und in der literarhistorischen Einordnung. Levin legt eine penible literarkritische Analyse vor, die z.T. bis in die Zuweisung eines Verses an mehrere Schichten geht. Sein Hauptziel dabei ist die Herausarbeitung des Eigenanteils einer „jahwistischen" Redaktion (J^R) gegenüber Textabschnitten, die dem „Jahwisten" als schriftliche „Quellen" (J^Q) bereits vorlagen. In diesem Fragehorizont bleibt dann auch Platz für das Thema „Abraham in Mamre", das, ganz im Sinne Gunkels, als dem „Jahwisten" vorgegebene quellenhafte literarische Konzeption angesehen wird[271]. Trotz

---

[265] VAN SETERS (1994, 467) verweist auf die Übertragung des Davidbundes auf Abraham (Gen 15).

[266] „The Yahwist's history sets the stage for Second Isaiah's monotheism and for a more liberal, humanistic, and universalistic—and less cultic—stream of tradition in Judaism, in the spirit of Amos and the wisdom tradition" (VAN SETERS 1994, 468). „J" ist demnach, etwas überspitzt ausgedrückt, der Protestant im Pentateuch.

[267] Diese Verhältnisbestimmung versucht ROSE (1981) durch Detailuntersuchungen zu bekräftigen.

[268] Die Nivellierung zeigt sich auch darin, dass der ältere Vorschlag von WINNETT (1965), die von einem „late J" gestaltete vorpriesterliche Genesis als ein unabhängiges Werk anzusehen, das erst durch P mit dem Exodusbuch und den folgenden Büchern verbunden wurde, von Van Seters nicht aufgenommen wird.

[269] VAN SETERS 1992, 45–193.

[270] LEVIN 1993.

[271] LEVIN 1993, 155.163.

aller Versuche einer detaillierten Textanalyse stellt Levins Arbeit
faktisch die Kapitulation vor der Literarkritik im Sinne der traditionellen Quellenkritik dar. Der „Jahwist" ist nicht mehr Quelle, sondern
Redaktion. Das mag noch mehr oder weniger als Bezeichnungspro-
blem angesehen werden, denn de facto erfüllt auch Levins „Jahwist"
die traditionelle Rolle als Quellenschrift. Darüber hinaus werden jedoch wirkungsgeschichtlich zentrale Texte wie etwa Gen 15 und Gen
22 durch Qualifizierung als „nachredaktionelle Ergänzungen" jedem
fassbaren literarhistorischen Horizont entzogen[272]. Auch die relative
zeitliche Einordnung von J^R als vordeuteronomistisch vermag nicht
zu überzeugen[273]. Die theologische Kennzeichnung von J^R durch
Levin bleibt vage. Das Profil von J^R insgesamt versucht er, mit dem
Begriff der „Volksreligion" zu fassen[274]. Die „religiösen Vorstellungen" der „vorexilischen Volksreligion" sind nach Levin allerdings
bereits „in den vorjahwistischen Quellen bewahrt"[275]. Damit wird J^R
auf nicht viel mehr als eine Sammlung dieser Quellen reduziert. Als
eigenständige Leistung schreibt Levin der „jahwistischen" Redaktion
v.a. zu, dass sie die alten Quellen unter veränderten Bedingungen für
„die frühe Diaspora" neu aufbereitet. Wenn er aber im gleichen Zusammenhang auf eine in Elefantine geübte „vordeuteronomistische
Form der Jahwe-Religion" hinweist[276], die dem grundsätzlichen Monotheismus von J^R entgegen steht, so entwertet er damit umgehend
seine Profilierung von J^R.

6.2 Die „jahwistischen" Texte als nachpriesterliche Ergänzung

Die soeben referierten Versuche, den herkömmlich als „jahwistisch"
oder „jehowistisch" bezeichneten Textbestand der Genesis in Auseinandersetzung mit der traditionellen Quellentheorie neu zu definieren,

---

[272] Ähnliches ist für das Buch Exodus festzustellen. Eine statistische Auswertung
ergibt „das krasse Missverhältnis von 28 endredaktionellen (Teil-)Versen in Gen 1
bis Num 24 gegenüber mehr als 100 (Teil-)Versen »nachredaktioneller« Ergänzung
allein in Ex 1–15" (GERTZ 2000, 15 Anm. 34).

[273] „Sprache und Vorstellungswelt des Jahwisten sind bereits in den Quellen des
deuteronomistischen Geschichtswerks vorhanden" (LEVIN 1993, 432). Zur Stützung
dieser These verweist Levin auf Ri 6,11–24 und Ri 13,2–24 zu findende „Bearbeitung, die man gezwungen wäre, dem jahwistischen Redaktor zuzuschreiben,
stünde sie im Tetrateuch" (ebd.). Ri 6 und Ri 13 werden jedoch meist als nachdeuteronomistisch bearbeitete Texte angesehen (s. u. Seite 194–199).

[274] LEVIN 1993, 429f.

[275] LEVIN 1993, 429.

[276] Beide Zitate LEVIN 1993, 430.

erbringen zwar im Detail unterschiedliche Ergebnisse, bleiben aber bei der relativen zeitlichen Vorordnung der „J/JE"-Texte vor die P-Texte. Daneben mehren sich die Stimmen, die in der Frage der relativen Chronologie von „J/JE"- und P-Texten für eine Neubewertung im Sinne einer Nachordnung des „J/JE"-Materials plädieren. Ein erster Hinweis ist schon der Arbeit von Rendtorff zu entnehmen. Er stellt heraus, dass die „»theologischen« priesterlichen Texte keineswegs im ganzen Pentateuch begegnen", sondern mit Ex 6,2–9 aufhören[277]. Entscheidend für die Entstehung des Pentateuch war die „deuteronomisch geprägte Bearbeitungsschicht"[278]. Daraus ergibt sich zumindest die Möglichkeit, die P-Texte von der überlieferungsgeschichtlichen Spätphase der Pentateuchentstehung, in der sie meist gesehen werden, wegzurücken. Blum hat allerdings diese prinzipielle Möglichkeit einer chronologischen Umorientierung nicht wahrgenommen. Er behält die traditionelle Reihenfolge von D- und P-Texten bei und sieht die P-Redaktion bzw. -Komposition wieder stärker im Zusammenhang der Endredaktion des Pentateuch[279]. Köckert bestimmt den „jahwistischen" Text Gen 12,1–3 als den Beginn eines Gen 12,1–4a.6–9; 13,1.3f.14–18* umfassenden „Kompositionsbogens", der rahmende Funktion für die älteren Überlieferungen Gen 12,10–20; 13,5–13 hat[280]. Gen 12,1–3 ordnet er dabei „traditionsgeschichtlich zwischen Sach 8,13 und Jes 19,24f." ein[281]. Eine solche vergleichsweise späte nachexilische Datierung impliziert jedoch eine zeitliche Nachordnung des „jahwistischen" Textstückes hinter die P-Literatur. Köckert zieht diese Konsequenz nicht, da er die P-Texte, die er im Sinne einer Quellenschrift interpretiert, nur am Rande behandelt[282].

Über die soeben referierten eher indirekten Hinweise hinaus wird vor allem in der Urgeschichte das Verhältnis von priesterlichen und nichtpriesterlichen Texten neu definiert[283]. Dabei geht es nicht darum

---

[277] RENDTORFF 1976, 161.
[278] RENDTORFF 1976, 158–173.
[279] BLUM 1984; 1990.
[280] KÖCKERT 1988, 248–299.
[281] KÖCKERT 1988, 299.
[282] KÖCKERT 1988, 251.
[283] Bereits BUDDE (1883) und GUNKEL (1910, 1–101) hatten ihre Not mit den zu „J" gerechneten Abschnitten der Urgeschichte. Budde musste drei voneinander unterschiedene „Jahwisten", Gunkel noch deren zwei postulieren, um die Textbeobachtungen mit der herrschenden Quellentheorie, teilweise mehr als notdürftig, in Einklang zu bringen. Auch WELLHAUSEN (1899, 7–14) nimmt in der Urgeschichte zwei

zu zeigen, dass eine „J" und P verbindende Redaktion P zugrunde
legte und „J" nur partiell zur Ergänzung heranzog, sondern darum
aufzuweisen, dass die „J"-Texte als Nachinterpretation des P-Materials zu verstehen sind. Zu Gen 1,1–11,26 insgesamt vertritt Blenkinsopp die Ansicht, das traditionell „J" zugeschriebene Material sei als
erzählerische Ausgestaltung des zugrundeliegenden P-Fadens zu verstehen[284]. Dieser Auslegungsansatz wird durch Untersuchungen zu
verschiedenen Abschnitten der Urgeschichte untermauert. Die relative Chronologie der beiden Schöpfungserzählungen galt bis vor kurzem als gesichertes Einleitungswissen[285]. Demgegenüber hat Eckart
Otto in einer breit angelegten Arbeit nachzuweisen versucht, dass
Gen 2,4b–3,24 als traditionell „J" zugewiesenes Gut von nachexilischer Literatur einschließlich Gen 1 abhängig sind[286]. Dabei kann er
sich auf ältere, wenig beachtete Untersuchungen stützen, die v.a. den
weisheitlichen Charakter der vorgeblichen „J"-Abschnitte herausar-
beiten[287].

Die Fluterzählung Gen 6,9–9,17 galt und gilt weithin als uneinn-
nehmbare Bastion[288] traditioneller Quellenscheidung[289]. Als Kron-
zeuge dient nach wie vor Gunkels Diktum vom „Meisterstück der
modernen Kritik"[290]. Die beiden grundlegenden Voraussetzungen
sind: (1) beide Erzählfäden sind vollständig erhalten; (2) die P-Stücke
sind jünger als die „J"-Stücke. Beide Annahmen stimmen nicht. Die

---

„Stadien" der Entstehung von „JE" an, ein erstes (Gen 2f; 4,16–24; 11,1–9) ohne
Kenntnis der Fluterzählung, und ein zweites, das die Fluterzählung nachträgt.

[284] BLENKINSOPP 1992, 54–97; 1995.

[285] Die traditionelle Sicht der Dinge, dass in Gen 2,4b–25 die relativ ältere Version, in Gen 1,1–2,4a die jüngere P-Fassung zu finden ist, setzt noch LEVIN (1993, 82–
92) voraus. Ähnlich SCHÜNGEL-STRAUTMANN 1993, 53: „The texts of Genesis 1–3
are not a unified whole. Genesis 1 was written by a different author, belongs to
another period, and shows an appreciation of theological problems that is newer than
that of the older reports of Genesis 2–3. This is well known and widely acknowled-
ged." Dagegen lässt SOGGIN (1997, 16–77) die diachrone Frage trotz traditioneller
Zuweisung an P und „J" im wesentlichen offen.

[286] OTTO 1996a. Vgl. WENHAM 1999, 254–258. Wenham macht auf die redaktionelle Funktion von Gen 2,4a aufmerksam. Der Versteil ist Überschrift zum folgenden
Abschnitt Gen 2,4b–4,26. Da die Toledotformel Gen 2,4a auch auf 1,1–2,3 rekurriert,
muss dieser Text schon bekannt gewesen sein, als 2,4b–4,26 formuliert wurden.

[287] MORGENSTERN 1939; ALONSO SCHÖKEL 1962; MENDENHALL 1974.

[288] SCHRADER (1998, 489) spricht von einem „Bollwerk".

[289] MCEVENUE 1971, 22–89; WESTERMANN 1974, 532–535; FRITZ 1982;
EMERTON 1987; 1988a; HALPERN 1995; SEEBASS 1996, 199–242; SOGGIN 1997, 125.

[290] GUNKEL 1910, 137; zitiert u.a. von SEEBASS 1996, 228.

erzählerische Vollständigkeit des P-Fadens ist nicht zu bezweifeln[291]. Dagegen zeigt die „J"-Erzählung, wie weithin zugestanden wird, deutliche Lücken. Sie betreffen nicht nur einen Fall[292], sondern mindestens zwei Passagen. Der Bau des Kastens und das Verlassen desselben werden nicht erzählt[293]. Wird die Analyse von Gen 7,7–10 nicht nach der Vorgabe einer angeblich sinnvollen Verteilung auf zwei Quellen, sondern nach literarischen Gesichtspunkten vorgenommen, so ist Gen 7,7 zum P-Bestand zu rechnen[294]. Mithin fehlt im nichtpriesterlichen Text auch die Ausführung der Gen 7,1 gegebenen Aufforderung, in den Kasten hineinzugehen. Bei solchen empfindlichen Lücken im erzählerischen Gefälle kann von einem vollständigen „Bericht" keine Rede sein. Häufig wird diese Beobachtung gar nicht weiter thematisiert[295]. Werden Erklärungen bemüht, sind sie nicht überzeugend. Die These, dass die Endredaktion Teile von „J" zugunsten von P wegließ[296], ist angesichts der mehrfachen Doppelausführungen etwa zur Chronologie oder zu Zahl und Art der Tiere, eine schwache Hilfsannahme[297]. Vom literarischen Befund her auszuschließen ist auch das Vorgehen, Abschnitte der P-Erzählung für „J" zu reklamieren[298]. Die einzig mögliche Schlussfolgerung ist die, in den vermeintlichen „J"-Abschnitten der Fluterzählung Ergänzungen der vollständig vorliegenden P-Version zu sehen. Gosse und Ska weisen auf, dass die „J" zugeschriebenen Passagen von der priesterlichen Erzählung bzw. von der priesterlichen Literatur insgesamt abhängig sind[299]. Angesichts des Sieben-Tage-Schemas (Gen 7,4.10; 8,10.12; vgl. Gen 1,1–2,4a), der Vierzig-Tage-Chronologie (Gen 7,4. 12.17; 8,6; vgl. Num 13,27; 14,32f) und der Rein/Unrein-Konzeption

---

[291] Gen 6,9–22; 7,6.7.8b.9.11.13–16a.18–21.23b.24; 8,1.2a.3b–5.13a.14–19; 9,1–17. Vgl. Nöldeke 1869, 11; Gunkel 1910, 137–152; Eissfeldt 1922, 9*–14*; Noth 1948, 17; Elliger 1952; Levin 1993, 111f.

[292] So Soggin 1997, 16–77.

[293] Fritz 1982, 600f.

[294] Gunkel 1910, 62f; Levin 1993, 111f.

[295] Fritz 1982; Soggin 1997, 125–151.

[296] Levin 1993, 103–117; Seebass 1996, 229.

[297] Schrader (1998) versteht die P-Stücke als korrigierende Redaktion einer „J"-Erzählung. Für die Lücken im „J"-Bestand hat er allerdings auch keine überzeugende Erklärung. Die Spannungen des vorliegenden Textes interpretiert Schrader dahingehend, dass die P-Redaktion ihre Eintragungen für die „Leser" sichtbar machen will.

[298] Van Seters 1992, 160–173; Halpern 1995.

[299] Gosse 1993; 1997, 104f; Ska 1994; 1995, 402f; vgl. Wenham 1999, 250ff.

(Gen 7,2; 8,20), die in den nichtpriesterlichen Abschnitten der Fluter-zählung zu finden sind, ist diese These gut begründet.

Noch einen Schritt weiter gehen die Überlegungen von Christoph Doh-men[300]. Er trennt zwischen der Interpretation des Textes und der Frage sei-ner literarhistorischen Genese. Auf der für das Textverständnis entscheiden-den Ebene der Textinterpretation ist eine Trennung in zwei parallele Erzähl-fäden nicht gefordert. Das schließt diachrone Rückfragen nicht völlig aus, relativiert sie jedoch stark: „Der Durchgang durch die klassische Argu-mentation für die Quellenscheidung am Beispiel der Sintfluterzählung hat gezeigt, dass die Entscheidung für oder gegen die Quellenscheidung nicht am Einzeltext fällt. Der Text, bzw. das, was an ihm beobachtet wird, zwingt nicht zur Quellenscheidung. Die Sintfluterzählung mag ein Mustertext für die Arbeitsweise der Quellenscheidung sein, sie ist aber kein Mustertext zum Beweis der Notwendigkeit von Quellenscheidungen… Zuallererst mag das Bewusstsein dafür geschärft worden sein, dass wir es mit *Hypothesen* zu tun haben, d.h. es darf nicht der Eindruck erweckt werden, als seien die Quellen des Pentateuch »Fundamente«, die die sichere Basis für weitere, neuere Hypothesen bilden könnten"[301]. Diese Überlegungen sind nicht von der Hand zu weisen. Da die vorliegende Studie jedoch eine ausgesprochen histo-rische Fragestellung verfolgt, müssen zwangsläufig literarhistorische Aspekte im Vordergrund stehen, auch wenn diese lediglich einen Teil des den Texten innewohnenden Sinngefüges erhellen.

Während demnach im Bereich der Urgeschichte die traditionelle Quellenkritik einer gründlichen Revision unterworfen wurde, steht eine solche Nachprüfung für weite Bereiche des Pentateuch noch aus[302]. Wenham versucht zu zeigen, dass in allen Textformen der Genesis (Erzählungen, Genealogien, Grabnotizen, Verheißungen, Toledotformeln) die herkömmlicherweise „J" zugeschriebenen Pas-sagen als Ergänzungen zum P-Bestand zu verstehen sind. Daraus

---

[300] DOHMEN 2001. Dohmen rekurriert auf eine wenig beachtete Arbeit von JACOB (1930).

[301] DOHMEN 2001, 103f; Hervorhebungen Dohmen.

[302] In einer knappen Analyse der Kundschaftererzählung Num 13f weist Levin darauf hin, dass das „erzählerische Gerüst der beiden Kapitel… auf dem Text der Priesterschrift (P^G)" beruht (LEVIN 1993, 375). Hinsichtlich der erzählerischen Er-gänzung der P-Version ist es „nicht ausgemacht, dass diese Ausgestaltung aus den alten Quellen stammt und auf einer eigenen, ehemals selbständigen Fassung des Stoffes beruht" (LEVIN 1993, 375). Levin verweist in diesem Zusammenhang auf eine ältere Beobachtung von MITTMANN (1975, 55): „Signifikante Kriterien der Zu-ordnung [zum Jahwisten, D.J.] lassen sich freilich aus der Erzählung selbst nicht gewinnen". Levins Schlussfolgerung lautet: „Daß der nichtpriesterliche Text Ergän-zung des priesterlichen ist…, läßt sich von Fall zu Fall wahrscheinlich machen" (LEVIN 1993, 376; ähnlich auch die Hauptthese von RABE 1994).

ergibt sich die „priority of P"[303]. Diese versteht Wenham allerdings so, dass „J" als der eigentliche Verfasser des Genesisbuches bereits auf die P-Erzählung zurückgreifen konnte[304]. De Pury schlägt vor, zumindest in der Abrahamgeschichte P als literarische Grundschrift zu akzeptieren und die nichtpriesterlichen, überlieferungsgeschichtlich möglicherweise älteren Erzählabschnitte, auf der literarischen Ebene als Ergänzungen zu P zu interpretieren[305]. Sieht man von dem nicht nachprüfbaren überlieferungsgeschichtlichen Vorbehalt ab, so deutet sich hier für den in der vorliegenden Studie ins Auge gefassten Textbereich eine Art Paradigmenwechsel hinsichtlich der Verhältnisbestimmung priesterlicher und nichtpriesterlicher Textabschnitte an, der in der Detailanalyse auf seine Stimmigkeit hin zu prüfen sein wird[306].

---

[303] So der Titel der Arbeit von WENHAM 1999.

[304] „What I have tried to establish is that the P-material throughout Genesis is not a late insertion into an essentially J-composition, rather that is one of the sources used by J to form our book of Genesis" (WENHAM 1999, 258). Die Vorgehensweise von Wenham wirkt im Detail etwas hölzern, da er außer „J" und P keine weiteren literarisch fassbaren Größen zuzugestehen scheint.

[305] DE PURY 2000. S. auch o. Seite 120f.

[306] Diese Aussage gilt allein im Hinblick auf die letzten hundert Jahre, also für die Zeit nach Julius Wellhausen. Noch für Eberhard Schrader, der die achte Auflage der „historisch-kritischen Einleitung" von de Wette besorgte (SCHRADER 1869), bildete selbstverständlich der „annalistische Erzähler", der vom Textumfang her dem später „Priesterschrift" genannten Corpus weitgehend identisch ist, das erzählerische Gerüst der Genesis (SCHRADER 1869, 274f). Dagegen wird der „prophetische Erzähler", dem Schrader weitgehend Gen 12f, Gen 15 und Gen 18f zurechnet, als ein abschließender Bearbeiter gezeichnet. Dieser „prophetische Erzähler" beschränkte sich freilich nicht auf den Pentateuch: „… so können wir die richtige Ansicht von der Entstehung des Pentateuches u.s.w. nur in der Vereinigung aller drei Hypothesen, insonderheit in einer *Verbindung der Urkunden- und der Ergänzungshypothese* sehen, indem wir näher uns den Hexateuch (1 Mos. I–Jos. XXIV.) in erster Stufe entstanden denken aus zwei Haupturkunden: derjenigen des *annalistischen* und derjenigen des *theokratischen* Erzählers, welche ein *Dritter*, der *prophetische* Erzähler, nicht bloss äusserlich in einander schob, denn vielmehr in freier Weise zu einem einheitlichen Ganzen *verarbeitete*, dabei (und so namentlich in der Urgeschichte) keinen Anstand nehmend, auch von sich aus, sei es auf Grund ihm zu Gebote stehender sonstiger schriftlicher Aufzeichnungen, sei es auf Grund mündlicher Tradition, Vieles hinzuzufügen" (SCHRADER 1869, 313).

7. Schlussfolgerungen aus der Forschungsgeschichte

7.1 Allgemeine Schlussfolgerungen

Im Verlaufe der Forschungsgeschichte wurde lediglich eine schlüssige Erklärung der in Gen 11,17–19,38 zu findenden Konzeption „Abraham in Mamre" gegeben. Diese wurde im überlieferungsgeschichtlichen Sinne formuliert: „Abraham in Mamre" ist auf eine den übergreifenden literarischen Gestaltungen vorausgehende, zunächst selbständig, sei es mündlich oder schriftlich, überlieferte „Abraham-Lot-Erzählung", die Gen 13 und Gen 18f umfasste, zurückzuführen. Diese These beruht auf der Auslegung der Abrahamgeschichte durch Gunkel, ist aber nicht von den Prämisssen der Neueren Urkundenhypothese abhängig, wie ihre Übernahme durch Rendtorff, Blum und Römer zeigt. Trotz dieser „Kompatibilität" für verschiedene methodische Ansätze ist die auf Gunkel basierende Erklärung in Frage zu stellen. Insbesondere erscheint es völlig offen, ob die Texte, die die Konzeption „Abraham in Mamre" konstituieren (Gen 13,18; 18,1, im weiteren Sinne Gen 11,27–13,18; 18f) zum literarischen Primärbestand des Buches Genesis zu zählen sind, sei es im Sinne eines „Abraham-Lot̩-Sagenkranzes" (Gunkel), einer „Abraham-Lot-Erzählung" (Blum) oder eines „cycle d'Abraham–première version" (Römer).

Wenn das Thema „Abraham in Mamre" neu bearbeitet wird, so kann in keinem Fall auf die Ergebnisse der traditionellen Quellenscheidung zurückgegriffen werden. P erweist sich als redaktionelle Bearbeitung. Der Umfang der P-Texte ist erheblich zu reduzieren. Selbst wenn die P-Redaktion ein vergleichsweise frühes Stadium der literarischen Formierung des Buches Genesis repräsentieren sollte, kann dennoch P nicht einfach als Grundschrift bestimmt werden. Es muss auch im Bereich der Abrahamgeschichte Texte gegeben haben, die der P-Redaktion bereits vorlagen. Im Gefolge dieser Annahme ist zu prüfen, welches diese Texte waren. Einige Indizien sprechen dafür, dass im Buch Genesis ein mit Gen 5,1 beginnendes Toledotbuch, das neben Genealogien zumindest Teile der Jakobgeschichte umfasste, den literarischen Primärbestand konstituierte. Weiterhin ist kritisch zu fragen, ob neuere Thesen anwendbar sind, welche die traditionell „J" oder „JE" zugerechneten Textabschnitte als nachpriesterliche Ergänzungen unterschiedlicher Herkunft verstehen.

In der geschilderten „offenen" Forschungs- und Fragesituation ist sicherlich die methodische Prämisse berechtigt, Textinterpretationen von der Auslegung des vorfindlichen „Endtextes" her zu konzipieren[307]. Dennoch steht in den folgenden Untersuchungen die diachrone Rückfrage rein quantitativ im Zentrum der Abhandlung. Dies hat zwei Gründe. Zunächst ist die Beobachtung zu nennen, dass die synchron orientierten Textauslegungen keinen Anhaltspunkt für eine adäquate Erklärung der Konzeption „Abraham in Mamre" bieten. Der zweite und hauptsächliche Grund liegt in der historisch ausgerichteten Fragestellung[308]. Welcher Aspekt eines komplexen Text- und Sinngefüges, das als Ganzes nie in allen seinen Bedeutungsnuancen auszuleuchten ist, in den Vordergrund gestellt wird, hängt nicht vom Text selbst, sondern von der Frageintention des Auslegenden ab. Die in der vorliegenden Studie formulierte historische Fragestellung erfordert eine möglichst genaue literarhistorische und sozialgeschichtliche Einordnung der Mamretexte. Aus der konstruktiv-kritischen Darstellung der Forschungsgeschichte scheint für die Detailanalyse der Texte methodisch eine Kombination von Fragmenten- und Ergänzungshypothese (Toledotbuch mit P- und „J"-Erweiterungen) naheliegend. Inwieweit sich eine solche methodische Prämisse bewährt, ist kritisch im Auge zu behalten.

7.2 Ein vorläufiges Pentateuchmodell

Obwohl im Folgenden in der Hauptsache Textabschnitte der Genesis behandelt werden und obwohl die Genesis nach den vorausgehenden Erläuterungen weitgehend als eine Größe sui generis im Pentateuch anzusehen ist, erscheint es in der gegenwärtigen Forschungssituation erforderlich zu definieren, welches Entstehungsmodell zum Pentateuch einer Arbeit zugrunde gelegt wird. Soweit ich sehe, werden momentan v.a. drei Modelle diskutiert, die von der traditionellen Quellentheorie zumindest partiell abweichen.

---

[307] SKA 1989; RENDTORFF 1989. „Sodann muss der alte methodische Grundsatz, vom *Sicheren zum Unsicheren* voranzuschreiten..., dazu führen, dass der vorliegende Text als auszulegender Text ernst genommen wird..." (DOHMEN 2001, 104; Hervorhebung Dohmen).

[308] Zu Recht verweist RÖMER (2001b, 182) darauf, dass auch synchrone Auslegungen nicht „objektiv" sind und ebenso zu unterschiedlichen Ergebnissen kommen wie historisch-kritisch konzipierte diachrone Studien. Vgl. dazu die Vorbehalte von DE PURY (2001, 219) gegenüber rein synchron orientierten Arbeiten: „Le problème de ces travaux, si intéressants soient-ils, est qu'ils finissent par attribuer au texte une sorte d'essence éternelle et qu'ils renoncent à une confrontation sérieuse avec l'histoire."

(1) Das einfachste Denkmodell scheint das eines deuteronomistischen Großwerkes von Gen–2Kön zu sein, das nachexilisch aus unterschiedlichen, bis dahin selbständig umlaufenden Überlieferungen
zusammengestellt wurde[309]. Letzten Endes handelt es sich dabei um
eine Übertragung des klassischen Entstehungsmodells für das deuteronomistische Geschichtswerk, wie es Martin Noth formulierte[310].
Die Übernahme dieser These verbietet sich aufgrund der oben darge-
legten Eigenständigkeit des Buches Genesis und aufgrund der
Schwierigkeit, in der Genesis deuteronomistische Textabschnitte zu
identifizieren[311].

(2) Ein ähnliches Modell geht ebenfalls von einem Gen–2Kön umfassenden Werk aus, das durch eine Endredaktion „im Geiste der
Prophetie", die deuteronomistische und priesterliche Tendenzen verbindet, konstituiert wird[312]. Damit ist aber noch nicht erklärt, wie es
zur Größe „Pentateuch" kam[313]. Ein Gen–2Kön umfassendes Werk
kann immer nur ein Teilaspekt der Pentateuchentstehung sein. Zudem
ist dieses Modell zumindest auf die Beibehaltung von P als Quellenschrift angewiesen.

(3) Blum[314] und Römer[315] legen ein Denkmodell vor, das die redaktionelle Funktion von Jos 24 beleuchtet. In diesem Kapitel erkennen sie eine Hexateuch-Fortschreibung des Pentateuch, welche
die Tora Moses und die Landnahmedarstellung enthielt und von
„deuteronomistischen" Laien und Priestern ins Werk gesetzt wurde.
Nach Blum und Römer wurde diese Hexateuch-Redaktion in persischer Zeit von der Majorität der judäischen Intellektuellen abgelehnt,
die sich für die Abgrenzung der Bücher Gen–Dtn als der Mose-
Tora—die auch als offizielles Glaubensdokument gegenüber der persischen Verwaltung dienen sollte—aussprach. Die judäischen Intellektuellen konnten sich durchsetzen. Der Versuch, einen Hexateuch
zu formieren „blieb Episode; am Ende—und auch dafür gab es Grün-

---

[309] BLENKINSOPP 1992; HOUTMAN 1994; 1997; NICCACCI 1995; SACCHI 1995;
WESSELIUS 1995; Hinweise auf ältere Literatur bei BLUM 1990, 208.
[310] NOTH 1943.
[311] Vgl. VAN SETERS 1992; LEVIN 1993.
[312] SCHMITT 1982; 1995; 1997; 2000.
[313] Vgl. jetzt andeutungsweise SCHMITT 2000, 250: „So kam es als Folge dieses
spätdeuteronomistischen Verständnisses von Mose zur Herauslösung des Pentateuch
aus dem Geschichtswerk von Gen. 1–II Kön. 25...".
[314] BLUM 1997; ähnlich schon BLUM 1990, 361–365.
[315] RÖMER 1998; 1999b; 2001a; RÖMER/BRETTLER 2000.

de—hat sich das »Torabuch Moses« durchgesetzt, spätestens wohl mit dem Wirken Esras"[316]. Dieses Entstehungsmodell berücksichtigt zumindest die Verbindungslinien v.a. von Texten des Exodus- und des Numeribuches in das Josuabuch hinein. Allerdings funktioniert die These von Blum und Römer nur dann, wenn die P-Texte weitgehend mit der Endredaktion des Pentateuch gleichgesetzt werden und wenn für die persische Zeit eine „Reichsautorisation" vorausgesetzt wird[317]. Nach dem oben Gesagten ist die Rolle der P-Texte im Sinne einer abschließenden Redaktion mehr als fraglich. Das Problem einer perserzeitlichen „Reichsautorisation" wurde ausführlich diskutiert[318]. Die Annahme einer solchen Institution ist unwahrscheinlich.

Nach den vorgängigen Ausführungen zur Eigenständigkeit des Buches Genesis, zur Definition von P, zu der These eines Toledotbuches sowie zu der möglichen Funktion der „jahwistischen" Stücke bietet sich das folgende, provisorische Denkmodell für die Entstehung des Pentateuch an: Zunächst existierte ein Toledotbuch als literarischer Nukleus der Genesis, davon unabhängig eine den Grundbestand von Ex–2Kön umfassende deuteronomistisch geprägte Erzählung der Geschichte Israels[319]. Die P-Bearbeitung ergänzte beide literarische Größen, stellte jedoch noch keine Verbindung zwischen ihnen her. Demgegenüber stellen die vermeintlichen „J/JE"-Abschnitte punktuelle Ergänzungen und Textfortschreibungen der beiden Werke dar. Welche Bearbeitung für den Brückenschlag zwischen den Büchern Genesis und Exodus und damit für die Konstituierung eines von Gen bis 2Kön reichenden „Geschichtswerkes" verantwortlich zeichnet, ist nach dem derzeitigen Stand der Forschung nicht eindeutig zu bestimmen. Inhaltlich scheint Gen 15 einen solchen Horizont vorauszusetzen, literarisch lässt sich der Übergang in Gen 50,24 und Ex 1,6ff fassen. Allerdings ist auch die Hypothese nicht gänzlich auszuschließen, dass es ein solches das Genesisbuch mit umfassendes „Geschichtswerk" gar nicht gab. Die Verbindung der Bücher Genesis und Exodus wäre dann erst der Arbeit einer Pentateuchredaktion zuzuschreiben, die die Bücher Gen–Dtn als eigenständiges Dokument, als Mose-Tora, zusammenstellte. Immerhin rechnen sowohl Gertz als

---

[316] BLUM 1998, 206 mit Verweis auf BLUM 1990, 379f.
[317] So auch CRÜSEMANN 1989a; 1989b; 1992.
[318] S. o. Seite 73ff.
[319] Beide Werke integrierten vermutlich kürzere, in sich geschlossene Erzählungen. Das Toledotbuch die Jakoberzählung, die deuteronomistische Geschichtsdarstellung u.a. die von GERTZ (2000) heraus gearbeitete Exoduserzählung.

auch Schmid die genannten Texte, die literarisch Gen und Ex verbinden, auf je eigene Weise zu einer Pentateuchredaktion und bestimmen
Ex 1,1–5 sogar noch als nachredaktionelle Ergänzung[320]. In einem
solchen Denkmodell müssten jedoch die Querbezüge von Gen 15
etwa zu 2Sam 7 nivelliert werden, wohingegen der pentateuchische
Horizont des Kapitels hervorzuheben wäre[321]. Dazuhin muss gefragt
werden, wie die Anspielungen auf die Exodusthematik in Gen 12,10–
20 und Gen 16 zu verstehen sind[322].

Die bereits angesprochene Pentateuchredaktion scheint in ihrer
Tendenz eine verschärfte Fortführung der P-Redaktion zu sein. Bei
der P-Bearbeitung ist bereits ein nachlassendes Interesse gegen das
Ende der Geschichtsdarstellung hin zu bemerken. P-Texte sind zwar
noch im Buch Josua[323] und möglicherweise noch in Ri 1,1–2,5[324]
auszumachen, in den Samuel- und Königsbüchern jedoch, zumindest
nach derzeitigem Forschungsstand, nicht mehr anzutreffen. Die P-
Bearbeitung ist demnach bereits pentateuchlastig. Dieser Tendenz
entspricht eine Pentateuchredaktion, die durch Abtrennung der Bücher Gen–Dtn die literarische Größe „Pentateuch" erst herstellt. Der
Pentateuch als Tora Moses ist also ein literarhistorisches Spätpro-
dukt[325]. Wenn im Folgenden von Pentateuchredaktion die Rede ist,

---

[320] S. o. Seite 121–124.

[321] HA 1989; RÖMER 2001b, 198–210.

[322] RÖMER 1999a.

[323] Die Einwände gegen die bereits von NÖLDEKE (1869) begründete und von
LOHFINK (1978) neu formulierte These priesterlicher Texte im Josuabuch richten sich
auch in erster Linie gegen die Zugehörigkeit dieser Abschnitte zu einer priesterlichen
Grundschrift P^g (ZENGER 1997) bzw. zu einer priesterlichen Kompositionsschicht KP
(BLUM 1990, 224–228). Blum rechnet die „priesterlichen Stücke im Buch Josua" [!]
sowie in Num 28ff nicht „zur priesterlichen »Hauptkomposition«, sondern zu deren
jüngeren *Weiterführungen*" (BLUM 1990, 224; Hervorhebung Blum). Die Argumente,
die Blum nennt, sind vage. Er hält Num 27,12–23 für „einen deutlichen Abschluß"
(BLUM 1990, 227) und entdeckt „manche Eigentümlichkeiten" in den Jos-Texten
(ebd.). Der These einer P-Bearbeitung in Jos 13–19 kann er sich jedoch nicht ver-
schließen: „Allenfalls in der Abfolge von Jos 14,1f.; 18,1; 19,51 ist eine abrundende
und strukturierende Markierung der Landverteilung durch die priesterlichen Tradenten zu erkennen. Der Ohel Moʿed erscheint zwar in Jos 18,1, ist im übrigen wohl
auch stillschweigend vorausgesetzt, bildet aber keineswegs den erzählerischen Mittelpunkt des Geschehens wie in den priesterlichen Episoden in Ex usw." (BLUM
1990, 227f). Diese Sicht der Dinge entspricht der hier vorgetragenen Beobachtung,
dass P in den nachpentateuchischen Büchern immer weniger zu erkennen ist.

[324] JERICKE 1997a, 313ff; BUDDE (1890, 166; 1897, X.XVI) und BECKER (1990,
61) sprechen von einer sowohl inhaltlich wie stilistisch P nahe stehenden Redaktion.

[325] So andeutungsweise RENDTORFF 1983, 173; SCHMID 1989, 384; SCHMID 1999,
18f; SCHMITT 2000, 250.

dann ist die hier genannte, den Pentateuch erst formierende Bearbeitung gemeint, nicht eine Redaktion, die P-Abschnitte und nichtpriesterliche Texte zu einem Gesamttext verbindet[326]. Die zeitliche Einordnung einer solchermaßen definierten Pentateuchredaktion ist mehr als diffizil. Ich meine jedoch, dass sie nicht vor der hellenistischen Zeit anzusetzen ist, d.h. nicht vor der literarischen Gestaltung der Bücher Esra und Nehemia, die mit der Gestalt Esras und seiner Verlesung des „Gesetzes" (Neh 8,1–12) die Fiktion einer bereits in persischer Zeit erfolgten Endfassung der Mose-Tora begründet[327].

---

[326] SCHMITT 1995b; OTTO 1995a; GERTZ 2000.

[327] Eine andere Begründung für eine Datierung in die hellenistische Zeit bietet SCHMITT 2000, 250: „So kam es als Folge dieses spätdeuteronomistischen Verständnisses von Mose zur Herauslösung des Pentateuch aus dem Geschichtswerk von Gen. 1–II Kön. 25, wie sie m.E. in der Überlieferung von der Septuagintaübersetzung im Alexandrien des Ptolemäus II. Philadelphos (285–246) erstmals sicher zu greifen ist... Hiermit setzt eine Entwicklung ein, die Gesetz und Verheißung, Gesetz und Prophetie voneinander trennt...".

KAPITEL FÜNF

MAMRE IN GENESIS 18,1

1. *Genesis 18 und Genesis 19*

1.1 *Erzählzusammenhang*

Gen 18,1 wird Mamre als geographische Angabe das einzige Mal im Alten Testament unabhängig von Hebron genannt. YHWH erscheint Abraham „bei den großen Bäumen Mamre" (V.1a). Die Erscheinung wird erzählerisch ausgeführt in der Szene vom Besuch der drei Männer V.1–8 und der Ankündigung eines Sohnes für Sara und Abraham V.9–15(16). Gen 18,1a wird in der exegetischen Literatur häufig die Funktion als „Überschrift"[1] zum gesamten Kapitel 18 und dementsprechend eine „Schlüssel"- oder „Deutefunktion"[2] zuerkannt. Daher ist die Auslegung des Halbverses mit der Ortsangabe „bei den großen Bäumen Mamre" nur in Zusammenhang einer Analyse von Gen 18 insgesamt und insbesondere von Gen 18,1–16 möglich.

Gen 18 bildet eine erzählerische Einheit mit Gen 19[3]. Verbunden sind die beiden Kapitel durch das Motiv der drei bzw. zwei Männer, durch den parallelen Aufbau der jeweiligen Eingangsverse[4] und durch die Thematik der Nachkommenschaft[5]. Während Sara und Abraham den nicht mehr erwarteten leiblichen Sohn zugesprochen bekommen, entstehen Lots Nachkommen auf zumindest zweifelhafte Weise (Gen

---

[1] GUNKEL 1910, 193; WESTERMANN 1981, 335f; BLUM 1984, 274.

[2] LOZA 1995, 192: „une clé de lecture (xviii 1a)". SEEBASS (1997, 117) nennt V.1aα einen „Kommentar zur Erzählung" mit „Deutefunktion für das ganze Kapitel".

[3] GUNKEL 1910, 159–162; PROCKSCH 1924, 116–137; GILLISCHEWSKI 1923; ZIMMERLI 1976, 75; WESTERMANN 1981, 331; RUDIN-O'BRASKY 1982; BLUM 1984, 282f; SCHARBERT 1986, 147–151; LOADER 1990; TURNER 1990; LETELLIER 1995; LOZA 1995.

[4] GUNKEL 1910, 208; KILIAN 1966, 150f (Tabelle); VAN SETERS 1975, 215f (Tabelle); BLUM 1984, 280 (Tabelle); LOADER 1990, 35; TURNER 1990, 90; LEVIN 1993, 155f.

[5] Weitere Hinweise für die erzählerische Einheit sind etwa die Ortsangaben (Zelt/Baum in Gen 18; Stadt/Haus bzw. Gebirge/Höhle in Gen 19) und die Zeitangaben (Tag/Mittag in Gen 18; Nacht/Abend in Gen 19).

19,30–38). Gleichzeitig ist die Diskrepanz dargestellt zwischen den von Gott gesegneten Zeltbewohnern Sara und Abraham und dem Stadtbewohner Lot[6], der nur knapp einer Katastrophe entkommt und als Höhlenbewohner, d.h. als unsteter und todgeweihter Flüchtling[7] auf einer vorgeschichtlichen Zivilisationsstufe[8] das Erzählgeschehen verlässt.

1.2 *Gliederung*

Im Gesamtaufbau der beiden Kapitel lässt sich eine übergreifende Gestaltung erkennen. In Gen 18 sind zunächst V.1–16 (Besuch der Männer bei Abraham) und V.23–33 (Gespräch zwischen Abraham und YHWH) als Unterabschnitte zu erkennen. V.17–22 bilden eine überleitende Passage, die zwei YHWH-Reden, eine Verheißungsrede an Abraham (V.17ff) und eine Selbstreflexion YHWHs über das Schicksal Sodoms und Gomorras (V.20f), beinhaltet[9]. Dabei eröffnet das Tetragramm, durch Inversion betont, programmatisch diesen Abschnitt. Innerhalb von V.1–16 ist noch einmal zwischen der Bewirtung der drei Männer durch Abraham (V.1–8) und der Sohnesankündigung (V.9–16) zu unterscheiden[10]. Somit ergibt sich in Gen 18 folgende Gliederung:

---

[6] LETELLIER 1995.

[7] Die „Höhle" הַמְּעָרָה ist nach alttestamentlicher Vorstellung vornehmlich ein Ort der Toten, sei es bei einem gewaltsamen Tod (Jos 10,16–27) oder als friedliche Grabstätte (Gen 23).

[8] Im ausgehenden Chalkolithikum (4. Jt. v.Chr.) war das Leben in Höhlen in Palästina verbreitet. Wohnhöhlen dieser Zeit wurden u.a. im Bergland westlich des Toten Meeres und im Negev entdeckt (WEIPPERT 1988, 117–139 mit Literatur). Selbst in der Eisenzeit I (11. Jh. v.Chr.) scheinen noch Wohnhöhlen existiert zu haben, wenn die Interpretation von *Tell es-Sebaᶜ* Stratum IX zutrifft (HERZOG u.a. 1984, 8–11; JERICKE 1997a, 171ff). Inwieweit diese Tradition der Lebensweise in Höhlen im 1. Jt. v.Chr. noch bekannt war, ist schwer zu sagen.

[9] Mitunter werden V.17–33 bzw. V.17–32 als Einheit aufgefasst (vergleichsweise differenziert GUNKEL 1910, 201–206; CRENSHAW 1970; WESTERMANN 1981, 344–357; SCHARBERT 1986, 147–151; LOADER 1990, 15–34; ähnlich auch BLUM 1984, 282f.401; HAMILTON 1995, 14–26; SOGGIN 1997, 275–279). Nicht selten werden zwischen V.16a und V.16b bzw. zwischen V.33a und V.33b Einschnitte gesehen (WELLHAUSEN 1899, 25f; GUNKEL 1910, 198f; WESTERMANN 1981, 329–343, v.a. 342; LEVIN 1993, 159–163; zu V.33 vgl. auch u. Seite 160 Anm. 17 und 18). Dabei sind allerdings bereits literarkritische Vorentscheidungen leitend, indem V.16a und V.33b als unmittelbar zusammengehörig betrachtet werden.

[10] Erzählerisch ist die Szene der Sohnesankündigung bzw. das „Tischgespräch" (GUNKEL 1910, 193) mit V.15 beendet. Deshalb wird in vielen Auslegungen die Einheit V.1–15 abgegrenzt (HOLZINGER 1898, 153f; RUDIN-O'BRASKY 1982, 48–74;

Teil 18A   V.1–8 Bewirtung
Teil 18B   V.9–16 Sohnesankündigung (Anfangswort וַיֹּאמְרוּ)
Teil 18C   V.17–22 YHWH-Reden (Anfangswort וַיהוָה)
Teil 18D   V.23–33 Dialog

In Gen 19 ist zunächst die Rettung Lots durch die ihn besuchenden Gottesboten bzw. Männer[11] (V.1–11) von der Flucht (V.12–16) zu unterscheiden. In Analogie zu Gen 18,8 ist nach Gen 19,3 וַיֹּאכֵלוּ „und sie aßen" ein weiterer Einschnitt zu erkennen. Der Abschnitt über die Flucht V.12–16 beginnt wie Teil 18B mit וַיֹּאמְרוּ „sie sagten". Ein Teil 18C parallel gestalteter Abschnitt mit programmatisch vorangesetztem וַיהוָה ist Gen 19,24–28 zu finden. Hier wird die Vernichtung Sodoms und Gomorras geschildert, über die YHWH in Gen 18,20f noch im Selbstgespräch reflektiert hatte. Analog zur Verheißungsrede Gen 18,17ff ist in Gen 19,27f Abraham als ein vom Strafgericht Verschonter, der die Verwüstung lediglich schaut, dargestellt. Strafe für Sodom/Gomorra und Rettung für Abraham ist demnach das gemeinsame Thema der beiden durch וַיהוָה eingeleiteten Abschnitte Gen 18,17–22 und Gen 19,24–28. Gen 19,24–28 wird gerahmt durch zwei ätiologische Erzähleinheiten, die sogenannte Zoar-Episode V.17–23[12] und die Entstehung Moabs und Ammons V.29–38[13]. Beide

---

BRUEGGEMANN 1982b; COATS 1983, 136ff; HAMILTON 1995, 3–28; LETELLIER 1995, 42–48.76ff). Erzähltechnisch ist V.16 durch die Personenkonstellation Männer/Abraham an V.1–15, insbesondere an V.1–8, angebunden (LOADER 1990, 17). Gleichzeitig bildet der Vers die Einleitung zum Thema „Sodom", das Gen 19 beherrscht (ZIMMERLI 1976, 82; LOADER 1990, 20).

[11] Lediglich V.1 und V.15 sind die Besucher als „Boten" bezeichnet, ansonsten ist, wie in Gen 18,1–16, von „Männern" אֲנָשִׁים die Rede (V.5.8.10.12.16).

[12] Umstritten ist v.a. die Abgrenzung der Zoar-Ätiologie. Inhaltlich gehört V.23 noch zur Zoar-Ätiologie (LEVIN 1993, 167; LETELLIER 1995, 78f), obwohl deren formaler Abschluss in V.22 liegt (RUDIN-O'BRASKY 1982, 117ff). Deshalb werden nicht selten lediglich V.17–22 zusammen gestellt (GUNKEL 1910, 211; VON RAD 1976, 173; LOADER 1990, 34–43; HAMILTON 1995, 44f). Allerdings muss schon GUNKEL (1910, 212) zu der Hilfsannahme greifen, dass V.23b noch zu V.17–22 gehört, während V.23a Einleitung zu V.24 ist. Die weitergehende These, V.23 insgesamt sei Übergangsformulierung zu der Szene der Vernichtung der beiden Städte Sodom und Gomorra (WESTERMANN 1981, 364.372; LOADER 1990, 40f) ist durch den Wortlaut des Verses nicht gedeckt. WESTERMANN (1981, 366–371) will nur V.18–22 als Zoar-Episode bestimmen, da er V.17 aus unerfindlichen Gründen zu V.12–16 rechnet. Die angeführten Gliederungsvarianten argumentieren allein aufgrund inhaltlicher Gesichtspunkte und übersehen die klaren formalen Indikatoren mit dem וַיְהִי am Beginn von V.17 bzw. dem וַיהוָה in V.24.

[13] Gewöhnlich werden V.30–38 abgegrenzt, vgl. neben den Kommentaren u.a. RUDIN-O'BRASKY 1982, 135–139; LOADER 1990, 44ff; WEISMAN 1992; LEVIN 1993,

Ätiologien werden mit וַיְהִי eingeleitet, einer Wendung, die sowohl am Beginn kleiner Szenen (Gen 13,7), in sich geschlossener kleinerer Erzählungen (Gen 12,10; 14,1) wie auch umfangreicher Sammlungen (1 Sam 1,1; Rut 1,1) stehen kann. Somit zeigt sich in Gen 19 folgende Gliederung:

Teil 19A	V.1–3 Bewirtung
Teil 19A$_1$	V.4–11 Rettung
Teil 19B	V.12–16 Flucht (Anfangswort וַיֹּאמְרוּ)
Teil 19B$_1$	V.17–23 Zoar-Ätiologie[14]
Teil 19C	V.24–28 YHWHs Strafe (Anfangswort וַיהוָה)
Teil 19D	V.29–38 Moab/Ammon-Ätiologie

Die Parallelität der Darstellung in Gen 18 und Gen 19 in den Teilen 18A–C/19A–C geht noch über die z.T. gleichen Eingangswörter in den Teilen B und C und die identische Thematik der C-Teile hinaus. Als eines der Hauptprobleme in Gen 18f wird seit jeher der sogenannte Numeruswechsel verhandelt. Als Gegenüber von Abraham bzw. Lot sind wechselweise „drei Männer" (שְׁלֹשָׁה אֲנָשִׁים 18,2, im folgenden Text nur mehr אֲנָשִׁים genannt), „zwei Boten" (שְׁנֵי הַמַּלְאָכִים 19,1, in 19,15 nur הַמַּלְאָכִים) oder aber YHWH allein genannt. Dieser Numeruswechsel muss im Folgenden noch ausführlich besprochen werden. Vorerst ist festzuhalten, dass die A-Teile, mit Ausnahme der überschriftartigen Formulierungen Gen 18,1a und 19,1a, durchgehend Plural lesen, während die B-Teile jeweils einen anscheinend unsystematischen Wechsel zwischen Singular und Plural aufweisen. Die C-Teile dagegen sind rein singularisch, YHWH allein ist der Handelnde. Sowohl in Gen 18 als auch in Gen 19 ist demnach von A bis C eine fortschreitende „Jahwisierung", eine zunehmende Konzentration auf YHWH als handelndes Subjekt und Gegenüber von Abraham/Lot festzustellen.

---

165. V.29 wird allermeist als P-Variante der Sodom-Erzählung bestimmt. Im vorliegenden Textzusammenhang ist V.29 jedoch Einleitung zu der Ätiologie V.30–38.

[14] Inhaltlich ist die Zoar-Ätiologie die Weiterführung der Flucht, deshalb das Siglum B$_1$. Dieses wurde auch gewählt, um die Parallelität zwischen Teil 18C und Teil 19C zu unterstreichen.

2. Beobachtungen zur diachronen Schichtung

2.1 Teil 18D Genesis 18,23–33

Die erzählerische Geschlossenheit und die formale Parallelität von Gen 18 und 19 bedeuten jedoch keinesfalls auch eine literarische Einheitlichkeit[15]. Darauf weisen u.a. der Wechsel zwischen pluralischer und singularischer Darstellung der Besucher Abrahams und Lots[16] sowie die Beobachtung, dass neben einfachem Sodom teilweise noch Gomorra als Ort der Zerstörung genannt ist. Im Folgenden wird daher zunächst nach den Textabschnitten in Gen 18f gefragt, die als Textzusätze gewertet werden könnten.

Insbesondere das Gespräch Abraham/YHWH Gen 18,23–33[17] ist mehrfach als sekundärer Einschub erkannt[18]. Unter Anwendung der

---

[15] Von einer solchen gehen v.a. neuere Untersuchungen aus (LOADER 1990; TURNER 1990; LETELLIER 1995).

[16] Auch nach gut hundert Jahren ist das Diktum von KRAETZSCHMAR (1897, 81) nicht überholt: „Der Hauptanstoss liegt in dem steten, unvermittelten Wechsel von singularischer und pluralischer Rede und der dadurch hervorgerufenen Unklarheit und Verschwommenheit der Darstellung". Vgl. die Einsicht von ZIMMERLI (1976, 75), „dass es sich in Kap. 18f. um die Komposition mehrerer recht verschiedenartiger Stoffe handelt, die z.T. nur mühsam untereinander verbunden sind".

[17] Im allgemeinen wird V.22b noch zu dem Gespräch gerechnet (vgl. die in der folgenden Anmerkung genannte Literatur). In der Tat bildet V.22b einen sehr guten Einsatzpunkt für den Dialog V.23–33. Allerdings ist in V.22 kein Anhaltspunkt für eine literarkritische Scheidung zu erkennen. Der Vers nimmt das Nebeneinander der in V.1–16 wechselweise als Gegenüber von Sara/Abraham genannten „Männer" und YHWH auf und führt auf Gen 19,1 hin, wo dieses Problem dahingehend geklärt wird, dass zwei der drei Männer Boten YHWHs sind, während der dritte mit YHWH identisch ist. Der Dialog YHWH/Abraham wurde an dieser erzähltechnisch günstigen Stelle eingefügt, ohne dass dafür V.22b eigens als Überleitung formuliert werden musste. V.33 bildet den Abschluss der Dialogszene V.23–33, indem noch einmal eine Handlung beider Gesprächspartner genannt wird: YHWH hört auf zu reden und Abraham kehrt an „seinen Platz" zurück. Eine Trennung zwischen V.33a und V.33b ist deshalb nicht notwendig. Reines Empfindungsurteil ist die Einschätzung, dass „die zweimalige Nennung Abrahams in V.33 stilistisch unschön wirkt" (HAAG 1981, 178).

[18] FRIPP 1892; KRAETZSCHMAR 1897, 85f; HOLZINGER 1898, 154f; WELLHAUSEN 1899, 26; GUNKEL 1910, 203–206; SMEND 1912, 55; GILLISCHEWSKI 1923, 78; CRENSHAW 1970; SCHMIDT 1976, 131–164; HAAG 1981, 177ff.196f; BLENKINSOPP 1982; 1990; SCHWEIZER 1983; 1984; BLUM 1984, 400–405; BEN-ZVI 1992a; LEVIN 1993, 168ff; LOZA 1995, 186; WHYBRAY 1996; SEEBASS 1997, 130–133. Dagegen DILLMANN 1892, 264; EISSFELDT 1922, 28*f.258*; PROCKSCH 1924, 121–125; JACOB 1934, 449–453; KILIAN 1966, 108ff; 1989. WESTERMANN 1981, 344–357 liest Gen 18,16b–33 als einheitlichen Text. Diese These scheitert daran, dass, wie WESTERMANN (1981, 354) erkennt, V.22 und V.33 „eigentlich Varianten" und daher beide Verse nicht „auszugleichen" sind. Westermann muss zu der aus dem Text nicht begründeten Hilfsannahme greifen, V.22 sei Zusatz von „spätere[r] Hand".

Quellentheorie wird die These vertreten, dass hier „J" in Eigenformulierung zur Sprache kommt. Dabei spielt es keine Rolle, ob „J" früh[19]
oder spät[20] datiert wird. Allerdings ist der Textabschnitt sprachlich
und inhaltlich im Pentateuch so singulär, dass die Zuordnung zu einer
Quellenschrift oder zu einer übergreifenden literarischen Schicht nahezu ausgeschlossen ist[21]. Bereits für Wellhausen zeigt sich hier die
„Zutat einer späteren Hand", die inhaltlich mit Abschnitten aus Jer,
Ez und Hiob zu vergleichen ist[22]. Bei dieser Erkenntnis setzt die Interpretation von Ludwig Schmidt an. Er datiert den Text in die Zeit
zwischen 500 und 350 v.Chr.[23], wobei seine Referenztexte eher an
das untere Ende des genannten Zeitraumes weisen[24]. Auch die Zehnzahl, bei der Abraham stehen bleibt (V.32), scheint auf eine vergleichsweise späte Abfassungszeit hinzudeuten[25]. Schmidt versteht
den Text als „theologische Reflexion"[26] bzw. als „systematische Ab-

---

[19] PROCKSCH 1924, 121–125; VON RAD 1976, 165–169; NOTH 1948, 258f;
CRENSHAW 1970; RUDIN-O'BRASKY 1982, 88–101; COATS 1983, 139–142;
SCHARBERT 1986, 149.

[20] VAN SETERS 1975, 209–221. Anders LEVIN (1993, 168f), der den Abschnitt zu
den nachredaktionellen Ergänzungen rechnet.

[21] SCHWEIZER 1984; BEN-ZVI 1992a; WHYBRAY 1996, 98f. Ähnlich schon VON
RAD 1969, 407f.

[22] WELLHAUSEN 1899, 26; GUNKEL 1910, 203–206; LEVIN 1993, 168ff; ähnlich
ZIMMERLI 1976, 98f; WESTERMANN 1981, 348f. Auch LOADER (1990, 31–34), der
eine nachexilische Ansetzung des Textes nicht für zwangsläufig hält und in Gen
18,23–33 eine proto-deuteronomistische Überlieferung aus dem 8. Jh. v.Chr. erkennen will, muss auf Ez 14 und 18 hinweisen.

[23] SCHMIDT 1976, 164.

[24] Nach SCHMIDT (1976, 159–164) setzt Gen 18,22b–33 bereits Jer 18 sowie Ez
14 und 18 voraus und zeigt inhaltliche Verwandtschaft mit der Grundschicht in Jon 3.
LEVIN (1993, 169) verweist darüber hinaus auf die „Frömmigkeit der späten Psalmen".

[25] Diese Zahl verursacht bei den Auslegern eine gewisse Ratlosigkeit (GUNKEL
1910, 206; SCHMIDT 1976, 151f). PROCKSCH (1924, 125f) meint, die Erzählung gebe
absichtlich keine Erklärung, sie „verrät einen theoretischen Geist, der den Mut hat,
eine Frage ungelöst zu lassen". Nach WESTERMANN (1981, 356) repräsentiert die
Zehnzahl die „kleinste Gruppe", weniger sind Einzelne. Das klingt nach einer Verle-
genheitserklärung. JACOB (1934, 453) und SOGGIN (1997, 279) erkennen in der Zehnzahl einen Hinweis auf die Minjan-Regelung des synagogalen Gottesdienstes, die
besagt, dass mindestens zehn Männer anwesend sein müssen, um einen regulären
Gottesdienst abhalten zu können (ELBOGEN 1931, 492f). Die Minjan-Regelung ist
jedoch erst aus der rabbinischen Tradition bekannt (ELBOGEN 1931; LOADER 1990,
108). Ihre Gültigkeit selbst für die späte alttestamentliche Zeit müsste noch erwiesen
werden.

[26] SCHMIDT 1976, 153. Gunkel sieht hier ein „religiöses" (GUNKEL 1910, 203),
in seiner Sicht „abstraktes Problem" (GUNKEL 1910, 205).

handlung der Frage: Wie ist es möglich, daß Gott eine ganze Stadt vernichtet, ohne dabei gegen den Grundsatz zu verstoßen, daß der Gerechte zusammen mit dem Frevler getötet werden darf, und ohne unangemessen zu handeln?"[27]. Diese Interpretation im Sinne einer systematischen Abhandlung zur Gotteslehre fand v.a. bei protestantischen Auslegern viel Anklang[28]. Bei katholischen Auslegern[29] und bei Exegeten, die sich an der jüdischen Tradition orientieren[30], lässt sich dagegen eine kritische Distanz zur Aussageabsicht des Textabschnittes Gen 18,23–33 erkennen.

2.2 Teil 18C Genesis 18,17–22

Ist aber der Dialog zwischen Abraham und YHWH V.23–33 als Einschub erkannt, so trifft eine solche Charakterisierung weitgehend auch auf den überleitenden Teil 18C V.17–22 zu[31]. An V.1–16 schließt lediglich V.22 mit dem Stichwort „Männer" an. V.22a ist formal eine Dublette zu V.16a[32]. Erzähltechnisch bildet V.22 jedoch

---

[27] SCHMIDT 1976, 163. Nahezu wortgleich findet sich diese Auslegung schon bei GILLISCHEWSKI 1923, 78.

[28] U.a. BLUM 1984, 400–405; LEVIN 1993, 168ff; SEEBASS 1997, 130. Andere Kommentare heben Abrahams prophetische Rolle als Fürbitter hervor (PROCKSCH 1924, 122; ZIMMERLI 1976, 83f; HAMILTON 1995, 19–24). Gegen eine solche Interpretation wenden sich ausdrücklich JACOB 1934, 450; SCHMIDT 1976, 143ff; WESTERMANN 1981, 356f; HAAG 1981, 196f.

[29] SCHWEIZER (1984, 135) betont den theologisch-konstruierten Charakter des Abschnittes und weist gleichzeitig darauf hin, dass hier das Bild von einem nicht kommunikationsbereiten Gott gezeichnet wird „im Rahmen einer lebensfernen, schematischen Thematik, nämlich der theoretischen Unterscheidung von Gerechtem und Gottlosem". SCHARBERT (1986, 150) wendet die Aufmerksamkeit auf Abraham, den der Abschnitt „mit seinem göttlichen Partner sehr vertraulich und eindringlich, ja geradezu aufdringlich reden" lässt.

[30] BLENKINSOPP (1982) interpretiert den konstruierten Charakter des Abschnittes dahingehend, dass hier ein midraschartiger Text aus nachexilischer Zeit vorliegt, der die Zerstörung Jerusalems theologisch reflektiert. Unter Aufnahme dieser Deutung bestimmt BEN-ZVI (1992a) den Autor von Gen 18,23–33 als einen theologisch geschulten Weisheitslehrer aus nachexilischer („post-monarchic") Zeit, der die volkstümlichen Vorstellungen von der Errettung eines einzelnen Gerechten (Gen 19) korrigieren will; vgl. auch WHYBRAY 1996, 98–103. Diese Auslegungen haben insofern ihre Berechtigung, als die Zerstörung Sodoms Gen 19 eine erzählerische Aufarbeitung der Zerstörung Jerusalems ist, s. u. Abschnitt 6 (Seite 205–208).

[31] Nur in einem solchen Argumentationszusammenhang hat daher das weit verbreitete Vorgehen seine Berechtigung, V.17–33 als Einheit zu betrachten, s. o. Seite 157 Anm. 9.

[32] Jeweils *wayyiqtol*-Form/מְשָׁם/הָאֲנָשִׁים/*wayyiqtol*-Form/Ortsangabe mit סֹדֹם.

die Fortsetzung von V.16[33]. Zunächst brechen die Männer auf und schauen nach Sodom (V.16a), dann gehen sie dorthin (V.22a). V.16 leitet von V.1–15 zur Lot-Erzählung in Gen 19 über. V.22 löst das in Gen 19 und auch in 18,1–16 anzutreffende Nebeneinander von YHWH und den „Männern" auf. Demselben Zweck dient Gen 19,1: zwei der drei Männer sind Boten YHWHs, einer ist YHWH selbst[34]. Gegenüber V.16 und V.22 unterscheiden sich die YHWH-Reden V.17ff und V.20f formal vom erzählenden Text. Die Verheißungsrede V.18f zeigt inhaltliche Verwandtschaft mit Gen 12,2f[35] und 22,15–18[36], die z.T. bis in wörtliche Übereinstimmungen gehen. V.17 ist ein mit der Verheißungsrede verbundener einleitender Kommentar zu V.23–33[37].

In der selbstreflektierenden YHWH-Rede V.20f sind zumindest drei text- und literarkritische Probleme zu bemerken: (1) V.20 steht זַעֲקַת, V.21 צַעֲקָתָהּ für den gleichen Sachverhalt („Geschrei"). צַעֲקָה ist auch in Teil 19B (19,13) zu finden. Daher liest Samaritanus in Gen 18,20f zweimal צַעֲקָה. Viele Kommentare bevorzugen diese Lesart[38]. Dagegen ist zunächst am masoretischen Text als lectio difficilior festzuhalten[39]. (2) Der masoretische Text liest V.21 צַעֲקָתָהּ mit singularischem Suffix, obgleich nach dem vorliegenden Sinnzusammenhang Sodom und Gomorra gemeint sind und auch entsprechend V.20 חַטָּאתָם „ihre Sünden" mit Pluralsuffix steht. LXX bringt daher auch in V.21 die pluralische Version κατὰ τὴν κραυγὴν αὐτῶν. Entsprechend muss LXX dann V.16 Gomorra hinzufügen[40]. Auf צַעֲקָתָם Gen 19,13 kann sich eine textkritische Entscheidung nicht stützen[41], denn hier wird auf die Bewohner der Stadt Sodom Bezug genommen, von

---

33 SEEBASS (1997, 129) mit Hinweis auf JACOB 1934, 449.
34 COATS 1983, 143.
35 JACOB 1934, 446ff; SCHARBERT 1986, 149; LEVIN 1993, 170. Aus den Übereinstimmungen von Gen 18,18 mit Gen 12,3 schließt SEEBASS (1997, 128), dass lediglich V.18 Zusatz ist; ähnlich WESTERMANN 1981, 350ff. Solche Beobachtungen mögen zu der Frage Anlass geben, ob innerhalb des Textzusatzes V.17ff nochmals eine Schichtung zu konstatieren ist. Die Untersuchung einer solchen Möglichkeit liegt aber außerhalb der hier verhandelten Frage.
36 WELLHAUSEN 1899, 26; PROCKSCH 1924, 123. Ausführliche Begründung des sekundären Charakters bei GUNKEL 1910, 202f; vgl. LOZA 1995, 185f.
37 SCHMIDT 1976, 136; BLUM 1984, 401.
38 DILLMANN 1892, 269; HOLZINGER 1898, 154; GUNKEL 1910, 202; PROCKSCH 1924, 123; WESTERMANN 1981, 345f.
39 GEIGER 1928, 337 Anm. ohne Nummer.
40 GILLISCHEWSKI (1923, 77) hält die LXX-Lesart für die bessere, so auch HOLZINGER (1898, 154) zu V.21.
41 Anders PROCKSCH 1924, 121ff.

denen unmittelbar zuvor Gen 19,1–11 ausführlich die Rede ist. Insofern wird auch meist auf eine Änderung des masoretischen Textes
nach LXX in Gen 18,21 verzichtet[42] und vielmehr der Hinweis auf
Gomorra V.20, allerdings ohne überzeugende Begründung, als Glosse
erklärt[43]. Dann hängt allerdings das pluralische חַטָּאתָם V.20 in der
Luft[44]. Wird der masoretische Text V.20f ohne Änderungen belassen,
so legt sich eine literarkritische Lösung nahe. V.21 gehört wegen des
Singular-Suffixes, das sich allein auf Sodom bezieht, zu V.16.22, d.h.
zum primären Erzählzusammenhang. V.20 ist Textzusatz[45], genauer
gesagt: die YHWH-Rede in V.20 ab זַעֲקַת ist Fortschreibung der durch
וַיֹּאמֶר יְהוָה (V.20 Anfang) eingeleiteten selbstreflektierenden YHWH-
Rede V.21[46].

2.3 Sodom und Gomorra

Die erzählenden Passagen in Gen 18f und der Dialog 18,23–33 kennen lediglich Sodom als Schauplatz der Ereignisse. Dorthin brechen
die Männer von Mamre auf (18,16.22) und dort spielt auch die Erzählung von der Bedrohung und Flucht Lots 19,1–16. In der als sekundär bestimmten YHWH-Rede 18,20*—dazuhin 19,24.28—findet
sich hingegen die topographische Doppelangabe „Sodom und Gomor-

---

[42] JACOB (1934, 448) meint, das Singularsuffix bezieht sich „auf ein vorausge-
setztes הָעִיר". Diese Annahme ist ohne Anhaltspunkt im Text.

[43] GUNKEL 1910, 202: „Angleichung mit anderer Tradition"; WESTERMANN
1981, 346; SEEBASS 1997, 117. LEVIN (1993, 159) meint etwas ratlos: „Über die
Gründe der Verdoppelung ist nichts auszumachen. In der späteren Überlieferung ist
das Städtepaar »Sodom und Gomorra« stehend". Da Levin aus inhaltlichen Gründen
V.20–22a zu „J" rechnet, kann seiner Ansicht nach V.20 nicht „spätere Überlieferung" sein.

[44] Die Bewohner von Sodom können kaum gemeint sein, denn von ihnen ist in
Gen 18 noch gar nicht die Rede. Ein Rückbezug auf Gen 13,13 וְאַנְשֵׁי סְדֹם רָעִים
וְחַטָּאִים („die Männer von Sodom waren böse und sündig") ist unwahrscheilich, trotz
lexikalischer Übereinstimmung. Selbst wenn die Erzählung von Gen 18 einmal direkt
auf Gen 13 gefolgt wäre, ist der Zusammenhang zwischen Gen 13,13 und 18,20
durch die Erzählung vom Besuch der Männer unterbrochen. Das Verständnis von
Gen 18,20b als Rückverweis auf 13,13a wäre für die Hörer/Leser doch mit einer
gewissen gedanklichen Akrobatik verbunden.

[45] So schon GEIGER (1928, 337) mit ausführlicher Begründung.

[46] Mit ähnlichen Argumenten HAAG 1981, 177. Damit ist die These abgewiesen,
die V.20f zum älteren Erzählfaden rechnen will, weil hier „noch kein endgültiges
Urteil über die Städte vorausgesetzt ist" (BLUM 1984, 282.400f; vgl. FRIPP 1892, 23;
LOZA 1995, 186). Auf die textkritischen Probleme geht Blum nicht ein, er belässt es
bei einem Hinweis auf WELLHAUSEN (1899, 25f) und WESTERMANN 1981, 352f.

ra". Inwieweit diese Variante als Indiz diachroner Textschichtung ausgewertet werden kann, bleibt zu prüfen.

Im Deuteronomium und in der profetischen Literatur ist mehrfach auf die Sodomerzählung Bezug genommen. Meist sind dabei beide Ortsnamen, Sodom und Gomorra, genannt (Dtn 29,22; 32,32; Jes 1,9f; 13,19; Jer 23,14; 49,18; 50,40; Am 4,11; Zef 2,9). An wenigen Stellen steht lediglich Sodom (Jes 3,9; Ez 16,46.48f.53.55f). Eine relative Chronologie der Einfach- und Doppelnennung lässt sich aus diesem Befund nicht ohne weiteres entnehmen, da alle genannten Profetentexte zum jüngeren Material der Überlieferung zählen. Jes 1,9f gehören zu einem redaktionell dem Jesajabuch vorgeschalteten Prolog[47]. Innerhalb der Sammlung von Gerichtsworten Jes 2,6–4,1 werden Jes 3,8f meist als Nachtrag angesehen[48], zumindest jedoch der Hinweis auf Sodom in Jes 3,9 soll eine Glosse sein[49]. Bei Jes 13,19 als Teil der Worte gegen Babel ist die spät- oder nachexilische Datierung unbestritten[50]. Gleiches gilt dann auch für Jer 49,18; 50,40. Am 4,11 gehört zu einem Am 4,6–13 umfassenden Nachtrag bzw. zu einer Fortschreibung von Am 4,4f[51]. Der Moab/Ammon-Spruch Zef 2,8–10 ist innerhalb des Zefanjabuches ein Nachtrag[52]. Ez 16,44–58 werden meist als Fortschreibung von Ez 16,1–43 angesehen[53].

Teilweise ist die Vernichtung Sodoms bzw. Sodoms und Gomorras in den profetischen Texten mit sozialen oder rechtlichen Vergehen begründet (Ez 16,49f) und scheint in dieser Hinsicht von der Überlieferung Gen 18f abzuweichen. Deshalb ist die These verbreitet, dass es mehrere Sodomtraditionen gab, von denen die in Gen 18f überlieferte nur eine Variante ist[54]. Schon Eerdmans und Gunkel weisen jedoch

---

[47] Zuletzt dazu GOSSE 1992; BLUM 1996/97; BECKER 1997, 176–192; speziell zu Jes 1,9f KAISER 1981, 32–43; KILIAN 1986, 22ff.
[48] KAISER 1981, 76–83; KILIAN 1986, 33ff; BLUM 1996/97, 559; BECKER 1997, 164f.
[49] DUHM 1922, 44ff; WILDBERGER 1972, 116ff.
[50] DUHM 1922, 112–116; WILDBERGER 1989, 509ff; KAISER 1973, 8–16; KILIAN 1994, 99f.
[51] WOLFF 1969, 256ff.
[52] ELLIGER 1975, 69–74; SEYBOLD 1991, 106f; BEN-ZVI 1991, 167–171. Im Zusammenhang mit der Moab/Ammon-Ätiologie Gen 19,29–38 mag hier einer der literarischen Anknüpfungspunkte für das Eindringen von Gomorra in Gen 18f gesucht werden.
[53] ZIMMERLI 1979a, 341–345.365–369; FUHS 1984, 86; MAIER 1994; POHLMANN 1996, 232ff.
[54] DUHM 1922, 28; WILDBERGER 1972, 30f.37; VAN SETERS 1975, 210; VON RAD 1976, 171; WESTERMANN 1981, 363; BLUM 1984, 288.

darauf hin, dass zumindest Ez 16,44–58 auf Gen 18f rekurrieren[55]. Meist wird in den profetischen Texten nur kurz und stichwortartig auf Sodom bzw. Sodom/Gomorra hingewiesen, so dass die Kenntnis einer bereits stehenden Überlieferung vorausgesetzt werden sollte. Zuletzt hat Loader ausführlich zu begründen versucht, dass dies nur Gen 18f gewesen sein kann. Auch in Gen 18f ist die Begründung für die Strafe sozial motiviert. Nicht die Homosexualität der Bewohner Sodoms wird bestraft, sondern das im Angriff auf Lots Gäste enthaltene Vergehen gegen die eigene städtische Lebensgemeinschaft[56]. Allerdings ist das prononcierte אֱלֹהִים in der bereits von Eerdmans und Gunkel herausgestellten formelhaften Wendung כְּמַהְפֵּכַת אֱלֹהִים אֶת־סְדֹם וְאֶת־עֲמֹרָה „als Gott Sodom und Gomorra vernichtete" (Am 4,11; Jes 13,19; Jer 50,40)[57] keineswegs mit Gen 18f insgesamt in Deckung zu bringen[58], sondern lediglich Gen 19,29 zu finden. Die Elohim-Formulierung ist sowohl innerhalb Gen 18f als auch im Amosbuch singulär[59]. Sie kann demnach hier wie dort Nachtrag sein. Ein solcher Nachtragscharakter wurde für Am 4,11 bereits herausgestellt. Daher scheint es vernünftig anzunehmen, dass die profetische Überlieferung auf Gen 19,29 rekurriert und die dort zu findende allgemeine Ortsangabe עָרֵי הַכִּכָּר „Städte des Kreises" durch die Doppelnennung Sodom/Gomorra illustriert.

Mit den aufgezeigten Vorbehalten ist daher das Problem der Nennung Gomorras neben Sodom literarkritisch zu lösen. Der ältere Erzählfaden in Gen 18f kennt nur Sodom und die „Städte des Kreises" (Gen 19,29). Die Einfügung von Gomorra ist der profetischen Überlieferung zu verdanken, die auf diese Weise die Angabe von Gen 19,29 interpretiert. Von da aus kam die Doppelnennung in die se-

---

[55] EERDMANS 1908, 71; GUNKEL 1910, 216. In eigenwilliger Weise stellt das auch die Interpretation von Ez 16 durch NEHER (1979) heraus. Der Ezechieltext repräsentiert eine Wiederaufnahme von Sodom „dans la famille biblique… aussi dans l'espérance eschatologique" (1979, 490). Ez erreicht, was Abraham mit seiner Fürsprache Gen 18 nicht vermochte.

[56] LOADER 1990; ähnlich COATS 1983, 143; SOGGIN 1997, 284f.

[57] S. o. Anm. 55. Sowohl Gunkel als auch Eerdmans ziehen aus dem in der Phrase gebrauchten אֱלֹהִים den Schluss, dass die Erzählung Gen 18f ursprünglich durchgängig pluralisch formulierte. Allerdings setzt sich Gunkel ausdrücklich gegen die von Eerdmans vorgenommene polytheistische Deutung von אֱלֹהִים ab.

[58] Daher resultiert vermutlich die Behauptung, der profetischen Überlieferung sei Gen 18f unbekannt; so WILDBERGER (1989, 521f), der daraus auf eine den profetischen Sodom/Gomorra-Stellen sowie Dtn 29,22; Jer 49,18 zugrunde liegende „Bundestradition" schließt (vgl. WILDBERGER 1972, 30f).

[59] HOLZINGER 1898, 157; WESTERMANN 1981, 364; LOADER 1990, 66.

kundären Passagen von Gen 18f. Inwieweit dabei der Moab/Ammon-Spruch von Zef 2,8ff eine Rolle spielte, lässt sich nicht genau erheben.

2.4 Teil 19C Genesis 19,24–28

V.27f sind zum primären Erzählfaden zu rechnen. Die beiden Verse knüpfen mit z.t. wortgleichen Formulierungen an Gen 18,16.22 an[60]. Gen 18,16.22; 19,1.27f stellen erzähltechnisch eine Verbindung zwischen beiden Kapiteln her[61]. Während die Männer jedoch Gen 18,16 lediglich nach Sodom schauen, blickt Abraham Gen 19,28 nach Sodom, Gomorra und zum ganzen „Land des Kreises". Die beiden letztgenannten topographischen Angaben sind allerdings leicht als Zusätze zu bestimmen. Gomorra[62] ist lediglich durch Kopula mit Sodom verbunden, die Präposition עַל־פְּנֵי „nach" fehlt. V.24 עַל־סְדֹם וְעַל־עֲמֹרָה „auf Sodom und auf Gomorra" zeigt, dass eine solche am Platz wäre. Beim „Land des Kreises" steht die Präposition zwar, die textkritischen Verhältnisse sind allerdings so verworren, dass auch hier eine literarkritische Operation angezeigt ist[63].

Die zwei zum primären Erzählfaden gehörenden Verse Gen 19,27f sind durch die vorangesetzten V.24ff erweitert. V.24 fehlt jegliches

---

[60] JACOB 1934, 462; RENDTORFF 1976, 35; HAMILTON 1995, 45. WESTERMANN (1981, 375f) belässt es bei dem Hinweis auf Gen 18,16b. Dagegen meint er, in Gen 18,17–33 einen „völlig anderen Charakter" erkennen zu können, der einen Querbezug von Gen 19,27f auf Gen 18,22 nicht gestattet. Bei dieser Argumentation ist Westermann seine, an anderer Stelle bereits als unhaltbar aufgezeigte (s. o. Seite 157 Anm. 9) These im Wege, dass Gen 18,17–33 ein einheitlicher Text ist. Auch GUNKEL (1910, 214) sieht sich unter Systemzwang, wenn er V.27b als sekundär erklärt, weil auch Gen 18,22b sekundär sei. Hier macht sich die nicht fundierte literarkritische Scheidung innerhalb von Gen 18,22 bemerkbar, wobei V.22b zum Dialog Abraham/YHWH V.23–33 gerechnet wird (s. o. Seite 160 Anm. 17). Zu einer ähnlichen Argumentation sieht sich auch LEVIN (1993, 168ff) genötigt, der, im Rückgriff auf WELLHAUSEN (1899, 25), Gen 18,22b–33a und folglich auch Gen 19,27f einer nachredaktionellen „Theodizee-Bearbeitung" zuschreibt.

[61] VON RAD 1976, 175; ZIMMERLI 1976, 90.

[62] GUNKEL (1910, 213f.216) und KILIAN (1966, 127) sehen וַעֲמֹרָה als Glosse an, jedoch aus allgemeinen Gründen, weil eben ihrer Analyse entsprechend „J" nur Sodom hat; ähnlich HAAG 1981, 182. Wenn V.27f insgesamt einer späten Bearbeitung zugewiesen werden (LEVIN 1993, 168ff, s. o. Anm. 60), stellt sich die Frage nicht.

[63] Die Version des masoretischen Textes וְעַל־כָּל־פְּנֵי אֶרֶץ הַכִּכָּר ist nicht aufrechtzuerhalten. Die Mehrzahl der Textzeugen und Übersetzungen behelfen sich mit einfacher Inversion, LXX verzichtet ganz auf die Übersetzung des כָּל, s. App. BHS; KILIAN 1966, 127; ZIMMERLI 1976, 86; WESTERMANN 1981, 361; SEEBASS 1997, 138.

Indiz, den Hinweis auf Gomorra als sekundär zu betrachten. V.25 erweitert das Szenario um die Zerstörung der gesamten Gegend, d.h. der Zerstörung der „Städte"[64] הֶעָרִים und des „ganzen Kreises" כָּל־הַכִּכָּר. In V.26 zeigt allein das unverständliche Suffix von מֵאַחֲרָיו „hinter ihn" die literarkritische Problematik an[65]. Insofern hängt der Vers „in der Luft"[66]. Die Vermutung, dass V.26 nur in gekürzter Form überliefert ist[67], oder gar die Annahme, dass hier eine „in sich selbständige Szene"[68] vorliegt, überzeugen nicht. So bleibt nur die Erklärung, dass hier ein Nachtrag vorliegt, der den Verbleib der in V.15f erwähnten Frau Lots, die in V.29–38 nicht mehr auftaucht, mittels eines ätiologischen Motivs erklärt. Diese Auslegung wird denn auch von den Kommentatoren bevorzugt[69], wobei mitunter einige Argumentationsakrobatik festzustellen ist[70].

Durch die Ausdehnung des Strafgerichts auf Gomorra und die ganze Gegend des „Kreises" erfolgt eine Verlagerung des in der Erzählung anvisierten geographischen Raumes. Lots Siedlungsgebiet ist nach ursprünglicher Lesart am Nordende des Toten Meeres zu suchen (Gen 13,10)[71]. Die Sodom/Gomorra-Konstellation und der Gedanke der Zerstörung einer ganzen Region, ebenso auch das Motiv der zur Salzsäule[72] erstarrten Frau Lots V.26, verweisen jedoch auf das südli-

---

[64] Einsichtige Gründe, den Hinweis auf die Städte hier als sekundär anzusehen, sind nicht zu nennen. GUNKEL (1910, 213) nennt וְאֵת כָּל־יֹשְׁבֵי הֶעָרִים („alle Bewohner der Städte") einen „amplifizierenden Zusatz". KILIAN (1966, 123) nimmt diese Äußerung auf und bestimmt auch noch die Wendung, אֶת־הֶעָרִים הָאֵל(ה) („diese Städte") als Zusatz, „weil die alte Erzählung wie auch J immer nur eine Stadt Sodom im Auge haben". Freilich bemerkt Kilian, dass durch diese Streichungen V.25 ohne rechten Sinn bleibt und postuliert ohne jeden Anhaltspunkt in der Textüberlieferung ein ursprünglich singularisches הָעִיר.

[65] Die Änderung in die Femininform, die App. BHS vorschlägt, ist durch keine Textzeugen gedeckt.

[66] HOLZINGER 1898, 156.

[67] HOLZINGER 1898, 156.

[68] WESTERMANN 1981, 375.

[69] GUNKEL 1910, 213.

[70] KILIAN (1966, 125ff.145f) hält den Vers für einen Nachtrag innerhalb der pluralischen, vorjahwistischen Schicht in Gen 18f. Ähnlich denkt auch LEVIN (1993, 166) an einen Zusatz innerhalb des vorjahwistischen quellenhaften Materials (J^Q), der „einmal an V.16 angeschlossen" hat. Ebenso sieht SEEBASS (1997, 138.149) in V.26 eine „alte" Ergänzung, was an der Beobachtung, dass der Vers sekundär ist, jedoch nichts ändert.

[71] S. u. Seite 247–251. SEEBASS (1997, 134) verweist zur Stützung dieser These noch auf Gen 18,16.

[72] In älteren Kommentaren wird gerne auf Felsformationen am Ǧebel Usdum südwestlich des Toten Meeres verwiesen, die einen lokalen Haftpunkt für die Notiz

che Ende des Toten Meeres[73]. Diese Gegend war in alttestamentlicher Zeit praktisch nicht besiedelt[74]. An der Oberfläche waren und sind jedoch Reste bedeutender Siedlungen der Frühbronzezeit (3. Jt. v.Chr.) zu erkennen[75]. Insofern liegt hier eine Ätiologie für den verwüsteten Zustand der Gegend am Südende des Toten Meeres vor[76], ähnlich wie Jos 8 eine Ätiologie für die seit der Frühbronzezeit zerstört daliegende Siedlung von Ai bietet[77].

---

bieten könnten, so etwa DILLMANN 1892, 274f; PROCKSCH 1924, 130; JACOB 1934, 462; ähnlich auch ABEL 1938, 467f; ausführliche Darstellung auch der antiken und frühchristlichen Traditionen bei KEEL/KÜCHLER 1982, 247–257.

[73] Die Erzählung Gen 14 zählt Sodom und Gomorra zu einer Pentapolis, die durch die topographischen Hinweise „Siddimtal" und „Salzmeer" (V.3.8) näher lokalisiert wird, was auf das Südende des Toten Meeres weist. SIMONS (1948) will nicht nur Zoar, sondern auch die Pentapolis aufgrund von Gen 10,19 am Nordende des Toten Meeres verorten. Dieser Versuch scheitert jedoch daran, dass die Gen 10,19 angegebenen Fixpunkte Gerar und Lescha nicht sicher zu identifizieren sind.

[74] Die Araba-Senke südöstlich des Toten Meeres ist unter der arabischen Bezeichnug *Ġōr* bekannt. Das Gebiet um *eṣ-Ṣāfī* (*Ġōr eṣ-Ṣāfī*) ist der am intensivsten archäologisch erforschte Teil des *Ġōr*, vgl. FRANK 1934, 204–208; RAST/SCHAUB 1974; KING u.a. 1987; MACDONALD u.a. 1987; 1988; HOMÈS-FREDERICQ/HENNESSY 1989, 566ff; ZWICKEL 1990, 71; MACDONALD 1992. Aus der Eisenzeit wurden lediglich Gräber und Streukeramik gefunden. Diese Konstellation weist auf eine nomadische Präsenz, vgl. dazu JERICKE 1997a, 264f mit Literatur. In persischer und hellenistischer Zeit war das Gebiet nicht besiedelt.

[75] RAST/SCHAUB 1974.

[76] Die frühbronzezeitlichen Ortslagen der *Lisān*-Halbinsel (*Bāb eḏ-Ḏrāᶜ* 2040.0729, *en-Numēra* 199.060) und des *Ġōr* (*eṣ-Ṣāfī* 1955.0474, *el-Fēfe* 1933.0390, *Ḥanāzīr* 1911.0340; vgl. RAST/SCHAUB 1974; 1981) wurden bzw. werden häufig zur Identifikation von Sodom, Gomorra und den anderen Städten der Pentapolis von Gen 14 herangezogen (ALBRIGHT 1926; HARLAND 1942; SHANKS 1980; VAN HATTEM 1981). Die zuletzt genannten Arbeiten ziehen aus einer solchen Lokalisierung Rückschlüsse auf die Entstehungszeit der Väterüberlieferungen und auf den vermeintlichen historischen Hintergrund der Vätergestalten selbst, die somit in das 3. oder an den Anfang des 2. Jts. versetzt werden. Der Ausgräber von *Bāb eḏ-Ḏrāᶜ*, Walter E. Rast, hat jedoch in einer eindringlichen Studie die These vertreten, dass die zerstörten frühbronzezeitlichen Ortslagen allenfalls Ansatzpunkt für die Traditionsbildung waren und dass das Motiv der Pentapolis, wie es Gen 14 zugrunde liegt, aus der Zweierkonstellation Sodom/Gomorra (Gen 19) bzw. aus der Viererkonstellation (Dtn 29,22) erst entwickelt wurde und mithin am Ende der Traditionsbildung steht (RAST 1987).

[77] NOTH 1971a, 47–51; FRITZ 1994, 88f.

2.5 *Teil 19B₁ Genesis 19,17–23*

Die Zoar-Ätiologie V.17–23 wird in der kommentierenden Literatur
meist als nachträglicher Einsatz angesehen[78]. In jüngerer Zeit mehren
sich jedoch die Stimmen, welche die Zoar-Ätiologie als originären
Bestandteil eines weitgehend einheitlich verfassten Kapitels Gen 19
verstehen wollen[79]. Die Annahme, in Gen 19 seien drei Ätiologien
„zu einer fugenlosen erzählerischen Einheit" zusammengefasst[80], bedarf der kritischen Überprüfung. Allein die Schwankungen in der Abgrenzung der Zoar-Episode sollten Anlass geben, die literarische Einheitlichkeit dieses Textabschnittes zumindest in Frage zu stellen.
Meist wird ein Einschnitt nach V.22 gesehen, mit dem die Ätiologie
formal beendet ist[81]. Inhaltlich führt aber erst V.23 den V.17ff begonnenen erzählerischen Einsatz zu Ende. Mitunter werden auch nur
V.18–22 zusammen genommen[82] oder der Abschnitt wird gar auf
V.15–22 erweitert[83]. Diese Beobachtungen sprechen zumindest für
eine Sonderstellung von V.23. Durch die Angabe der Tageszeit in
V.23a ist der Vers mit dem primären Erzählfaden in Gen 18f (vgl.
18,1b; 19,1.5.15.27) verbunden. Dagegen ist die eigentliche Zoar-
Ätiologie V.17–22 sekundäre Textfortschreibung. V.17 ist eine kommentierende Überschrift über die gesamte Darstellung der Straf-
handlung V.17–28, die aus Wendungen der Teile 19B[84], 19C[85] und
den in Teil 19B₁ folgenden Versen[86] zusammengesetzt ist. V.18f

---

[78] GUNKEL 1910, 206; SKINNER 1930, 306–309; SIMPSON 1948, 78f; VON RAD
1976, 173; ZIMMERLI 1976, 89f; WESTERMANN 1981, 364.371. Literarkritisch ausgerichtete Analysen erarbeiten innerhalb des Abschnittes noch eine Schichtung und
erklären nur einen mehr oder minder umfangreichen Teilbestand als sekundär
(KILIAN 1966, 119–127; HAAG 1981, 180f; LEVIN 1993, 162f; SEEBASS 1997, 139).
Vorbild für dieses Vorgehen ist die Darstellung von EISSFELDT 1922, 30*, der den
Text auf „J" und „L" verteilt.

[79] So schon PROCKSCH 1924, 129; VAN SETERS 1975, 217f; BLUM 1984, 287;
LOADER 1990, 40; HAMILTON 1995, 44f.

[80] BLUM (1984, 187) im Anschluss an VAN SETERS 1975, 217f.

[81] So die Mehrzahl der o. Anm. 78 und Anm. 79 genannten Autoren.

[82] WESTERMANN 1981, 370f.

[83] COATS 1983, 142f.

[84] כְּהוֹצִיאָם אֹתָם הַחוּצָה („als sie sie hinausbrachten") vgl. V.16; פֶּן־תִּסָּפֶה
(„damit du nicht umkommst") vgl. V.15; die Variatio, die LXX an dieser Stelle zwischen V.15 (μὴ σύνατὸλη) und V.17 (μήποτε συμπαραλημφθῇς) vornimmt, ist ein
weiteres Indiz für eine literarkritische Scheidung.

[85] בְּכָל־הַכִּכָּר („im ganzen Kreis") vgl. V.25; אַל־תַּבִּיט („blicke nicht") vgl.
V.26.

[86] הִמָּלֵט עַל־נַפְשֶׁךָ („rette dein Leben") vgl. V.19f.22.

scheinen nur auf den ersten Blick an nahezu gleichlautende Formulierungen im primären Erzählbestand (Gen 18,3; 19,2) anzuschließen.
Die Wendung מצא חן „Gnade finden" kommt an insgesamt 43 Stellen im Alten Testament vor, nicht selten in der Kombination mit ב +
עין + Suffix („in den Augen von NN"), der Selbstbezeichnung des
Redenden als עבד „Diener" und/oder der Bezeichnung des Angere-
deten als ערני „mein Herr" (Gen 32,5f; 33,14f; Num 11,11; Ri 6,17;
1Sam 16,22; 25,8; 2Sam 14,22; 16,4). Nur in fünf Fällen ist die direkte Abfolge מצא חן unterbrochen, außer hier in Gen 19,19 noch
Gen 39,4; 1Sam 1,18; 25,8; 1Kön 11,19. Allein diese Abweichung
von der Standardformulierung ist ein Hinweis darauf, dass Gen 19,19
nicht im selben Zusammenhang gebildet wurde wie Gen 18,3 und
19,2[87]. Von Gen 19,18f sind aber auch Gen 19,20ff nicht zu trennen.
Die Notwendigkeit einer Zoar-Ätiologie ergab sich durch die literarische Verlagerung des Schauplatzes. Mit der Verschiebung der Szene-
rie nach Süden (Gen 19,24ff) musste auch erklärt werden, warum ein
solcher Ort südlich des Toten Meeres nicht oder nur andeutungsweise
zu erkennen war: weil er so klein und damit auch so unbedeutend
war, dass seine Lage nicht mehr ausgemacht werden konnte.

3. Genesis 19,29

3.1 Teil 19D Genesis 19,29–38

Gen 19,30–38 führen das Erzählmuster von Gen 19,1–11 fort. Die
Personenkonstellation von V.4–11 geht derjenigen von V.30–38 konform. Auf der Seite von Lots Familie sind nur Lot selbst und die zwei
Töchter genannt. Auch inhaltlich sind Übereinstimmungen augenfäl-
lig. So wie Lot die Töchter dem sexuellen Missbrauch ausliefern will,
wird er selbst von ihnen missbraucht. Im Hinblick auf V.30–38 wird
mitunter eine diachrone Abtrennung von der vorhergehenden Erzählung in Gen 19 erwogen. Zeev Weisman sieht in Gen 19,30–38 eine
Erzählung aus der Zeit Esras oder Nehemias, die gegen inzestuöse
Praktiken der jüdischen Gemeinde polemisiert[88]. Auch Gen 19,4–11
werden gern von V.1–3 literarkritisch abgesetzt. Levin sieht in V.4–
11 mehrheitlich die „jahwistische" Redaktion am Werk, während
V.1–3 überwiegend quellenhaft sein sollen[89]. Seebass will in V.4–11

---

[87] Dazu kommen inhaltliche Differenzen zwischen der konditionalen Formulierung Gen 18,3 und der konstatierenden in Gen 19,19; s. HAAG 1981, 181.
[88] WEISMAN 1992.

3 überwiegend quellenhaft sein sollen[89]. Seebass will in V.4–11 einen
späten, von Ri 19 abhängigen Textzusatz erkennen[90]. Allerdings sind
die Argumente, die für eine literarkritische Sonderung von Gen
19,30–38 und 19,4–11 vorgebracht werden, nicht stichhaltig. Eine
zeitliche Festsetzung, wie sie Weisman für 19,30–38 vornimmt, hat
die moralisierende Deutung des Abschnitts zur Voraussetzung. Diese
ist angesichts der Lage, in der Lots Töchter geschildert werden, nicht
am Platz. Der Text spricht eindeutig von einer Notsituation (V.31)[91].
Dagegen besteht V.4–11 eine solche Notsituation nur scheinbar, da
Lot auf das Eingreifen der Gottesboten rechnen kann. Die Proskinese
V.1b und die Darstellung der Bewirtung machen erzählerisch deutlich, dass er die Männer als solche erkannt hat. Insofern ist die Bereitschaft Lots, seine Töchter der Vergewaltigung preiszugeben, nicht
gleichzusetzen mit dem Verhalten der Töchter Lot gegenüber. Gen
19,30–38 ist demnach nicht im Sinne einer rechtlich oder moralisch
verwerflichen Praxis auszulegen wie sie eventuell aus 19,4–11 her-
auszulesen wäre. Eine Notwendigkeit, Gen 19,30–38 literarkritisch zu
sondieren, besteht nicht. Zu prüfen bleibt, inwiefern Gleiches auch
von Gen 19,4–11 gelten kann. V.11 erzählt von einer Bestrafung der
Bewohner. In dieser Hinsicht besteht zweifellos eine Querverbindung
zu dem späteren Einsatz Gen 18,23–33. Dieser nimmt jedoch den
Gesichtspunkt der persönlichen Schuld auf und führt ihn prizipiell
theologisierend weiter. Gen 18,23–33 vermeiden die Verwendung
irgendeiner Form von אִישׁ. Die Bewohner Sodoms sind nicht mehr
die „Männer Sodoms" אַנְשֵׁי סְדֹם (vgl. 19,4), sondern nur mehr entweder „Gerechte" צַדִּיקִם oder „Gottlose" רְשָׁעִים. Mit dieser Aus-
drucksweise soll jeder noch so vagen Möglichkeit vorgebaut werden,
in den „Männern" göttliche Wesen zu sehen. Zwar hat dies auch Gen
19,1–11 bereits geklärt. Die erzählerische Durchführung der
YHWH/Boten-Konzeption ist in diesem Abschnitt jedoch eher frei.
Dem Unterschied in der formalen Gestaltung von Gen 19,4–11 (Erzählung) und Gen 18,23–33 (streng komponierter Dialog) entspricht

---

[89] LEVIN 1993, 153–156.
[90] SEEBASS 1997, 142.150; anders HAAG (1981, 191), der zumindest in V.4–10
die Verwendung eines „Traditionsfragmentes" annimmt und deshalb Ri 19 als von
Gen 19 abhängig bestimmt; auch WESTERMANN (1981, 367) erkennt in V.4–11 ein
„aus einer älteren Erzählung" übernommenes Stück, bestimmt jedoch das Verhältnis
von Gen 19 und Ri 19 anders als Haag u.a.; zu dieser Frage s. u. Seite 211ff.
[91] GUNKEL 1910, 217–220; JACOB 1934, 465; RUDIN-O'BRASKY 1982, 135–139;
LOADER 1990, 45.

die literarhistorische Situation. Als Gen 18,23–33 eingesetzt wurde, war erzählerisch bereits festgeschrieben (Gen 19,4.11), dass alle Bewohner Sodoms schuldig und dass demnach unter ihnen keine „Gerechten" zu finden sind. Das Problem, ob der Gerechte mit dem Übeltäter vernichtet wird, konnte nur mehr rein theoretisch abgehandelt werden. Gen 19,4–11 muss daher nicht als später Textzusatz auf einer literarischen Ebene mit Gen 18,23–33 gelesen werden.

Ein Sonderproblem bildet Gen 19,29. Der Vers wird oft als eine Zusammenfassung der Gen 19,1–28 erzählten Ereignisse aufgefasst[92] und nahezu unisono P zugewiesen[93]. Schon Eerdmans weist jedoch darauf hin, dass der Vers im jetzigen Zusammenhang „ganz vereinzelt und bedeutungslos"[94] ist und deshalb nicht Zusammenfassung von V.1–28 sein kann. Folglich bestimmt er ihn als Einleitung zu V.30–38[95]. Formal ist dies korrekt. Durch das vorangestellte וַיְהִי leitet V.29 den gesamten Erzählabschnitt V.29–38 ein und markiert gleichzeitig eine Zäsur im Erzählgefälle von Gen 19.

Da Eerdmans Beobachtungen im Rahmen einer generellen Bestreitung der Urkundenhypothese geäußert wurden, blieben sie weitgehend unbeachtet[96]. Erst Rendtorff[97] und Blum[98], ebenfalls im Rah-

---

[92] „… nur eine beiläufige Zusammenfassung von ganz c. 18 19" (JACOB 1934, 463); „resümierende Schlußnotiz" (SEEBASS 1997, 138).

[93] NÖLDEKE 1869, 21f; DILLMANN 1892, 276; HOLZINGER 1898, 132; WELLHAUSEN 1899, 15; EISSFELDT 1922, 31*; NOTH 1948, 13; KILIAN 1966, 127f; VAN SETERS 1975, 285; VON RAD 1976, 175; ZIMMERLI 1976, 75; WESTERMANN 1981, 376; SEEBASS 1997, 149; SOGGIN 1997, 286. Selbst LOADER (1990, 44), der Gen 18f ansonsten als literarische Einheit behandelt, stimmt in den Chor mit ein. Allerdings weist er auf Ähnlichkeiten mit Gen 12,1–5 (sic !) hin. GUNKEL (1910, 262f mit Hinweis auf EERDMANS 1908, 11) und LEVIN (1993, 168) variieren minimal, indem sie lediglich V.29abα P, V.29bβγ jedoch der Endredaktion zuweisen. Lediglich VAN SETERS (1992, 164) hält V.29 für einen „J"-Text wegen der inhaltlichen Ähnlichkeiten zu Gen 18,16–33. Diese Bestimmung entspricht seiner These, im Buch Genesis „J" als Basistext, P dagegen im Sinne punktueller Ergänzungen zu lesen.

[94] EERDMANS 1908, 11. Schon DILLMANN (1892, XVIII) weist darauf hin, dass hier „eine nichts ergänzende" Wiederholung vorliegt, sofern der Vers einem nachjahwistischen P-Faden zugeschrieben wird. Seine Lösung liegt darin, P als Grundlage, „JE" als Ergänzung anzusehen.

[95] EERDMANS 1908, 11f; ähnlich JACOB 1934, 463: „nur Vordersatz zum nächsten [Vers]".

[96] Eva Gillischewski teilt die Zweifel Eerdmans. Allerdings verbindet sie V.29 mit V.27f und sieht diese zusammen mit Gen 18,17–22.33b; 19,23ff als Fragment einer ehemals kanaanäischen Erzählung von der Zerstörung Sodoms und Gomorras, die jetzt in „jahwistischer" Überarbeitung vorliegt. Mit der Mehrzal der LXX-Varianten muss sie in V.29 יהוה (κύριος) statt Elohim lesen. Diese Lesart dürfte jedoch eine nachträgliche Angleichung an V.24 sein (GILLISCHEWSKI 1923, 82).

men einer von der Quellentheorie absehenden Rekonstruktion der Entstehungsgeschichte des Buches Genesis, nahmen die Zweifel am P-Charakter von V.29 wieder auf. Beide Autoren halten allerdings daran fest, dass der Vers summarischen Charakter trägt und daher bereits Gen 18f in der vorliegenden Form voraussetzt. So bleibt hinsichtlich der Bestimmung des fraglichen Verses Gen 19,29 im Erzählzusammenhang von Gen 18f eine gewisse Ratlosigkeit[99].

3.2 Genesis 19,29

V.29 mag als Zusammenfassung der Gen 19,1–28 erzählten Ereignisse im vorliegenden Textzusammenhang „bedeutungslos" sein. Dennoch enthält der Vers eine kompakte Kurzversion dessen, was nach dem jetzigen Text in Kapitel 19 vorausgeht. Will man demnach in V.29 mit gutem Recht keine Zusammenfassung erkennen, so bleibt im Grunde nur die Hypothese, in diesem Vers die ältere Version der Gen 19,1–28 geschilderten Vorgänge zu sehen. Zumindest für die profetische Überlieferung war Gen 19,29 traditionsbildend, wie oben ausgeführt wurde[100]. Die profetische Überlieferung kennt die Formulierungen von V.29, jedoch nicht das jetzt vorliegende Erzählgefälle von Gen 19.

Um zu einer näheren Bestimmung der literarhistorischen Stellung von V.29 zu gelangen, sollten noch einmal die Argumente für eine Zuweisung zu P geprüft werden. Abgesehen von der Tendenz, eine wichtige Abrahamerzählung wie Gen 18f auch bei P zu finden, werden im wesentlichen drei Argumente genannt:

(1) Die Gottesbezeichnung Elohim soll ein Hinweis auf P sein[101]. Wie allerdings auch in der traditionellen Literarkritik anerkannt ist,

---

[97] RENTDORFF 1976, 125. Er kritisiert insbesondere die oberflächliche lexikalische Begründung für die Zuweisung zu P.

[98] BLUM 1984, 283 Anm. 8.

[99] Die These von Eerdmans wird von beiden Autoren nicht besprochen. Auch NOTH (1948, 13) nimmt zu der Verlegenheitsannahme Zuflucht, dass der vermeintliche P-Vers „nicht wohl anderwärts als im Anschluß an die Erzählung Gen. 18,1–19,28 unterzubringen war", weil „der Redaktor wohl oder übel auf die besonderen Erzählzusammenhänge in den alten Quellen Rücksicht nehmen" musste. WEIMAR (1988, 54 Anm. 141) will V.29 als Element der Pentateuchredaktion ansehen. Allerdings bleibt die alte, von Eerdmans gestellte Frage unbeantwortet, welchen Sinn eine solche endredaktionelle Notiz an dieser Stelle haben soll. LOZA (1995, 187) spricht von einem unnötigen Resumée, bleibt aber bei der Zuweisung an P.

[100] S. o. Seite 164–167.

[101] DILLMANN 1892, 276; HOLZINGER 1898, 132; LEVIN 1993, 168.

reicht das Kriterium des Gottesnamens allein für eine Quellenzuweisung nicht aus[102].

(2) Weiterhin wird gesagt, dass die Konzentration auf das Schicksal Abrahams ein Kennzeichen für P ist[103]. Dabei wird auf Gen 17 verwiesen[104]. Das besondere Interesse am Ergehen Abrahams ist jedoch charakteristisch für eine Reihe von Überlieferungen innerhalb der Abrahamerzählungen, die nicht P zugewiesen werden wie etwa Gen 12,1–3 oder Gen 15.

(3) Ein drittes Argument ist der Hinweis auf die Gen 19,29 vorausgesetzte Zerstörung mehrerer Städte. Die Wendung עָרֵי הַכִּכָּר „Städte des Kreises" verweist auf Gen 13,12. Werden Gen 12,4b.5; 13,6.11b.12abα zu einem P-Faden gerechnet, so ist dies das einzige stichhaltige Argument für eine entsprechende Zuweisung von Gen 19,29. Im Forschungsüberblick wurde bereits dargelegt, dass die Zugehörigkeit von Gen 12,5; 13,6.11.12abα zu P nicht zu erweisen ist[105]. Als Hypothese wurde erwogen, diese kurzen Textstücke als Teil einer die Genesis literarisch konstituierenden Toledoterzählung zu verstehen. Einer solchen literarhistorischen Zuweisung widersteht Gen 19,29 zunächst durch die in dem Vers verwendete Gottesbezeichnung Elohim. Die kurzen Abschnitte Gen 11,27–32*; 12,5; 13,6.11f* verzichten auf jede Gottesbezeichnung. Die Bezeichnung Elohim in Gen 19,29 dagegen rekurriert auf den gängigen Gebrauch in Gen 17. Sollte die im weitesten Sinne genealogische Notiz Gen 19,29, die das Schicksal Lots in kurzen Zügen erzählt, einmal zu einer Toledoterzählung gehört haben, so liegt eine solche an dieser Stelle nur mehr in P-Bearbeitung vor. Der in Gen 19 jetzt so vereinzelt da stehende Vers ist eine erste erzählerische Einlösung der Bundeszusage Gottes für Abraham und seine Nachkommen. So wie die Beschneidung auf seiten Abrahams ein Zeichen des Bundes darstellt (Gen 17,23–27), so ist das Gedenken an Abraham und die Errettung seines Neffen Lot (19,29), der in dieser Hinsicht ein „Nachkomme" Abrahams ist, das entsprechende erste Zeichen Gottes.

Ungeachtet dieser sowohl formal wie inhaltlich gerechtfertigten Zuweisung von Gen 19,29 an P repräsentiert der Vers eine frühe Pha-

---

[102] So u.a. schon EISSFELDT 1922, 5. Zumal die LXX-Handschriften mehrheitlich κύριος lesen, was allerdings Angleichung an V.24 sein dürfte.
[103] DILLMANN 1892, 276; GUNKEL 1910, 262f; LOADER 1990, 44; SOGGIN 1997, 286.
[104] WESTERMANN 1981, 376.
[105] S. o. Seite 126f.

se der literarischen Formierung von Gen 18f. Auf die einseitige Bezugnahme der profetischen Literatur, die lediglich Gen 19,29, nicht aber die vorausgehende Erzählung in Gen 18f zu kennen scheint, wurde bereits mehrfach hingewiesen[106]. Darüber hinaus scheint auch der literarisch primäre Erzählfaden in Gen 18f, wie er u.a. Gen 19,1–11 und 19,30–38 zu finden ist, Gen 19,29 vorauszusetzen. Zumindest könnte die Schuldzuweisung an die Bewohner Sodoms (19,4.11) als Ausschreibung der Formulierung von der Zerstörung der „Städte, in denen Lot gewohnt hatte" בַּהֲפֹךְ אֶת־הֶעָרִים אֲשֶׁר־יָשַׁב בָּהֵן לוֹט, interpretiert werden. Auch Gen 19,30–38 lässt sich als Ausgestaltung des weiteren Schicksals Lots nach seiner wunderbaren Errettung verstehen, wobei möglicherweise auf die Zusage, dass Abraham zum „Vater einer Menge von Völkern" וְהָיִיתָ לְאַב הֲמוֹן גּוֹיִם werden soll (Gen 17,4), Rücksicht genommen ist. Lässt sich das diachrone Verhältnis von Gen 19,29 zum primären Erzählfaden in Gen 18f nur mit einer gewissen Zurückhaltung erkennen, so ist doch offensichtlich, dass die sekundären Erzählpassagen Gen 19,17–22.24ff die Notiz V.29 voraussetzen. Insbesondere V.24ff schreiben V.29 aus. Die Erweiterung der geographischen Angabe um die Ortsangabe „Gomorra" (V.24), die erzählerisch keinerlei Funktion hat, trägt dem Ausdruck עָרֵי הַכִּכָּר „Städte des Kreises" V.29 Rechnung[107]. V.24 entspricht damit auch der profetischen Tradition, die nahezu durchgehend das Städtepaar Sodom/Gomorra nennt. Der Ausdruck כָּל־הַכִּכָּר „der ganze Kreis" (V.17.25) ist ein Kunstprodukt, das einen Ausgleich zu schaffen versucht zwischen den Ortsangaben כָּל־כִּכַּר הַיַּרְדֵּן „der ganze Jordankreis" (Gen 13,10f) und עָרֵי הַכִּכָּר (Gen 19,29). Der nördlich des Toten Meeres lokalisierte „Jordankreis" wird zu „dem Kreis" reduziert und gemäß der Einführung von Gomorra in den Süden des Toten Meeres verlegt. Damit war dann auch der Boden bereitet für eine ausführliche Zoar-Ätiologie (Gen 19,17–22) und für das Salzsäulenmotiv (19,26).

Anhand der Beobachtungen zu Gen 19,29 lässt sich als vorläufige Erkenntnis rekapitulieren, dass die in diesem Vers vorliegende Kurzversion der Lot-Erzählung den traditionsbildenden Kern der Erzäh-

---

[106] S. o. Seite 164–167.

[107] Unterstrichen wird dies durch die konstatierende Formulierung mit demonstrativem Rückverweis auf Sodom/Gomorra וַיַּהֲפֹךְ אֶת־הֶעָרִים הָאֵל „als er diese Städte zerstörte (V.25), die den Umstandssatz בַּהֲפֹךְ אֶת־הֶעָרִים „als er die Städte zerstörte" V.29 erläutert.

lung von Gen 18f darstellt. Die erzählenden Partien Gen 18,1–16;
19,1–16 und 19,30–38 sind demgegenüber weiterführende Ausschrei-
bungen. Diese vorläufigen Beobachtungen zwingen zu der Annahme,
dass ein zusammenhängender, gegenüber Gen 18f* literarisch primärer Erzählfaden mit Gen 17; 19,29 vorliegt. Im weiteren Verlauf der
Untersuchungen wird allerdings zu prüfen sein, ob sich die hier er-
wogene diachrone Bestimmung von P-Texten im Verhältnis zu
„jahwistischen" Erzählpartien bewährt. Gen 19,29 handelt von der
ersten, wenn auch nur äußerst partiellen Einlösung der weitgehenden
Zusagen für Abraham und seine Nachkommen, wie sie Gen 17 formuliert. Der eher marginale Charakter von Gen 19,29 in diesem Erzählzusammenhang könnte daher rühren, dass P hier eine kurze Notiz
redigiert, die vordem zu einer Toledoterzählung gehörte, zu der auch
Gen 11,27–32*; 12,5; 13,6.11f* zu zählen wären. Zumindest im Falle
von Gen 19,29 ist eine solche überlieferungsgeschichtliche Rekonstruktion jedoch nicht mehr verifizierbar.

4. *Genesis 18,1–16*

4.1 *Numeruswechsel*

Als Ergebnis der ersten kritischen Sichtung des Gesamttextes von
Gen 18f lässt sich ein primärer Erzählbestand festhalten, der die drei
Abschnitte Gen 18,1–16; 19,1–16; 19,29–38 sowie die Überleitungen
Gen 18,20a*.21f; 19,23.27f umfasst. Diese Erzählung wird im Fol-
genden Mamre-Sodom-Erzählung genannt. Die Mamre-Sodom-Erzählung scheint einen in P-Bearbeitung vorliegenden Vers (19,29)
formal zu integrieren und inhaltlich auszuschreiben. Erzähltechnisch
wird dies so gelöst, dass der Vers der dritten Szene der Mamre-
Sodom-Erzählung—der aus einer Notsituation heraus erzwungenen
Geburt Moabs und Ammons (19,30–38)—als Einleitung vorangestellt
wird. Eine solche Bestimmung von drei Erzählblöcken, die durch
Überleitungsverse verbunden sind, ebenso die Ausgrenzung des Dia-
logs Abraham/YHWH und der Zoar- wie der Salzsäulen-Ätiologie
bestätigt zunächst die Analyse von Gunkel[108]. Im Unterschied zu
Gunkel wird das solchermaßen bestimmte Erzählgefälle der Mamre-
Sodom-Erzählung jedoch ausschließlich für die literarische Formie-

---

[108] GUNKEL 1910, 193–220.

rung, nicht für ein vor- oder allenfalls frühliterarisches Stadium der Überlieferung postuliert.

Von den eingangs gestellten Fragen nach den variierenden Ortsnamen und den wechselnden Singular/Plural-Abschnitten[109] ist vorerst lediglich die erste geklärt. Hinsichtlich des auffälligen Numeruswechsels erkauft Gunkel seine These von der bereits vorquellenhaften Einheitlichkeit des älteren Erzählbestandes mit der Annahme, ursprünglich sei durchgehend Plural zu lesen. Die Einsetzung des Singulars bzw. des Tetragrammes beruhe auf einer „Überarbeitung", die jedoch „nicht nach einem Prinzip, sondern ganz wahllos" vorgegangen sei[110]. Inwieweit sich Gunkels Annahme in modifizierter Form für das Verständnis der literarischen Gestaltung des Textes als konstruktiv erweisen könnte, wird zu prüfen sein.

Bei der folgenden kritischen Sichtung der Vorschläge für eine Lösung des Numerusproblems sollen Gen 18,1–16 und insbesondere V.1 mit der Nennung der „großen Bäume Mamre" אֵלֹנֵי מַמְרֵא im Zentrum der Überlegungen stehen. An Versuchen, den Wechsel zwischen singularischem und pluralischem Aspekt zu erklären, fehlt es verständlicherweise nicht[111]. Neben der Kenntnisnahme neuzeitlicher Exegesen kann ein Blick auf Deutungsversuche von der Antike bis in das Mittelalter hilfreich sein.

4.2 *Septuaginta (LXX)*

Ein früher Versuch einer zumindest partiellen Auflösung der Numerusproblematik liegt mit der LXX-Überlieferung vor. Die zwei Problemstellen Gen 18,9f und Gen 19,18 werden „entschärft". Gen 18,9 liest LXX ebenso Singular εἶπεν wie in V.10 und löst so das offenbar anstößige Nebeneinander von וַיֹּאמְרוּ „sie sagten" (V.9) und וַיֹּאמֶר „er sagte" (V.10)[112]. Dieser Änderung entspricht die Konzeption, in Gen 18 durchgängig κύριος als Ansprechpartner Abrahams zu sehen: in V.3 wird die Singularanrede κύριε gewählt; dagegen steht in theologisch gefüllten, kommentierenden Passagen θεός, so in der Theophanie-Notiz V.1a[113] und in der Selbstreflexion YHWHs V.14a. Gen 19,18

---

[109] S. o. Seite 159.

[110] GUNKEL 1910, 194.

[111] Zur Forschungsgeschichte LOADER 1990, 22–26; LOZA 1995, 188ff.

[112] Die Gen 18,9 entsprechende Formulierung Gen 19,12 wird demgegenüber pluralisch wiedergegeben, da der masoretische Text Gen 19,13 im Plural bleibt.

[113] Dadurch wird die Parallelität der Formulierungen von Gen 17,1 und 18,1, die der masoretische Text zeigt (18,1a) וַיֵּרָא אֵלָיו יְהוָה / 17,1b וַיֵּרָא יְהוָה אֶל־אַבְרָם,

wird das unmittelbare Hintereinander von Pluralsuffix und singularischer Anrede auch in der LXX-Tradition beibehalten. Die vermeintliche Härte wird durch eine Änderung in V.16 zu mildern versucht.
Analog zu V.15 wird auch hier οἱ ἄγγελοι gelesen und die Variatio
des masoretischen Textes (הַמַּלְאָכִים V.15, הָאֲנָשִׁים V.16) geglättet.
Während die masoretische Version von „Boten" lediglich bei zwei
erzählerischen Neueinsätzen in Zusammenhang mit einer Tageszei-
tenangabe (V.1.15), ansonsten aber wie Gen 18 von „Männern" redet,
entspricht der abwechselnde Gebrauch von ἄγγελοι und ἄνδρες in der
LXX in etwa der θεὸς/κύριος-Konzeption von Gen 18. An theologisch
entscheidenden Stellen, beim Erscheinen V.1 und bei der Rettung
Lots V.15f agieren die „Boten", während ansonsten einfach die
„Männer" Lots Ansprechpartner sind. Insofern redet Lot V.18 unmittelbar die „Boten" als die Abgesandten Gottes an. Damit soll die
singularische Anrede V.18b erklärt werden. Insgesamt ist somit für
die LXX-Überlieferung eine Tendenz zu erkennen, den singularischen
Aspekt der Gottesdarstellung herauszuheben. Dabei wird die bereits
im masoretischen Text (Gen 18,22; 19,1.15) angedeutete Lösung
(YHWH und zwei Boten) weitergeführt. Diese Beobachtungen zeigen,
dass mit Hinweis auf LXX in Gen 18f keine vom masoretischen Text
abweichenden Lesarten als ursprünglich zu erweisen sind[114].

Eine Weiterführung der LXX-Konzeption findet sich Hebr 13,2.
Der hohe Wert der Gastfreundschaft (φιλοξενία) wird mit dem Hinweis auf namentlich nicht benannte Vorbilder begründet, die ohne ihr
Wissen Engel (ἀγγέλους) bewirteten. Offensichtlich sind Abraham
und Lot gemeint. Mit einer solchen Formulierung werden auch die
drei Männer von Gen 18,2, die LXX noch als ἄνδρες tituliert, im Sinne
von Gen 19,1.15f als Engel, d.h. als von Gott gesandte, aber von ihm
unterschiedene Boten gedeutet. Innerhalb der gesamtbiblischen Überlieferung ist daher der Versuch zu erkennen, das Numerusproblem

---

aufgegeben (καὶ ὤφθη κύριος τῷ Αβραμ / ὤφθη δὲ αὐτῷ ὁ θεός). Nach der LXX-
Version erscheint Abraham Gen 18,1a der Gott, der mit ihm ab Gen 17,3b geredet
hat (אֱלֹהִים / ὁ θεός). Das bedeutet eine gleichsam spiegelverkehrte Angleichung an
Gen 17. Der erscheinende Gott (Gen 17 κύριος / Gen 18 ὁ θεός) wird begrifflich
jeweils vom redenden (Gen 17 ὁ θεός /Gen 18 κύριος) unterschieden. Im masoretischen Text ist dies nur andeutungsweise Gen 17 zu beobachten.

[114] Dieses Verfahren wählen u.a. FRIPP (1892), um die Priorität einer singularischen Version, und EERDMANS (1908), um die Ursprünglichkeit der vermeintlich
polytheistischen Gottesbezeichnung Elohim zu erweisen. Auch punktuell, etwa in der
Beurteilung von Gen 18,9, wird mitunter auf LXX zurückgegriffen (KRAETZSCHMAR
1897, 83; HOLZINGER 1898, 153; PROCKSCH 1924, 119).

von Gen 18f literarisch zu klären. Die schrittweise Ersetzung der
„Männer" durch „Boten" löst das offenbar anstößige Nebeneinander
der Erscheinung YHWHs und der drei Männer Gen 18,1f im Sinne
einer Konstellation, die Gott als in sich souverän sieht (Theophanie,
Selbstgespräch). Als Kyrios teilt er den Menschen Entscheidendes
mit und über seine Boten ist er für die Menschen erreichbar.

4.3 *Die jüdische Tradition*

Die jüdische Auslegungstradition der späthellenistisch-römischen
Zeit beschäftigt sich zumindest punktuell mit der Singular/Plural-
Thematik. Philo versucht, durch eine allegorische Deutung die Rede
von den drei Besuchern mit der in der hellenistischen Welt verbreiteten Vorstellung einer Göttertrias[115] zu vermitteln[116]. Dabei löst er die
drei im Text zu findenden Gottesbezeichnungen so auf, dass die drei
Besucher als drei Engelgestalten gedeutet werden, die allegorisch für
YHWH als Zentralfigur (ὁ ὤν), flankiert von Elohim (θεός) und Ado-
nai (κύριος), gedeutet werden. Ob ein Mensch direkten Zugang zu
dem einen Gott, der sich hinter den drei Gestalten verbirgt, oder lediglich vermittelnden Zugang über die drei Engel findet, hängt von
seiner psychischen Befindlichkeit ab. Hier wird die Numerusproblematik von der literarischen Ebene auf die Ebene der Rezipienten ver-
lagert. Die rechte Gotteserkenntnis hängt von der entsprechenden
Grundbefindlichkeit ab.

In der schwer überschaubaren rabbinischen Überlieferung[117] ab
dem 2. Jh. n.Chr. scheint das Numerusproblem wenig beachtet zu
sein, wohingegen die Zerstörung der Städte und die Sünde der Bewohner Sodoms ausführlich kommentiert werden[118]. Diese Tendenz
entspricht der alttestamentlichen Überlieferungsgeschichte, in der das
Schicksal der Städte sowie die Frage nach Schuld und Gerechtigkeit
Hauptthemen der sekundären Fortschreibungen in Gen 19,17–22.24ff
bzw. Gen 18,23–33 sind.

---

[115] NIEHR 1998, 170–194.

[116] De Abrahamo 107–132, v.a. 119–132; Quaestiones in Genesin 4,2ff; vgl.
LOADER 1990, 86ff.91; HAHN 1993.

[117] JACOB (1934, 435f) nennt drei Interpretationsvarianten: (1) profetische Wesen,
(2) Engel, (3) YHWH und zwei Begleiter; zu Auslegungen im Talmud (drei Engel)
und im Koran (Gott und zwei Boten) s. BEGRICH 1989, 224.

[118] LOADER 1990, 104–117.

4.4 *Die frühchristliche Tradition*

In der christlichen Tradition bot sich Gen 18 als eine der wenigen biblischen Belegstellen für trinitarische Aussagen an. Allerdings fand diese trinitarische Deutung erst mit und nach Augustin weite Verbreitung. Vom 2. bis zum 4. Jh. n.Chr. tauchen v.a. christologische Interpretationen auf, die in den drei Männern Christus und zwei Engel erkennen[119]. Daneben ist die biblische Sicht zu finden, nach der alle drei Gestalten Engel sind[120]. Die trinitarische Deutung hat sich bis in das ausgehende Mittelalter gehalten[121]. Sie ist selbst noch in modernen Exegesen präsent, die mit der literarischen Einheitlichkeit von Gen 18,1–16 argumentieren und die Singular/Plural-Variation als Hinweis auf das für den Menschen nur annäherungsweise zu ergründende Geheimnis Gottes deuten[122].

4.5 *Literarkritik*

Die neuzeitliche Exegese bietet im wesentlichen drei Erklärungsansätze für das Numerusproblem an: den literarkritischen, den überlieferungsgeschichtlichen und die These der literarischen Einheitlichkeit des Textes, verbunden mit dem Hinweis auf eine möglicherweise komplizierte vorliterarische Überlieferungsgeschichte.

Literarkritische Versuche zu Gen 18f im traditionellen Sinn sind vergleichsweise selten, da sich kaum ein Ansatz zur Quellenscheidung bietet. Richard Kraetzschmar und Rudolf Smend sen. verteilen

---

[119] VON ERFFA 1995, 91–102.

[120] LOADER 1990, 127–138. Diese Interpretation hielt sich noch lange Zeit neben der trinitarischen. So reden Pilgerberichte des 4. bzw. 7. Jahrhunderts von „Engeln" (DONNER 1979, 63.380; s. auch o. Seite 36–39).

[121] Als ein Beispiel sei der bereits im Zusammenhang mit den archäologischen Fragen zu Mamre angeführte russische Pilger Daniel (12. Jh.) erwähnt, der ohne weiteres von einer trinitarischen Deutung ausgeht (KHITROWO 1889, 43). Auch für Luther war eine solche Interpretation noch selbstverständlich, vgl. BEGRICH 1989, 224 mit Quellenangaben.

[122] VON RAD (1976, 161) meint, dass der Erzähler „Jahwe selbst doch mit dem Schleier eines Inkognito umgab"; ähnlich BLUM 1984, 277. BEGRICH (1989, 224) zitiert zunächst zweimal Luther im Sinne einer trinitarischen Auslegung, um dann fortzufahren: „Die Erzählung läßt um die drei Männer ein Geheimnis, das nicht gelüftet wird". Der Numeruswechsel erweist nach BEGRICH (1989, 227) die Erzählung „als eine schöne, einheitliche Komposition", die „die gewagteste Theologie des Alten Testaments" (230) enthält. Solche extremen Formulierungen sind wohl nur nachvollziehbar, wenn davon ausgegangen wird, dass in Gen 18 ein Kernstück christlicher Theologie vorgebildet ist. Dem entspricht auch der Hinweis auf formale Parallelen in Lk 1 (BEGRICH 1989, 227f).

den Text auf zwei „jahwistische" Erzählfäden (J[1] und J[2])[123]. Kraetz-
schmar rechnet Gen 18,1a zur singularischen, 18,1b zur pluralischen
Reihe[124]. Die singularische gilt ihm als die ältere, da sie „lokales"
Interesse zeigt, währenddem die Pluralversion „religiös" motiviert ist.
Erst ein Redaktor R[j] hat beide Reihen verbunden. Dieser Redaktor ist
auch für die Zusammenarbeitung von Gen 18,1a und 18,1b verant-
wortlich. Für Smend ist die Beobachtung inhaltlicher Gegensätze der
Ansatzpunkt zur Quellenscheidung[125]. Leider erwähnt Smend deshalb
Gen 18,1 gar nicht. Otto Eissfeldt führt den Ansatz von Kraetzschmar
und Smend weiter und verteilt Gen 18f auf zwei Quellen („L" und
„J")[126]. Dabei hält er weitgehend die Trennung zwischen singularischen und pluralischen Formulierungen ein. Im Gegensatz zu Kraetzschmar stellt für Eissfeldt die pluralische Fassung („L") die ältere dar.
Demzufolge steht Gen 18,1a in der jüngeren („J"), während V.1b die
ältere Version („L") eröffnet. Deutlicher als bei Kraetzschmar wird
die fehlende innere Geschlossenheit beider Erzählfäden sichtbar[127].

---

[123] KRAETZSCHMAR 1897; SMEND 1912, 55–58.
[124] Die Singular-Reihe umfasst Gen 18,1a.3.9–15.17–19.20f.22b–33a; 19,17*.
19–22.23–26*.27; die Plural-Reihe Gen 18,1b.2.4–8.16.22a.33b; 19,1–13.18.14–
16.28.
[125] Einmal schickt YHWH Männer, um Sodom zu zerstören (Gen 19,13), dann zerstört doch YHWH selbst (Gen 19,24f). Gen 19,12 nennt die gesamte Familie Lots,
dagegen setzen Gen 19,8.30–38 lediglich Lot und zwei Töchter voraus (SMEND 1912,
55).
[126] EISSFELDT 1922, 11.27*–32*.257*ff.
[127] EISSFELDT 1922, 11.27*f. Ein Blick auf die Verhältnisse in Gen 18,1–16 genügt. Zur „L"-Fassung gehören V.1b.2.4.5.6 (ohne סֹלֶת „Feinmehl", besser jedoch
„dunkles Mehl", DALMAN 1913).7–9. Für die quellenkritische Trennung von V.9 und
V.10 ist nach EISSFELDT (1922, 258*) überraschenderweise nicht die Numerusproblematik ausschlaggebend, sondern inhaltliche Differenzen („v.9 ist Sara im Zelte,
nach v.10ff steht sie draußen vor") und das zweifache אִשְׁתֶּךָ. Die Frage nach Sara
V.9 ist aber nach der vollzogenen Mahlzeit reichlich unmotiviert, wenn sie nicht
szenisch weitergeführt wird, d.h. wenn auf V.9 gleich V.16 folgt. Die „J"-Version
umfasst V.1a.3.6 (nur סֹלֶת).10–15. Bis auf das literarisch versprengte סֹלֶת von V.6
(nach EISSFELDT 1922, 258* vielleicht auch eine Glosse) könnte man dieser Fassung
notfalls einen Sinn abgewinnen. Allerdings ist bei der zentralen Sohnesverheißung
V.10 immer noch nicht klar, mit wem YHWH eigentlich redet, d.h. wessen Frau Sara
ist. Das können Leser/Hörer erst eher beiläufig aus V.11 erschließen. Auch in der
Logik einer fortlaufenden „J"-Erzählung bleibt unklar, wer mit אֵלָיו V.1a gemeint
ist. Der letzte vorausgehende „Er" bei „J" ist, nach Eissfeldts Analyse, Ismael (Gen
16,12)!

Eine Erklärung für die jeweilige Unvollständigkeit gibt Eissfeldt nicht[128].

Die These von einer älteren pluralischen und einer jüngeren singularischen Schicht hat Rudolf Kilian breit ausgeführt[129]. Allerdings gibt Kilian die These einer älteren „Laienquelle L" auf. Nach seiner Analyse gehört die ältere Pluralversion zu einer Gen 12f*.18f* umfassenden „nichtquellenhaften Verbindung von Abrahamerzählungen"[130]. Die jüngere Singularschicht ist Redaktionsarbeit des „Jahwisten"[131]. Ebensowenig wie Eissfeldt gelingt es jedoch Kilian, eine in sich geschlossene Gestalt zumindest der älteren Version zu rekonstruieren. Die ohne jegliche Fortsetzung in der älteren Version stehenden beiden Anfangsworte von Gen 18,9 אֵלָיו וַיֹּאמְרוּ „sie sagten zu ihm"[132] werden nur notdürftig mit der These vertreten, dass auch die Pluralversion einmal eine Sohnesankündigung enthielt[133]. Die Schwierigkeiten zeigen sich auch bei der Beurteilung von Gen 18,1. V.1a wird nicht, wie im Gefälle von Kilians Analyse zu erwarten, der jüngeren Singularschicht zugerechnet. Der fehlende direkte Hinweis auf Abraham erklärt sich nach Kilian nur dadurch, dass eine direkte Anbindung an Gen 13,18 gegeben ist. Gen 13,18 kann aber nicht „jahwistisch" sein, „weil sich dieser Vers einmal terminologisch von den J-Zusätzen in Gen 12f unterscheidet, zum anderen aber auch die Verbindung von Gen 13 mit Gen 18f. älter sein muss als der J-Einschub Gen 15f."[134]. Daher postuliert Kilian einen zwischen der älteren Pluralschicht und der jüngeren Singularschicht angesiedelten „Sammler" bzw. „Redaktor", der zur Verbindung von Gen 13 mit Gen 18 die kurzen Bemerkungen Gen 13,18 und 18,1a formulierte, ansonsten aber weder in Gen 13 noch in Gen 18f „aufweisbar" ist[135]. Auch Gen 18,1b ist in der vorliegenden Form nicht der Anfang der Pluralversion gewesen. Da V.6 mit der Nennung des Zeltes insgesamt zur jüngeren Singularschicht gestellt wird[136] und der Hinweis auf das

---

[128] EISSFELDT (1922, 257*) spricht im Gegenteil von „zwei geschlossene[n] Erzählungsfäden".

[129] KILIAN 1966; 1989.

[130] KILIAN 1966, 289.

[131] So ausdrücklich KILIAN 1989, 159.166f.

[132] KILIAN 1966, 101f.

[133] KILIAN 1966, 176. Als „unsicher" korrigiert KILIAN 1989, 159f.

[134] KILIAN 1966, 96.

[135] KILIAN 1966, 96.

[136] KILIAN 1966, 100.

Zelt הָאֹהֶל מִפֶּתַח („vom Eingang des Zeltes") V.2 „eigentlich unnö-
tig"[137] bzw. „ungeschickt dazwischengeschoben"[138] ist, folgert Kilian
zu V.1b, „dass dort ursprünglich ebenfalls der Baum und nicht das
Zelt genannt war. Streicht man zudem v. 1a als der Pl.-Version gegenüber sekundär, dann ist anstelle von והוא ein älteres ואברהם zu
postulieren. So könnte dann der Auftakt der Erzählung einst gelautet
haben: ואברהם ישב תחת העץ כחם היום"[139]. Von dem jetzt vorliegenden Bestand (11 Wörter, 42 Zeichen) bleibt etwa ein Viertel
(drei Wörter, zehn Zeichen), der Rest ist freie Bildung. Durch überlieferungsgeschichtliche Überlegungen wird die Analyse von V.1 noch
mehr verdunkelt. Gemäß seiner literarkritischen Scheidung führt Kilian aus, dass die ältere Pluralversion „an einem (heiligen) Baum"
lokalisiert ist[140]. Mit geradezu akrobatisch anmutender Argumentation
versucht er aber im Anschluss an diese Erkenntnis, Mamre/Hebron
als lokalen Haftpunkt der alten Erzählung zu retten:

> Da 18,1a der Pl.-Version gegenüber sekundär ist, findet sich in der Pl.-
> Version selbst kein expliziter Hinweis dafür, dass diese Erzählung an
> Mamre/Hebron gebunden ist. Doch da die drei mit Abraham zusam-
> men auf Sodom hinabblicken, da die Szene unter einem offenbar be-
> kannten Baum spielt und da der Verfasser von 13,18 die Pl.-Version
> von Gen 18 in Mamre lokalisiert wusste, sonst hätte er ja den Abraham
> von Gen 13* nicht eigens nach Mamre ziehen lassen müssen, da so die
> Ortsangabe in 18,1a nicht als erfundene Konstruktion verstanden wer-
> den kann, muß in der Tat angenommen werden, dass die Pl.-Version
> von 18 schon immer in Mamre lokalisiert war...[141].

Zu ähnlichen Ergebnissen wie Kilian kommen Herbert Mölle[142] und
Ernst Haag[143]. Die letzte minutiöse literarkritische Analyse hat Chri-

---

[137] KILIAN 1966, 97.
[138] KILIAN 1966, 98. Im Zusammenhang der Motive „Zelt" und „Baum" spricht
KILIAN (1966, 99) von einem „doppelten Haftpunkt". Diese Formulierung suggeriert
zumindest, dass eine der beiden Angaben den Ort der Entstehung der Erzählung
nennt. Eine solche Annahme ist jedoch bei der Allgemeinheit der Ausdrücke unsinnig. Daher ist die Rede von zwei Ortsangaben sachgerechter.
[139] KILIAN 1966, 101.
[140] KILIAN 1966, 286.
[141] KILIAN 1966, 286.
[142] MÖLLE 1973. Mölle isoliert in Gen 18,1–16 eine Singularversion, die
V.1a.(3).(6).9aßb.10–15 umfasst. Er bestimmt sie im Sinne einer „Isaaknamenety-
mologie" als „literarisches Produkt des Jahwisten" (MÖLLE 1973, 34f). Wie Kilian
behält Mölle die literarische Trennung zwischen V.1a und V.1b bei, obwohl er „eine
offensichtliche Spannung" nur zwischen V.1a und V.2a erkennt (MÖLLE 1973, 22f)

stoph Levin vorgelegt[144]. In der relativen Textschichtung von Gen 18,1–16 sowie in der Beurteilung von Gen 18,1 trifft er sich dabei weitgehend mit Eissfeldt und v.a. mit Kilian. V.1b–8.16a überwiegt der vorjahwistische Textanteil (J^Q), auch wenn dieser gegenüber den älteren Analysen reduziert ist[145], in V.1a.9–15 dagegen ist überwiegend Redaktionsarbeit des „Jahwisten" (J^R) zu finden[146]. Wie Kilian will auch Levin die Numerusproblematik im Sinne einer Zuweisung der pluralischen Partien an die vorjahwistische Quelle, die Einsetzung des Singulars dagegen der „jahwistischen" Redaktion zuschreiben. Allerdings kapituliert Levin bereits im Vorfeld einer ernsthaften literarkritischen Bewältigung, wenn er einschränkt, dass „der Singular für den Jahwisten kein Prinzip" ist, sondern allenfalls bei seinen freien Formulierungen angewandt wird, ansonsten jedoch „auch der Plural aus seiner Feder stammen" kann[147]. Ebensowenig wie in der Numerusproblematik findet Levin in der Frage der verschiedenen Ortsangaben eine weiterführende Antwort. Der Auslegungstradition folgend, postuliert auch er für J^Q einen direkten Anschluss zwischen Gen 13,18a und Gen 18,1b[148]. Gen 18,1a dagegen gehört zu J^R. Die Wendung בְּאֵלֹנֵי מַמְרֵא „bei den großen Bäumen Mamre" steht nach

---

und die Trennung zwischen den beiden Vershälften in V.1 nur aufgrund des Subjektwechsels vermutungsweise vornimmt (MÖLLE 1973, 25).

[143] HAAG 1981. Mit den traditionellen Argumenten behält Haag die Trennung zwischen Gen 18,1a und 18,1b bei. V.1a zählt er allerdings zu einer alten „Mamreerzählung", die im wesentlichen mit der von seinen Vorgängern herausgearbeiteten Singularschicht in Gen 18,1–16 übereinstimmt. Die pluralischen Abschnitte Gen 18,1b–9aα sind nach Haag dagegen Bestandteil einer umfassenden „jehowistischen" Redaktion (Gen 18,10bβ.13.15a und der Hauptbestand des erzählenden Materials in Gen 19), die durch eine Verbindung der „Mamreerzählung" mit einer ebenfalls relativ kurzen „Sodomerzählung" (Gen 19,1a.12abαc.13a.14abαc.15a.16abαc.23a.24b) den erzählerischen Grundbestand von Gen 18f erst formiert hat. Sowohl die „Mamreerzählung" als auch die „Sodomerzählung" weist Haag „J" zu. Der literarische Zusammenhang der beiden Erzählungen bleibt allerdings unklar. Einen erkennbaren Erzählzusammenhang formuliert erst der „Jehowist".

[144] LEVIN 1993, 57.153–158.

[145] Zur „J"-Redaktion rechnet LEVIN (1993, 153ff.158) noch V.5aβb.6. Dagegen ist V.7 nachredaktionelle Ergänzung.

[146] Abgesehen von den Ergänzungen V.10 (וְהוּא אַחֲרָיו).11b.15. Insbesondere die Ausgrenzung von V.15 als nachredaktionelle Ergänzung verwundert. Die Begründung für diese Bestimmung ist nicht einsichtig: „...ergreift... unversehens Sara das Wort... Das verstößt gegen die Sitte, und überdies verwirrt es den Aufbau der Szene" (LEVIN 1993, 157). Eine solche Einlassung ist kein literarkritisches Argument.

[147] LEVIN 1993, 153.

[148] LEVIN 1993, 155f.

dieser Analyse sowohl in J^Q (Gen 13,18) als auch in J^R (Gen 18,1a). Ebensolches gilt für פֶּתַח־הָאֹהֶל „am Eingang des Zeltes" (J^Q 18,1b.2; J^R 18,10). In der vorjahwistischen Quelle J^Q sind demnach drei Ortsbestimmungen hintereinander zu finden: die „großen Bäume Mamre" (13,18), der „Zelteingang" (18,1b.2) und „unter dem Baum" (18,4.8). Die „jahwistische" Redaktion bringt nur noch die ersten beiden. Eine solche Sicht der Dinge verlangt zumindest nach einer ausführlichen Erklärung[149]. Im Rahmen der literarkritischen Versuche von Eissfeldt, Kilian und Levin bewegt sich auch die Interpretation von Horst Seebass[150]. Allerdings wird hier eine Beurteilung durch die mitunter unklare Darstellung erschwert[151]. Soweit ich sehe, erkennt Seebass in Gen 18,1aβ–16 einen weitgehend zusammenhängenden „J"-Text[152], in dem sich V.9–15 als ein eigens von „J" eingesetzter Abschnitt noch einmal herausheben[153]. Eine Variation zur Auslegungstradition ist lediglich seine Unterteilung von V.1 in V.1aα als einem von der Pentateuchredaktion hinzugesetzten „Kommentar zur Erzählung"[154] und V.1aβb als Beginn der „J"-Erzählung[155].

Zusammenfassend lässt sich feststellen, dass die Numerusfrage mit literarkritischen Versuchen, selbst unter partieller Zuhilfenahme redaktionsgeschichtlicher und überlieferungsgeschichtlicher Verfahren, nicht zu lösen ist. Jeweils in sich geschlossene Singular- und Pluralversionen sind nicht aufzuweisen. Auch Gen 18,1 mit dem fehlenden Personennamen und den beiden Ortsangaben findet keine befriedigende Erklärung.

---

[149] Die Erklärung, die LEVIN (1993, 156) für den Gebrauch von אֵלֹנֵי מַמְרֵא bei J^Q gibt, verdunkelt den Sachverhalt noch mehr: „Es scheint mir nicht ausgeschlossen, dass der Schauplatz der Terebinthen von Mamre... ein verschlüsselter Rückgriff auf die Wahrsager-Terebinthe... in 12,6 ist".

[150] SEEBASS 1997, 114–135.

[151] Diffusität und Inkonsequenz gehen bis in die Übersetzung: die Angabe בְּאֵלֹנֵי מַמְרֵא Gen 18,1 übersetzt SEEBASS (1997, 114) „bei den heiligen Bäumen von Mamre", den wortgleichen Ausdruck Gen 13,18 aber „bei den Wahrbäumen von Mamre" (1997, 31)!

[152] SEEBASS 1997, 133.

[153] SEEBASS 1997, 134.

[154] SEEBASS 1997, 117; ähnlich SEEBASS 1997, 118.133.

[155] Dabei kommt man freilich ohne Textänderung nicht aus, denn וְהוּא יֹשֵׁב בְּאֵלֹנֵי מַמְרֵא ist syntaktisch als Erzählanfang ausgeschlossen.

4.6 *Überlieferungsgeschichte*

Bei den überlieferungsgeschichtlichen Interpretationen ist zu unterscheiden zwischen den Textanalysen, die Gen 18f als weitgehend
einheitlichen „J"-Text mit einer mehr oder minder komplizierten
vorliterarischen Überlieferungsgeschichte betrachten, und den Arbeiten, die die verschiedenen Überlieferungsstadien noch literarisch
kenntlich machen. Die erstgenannte Gruppe ist für die Frage des Numeruswechsels nur am Rande auszuwerten. So geht die Rekonstruktion der vorliterarischen Überlieferungsgeschichte des Textes durch
Martin Noth zwar auf die verschiedenen in Gen 13 und 18f zu findenden Ortsbezeichnungen ein, ist aber geprägt von einer geradezu
phantasievollen Hypothetik[156]. Demzufolge belassen es etwa Gerhard
von Rad[157], Walther Zimmerli[158], Josef Scharbert[159] oder George
Wesley Coats[160] bei dem Hinweis auf den zusammengesetzten Charakter des Textes, ohne weiter auf seine Vorgeschichte einzugehen.
Erst Robert Kümpel[161] und James A. Loader[162] versuchen wieder, die
Vorstufen der heutigen Textgestalt herauszuarbeiten. Kümpel setzt
bei der Aporie der Literarkritik an, die nicht in der Lage ist, zwei
durchgehende, nach dem Numerus unterschiedene Schichten aufzuweisen[163]. Deshalb plädiert er für eine überlieferungsgeschichtliche
Lösung und postuliert eine kanaanäische Heiligtumslegende, die zunächst durch „Abrahamsleute" überarbeitet und dann in „J" integriert
wurde[164]. Aus Gen 18,1 und Motiven aus Gen 19 rekonstruiert er
einen hypothetischen Erzählanfang der alten Legende[165]. Dagegen
schreibt er das Theophaniemotiv in Gen 18,1a „J" zu. In diesem Zusammenhang spricht sich Kümpel gegen eine unmittelbare erzähleri-

---

[156] NOTH 1948, 168f. S. o. Seite 109.
[157] VON RAD 1976, 160 spricht von der Zusammenstellung ursprünglich voneinander unabhängiger „Überlieferungsstoffe".
[158] ZIMMERLI (1976, 75) konstatiert „die Komposition mehrerer recht verschiedenartiger Stoffe".
[159] SCHARBERT (1986, 147) erwähnt eine „alte Abraham-Lot-Tradition", die „J"
aufgenommen hat.
[160] COATS (1983, 136ff) erwähnt verschiedene „reports" und „scenes", die zu einer „J"-Erzählung verbunden wurden.
[161] KÜMPEL 1977.
[162] LOADER 1990, 15–48.
[163] KÜMPEL 1977, 153–161.
[164] KÜMPEL 1977, 162–166.
[165] ויהי איש אחד באלון ממרא „es war ein einzelner Mann bei dem großen
Baum Mamre" (KÜMPEL 1977, 162 Anm. 45).

sche Verbindung zwischen Gen 18,1 und 13,18 aus. Die Vermutung, dass Gen 13,18 „der Einleitung von Gen 18,1 nachgebildet worden"[166] sei, ist immerhin bemerkenswert. Auch Loader bleibt weit näher am vorfindlichen Text als Noth, geht allerdings auf spezielle Probleme wie die Singular/Plural-Variation nicht ein[167].

Die zweite Gruppe von Arbeiten nimmt die in den literarkritischen Versuchen herausgestellte Unterscheidung zwischen Gen 18,1a.9–15 und 18,1b–8 auf. In einer wenig beachteten Arbeit stellt Benjamin Uffenheimer das Numerusproblem heraus[168]. Eine harmonisierende Lösung ist nicht möglich, weil die Motive in V.1 (Erscheinen YHWHs) und in V.2 (Aufblicken) zwar jeweils einen Erzählanfang markieren können, ansonsten jedoch in der alttestamentlichen Überlieferung nie kombiniert vorkommen. Daher rekonstruiert Uffenheimer zwei volkstümliche Legenden[169], eine singularische (V.1.3.9–15)[170] und eine pluralische (V.2.4–8.16.22a), die durch eine theologisierende Interpretation zur vorliegenden Erzählung verbunden sind. Auf die Frage einer diachronen Unterscheidung der beiden Legenden geht Uffenheimer nicht ein[171]. Dies tun auf je eigene Weise John Van Seters[172] und Claus Westermann[173], indem sie die Szene der Ankündigung eines Sohnes, d.h. im wesentlichen die Singularversion, als die ursprüngliche Erzählung herausstellen. Nach Van Seters ist die Geburtserzählung (V.1a.10–14) das „older folklore theme"[174]. Dagegen

---

[166] KÜMPEL 1977, 166 Anm. 50.

[167] LOADER (1990, 46ff) rekonstruiert eine alte Tradition über eine Katastrophe am Toten Meer, zwei nichtisraelitische Überlieferungen aus vorstaatlicher Zeit (Besuch der drei Götter und Ursprung der Moabiter/Ammoniter) sowie eine Tradition über die Siedlungsgebiete Abrahams und Lots, ebenfalls aus vorstaatlicher Zeit. Diese verschiedenen Traditionen hat ein Autor des 7. Jhs. v.Chr. zu einer kohärenten Erzählung organisiert, die dann in das Werk von „J" eingebunden wurde.

[168] UFFENHEIMER 1975.

[169] Zumindest die singularische Version wird als eine „original popular legend" gekennzeichnet (UFFENHEIMER 1975, 151).

[170] UFFENHEIMER (1975, 150) muss allerdings auch die LXX-Fassung von V.9 bemühen, um einen durchgehend singularischen Text zu erhalten.

[171] Dafür stellt Uffenheimer heraus, dass in der jüdischen Auslegungstradition die anthropomorphen Züge der Gotteserscheinung häufig unterstrichen und ausgebaut werden.

[172] VAN SETERS 1975, 209–221; ohne Änderungen übernommen in VAN SETERS 1992, 246ff.257–261.

[173] WESTERMANN 1981, 329–343.

[174] VAN SETERS 1975, 211. Kritisch dazu BLUM 1984, 276f Anm. 18. Blum hat sicherlich Recht, wenn er bemängelt, dass Van Seters mit V.1a „die überschriftartige Einleitung der Erzählung an die Stelle von deren Erzählsubstanz zu setzen versucht."

ist die Szene der himmlischen Besucher (V.1b–9) keine eigenständige Erzählung, sondern lediglich ein im Mittelmeerraum umlaufendes Motiv relativ junger Provenienz, das der „Jahwist" auf V.1a.10–14 hin gestaltete. Sicherlich ist richtig, dass die griechischen Parallelen, die Gunkel auflistet[175], nicht in die erste Hälfte des 1. Jts. v.Chr. hinein reichen. Dennoch ist diese Beobachtung kein hinreichendes Argument für die diachrone Verhältnisbestimmung, die Van Seters vornimmt. Westermann rekonstruiert zwei alte Erzählungen, eine „Verheißung eines Kindes an ein kinderloses Ehepaar" (A) und den „Besuch eines (oder mehrerer) Gottesboten (oder Gottes)" (B) als Grundlage der heutigen Textgestalt von Gen 18,1–16[176]. Beide Erzählungen wurden noch im vorquellenhaften Stadium zusammengearbeitet und daraus erwuchs der „willkürliche" Numeruswechsel[177]. Erzählung A ist die relativ ältere, weil die Sohnesverheißung in die „Väterzeit" gehört[178]. Dagegen muss Erzählung B nicht zur älteren Gestalt gerechnet werden. Vielmehr wurde die ältere Erzählung A aufgrund eines sumerischen Vorbildes, v.a. aber nach dem Muster von 2Kön 4,11–17, um Erzählung B erweitert[179]. Diese Rekonstruktion der Überlieferungsgeschichte bringt Westermann in große Schwierigkeiten bei der Analyse von V.1. V.1aα bestimmt er als redaktionelle Überschrift[180]. Da V.1aβb in sich syntaktisch und inhaltlich nicht stimmig ist, muss er einen hypothetischen Erzählanfang für die aus A und B kombinierte Version postulieren[181]. Die ältere Version A erhält nur dann als abgeschlossene Erzählung einen Sinn, wenn V.11 vorangestellt wird[182]. Westermann muss somit Textänderungen vornehmen, die durch keine Überlieferung gedeckt sind.

Die überlieferungsgeschichtlich orientierten Arbeiten tragen nur unwesentlich zur Klärung der literarischen Verhältnisse in Gen 18,1–16 bei. Die Rekonstruktion einer vorliterarischen Überlieferungsgeschichte bewegt sich meist im Raum nicht kontrollierbarer Vermu-

---

[175] GUNKEL 1910, 193f.200; vgl. VAN SETERS 1975, 209 Anm. 1.
[176] WESTERMANN 1981, 332.
[177] WESTERMANN 1981, 337.
[178] WESTERMANN 1981, 333. Kritisch dazu BLUM 1984, 276f Anm. 18.
[179] WESTERMANN 1981, 334. Die sumerische Parallele, die Westermann anführt, erzählt jedoch nur von einem Gott, der auch keineswegs in Menschengestalt erscheint.
[180] WESTERMANN 1981, 335.
[181] WESTERMANN 1981, 336.
[182] WESTERMANN 1981, 340.

tungen. Allerdings wird nahezu durchgängig an einer diachronen Unterscheidung zwischen V.1.9–15 und V.2–8.16, wie sie die literarkritisch orientierten Analysen vorschlagen, festgehalten, wobei die Priorität einer Version nicht zu erweisen ist.

4.7 Einheitlichkeit des Textes

Nicht wenige Arbeiten verstehen Gen 18,1–16 oder auch den gesamten erzählerischen Grundbestand von Gen 18f als ursprüngliche literarische Einheit. Allerdings kommen auch diese Arbeiten nicht ohne Hilfsannahmen aus. Edgar I. Fripp versucht zu zeigen, dass eine ursprüngliche Erzählung in Gen 18f durchgehend singularisch formuliert war[183]. Seine Argumentation geht von Abschnitten aus, die er als Textzusätze bestimmt: Gen 18,14a.17–19.22b–33a. Diese weisen durchweg singularisches YHWH auf. Daraus folgert Fripp, dass auch die primären Textpartien ursprünglich YHWH lasen, da sonst die Ergänzungen keinen Anknüpfungspunkt hatten. Dem widerspricht Gunkel. Er meint, zumindest in den drei vorgeblich alten Erzählungen von Gen 18f (18,1b–16a; 19,1b–16; 19,30–38) sei ursprünglich durchgehend pluralisch formuliert gewesen[184]. Gunkel begründet diese These mit allgemeinen religionsgeschichtlichen Erwägungen[185]. Die Einsetzung des Singulars erfolgte dann durch eine unsystematische Bearbeitung[186]. Zumindest ab der dritten Auflage seines Kommentares kann sich Gunkel dabei auch auf Eerdmans berufen[187]. Die beiden unterscheiden sich lediglich in der Frage, ob die pluralischen Formulierungen im Sinne eines ursprünglichen Polytheismus in Israel/Juda zu verstehen sind oder nicht. Die These von Gunkel hat eine vergleichsweise breite Zustimmung gefunden. Otto Procksch trifft sich mit Gunkel zumindest in der Annahme der bereits vorliterarischen Einheitlichkeit von Gen 18,1–16. In der Numerusproblematik erwägt er die These von Eerdmans[188]. Auch Eva Gillischewski teilt

---

[183] FRIPP 1892.
[184] GUNKEL 1910, 194.
[185] GUNKEL 1910, 199f. Die Männer essen Brot und Kalbfleisch, Wein wird nicht gereicht. Deshalb vermutet Gunkel, „die Erzählung stamme schon aus vorjahvistischer Zeit, in der diese drei Männer nicht Jahveboten, sondern ursprünglich drei Götter gewesen" sind. „Die Einführung des Sg.... würde dann eine fortschreitende Jahvisierung der Erzählung bedeuten".
[186] GUNKEL 1910, 195.
[187] EERDMANS 1908, 71f.
[188] PROCKSCH 1924, 116–121.135f.

die Ansicht, dass Gen 18,1–16 bereits im vorliterarischen Stadium einheitlich war[189]. Für Benno Jacob ist es schon von seinem Ansatz her selbstverständlich, Gen 18f als einheitlichen Text zu lesen. Die Numerusproblematik erklärt er theologisch: wen Gott zu seinem Organ macht, hängt von dem Fall ab; und je näher er einem Menschen steht, desto menschlicher begegnet er ihm. Die Erscheinung von drei Männern ist demnach höchste Auszeichnung für Abraham[190]. Zuletzt geht auch Soggin a priori von der Einheitlichkeit des Stückes aus, verweist aber auf die überlieferungsgeschichtlichen Thesen von Westermann[191]. Im Rückgriff auf Gunkel[192] wird der Numeruswechsel dabei als Hinweis auf den „geheimnisvolle[n] Charakter Gottes" gedeutet[193]. In solchen Formulierungen spiegelt sich, trotz gegenteiliger Einlassungen[194], noch die lange christliche Auslegungstradition im Sinne einer trinitarischen Deutung.

Neuere Arbeiten bemühen sich meist gar nicht mehr um den Aufweis der Einheitlichkeit von Gen 18,1–16. So stellt Blum ganz einfach fest: „Gen 18,1–15.16* ist einheitlich, ein schönes Beispiel hebräischer Erzählkunst"[195]. Nach Begrich erweist der Numeruswechsel die Erzählung geradezu „als eine schöne, einheitliche Komposition"[196]. Immerhin muss Begrich V.14 als Zusatz bestimmen[197]. Auch

---

[189] GILLISCHEWSKI 1923.

[190] JACOB 1934, 435ff.

[191] SOGGIN 1997, 269–274.

[192] GUNKEL 1910, 199: „ … dass sich der Schleier des Göttlichen dadurch *ein wenig* lüftet".

[193] SOGGIN 1997, 272.

[194] GUNKEL 1910, 194; VON RAD 1976, 161.

[195] BLUM 1984, 274.

[196] BEGRICH 1989, 227.

[197] BEGRICH 1989, 228. Begrich unternimmt eine steile theologische Interpretation des Textes. Er sieht in Gen 18,1–16 „die gewagteste Theologie des Alten Testaments" (BEGRICH 1989, 230): Gott offenbart sich als Mensch. „So wird die Erzählung zur Predigt in dunkler, armer Zeit" (BEGRICH 1989, 230), zu einem „Evangelium von der Freundlichkeit Gottes" (BEGRICH 1989, 231). Wenige Jahre zuvor legte Brueggemann eine weitausholende theologische Interpretation vor. Er sieht in Gen 18,1–15 die radikalste Formulierung des „»ancestral« faith" (BRUEGGEMANN 1982b, 615). Seine Auslegung konzentriert sich jedoch nahezu ausschließlich auf V.14! Aus diesem Vers entwickelt er die These, dass hier Unmöglichkeit zur Realität wird als „basis for hope against every closed system" (BRUEGGEMANN 1982b, 624). In Anlehnung an Karl Barth, Paul Ricœur und Søren Kirkegaard schließt er seine Interpretation mit der Aussage: „… the narrative of Gen 18,1–15 stands at the beginning of a subversive, alternative perception of reality" (BRUEGGEMANN 1982b, 634; ähnlich ALSTON 1988).

José Loza kommt um die Ausscheidung von Glossen und späteren Textzusätzen nicht umhin[198]. Bemerkenswert ist der Versuch von Jean-Louis Ska, anhand der Ortsangaben „Zelt" und „Baum" die erzählerische Geschlossenheit von V.1–16 zu erweisen[199]. Die „décors" Baum und Zelt dienen in erster Linie dazu, dem Leser einen Informationsvorsprung gegenüber den in der Erzählung handelnden Figuren zu verschaffen[200]. Die Erkenntnis der Leser steht im Dienste YHWHs, der am Schluss zur Erkenntnis gelangt, ohne dass eine Ortsangabe notwendig wäre (V.15)[201]. Ska deutet hier an, dass das Numerusproblem eventuell auch durch Rückführung auf unterschiedliche Erzählperspektiven zu lösen wäre.

Die genannten Arbeiten kommen jedoch nicht umhin, entweder V.1 zu problematisieren oder zumindest mit V.9 einen deutlichen Einschnitt im Text zu vermerken. Schon Gunkel sieht zwei gleich große Teile: V.1–8 („Die Bewirtung der Männer bei Abraham") und V.9–15 („Das Tischgespräch")[202]. Diese Beobachtung nimmt Blum auf und fügt ergänzend hinzu, dass V.9 „recht unvermittelt das neue Thema" erscheint[203]. Außerdem verweist er auf die kontrastierende Darstellung in den beiden Teilen: V.1–8 (Aktion, Abraham im Mittelpunkt) und V.9–16 (Gespräch, Sara und die Gäste im Mittelpunkt). Bei den verbindenden Elementen zwischen beiden Teilen stellt Blum das Zeltmotiv heraus[204]. Ähnlich wie Blum vermerkt Brueggemann zu V.9: „The strangers speak abruptly"[205]. Deshalb unterscheidet auch

---

[198] LOZA (1995, 188) unterscheidet einen „récit de base" von verschiedenen Ergänzungen. Zu diesen gehört in Gen 18,1–16 lediglich V.14a, obwohl auch V.1a vom konkreten Stil abweicht (LOZA 1995, 185). V.1a ist eine Präambel, „une clé de lecture", um von vornherein zu klären, dass YHWH in den drei Besuchern repräsentiert ist (LOZA 1995, 192). Allerdings schließt LOZA (1995, 184) überlieferungsgeschichtliche Vorstufen, etwa in der Sodom/Gomorra-Problematik oder im Motiv der Dreizahl—„une ancienne tradition narrative méditeranéenne" (LOZA 1995, 191)—nicht aus.

[199] SKA 1987. Zur Einbindung des Abschnitts in einen größeren Zusammenhang vgl. SKA 1989.

[200] SKA (1987, 387) kommentiert die schwierige Passage פֶּתַח הָאֹהֶל וְהוּא אַחֲרָיו V.10 folgendermaßen: „... le décor avantage une fois de plus le lecteur par rapport aux personnages du récit".

[201] Das Arrangieren der décors erlaubt dem Erzähler „de privilégier le lecteur par rapport aux personnages du récit pour ensuite lui montrer comment YHWH se joue de cette sorte d'avantage" (SKA 1987, 388f).

[202] GUNKEL 1910, 193.

[203] BLUM 1984, 274.

[204] BLUM 1984, 274f.

[205] BRUEGGEMANN 1982b, 618.

er zwischen V.1–8 („narrative of haste") und V.9–15 („dialogue of waiting")[206] und sieht zwischen beiden Teilen „a dramatic inversion"[207]. Ebenso unterscheidet Ska zwei Szenen: V.1–8 (unter dem Baum) und V.9–15 (beim Zelt). Die erste Szene ist gerahmt durch die Angaben „Sitzen beim Zelt" (V.1b) und „Stehen unter dem Baum" (V.8)[208]. Auch hier erweist sich einmal mehr, dass das Zeltmotiv beide Teile erzählerisch aneinander bindet.

Wer in Gen 18f oder zumindest in Gen 18,1–16 „eine in sich abgerundete Erzählung von vollendeter epischer Kunst"[209], „ein schönes Beispiel hebräischer Erzählkunst"[210], bei dem das „Problem der Singular- und Pluralformen... vom Erzähler bewußt in der Schwebe gehalten"[211] wird, oder eine „schöne, einheitliche Komposition"[212] erkennen will, der muss zeigen, dass das Phänomen des Numeruswechsels in anderen alttestamentlichen Erzählungen mehrfach oder gar regelmäßig anzutreffen ist. Die einzigen Texte in dieser Hinsicht[213] sind Ri 6[214] und Ri 13[215].

---

[206] BRUEGGEMANN 1982b, 619.

[207] BRUEGGEMANN 1982b, 618; ähnlich LETELLIER 1995, 93: „a definite change in the story".

[208] SKA 1987, 284f.

[209] DILLMANN 1892, 264. Allein die Bezeichnung „episch" für Gen 18f muss den Verdacht erwecken, dass hier etwas unkritisch geurteilt wird.

[210] BLUM 1984, 274.

[211] BLUM 1984, 277 mit Verweis auf VON RAD 1976, 161.

[212] BEGRICH 1989, 227.

[213] Ein weiterer Text, auf den überlieferungsgeschichtliche Arbeiten in der Frage der Verbindung von Bewirtungsmotiv und Sohnesankündigung gern verweisen, ist 2Kön 4,8–17; vgl. GUNKEL 1910, 196f; VAN SETERS 1975, 204–207; KÜMPEL 1977, 149; WESTERMANN 1981, 333.339ff; COATS 1983, 138; BLUM 1984, 275; VAN SETERS 1992, 257f; LEVIN 1993, 155; LETELLIER 1995, 85. Das Numerusproblem ist in 2Kön 4,8–17 jedoch nicht virulent. Aus einem Vergleich dieses Textes mit Gen 18,1–16 sind daher keine Rückschlüsse auf die literarische Einheitlichkeit des letztgenannten Textes zu erwarten. Zu 2Kön 4,8–17 s. auch u. Seite 208–211.

[214] GUNKEL 1910, 193; GRESSMANN 1922, 202; JACOB 1934, 445.

[215] Auf dieses Kapitel wird in erster Linie deshalb hingewiesen, weil hier eine formale Parallele mit dem Thema „Sohnesankündigung an ein kinderloses Paar" zu finden ist, vgl. GUNKEL 1910, 193; GRESSMANN 1922, 238; VON RAD 1976, 163f; WESTERMANN 1981, 339; BRUEGGEMANN 1982b, 620ff; VAN SETERS 1992, 258; SOGGIN 1997, 269. Allerdings ist die Reihenfolge der Motive Bewirtung/Sohnesankündigung gegenüber Gen 18,1–16 umgekehrt (STIPP 1995).

4.8 *Richter 6*

Ri 6 verwendet nahezu durchgängig מַלְאַךְ יְהוָה und יְהוָה. Aus dem Rahmen fallen lediglich V.20 (מַלְאַךְ הָאֱלֹהִים) und V.36–40 (הָאֱלֹהִים bzw. אֱלֹהִים). V.20 ist möglicherweise ein später Textzusatz[216]. V.36–40 stellen eine in sich geschlossene Szene dar, von der schon Gressmann vermutete, dass sie „ihrem ganzen legendarischen Charakter nach ebenfalls in eine späte Zeit" gehört[217]. Von einem einheitlichen Text, der verschiedenartige Bezeichnungen für die Gottheit integriert, kann demnach nur bedingt die Rede sein. Allerdings ist ein näherer Blick auf Ri 6 allein deshalb von Interesse, weil in V.17 die einzige wortgleiche Parallele zu der Formulierung „wenn ich Gnade gefunden habe in deinen Augen" אִם־נָא מָצָאתִי חֵן בְּעֵינֶיךָ von Gen 18,3 vorliegt. Auch die Theophanie-Notiz Ri 6,12 ist nahezu identisch mit Gen 18,1 וַיֵּרָא אֵלָיו יְהוָה / וַיֵּרָא אֵלָיו מַלְאַךְ יְהוָה („Der Bote YHWHS erschien ihm" / „YHWH erschien ihm"). Die Wendung תַּחַת הָאֵלָה „unter dem großen Baum" (Ri 6,11.19) erinnert an die Angabe תַּחַת הָעֵץ „unter dem Baum" aus Gen 18,4.8. Schließlich verweist die Zubereitung der Mahlzeit Ri 6,19 (וְאֵיפַת־קֶמַח מַצּוֹת „und aus einem Efa Feinmehl Mazzen") sowohl auf Gen 18,6 (Feinmehl) als auch auf Gen 19,3 (Mazzen).

Ri 6 insgesamt ist ein Text, der sich aus mehreren kleinen Erzähleinheiten zusammensetzt, die relativ lose verbunden sind. Gressmann reduziert den erzählenden Grundbestand auf V.2–5.33ff. Die Berufung Gideons (V.11–24), den Streit gegen Baal (V.25–32) sowie die Zeichenforderung (V.36–40) hält er für sukzessive Erweiterungen[218]. Zumindest die Sonderstellung der Berufungsszene ist, allerdings mit modifizierter Textabgrenzung (V.11b–17), mehrfach postuliert worden[219]. Da sich für den Abschnitt eine deuteronomistische Bearbeitung nur schwer aufzeigen lässt[220], wird er wechselweise als vor- oder als nachdeuteronomistisch angesehen. Hans-Christoph Schmitt plädiert für eine vordeuteronomistische Entstehung. Er verweist auf Parallelen zu dem vermeintlich „elohistischen" Text Ex 3,9–12 und

---

[216] So GÖRG 1993, 36.

[217] GRESSMANN 1922, 206.

[218] GRESSMANN 1922, 195–206.

[219] RICHTER 1966, 122–155; 1970, 134f; SOGGIN 1987, 105; SCHMITT 1992 mit älterer Literatur; GÖRG 1993, 36.

[220] Anders GÖRG 1993, 36; BECKER 1990, 145–151.

nimmt für Ri 6–8 „eine im Nordreich beheimatete Tradition"[221] an, die allerdings erst nach 722 v.Chr. ausformuliert wurde. Der Rekurs auf eine nicht zu erweisende „elohistische Pentateuchschicht"[222] und die Unsicherheit in der Frage, inwieweit nach 722 bzw. 720 v.Chr. im Nordreich literarische Tätigkeit, zumindest für den israelitischen Bevölkerungsteil, möglich war, machen diese These äußerst angreifbar. Dagegen erbringt A. Graeme Auld eine Fülle von Indizien für eine späte Abfassungszeit von Ri 6 und für eine literarische Abhängigkeit sowohl von Gen 18f als auch von Gen 32,23–33[223]. Neben den von Auld genannten Aspekten ist auch auf die oben angeführten Parallelen zwischen Ri 6 und Gen 18f zu verweisen. Die Wendung תַּחַת הָאֵלָה ist eine Kombination der Ortsangaben תַּחַת הָעֵץ und בְּאֵלֹנֵי aus Gen 18,4.8 bzw. 18,1[224]. Aufgrund der solchermaßen wahrscheinlich gemachten Abhängigkeit von Gen 18f kann Ri 6 nicht als Zeugnis dafür gewertet werden, dass in alttestamentlichen Texten, die eine Gotteserscheinung erzählen, der Wechsel zwischen singularischen und pluralischen Gottesbezeichnungen als gängiges Stilmittel zu gelten hat.

---

[221] SCHMITT 1992, 207; vgl. SCHMITT 1992, 213.

[222] Zu einer redaktionsgeschichtlichen Interpretation der nichtpriesterlichen Erzählung von der Berufung Moses im Sinne einer Ergänzungshypothese vgl. GERTZ 2000, 254–348.

[223] AULD (1989) nennt u.a. die Relativpartikel שׁ in V.17, die Querverweise von V.34 auf 1Chr 12,19; 2Chr 24,20 und die Beobachtung, dass V.7–10 in einem Qumranfragment fehlen. Er hält V.11–24 für die literarisch am weitesten ausgeformte Berufungserzählung im Alten Testament und V.1–6 für die ausführlichste Darstellung der Unterdrückung Israels im Richterbuch.

[224] Ob auch Ri 13 als literarische Vorlage anzusehen ist oder ob die Abhängigkeiten hier umgekehrt liegen, lässt sich nicht ohne weiteres erweisen. Zumindest ist das Ziegenböckchen (גְּדִי־עִזִּים) als Opfertier in beiden Texten genannt (Ri 6,19; 13,19). Weitere Parallelen bei BUDDE 1890, 130; GRESSMANN 1922, 246f; STIPP 1995, 347f.

4.9 *Richter 13*

Das Kapitel weist sieben verschiedene Bezeichnungen für Gott bzw. seinen Boten auf, die auf den ersten Blick relativ willkürlich gebraucht sind: יְהוָה (V.1.8.16.19.23.24), מַלְאַךְ־יְהוָה (V.3.13.15.16. 17.20.21), אֱלֹהִים (V.5.7.9.22), מַלְאַךְ הָאֱלֹהִים (V.6.9), אִישׁ הָאֱלֹהִים (V.6.8), הָאִישׁ (V.10.11) und אֲדֹנָי (V.8). Daher ist ein Vergleich mit Gen 18f in der Numerusfrage naheliegend. Bereits Gressmann weist darauf hin, dass mit Ri 13 ein relativ später Text vorliegt, der den Simsonerzählungen als religiöse Interpretation vorangestellt wurde[225]. Diese Sicht hat sich über die Jahrzehnte gehalten[226]. Auch Hermann-Josef Stipp macht sich die These zu eigen, dass Ri 13 als nachträgliche Einleitung zu Ri 14ff, und zwar beim Einbau der Simsongeschichte in das deuteronomistische Geschichtswerk, formuliert wurde. Er plädiert für die weitgehende Einheitlichkeit des Textes[227]. Als Entstehungszeit von Ri 13 (6./5. Jh. v.Chr.) bestimmt er die Epoche, in die auch die historischen Verhältnisse datiert werden müssen, die dem „priesterlichen Nasiräergesetz" (Num 6,1–21) zugrundeliegen[228]. Ausführlich und materialreich weist Stipp nach, dass die Simsonerzählungen Ri 14ff keineswegs den Nasiräerbestimmungen Num 6[229] widersprechen[230].

---

[225] GUNKEL 1913, 48f; GRESSMANN 1922, 238–241. Dagegen weist BUDDE (1890, 129–133; 1897, 90–97) die Erzählung „J" zu.

[226] Vgl. zuletzt JONKER 1992; STIPP (1995, 337–344) mit einem ausführlichen Forschungsüberblick. Davon abweichend plädiert RÖMHELD (1992) für eine umfangreiche spätdeuteronomistische Redaktion in zwei Stufen. Er rekonstruiert eine „alte Geburtsgeschichte" (V.2–4.5aγ.6–8*.10–11a.13–14a.15–19a.20–24), die dreifach ergänzt wurde, zunächst durch einige veranschaulichende Zusätze (V.9.14aα.19b), dann durch zwei spätdeuteronomistische Redaktionen (V.1.5b.11b.12.14b bzw. V.5aα.7b*.25). Die These einer weitgehend kohärenten vordeuteronomistischen Erzählung hängt an zwei Annahmen: (1) dass נְזִיר אֱלֹהִים „Geweihter (Nasiräer) Gottes" (V.7) ein fester Terminus ist, was bei der Singularität des Ausdrucks nicht nachgewiesen werden kann; (2) an der Ausscheidung mehrerer redaktioneller Zusätze undefinierbarer Provenienz, was schwer nachvollziehbar ist.

[227] STIPP 1995.

[228] STIPP 1995, 352 (Zitat S. 340).

[229] Nach wörtlichem Verständnis von V.12ff sind Alkoholkonsum und Genuss unreiner Speisen lediglich der Mutter Simsons untersagt, vgl. STIPP 1995, 364–368.

[230] So die gängige Auffassung, z.B. sehr anschaulich von GRESSMANN (1922, 240) formuliert: „wer durch dies hohe Kirchenportal [Ri 13, D.J.] eintritt, wird seltsam enttäuscht, wenn er dahinter [Ri 14ff, D.J.] kein frommes Kloster, sondern eher eine romantische Raubritterburg findet". Dagegen spricht VON RAD (1969, 346) geradezu distanziert von der Verschleuderung der Gotteskraft zwischen „Eros und

Die Einheitlichkeit von Ri 13 erarbeitet er v.a. durch einen Vergleich mit Ri 6[231]. Die Ungereimtheiten der Erzählung sind nach
Stipp „Ausdruck ungeschickter Imitation von Ri. vi"[232]. Diese Ungereimtheiten (Verbindung von Opfer und „folgenloser Erkenntnis des
Boten", Umkehrung der Motive Theoxenia und Geburtsankündigung)[233] finden sich jedoch nur im Abschnitt Ri 13,12–21[234]. Die
lexikalischen Überschneidungen zwischen Ri 13 und Ri 6, die Stipp
auflistet[235], sind in beide Richtungen zu interpretieren, d.h. prinzipiell
ist die Abhängigkeit des einen von dem anderen Text ebenso möglich
wie die Annahme gemeinsamer Verfasserschaft[236]. Schließlich weist
Stipp auf den „Sprung"[237] von הָאֱלֹהִים מַלְאַךְ zu מַלְאַךְ־יְהוָה bzw. auf
die „terminologische Inkonsistenz hinsichtlich YHWHs und seines
Boten"[238] hin. Auch dieses Phänomen meint er, durch einen Hinweis
auf Ri 6 klären zu können, wo in V.20 הָאֱלֹהִים מַלְאַךְ genannt ist an
Stelle des sonst durchgängig gebrauchten Ausdrucks מַלְאַךְ־יְהוָה. Wie
oben ausgeführt wurde, zeigt Ri 6 nur diese eine Abweichung. Eine
Ri 13 vergleichbare ständige Variation der Bezeichnungen liegt in Ri
6 keinesfalls vor. Zudem ist der Gebrauch in Ri 13 keineswegs so
inkonsequent wie dies Stipp behauptet. Die Abschnitte, die יְהוָה bzw.
מַלְאַךְ־יְהוָה lesen, lassen sich weitgehend von denen absetzen, die
Elohim bzw. mit Elohim zusammengesetzte Bezeichnungen aufwei-
sen. So ist der Abschnitt mit den erzählerischen Ungereimtheiten
V.12–21 ein durchgehender YHWH-Abschnitt. Gleiches gilt für die
Rede des Boten an die Frau Manoachs V.3ff. Dagegen enthalten der
Bericht von der Erscheinung V.6f sowie die zweite Erscheinung
V.9b–11 durchgängig Elohim-Ausdrücke. Lediglich V.8.9a sowie
V.22–25 ist ein anscheinend unsystematischer Wechsel zu beobach-

---

Charisma" (ebenso VON RAD 1974, 52); vgl. auch GESE (1985) und die Zusammenstellung bei STIPP 1995, 337–344.
[231] Auf die Parallelen zu Ri 6 verweisen schon BUDDE (1890, 130) und
GRESSMANN 1922, 240.
[232] STIPP 1995, 351.
[233] STIPP 1995, 348.
[234] Vgl. GÖRG (1993, 71), der in V.14–23 die späteste Bearbeitung des Textes
sieht und Berührungspunkte mit Ri 6,18–24 erwähnt.
[235] STIPP 1995, 48.
[236] Nach dem o. Seite 194f Gesagten ist die vordeuteronomistische oder deuteronomistische Abfassung von Ri 6 durchaus fraglich. Ohne eine solche „Frühdatierung" von Ri 6 ist die These von Stipp jedoch nicht uneingeschränkt nachvollziehbar.
[237] STIPP 1995, 348.
[238] STIPP 1995, 351.

ten. V.8.9a bringen ein Kompendium der Gottesbezeichnungen, ange-
reichert durch אֲדֹנָי, und stellen somit einen Versuch des Ausgleichs
zwischen den YHWH- und den Elohim-Abschnitten dar. V.12–21 erweisen sich als Nachinterpretation, nicht nur wegen der schon aufgezeigten Ungereimtheiten, sondern auch deshalb, weil die Frage Manoachs nach der „Lebensordnung"[239] des Jungen מִשְׁפַּט־הַנַּעַר V.12
nicht adäquat, sondern lediglich durch einen Hinweis auf das bereits
der Frau Mitgeteilte beantwortet wird. Auch die Frage nach dem Namen V.17 wirkt wie ein theologisierender Nachschlag zu V.11, in
dem die Identität des Gottesmannes hinreichend geklärt ist.

In Umrissen ist daher ein erzählerisches Grundgerüst zu rekonstruieren, das die Elohim-Abschnitte V.2.6f.9b–11.22.23*.24a umfasst. Die Erzählung beginnt mit der Darstellung des Problems (Kin-
derlosigkeit V.2) und endet mit seiner Lösung (Geburt Simsons
V.24a). Dazwischen werden die Ankündigung von Schwangerschaft
und Geburt durch einen Gottesmann, stilisiert als Bericht der Frau an
Manoach (V.6f), und eine zweite Erscheinung des Gottesmannes, die
endgültig seine Identität klärt (V.9b–11), erzählt. Allein das hier rekonstruierte erzählerische Grundgerüst begründet ausreichend das
Nasirat Simsons und kann vollgültig als interpretierende, auf Num 6
bezogene Einleitung der Simsongeschichte Ri 14ff in dem zuletzt von
Stipp herausgearbeiteten Sinne gelesen werden. Die Grunderzählung
ist in V.3ff.8.9a.11–21.23a.24b jahwisierend fortgeschrieben und
durch V.1.25 den Rahmenbemerkungen des Richterbuches angepasst.

Die Befragung von Ri 13 hinsichtlich der Gen 18f aufgegebenen
Numerusproblematik scheint zunächst diejenigen literarkritischen und
überlieferungsgeschichtlichen Analysen ins Recht zu setzen, die zumindest in Gen 18,1–16 für eine diachrone Vorordnung der pluralisch
formulierten Textabschnitte plädieren. Allerdings lässt sich in Ri 13
ohne weiteres eine in sich schlüssige „pluralische" Version erheben,
was im Falle von Gen 18,1–16 nicht der Fall ist. Daher bleibt als
vorläufige Beobachtung zu formulieren, dass es so scheint, als seien
die jahwisierenden „singularischen" Passagen in den Erzählungen,
die einen Wechsel singularischer und pluralischer Gottesbezeichnungen aufweisen, eher im Sinne nachträglicher Interpretamente zu fassen als im Sinne vorgegebener Tradition, sofern eine diachrone
Schichtung angezeigt ist. Eine weitere Konsequenz der hier vorgetra-

---

[239] STIPP 1995, 350 mit Anm. 41.

genen Analyse von Ri 13 im Horizont der zu Gen 18f gestellten Fragen ist die Annahme, dass die jahwisierende Nachinterpretation bzw. Fortschreibung[240] die priesterliche Literatur bereits voraussetzt[241].

5. Die jahwisierende Ausschreibung

5.1 Zeltszene und Baumszene in Genesis 18,1–16

Die kritische Durchsicht der Forschung zeigt, dass das Numerusproblem in Gen 18,1–16 nicht ohne weiteres diachron zu lösen ist. Weder literarkritisch noch überlieferungsgeschichtlich sind zwei unabhängige, durchgehende Erzählfäden zu erheben, von denen der eine singularisch, der andere pluralisch formuliert ist. Daher verbietet sich auch die Lösung im Sinne einer Ergänzungshypothese. Eine solche war für Ri 13 als prinzipiell möglich erachtet worden, da ein kohärentes nicht-jahwistisches Erzählgerüst herauszuarbeiten ist. Dies trifft für Gen 18,1–16 nicht zu. Daher ist an der literarischen Einheitlichkeit des Abschnittes festzuhalten[242].

Erzähltechnisch hingegen ist eine klare Gliederung zu erkennen. Der entscheidende Texteinschnitt liegt in V.9. V.9–15 bringen die Szene der Sohnesankündigung. Bis auf V.9a ist durchgängig der Singular gebraucht. V.9a markiert den Übergang von der Bewirtungsszene V.2–8, wo, bis auf V.3, durchgehend pluralisch formuliert wird. V.9a stellt damit die figurale Identität zwischen den drei Männern von V.2–8 und YHWH her. YHWH übernimmt die erzählerische Funktion der drei Männer. Dies ist durch den Wechsel von וַיֹּאמְרוּ „sie sagten" (V.9 Anfang) zu וַיֹּאמֶר „er sagte" (V.10 Anfang) zum Ausdruck gebracht.

Zentrales Motiv in V.9–15 ist das Zelt. Durch das Zeltmotiv ist V.1, und zwar der gesamte Vers, nicht lediglich die erste Vershälfte oder gar nur die Theophanie-Formulierung in V.1aα, an V.9–15 angebunden. Auch V.2b zeigt durch die Ortsangabe מִפֶּתַח הָאֹהֶל „vom Eingang des Zeltes" einen Querverweis zu V.1.9–15. Erzähltechnisch ist V.3 nicht von V.4f zu trennen. V.3 bildet das notwendige Binde-

---

[240] Die Bezeichnung Fortschreibung eignet sich besser, da mit der Einladung zur Mahlzeit und der Opferthematik neue Gesichtspunkte eingebracht werden.

[241] Num 6 gehört im weiteren Sinne zur priesterlichen Literatur, wie STIPP (1995) zu Recht voraussetzt.

[242] Eine formale Parallele, die erzählerisch eine gemeinsame Mahlzeit und eine anschließende unerwartete Ankündigung verbindet, liegt 1Sam 9f vor.

glied zwischen V.2a und der Einladung V.4. Durch die Anrede wird
kenntlich gemacht, dass die Eingeladenen mit denen identisch sind,
die zu Abraham kommen. Da V.3 singularisch formuliert, wird an
dieser Stelle besonders deutlich, dass eine diachrone Trennung zwischen singularischen und pluralischen Abschnitten ausgeschlossen ist.
Prinzipiell wäre das Numerusproblem V.3 textkritisch zu lösen[243].
Samaritanus liest durchgängig Plural. Angesichts des Erzählzusammenhangs steht diese Variante jedoch im Verdacht, eine Glättung zu
sein[244]. V.3 verwendet eine gängige Formel[245], die aus den Gliedern
מצא + חן + עין besteht (vgl. Gen 32,5f; 33,14f)[246]. In den Fällen, wo
bei der formelhaften Verwendung עין mit Suffix konstruiert ist, steht
immer ein singularisches Suffix, in den meisten Fällen das der 2.
Person masc. (Gen 19,18; 32,6; Num 11,11; Ri 6,17; 1Sam 25,8;
2Sam 14,22; 16,4). Gen 18,6 wiederum ist durch das Zeltmotiv mit
V.1.2b.9–15 verbunden[247]. Mit V.6 hängt aber V.7 zusammen. Die
aufwendige Zubereitung der Ölkuchen und des Kalbes gehen weit
über das V.5 angekündigte „Stück Brot" פת־לחם hinaus. Diese Wen-

---

[243] Eine literarkritische Lösung dagegen drängt sich nicht auf. Wenn LEVIN
(1993, 153) meint, in V.3 sei der „Text grob gestört" und die singularische Passage
ab אם sei „ohne Schwierigkeiten zu entbehren", so sind dies Empfindungsurteile.

[244] DILLMANN 1892, 266; SOGGIN 1997, 270. SEEBASS (1997, 114) dagegen hält
Samaritanus für die bessere Lesart, weist jedoch darauf hin, dass der masoretische
Text die lectio difficilior hat; ähnlich KILIAN 1966, 99; BLUM 1984, 278.

[245] JACOB 1934, 438: „stehende Redeform".

[246] Gen 32,5f; 33,14f zeigen, dass Gen 18,3 ᵃdonī vokalisiert werden sollte
(DILLMANN 1892, 266; HOLZINGER 1898, 153; SKINNER 1930, 299f; HAMILTON 1995,
3), ᵃdonāy ist Angleichung an Gen 18,27.31 und damit theologisierende Interpretation der Masoreten (anders JACOB 1934, 438). Die Argumentation von Dillmann u.a.
bezieht sich allerdings nicht auf die genannten Parallelbelege, sondern geht von der
Überlegung aus, dass Abraham noch nicht wissen konnte, wen er vor sich hat. Eine
solche Auslegung verlässt die literarische Ebene. Jacob kann für die Beibehaltung der
masoretischen Version lediglich anführen, dass Abraham sich sonst nie als עבד
„Diener" bezeichnet oder einen anderen als Herrn anredet. Ein Blick über die Abrahamgeschichte hinaus ist jedoch unumgänglich.

[247] Häufig wird סלת in V.6 als sekundär angesehen, „da es das ältere קמח... nach
den Opfergesetzen der Priesterschrift berichtigt" (LEVIN 1993, 158; ähnlich
DILLMANN 1892, 266; HOLZINGER 1898, 153; GUNKEL 1910, 196; EISSFELDT 1922,
258*; GILLISCHEWSKI 1923, 77; KÜMPEL 1977, 155; WESTERMANN 1981, 338;
SEEBASS 1997, 116). Textkritischer Anhaltspunkt für eine solche Bestimmung ist die
Beobachtung, dass LXX סלת nicht übersetzt. Die Verbindung von קמח und סלת ist
im Alten Testament nur noch 1Kön 5,2 gegeben, wo von Lieferungen für den Hof
Salomos die Rede ist. Die Vermutung liegt nahe, dass die Wendung קמח סלת „Feinmehl und dunkles Mehl" (Gen 18,6) Abrahams Haushaltung in Analogie zum salomonischen Hof als eine königliche kennzeichnen will. Für eine literarkritische Operation besteht demnach zumindest keine inhaltliche Notwendigkeit.

dung als reine Höflichkeitsfloskel[248] oder als „Bescheidenheit" Abrahams[249] zu erklären, reicht nicht hin. Die üppigen Speisen von V.6f sind als erzählerischer Kontrast zu den einfachen Mazzen, die Lot Gen 19,3 vorsetzt, zu verstehen. Zu V.6f gehört notwendigerweise V.8a die Präsentation der Speisen. V.8b hingegen kommt mit der Ortsbestimmung תַּחַת הָעֵץ „unter dem Baum" auf V.4f zurück.

Gen 18,1–16 bilden eine erzählerische Einheit. Konstitutiv ist das Motiv des Zeltes, das von V.9–15 aus auch die Gestaltung von V.1–8 bestimmt. Lediglich rudimentär ist eine Baumszene erhalten (V.2a.4f.8b.16), die vom Besuch dreier Männer und einem gemeinsamen Mahl „unter dem Baum" תַּחַת הָעֵץ erzählt. Dabei könnte es sich um ein älteres, traditionelles Motiv handeln, das mittels des Zeltmotives in eine jahwisierende Erzählung integriert wurde. Eine wie auch immer geartete literarische Selbständigkeit kommt den Resten der Baumszene (*kursiv*) nicht zu:

(1) YHWH erschien ihm bei den großen Bäumen Mamre. Er saß am Eingang des Zeltes, als der Tag heiß war. (2) *Er erhob seine Augen und sah drei Männer, die auf ihn zu kamen.* Als er *sie* sah, lief er *ihnen* entgegen vom Eingang des Zeltes her und warf sich auf die Erde. (3) Er sagte: Mein Herr, wenn ich Gnade gefunden habe in deinen Augen, dann gehe nicht an deinem Diener vorüber. (4) *Man soll euch ein wenig Wasser bringen, damit ihr eure Füße wascht. Dann lasst euch unter dem Baum nieder.* (5) *Ich will ein Stück Brot nehmen, damit ihr euch stärkt. Danach mögt ihr weiterziehen; denn deshalb seid ihr zu eurem Diener gekommen. Sie sagten: Mache, wie du geredet hast.* (6) Abraham eilte in das Zelt zu Sara und sagte: Beeile dich, mische drei Sea Feinmehl und dunkles Mehl, knete sie und mache Ölkuchen. (7) Abraham lief zu den Rindern. Er nahm ein zartes, gutes Kalb und gab es dem Knecht. Der beeilte sich und bereitete es zu. (8) Er nahm dicke Milch und frische Milch und von dem Kalb, das er zubereitet hatte und setzte es ihnen vor. *Er blieb bei ihnen stehen unter dem Baum, und sie aßen.* (9) *Sie sagten* zu ihm: Wo ist Sara, deine Frau? Er sagte: Im Zelt. (10) Er sagte zu ihm: Ich werde wieder zu dir kommen in einem Jahr. Dann soll Sara, deine Frau, einen Sohn haben. Sara hörte das am Eingang des Zeltes, der war hinter ihm. (11) Abraham und Sara waren alt an Jahren. Sara ging es nicht mehr nach der Weise der Frauen. (12) Sa-

---

[248] WESTERMANN 1981, 337; ähnlich LEVIN 1993, 156: „… bei solcher Gelegenheit Redensart". Auch die Annahme, die „bescheidene Ankündigung des Mahles in v. 5a im Gegensatz zur überreichlichen Ausführung in vv. 6–8 kann ein Stilmittel sein" (KÜMPEL 1977, 154) hilft nicht. Zumindest müsste erklärt werden, in welcher Aussageabsicht das „Stilmittel" eingesetzt ist.

[249] JACOB 1934, 440: „Der Fromme… verspricht wenig und tut viel, der Frevler umgekehrt".

ra lachte und sagte zu sich selbst: Nachdem ich alt geworden bin, soll
ich noch Liebeslust pflegen. Auch mein Mann ist schon ein alter
Mensch. (13) YHWH sagte zu Abraham: Warum lacht Sara und denkt:
Soll es wahr sein, dass ich noch gebäre, da ich alt bin? (14) Sollte ir-
gendetwas zu schwer sein für YHWH? Zu dieser Zeit will ich wieder zu
dir kommen, in einem Jahr wird Sara einen Sohn haben. (15) Sara
leugnete und sagte: Ich habe nicht gelacht, denn sie hatte Angst. Er
aber sagte: Falsch, denn du hast gelacht. (16) *Da brachen die Männer*
von dort auf und wandten sich nach Sodom. Abraham ging mit ihnen,
um sie zu begleiten.

Das Erzählgefälle von Gen 18,1–16 ist nicht wie im Falle von Ri 13
als jahwisierende Fortschreibung, sondern als jahwisierende Ausschreibung zu bestimmen. Das Erscheinen der drei Männer (V.2a)
wird sogleich durch ein singularisches „mein Herr" (V.3) entschärft,
ohne dass gesagt ist, wer genau damit angesprochen wird. In der Folge agieren dann wieder die Männer in der Mehrzahl. Die erste Geburtsankündigung wird jedoch, entsprechend V.3, von einem noch
namenlosen Einzelnen gegeben (V.10). Erst die zweite Ankündigung
wird von YHWH gesprochen (V.11). So enthüllt sich erzählerisch lediglich schrittweise, was die Überschrift (V.1) unzweideutig festlegt:
es handelt sich um eine Erscheinung YHWHs.

Wichtig für die aufgegebene Fragestellung ist die Erkenntnis, dass
die Ortsangabe „bei den grossen Bäumen Mamre" in keinem Fall
einer wie auch immer zu definierenden vorgängigen Überlieferung,
sei es im Sinne einer alten Erzählung oder im Sinne einer nur rudimentär erkennbaren, möglicherweise mit traditionellen Motiven ge-
stalteten Baumszene, zugehört. Die Ortsangabe entspringt einzig der
literarischen Gestaltung in Gen 18,1–16, die vorläufig nach inhaltlichen und formalen Kriterien als jahwisierende Ausschreibung zu
kennzeichnen ist.

5.2 *Die jahwisierende Ausschreibung in Genesis 18 und 19*

Der parallele Aufbau von Gen 18 und 19, der den Eindruck großer
Geschlossenheit von Gen 18f erzeugt und in neueren Auslegungen
zur weitgehend isolierten Betrachtung der Kapitel[250], häufig auch zur
These der literarischen Einheitlichkeit[251], führt, beruht im wesentli-

---

[250] Nach GUNKEL (1910, 159ff) gestaltete der Verfasser des Abraham-Lot-Sagenkranzes das erzählerische Gefälle von Gen 18f.
[251] BLUM 1984, 274. S. auch o. Seite 190–193.

chen auf der Gestaltung der Mamre-Sodom-Erzählung. Diese erweist sich als jahwisierende Ausschreibung, die sowohl ein diachron absetzbares älteres Motiv (Gen 19,29) als auch eine nur mehr rudimentär erkennbare Baumszene (Gen 18,2a.4f.8b.16) in den Erzählablauf integriert. Bereits bei der Analyse des Aufbaus der beiden Kapitel Gen 18 und Gen 19 war festgestellt worden, dass im Erzählgefälle eine zunehmende Konzentration auf YHWH als Gegenüber der menschlichen Protagonisten Abraham und Lot festzustellen ist[252]. Auch dieser Erzählzug, der die Interpretation im Sinne einer jahwisierenden Ausschreibung erhärtet, ist im Kern auf die Mamre-Sodom-Erzählung zurückzuführen.

Erhellend für die Arbeitsweise der jahwisierenden Ausschreibung in der Mamre-Sodom-Erzählung ist eine Gegenüberstellung der Kapiteleingänge von Gen 18 und 19[253]:

Gen 18	Gen 19
Überschrift 1a	Überleitung 1a
וַיֵּרָא אֵלָיו יְהוָה בְּאֵלֹנֵי מַמְרֵא	וַיָּבֹאוּ שְׁנֵי הַמַּלְאָכִים סְדֹמָה בָּעֶרֶב
Hintergrundinformation 1b	Hintergrundinformation 1a
וְהוּא יֹשֵׁב פֶּתַח־הָאֹהֶל כְּחֹם הַיּוֹם	וְלוֹט יֹשֵׁב בְּשַׁעַר־סְדֹם
Erzählanfang 2a	
וַיִּשָּׂא עֵינָיו וַיַּרְא וְהִנֵּה שְׁלֹשָׁה אֲנָשִׁים נִצָּבִים עָלָיו	
zweiter Erzählanfang 2b	Erzählanfang 1b
וַיַּרְא וַיָּרָץ לִקְרָאתָם מִפֶּתַח הָאֹהֶל וַיִּשְׁתַּחוּ אָרְצָה	וַיַּרְא־לוֹט וַיָּקָם לִקְרָאתָם וַיִּשְׁתַּחוּ אַפַּיִם אָרְצָה
Rede Abrahams 3a	Rede Lots 2a
וַיֹּאמַר אֲדֹנָי אִם־נָא ...	וַיֹּאמֶר הִנֶּה נָּא־אֲדֹנַי ...

Gen 19,1a ist Gen 18,1 parallel formuliert: syntaktisch und teilweise auch lexikalisch entsprechen sich Überschrift bzw. Überleitung und die beiden Hintergrundinformationen[254]. Sowohl in der Überschrift/

---

[252] S. o. Seite 157ff.

[253] Die Tabellen bei KILIAN (1966, 150f), VAN SETERS (1975, 215f) und BLUM (1984, 280) stellen nur die parallelen Ausdrücke zusammen, nehmen aber auf die Stellung der Wendungen im Erzählgefüge keine Rücksicht.

[254] GROSS (1981) nennt solche syntaktischen Gebilde „Hintergrundsätze". Nach GESENIUS/KAUTZSCH (1909, § 116 o und § 141 e) und BROCKELMANN (1913, 505)

Überleitung als auch in den Hintergrundinformationen steht jeweils
eine Ortsangabe. Die zweite Ortsangabe ist dabei eine Aus-
schnittvergrößerung aus der ersten: von den großen Bäumen Mamre
auf das Zelt bzw. von der ganzen Stadt Sodom auf das Stadttor. Der
eigentliche Erzählanfang Gen 18,2a ist ohne Parallele in Gen 19.
Dagegen ist ein zweiter Erzähleinsatz Gen 18,2b im Satzaufbau nahezu identisch mit dem Erzählanfang Gen 19,1b. Auch dieser Vergleich
gibt einen Hinweis darauf, dass Gen 18,1–16 bzw. die Mamre-
Sodom-Erzählung in Gen 18f eine zumindest rudimentär erkennbare
Baumszene, zu der Gen 18,2a gehört, in die Erzählung integriert.

Der zur Zeltszene (18,9–15) formal parallele Erzählteil 19B
(19,12–16) changiert ebenfalls zwischen Plural und Singular (V.13).
Allerdings ist hier das Männer-Motiv länger beibehalten. Der Grund
dafür ist in dem Versteil Gen 19,1a zu suchen, der mit V.12–16 über
das Stichwort הַמַּלְאָכִים „die Boten" in Verbindung steht. V.1a reduziert die Dreierkonstellation von 18,2a auf eine Zweierkonstellation.
In Verbindung mit Gen 18,22 heißt das: die drei Männer sind YHWH
und zwei Boten. Daher ist der Ausdruck הָאֲנָשִׁים „Männer" (19,16)
eindeutig auf die zwei Boten YHWHs zu beziehen. Diese erzählerische
Konstellation ist in Teil 18B (18,9–16) noch nicht definiert. Deshalb
ist dort ein sofortiger Wechsel vom Plural zum Singular zu verzeichnen.

Ein wesentliches Mittel, die Erzählung zu strukturieren, sind die
Tageszeit-Angaben. Tag in Mamre, Nacht in Sodom ist Konzeption
der Mamre-Sodom-Erzählung, nicht Vorgabe älterer Tradition[255].
Gleichzeitig wird erzählerisch Abraham in den Vordergrund gerückt.
Durch die Herausstellung der Sohnesankündigung wird ein positives
Gegenstück zur Nachkommenschaft Lots geschaffen. Abraham und
Lot erhalten beide auf wundersame Weise noch Söhne[256]. Während
jedoch Abrahams Sohn als Geschenk YHWHs anzusehen ist, entsprin-
gen die Söhne Lots einer Notmaßnahme seiner Töchter, die weitge-

---

handelt es sich um Zustandssätze, die eine Gleichzeitigkeit zur Handlung im vorangehenden Satz ausdrücken. Vgl. JACOB 1934, 435.

[255] Gegen GUNKEL 1910, 214; BLUM 1984, 283; LETELLIER 1995. GUNKEL (1910,
210f) wertet sogar die verschiedenen Tages- bzw. Nachtzeiten als Hinweis auf ursprünglich selbständige Sagen.

[256] Auch Lot ist bereits ein „alter Mann" זָקֵן (Gen 19,31).

hend der Dtn 25,5 gebotenen Schwagerehe entspricht[257]. In diesem
Zusammenhang ist auch das Wortspiel mit צחק „lachen" zu verstehen. Ebensowenig wie Abraham (Gen 17,17) wird Sara das ungläubige Lachen zum Nachteil ausgelegt. Im Gegenteil, der viermalige Gebrauch der Wurzel צחק weist mit Nachdruck auf den Namen des an-
gesagten Sohnes. Dagegen führt das ungläubige Lachen der Schwiegersöhne Lots zu deren Verderben (Gen 19,14). Der Vorrangstellung
Abrahams dient auch seine szenische Wiedereinführung Gen 19,27f*.
Abraham wird Zeuge des Zerstörungswerkes, nicht Lot. Von Lot wird
lediglich die Reaktion erzählt: er flieht aus Zoar und muss seinen letzten Versuch aufgeben, doch noch im städtischen Umfeld heimisch zu
werden[258].

6. Die Theologie der Ortsangaben (Landtheologie)

Zu den eindeutig auf die literarische Gestaltung der Mamre-Sodom-
Erzählung in Gen 18f zurückzuführenden Motiven gehört auch die
hier besonders interessierende Formulierung von den „großen Bäumen Mamre" Gen 18,1a. Durch diese Angabe wird zunächst eine formale Parallele zu der Ortsangabe Sodom (Gen 18,16) konstituiert:
Abraham in Mamre, Lot in Sodom. Möglicherweise soll auch die
theologisch suspekte, vermutlich einem rudimentär integrierten traditionellen Erzählmotiv entnommene Ortsangabe תַּחַת הָעֵץ „unter dem
Baum" (Gen 18,4.8), die an einen Baum- oder Höhenkult erinnern
könnte, durch den Hinweis auf eine Baumgruppe bzw. einen bewaldeten Hügel, eben die „großen Bäume Mamre", entschärft werden[259].
Als weitere Ortsangabe wird Zoar Gen 19,23.30a eingeführt, um den
unbestimmten Ausdruck עָרֵי הַכִּכָּר „Städte des Kreises" (Gen 19,29)
auszuschreiben. Als Wohnort Lots war ja zunächst nur Sodom ge-

---

[257] JACOB (1934, 465) macht darauf aufmerksam, dass nur an dieser Stelle und
Gen 19,31 בוא על statt בוא אל für nicht erzwungenen Beischlaf steht. Wobei in
Gen 19 ein Grenzfall vorliegen dürfte. Jurist möchte man hier nicht sein.
[258] Die beiden in der Mamre-Sodom-Erzählung direkt aufeinander folgenden
Ortsangaben מִחוּץ לָעִיר „außen vor der Stadt" (Gen 19,16) und צֹעֲרָה „nach Zoar"
(V.23) könnten zunächst so interpretiert werden, dass Zoar keine Stadt, sondern der
Name einer Gegend ist. Als Stadt wird Zoar ausdrücklich erst in der sekundären
Ätiologie Gen 19,17–22 bezeichnet. Wenn jedoch die Einführung von Zoar in der
Mamre-Sodom-Erzählung eine Veranschaulichung der V.29 genannten „Städte des
Kreises" עָרֵי הַכִּכָּר darstellt, so wird implizit der städtische Charakter von Zoar
vorausgesetzt.
[259] Anders JACOB 1934, 439.

nannt worden (19,1). Die Angabe Gen 19,29 geht aber von mehreren
Städten aus. Insofern wird Lot nach Zoar und von dort in die Höhle
geführt, in der er sich im Anschluss an die Verwüstung des Kikkar
niederlässt[260].

In erster Linie dienen die Ortsangaben der durchgehenden Land/
Stadt-Kontrastierung. Gen 18,1 werden die „großen Bäume Mamre"
als Zeltplatz gekennzeichnet. Dieses Motiv setzt sich fort in der
Mehrfacherwähnung des Zeltes V.6.9f. Das Zelt ist geradezu Leitmo-
tiv in Gen 18,1–16. Eine dem Zeltmotiv entsprechende Funktion
nimmt in Gen 19,1–16 das Stadtmotiv ein. Der Ausdruck הָעִיר fällt
zwar V.1a noch nicht, durch die Lokalisierung Lots am Stadttor
Sodoms wird aber klargestellt, dass es sich bei Sodom nicht nur um
einen kleinen Ort, sondern um eine veritable, zumindest teilbefestigte
Stadt handelt[261]. Die Bezeichnungen הָעִיר „die Stadt" und הַמָּקוֹם „der
Platz" tauchen dann leitwortartig gehäuft in V.12–16 auf. Das Stadtmotiv strukturiert auch V.4–11. Der allgemeine Ausdruck fällt zunächst V.4, dann wird das Stadtmotiv durch das Hausmotiv ausge-
malt. Lot wohnt in einem „Haus" הַבַּיִת (V.4.10f) mit „Türe" הַדֶּלֶת

---

[260] Zumindest auf der Erzählebene wird vorausgesetzt, dass es sich um eine bestimmte Höhle handelt. Das bedeutet nicht, dass die Höhle ihrer Lage nach bekannt
war und dass es sich um eine alte „Höhlentradition" handelt, die den lokalen Haftpunkt der Lot-Tradition bildete (so oder ähnlich GUNKEL 1910, 217f; PROCKSCH
1924, 134; KILIAN 1966, 136–140; 1970; WESTERMANN 1981, 381; LOADER 1990,
45; SOGGIN 1997, 288f). Diese Vorstellung wurde zu der These ausgebaut, dass Gen
19,30–38 ursprünglich von der Rettung aus einer kosmischen Katastrophe ähnlich
der Flut erzählte (HOLZINGER 1898, 158; GUNKEL 1910, 218f; LODS 1927). Anhaltspunkt für diese Behauptung ist die Wendung V.31 בָּאָרֶץ אֵין וְאִישׁ „kein Mann ist im
Land" bzw. „auf der Erde" (dagegen HAMILTON 1995, 51). Zu der Parallelisierung
der Flucht Lots mit Noachs Rettung aus der Flut vgl. u. Seite 213-216). Die Höhle ist
als ein Ort der Verlassenheit und des Todes (s. o. Seite 157) zu sehen. Daher dürfte
die Interpretation des Artikels durch JACOB (1934, 463) als Artikel „der Gattung" das
Richtige treffen; auch HOLZINGER (1898, 158) hält eine Interpretation als Abstrakt-
begriff mit Hinweis auf GESENIUS/KAUTZSCH (1909, § 126n) für möglich.

[261] Torartige Zugänge wurden auch bei Großdörfern wie Ḫirbet el-Mšāš oder Festungsanlagen wie Tell ʿArād und der „Aharoni-Fortress" im Negev gefunden
(JERICKE 1997a, 82f.95.194–203.217–221). Das gängige Stadttor der israelitisch-
judäischen Königszeit war das Mehrkammertor. Die bekanntesten Beispiele wurden
in Dan, Hazor, Megiddo, Sichem, Geser, Lachisch und auf Tell es-Sebaʿ/Beerscheba
freigelegt; vgl. HERZOG 1986; JERICKE 1992; OTTO 1994; 1995b. Wenn es Gen 19,1
heißt, Lot saß in bzw. bei dem Stadttor, so ist nicht gemeint, dass er sich in einem der
kammerartigen Torräume befand. Vielmehr ist wohl daran gedacht, dass er sich auf
dem „freien Platz" רְחוֹב hinter dem Tor niedergelassen hatte, vgl. Hi 29,7f (zu רְחוֹב
s. BARTELMUS 1993a).

(V.6.9f) und „Dach" קוֹרָה (V.8)[262]. Die Stadt Sodom, alle Städte des Kikkar werden vernichtet, Lot muss sich in eine Höhle retten. Die Stadt ist als ein Ort des Todes stilisiert, als ein Ort, den YHWH radikal vernichtet. Für Lot ist das Stadtleben noch gefährlicher als das Leben in der Höhle, die an sich schon ein Ort des Todes ist. Erzählerisch ist dies gestaltet durch die zögerliche und etappenweise sich vollziehende Flucht Lots. Er muss gezwungen werden, Sodom zu verlassen (V.16), geht zunächst nach Zoar (V.23) und erst von dort in die Höhle. Theologische Kernaussage ist V.16: die gnädige Zuwedung YHWHs gegenüber Lot realisiert sich in der Herausführung aus der Stadt: „sie führten ihn hinaus und setzten ihn außen vor der Stadt ab" וַיֹּצִאֻהוּ וַיַּנִּחֻהוּ מִחוּץ לָעִיר. Das gesamte erzählerische Gewicht des Abschnittes V.12–16 liegt auf den beiden letzten Worten „außen vor der Stadt" מִחוּץ לָעִיר. Diese Kernaussage von V.16 deutet sich bereits in V.2f an. Die zwei Männer weigern sich zunächst, in das Haus Lots einzutreten. Sie wollen lieber im Freien, „auf der Straße" בָרְחוֹב übernachten (V.2). Erst in einem zweiten Redegang lassen sie sich von Lot zu einer Einkehr in sein Haus überreden (V.3). Hier deutet sich erstmals im Erzählgang von Gen 19 an, dass der Außenbereich, der unter freiem Himmel liegende Bereich gegenüber dem städtischen Wohnen zu bevorzugen ist. „Außen vor der Stadt" als theologisches Programm heißt demnach: YHWHs Zuwendung trifft den ländlichen Lebensbereich, wo Abraham sich aufhält, wo er sein Zelt hat bei einem bewaldeten Stück Land.

Das programmatische מִחוּץ לָעִיר „außen vor der Stadt" (Gen 19,16) hat sein positives Gegenstück in der Ortsangabe בְּאֵלֹנֵי מַמְרֵא „bei den großen Bäumen Mamre", die als Überschrift der gesamten Mamre-Sodom-Erzählung vorangestellt ist (Gen 18,1). Wunderbarerweise wird Abrahams Familie in der Hauptlinie erhalten. Eine solche Zusage ist im Rahmen des genealogisch ausgerichteten Konzepts der Genesis gleichzusetzen mit der Weiterführung des eigenen

---

[262] Der Ausdruck bezeichnet zunächst lediglich größere Holzbalken (2Kön 6,2.5), wie sie sowohl für Dachkonstruktionen als auch zur Stabilisierung der Außenwände und als Pfeiler zur Unterteilung des Hausinneren Verwendung fanden. Das Dach wurde gebildet durch einige größere Balken, die auf die Lehmziegelwände aufgelegt und dann mit Reisig, Rohrgeflecht oder Ähnlichem bedeckt wurden. Das Ganze wurde mit einer Lehmschicht überzogen. Zum Hausbau REICH 1992; NETZER 1992; FRITZ 1995; speziell zur Dachkonstruktion KRAFELD-DAUGHERTY 1994, 166–173. קוֹרָה als Terminus für die Holzkonstruktionen des Jerusalemer Tempels ist 2Chr 3,7; Hld 1,17 bezeugt.

Lebens. Wunderbare Lebenserhaltung im ländlichen Bereich einerseits, radikale Vernichtung der Städte andererseits, diese theologische Konzeption wird von der Mamre-Sodom-Erzählung in breiter Form erzählerisch durchgeführt. Ich spreche in diesem Zusammenhang von einer Landtheologie. Dabei ist „Land" subjektiv gemeint, nicht objektiv. Die Landtheologie in Gen 18f ist eine Theologie von Landbewohnern für Landbewohner, nicht eine Theologie, die das Thema „Land" ausschreibt bzw. zum „Gegenstand" hat.

Das Gen 19 dargestellte städtische Milieu ist eine Metapher für Jerusalem. Absolut gebrauchtes הָעִיר „die Stadt" meint Jerusalem[263]. Der „Platz" הַמָּקוֹם ist der Jerusalemer Tempelberg, der nach der Ausdeutung von 2Kön 22f den „Platz" darstellt, an dem YHWHs Name wohnen soll. Entsprechend ist „das Haus" הַבַּיִת das Tempelgebäude selbst (1Kön 6,1; vgl. 2Sam 7,5f.13). Sodom ist Jerusalem. In abgeschwächter Form sagt dies auch Ez 16,44–58: Sodom ist die jüngere Schwester Jerusalems. Insofern liegt in Gen 19 eine Art Ätiologie für die Zerstörung Jerusalems 597 und 587/86 v.Chr. vor. Stadt, Tempelplatz und Tempelgebäude werden vernichtet. Die antistädtische Ausrichtung der Mamre-Sodom-Erzählung ist demnach nicht nur ganz allgemein konzipiert, sondern speziell gegen Jerusalem als zentralistische Hauptstadt. Das Programm „außen vor der Stadt" bedeutet ganz konkret: von YHWH gesegnetes Leben ist nur außerhalb Jerusalems möglich.

7. Literarische Muster

Verschiedene Textprobleme der Mamre-Sodom-Erzählung sind auf literarische Muster zurückzuführen. Hierbei sind drei Erzählungen zu nennen: 2Kön 4,8–17 als formale Parallele zu Gen 18,1–16; Ri 19 als auf Gen 19,4–11 bezogener Text und die Fluterzählung Gen 6–8 als Muster für Gen 19,12–16.23.27f*.

7.1 2.Könige 4,8–17

Die formale Verbindung von Gen 18,1–16 zu 2Kön 4,8–17 ist häufig erkannt. Meist wird davon ausgegangen, dass 2Kön 4,8–17, die Er-

---

[263] Jes 66,6; Ez 7,23; 9,9; Zef 3,1. Der älteste Beleg für absolut gebrauchtes הָעִיר als Bezeichnung Jerusalems findet sich im Ostrakon Lachisch 4, Zeile 7 (RENZ/RÖLLIG 1995, I 421).

zählung von der gastlichen Aufnahme Elischas durch die Frau in Schunem und die darauf erfolgende Sohnesankündigung, als literarische Vorlage für Gen 18,1–16 fungierte[264]. Neben der Verbindung der zentralen Motive Bewirtung/Sohnesankündigung sind auch lexikalische Übereinstimmungen zu bemerken: לֶחֶם (Gen 18,5/2Kön 4,8), זָקֵן (V.11f/V.14), פֶּתַח (V.1f.10/V.15) לַמּוֹעֵד und כָּעֵת חַיָּה „zu derselben Zeit in einem Jahr"[265] (V.10.14/V.16f). Eine weitere Parallele bildet die ungläubige Reaktion der Frau (V.12/V.16). Auf 2Kön 4,8–17 als literarische Vorlage weist die Verwendung der beiden Zeitangaben לַמּוֹעֵד und כָּעֵת חַיָּה in Gen 18,9–15. V.10 bringt im Zusammenhang der Sohnessankündigung an Abraham lediglich כָּעֵת חַיָּה. Dagegen stehen V.14 bei der Bekräftigung der Ankündigung an Sara beide Ausdrücke. Dies entspricht dem Sprachgebrauch in 2Kön 4,16, wo die Sohnesankündigung unter Verwendung beider Zeitangaben an die Frau ergeht[266].

Ähnlich wie bei den Simsonerzählungen[267] fehlt auch bei den Elischaerzählungen eine durchgehende deuteronomistische Bearbeitung. Daher werden sie meist als eine weitgehend eigenständige Sammlung angesehen, die erst nachdeuteronomistisch in die Darstellung der Königsbücher integriert wurde[268]. 2Kön 4,8–17(18–37) werden zu

---

[264] GUNKEL 1910, 196f; VAN SETERS 1975, 204–207; KÜMPEL 1977, 149ff; WESTERMANN 1981, 333.339ff; COATS 1983, 138; BLUM 1984, 275; VAN SETERS 1992, 257f. Im umgekehrten Sinn JACOB 1934, 466.

[265] Zu Übersetzung und Bedeutung s. JOÜON 1911/12; LORETZ 1962.

[266] Eine literarkritische Absetzung von V.14, wie sie mitunter vorgenommen wird (HAAG 1981, 176; BEGRICH 1989, 228), ist daher abzulehnen. In solchen Analysen schwingt immer die Ansicht mit, dass es für Sara unschicklich ist, ihren Platz im Zelt zu verlassen und sich in die Angelegenheiten der Männer, sprich der drei Besucher und ihres Mannes Abraham, einzumischen: „Der Gegensatz zwischen dem jetzt hervorgeschlüpften, furchtsam gewordenen... Weiblein... und dem schroffen, abweisenden Nein des Herrn ist ein wirksamer, ernster Abschluß der Szene" (PROCKSCH 1924, 120); „Das verstößt gegen die Sitte..." (LEVIN 1993, 157). Daher sei Abraham als der einzig berechtigte Empfänger der Ankündigung zu betrachten (SEEBASS 1997, 117.125). Eine solche Interpretation ist durch den Wortlaut des Textes nicht gedeckt.

[267] S. o. Seite 196–199.

[268] SCHMITT 1972; VAN SETERS 1983, 305f; STIPP 1987. Stipp wendet sich ausdrücklich gegen die These einer vordeuteronomistischen Elija-Elischa-Erzählung (STECK 1983). Dagegen will BECKING (1996) aus dem Ritus 2Kön 4,31–37 sowie aus altorientalischen Parallelen die vordeuteronomistische, noch polytheistisch geprägte Form des Jahwismus erschließen. Abgesehen von der Möglichkeit, dass auch in nachdeuteronomistischer Zeit weiterhin nicht orthodoxe Vorstellungen vital gewesen sein können, sagen die Erwägungen von Becking noch nichts über die literarische Gestaltung der Erzählungen. Auch THIEL (1992) setzt sich kritisch mit redaktionsge-

den Wundererzählungen innerhalb des Elischazyklus gezählt. Hans-Christoph Schmitt zeichnet eine komplexe Überlieferungsgeschichte von 2Kön 4,8–37, die von einer vorliterarischen Stufe, in der noch nicht von Elischa, sondern von einem Gottesmann die Rede ist, über die erste Aufzeichnung der Wundererzählungen um die Mitte des 8. Jhs. v.Chr. im Nordreich Israel bis hin zu einer theologisierenden „Jahwebearbeitung" im 6. Jh. v.Chr. und einer „Gottesmannbearbeitung" (5. Jh. v.Chr.), die für die Integration eines größeren Teiles der Elischaerzählungen in das bereits existierende deuteronomistische Geschichtswerk verantwortlich war, reicht[269]. V.13–15 stammen von der Redaktion der Wundererzählungen, V.17bβ von der „Jahwebearbeitung"[270].

Dagegen reduziert Stipp die Entstehungsgeschichte der Elischaerzählungen und speziell auch der „Frauenerzählung" 2Kön 4,1–37* auf das literarische Stadium. Nach Stipp ist das bestehende deuteronomistische Geschichtswerk immer schon Voraussetzung für die Formulierung der Erzählungen[271]. In 2Kön 4 schließt er sich „in leicht modifizierter Form"[272] der Analyse von Armin Schmitt[273] an und rechnet V.13–15 zu einer späten Bearbeitung[274]. In der Beurteilung von V.13–15 herrscht demnach Einigkeit. Stipp sieht die Entstehung der Elischaerzählung in zeitlicher Parallelität zu der deuteronomistischen und priesterlichen Literatur. Nach seiner Interpretation gab es neben den deuteronomistischen und priesterlichen Theologen auch „religiöse Kreise", die literarisch aktiv waren und nicht zu den genannten Schulen zählten. In ihren Schriften spiegelt sich eine „untheoretische[r] Frömmigkeit", die sich „der helfenden Gegenwart Gottes in den schieren Nöten des Alltags wie Tod, Hunger, Krankheit und Krieg versicherte..."[275]. In dieser Charakterisierung zeigen sich gewisse Affinitäten zu der oben umrissenen Landtheologie der Mam-

---

schichtlichen Analysen auseinander und hält die magisch-mantischen Züge für einen Bestandteil des älteren YHWH-Glaubens.

[269] SCHMITT 1972, v.a. 137f.153f.
[270] SCHMITT 1972, 93–99.
[271] STIPP 1987, 463–480. Stipp spricht vom deuteronomistischen Geschichtswerk als dem „Kristallisationspunkt des Elischazyklus" (1987, 463). Auch die sprachwissenschaftlichen Untersuchungen von SCHNIEDEWIND/SIVIAN (1997) können die These einer nordisraelitischen Herkunft der Elischaerzählungen nicht stützen.
[272] STIPP 1987, 297.
[273] SCHMITT 1975.
[274] STIPP 1987, 298.
[275] STIPP 1987, 480.

re-Sodom-Erzählung in Gen 18f. Diese unterscheidet sich zwar von den Elischaerzählungen in der prägnanten Jahwisierung des Stoffes, trifft sich aber mit ihnen in der Lokalisierung der Wunder fernab städtischer Zentren.

Eine solche Einschätzung wird erhärtet durch weitere Parallelen zu Gen 18f aus den Elischaerzählungen. Die סַנְוֵרִים-Strafe findet sich im Alten Testament außer Gen 19,11 nur noch 2Kön 6,18. Zwei der sehr seltenen Belege von שַׁעַר(י) + Städtename[276] (Gen 19,1) stehen 2Kön 7,1.18, ein weiterer 1Kön 22,10, jeweils שַׁעַר שֹׁמְרוֹן „Tor von Samaria". Die Synopse der Parallelen zwischen Gen 18,1–16 und 2Kön 4,8–17 zeigt, dass im letztgenannten Text auch die vermeintlich sekundären Abschnitte V.13–15 betroffen sind. Daher muss 2Kön 4,8–17 bereits in überarbeiteter Form, d.h. im Zusammenhang der Elischaerzählungen unmittelbar vor oder nach der Einarbeitung in das deuteronomistische Geschichtswerk, vorgelegen haben, wenn der Text als Vorlage für Gen 18,1–16 diente. Eine zeitliche Ansetzung der Mamre-Sodom-Erzählung in vorexilische Zeit ist daher wenig wahrscheinlich.

7.2 *Richter 19*

Die Übereinstimmungen zwischen Ri 19 und Gen 19,4–11, die bis in Einzelheiten der Formulierungen reichen, sind mehrfach detailliert aufgelistet[277]. Auch über die Abhängigkeit der Erzählung des Richterbuches von Gen 19 herrscht weitgehend Einigkeit[278]. Mitunter wird diese Frage jedoch offen gelassen[279]. Nur selten wird die These vertreten, Ri 19 habe als Vorlage für Gen 19,4–11 gedient. Die Argu-

---

[276] Insgesamt 13 Belege im Alten Testament, dabei ist Ps 87,2 שַׁעֲרֵי צִיּוֹן „die Tore Zions" nicht gerechnet. Als Städtenamen kommen nur Sodom, Jerusalem und Samaria vor.

[277] GRESSMANN 1922, 261; SCHULTE 1972, 98; WESTERMANN 1981, 366; JÜNGLING 1981 passim. Auch die Wendung פַּת־לֶחֶם „ein Stück Brot" aus Gen 18,5 ist in Ri 19,5 zu finden.

[278] GUNKEL 1910, 216f; GRESSMANN 1922, 261; JACOB 1934, 455f; SCHULTE 1972, 98–101; JÜNGLING 1981, 36 mit älterer Literatur; HAAG 1981, 191; COATS 1983, 143; LASINE 1984; SOGGIN 1987, 259; BLOCK 1990; MATTHEWS 1992; SOGGIN 1997, 284. Für diese Annahme spricht auch die Beobachtung, dass in Ri 19 Querbezüge sowohl zu Gen 19 als auch zu Gen 18 zu erkennen sind.

[279] PROCKSCH (1924, 127f) erwägt ein beiden Erzählungen zugrunde liegendes „älteres Motiv von furchtbarer Versündigung gegen die Heiligkeit des Gastrechts"; ähnlich ARNOLD 1989.

mente für eine solche Behauptung sind wenig überzeugend[280]. Zuletzt
hat Seebass die Priorität von Ri 19 erwogen, um die Annahme, Gen
19,4–11 sei ein späterer Textzusatz, zu stützen. Seebass meint, die
Aufforderung der Bewohner Gibeas, den Gast auszuliefern (Ri 19,22)
sei plausibler als die entsprechende Forderung der Bewohner Sodoms
(Gen 19,5), weil es sich im Fall von Gibea lediglich um einige wenige „Nichtsnutze" handelt, während in Sodom alle Bewohner beteiligt
sind[281]. Ein solches Argument ist rationalisierend. Das Verbrechen
der Wenigen ist für Seebass eher vorstellbar als ein solches der ganzen Stadtbevölkerung. Auf der Erzählebene kommt jedoch sowohl die
Forderung der Leute von Gibea als auch die der Sodomiter unvorbe-
reitet und unbegründet. Die Annahme der literarischen Abhängigkeit
des Richtertextes von Gen 19,4–11 ist daher nach wie vor die sinn-
vollste. In der Hauptsache sprechen dafür Ri 19,24f. Nach V.24 bietet
der Gastgeber den Bewohnern Gibeas nicht nur die Nebenfrau seines
Gastes[282], sondern auch seine eigene jungfräuliche Tochter an. Tatsächlich wird jedoch nur die Nebenfrau der gemeinschaftlichen Vergewaltigung preisgegeben (V.25). In dem Motiv der jungfräulichen
Tochter, das in der Erzählung Ri 19 ohne Vorbereitung und Nachge-
schichte ist, spiegelt sich die Abhängigkeit von Gen 19,8[283]. Aller-

---

[280] VON RAD (1976, 172) drückt sich einigermaßen unbestimmt aus. Er hält „eine
ferne Abhängigkeit der einen Sage von der anderen" für möglich und erwägt, ob
„eine alte, in Israel bekannte Erzählung von einer schrecklichen Verletzung des
Gastrechts erst sekundär auf Sodom als den Sitz aller Sünden bezogen worden" ist.
Als Argument führt er die vermeintliche Glosse סְדֹם אַנְשֵׁי Gen 19,4 ins Feld. Der
Text Gen 19,4 wird jedoch durch die formal parallele Formulierung Ri 19,22 אַנְשֵׁי
הָעִיר אַנְשֵׁי בְנֵי־בְלִיַּעַל „die Männer der Stadt, nichtsnutzige Männer" gedeckt.
WESTERMANN (1981, 366) führt die „Profanität" von Ri 19 ins Feld, die den „Eindruck früher Entstehung noch in der Zeit der Stämme" erweckt; ähnlich LOADER
1990, 41ff. Eine solche Argumentation entbehrt jeder Grundlage. Im Gegensatz zu
Westermann sieht NIDITCH (1982) in Ri 19 die gegenüber Gen 19 differenziertere
Theologie, was für die relative Priorität von Ri 19 sprechen soll. Auch dies ist nicht
mehr als ein Schätzwert; zur Kritik HAMILTON 1995, 38.
[281] SEEBASS 1997, 142.
[282] Nicht selten wird der Hinweis auf die „Nebenfrau" וּפִילַנְשֵׁהוּ als Glosse aus-
geschieden, allerdings ohne Anhaltspunkt in der Textüberlieferung (BUDDE 1897,
131; GRESSMANN 1922, 256; JÜNGLING 1981, 210f; SOGGIN 1987, 246; Apparat
BHS). Damit wird jedoch das Vergleichsverfahren mit Gen 19,4–11 teilweise entwertet, vgl. LASINE 1984, 39.
[283] So auch die Mehrzahl der o. Anm. 278 genannten Autoren. Für die These von
Gen 19,4–11 als literarischer Vorlage spricht auch der von SEEBASS (1997, 142) mit
gegenteiligem Ergebnis angestrengte Vergleich zwischen Gen 19,4 und Ri 19,22. Die
Formulierung וְאַנְשֵׁי הָעִיר אַנְשֵׁי סְדֹם ist stimmig, da die Vergleichspunkte Stadt/
Sodom auf einer Vorstellungsebene liegen und daher tatsächlich vergleichbar sind.

dings ist nicht auszuschließen, dass in der Bereitschaft, die eigenen Töchter oder Frauen auch auf die Gefahr brutaler sexueller Misshandlung hin zu prostituieren, um in einem fremden Land zu überleben, ein gemeinaltorientalisches Erzählmotiv zu finden ist. Zumindest ist eine ägyptische Parallele aus ptolemäischer Zeit anzuführen[284]. Diese gibt dazuhin einen Hinweis auf die zu vermutende Abfassungszeit von Ri 19, die derjenigen der ägyptischen Parallele in etwa entsprechen dürfte[285].

7.3 *Fluterzählung*

Die Parallelisierung Lots und Noachs ist innerbiblische Tradition (Lk 17,26–32). Auch die jüdische Auslegung hat regen Gebrauch von dem Vergleich zwischen der Rettung aus der Verwüstung Sodoms und der Rettung aus der Flut gemacht[286]. Selbstverständlich weisen auch neuzeitliche Kommentare auf die Querbezüge hin: „Lot ist gleichsam der Noach der Sodomerzählung"[287]. Neben der Übereinstimmung in der allgemeinen Thematik[288] sind Detailparallelen zu erkennen, die insbesondere den „schwierig[en]"[289] und immer wieder beanstandeten Text von Gen 19,12 erklären können. Hier wirkt v.a. die Erwähnung von Lots Söhnen, die in der Erzählung ansonsten keine Rolle spielen, befremdlich. Daher resultiert der auf Dillmann[290] zurückgehende Versuch von Seebass, den vorliegenden Wortlaut von Gen 19,12 als Ergebnis mehrerer Irrtümer der Textüberlieferung zu erklären. Seebass liest mit dem altsyrischen Text חתניך „deine Schwiegersöhne". ניך sei irrtümlich verdoppelt und unter Verwechslung von ו und י bzw. ב und כ zum jetzigen Text חָתָן וּבָנֶיךָ

Der Ausdruck „Stadt" wird durch „Sodom" näher erläutert. Dagegen ist Ri 19,22 אַנְשֵׁי בְנֵי־בְלִיַּעַל nicht in dieser Weise zu הָעִיר אַנְשֵׁי in Vergleich zu setzen. Die Formulierung ist nur als Imitation der literarischen Vorlage zu erklären.

[284] BRUNNER 1988.

[285] Schon GRESSMANN (1922, 260) sieht in Ri 19 eine „junge Legende", auch wenn er eine längere vorliterarische Überlieferungsgeschichte nicht der Erzählung, aber des Stoffes postuliert (GRESSMANN 1922, 262f). Auf eine späte Abfassungszeit weist auch die Gleichung Jebus=Jerusalem (V.10f), die nur noch 1Chr 11,4f zu finden ist.

[286] LOADER 1990.

[287] LEVIN 1993, 163; vgl. GUNKEL 1910, 77.214; JACOB 1934, 459.463ff; WESTERMANN 1974, 66–77.528–531; 1981, 366; COATS 1983, 143; TURNER 1990, 96f; HAMILTON 1995, 42f; SOGGIN 1997, 283.

[288] CLARK (1971) meint, die Fluterzählung insgesamt sei von Gen 19 abhängig.

[289] GUNKEL 1910, 210.

[290] DILLMANN 1892, 272.

„ein Schwiegersohn und deine Söhne" aufgelöst worden[291]. Die radi-
kalere Lösung, die allerdings ohne Textänderung auskommt, schlägt
Levin vor, der die gesamte Passage ab וּבָנֶיךָ in V.12a als gegenüber
dem Versanfang sekundär absetzt[292]. Mitunter wird auch lediglich
חָתָן als aus V.14 eingedrungene Glosse angesehen[293] oder חָתָן mit
Suffix in Angleichung an וּבְנֹתֶיךָ וּבָנֶיךָ gelesen[294].

Angesichts divergierender Lösungsversuche ist zurückzufragen
nach einer möglichst befriedigenden Erklärung für den vorliegenden
masoretischen Text in Gen 19,12. Aufschlussreich ist dabei die Formulierung der Familienkonstellation in der Fluterzählung. Fünfmal
wird Noachs Familie vollständig aufgelistet: Noach selbst, seine Söhne, seine Frau und die Frauen seiner Söhne: אַתָּה וּבָנֶיךָ וְאִשְׁתְּךָ וּנְשֵׁי־
בָנֶיךָ אִתָּךְ (Gen 6,18; 8,16; ähnlich 7,7.13; 8,18). Fünfmal ist Noach
allein mit seinen Söhnen genannt (Gen 6,10; 9,1.8.18f). Der Konstellation Noach/Söhne entspricht in Gen 19 die Verbindung Lot/Töchter.
Um die Parallele zu Noach in Gen 19 zu vervollständigen, mussten
Söhne und v.a. Schwiegersöhne eingeführt werden, auch wenn die
Söhne gar keine und die Schwiegersöhne in V.14 mit dem Motiv des
Lachens lediglich eine zu Gen 18,9–15 kontrastierende Funktion haben. Daher besteht kein Anlass zu literarkritischen Feinoperationen in
Gen 19,12. In Analogie zu den Wendungen וּנְשֵׁי־בָנֶיךָ (Gen 6,18;
8,16) bzw. וּנְשֵׁי־בָנָיו (Gen 7,7.13; 8,18) könnte lediglich eine Lesart
חתן + Suffix erwogen werden. Allerdings ist die direkte Suffigierung
von נשׁי in Gen 6–8 vermieden. Lediglich die Bezeichnungen der
engsten Familienmitglieder (Lots Frau, seine Söhne und Töchter) sind
mit Possesivum versehen. Das nichtsuffigierte חתן neben den Suffix-
formen in Gen 19,12 erklärt sich am besten als Analogiebildung zu
der geschilderten Praxis in Gen 6–8.

Vier der fünf Belegstellen, an denen Noachs Familie vollständig genannt ist
(Gen 6,18; 7,13; 8,16.18) werden von der traditionellen Quellenkritik P
zugewiesen[295]. Umstritten ist lediglich Gen 7,7. Die ältere Literarkritik sieht
in Gen 7,7–10 insgesamt einen nichtpriesterlichen, d.h. „jahwistischen"
Abschnitt. Vom lexikalischen Gesichtspunkt ist diese Zuweisung jedoch nur

---

[291] SEEBASS 1997, 143f.
[292] LEVIN (1993, 162–167) hält V.12aα.b für quellenhaft (J^Q), innerhalb von J^Q
sei חתן Zusatz und der Rest von V.12a „jahwistische" Redaktion (J^R).
[293] Apparat BHK; GUNKEL 1910, 210; WESTERMANN 1981, 361.
[294] HOLZINGER (1898, 155) und PROCKSCH (1924, 125) folgen der Peschitta-Les-
art.
[295] EISSFELDT 1922, 9*–14*; NOTH 1948, 17; ELLIGER 1952; SMEND 1989, 41ff.

für V.10 mit der Zeitangabe und für V.8a mit der Rein/unrein-Klausel berechtigt. Daher müssen die Ausleger auf die Hilfsannahme zurückgreifen,
dass in Gen 7,7–10 ein im Stil von P redaktionell bearbeiteter „J"-Abschnitt
vorliegt[296]. Neuerdings zählt jedoch Levin Gen 7,6–9 insgesamt zu P, wobei
er von einem komplexen Wachstum innerhalb von P ausgeht[297]. Zuletzt hat
Baruch Halpern wieder eine blockartige Aufteilung vorgenommen, indem er
V.7 und V.10 zu „J", V.8f zu P rechnet. Alle diese Versuche basieren auf der
Voraussetzung, dass in der Fluterzählung zwei parallele, weitgehend voll-
ständig zu rekonstruierende Erzählfäden miteinander kombiniert sind[298].
Wenn Gen 7,7 nicht zu „J" gerechnet wird, fehlt eine dem Befehl von 7,1
entsprechende Ausführung. Mit einer gewissen Konsequenz zählt daher John
Van Seters auch die Gen 7,7 weitgehend entsprechenden Formulierungen in
Gen 7,13; 8,16.18 zur „J"-Erzählung. Dies hat zur Folge, dass innerhalb der
Fluterzählung „J" zum Basistext wird, P dagegen nur punktuelle Ergänzung
darstellt[299]. Mit den Beobachtungen Gunkels, die, wie in vielen Fällen, gegen seine quellenkritische Zuweisung sprechen, ist am P-Charakter von Gen
7,7 festzuhalten. Auch V.8b mit dem Hinweis auf Vögel und Kriechtiere
(vgl. Gen 6,20) und V.9 mit der paarweisen Anordnung (vgl. Gen 6,19f) sind
P-Passagen. Zum nichtpriesterlichen Text sind lediglich V.8a.10 zu rechnen.
Dies hat zur Konsequenz, dass alle fünf Belegstellen, an denen Noachs Familie aufgezählt ist, zum P-Text gehören.

Von den fünf Belegen, die Noach und seine Söhne nennen, zählen nach
traditioneller Sicht Gen 9,18f zum nichtpriesterlichen Textgut[300]. Die Personenkonstellation und auch die Nennung des „Kastens" הַתֵּבָה verbinden die
beiden Verse mit der Fluterzählung. Erzählerisch ist diese allerdings mit Gen
9,17 beendet. Daher ist die Unentschiedenheit etwa der Analyse Gunkels zu
verstehen, der Gen 9,18f gleichzeitig als „Schluß der Sintfluterzählung des
J" und als „Einleitung zu dem Stammbaum von Šem, Ham und Japhet in 10"
liest[301]. Nun ist freilich auch nach Gunkel Gen 10 kein durchgehender „J"-
Text, vielmehr sind die Toledot der Noach-Söhne Gen 10 ein aus „J" und P

---

[296] NÖLDEKE 1869, 12; BUDDE 1883, 258ff; GUNKEL 1910, 62f; EISSFELDT (1922,
11*) zählt die Aufzählung der Familie Noachs in V.7 sowie V.8f insgesamt zu dieser
Bearbeitung (so auch WESTERMANN 1981, 579f). Als ursprünglicher „J"-Text ver-
bleibt somit ein bescheidener Rest von V.7 und der unstrittige V.10. Eine vergleichbare Aufteilung findet sich auch bei GOSSE (1993), allerdings mit der Konsequenz,
dass P Grundtext und „J" nachträgliche Bearbeitung ist.

[297] LEVIN 1993, 111f. V.10 schlägt er teilweise dem „J" vorliegenden quellenhaften Material J^Q (V.10a; LEVIN 1993, 109f, dort versehentlich das Siglum J^R) und
der Endredaktion R (V.10b; LEVIN 1993, 112ff) zu.

[298] GUNKEL 1910, 62: „Noachs Eingang in die Arche muß dem Grundstock nach
zu „J" gehören, da P dasselbe 11.13–16a erzählt". Gunkel stellt dann im Folgenden
fest, dass V.7ff stilistisch weitgehend P entsprechen!

[299] VAN SETERS 1992, 160–173.

[300] GUNKEL 1910, 78; EISSFELDT 1922, 14*; NOTH 1948, 29; LEVIN 1993, 103–
110.

[301] GUNKEL 1910, 78; vgl. GUNKEL 1910, 84ff; ähnlich LEVIN 1993, 109f.

gemischter Abschnitt[302]. Wenn Gunkel daher zu Gen 9,18f weiter bemerkt, dass die „J"-Fluterzählung „von den Söhnen Noahs bisher noch nichts Besonderes erzählt hatte (während P ihre Namen bereits mehrfach... genannt hat)"[303] und die Verse als Einleitung zu den Toledot der Noachsöhne Gen 10 bestimmt, so sagt er indirekt nichts anderes, als dass in Gen 9,18f ein P-Text vorliegt! Levin kann die Zuweisung zu J^R (V.18) bzw. J^Q (V.19) lediglich dadurch retten, dass er gegen die Auslegungstradition auch Gen 5,32b zu einer vorjahwistischen Quelle rechnet[304]. Nur so kann er in der Urgeschichte einen durchgehenden „jahwistischen" Erzählfaden rekonstruieren. Das letztgenannte Beispiel zeigt mit aller Deutlichkeit, dass auch in der Fluterzählung Quellenzuweisungen z.T. gegen den Wortlaut bzw. den lexikalischen Befund vorgenommen werden, um durchlaufende Erzählfäden zu erhalten[305]. Im Erzählzusammenhang von Gen 9 stellen V.18f eine redaktionelle Übergangsformulierung von der mit V.17 beendeten Fluterzählung zu der Erzählung V.21–27 dar. V.18f greifen dabei auf Motive von Gen 6,10–14 (P) zurück.

Als Ergebnis des Durchgangs durch die Texte der Fluterzählung, die Noach und seine Familie bzw. Noach und seine Söhne nennen, ist festzuhalten, dass alle Belegstellen entweder P-Texte oder auf P-Abschnitte zurückgehende redaktionelle Notizen sind. Die Konstellation Noach/Familie bzw. Noach/Söhne ist erzählerisch fest in der Fluterzählung verankert[306]. Dagegen hat die Konstellation Lot/Familie in Gen 19 keine erzählerische Bindung und dient lediglich der formalen Parallelisierung von Lot mit Noach. Daher ist die Annahme mehr als wahrscheinlich, dass die genannten Formulierungen der Fluterzählung als Vorlage für Gen 19,12.14 dienten. Damit ergibt sich ein weiteres Indiz für die Annahme, dass die Mamre-Sodom-Erzählung in Gen 18f literarisch von P-Texten abhängig ist. Eine solche weitgehende Aussage kann selbstverständlich ein von der Textüberlieferung her problematischer Vers wie Gen 19,12 allein nicht stützen.

---

[302] GUNKEL 1910, 84–92.152–155.

[303] GUNKEL 1910, 78.

[304] LEVIN 1993, 109 ohne nähere Begründung.

[305] LEVIN 1993, 109: „Die Notiz 5,32b; 9,19 dürfte ursprünglich *auf irgendeine Weise* an den Stammbaum von Kain bis Lamech... angeschlossen haben. Sie bildet die Brücke zur Völkertafel Gen 10" (Hervorhebung D.J.).

[306] Deutlich zeigt sich das an den Noach/Familie-Belegen. Diese erscheinen nahezu wortgleich sowohl bei den Aufforderung, in den Kasten zu gehen (Gen 6,18) und diesen wieder zu verlassen (Gen 8,16), als auch bei den entsprechenden Ausführungsnotizen (Gen 7,7.13; 8,18).

8. *Die Mamre-Sodom-Erzählung im Verhältnis zu P*

8.1 *Genesis 17*

Um die Frage einer möglichen Abhängigkeit der Mamre-Sodom-Erzählung in Gen 18f von priesterlicher Literatur zu beantworten, muss zuvor thematisiert werden, inwieweit und wo P festzumachen ist. Die einzelnen Verse in Gen 11,27–13,18, die von der Quellenkritik P zugewiesen werden, halten einer Nachfrage nicht stand[307]. Dagegen ist der P-Charakter von Gen 17 weitgehend unbestritten. Daher erscheint es berechtigt, neben den P-Texten der Sinaiperikope insbesondere Gen 17 als Vergleichstext heranzuziehen, um das Verhältnis zwischen der Mamre-Sodom-Erzählung in Gen 18f und P zu klären.

Gen 17 ist durch fünf Gottesreden strukturiert[308]. Weitere Gliederungsmerkmale sind die leitmotivisch gebrauchte Rede vom „Bund" und die wiederholte Abfolge Verheißung/Beschneidung. Im einzelnen lässt sich folgender Textaufbau erkennen: Überschrift (V.1–3a), Verheißung (V.3b–8), Gebot der Beschneidung (V.9–14), erneute Verheißung (V.15–22), Durchführung des Beschneidungsgebotes (V.23–27)[309]. Fragen wirft die Überschrift V.1–3a auf. Die in Gen 17 singu-

---

[307] S. o. Seite 127f.

[308] MCEVENUE 1971, 150f.

[309] Literarkritisch arbeitende Auslegungen finden jedoch in den Wiederholungen und Wiederaufnahmen reichlich Anhaltspunkte für eine literarische Schichtung innerhalb des Kapitels. Diese Versuche sind in erster Linie davon geleitet, die priesterliche Theologie in Gen 17 mit rechtfertigungstheologischen Vorstellungen in Einklang zu bringen. Dabei steht v.a. das Beschneidungsgebot V.9–14 zur Debatte. Die Durchführung des Gebotes V.23–27 gilt schon GUNKEL (1910, 272) als „Anhang". So geht WEIMAR (1988) davon aus, dass eine vorpriesterliche Überlieferung (V.1–4a.6.22) von der priesterlichen Grundschrift P^g erweitert wurde, während der Hauptbestand von V.9–14 einer spätpriesterlichen Redaktion P^S entstammt. Zu P^g zählt Weimar V.4b.5.7.8*.9aα.10aαb.11.15.16aαbα*.17a.18.19a.20a*.24–26. Damit ergibt sich für Weimar des Bild einer priesterschriftlichen Theologie, die das Primat von Gottes Gnadenzusage, die unabhängig von Gebotserfüllungen ergeht, wahrt: „Die gnadentheologische Dimension der priesterschriftlichen Abrahamb^erît wird durch die sekundär priesterliche Bearbeitung (P^S) im Sinne eines stärker gesetzlichen Verständnisses der Beschneidungsordnung (Bundesverpflichtung) zurückgenommen" (WEIMAR 1988, 48). Auch Levin meint, die „Beschneidung als Bundeszeichen" sei „nachgetragen" (LEVIN 1993, 157). Grünwaldt hält V.9–14 für eine nachpriesterliche Ergänzung unter Verwendung deuteronomisch-deuteronomistischer Formulierungen (GRÜNWALDT 1992, 27–44; ähnlich SEEBASS 1997, 111f). Dabei ergibt sich für Gen 17 die Konsequenz, dass nach der P-Vorstellung Abraham aus eigener Initiative die Beschneidung als Reaktion auf die Gottesrede vollzieht. Gertz nennt dies zu Recht „eine lustige Vorstellung" und fügt hinzu, dass der „Zusammenhang von Verheißung

läre Erwähnung YHWHs „hat schon immer Anstoß erregt und zu den
verwunderlichsten Erklärungen Anlaß gegeben"[310]. Westermann versucht das Problem zu lösen, indem er V.1–3a auf eine P vorgegebene
Überlieferung zurückführt[311]. Da er nichts darüber sagt, in welchem
Zusammenhang diese ältere Überlieferung steht oder stand[312], ist
seine Erklärung ebenso „verwunderlich" wie die von ihm kritisierten[313]. Zuletzt hat sich Ska für die Beibehaltung des vorliegenden
Textes und gleichzeitig für die literarische Einheitlichkeit des P-Tex-
tes Gen 17 ausgesprochen[314]. Die Variatio von V.1 erklärt er erzähl-
perspektivisch: der Erzähler teilt hier dem Leser eine wichtige Information mit, welche den in der Erzählung handelnden Personen nicht
bekannt ist[315]. Zu Recht weist Ska allerdings im weiteren Verlauf der
Argumentation auf die Parallele zwischen Gen 17,1 und Gen 35,9
hin[316], ohne erklären zu können, warum Gen 35,9 die entsprechende
Information an den Leser nicht vermittelt, sondern in diesem Fall
Elohim dem Jakob erscheint, während es Gen 17,1 YHWH ist, der sich
Abraham zeigt. Die Methode, auf unterschiedliche Erzählhaltungen
zu verweisen, um Formulierungsschwankungen innerhalb eines als
einheitlich zu erweisenden Textes zu begründen, die von Ska gern
bemüht wird[317], kommt hier an ihre Grenzen.

Aussagekräftiger ist ein Vergleich der Kapiteleingänge von Gen
17 und Gen 18. Die Theophanieformulierung Gen 17,1b stimmt nahezu wörtlich mit Gen 18,1a überein. Diese Parallelität wird entweder

---

und Verpflichtung" in erster Linie „nur unter den Prämissen bestimmter gegenwärti-
ger Theologien ein Problem ist" (GERTZ 1995, 157).

[310] WESTERMANN 1981, 309.

[311] WESTERMANN 1981, 308f; ähnlich WEIMAR 1988, 38–42.

[312] WEIMAR 1988, 38–42 bietet die wenig einsichtige Erklärung an, dass in V.1–
4a.6.22 eine Mehrungsverheißung für das dezimierte Israel im Exil vorliegt.

[313] Darüber hinaus beruht Westermanns Pauschalurteil auf falschen Voraussetzungen. Als Referenzen gibt er Gunkel und Eissfeldt an, die angeblich den in Gen 17
singulären YHWH-Namen auf einen Schreiberirrtum zurückführen. GUNKEL (1910,
267) gibt jedoch die durchaus plausible Erklärung, das Tetragramm sei durch eine
Redaktion „wohl zum Ausgleich mit 16 und 18f, in den Text gekommen".

[314] SKA 1995, 412f.

[315] „… le narrateur communique une information au lecteur. Celle-ci n'appartient
donc pas au niveau intradiégétique, c'est-à-dire quelle ne passe pas d'un personnage
à un autre à l'intérieur du récit… Pour le narrateur (et le lecteur), il est important de
savoir que ʾelōhîm, ʾēl šadday et yhwh désignent le même Dieu et que chaque titre
correspond à une phase particulière de l'histoire du salut" (SKA 1995, 412).

[316] SKA 1995, 414.

[317] SKA 1987.

mit der These erklärt, Gen 17,1b sei von Gen 18,1a abhängig[318], oder mit der Annahme, beide Formulierungen seien auf eine Redaktion zurückzuführen, welche die Vorstellungen von „JE" und P ausgleichen will[319]. In der Tendenz ist die letztgenannte Deutung weiterführend. Wie einmütig erkannt wird, bilden Gen 17,1–3a eine Art Überschrift[320] bzw. ein „Proömium"[321] zum Rest des Kapitels. In einer ersten Gottesrede wird das Hauptthema von Gen 17 genannt: Bund und Mehrungszusage (V.2). Gerahmt wird die Gottesrede einerseits durch Theophanie und Selbstvorstellung Gottes (V.1b), andererseits durch die Reaktion Abrahams, der sich niederwirft (V.3a). Gen 17,1b–3a setzen Ex 6,2–8 voraus, ja korrigieren geradezu diesen Text, indem Elohim/El Schaddai bereits dem Abraham als YHWH erscheint. Bei dieser Beurteilung zählt alleine die Erzählebene, nicht eine fiktive Geschehensebene. V.1b–3a sind demnach eine nachpriesterliche Überschrift über den P-Text, der mit V.3b (Redeeinleitung) und V.4a (Selbstprädikation Gottes) beginnt[322]. Ähnlich wie die entsprechenden Passagen in Ri 13 und die jahwisierende Ausschreibung der Mamre-Sodom-Erzählung in Gen 18f soll die jahwisierende Nachinterpretation Gen 17,1b–3a sicherstellen, dass der dem Abraham erscheinende Gott YHWH ist. Zu diesem Zweck wird die P-Konzeption, dass von YHWH erst ab der Mosezeit die Rede sein kann[323], durchbrochen. Wenn Gen 17,1b–3a dieselbe überschriftartige Funktion erfüllt wie Gen 18,1 und wenn deutliche Übereinstimmungen im Wortlaut zu erkennen sind, so erscheint es am vernünftigsten, Gen 17,1b–3a auf derselben literarischen Ebene anzusiedeln wie Gen 18,1. Insofern zeigt sich ein weiteres Indiz für eine diachrone Nachordnung der Mamre-Sodom-Erzählung hinter P.

---

[318] LEVIN 1993, 157.

[319] DILLMANN 1892, XVII; GUNKEL 1910, 267. In ähnlicher Weise dürfte die Annahme von NÖLDEKE (1869, 21) zu verstehen sein, ursprünglich habe hier אֱלֹהִים gestanden.

[320] GUNKEL 1910, 267.

[321] WESTERMANN 1981, 306.

[322] Ähnlich WENHAM 1999, 248f.

[323] Der P-Text Gen 35,9 beginnt zwar syntaktisch gleich wie Gen 17,1b und 18,1a, aber mit Elohim als Subjekt וַיֵּרָא אֱלֹהִים אֶל־יַעֲקֹב „Gott erschien dem Jakob".

8.2 *Genesis 17 und Genesis 18f*

Im größeren Erzählzusammenhang der Abrahamgeschichte verwundert das ungläubige Erstaunen, mit dem die Sohnesankündigung von Sara aufgenommen wird (Gen 18,12); denn Gen 17,15–22 findet sich eine ausgeführte Szene, welche die Ankündigung von Isaaks Geburt und die Festlegung des Erbschaftsverhältnisses zwischen Isaak (Bund) und Ismael (großes Volk) beinhaltet. Auf der Ebene des vorfindlichen Textes ist das Nebeneinander der beiden Geburtsankündigungen so gelöst, dass die erste, breit ausgeführte Ankündigung (Gen 17,15–22) an Abraham, die zweite dagegen an Sara (18,9f) ergeht[324]. Ohne die Festlegung des Namens „Isaak" יִצְחָק (17,19) ist jedoch das Motiv des „Lachens" צחק (18,12–15) als Anspielung auf den Namen des Sohnes unverständlich.

Die Annahme, der „jahwistische" Text von Gen 18f sei nach dem priesterlichen von Gen 17 entstanden, scheint auf den ersten Blick jeglichem Forschungskonsens zu widersprechen. Die ausführlichen Vergleiche beider Texte gehen à priori davon aus, dass Gen 17 von Gen 18 abhängig ist. McEvenue rückt Gen 17 in die Nähe der Endredaktion des Pentateuch[325]. Er geht davon aus, dass als Quellen Gen 15; 16; 18,1–16; 21 dienten. Nach der Analyse von McEvenue reduziert P in Gen 17 diese Quellentexte auf ein absolutes Minimum, insgesamt auf fünfzehn Verse[326], im Falle von Gen 16 und Gen 21 gar auf nur einen Vers[327]. Der Rest von Gen 17 ist Eigenformulierung von P. Mit dem gleichen Recht könnte man in der entgegengesetzten Richtung argumentieren: Texte wie Gen 16, Gen 18 oder Gen 21 schreiben die kurzen Passagen von Gen 17 aus[328]. Für Westermann steht die Vorordnung von Gen 18 vor Gen 17 fest[329]. Argumente für diese Annahme nennt er nur beiläufig. In Gen 18 sei Saras Lachen verständlich, weil es sich um eine „absonderliche Ankündigung"[330] handelt. Die Absonderlichkeit soll darin liegen, dass die Ankündigung von einem Menschen kommt, der sich allerdings unmittelbar darauf als YHWH zu erkennen gibt. Dagegen hat nach Westermanns Auslegung das „Lachen Abrahams hier in Gn 17,17a… etwas

---

[324] JACOB 1934, 445.
[325] McEVENUE 1971, 145–155.
[326] McEVENUE 1971, 151f.
[327] McEVENUE 1971, 146.
[328] Die Annahme, ausgeführte und detailreiche Erzählungen seien ältestes Überlieferungsgut, schematische Zusammenfassungen oder Listen dagegen jüngere Konstrukte, ist eines der Axiome bei der Auslegung der Erzelternerzählungen. Vgl. dagegen GOLKA (1978, 190), der etwa Gen 24 als „sehr junge Überlieferung"—„sehr jung" heißt in diesem Zusammenhang aus der salomonischen Zeit!—ansieht, die aus einer kurzen Notiz heraus entwickelt wurde.
[329] WESTERMANN 1981, 301–328.
[330] WESTERMANN 1981, 322.

Bizarres im unmittelbaren Gegensatz zu dem ihm Wunderbares verheißenden Gott"[331]. Die Prämisse ist klar: wenn eine Frau angesichts einer wunderbaren Zusage ungläubig lacht, so ist das verständlich und natürlich, ein Mann dagegen macht so etwas nicht. Im Sinne dieser Deutung kann Gen 17,17 nur literarische Nachahmung sein. Das sind freilich keine Argumente, sondern Vorurteile. Ebenso verhält es sich mit Westermanns zweitem „Beweis". Für ihn ist es ein „kleiner, aber sicherer Beweis dafür, dass Gn 17P erheblich jünger sein muß als Gn 18J"[332], dass die Zweifel an der Ankündigung des Sohnes in Gen 18,11 mit dem Hinweis auf „Körperfunktionen", in Gen 17 dagegen mit einer Altersangabe begründet werden. Inwiefern der Hinweis auf das Ausbleiben der Regelblutung der Frau ein Indiz für ein hohes Alter des Textes sein soll, verstehe, wer will. Auch die detaillierte Arbeit von Ska geht von der Prämisse einer zeitlichen Vorordnung von Gen 18 vor Gen 17 aus[333]. Ska versucht nachzuweisen, dass die von ihm behandelten P-Texte nicht ohne ihren Kontext verständlich sind. Im Detail führt er beim Vergleich zwischen Gen 17 und Gen 18 allerdings den umgekehrten Beweis. Zunächst legt er dar, dass Gen 17 die Funktion hat, endgültig die in verschiedenen nichtpriesterlichen Texten (Gen 11,30; 12,1–3; 15) aufgegebene Frage nach dem legitimen Erben zu lösen[334]. Ska fährt fort: „Le ch. 18 peut donc raconter comment Dieu annoncera concrètement sa naissance [die des Erben, D.J.]. Le lecteur sait quel sera son destin"[335]. Das heißt: Gen 18 kann nur recht im Licht von Gen 17 gelesen und verstanden werden, als eigenständiger Text bleibt der Sinn zumindest diffus, wenn nicht dunkel. Weiterhin weist Ska darauf hin, dass in Gen 18,1 kein Eigenname genannt ist, weil die Person aus Gen 17 bekannt ist. Um so unverständlicher bleibt seine Schlussfolgerung: „Ainsi, Gn 17 peut difficilement être lu, dans l'état actuel du Pentateuque, en dehors de son contexte"[336]. Die Verhältnisse liegen umgekehrt: Gen 18 kann ohne seinen Kontext nicht gelesen werden, eben weil V.1 der menschliche Handlungsträger namentlich nicht genannt ist.

Als erstes Fazit ist festzuhalten: die diachrone Vorordnung von Gen 18 vor Gen 17 ist nicht zu begründen. Die These, Gen 17 sei von Gen 18 abhängig, basiert lediglich auf einer über Generationen eingeschärften Forschungstradition. Textbeobachtungen führen jedoch zu der Schlussfolgerung, dass die Mamre-Sodom-Erzählung von Gen

---

[331] WESTERMANN 1981, 322f; ähnlich VON RAD 1976, 158f: „Dieses Lachen Abrahams führt uns jedenfalls an den äußersten Rand des psychologisch Möglichen. Verbunden mit dem pathetischen Gestus der Anbetung ist es ein geradezu schauerliches Lachen, todernst und jenseits jeden Spaßes, Glaube und Unglaube hart aneinanderstellend".

[332] WESTERMANN 1981, 323.

[333] SKA 1989; s. o. Seite 128–132.

[334] SKA 1989, 112f.

[335] SKA 1989, 113.

[336] SKA 1989, 113.

18f eine eher volkstümliche Nacherzählung bzw. eine erzählerische Ausschreibung der steilen P-Theologie von Gen 17 ist. Diese These soll im Folgenden anhand mehrerer Details erhärtet werden.

8.3 *Das Motiv des Lachens*

Das Motiv des Lachens in Gen 18,12f.15 ist ohne Gen 17,19 nicht verständlich. Wir sind gewohnt, in Gen 18 die Anspielung auf den Namen Isaak יִצְחָק mitzuhören, weil uns die Abrahamgeschichte der Genesis geläufig ist. Wenn wir jedoch versuchen, Gen 18,1–16 unabhängig vom Kontext zu lesen, so ist der viermalige Gebrauch der Wurzel צחק nichts als ein unverständliches Wortspiel. Auf Gen 21,1–8 kann nicht verwiesen werden. Dieser Text setzt Gen 17 und Gen 18 voraus, insbesondere Gen 21,3 ist der Bezug auf Gen 17,19 deutlich[337]. Gen 22 und Gen 24 wird Isaaks Existenz schlichtweg vorausgesetzt. Eine Bezugnahme von Gen 18,12f.15 auf diese Texte ist unwahrscheinlich, da das Wortspiel in Gen 18 Bekanntes voraussetzt und nicht durch eine nachgetragene, beiläufige Selbstverständlichkeit aufgelöst werden kann. Zumindest sind zwischen der Szene Gen 18,9–15 und Gen 22 bzw. 24 keine literarischen Bezüge erkennbar, die eine solche These rechtfertigten. So bleibt hinsichtlich Gen 18,12f.15 keine andere Lösung als die, dass das aus sich unverständliche Motiv des Lachens auf Vorhergehendes, sprich auf Gen 17, insbesondere auf Gen 17,19 rekurriert[338].

Die im vorigen Abschnitt entfaltete These ist im Rahmen der Auslegungsgeschichte nicht so abwegig, wie das auf den ersten Blick erscheinen mag. Sie wurde jedoch meist nicht ausgezogen, weil die Exegeten, aus welchen Gründen auch immer, an der traditionellen Quellenzuweisung und v.a. an der relativen Datierung des nichtpriesterlichen im Vergleich zum priesterlichen Erzählgut festhielten. Schon Gunkel bemerkt zu Gen 18,9–15: „... niemand, der nicht Bescheid weiß, würde merken, dass der Erzähler von 10b an ein bestimmtes Ziel im Auge hat..."[339]. Anstatt nun aber zu fragen, woher frühere und heutige Hörer/Leser „Bescheid wissen", ist für Gunkel diese dunkle und andeutende Art des Erzählens „ein besonderer Ruhmestitel des alten Stils"[340]. Zu Gen 17,17 führt Gunkel aus, dass das Motiv des Lachens „ursprünglich (was in P nicht mehr deutlich hervortritt) den Namen יצחק motivieren" sollte, denn „es stammt aus alter Sagenüberlieferung"[341]. Die alte

---

[337] JERICKE 1997b.
[338] WENHAM 1999, 249.
[339] GUNKEL 1910, 200.
[340] GUNKEL 1910, 200.
[341] GUNKEL 1910, 271.

„Sagenüberlieferung", nach Gunkels Auslegung Gen 18,1b–16, kennt zwar das Motiv des Lachens, nennt aber den Isaaknamen nicht ausdrücklich[342]. Die explizite Verbindung Lachen/Isaakname findet sich demgegenüber Gen 17,17.19. Auch Kilian erwägt, ob nicht das Lachen Abrahams Gen 17 ursprünglich gegenüber dem Lachen Saras Gen 18 ist. Überlieferungsgeschichtlich sei die Abfolge P-J-E „nicht unmöglich, weil der P-Komplex nicht selten sehr alte Elemente in sich birgt"[343]. Solche am Text gewonnenen Beobachtungen müssen nicht geradezu schamhaft auf eine schwer fassbare vorliterarische Ebene transponiert werden, sie treffen durchaus den literarisch vorfindlichen Text. So führt Mölle zu der von ihm herausgefilterten Singularversion in Gen 18,1–16, die er als „Isaaknametymologie"[344] kennzeichnet, aus: „Allerdings weisen auch beide Elemente über sich und den vorliegenden Text hinaus; denn weder geht in Erfüllung, was Jahwe verheißen hat, noch ist die Bedeutung des viermal genannten צחק (Lachen) einsichtig. Beide Fäden laufen erst dann zusammen, wenn im Gesamtzusammenhang der hier vorliegenden Quelle gesagt wird, dass der verheißene Sohn Abrahams und Saras den Namen »Isaak« bekommt"[345]. Einen Text, der dies sagt, gibt es aber „im Zusammenhang der vorliegenden Quelle" nicht. Daher folgert Mölle: „Ein Text dieses Inhalts muß von hier her für dieselbe (oder für eine evtl. frühere) literarische Quelle postuliert werden"[346]. Dabei verweist er auf eine ähnliche These von Gunkel[347]. Hier wird mit verkehrten Vorzeichen argumentiert. Anstatt auf einen vorhandenen Text (Gen 17) zurückzugreifen, der die geforderten Merkmale aufweist, wird eine hypothetische, angeblich nicht erhaltene Variante postuliert. Westermann erkennt richtig, dass die vermeintlichen Deutungen des Namens יצחק in Gen 17, Gen 18 und Gen 21 „eigentlich nur Anspielungen auf den Namen יצחק"[348] sind. Wenn aber angespielt wird, muss ein fester Bezugspunkt da sein[349]. Für Gen 21,3 ist dies eindeutig Gen 17,17.19. Nichts anderes gilt auch für Gen 18,12f.15. Unter den kritischen Auslegern der letzten hundert Jahre hat dies meines Wissens lediglich Benno Jacob in aller Deutlichkeit ausgesprochen, wenn er zu Gen 18,15 bemerkt: „Die Szene ist nur zu verstehen, wenn man anerkennt, dass c. 17 vorausgegangen ist. Abraham braucht sich nicht zu äußern, weil die Verkündigung für ihn keine Neuigkeit ist.

---

[342] Nach GUNKEL (1910, 199) gehört Gen 21,1–8 nicht zur „alten Sagenüberlieferung".

[343] KILIAN 1966, 177.

[344] MÖLLE 1973, 34.

[345] MÖLLE 1973, 33.

[346] MÖLLE 1973, 33 Anm. 75.

[347] GUNKEL 1910, 199.

[348] WESTERMANN 1981, 324f.

[349] WESTERMANN (1981, 342) erklärt zu Gen 18,15, dass hier ein verborgener Hinweis auf den Namen des Kindes vorliegt. Gleichzeitig weist er darauf hin, dass in vergleichbaren Erzählungen von der Ankündigung einer Geburt der Name des Kindes immer genannt ist. Die naheliegende Schlussfolgerung, dass der Name Gen 18 deshalb nicht genannt ist, weil er aus Gen 17 bereits bekannt ist, zieht er jedoch nicht.

Aber Sara hat sie noch nicht aus fremdem Munde gehört, und wie mit der Erhöhung durch die Änderung ihres Namens soll sie auch darin Abraham gleichgestellt werden. Nicht diesem..., sondern ihr wird jetzt die Geburt eines Sohnes verkündet... Ihre Aufnahme der Botschaft ist das Gegenstück zu der Abrahams"[350].

8.4 *Das Zeltmotiv*

Der Ausdruck פֶּתַח־הָאֹהֶל „Eingang des Zeltes" (Gen 18,1.2b.10) begegnet in der alttestamentlichen Literatur nahezu ausschließlich in P-Texten als terminus technicus für das Begegnungszelt der Wüstenwanderungszeit (Ex 26,36; 33,9f; 36,37; 39,38; Num 12,5; Dtn 31,15). Ex 33,10 findet sich der Ausdruck auch als Bezeichnung für ein normales Wohnzelt. Num 16,27 steht die Pluralform פֶּתַח אָהֳלֵיהֶם in einem zumindest nicht vorpriesterlichen Text[351]. Lexikalisch belegt ist die Verbindung von פתח und אהל nur in der hier besprochenen Form bzw. in der Wendung פֶּתַח אֹהֶל־מוֹעֵד (häufig ab Ex 29)[352]. Der einzige Beleg für einen „profanen" Gebrauch des Ausdrucks פֶּתַח הָאֹהֶל findet sich Ri 4,20; was aber angesichts des Gesamtbefundes eher ein Licht auf die Datierung von Ri 4 wirft[353]. Saras und Abrahams Zelt ist mithin ein „Begegnungszelt" im ländlich-nomadischen Rahmen. Der Unterschied zur P-Konzeption besteht darin, dass das Zelt von Gen 18 nicht als ein Provisorium, sondern als dauerhaftes gedacht ist. Es ist Kontrastmotiv zum Gen 19,1–11 beschriebenen „Haus", zum Tempel. Dauerhaftes Zelt auf der einen Seite, der Ver-

---

[350] JACOB 1934, 445.

[351] LUX (1995) sieht in Num 16 eine weitgehend deuteronomistisch geprägte Erzählung aus der frühexilischen Zeit, die das Ende des davidischen Königtums reflektiert. Dabei stehen v.a. die Vertreter der Jerusalemer Oberschicht („die alten Herren") in der Kritik, die am Ende der Königszeit ihre Machtbefugnisse überschritten. Dagegen erkennt LEVIN (1993, 377) in Num 16 einen nachpriesterlichen Text, ein „jüngeres und radikaleres Seitenstück zu Num 12" (so auch SKA 1995, 407–410 mit älterer Literatur). BLUM (1990, 263–271) behandelt den Abschnitt im Rahmen der „priesterlichen Komposition" KP und auch AURELIUS (1988, 186–202) sieht in Num 16 Anklänge an P-Theologie. Uneingeschränkt zu P rechnet das Kapitel SCHMIDT (1993, 157–166).

[352] BEGRICH (1989, 229) bemerkt: „Das Sitzen am Eingang des Zeltes erinnert an das Zelt der Begegnung... vgl. Ex 29,42", ohne aus dieser Beobachtung Schlüsse zu ziehen.

[353] Noch immer wird eine Frühdatierung in die „Richterzeit" erwogen, zuletzt MARGALIT (1995) und v.a. KASWALDER 1993. Das entgegengesetzte Extrem (Entstehung in hasmonäischer Zeit) vertritt DIEBNER 1995. NEEF (1994; 1995b) schließt aufgrund der feinen Stilistik für Ri 5 eine frühe Ansetzung aus und sieht Ri 4 in Abhängigkeit von Ri 5.

wüstung ausgesetzter Tempel auf der anderen, das ist ein hauptsächliches Gestaltungsmotiv der bereits umrissenen Landtheologie der Mamre-Sodom-Erzählung, die sich nicht zuletzt in den Lokalangaben „Mamre" bzw. „Sodom" zeigt.

8.5 *Königliche Insignien*

Die Kombination von סֹלֶת „dunkles Mehl" und קֶמַח „Feinmehl" (Gen 18,6) ist als solche nur mehr 1Kön 5,2 zu finden: Salomos Hof wird täglich mit beiden Mehlsorten beliefert. Wenn auch Sara und Abraham diese beiden Mehlsorten vorrätig haben, heißt das: ihr Haushalt ist ein königlicher, Abraham ist König wie Salomo. Gen 18,6 ist erzählerische Ausgestaltung der Ankündigungen „Könige sollen aus dir hervorkommen" וּמְלָכִים מִמְּךָ יֵצֵאוּ (Gen 17,6b) bzw. „Könige von Völkern sollen aus ihr entstehen" מַלְכֵי עַמִּים מִמֶּנָּה יִהְיוּ (Gen 17,16b). Im übrigen wird auch Lot als König gezeichnet. Die Verbindung von שַׁעַר + Ortsname ist über die Wendung שַׁעַר־סְדֹם „Tor von Sodom" Gen 19,1 hinaus nur noch für Jerusalem (Jer 1,15; 17,19.21.27; Mi 1,12; Klgl 4,12; Neh 7,3; 13,19) und für Samaria (1Kön 22,10; 2Kön 7,1.18; 2Chr 18,9), demnach für die beiden großen Königsstädte Judas und Israels, bezeugt. Instruktiv ist in diesem Zusammenhang 1Kön 22,10. Beide Könige, Ahab von Israel und Joschafat von Juda, sitzen (יֹשְׁבִים) auf dem Platz „beim Toreingang von Samaria" פֶּתַח שַׁעַר שֹׁמְרוֹן so wie Lot „beim Tor von Sodom sitzt" יֹשֵׁב בְּשַׁעַר־סְדֹם. Lot sitzt als König im Stadttor. Aber Lots städtisches Königtum hat keinen Bestand, während Abrahams ländliches Königtum mit einem legitimen Nachfolger gesegnet ist.

Auch an dieser Stelle wird die Landtheologie der Mamre-Sodom-Erzählung mit ihrer antistädtischen Ausrichtung fassbar[354]. Die Königsstadt Sodom wird vernichtet. Das ist auch ein Urteil über die ehemaligen Königsstädte Samaria und v.a. Jerusalem. Nicht von ungefähr taucht die Städtetrias Jerusalem/Samaria/Sodom in Ez 16 auf, wobei Samaria und Sodom als Schwestern Jerusalems tituliert sind. Das Gericht über Jerusalem ist gesprochen, weil ihre Verfehlungen noch schwerer wiegen als die Sodoms. Alle drei Städte sind nach der Darstellung in den geschichtlichen Büchern des Alten Testaments

---

[354] Vgl. LOADER (1990, 38) zu Gen 18f: „We may therefore speak of an anti-urban tendency in the story".

königliche Städte[355]. Ob Ez 16 dabei schon auf die vorfindliche Dar-
stellung von Gen 19 zurückgreift oder vielmehr Gen 19 Sodom als
Königsstadt zeichnet aufgrund der Titulierung in Ez 16, kann im
Rahmen der vorliegenden Fragestellung nicht abschließend geklärt
werden. Wichtig ist lediglich die Einsicht, dass in beiden Texten
Sodom als königliche Stadt mit Festungsanlagen und Tochterstädten
gekennzeichnet ist[356]. Dagegen ist Abraham als Protagonist der
Landjudäer der wahre König und Priester, der judäische David und
Mose, dem YHWH am Begegnungszelt erscheint.

8.6 *Literarischer Anschluss*

Nach der hier vorgelegten Analyse lässt sich auch das Problem des
Textanschlusses für Gen 18 klären. Weder V.1 noch V.2 nennen den
menschlichen Hauptakteur der Erzählung. Abraham wird erst V.6
eingeführt. Der Erzählanfang (V.2) sowie der überschriftartige Ein-
gangsvers (V.1) der Mamre-Sodom-Erzählung setzen die Bekanntheit
mit Abraham voraus[357]. Deshalb wird als rückwärtiger Anschluss
entweder Gen 13,18 vermutet[358] oder auf Gen 17,27 verwiesen[359]. Die
nachpriesterliche Abfassung der Mamre-Sodom-Erzählung in Gen
18f spricht für die zweitgenannte Möglichkeit: Gen 18,1f schließen
an Gen 17 an und müssen deshalb Abraham nicht eigens nennen.

9. *Die Mamre-Sodom-Erzählung*

9.1 *Erzählabsicht*

Gen 18f ist eine durch und durch literarisch gestaltete Einheit, die
über weite Strecken priesterliche Literatur wie Gen 17 oder die Sinai-

---

[355] Zumindest ist Sodom auch als zentrale Stadt gekennzeichnet, indem ihr
„Töchter", d.h. Tochterstädte zugeordnet werden (Ez 16,46.48f.53.55). Zur Deutung
von בְּנוֹתֶיהָ als Tochterstädte vgl. u.a. Jos 15,45ff; 17,11.
[356] So scheint auch die innerbiblische Exegese den Text von Gen 19 verstanden
zu haben, wenn Gen 14 mehrfach ein „König von Sodom" genannt ist. Allerdings
scheint dieser von Lot unterschieden zu sein, der als einfacher Bewohner Sodoms gilt
(Gen 14,12).
[357] Wenn Gen 18f als Teil einer umfassenden Quellenschrift gesehen wird, stellt
sich das Problem nicht in aller Schärfe. Gen 18,1f „begins in midstream" (COATS
1983, 137; ähnlich VAN SETERS 1975, 203).
[358] GUNKEL 1910, 193ff; KILIAN 1966, 96; 1989; SOGGIN 1997, 270.
[359] SKA 1989, 113; SEEBASS 1997, 118. Den Anschluss an Gen 13,18 hält Seebass
zwar für möglich, aber „wegen der übermäßigen Hypothek eines solchen Verfahrens" lehnt er die These ab.

perikope ab Ex 25 voraussetzt. Das erzählerische Gefälle der beiden Kapitel wird durch die Mamre-Sodom-Erzählung formiert. Allein im Blick auf Gen 18,1–16 wurde die Mamre-Sodom-Erzählung als jahwisierende Ausschreibung charakterisiert[360]. Im weiträumigen Vergleich mit Gen 17 und den P-Texten insgesamt ist sie als nachpriesterliche jahwisierende Fortschreibung zu bestimmen. Deutlich wird dies auch an der fortschreitenden „Jahwisierung" innerhalb des Erzählgefälles der Mamre-Sodom-Erzählung. Ist zunächst ein vergleichsweise unsystematischer Wechsel zwischen YHWH und den „Männern" bzw. den „Boten" festzustellen, so agiert am Ende YHWH allein als Gegenüber Abrahams. Die Mamre-Sodom-Erzählung ist eine begrenzte Textfortschreibung, keine ein größeres literarisches Werk bearbeitende Redaktion. Neben der literarischen Abhängigkeit von P-Texten zeigt die Mamre-Sodom-Erzählung Verwandtschaft zu nachdeuteronomistischen Erzählzyklen im Richterbuch und in den Königsbüchern.

Die Erzählabsicht in Gen 19 ist eine zweifache. Einmal soll die seit Gen 11,27 mit Abraham eng verbundene Geschichte Lots zu einem Ende geführt und damit gleichzeitig begründet werden, warum nach Gen 19 nur mehr das Schicksal der Abrahamfamilie im engeren Sinne Thema der Darstellung ist. Zudem wird erzählerisch der verwandtschaftliche Zusammenhang ebendieser Abrahamfamilie mit den ostjordanischen Moabitern und Ammonitern herausgestellt, wobei klar ist, dass die weitere Familiengeschichte ohne Beteiligung der ostjordanischen Verwandten verlaufen wird[361]. Dieser ambivalenten Darstellungsabsicht dient auch die Fortführung der vermutlich von der Mamre-Sodom-Erzählung aufgenommenen Notiz Gen 19,29 in 19,30–38. Gen 19,29 geht noch von der uneingeschränkten Rettung Lots aus. Gen 19,30–38 versetzen ihn in eine Höhle, an einen Ort, wo ihm zwar Nachkommen geboren werden, der jedoch traditionell mit dem Tod verbunden ist[362].

---

[360] S. o. Seite 199–205.

[361] Die Vorrangstellung Abrahams vor Lot mag auch darin zum Ausdruck kommen, dass er die drei Männer einfach anredet, somit gleichberechtigt mit ihnen verkehrt, während Lot seine geringere Stellung durch allmähliche Annäherung und Proskinese erweist.

[362] „Die humorvolle ätiologische Erklärung entstand in der Absicht, einerseits die entfernte Verwandtschaft der Israeliten mit den Moabitern und den Ammonitern (»Söhne Lots«) festzuhalten, andererseits eine Distanz zu diesen Völkern zu bewahren" (HAHN 1994, 125).

Die Ortsangaben der Mamre-Sodom-Erzählung stehen im Dienst einer pointiert antistädtischen Landtheologie. YHWHs wunderbare Zuwendung zu den in Mamre lebenden Zeltbewohnern Sara und Abraham steht im Kontrast zum todgeweihten Schicksal des Städters Lot. Das unterschiedliche Ergehen Abrahams und Lots ist nicht auf ihr Verhalten, sondern auf ihr soziales Umfeld zurückzuführen. Durch weitere Details wird herausgestellt, dass Abrahams Haushalt ein wahrer königlicher Haushalt ist, dem im Sinne einer Dynastiebildung ein legitimer Nachfolger zugesagt wird. Der Stadtkönig Lot, der noch zu Anfang der Schilderung in Gen 19 in gleichsam richterlicher Funktion am Torplatz sitzt, endet demgegenüber am äußersten Rand der Zivilisation.

Die Vorrangstellung Abrahams und Saras wird weiterhin dadurch zum Ausdruck gebracht, dass allein sie die direkte Zuwendung YHWHs erfahren. Zweimal spricht YHWH zu Abraham (Gen 18,10.13), einmal zu Sara (18,15). Durch die relativ schwer zu entschlüsselnde Erzähltechnik beim Übergang von Kapitel 18 zu Kapitel 19 (Gen 18,16.20a*.21f; 19,1) wird die Dreiergruppe, die eingangs der Erzählung als Gegenüber Abrahams fungiert, getrennt in YHWH und zwei „Männer" bzw zwei „Boten". Allein diese Männer/Boten kommunizieren im Folgenden mit Lot. Sie essen mit ihm (Gen 19,3), sie schützen ihn vor den Bewohnern Sodoms (19,10) und führen ihn aus der Stadt (19,12.15f). Sie handeln zwar im Auftrag YHWHs (19,13f), doch YHWH selbst bleibt sozusagen hinter oder über der Szene. Er betritt dieselbe erst wieder bei der Einblendung Abrahams, der von ferne das Geschehen überblickt (19,27f).

Bemerkenswert ist die formale und inhaltliche Verwandtschaft zu Texten der Gideon-, der Simson- und der Elischazyklen. Offensichtlich wird hier in nachdeuteronomistischer Literatur, d.h. in nachexilischer Zeit, bei der Formulierung des theologischen Selbstverständnisses auf charismatische und profetische Figuren zurückgegriffen, die fiktiv in die vorstaatliche Zeit versetzt werden. Die Zeit des Königtums wird übersprungen. Neben einer antistädtischen Ausrichtung ist hier eine königskritische zu erkennen. Die Mamre-Sodom-Erzählung von Gen 18f bringt diese dadurch ins Bild, dass der wahre dynastische König der Zeltbewohner Abraham ist.

9.2 *Religionsgeschichtliche Motive*

Mit allem Vorbehalt sind aus der Mamre-Sodom-Erzählung religionsgeschichtliche Rückschlüsse erlaubt. Möglicherweise integriert Gen 18,1–16 ein traditionelles Motiv, das im Besuch der drei Männer und in der gemeinsamen Mahlzeit „unter dem Baum" noch rudimentär erhalten ist. Mit dem Motiv der drei Männer wird jedoch keine Göttertriade präsentiert[363]. Allenfalls ist ein Anklang an eine solche Vorstellung zu konstatieren. Im Gelenkvers der Mamre-Sodom-Erzählung Gen 18,9 ist YHWH personal identisch mit den Männern gesehen. Die Mamre-Sodom-Erzählung will damit sicherstellen, dass die drei Männer in keinem Fall als Triade verstanden werden. Damit ist zumindest ein indirekter Hinweis gegeben, dass eine solche Vorstellung möglich war.

Die Erzählung lokalisiert Abraham „unter dem Baum" (Gen 18,4.8). Trotz des bestimmten Artikels dürfte damit kein bestimmter, den Lesern/Hörern bekannter Baum gemeint sein[364]. Die Lokalangabe ist jedoch möglicherweise ein rudimentäres Indiz für die Verehrung sakraler Bäume. Zuletzt hat Othmar Keel das ikonographische Material zu diesem Motivkomplex zusammengestellt, wobei er sich auf die Zeit zwischen 1200 und 600 v.Chr. beschränkt[365]. Daraus wird zumindest deutlich, dass das Motiv des Baumes mit göttlichen Wesen in Verbindung gebracht wird. Selbstverständlich wäre es verführerisch, eine aus Zypern stammende Tonplastik (7./6. Jh. v.Chr.), die einen Reigentanz dreier weiblicher Figuren um einen Baum darstellt[366] (*Abb. 19*), mit der Baumszene Gen 18,2–8 in Verbindung zu bringen. Dies verbietet sich allein aufgrund der Tatsache, dass es sich bei der Tonplastik um weibliche Figuren, im Text jedoch ausdrücklich um Männer handelt. Interessanter dürfte die Abbildung eines vierflügligen jugendlichen Gottes sein, der in beiden Händen ein stilisiertes Bäumchen hält (*Abb. 20*)[367]. Dieses Motiv zeigt, dass die Darstellung von Göttern in Menschengestalt während der ausgehenden Königszeit

---

[363] Gegen die Auslegungstendenz von GUNKEL 1910, 199f.

[364] Vgl. das zu der „Höhle" (Gen 19,30) Gesagte, o. Seite 206 Anm. 260.

[365] KEEL 1998, 39–46; einen kurzen Überblick über das vorderorientalische Material gibt WELTEN 1977.

[366] GALLING 1977a, 13 Abb. 4.2; KEEL 1998, 43 mit Figure 83.

[367] KEEL/UEHLINGER 1998, 221 Abb. 210; KEEL 1998, 43 mit Figure 79. Die Darstellung findet sich auf einer Knochenschnitzerei aus Hazor und kann in das 8. Jh. v.Chr. datiert werden.

in Palästina bekannt war[368] und dass diese Ikone partiell mit dem Baummotiv verbunden wurde. Aus dem ikonographischen Befund allein kann jedoch noch nicht auf einen verbreiteten Baumkult in Palästina geschlossen werden. Eine solche Annahme ist allenfalls in Kombination mit der Polemik gegen hölzerne Idole in der deuteronomistischen und in der profetischen Literatur erlaubt. Mit den Motiven des Baumes und der Dreiergruppe erweist die Mamre-Sodom-Erzählung in Gen 18f nichts mehr und nichts weniger als ihre „internationale" Ausrichtung. Baumverehrung und Dreier-Gottheiten, sei es als festgefügte Triade oder in wechselnder Zusammenstellung[369], waren im östlichen Mittelmeerraum im 2. und im 1. Jt. v.Chr. weit verbreitet.

9.3 *Datierung*

Die religionsgeschichtlich auswertbaren Motive der Mamre-Sodom-Erzählung weisen in die ausgehende Königszeit als oberste Grenze für die Abfassungszeit[370]. Das frühest mögliche Datum dürfte mit dem Motiv eines jugendlichen vierflügligen Gottes in Menschengestalt gegeben sein, das auf verschiedenen Bildträgern in Palästina ab dem 8. Jh. v.Chr. auftaucht[371]. Dagegen sind die Anklänge an die Tradition von Göttertriaden für die Datierung nicht hilfreich, da sie ein im gesamten Alten Vorderen Orient verbreitetes Phänomen reprä-

---

[368] Zu weiteren Belegen KEEL/UEHLINGER 1998, 220–223.

[369] JIRKU 1969; KNAUF 1994, 243–248; NIEHR 1998, 170–194. Im Gegensatz zu Knauf („Verbreiteter ist aber eine göttliche »Kernfamilie« mit drei Mitgliedern…" ; KNAUF 1994, 243) ist Niehr skeptisch gegenüber einer triadischen Deutung vorhellenistischer Befunde.

[370] Unter den Texten, die eine Parallele zum Besuch der drei Männer bei Abraham bieten, wird auch Odysee 17,485ff genannt (DILLMANN 1892, 266; GUNKEL 1910, 193f; WESTERMANN 1981, 333f). Abgesehen davon, dass die Beziehungen zwischen Palästina und dem griechischen Kulturbereich für die erste Hälfte des 1. Jts. v.Chr. vergleichsweise wenig erkundet sind (WEIPPERT 1988, 645ff; HELCK 1995, 128–209), ist ein literarischer Bezug auf Homers Odysee vor dem 7./6. Jh. v.Chr. schlechterdings nicht denkbar. Zudem redet die genannte Passage lediglich ganz allgemein von einem Umgang der Götter mit Menschen, so dass die Verbindungen zu Gen 18,1–16 äußerst randständig sind. Die weiteren, häufig genannten Paralleltexte, die tatsächlich von einem Besuch von Göttern bei Menschen, von einer Bewirtung der Götter und von einer anschließenden Geburtsankündigung erzählen (Ovid, Metamorphosen 8,626ff; Fasti 5,494ff) sind zeitlich und kulturell vom Genesistext so weit entfernt, dass sie unbeachtet bleiben können (WESTERMANN 1981, 334).

[371] KEEL/UEHLINGER 1998, 220–223.

sentieren, das zeitlich nicht einzugrenzen ist, seinen Höhepunkt jedoch in hellenistischer Zeit erreichte[372].

Für die zeitliche Einordnung der Mamre-Sodom-Erzählung könnte aber immerhin die Göttertriade, die auf der Nilinsel Elefantine[373] in einem Text des 5. Jhs. v.Chr. bezeugt ist[374], von Interesse sein. Neben dem Hauptgott *Yhw/Yhh* „Jaho" bzw. „Jahu" (=YHWH) werden Anat-Bet-El und Aschan-Bet-El genannt[375]. Die judäische Militärkolonie auf Elefantine wurde vermutlich im 6. Jh. v.Chr. von Flüchtlingen aus Juda gegründet. Zumindest bestand sie schon, als Kambyses 525 v.Chr. nach Ägypten zog[376]. Die Vermutung liegt nahe, dass die religiösen Vorstellungen der Kolonisten auf volkstümlichen Traditionen basieren, wie sie bei der judäischen Landbevölkerung der ausgehenden Königszeit und der frühen Exilszeit (7./6. Jh. v.Chr.) gepflegt wurden[377]. Damit blieben die Siedler von Elefantine auch noch im 5. Jh. v.Chr. nicht nur räumlich, sondern auch ideologisch auf Distanz zu den zentralistischen und monotheistischen Tendenzen im nachexilischen Jerusalem. Ein Reflex dieser anhaltenden Spannung mag der scharfe Angriff auf die Judäer in Ägypten sein, wie er sich Jer 44 findet[378]. Die Verehrung mehrerer Götter bzw. Göttinnen und insbesondere die Vorstellung einer Trias mag dadurch befördert worden sein, dass auf Elefantine traditionell der Kult einer ägyptischen Triade gepflegt wurde[379]. Indirekt bezeugen die Verhältnisse auf der Nilinsel jedoch, dass in Juda im 7. und 6. Jh. v.Chr. die Vorstellung einer Dreiergottheit nicht außergewöhnlich war. Die ausgehende Königs-

---

[372] JIRKU 1969; KNAUF 1994, 243–248; NIEHR 1998, 170–194.
[373] Zu Elefantine PORTEN 1968; 1996, 1–27; GÖRG 1991b.
[374] COWLEY 1923, 65–76 Nr. 22.
[375] COWLEY 1923, XVIII; GÖRG 1991b; anders Porten: der Text bezieht sich auf Götter der „Aramean neighbours" in Syene/Assuan (PORTEN 1968, 164–179, Zitat S. 175); WEIPPERT (1990, 156f) hält Anat-Bet-El für einen anderen Namen von Anat-Jaho, was aber an dem Befund nichts ändert.
[376] COWLEY 1923, XVI.108–119 Nr. 30; GALLING 1964, 151; 1979, 84–87 Nr. 51; PORTEN 1996, 139–144 Nr. B19.
[377] COWLEY 1923, XIX–XXII; WEIPPERT (1990, 170f Anm. 36) bezweifelt die Glaubwürdigkeit der Selbstbezeichnung der Kolonisten als „Judäer". Er hält es für denkbar, dass es sich „um Nachkommen israelitischer Berufssoldaten im assyrischen..., ägyptischen und persischen Heer, die wegen ihres Einsatzes fern der Heimat eine ältere Form der israelitischen (ephraimitischen?) Religion bewahrt haben", handelt. Vorderhand sehe ich jedoch keine Notwendigkeit, den Wortlaut der Texte in Zweifel zu ziehen. Unsere Kenntnisse der tatsächlichen Religionspraktiken im Nordreich Israel und im Südreich Juda sind dafür zu vage.
[378] PIOVANELLI 1995.
[379] GÖRG 1991b.

zeit und das 6. Jh. v.Chr. bieten demnach einen terminus post quem
für die Abfassung der Mamre-Sodom-Erzählung.

Hinweise zum historischen Hintergrund der Mamre-Sodom-Erzählung sind Gen 19,30–38 zu entnehmen. Moabiter und Ammoniter
werden als entfernte, durchaus problematische Verwandte Abrahams
betrachtet. Militärische Auseinandersetzungen Israels mit Ammon
und Moab sind für das 9. Jh. v.Chr. zu konstatieren[380]. Dagegen zeigen sich vergleichsweise enge, spannungsgeladene Beziehungen zwischen Juda, Moab und Ammon für die ausgehende Königszeit und die
Zeit der neubabylonischen Herrschaft[381]. Nach 2Kön 24,2 stehen
Moab und Ammon in einer Koalition mit dem babylonischen Heer
gegen Jerusalem[382]. Diese militärische Verpflichtung war sicherlich
nicht freiwillig, sondern gründete in der bereits erfolgten Unterwer-
fung Moabs und Ammons durch die Babylonier (vgl. Jer 27,3). Jer
40,11 nennt Judäer aus Moab, Ammon und Edom, die kurzfristig zu
Gedalja nach Mizpa kommen. Diese Notiz setzt zum einen voraus,
dass am Beginn des 6. Jhs. v.Chr. Judäer in Moab und Ammon lebten[383], zum anderen, dass die Verkehrswege zwischen den genannten
Gebieten offen waren. Die letztgenannte Prämisse war sicherlich
durch die neubabylonische Oberherrschaft im Ost- und Westjordanland gegeben. In dieser Hinsicht zeigt sich das 6. Jh. v.Chr. als ein
relativ präzise zu fassender terminus post quem für die literarische
Formierung der Mamre-Sodom-Erzählung.

Im Sinne eines Datierungskriteriums zu Gen 18,1–16 wird von Jacob[384] und
von Soggin[385] darauf verwiesen, dass Gen 18,8a Milch und Fleisch zusammen genossen werden. Soggin meint, der Text sei deshalb „älter als die auslegende Norm, welche die Kombination der beiden [Milch und Fleisch, D.J.]
verbietet". Welches hier „die auslegende Norm" ist, bleibt im Dunkeln.
Jacob nennt als Referenz die Vorschrift, das Böcklein nicht in der Milch
seiner Mutter zu kochen (Ex 23,19; 34,26; Dtn 14,21). Abgesehen davon, in
welchem literarhistorischen oder in welchem sozialgeschichtlichen Horizont

---

[380] VAN ZYL 1960, 136–148; HÜBNER 1992, 179–186.
[381] HÜBNER 1992, 187–208.
[382] HÜBNER 1992, 198f. Ein Reflex dieser Konstellation ist, mit anderer Begründung, vermutlich Dtn 23,4–7 erhalten.
[383] HÜBNER (1992, 289) rechnet damit, dass es sich um Menschen handelt, die
587/86 v.Chr. von Juda nach Ammon geflohen waren.
[384] JACOB 1934, 441.
[385] SOGGIN 1997, 274.

dieses Diktum zu sehen ist[386], besteht doch ein wesentlicher Unterschied zu Gen 18,8a: vom Kochen ist hier nicht die Rede, beide Speisen werden lediglich zu einer Mahlzeit vorgelegt. Erst die spätere jüdische Tradition hat aus dem oben genannten Verbot die generelle Unvereinbarkeit von Fleisch- und Milchspeisen abgeleitet[387].

Auf der literarhistorischen Ebene ergeben sich für die Datierung der Mamre-Sodom-Erzählung verschiedene Eckpunkte. Der Vergleich mit Gen 17 und die mannigfachen Bezüge sowohl zu den Elischaerzählungen als auch zum Gideon- und Simsonzyklus legen eine Abfassungszeit in nachpriesterlicher bzw. nachdeuteronomistischer Zeit nahe. Eine ägyptische Parallele zu Gen 19,4–11 aus hellenistischer Zeit[388] kann als terminus ad quem gelten. Auch einige Details der literarischen Gestaltung deuten in die nachexilische Zeit. Geiger verweist auf die Formel עַד־הַיּוֹם „bis auf den Tag" (Gen 19,38), die ohne das Demonstrativum הַזֶּה gebraucht ist, was sonst nur in relativ späten Texten (Gen 35,20; 2Kön 10,27; Ez 20,31; 2Chr 20,36; 35,25) der Fall ist. Außerdem erwähnt er die Wendung וַתַּהֲרֶיןָ „sie empfingen von" (Gen 19,36), die von der üblichen Formulierung וילד ל „sie gebar dem NN" abweicht[389].

Wenn man den weitesten Rahmen annimmt, heißt das, die Mamre-Sodom-Erzählung wurde zwischen dem ausgehenden 7. und dem 3. Jh. v.Chr. formuliert. Die prägnantesten Querverweise bestehen zweifellos zur priesterlichen und zur unmittelbar nachdeuteronomistischen Literatur. In den Bemerkungen zur Forschungsgeschichte wird die zeitliche Ansetzung von P am Übergang vom 6. zum 5. Jh. v.Chr. referiert[390]. Ein analoger Datierungsspielraum ist für die deuteronomistische Literatur vorauszusetzen[391].

---

[386] Zum möglichen religionsgeschichtlichen und sozialgeschichtlichen Hintergrund dieser Bestimmung vgl. KEEL 1980; KNAUF 1988; ALBERTZ 1996a, 327f; CRÜSEMANN 1992, 165f. Keel sieht hier, ausgehend von dem noch im 1. Jt. v.Chr. verbreiteten Bildmotiv eines säugenden Muttertieres (vgl. KEEL/UEHLINGER 1998, 166ff), Relikte der Verehrung einer Göttin; kritisch dazu Crüsemann. Albertz will das Verbot im Rahmen einer von ihm postulierten deuteronomischen Reformbewegung der Assyrerzeit erklären. Damit sollten Fremdeinflüsse v.a. im häuslichen Kult eingegrenzt werden. Auch diese historische Verortung ist hypothetisch.

[387] FINKELSTEIN 1960, 1794.

[388] BRUNNER 1988.

[389] GEIGER 1928, 88f Anm. ohne Nummer.

[390] S. o. Seite 132.

[391] Forschungsüberblick bei RÖMER/DE PURY 1996; vgl. RÖMER 1997a.

In die exilische oder nachexilische Zeit verweist auch die literarische Stilisierung der Zerstörung Jerusalems als Vernichtung Sodoms
in Gen 19. Dies ist mit hoher Wahrscheinlichkeit als eine Art vatici-
nium ex eventu zu bewerten. In die von YHWH herbeigeführte Katastrophe sind auch der Tempelplatz und das Tempelgebäude einbezogen[392]. Für die Frage der Datierung scheint sich daher der Zeitraum
zwischen 586 und 515 v.Chr. anzubieten[393]. Die vergleichsweise
konkreten Angaben zum „Haus" Lots Gen 19,1–11 lassen jedoch die
Vermutung zu, dass hier eine bestehende Realität geschildert wird.
Die Existenz des nachexilischen Tempels wird also vorauszusetzen
sein[394]. Damit kommt man mit der zeitlichen Ansetzung der Mamre-
Sodom-Erzählung in die Jahre nach 515 v.Chr. Gen 19 ist dann nicht
ausschließlich als Ätiologie der Ereignisse von 587/86 v.Chr. zu lesen, sondern auch als warnender Vorbehalt davor zu verstehen, mit
dem Wiederaufbau des Tempels den vormaligen Status Jerusalems
als befestigter Hauptstadt zu restituieren. Letzteres wurde ab der
Mitte des 5. Jhs. v.Chr. ins Werk gesetzt. Für die Mamre-Sodom-
Erzählung ergibt sich damit ein Datierungsspielraum von 515 bis ca.
450 v.Chr.

Das Lob des ländlichen Lebens als ein von YHWH gesegnetes wur-
de ermöglicht und befördert durch den Niedergang der Städte im 6.
Jh. v.Chr. Jerusalem wurde 586 v.Chr. teilweise zerstört. Für mehr als
hundert Jahre ging der Status als Hauptstadt verloren. Spätestens am
Ende des 6. Jhs. v.Chr. existierte auch Hebron nicht mehr als Stadt.
Die Abhängigkeiten, denen die Bevölkerung des offenen Landes in
Juda in der späten Königszeit unterworfen war, gab es nicht mehr.
Hebron als regionales Zentrum war verschwunden, ebenso wie Jerusalem als überregionale Metropole, der das gesamte judäische Berg-
land in der ausgehenden Königszeit politisch und wirtschaftlich verpflichtet war[395].

Entscheidender Gesichtspunkt für die Datierung der Mamre-
Sodom-Erzählung in Gen 18f ist die Ortsangabe „bei den großen

---

[392] S. o. Seite 205–208.
[393] Der Wiederaufbau des Tempels erfolgte zwischen 520 und 515 v.Chr.
(GALLING 1964, 56–60.127–148; DONNER 2001, 437–449).
[394] Die Bezeichnung für das „Dach" קוֹרָה (Gen 19,8) ist 2Chr 3,7; Hld 1,17 auch
für die Holzkonstruktion des Jerusalemer Tempels verwendet, mithin in Texten, die
den nachexilischen Tempel vor Augen haben. Die Schlussfolgerung liegt nahe, dass
auch Gen 19 bereits die Existenz dieses „Zweiten Tempels" voraussetzt.
[395] S. o. Seite 33ff.

Bäumen Mamre" (Gen 18,1). Mamre/*Ḥirbet Nimrā* existierte im 6./5. Jh. v.Chr. Im 6. Jh. v.Chr. bestand die Ortslage möglicherweise neben der Stadtanlage von Hebron/*Tell er-Rumēde*, im 5. Jh. v.Chr. war Mamre ohne städtisches Pendant[396]. Die „großen Bäume Mamre" werden als bekannt vorausgesetzt, ohne dass dabei auf Hebron als Orientierungshilfe verwiesen wird. Das setzt die Verhältnisse im 5. Jh. v.Chr. voraus.

Die Kette der hier vorgeführten Indizien spricht demnach für eine Abfassungszeit der Mamre-Sodom-Erzählung in der ersten Hälfte des 5. Jhs. v.Chr.

---

[396] S. o. Seite 48–52.

KAPITEL SECHS

MAMRE UND HEBRON IN GENESIS 13,18

1. *Genesis 12 und Genesis 13*

1.1 *Erzählzusammenhang*

Die „großen Bäume Mamre bei Hebron" אֵלֹנֵי מַמְרֵא אֲשֶׁר בְּחֶבְרוֹן
(Gen 13,18) sind der Endpunkt einer Wanderung Abrahams (Gen
11,27–13,18), die nahezu den gesamten Vorderen Orient umfasst: von
Ur[1] in Süd-Mesopotamien über Haran[2] in Nordsyrien nach Kanaan,
von dort aus über den Negeb (12,9) nach Ägypten (12,10–20); den
gleichen Weg zurück: über den Negeb (13,1) nach Kanaan (13,3) und
von hier aus nach Mamre/Hebron (*Abb. 1*). Wie unschwer zu erkennen ist, sind die topographischen Angaben chiastisch aufgebaut, wobei Ägypten die Achse bildet. Lediglich bei der Darstellung des
Rückweges tritt an die Stelle Sichems, des Hauptortes im nördlichen
palästinischen Bergland, der Hauptort des südlichen Berglandes: Hebron. An den wichtigen Stationen der Wanderung sind YHWH-Reden
eingeschaltet: Gen 12,1–3 nach der Ankunft in Haran, Gen 12,7 nach
der Ankunft im Land Kanaan und Gen 13,14–17 nach der Landverteilung zwischen Abraham und Lot. Im heute vorliegenden Text fehlt
eine entsprechende Rede nach der Ankunft in Mamre/Hebron als dem
dauerhaften Wohnsitz Abrahams[3].

Der geographische Bogen, den Gen 11,27 bis 13,18 umspannen,
zeigt, dass der Darstellung keine historischen Erinnerungen zugrunde

---

[1] *Tell el-Muqēǧǧir* westlich des Eufratdeltas, vgl. WOOLLEY 1957; MALLOWAN/
WISEMAN 1960; SAGGS (1960) mit Diskussion anderer Lokalisierungsvorschläge;
PARROT 1962, 14–35; DE VAUX 1971, 182–187; MOOREY 1982; DEVRIES 1997, 38–
42; STRECK 2001. Nach wie vor wird mit biblizistischen Argumenten eine Lage im
nördlichen Zweistromland erwogen (SHANKS 2000a; 2000b).

[2] *Ḥarrān* (türk. *Altïnbaşak*) ca. 40 km südöstlich von *Urfa* im türkisch-syri-
schen Grenzgebiet am Fluss *Baliḫ*, einem der nördlichen Eufratzuflüsse, vgl. PARROT
1962, 36–39; PRAG 1970; BALTZER 1973; AHLSTRÖM 1993, 183f; RÖLLIG 1995.

[3] Dies ist ein erster Hinweis darauf, dass Gen 13,18 auf die YHWH-Rede Gen 15
hinleitet, s. u. Seite 254–259.

liegen[4], auch nicht solche im weitesten Sinne wie etwa nomadische Wanderbewegungen oder das Schicksal einer Großfamilie. Die geographischen Angaben sind Konzeption. Dabei sind zwei Aspekte leitend:

(1) Abraham ist Weltbürger und bodenständiger Judäer zugleich. Er bewegt sich frei in der im 2. und 1. Jahrtausend v.Chr. bekannten vorderorientalischen Welt. Gleichzeitig ist sein Lebensmittelpunkt an einem verhältnismäßig kleinen Ort im südlichen Palästina markiert.

(2) Abraham vollzieht die Wanderbewegungen, die nach alttestamentlicher Vorstellung die Israeliten später auf sich nehmen: Exodus, Landnahme[5] und Rückkehr aus dem babylonischen Exil[6]. Abraham in persona durchschreitet demnach bereits die wichtigsten Stationen der Heilsgeschichte Israels.

Die Bewegung nach und von Ägypten evoziert die Exodustradition[7]. Gen 12,17a mit dem zweimaligen Gebrauch der Wurzel נגע „schlagen" weist auf Ex 11,1[8], wo נגע gleichermaßen als Kennzeichnung der letzten und schwersten Plage, der Tötung der Erstgeburt, und als Kollektivbezeichnung der vorhergehenden Plagen zu verstehen ist[9]. Der Exodus Abrahams mündet in eine Landnahme. Die

---

[4]   STRANGE (1997, 215f) erwägt, ob die Gen 11,27–12,9 geschilderte Wanderung von Mesopotamien nach Kanaan im Zusammenhang stehen könnte mit den Vorgängen unter dem neubabylonischen König Nabonid (555–539 v.Chr.), der seine Residenz zeitweise nach Tema in Nordwest-Arabien verlegte. Strange selbst hält dies allerdings für Spekulation. Wahrscheinlicher ist seiner Ansicht nach die Interpretation des Abschnittes als einer literarischen Bildung für den Übergang von der Ur- zur Erzelterngeschichte.

[5]   GESE (1991b, 35ff) spricht in diesem Zusammenhang von einer „*Exodusprolepse*" bzw. von einer „Landgabe- oder *Eisodusprolepse*".

[6]   Darauf weist die prägnant vorausgestellte Bewegung von Mesopotamien nach Kanaan; vgl. GOSSE 1997, 99f; SKA 1997.

[7]   Vgl. BLUM 1984, 309; LEVIN 1993, 142 (mit älterer Literatur); STRANGE 1997.

[8]   In den Kommentaren wird dieser direkte Bezug selten wahrgenommen, vgl. aber BAENTSCH 1903, 85. Zur erzählerischen Stilisierung von Gen 12,10–20 „nach dem Modell der Exodusgeschichte" vgl. WEIMAR 1977, 20f (Zitat S. 20).

[9]   Im gesamten Plagenzyklus ist נגע nur an dieser Stelle gebraucht; zu den nominalen Kollektivbezeichnungen und zu den verbalen Umschreibungen für die Plagen und Wunder s. SKA 1979. Dass נגע in Ex 11,1 nicht nur Bezeichnung für die Tötung der Erstgeburt, sondern Kollektivbegriff auch für die zuvor geschilderten Plagen ist, geht aus den in diesem Vers verwendeten adverbialen Bestimmungen hervor. Der gesamte Ausdruck עוֹד נֶגַע אֶחָד könnte sinngemäß übersetzt werden: „...noch eine letzte Plage...", vgl. KEIL 1866, 386; DURHAM 1987, 145ff; STEINGRIMSSON 1979, 157: „Der Ausdruck »noch ein Schlag« zeigt, daß hier bewußt an vorhergehende Erzählungen von Massnahmen gegen Pharao angeknüpft wird." Dagegen meint SKA (1979, 192), der Ausdruck sei, ebenso wie מַגֵּפָה (Ex 9,14) und נֶגֶף

Formulierungen בֵּין בֵּית־אֵל וּבֵין הָעָי „zwischen Bet-El und Ai"
(13,3) bzw. בֵּית־אֵל מִיָּם וְהָעַי מִקֶּדֶם „Bet-El im Westen und Ai im
Osten" (12,8) beziehen sich auf Jos 8, speziell auf Jos 8,9 (ähnlich
auch Jos 8,12.17). Gen 13,3 ist wörtliches Zitat aus Jos 8,9. Gen 12,8
wird lediglich die Richtungsangabe מִיָּם aus Jos 8,9 angeführt. Wie
bei den Israeliten unter Josua schließt sich an die Landnahme der
Abrahamfamilie eine Landverteilung an, in diesem Fall zwischen
Abraham und Lot (Gen 13,7–13).

1.2 Gliederung

Das Gerüst der beiden Kapitel bilden Itinerare: Gen 12,1–9; 13,1–6;
13,18. Kennzeichnend für diese Abschnitte ist der überwiegende Gebrauch des Erzähltempus, d.h. die Fülle der *wayyiqtol*-Formen. Dazu
kommen die עַד/מִן-Formulierungen (Gen 12,4.6.8; 13,3), als Variante
steht einmal אֶל/מִן (Gen 12,1). Auch das mehrfach verwendete *he*-
locale (12,5.9; 13,1) spricht für den itinerarartigen Charakter der
Stücke. Die Itinerar-Formulierungen sind ergänzt durch YHWH-Reden, Umstandsbestimmungen und Altarbaunotizen. Eng verwandt mit
Gen 12,1–9 ist Gen 11,31. Darauf verweist die Abfolge מִן/*he*-loca-
le/עַד und die Gen 12,5 parallele Satzstruktur. Gen 11,31 ist allerdings
eingebunden in eine genealogische Erzählung (Gen 11,27–32)[10].

Zwischen die drei Itinerar-Abschnitte ist jeweils eine vergleichsweise abgeschlossene Erzählung (Gen 12,10–20) bzw. Szene (Gen
13,7–13) eingebaut. Beide Abschnitte beginnen mit וַיְהִי. Sie unter-
brechen jeweils die durch die Itinerare geschilderte Wanderung der
Abrahamfamilie von Mesopotamien nach Mamre/Hebron. Die Preisgabeerzählung[11] Gen 12,10–20 handelt von der Errettung in Ägypten
und dem damit verbundenen Zuwachs an materiellen Gütern. Die
kleine Szene Gen 13,7–13 thematisiert die Landverteilung zwischen
Abraham und Lot. Gen 13,1–6 haben überleitende Funktion, da sich
V.1–4 auf die Preisgabeerzählung beziehen, V.5f dagegen auf die
Landverteilungsszene hinleiten. Daher werden 13,1–13 insgesamt
unter das Stichwort „Landverteilung" gefasst. Obgleich auch die

---

(Ex 12,13) „beaucoup plus rare et ne semble pas pouvoir prétendre charactériser
l'ensemble des phénomènes qui ont précédées la sortie d'Égypte". Die Beobachtung
der Singularität des Ausdrucks lässt sich jedoch eher umgekehrt dahingehend deuten,
dass es sich um eine zusammenfassende Bezeichnung handelt.

[10]   Zum Ineinander von Formelementen der Genealogie, des Itinerars und der Erzählung in Gen 11,27–32 vgl. WESTERMANN 1981, 157ff.

[11]   Zum Begriff FISCHER 1994.

YHWH-Rede Gen 13,14–17 noch an dem Platz zwischen Bet-El und Ai gesprochen wird, den Abraham Gen 13,3 erreicht, werden hier, analog zu Gen 12,1–9, YHWH-Rede (13,14–17) und das abschließende Itinerar (13,18) als ein Textblock gesehen, zumal mit dem inversiv formulierten Versanfang in 13,14 (וַיהוָה אָמַר) ein deutlicher Texteinschnitt markiert ist. Somit ergibt sich für Gen 11,27–13,18 folgende Gliederung:

I. *Genealogische Erzählung* 11,27–32 (von Ur nach Haran)
    V.27–32   Genealogie der Terachfamilie
    V.31f   Itinerar
II. *Itinerar-Erzählung* 12,1–9 (von Haran in den Negeb)
    V.1–3   YHWH-Rede
    V.4–6   Itinerar
    V.7   YHWH-Rede
    V.8f   Itinerar
III. *Preisgabeerzählung* 12,10–20 (Ägyptenaufenthalt)
IV. *Landverteilung* 13,1–13
    V.1–6   Itinerar (von Ägypten nach Bet-El/Ai)
    V.7–13   Landverteilungsszene
V. *Abschluss* 13,14–18
    V.14–17   YHWH-Rede
    V.18   Itinerar (nach Mamre/Hebron).

2. *Rückfragen zur Diachronie*

2.1 *Die Preisgabeerzählung Genesis 12,10–20*

Seit den entsprechenden Bemerkungen Wellhausens[12] wird der Abschnitt häufig als literarisch sekundär in Gen 12f angesehen[13]. Für viele Auslegungen war und ist allerdings v.a. die Analyse Gunkels wegweisend[14]. Obwohl Gunkel den literarisch sekundären Charakter des Stückes erkennt, hält er die Erzählung selbst für eine „alte, höchst

---

[12]   WELLHAUSEN 1899, 23f.
[13]   Ausnahmen sind u.a. EERDMANS 1908, 86; CAZELLES 1989; BERGE 1990, 93–114. RÖMER (2001b) zählt den Abschnitt zu den literarisch primären Kerntexten des Abrahamzyklus und ordnet ihn Gen 12,1–9 diachron vor.
[14]   GUNKEL 1910, 168–173. Seiner Position folgen u.a. SKINNER 1930, 365; VAN SETERS 1975, 167–183; WESTERMANN 1981, 185–196; BLUM 1984, 286.307ff; KÖCKERT 1988, 250f Anm. 437.

farbige Sage"[15], entsprungen aus der „von der Prophetie so heftig bekämpften religiösen Stimmung des Volkes"[16]. Verschiedene neuere Auslegungen hingegen verstehen Gen 12,10–20 als literarisches Gebilde der späten Königszeit[17] oder der nachexilischen Periode[18]. Dabei ist zunächst nicht entscheidend, wie das überlieferungsgeschichtliche Verhältnis zu den zwei anderen Versionen der Preisgabeerzählung (Gen 20; 26) bestimmt wird[19].

Wichtig für das Verständnis von Gen 12,10–20 ist die Exodusthematik. Der zweimalige Gebrauch der Wurzel נגע in Gen 12,17 zur Bezeichnung der den Pharao treffenden Plagen[20] weist auf einen Zu-

---

[15] GUNKEL 1910, 168.

[16] GUNKEL 1910, 171.

[17] WEIMAR (1977, 5–55) will in Gen 12,10–20 einen Text des „Jehowisten" aus dem 8. Jh. v.Chr. erkennen. RÖMER (2001b, 193) sieht in dem Abschnitt einen spätkönigszeitlichen Text, der zu den Kerntexten des Abrahamzyklus gehört, die im frühen 6. Jh. v.Chr. ediert wurden. Leitend für diese Datierung ist Ez 33,24, nach Römer ein vermeintlich frühexilischer Text (s. aber u. Seite 295f).

[18] LEVIN (1993, 141f) bestimmt den Text als „nachredaktionelle Ergänzung". OSWALD (2001) erkennt in Gen 12,10–20, in Zusammenschau mit den zwei weiteren Versionen der Preisgabeerzählung in Gen 20 und Gen 26, eine Thematik der persischen Zeit: „Die migrierenden, Siedlungsraum suchenden Erzelter stehen in einem typologischen Verhältnis zu den sich als Gola-Rückkehrer verstehenden Einwanderern der Perserzeit. Freilich nehmen die Erzeltern-Erzählungen eine dezidierte Gegenposition zur dtr Literatur und Esr/Neh ein. Nicht Abgrenzung und Feindschaft zu den Völkern des Landes, sondern friedliche Koexistenz und vertragliche Beziehungen werden befürwortet. Gegenüber Ägypten ist jedoch Distanzierung geboten. Nicht die Anlehnung an die ferne Großmacht ist gefragt, sondern die Kooperation mit den Völkern der Region" (OSWALD 2001, 87f). Ein weiteres Indiz für eine zumindest nachexilische Datierung liefert GUNKEL 1910, 171. Nach seinem Kenntnisstand sind Kamele in Ägypten (vgl. V.16) zwar in prähistorischer Zeit, dann aber erst wieder in persischer Zeit bezeugt. Gunkel zieht daraus jedoch den Schluss, dass die Erzählung Gen 12,10–20 über Ägypten nicht oder nur wenig informiert ist. Nach heutigem Kenntnisstand waren Kamele in Ägypten zwar in neuassyrischer Zeit (8./7. Jh. v.Chr.) bekannt, als domestizierte Tiere sind sie jedoch erst seit der Ptolemäerzeit (3./2. Jh. v.Chr.) bezeugt (MIDANT-REYNES/BRAUNSTEIN-SILVESTRE 1980). Dieser Befund dürfte allerdings für die zeitliche Einordnung der Preisgabeerzählung belanglos sein, da sie aus dem Blickwinkel Palästinas verfasst ist. Dort waren Kamele sicher schon in der ersten Hälfte des 1. Jts. v.Chr. als Reit- und Lasttiere in Gebrauch (STAUBLI 1991, 184–202; 1995).

[19] Im allgemeinen wird Gen 12,10–20 als literarische Vorlage für Gen 20 und Gen 26 angesehen, vgl. SCHMITT 1973; KÖCKERT 1988, 250f Anm. 437; FISCHER 1994, 120–136.182–188; RÖMER 2001b; MILLARD 2001, 314–362. Für die überlieferungsgeschichtliche Priorität von Gen 26 votieren HOLZINGER 1898 176; PROCKSCH 1924, 297f; NOTH 1948, 115f; KILIAN 1966, 213f; WEIMAR 1977, 5–55.102–107; SEEBASS 1997, 23–29.

[20] Auch die beiden anderen Versionen der Preisgabeerzählung bringen die Wurzel נגע an exponierter Stelle. Gen 20,6 eröffnet Gott dem Abimelech, dass er den

sammenhang mit Ex 11,1. Dieser Vers gehört wohl zu einer späten Bearbeitungsschicht innerhalb der Exoduserzählung[21]. Allerdings sind die Bezüge von Gen 12,10–20 zur Exoduserzählung eher antitypisch. In der Preisgabeerzählung ist es der Pharao, der die Unhaltbarkeit der Situation erkennt, sich dabei Abraham überlegen zeigt und diesen reich beschenkt zurück nach Kanaan schickt. Römer spricht deshalb in Bezug auf Gen 12,10–20 von einem Anti-Exodus bzw. von einem Gegenprogramm zum Exodus[22]. Ob die Exodusthematik der Preisgabeerzählung lediglich die Kenntnis der Exoduserzählung oder bereits die literarische Verbindung derselben mit der Erzelterngeschichte der Genesis voraussetzt, muss in diesem Zusammenhang offen bleiben. Entscheidend ist vorerst die Erkenntnis, dass mit Gen 12,10–20 ein vergleichsweise junger literarischer Text vorliegt. Diese Einsicht allein reicht jedoch nicht aus, um den Abschnitt als literarisch sekundär im Erzählgefüge von Gen 11,27–13,18 zu bestimmen. Hinweise auf eine diachrone Absetzung geben die Gelenkverse Gen 12,9 und Gen 13,1–4, die Gen 12,10–20 mit der Itinerar-Erzählung Gen 12,1–9 und der Landverteilungsszene Gen 13,7–13 verknüpfen.

Gen 12,9 wird häufig eine redaktionelle Funktion zugesprochen[23]. Allerdings verlangen der schwierig zu verstehende inf. abs. הָלוֹךְ sowie der zweimalige Gebrauch der Wurzel נסע eine differenziertere Erklärung, zumal LXX die beiden Formen von נסע mit verschiedenen Verben widergibt: ἀπῆρεν... ἐστρατοπέδευσεν. Genau genommen leitet nur der kurze Satz וְנָסוֹעַ הַנֶּגְבָּה „und er brach auf in den Negeb" zu Gen 12,10–20 über. Die vorausgehende Textpassage וַיִּסַּע אַבְרָם הָלוֹךְ „Abram zog weiter" findet ihren Anschluss in der itinerarischen Formulierung Gen 13,5: וְגַם־לְלוֹט הַהֹלֵךְ אֶת־אַבְרָם „auch Lot, der mit Abram ging". Insofern scheint auch die Annahme redaktioneller

---

Beischlaf mit Sara (לִנְגֹּעַ אֵלֶיהָ) verhindert hat. Gen 26,11 werden gewaltsame Übergriffe (הַנֹּגֵעַ) auf Isaak und Rebekka bei Todesstrafe von Abimelech verboten. Die Erzählkonstellation ist klar: der Pharao wird von Plagen heimgesucht, die Erzeltern von solchen verschont.

[21] GERTZ (2000, 166–185) rechnet den Vers zur Pentateuchredaktion. Auch LEVIN (1993, 142) sieht die Anspielung auf Ex 11,1 als datierungsleitend für Gen 12,10–20 an, wobei Ex 11,1 „bereits... die Verbindung von Jahwist und Priesterschrift voraussetzt". Diese Beobachtungen sind nicht neu. Schon EERDMANS (1910, 29–39) interpretiert Ex 11,1–3 als eine gelehrte Randnotiz, die durch einen Abschreiber in den Text gelangte und somit zu den spätesten Textergänzungen zu rechnen ist.

[22] RÖMER 1999a, 167: „un exode à l'envers"; vgl. RÖMER 2001b, 196ff.

[23] HOLZINGER 1898, 138; GUNKEL 1910, 169; EISSFELDT 1922, 19*; WEIMAR 1977, 5; WESTERMANN 1981, 178; BLUM 1984, 331–334; RUPPERT 1994b, 73–76.

Abfassung für Gen 13,1–4 begründet[24]. Die Verse stellen rückläufig die Geschehnisse dar, die Gen 12,8f erzählt sind. Darauf weisen zum einen die identische Ortsangabe הַנֶּגְבָּה „in den Negeb" an beiden Schnittstellen (Gen 12,9; 13,1), zum anderen die auf Gen 12,8 zielende, aber in leichter Variation formulierte Erwähnung von Bet-El/Ai in Gen 13,3 sowie die ausdrückliche Bezugnahme auf den früheren Altarbau an dem Platz zwischen diesen Orten: בָּרִאשֹׁנָה „beim ersten Mal" (Gen 13,4). Gen 13, 2 wird nicht selten literarkritisch von V.1.3f abgetrennt und als Einleitung zu V.5 bzw. zu der Szene der Landaufteilung zwischen Abraham und Lot gelesen[25]. Zu einer solchen Annahme besteht jedoch keine Veranlassung. Die Güter Abrahams sind in V.2 gänzlich anders definiert als die, um die der Streit ab V.5 geht: בַּמִּקְנֶה בַּכֶּסֶף וּבַזָּהָב „Vieh, Silber und Gold" V.2; צֹאן־וּבָקָר וְאֹהָלִים „Kleinvieh, Rinder und Zelte" V.5[26]. Entscheidend für das Verständnis von V.2 ist die Wendung בַּכֶּסֶף וּבַזָּהָב. In dieser Kombination werden Silber und Gold in der Exodus-Darstellung genannt, wenn davon die Rede ist, dass die Israelitinnen und Israeliten von den Ägypterinnen bzw. Ägyptern „silberne und goldene Gefäße" כְלֵי־כֶסֶף וּכְלֵי זָהָב fordern sollen (Ex 3,22; 11,2; 12,35). Abraham braucht Silber und Gold bei seinem Auszug aus Ägypten nicht zu fordern, sondern reiht sie ganz selbstverständlich in seine Güter

---

[24] Divergenzen bestehen lediglich in der Beurteilung von V.1. GUNKEL (1910, 169), EISSFELDT (1922, 20*) und VON RAD (1976, 127–130) zählen den Vers zur Erzählung von 12,10–20; ähnlich WEIMAR (1977, 50), COLLIN (1992, 215f) und LEVIN (1993, 141), die jedoch in 12,9–13,1 keine alte Erzählung sehen, sondern den Abschnitt für ein literarisches Gebilde halten und dieses entweder einem „Jehowisten" (Weimar) oder einer späten Ergänzung (Collin, Levin) zuschreiben. KILIAN (1966, 16f) und KÖCKERT (1988, 251) zählen V.1 zu einer Redaktion, welche die vorgeblich alte Erzählung 12,10–20 in den Zusammenhang einfügte.

[25] GUNKEL 1910, 169; EISSFELDT 1922, 20*; KILIAN 1966, 16–19; WEIMAR 1977, 48f; KÖCKERT 1988, 251f; LEVIN 1993, 143; ähnlich auch schon DILLMANN (1892, 229) und HOLZINGER 1898, 140.

[26] WESTERMANN (1981, 204) löst das Problem, indem er die Möglichkeit andeutet, der Hinweis auf Silber und Gold sei „eine nachträgliche Erweiterung, weil es für die Erzählung 13,5–13,18 keine Bedeutung hat". Über den Sinn einer solchen sekundären Erweiterung sagt er nichts. Ähnlich WEIMAR (1977, 48 Anm. 137), der allerdings auf die Exodusparallelen zumindest hinweist; vgl. auch KÖCKERT 1988, 251 Anm. 440. SEEBASS (1997, 34) weist darauf hin, dass „Silber und Gold" nur dann als sekundär angesehen werden müssen, wenn ein unmittelbarer literarischer Zusammenhang zwischen V.2 und V.5 hergestellt wird, „umgekehrt verleiht V 2 dem sonst inhaltsarmen Verbindungsstück V 1–4 eine gewisse Selbständigkeit gegenüber 12,9–20 und 13,5–18, da Silber (Gold) in beiden keine Rolle spielt" (SEEBASS 1997, 33).

ein. Er verwendet eben diese Güter ganz im Sinne der an ihn gerichteten Verheißungen, wenn er bei der Brautwerbung für Isaak כְּלֵי־כֶסֶף
וּכְלֵי זָהָב an Rebekka verschenken lässt (Gen 24,53). Die Israelitinnen und Israeliten dagegen missbrauchen zumindest einen Teil des
Goldschmuckes zur Anfertigung eines Stierbildes (Ex 32). In diesem
Sinne steht Gen 13,2 ganz in der Gen 12,10–20 angeschlagenen Exodusthematik. Dem entspricht die Korrespondenz der Formulierung
Gen 13,2a וְאַבְרָם כָּבֵד מְאֹד „Abram war schwer beladen" zu 12,10
כִּי־כָבֵד הָרָעָב בָּאָרֶץ „denn die Hungersnot lag schwer auf dem
Land". Hungernd zieht Abraham nach Ägypten, reich kommt er wieder. Gemäß der genannten Textbeobachtungen geben Gen 12,9* und
Gen 13,1–4 Anlass zu der Vermutung, die Preisgabeerzählung Gen
12,10–20 sei nachträglich redaktionell in das Erzählgefüge von Gen
11,27–13,18 eingestellt worden.

2.2 *Die Landverteilungsszene Genesis 13,7–13*

Gen 13,7–11 liegt eine kleine Szene vor, die durch die anfängliche
Umstandsbestimmung vom Streit zwischen den Hirten und die abschließende Notiz von der Trennung der Verwandten ihre Geschlossenheit erhält. Diese Szene ist durch V.5f.12f.18 an die Itinerare angebunden.

V.6.11b.12 werden im allgemeinen P zugerechnet[27]. Dabei ist in erster Linie
der Systemzwang leitend, für P einen durchlaufenden, zur nichtpriesterlichen
Überlieferung parallelen Erzählfaden zu rekonstruieren, in diesem Fall eine
„abgekürzte Parallele zu 5–13.18"[28]. Bei V.6 dient als konkreter Hinweis
allein der bereits Gen 12,5 gebrauchte Ausdruck רְכוּשָׁם[29], d.h. zwei vermeintliche P-Verse müssen sich gegenseitig decken. Gen 13,6 ist jedoch in
das Erzählgefälle von Gen 13,7–13 integriert. Der Vers bildet eine sinnvolle
Brücke zwischen der Feststellung des Reichtums V.5 und der einleitenden
Bemerkung vom Streit V.7[30]. Vom Wortlaut her bietet auch V.11b keinen
Anlass zur literarkritischen Absonderung. Die Ausführung des Vorschlags
V.8f wird V.11b konstatiert.

---

[27] DILLMANN 1892, 229; WELLHAUSEN 1899, 15; GUNKEL 1910, 174; EISSFELDT
1922, 21*; PROCKSCH 1924, 103; SKINNER 1930, 242; NOTH 1948, 17; KILIAN 1966,
19; VON RAD 1976, 130; ZIMMERLI 1976, 29f; WEIMAR 1977, 49f; WESTERMANN
1981, 201; KÖCKERT 1988, 251; COLLIN 1992, 218; LEVIN 1993, 144f.
[28] WESTERMANN 1981, 201; zur Kritik am Verfahren RENDTORFF 1976, 123;
BLUM 1984, 285.
[29] U.a. HOLZINGER 1898, 124.
[30] BLUM 1984, 285.

Diffiziler sind die Verhältnisse in V.12. V.12a stellt die Landnahme Abrahams fest. Die korrespondierende Angabe zu Lot V.12bα („Lot wohnte in den Städten des Kreises" וְלוֹט יָשַׁב בְּעָרֵי הַכִּכָּר) weicht in der Ortsbestimmung von V.10a.11a („der ganze Jordankreis" כָּל־כִּכַּר הַיַּרְדֵּן) ab. Die Ortsangabe עָרֵי הַכִּכָּר ist in dieser Form noch Gen 19,29 gebraucht, einem Vers, der zur älteren Tradition in Gen 18f zu rechnen ist[31]. Der Schlußsatz in Gen 13,12 וַיֶּאֱהַל עַד־סְדֹם „er zeltete bis nach Sodom" entspricht der Verbform nach dem Anfang von V.18. Die Annahme, die Wendung vom Zelten Lots V.12bβ schließe syntaktisch unmittelbar an V.11a an[32], entbehrt dagegen der Grundlage. Eine gewisse Spannung ist innerhalb von V.12 auszumachen zwischen den parallel konstruierten allgemeinen Formulierungen in V.12abα („Abraham wohnte im Land Kanaan/Lot wohnte in den Städten des Kreises") und der auf V.18 hinleitenden Notiz V.12bβ. Dies betrifft sowohl die Verbform („wohnte"/„zeltete") als auch die Ortsangabe („Städte des Kreises"/„Sodom"). V.12bα stilisiert Lot als sesshaften Städter, V.12bβ als zeltenden Nomaden[33]. Gleiches gilt im Vergleich von V.5 und V.6. V.6 mit dem zweimaligen לָשֶׁבֶת יַחְדָּו „um darin zu wohnen" zeichnet Abraham und Lot als Sesshafte. V.5 mit dem Hinweis auf Kleinvieh und Zelte sowie der Wurzel הלך „gehen" (vgl. Gen 12,1.4a) sieht sie als wandernde Nomaden. Inwieweit solche inhaltlichen Spannungen diachrone Absetzungen rechtfertigen, muss im Zusammenhang der Analyse des größeren Erzählzusammenhangs geklärt werden[34].

Die Anbindung der Szene Gen 13,7–11 an die Itinerare gestaltet sich jedoch eher lose. Wie bereits erwähnt, weicht die Ortsangabe zu Lots Wohngebiet V.10f („der ganze Jordankreis") von derjenigen V.12 („Städte des Kreises") ab. Auch die Erwähnung des Städtepaares Sodom/Gomorra (V.10) geht insofern nicht mit V.13 konform als dort lediglich Sodom („Männer Sodoms") genannt ist. Demnach rekurrieren Gen 13,12f allein auf die in Gen 18f literarisch primäre Mamre-Sodom-Erzählung[35]. Dagegen setzen Gen 13,7–11 die Textergänzungen Gen 19,17–22 (Zoar-Ätiologie mit der Verbindung der Ortsanga-

---

[31] S. o. Seite 170–177.

[32] KILIAN 1989, 162f. Im Prinzip erkennt auch LEVIN (1993, 143f) einen Zusammenhang zwischen V.11a.12bβ.13 und V.18. Allerdings verteilt er den Text auf ein vorjahwistisches Itinerar 11aβ.12bβ.18 und die „J"-Redaktion V.11aα.13.

[33] BLUM (1984, 285 Anm. 23) sieht die Unterschiede darin, dass „in V.12a und 12bα das jeweilige Siedlungsgebiet insgesamt beschrieben" wird „und in V.12bβ und 18a die spezifischen Wohnstätten". Nach dieser Interpretation ergänzen sich die jeweiligen Formulierungen. Daher kann Blum auf eine literarkritische Unterscheidung verzichten.

[34] S. u. Seite 270f.

[35] Zu den „Männern Sodoms" in der Mamre-Sodom-Erzählung vgl. Gen 19,4–11.

ben „der ganze Kreis" und „Zoar")[36] bzw. Gen 19,24ff mit der Doppelnennung Sodom/Gomorra voraus. Die Kombination des Städtepaares mit der Ortsangabe „Jordankreis" (Gen 13,10) verdunkelt dabei die ursprüngliche Bedeutung dieses Toponyms, indem sie—entsprechend den Textergänzungen in Gen 19—eine Lage südlich des Toten Meeres voraussetzt.

Der Ausdruck כְּכַּר הַיַּרְדֵּן ist in dieser Form nur noch 1Kön 7,46; 2Chr 4,17 genannt. Die Anfertigung der Gefäße für den Tempel erfolgt בְּכִכַּר הַיַּרְדֵּן zwischen Sukkot (wahrscheinlich *Tell Dēr ʿAllā*, Koord. 2088.1783) und Zaretan (wahrscheinlich *Tell Umm Ḥamād*, Koord. 2053.1724). Beide Orte liegen nördlich der Einmündung des *Wādī Fārʿa* in den Jordan[37]. In dieselbe Region weist auch 2Sam 18f. Nach 2Sam 18,23 läuft Ahimaaz nach der auf dem Gebirge Efraim gegen Abschalom geschlagenen Schlacht zu David nach Mahanajim (*Tulūl eḏ-Ḏahab*, Koord. 214.177)[38] auf dem „Weg durch den (Jordan)kreis" דֶּרֶךְ הַכִּכָּר. Davids Rückführung nach Jerusalem erfolgt dann über die Jordanfurt bei Gilgal (2Sam 19). Das Toponym הַכִּכָּר ist hier demnach auf ein Gebiet zwischen Gilgal (in der Nähe von Jericho) und Mahanajim (ostjordanisch ca. 50 km nördlich des Toten Meeres) bezogen. Mit כְּכַּר הַיַּרְדֵּן dürfte daher das Jordantal zwischen dem Nordende des Toten

---

[36] S. o. Seite 167–171. Die Erwähnung Zoars (Gen 13,10) bietet syntaktische Probleme. Meist werden diese literarkritisch gelöst. GUNKEL (1910, 175) hält den Hinweis auf die Zerstörung Sodoms und Gomorras sowie die Erwähnung des Garten YHWHs für sekundär; ihm folgt LEVIN 1993, 143; WESTERMANN (1981, 207) sieht ebenfalls in der Vorausweisung auf die Zerstörung Sodoms und Gomorras einen Textzusatz, daneben aber auch in der Erwähnung Ägyptens und Zoars. KILIAN (1966, 20ff) trennt zwischen V.10a (vorjahwistisch) und V.10b („J"). Allein diese Operation scheint einen gewissen Anhaltspunkt zu haben, da V.11 nur die Angabe von V.10a aufnimmt. Ohne literarkritische Scheidung kommen HOLZINGER (1898, 140), PROCKSCH (1924, 104f) und BLUM (1984, 283 Anm. 12) aus. Möglich ist auch, dass die Formulierung von Gen 13,10 auf die ebenfalls syntaktisch schwierige Wendung von Dtn 34,3 („... den Kreis der Ebene von Jericho, der Palmenstadt, bis Zoar" אֶת־ הַכִּכָּר בִּקְעַת יְרֵחוֹ עִיר הַתְּמָרִים עַד־צֹעַר) verweist. Dtn 34,3 schaut Mose das gesamte Westjordanland von Norden (Dan) bis Zoar. Hauptfixpunkt im Süden ist „der Kreis" הַכִּכָּר. Die Angabe „Ebene von Jericho" בִּקְעַת יְרֵחוֹ ist Erläuterung zu הַכִּכָּר, der Ausdruck „Palmenstadt" עִיר הַתְּמָרִים wiederum erklärende Apposition zu Jericho. Daher muss offen bleiben, ob mit der den Vers abschließenden Angabe עַד־צֹעַר ein weiterer Ort in der Umgebung von Jericho gemeint ist (SIMONS 1948; 1959, 406) oder ob das Blickfeld bis auf das Südende des Toten Meeres erweitert werden soll (ABEL 1938, 466; MITTMANN 1977).

[37] Die Reduzierung auf „das ungefähr kreisrunde Gelände im unteren Jordantal" (KILIAN 1966, 21) greift daher zu kurz. Ebenso wenig entspricht die Festlegung der Nordgrenze auf der Höhe des *Wādī Fārʿa* (SIMONS 1959, 225) dem alttestamentlichen Textbefund.

[38] COUGHENOUR 1989; KELLERMANN u.a. 1992; anders THIEL 1991 (*Tell el-Heǧǧāǧ*, Koord. 2154.1732). Zum archäologischen Befund der beiden Ortslagen ZWICKEL 1990, 249f.

Meeres und der Talenge nördlich *Dēr ʿAllā* etwa auf der Höhe des *Wādī Raǧīb* oder des *Wādī Kufrinǧe* gemeint sein[39].

Wie die Preisgabeerzählung schlägt die Landverteilungsszene die Exodusthematik an. Dem Hinweis auf Ägypten (מִצְרַיִם כְּאֶרֶץ V.10) ist ein ebenfalls mit כְּ eingeleiteter Hinweis auf den „Garten YHWHs" vorangestellt. Die beiden Formulierungen geben eine indirekte Deutung des Gen 18f Erzählten. Lot wählt eine Gegend, die „wie Ägypten" ist, wie das Land, aus dem Abraham glücklich und mit Reichtum versehen zurückkehrt. Lot will nach Ägypten zurück, er negiert die Heilswirksamkeit des Exodus. Damit ist sein Schicksal bestimmt, wie es Gen 19 schildert: Landverlust, Flucht, Zeugung zweier inzestuöser Söhne im Vollrausch. Die Bezeichnung „Garten YHWHs" גַּן־יְהוָה kommt nur noch Jes 51,3 vor, wo sie im Parallelismus zu עֵדֶן steht. גַּן־יְהוָה meint also offensichtlich den Gen 2f geschilderten „Garten Eden" גַּן־בְּעֵדֶן bzw. הַגָּן[40]. Lot wählt damit einen Bereich, der den Menschen durch eigene Schuld definitiv verschlossen ist. Seine Wahl ist, theologisch gesehen, unmöglich. Die Ortsangaben in V.10b, die Lots Landanteil zwar in glänzendem Licht erscheinen lassen, seine Wahl aber gleichzeitig theologisch desavouieren, sind Anknüpfungspunkte für die Verheißungsrede V.14–17, die Abraham auch das von Lot gewählte Land im Osten zusagt[41]. Durch seine verhängnisvolle, am Augenschein orientierte Wahl verspielt Lot seinen Landanspruch.

Bei der Landverteilungsszene (Gen 13,7–11) handelt es sich nicht um eine alte Erzählung[42], sondern um eine relativ späte literarische

---

[39] Die Definition des Jordankreises als „das Land zu beiden Seiten des Jordan vom See Tiberias bis zum todten Meer" (DILLMANN 1892, 230) ist daher zu weit gefasst.

[40] Gleiches gilt für den Ez 28,13; 31,8f genannten גַּן־אֱלֹהִים.

[41] Eine stilistische Parallele liegt vor im Gebrauch von Präposition + Infinitiv (שַׁחֵת לִפְנֵי V.10; אַחֲרֵי הִפָּרֶד V.14).

[42] So noch WESTERMANN (1981, 200f) und KÖCKERT 1988, 250–255. WESTERMANN (1981, 201) sieht als Grundlage für Gen 13 eine „Streiterzählung", ähnlich den „Brunnenstreit-Erzählungen" Gen 21 und Gen 26. Fast schon karikierend bemerkt er dazu: „Die Eigenart der Erzählung liegt darin, dass in ihr die Hauptsache fehlt: die Darstellung des Streites". Dieses Manko hinwiederum soll ein Hinweis auf das hohe Alter der Erzählung sein, auf „eine Vorgeschichte, in der sie ausführlicher, farbiger und konkreter gewesen sein muß". KÖCKERT (1988, 250–255) findet ab Gen 13,2 eine ursprünglich selbständige Einzelerzählung (V.2*.5*.7*.8f.10a.11a). Diese Einzelerzählung ist mit Gen 12,10–20, die Köckert ebenfalls als ältere, ehedem selbständige Erzählung bestimmt, durch redaktionelle „Rahmenteile" verbunden. Dazu gehören die „Verheißungsreden und die beiden Wandernotizen" bzw. „an Itinerare erinnernde Wandernotizen", d.h. Gen 12,1–4a.6–8(9) und Gen 13,14–17.18*.

Ergänzung. Das stellte auf seine Weise bereits Gunkel fest[43]. Gen 13,7–11 will die Gen 13,12f konstatierte Trennung Abrahams und Lots erzählerisch ausmalen und theologisch interpretieren. Dabei wird sowohl auf die Exodusthematik von Gen 12,10–13,4 als auch auf Motive aus Gen 18f zurückgegriffen.

2.3 Die YHWH-Rede Genesis 13,14–17

Das programmatisch vorangestellte וַיהֹוָה in V.14 weist auf die Sonderstellung von Gen 13,14–17 innerhalb der Kapitel Gen 12 und 13. Wenn ansonsten YHWH als handelndes Subjekt fungiert, ist immer die Satzstellung des Erzähltempus beibehalten, so Gen 12,1 (וַיֹּאמֶר יְהוָה „YHWH sprach"), 12,7 (וַיֵּרָא יְהוָה „YHWH erschien") und 12,17 (וַיְנַגַּע יְהוָה „YHWH schlug")[44]. Obwohl die YHWH-Rede durch V.14a mit der Landverteilungsszene V.7–11 verknüpft ist, wird Abraham V.14f auch das Land zugesagt, das nach V.10f Lot bereits für sich in Besitz genommen hat: das Land im Osten, vgl. וַיִּסַּע לוֹט מִקֶּדֶם „Lot brach nach Osten auf" (V.11) und וָקֵדְמָה „und nach Osten" (V.14). Insofern wird die Gen 13,7–11 gebotene theologische Interpretation, dass Lots Wahl ohne Bestand ist, aufgenommen. Abraham erhält Lots Landanteil. Darüber hinaus entspricht die Reaktion Abrahams V.18 in keiner Weise der Aufforderung YHWHs V.17: anstatt das Land gemäß YHWHs Weisung in alle vier Himmelsrichtungen zu durchziehen—eine Vorstellung, die auch erzähltechnisch sehr schwierig zu lösen wäre—wandert er lediglich nach Süden, nach Mamre/Hebron[45]. Die

---

43 „Diese Erzählung [Gen 13, D.J.] unterscheidet sich charakteristisch von alten Sagen dadurch, daß sie nicht auf sich selbst steht, sondern die Sodomgeschichte so sehr voraussetzt, dass sie ohne diese gar nicht gedacht werden kann" (GUNKEL 1910, 176). Vgl. BLUM (1984, 282–286) zu Gen 13; er spricht von der „Unabgeschlossenheit dieses Erzählstücks auf Gen 18f* hin" und fügt hinzu: „Es enthält keinen eigenständigen Skopus" (Zitate S. 283f).

44 Ebenso in den beiden abhängigen Sätzen Gen 12,4a; 13,10b.

45 Diese Beobachtungen gehen schon zurück auf WELLHAUSEN 1899, 23f. Sie wurden von vielen Auslegern entweder übernommen oder doch in ähnlicher Weise dargestellt: HOLZINGER 1898, 141; GALLING 1928, 42; SKINNER 1930, 253f; NOTH 1948, 29; RENDTORFF 1976, 39f; WEIMAR 1977, 49f; WESTERMANN 1981, 201; EMERTON 1982, 19f; BLUM 1984, 284f; KILIAN (1989, 161f) in Korrektur von KILIAN 1966, 24f; SCHMIDT 1992, 3; LEVIN 1993, 145f. Mitunter wurde der sekundäre Charakter der Verheißungsrede auch bestritten, meist im Zusammenhang mit der Zuweisung zu einer der älteren Pentateuchquellen, so DILLMANN 1892, 231; EISSFELDT 1922, 21*; PROCKSCH 1924, 105; KILIAN 1966, 24f; VON RAD 1976, 132f; VAN SETERS 1975, 276; 1992, 261; SCHARBERT 1986, 131f (nur V.16 sekundär); ZWICKEL 1992, 207–214 (trotz Verweise auf WELLHAUSEN 1899 und NOTH 1948); COLLIN

Verheißungsrede kombiniert Vorstellungen und Formulierungen der P-Texte, etwa das nachgeordnete וּלְזַרְעֶךָ (vgl. Gen 9,9; 17,7.9)[46] oder die Wendung עַד־עוֹלָם (Gen 17,17f), mit solchen deuteronomistischer Provenienz wie der Rede von der Landgabe (הזאת) נתן הארץ. Zudem ist durch das Bild vom „Staub" עפר eine Brücke zur Urgeschichte geschlagen (Gen 2,7; 3,19). Gen 13,14–17 strukturieren ein größeres Erzählcorpus, das bereits mehrere divergierende Redaktionen durchlaufen hat.

2.4 *Zwischenergebnis*

Die vermuteten Textzusätze in Gen 11,27–13,18 sind von der Exodusthematik geprägt. Abraham kehrt als reicher Mann aus Ägypten zurück (Gen 12,10–13,4). Dagegen will Lot wieder dorthin zurück, zumindest in eine Gegend, die „wie Ägypten" ist (13,10) und wählt damit sein Verderben (13,7–11). Konsequenterweise wird auch das für Lot vorgesehene Land, das Land „im Osten", Abraham zugesprochen (13,14–17). Einen den Textzusätzen gegenüber primären Erzählfaden bilden die genealogische Erzählung (11,27–32), die Itinerar-Erzählung (12,1–9*) und die Itinerarnotizen in Kapitel 13 (V.5f.12f. 18). Dieser Erzählfaden scheint im wesentlichen die Funktion zu haben, die Abrahamfamilie aus Mesopotamien an ihre ständigen Wohnplätze im Süden Palästinas zu führen, also dorthin, wo sie v.a. Gen 18f agieren: bei den „großen Bäumen Mamre" und in Sodom. Die Hinweise auf die Mamre-Sodom-Erzählung beschränken sich allerdings auf die Ortsangaben („Sodom", „große Bäume Mamre") und auf das Zeltmotiv. Das Zeltmotiv ist in Gen 13,12 auch auf Lot in Sodom bezogen, was eine deutliche Abweichung gegenüber Gen 19 darstellt, da dieses Kapitel Lot als Haus- und Stadtbewohner zeichnet. Daher verlangt auch die Erweiterung der Ortsangabe in Gen 13,18 („bei den großen Bäumen Mamre, die bei Hebron sind") gegenüber

---

1992, 216f (nur V.16 sekundär, ohne Quellenzuweisung). Nur selten wird dabei die inhaltliche Spannung zu V.18 gesehen und daraus eine entsprechende Konsequenz gezogen: KILIAN (1966, 25ff) bestimmt V.18 als vorjahwistische Erweiterung; nach VAN SETERS (1992, 252) gehört der Vers zur vorjahwistischen Tradition; COLLIN (1992, 216f) dagegen sieht in V.18 einen Zusatz zum ursprünglichen Textbestand.

[46] Der P-Sprachgebrauch lautet וּזַרְעֲךָ אַחֲרֶיךָ oder entsprechend. Die Verbindung von זרע + Suffix mit אחר + Suffix wurde in 13,15 zugunsten einer Kombination eines nachgeordneten וּלְזַרְעֶךָ mit עַד־עוֹלָם aufgelöst. Auch hierin zeigt sich noch einmal der konstruierte Charakter des Textes, der lediglich mit P-Versatz-stücken arbeitet.

Gen 18,1 („bei den großen Bäumen") eine differenziertere Erklärung als alleine die, dass Gen 13,18 auf Gen 18 hin formuliert ist.

3. *Genesis 13,18*

3.1 *Forschungsüberblick*

Die drei *wayyiqtol*-Formen zu Anfang des Verses, der durch אֲשֶׁר eingeleitete Relativsatz sowie die Altarbaunotiz, die den Vers abschließt, gaben reichlich Anlass zu literarkritischen Überlegungen. Dieselben wurden noch genährt durch die isolierte Stellung des Verses, der die Erzählungen von den Wanderungen Abrahams (Gen 12, 4–9) nach langer Unterbrechung, d.h. nach Einschaltung der Preisgabeerzählung, der Landverteilungsszene und der Verheißungsrede Gen 13,14–17 wieder aufnimmt. Häufig stehen die Ausleger in dem Systemzwang, verschiedene in Gen 12,4–9 herausgearbeitete Erzählfäden in Gen 13,18 zu einem Ende bringen zu müssen. Diese Motivation scheint in vielen Fällen für literarkritische Operationen leitend zu sein.

Ruppert trennt den gesamten Vers ab וַיָּבֹא als sekundär ab und rechnet ihn zur „jehowistischen" Redaktion, die er in das 8. Jh. v.Chr. datiert[47]. Lediglich die ersten beiden Worte von V.18 וַיֶּאֱהַל אַבְרָם zählt er zu einem „vorjahwistischen Wanderbericht", der noch Gen 12,1.4a.6.8 umfasst. Diese Rekonstruktion basiert auf den Vorgaben, dass einerseits ein Zusammenhang zwischen Gen 12,1 und Gen 13,14–17 („J") besteht und dass andererseits der „vorjahwistische Wanderbericht" sich auf das nördliche Bergland konzentriert und in Bet-El/Ai endet. Levin trennt den Relativsatz mit dem Hinweis auf Hebron als nachredaktionelle Ergänzung ab. Dabei verweist er zunächst auf Gen 18,1, wo lediglich Mamre genannt ist und konstatiert: „Die beiden Ortsnamen konkurrieren miteinander"[48]. Das darüber hinaus vorgebrachte Argument der weiten Entfernung zwischen Hebron und Sodom, die eine Wanderung an einem Nachmittag unmöglich macht[49], verwechselt Erzählung mit einem Bericht. Als drittes Indiz für seine literarkritische Bestimmung führt Levin an, dass der Zusatz das Bestreben erkennen lässt, „Abraham mit den Hauptorten des Landes in Verbindung zu bringen"[50]. Dies ist sicher eine zutreffende Beobachtung, allerdings kein literarkritisches Argument. Die Altarbaunotiz V.18b rechnet Levin zu „J"[51], da er auch Gen 12,7f

---

[47] RUPPERT 1994b.
[48] LEVIN 1993, 146.
[49] LEVIN (1993, 146) mit Hinweis auf VON RAD 1976, 171.
[50] LEVIN 1993, 146.
[51] LEVIN 1993, 143.

und Gen 8,20 in diesem Sinn interpretiert. V.18a ohne den Relativsatz zählt er zu einem allerdings nur fragmentarisch erhaltenen „vorjahwistischen Itinerar", das noch einige weitere Bruchstücke in Gen 12f enthalten soll[52]. Mit Gunkel[53] bestimmt Levin diese Reste eines „Itinerars" als Exposition zu Gen 18f. Allein der Hinweis auf den fragmentarischen Erhaltungszustand des Itinerars zeigt die Zweifelhaftigkeit der Analyse. Levin befreit sich solchermaßen von der Notwendigkeit, die der „jahwistischen" Redaktion angeblich vorgegebene Quelle, die dieses Itinerar darstellen soll, auch nur annähernd in einem sinnvollen erzählerischen Gefälle zu rekonstruieren. Ähnlich wie Ruppert trennt Köckert die beiden ersten Worte vom Rest des Verses ab[54]. Da er bei der herkömmlichen Einordnung der V.11b.12abα als P-Abschnitte bleibt, fehlt ihm der Abschluss der vorgeblich alten und ehedem selbständigen Erzählung Gen 13,2–11*. Diesen Abschluss findet er in den ersten beiden Wörtern von V.18 „Abraham zeltete". Der Rest des Verses gehört zu den redaktionellen „Rahmenteilen". Zu diesen zählt Köckert auch die Verheißungsreden. Demnach grenzt er Gen 13,14–17 nicht gegen 13,18* ab. Die Diskrepanz zwischen dem YHWH-Befehl V.17 und Abrahams Reaktion V.18 thematisiert Köckert nicht. Sowohl 13,18* als auch 13,14–17 bezieht er auf Gen 12,1. Die Verbindungen stellt er im wesentlichen durch Wortanknüpfungen her (הארץ, ראה). Dabei handelt es sich offensichtlich um häufig gebrauchte Wörter, deren literarkritische Signifikanz gering ist. Mit seiner Analyse trägt Köckert zwei Beobachtungen oder Empfindungen Rechnung, die er zu Gen 12,1 äußert: dass zum einen Gen 12,1(–3) die Verheißungsrede Gen 13,14–17 „fordert"[55] und dass zum anderen die in 12,1 angesagte Wanderung in 13,18 zur „Ruhe" kommt[56]. Im Gegensatz zu Köckert sieht Blum die Szene der Trennung Abraham/Lot Gen 13,5–12* nicht als eigenständige Erzählung, sondern als Exposition zu Gen 18f[57]. Gen 13, 18a bestimmt er in diesem Zusammenhang als Teil einer Gen 13*.18f* umfassenden Abraham-Lot-Erzählung, die den überlieferungsgeschichtlichen Nukleus der Abrahamgeschichte bildet. Die Altarbaunotiz Gen 13,18b dagegen zählt er zur nachexilischen „Vätergeschichte 2" wie die entsprechenden Passagen in Gen 12,7f auch[58].

Die Abtrennung der zweiten Vershälfte wird demnach nicht aufgrund von Textbeobachtungen zu Gen 13,18 vorgenommen, sondern folgt einem wie auch immer gearteten Systemzwang, bei Ruppert und Le-

---

[52] LEVIN (1993, 144) zählt zu diesem „Itinerar": 12,4a (nur die Erwähnung Lots). 6aαγ.8 (von מִקֶּדֶם bis מִקֶּדֶם); 13,10a.b (nur Ägypten und Zoar). 12b (nur Sodom).

[53] GUNKEL 1910, 175f.

[54] KÖCKERT 1988, 250–255.

[55] KÖCKERT 1988, 253.

[56] KÖCKERT 1988, 252.

[57] BLUM 1984, 282–286. So schon GUNKEL 1910, 176; ähnlich VAN SETERS 1992, 252.260f.

[58] BLUM 1984, 331ff.286 Anm. 29.

vin dem Versuch, ein überlieferungsgeschichtlich älteres Itinerar zu sondieren, bei Köckert der These einer ursprünglich selbständigen Einzelerzählung in Gen 13 und bei Blum der überlieferungsgeschichtlichen Sonderung der Altarbaunotizen[59]. Eine literarkritische Sonderung von Gen 13,18b gegenüber V.13,18a ist demnach vom Textbestand des Verses her nicht gefordert. Insofern bedürfen noch zwei der drei eingangs herausgestellten problematischen Versteile einer näheren Klärung: die drei *wayyiqṭol*-Formen und der אֲשֶׁר-Nebensatz.

3.2 *Die wayyiqṭol-Formen*

Die Häufung der Verbformen in V.18a, insbesondere die beiden unmittelbar aufeinanderfolgenden *wayyiqṭol*-Formen וַיָּבֹא וַיֵּשֶׁב „er kam an und wohnte", ist für unser Sprachempfinden ungewohnt. Im Alten Testament ist das Phänomen jedoch mehrfach bezeugt[60], z.B. Gen 18,2 וַיַּרְא וַיָּרָץ „er sah und lief" oder 2Kön 18,17 וַיַּעֲלוּ וַיָּבֹאוּ וַיַּעַמְדוּ „sie gingen hinauf, kamen an und stellten sich auf". Die dreifach formulierte Ankunft Abrahams an seinem Zielort Mamre/Hebron Gen 13,18 entspricht der dreifachen Nennung des Ausgangspunktes Gen 12,1. Dabei korrespondiert die Vorstellung vom Wohnen in Zelten (וַיֶּאֱהַל) der im Kontext vorstaatlicher bzw. nichtstaatlicher Lebensverhältnisse beheimateten Vorstellung von der Großfamilie (בֵּית אָבִיךָ)[61]. Die Aussage vom sesshaften Wohnen (וַיֵּשֶׁב) dagegen bezieht sich auf den Ausdruck „Land" (מֵאַרְצְךָ). Insofern ist bei der Formulierung der Ankunft eine dem Aufbruch gegenläufige Konstruktion verwendet[62]. Die in Mittelstellung zu findenden Wendungen „von

---

[59] Zu Recht kritisiert VAN SETERS (1992, 272 Anm. 28) an diesem Punkt das Vorgehen Blums, der die Altarbaunotizen der Jakobgeschichte überlieferungsgeschichtlich älter einstuft (Gen 33,18.20; 35,6f zur „erweiterte[n] Jakoberzählung", BLUM 1984, 204–209) als die entsprechenden Notizen in der Abrahamgeschichte.

[60] GESENIUS/KAUTZSCH 1909, § 154 a Anm. 1; KOEHLER 1953, 300.

[61] Zum Begriff ROST 1938, 56–59; JENNI 1978, 7f; RÖMER 1990, 276–279. Die Belege für בֵּית אָב bzw. בֵּית אָבוֹת sind nahezu ausschließlich in der Darstellung der vorstaatlichen und der nachexilischen Zeit zu finden. Inwieweit daraus Rückschlüsse auf tatsächliche sozialgeschichtliche Gegebenheiten erlaubt sind, muss offen bleiben. Die soziologische Einheit des בֵּית אָב bzw. בֵּית אָבוֹת war zumindest bei der Neuorganisation der Judäer nach dem Exil von ausschlaggebender Bedeutung, s. ROST (1938, 56)—auch wenn die Kritik bei RÖMER (1990, 276) berechtigt ist, dass Rost nur die Belege ohne Suffix berücksichtigt—und ALBERTZ 1997a, 473f. Im vorliegenden Zusammenhang ist jedoch lediglich der literarische Gebrauch von Interesse.

[62] Auch die itinerarartigen Notizen Gen 13,5f.12 wechseln zwischen Aspekten nomadischen und sesshaften Lebens (s. o. Seite 244).

deiner Verwandtschaft" וּמִמּוֹלַדְתְּךָ (12,1) bzw. וַיָּבֹא (13,18) vermitteln zwischen der Vorstellung einer kleineren, blutsverwandtschaft-
lich und einer größeren, politisch-verwaltungstechnisch definierten
Gemeinschaft. Aufgrund der mit Gen 12,1 korrespondierenden Konstruktion besteht kein Anlass zu literarkritischen Operationen bei den
Verbformen in Gen 13,18a. Diese Aussage gilt jedoch nur unter der
Voraussetzung der literarischen Einheitlichkeit von Gen 12,1.

Der dreifach formulierte Ausgangspunkt von Abrahams Wanderung in Gen 12,1 hat zu literarkritischen Operationen Anlass gegeben.
Diesen ist v.a. וּמִמּוֹלַדְתְּךָ „von deiner Verwandtschaft"[63], teilweise
auch das an erster Stelle genannte מֵאַרְצְךָ „aus deinem Land"[64] zum
Opfer gefallen. Beide Ausdrücke finden sich in der Wendung בְּאֶרֶץ
מוֹלַדְתּוֹ Gen 11,28 und stehen deshalb im Verdacht, von dort sekundär nach 12,1 übertragen worden zu sein. Dagegen erscheint מִבֵּית
אָבִיךָ nicht ableitbar[65]. Als Ansatzpunkt zu literarkritischen Überlegungen bietet sich מוֹלדת an. Neun der insgesamt 21 alttestamentlichen Belege sind im Buch Genesis zu finden, entweder als einfaches
מוֹלדת + Suffix (12,1; 24,4; 31,3; 43,7; 48,6) oder als אֶרץ מוֹלדת +
Suffix (11,28; 24,7; 31,13; 32,10)[66]. Sowohl Gen 24,7 als auch Gen
31,3 sind alle drei Ausdrücke von Gen 12,1 vertreten, wobei jeweils
das אֶרץ zu einem der beiden anderen Elemente gezogen ist:

(24,7) מִבֵּית אָבִי וּמֵאֶרֶץ מוֹלַדְתִּי

(31,3). אֶל־אֶרֶץ אֲבוֹתֶיךָ וּלְמוֹלַדְתֶּךָ

In zwei Fällen (Gen 24,4; 32,10) ist die Verbindung von אֶרץ + Suffix
und מוֹלדת + Suffix zu konstatieren. Die letztgenannte Beobachtung,
zusammen mit der Formulierung אֶל־אֶרֶץ אֲבוֹתֶיךָ (Gen 31,13) scheint
für eine literarkritische Isolierung von מֵאַרְצְךָ וּמִמּוֹלַדְתְּךָ gegenüber
וּמִבֵּית אָבִיךָ in Gen 12,1 zu sprechen. Zwingend ist das allerdings
nicht, da in diesem Fall—d.h. wenn die Wendungen in 12,1 aus 11,28
abzuleiten sind—die Verbindung אֶרֶץ מוֹלַדְתּוֹ (11,28; 31,13) überlieferungsgeschichtlich älter sein müsste als die Aufteilung in אֶרץ +
Suffix und מוֹלדת + Suffix. Dies ist v.a. aufgrund des Befundes in

---

[63] WEIMAR 1977, 45 Anm. 128; RUPPERT 1989, 41–44; 1994b, 80–83.
[64] COLLIN 1992, 219–223.
[65] WEIMAR (1977, 45 Anm. 128) hält den Ausdruck, zusammen mit וּמִמּוֹלַדְתְּךָ,
dennoch für sekundär, da durch beide Wendungen „die kontrastierende Gegenüberstellung" von מֵאַרְצְךָ und אֶל־הָאָרֶץ „auseinandergerissen wird".
[66] Aus der Verteilung der restlichen Belege (Lev 18,9.11; Num 10,30; Jer 22,10;
46,16; Ez 16,3f; 23,15; Rut 2,11; Est 2,10.20; 8,6) lässt sich kein prägnanter literarhistorischer Befund ableiten.

Gen 24,4.7 so nicht nachzuweisen. Daher ist der in Gen 12,1 vorfindliche Text—und damit auch die Verbformen in Gen 13,18a—als einheitlich zu betrachten.

3.3 *Der אֲשֶׁר-Relativsatz Genesis 13,18a*

Entscheidend für die literarische Zuordnung von Gen 13,18 ist die
Frage, inwieweit der Relativsatz mit der Erwähnung Hebrons zum
Grundbestand des Verses zu rechnen ist. Allein von der Syntax her ist
eine Abtrennung nicht gefordert. Die Näherbestimmung eines Toponyms oder eines Gentiliziums durch אשר + ב + Ortsangabe ist eine im
Alten Testament häufige Figur. Gen 23,17 taucht die Verbindung
allein dreimal auf, dazu noch einmal לפני + אשר + Ortsangabe.
Wollte man alle vier mit אשר eingeleiteten Wendungen für sekundär
erklären, bliebe der Vers unverständlich. Einfacher sind die Verhältnisse Ri 15,19, wo im Zusammenhang einer ätiologischen Notiz die
„Quelle des Rufers" עֵין הַקּוֹרֵא näher präzisiert ist durch den Relativsatz אֲשֶׁר בַּלֶּחִי עַד הַיּוֹם הַזֶּה „die bei Lehi liegt bis zu diesem Tag".
Ähnliches gilt für eine namenlose Quelle 1Sam 29,1, wo der Lagerplatz der Israeliten בַּעַיִן אֲשֶׁר בְּיִזְרְעֶאל „an der Quelle, die bei Jesreel
liegt" lokalisiert ist. In beiden Fällen wird ein unbekanntes bzw. na-
menloses Toponym durch ein bekannteres erklärt. Ein ähnliches Muster liegt noch in einer Vielzahl von Belegen vor, wobei auch der Fall
eintreten kann, dass eine sehr spezielle Ortsangabe durch eine weiter
ausgreifende topographische Bestimmung erläutert wird. Die „Dörfer
Jaïrs" werden näher bestimmt durch den mit אשר ב eingeleiteten
Verweis auf Baschan bzw. Gilead (Jos 13,30; 1Kön 4,13). Verschiedene Ortsangaben erscheinen in geprägten Wendungen wie das „Haus
Abinadabs, das auf dem Hügel liegt" בֵּית אֲבִינָדָב אֲשֶׁר בַּגִּבְעָה (2Sam
6,3f), das „Tofet im Hinnomtal" הַתֹּפֶת אֲשֶׁר בְּגֵי בְנֵי־הִנֹּם (2Kön
23,10; Jer 7,31; ähnlich Jer 32,35 von den „Höhen des Baal" אֶת־בָּמוֹת
הַבַּעַל אֲשֶׁר בְּגֵיא בֶן־הִנֹּם), der Tempel in Jerusalem בֵּית יְהוָה
אֲשֶׁר בִּירוּשָׁלָם (Esr 1,5; 2,68; 7,27; ähnlich Esr 1,3) oder „Jerusalem
in Juda" בִּירוּשָׁלַם אֲשֶׁר בִּיהוּדָה (Esr 1,2; 2Chr 36,23). 2Chr 11,10
liegt eine entsprechende Wendung mit „Juda" und „Benjamin" vor,
die sich auf die Liste der V.6–10 genannten Städte bezieht[67]. Dem
אשר-Satz folgt hier noch ein Nominalsatz als Apposition: עָרֵי מְצֻרוֹת

---

[67] Zum Text s. BEYER 1931, 113–134; JUNGE 1937, 73–80; ALT 1952; WELTEN
1973, 11–15; FRITZ 1981; HOBBS 1994.

„Festungsstädte". Die gleiche Satzfolge: Ortsangabe/Lokalisierung durch אֲשֶׁר-Satz/Nominalsatz als Apposition ist in Jos 13,30 zu finden. Durch diese Parallelen wird besonders deutlich, dass sich die אֲשֶׁר-Relativsätze in den jeweiligen Darstellungszusammenhang fügen und nicht als Hinzusetzungen bestimmt werden müssen. Auch die lokale Näherbestimmung von Gentilitien ist mit אֲשֶׁר + בְּ + Ortsangabe konstruiert (1Sam 13,3; Est 9,13.15.18), ohne dass Hinweise auf den sekundären Charakter der Relativsätze vorlägen.

Mit einem Fragezeichen hinsichtlich der Einheitlichkeit zu versehen ist lediglich Ri 10,8. Hier wird nicht ein spezielles Toponym durch eine bekannte oder eine weiter ausgreifende Ortsangabe bestimmt, vielmehr wird der geographisch unbestimmte Ausdruck בְּאֶרֶץ הָאֱמֹרִי „im Land der Amoriter" durch den Hinweis auf Gilead als eine umrissene Region erklärt אֲשֶׁר בַּגִּלְעָד. Ein Spezialproblem liegt in dem textkritisch äußerst komplizierten Vers Ri 1,16 vor[68]. Die topographisch sinnlose Passage מִדְבַּר יְהוּדָה אֲשֶׁר בְּנֶגֶב עֲרָד „die Wüste Juda, die im Negeb von Arad liegt" kam vermutlich durch eine Bearbeitung zustande, die hier den Ausdruck „Wüste" bringen wollte, um die Geographica in Ri 1 denen von Jos 15 anzugleichen, und die deshalb מִדְבַּר יְהוּדָה durch ein אֲשֶׁר mit der älteren Lokalangabe בְּנֶגֶב עֲרָד verband[69].

Aus dem Gesamtbefund der mit אֲשֶׁר + בְּ + Ortsangabe gebildeten Relativsätze ist demnach eine literarische Abtrennung des entsprechenden Satzes in Gen 13,18 nicht zu erweisen.

3.4 Der literarische Anschluss

Zur Lösung der Frage des literarischen Anschlusses von Gen 13,18 ist zunächst bei den Altarbaunotizen in Gen 12,7f anzusetzen. Beide Notizen dieser Art sind theologisch erweitert, V.7 durch den Hinweis auf die Theophanie, V.8 durch die Erwähnung der Proklamation des YHWH-Namens. Gründe für die literarische Absonderung der Altarbaunotiz und der Wendung vom Ausrufen des YHWH-Namens in Gen 12,8 sind nicht einsichtig zu machen. Gen 12,7 folgt die Altarbaunotiz (V.7b) einer Kurzversion der Verheißungsreden, die durch eine Theophanie-Notiz eingeleitet ist (V.7a). Die Schwierigkeiten des Textes liegen im Bereich der Syntax[70]. Zwischen 12,7a und 12,7b

---

[68] MITTMANN 1977.
[69] JERICKE 1997a, 313f.
[70] Von den neueren Auslegern erkennt, soweit ich sehe, lediglich BLUM (1984, 382f) diese Spannungen. Er erörtert sie allerdings ausschließlich auf dem Feld der Überlieferungsgeschichte, indem er 12,7a zur D-Schicht wegen des vorangestellten

liegt ein nicht angezeigter logischer Subjektwechsel vor. Nach dem
Wortlaut des vorliegenden Textes müsste YHWH auch Subjekt der
Verbform וַיִּבֶן „er baute" V.7b sein, was vom Textsinn her ausgeschlossen ist. Zum einen wird YHWH V.7b als präpositionale Ergänzung לַיהוה genannt, zum anderen ist das logische Subjekt zu וַיִּבֶן
Abraham, entsprechend Gen 12,8 und 13,18. Nun schlägt der V.7b
abschließende Relativsatz הַנִּרְאֶה אֵלָיו „der ihm erschienen war" eine
Brücke zu der Theophanie-Notiz V.7a und scheint von daher nochmals die Einheitlichkeit von V.7 herauszustellen[71]. Allerdings ist
formal eine unmittelbare Verbindung von Theophanie-Notiz und
YHWH-Rede nicht gefordert. Im Erzählzusammenhang der Abrahamgeschichte zeigt sich dies an Gen 18,1f[72]. Von daher könnte lediglich
die YHWH-Rede im engsten Sinn V.7aβ als sekundär zu betrachten
sein[73]. Diese Lösung ist jedoch weder im Mikrokontext des Verses
noch im Makrokontext sinnvoll.

In den Forschungsbeiträgen der letzten Jahrzehnte wird die YHWH-Rede Gen
12,7aβ meist als die älteste der drei Verheißungsreden in Gen 12f angesehen.
Sie wird entweder einem früh[74]- oder einem spätdatierten[75] „Jahwisten",
einer vorjahwistischen Tradition[76] oder, unter Verzicht auf eine Quellentheorie, einer ersten Schicht der Zusammenarbeit von Abraham- und Jakob-

---

לְזַרְעֶךָ, 12,7b dagegen, wie alle Altarbaunotizen der Abrahamgeschichte, zu seiner
„Vätergeschichte 2" zählt (BLUM 1984, 331–338).

[71] So WESTERMANN 1981, 179ff. Westermann folgert daraus, dass V.7 als „selbständige Einheit"—was auch immer das heißt—zwischen V.6 und V.8 zu verstehen
ist. Aus dem Relativsatz in V.7 will er sogar eine ältere Erzählung erschließen, die
eine Verheißung an Abraham in einer Notsituation enthielt. Dabei muss Westermann
zumindest zugute gehalten werden, dass er versucht, den schwierigen Anschluss von
V.6 zu V.7 irgendwie zu erklären. Zur berechtigten Kritik an Westermanns Analyse
vgl. BLUM 1984, 333 Anm. 9; SCHMIDT 1992, 9. In der Nachfolge von HOLZINGER
(1898, 137f) und (GUNKEL 1910, 159–167) wird 12,7 meist als einheitlich angesehen
und „J" zugerechnet, so u.a. EISSFELDT 1922, 19* („L"); PROCKSCH 1924, 93.98;
SKINNER 1930, 242–247; NOTH 1948, 29; VON RAD 1976, 123f; WEIMAR 1977, 47–
50; SCHARBERT 1986, 128f; BERGE 1990, 38ff; LEVIN 1993, 133.137f.
[72] Ähnlich Gen 22,14; Ex 3,2; Lev 16,2; 2Sam 22,11 (textkritisch unsicher, vgl.
Apparat BHS). Die unmittelbare Verbindung beider Formelemente ist Gen 17,1;
26,2; Ri 6,12; 13,3 zu sehen. Häufig ist eine Umstandsbestimmung zwischenge-
schaltet (Gen 26,24; 35,9; 46,29; Dtn 31,15; 1Kön 9,2; 2Chr 7,12). Einen Sonderfall
bilden Texte, in denen „YHWHs Herrlichkeit" כְּבוֹד־יְהוָה erscheint und YHWH anschließend redet (Num 16,19; 17,7; 20,6).
[73] Zumal die präpositionale Ergänzung אֵלָיו nach וַיֹּאמֶר, wie sie Gen 17,1 steht,
in 12,7 fehlt.
[74] WEIMAR 1977, 47–50; BERGE 1990, 29f.38ff; SCHMIDT 1992.
[75] LEVIN 1993, 133.137f.
[76] KILIAN 1966, 17–35; VAN SETERS 1992, 246.

geschichte[77] zugerechnet. Dagegen zählen Blum[78] und Collin[79] den Text zu einer deuteronomistischen Bearbeitungsschicht. Sie sehen in Gen 12,7 die überlieferungsgeschichtlich jüngste Variante der Verheißungsreden in Gen 12f. Dass hier die „am stärksten abgeschliffene Form der Landverheißung" vorliegt[80], leuchtet in diesem Begründungszusammenhang schwer ein. Überzeugender ist der Hinweis auf das vorangestellte „deinen Nachkommen" לְזַרְעֲךָ, wodurch sich 12,7aβ und verwandte Texte von P-Formulierungen mit nachgestelltem „deinen Nachkommen nach dir" וּלְזַרְעֲךָ אַחֲרֶיךָ unterscheiden[81]. Die Formulierung לְזַרְעֲךָ אֶתֵּן אֶת־הָאָרֶץ הַזֹּאת „deinen Nachkommen will ich dieses Land geben" findet sich wortgleich in Gen 24,7, allerdings als Zitat der entsprechenden YHWH-Rede innerhalb einer Rede Abrahams. Darüber hinaus wird die Gen 12,7aβ als Zusage formulierte Verheißung in Gen 24,7 als „Schwur" gekennzeichnet וַאֲשֶׁר נִשְׁבַּע־לִי לֵאמֹר „der mir geschworen hat". Daher ist 24,7 als sekundär gegenüber 12,7aβ anzusehen[82]. Eine weitere annähernd wortgleiche Parallele zu 12,7aβ ist in Gen 15,18 zu finden: לְזַרְעֲךָ נָתַתִּי אֶת־הָאָרֶץ הַזֹּאת „deinen Nachkommen habe ich dieses Land gegeben" ist hier Zitat der YHWH-Rede von 12,7aβ in einer weiteren YHWH-Rede.

Weder Gen 15 als Ganzes[83] noch Gen 15,18 lassen sich als deuteronomistisch qualifizieren. Blum begründet seine diesbezügliche literarhistorische Einordnung des Kapitels u.a. mit der „Gestaltung der Landverheißung" in V.18[84]. Da er jedoch zu Recht die Lesung מִנְּהַר מִצְרַיִם in V.18b beibehält[85] und diesen „Fluss Ägyptens" mit dem Nil identifiziert[86], ergibt sich eine

---

[77] KÖCKERT 1988, 264.
[78] BLUM 1984, 382f; vgl. auch RENDTORFF 1976, 42–45; 1980, 78.
[79] COLLIN 1992, 214f.
[80] BLUM (1984, 383) im Rückgriff auf RENDTORFF 1976, 43ff.
[81] BLUM 1984, 383.
[82] NOTH (1948, 30 Anm. 90) hält Gen 24,7 für einen frommen Zusatz; nach KILIAN (1966, 205) ist der Vers redaktionell; PERLITT (1969, 67) sieht Gen 24,7 als Textzusatz, der den Zusammenhang zwischen V.6 und V.8 unterbricht (im Rückgriff auf PROCKSCH 1924, 149); vgl. auch BERGE 1990, 38ff; gegen RENDTORFF (1976, 42–45) und BLUM 1984, 383. Zum überlieferungsgeschichtlichen Verhältnis zwischen einfacher Landzusage und Eid/Schwur s. SCHARBERT (1993), allerdings mit z.T. extremen Frühdatierungen der Texte. Das Problem des Verhältnisses von Gen 12,7 zu 24,7 löst SCHARBERT (1993, 342) so, dass er in 24,7 den Hinweis auf den Eid als Zusatz deklariert.
[83] S. o. Seite 113f und u. Seite 280–283.
[84] BLUM 1984, 366–383, Zitat S. 382.
[85] Der Vorschlag einer Textänderung in נחל מצרים (Apparat BHS) ist durch keinen Textzeugen belegt; vgl. LOHFINK (1989, 199), dort auch Auseinandersetzung mit abweichenden Vorschlägen.
[86] So schon GUNKEL 1910, 183. Westermann u.a. nivellieren den Unterschied zwischen נחר מצרים und נחל מצרים, indem sie beide mit dem Wādī el-ʿArīš identifizieren (WESTERMANN 1981, 273; die Erwähnung Gunkels in diesem Zusammenhang ist nicht korrekt). Herkömmlicherweise wird נחל מצרים mit dem Wādī el-ʿArīš gleichgesetzt (AHARONI 1984, 72). Neuerdings wird auch das weiter nördlich gelege-

Diskrepanz zur geläufigen deuteronomistischen Vorstellung der Wüste als der Südgrenze des von Israel beanspruchten Landes. Daher muss Blum „konstatieren, dass unser Text die Ausdehnung des verheißenen Landes über die großzügigen Beschreibungen in dtrG hinaus dergestalt steigert, dass als Grenzmarken die Hauptflüsse der beiden im Alten Orient dominierenden Machtzentren erscheinen"[87]. Indirekt gesteht er demnach zu, dass in Gen 15,18 bereits eine von der deuteronomistischen Konzeption abhängige, mithin nachdeuteronomistische Formulierung vorliegt[88]. An diesem Punkt sind noch weitere Details in Gen 15,18 zu beachten. V.18a bietet in der Wendung כרת ברית eine Bundesschlussformel, die nicht ausschließlich auf die deuteronomistische Literatur beschränkt ist[89]. Die Vorstellung einer Nordausdehnung bis zum Eufrat V.18b ist in spät- bzw. nachdeuteronomistischen Passagen (Dtn 1,7; 11,24; Jos 1,3f; 2Kön 24,7)[90] enthalten. Die Vorstellung einer Ausdehnung des Siedlungsgebietes der Israeliten vom Eufrat bis zum „Fluss Ägyptens"[91] ist noch in einem spätprofetisch-eschatologischen Zusammenhang (Jes 27,12)[92] zu finden. Insofern spricht die Übereinstimmung von Gen 15,18 und 12,7aβ keinesfalls für den deuteronomistischen Charakter des letztgenannten Textes. Vielmehr ist die Verheißungsrede in Gen 12,7 analog zu Gen 15,18 eher als nachdeuteronomistisch anzusehen. Gen 12,7aβ muss demnach nur dann als sekundär angesehen werden, wenn für das Itinerar in Gen 12,1–9 ein mindestens deuteronomistischer oder vordeuteronomistischer Grundbestand nachzuweisen ist. Im Vorgriff auf die literarische Analyse von Gen 11,27–12,9 ist zu vermerken, dass ein solcher Nachweis nicht möglich ist[93].

---

ne *Wādī Ġazze* vorgeschlagen (NAʾAMAN 1979b; 1980; KELLERMANN u.a. 1992). Die Lösung könnte dahingehend zu formulieren sein, dass in der Königszeit beim Toponym נחל מצרים an das *Wādī Ġazze*, ab der nachexilischen Zeit dagegen an das *Wādī el-ʿArīš* gedacht wurde, so KEEL/KÜCHLER 1982, 101f.112f. Kartographische Darstellung beider Varianten bei WEIPPERT 1988, 4 Abb. 1.1.

[87]   BLUM 1984, 382 Anm. 137.

[88]   So jetzt BLUM 1998, 72f.

[89]   SCHARBERT 1993, 354; HAGELIA 1994, 154–161.

[90]   Nach BIEBERSTEIN (1995, 93–101) ist Jos 1,3–5a Zitat aus Dtn 11,24.25a. Den letztgenannten Text weist er DtrN zu. Ähnlich schon LOHFINK 1989, 204–207. Allerdings hält Lohfink Dtn 11,24 und Jos 4,1 für jünger als Dtn 12,1 und mithin auch jünger als Gen 15,18. Lohfink vertritt in der genannten Arbeit die These, Dtn 12,1 zitiere in seinen singularischen Passagen Gen 15,18 und lege dadurch rechtsverbindlich den Geltungsbereich der deuteronomischen Gesetze fest. Durch den späteren Zusatz Dtn 11,22–25 werde dieser Geltungsbereich so erweitert, dass auch das Kerngebiet der babylonischen Diaspora eingeschlossen ist. Allerdings ist auch eine umgekehrte Entstehungsgeschichte denkbar. Die exilzeitliche, die babylonische Diaspora inkludierende Formulierung Dtn 11,22–25 wurde nachexilisch auf die Ausdehnung der Satrapie „Jenseits des Flusses" hin korrigiert.

[91]   Zusammenstellung der entsprechenden Texte bei SAEBØ 1974, 18–21.

[92]   Vgl. KAISER 1973, 185; WILDBERGER 1989, 1022f.

[93]   S. u. Seite 259–271.

Zusammenfassend ist festzustellen, dass sowohl in Gen 12,7 als auch in Gen 12,8 Altarbaunotiz und theologische Erweiterung nicht literarkritisch voneinander getrennt werden können. Eine solche theologische Erweiterung der Altarbaunotiz fehlt jedoch Gen 13,18 im vorliegenden Textzusammenhang. Als mögliche Anknüpfungspunkte für eine theologisierende Fortsetzung von Gen 13,18 kommen die Wortereignisformeln Gen 15,1.4 und die Theophanie-Notiz Gen 18,1 in Betracht[94]. Die zuletzt genannte Möglichkeit impliziert einen unmittelbaren überlieferungsgeschichtlichen Zusammenhang zwischen Gen 13 und Gen 18f. Diese These wurde bereits im Zusammenhang des forschungsgeschichtlichen Überblicks problematisiert[95]. Zweifellos ist in Gen 13,18 die Ortsangabe von Gen 18,1 erweiternd variiert. Diese Beobachtung gibt jedoch Aufschluss über ihr literarisch-diachrones Verhältnis: Gen 13,18 ist sekundär gegenüber Gen 18,1. Diese Schlussfolgerung ist aufgrund der Untersuchungen zur Einheitlichkeit von Gen 13,18 um so mehr herauszustellen, da die Differenzen zwischen beiden Textstellen nicht literarkritisch durch die Herauslösung des אשר-Satzes in Gen 13,18 nivelliert werden können.

Aufgrund dieser Überlegungen liegt die Annahme nahe, dass die literarische Fortsetzung von Gen 13,18 in Gen 15 zu finden ist[96]. Auch die Querverbindungen des formal verwandten Verses Gen 12,7 zu Gen 15,18 weisen in diese Richtung[97]. Bevor dieser Faden weiter verfolgt wird, ist zunächst genauer zu klären, in welchem literari-

---

[94] Die Szene Gen 14,18–20 ist in Salem lokalisiert. Die Reden des Boten YHWHs Gen 16,7–12 sind an Hagar gerichtet.

[95] S. o. Seite 108–112.

[96] DE PURY (1975, 77–81) sieht die nach Gen 13,18 zu erwartende theologische Erweiterung in der Verheißung von Gen 15, d.h. in einem Grundbestand des Kapitels, der V.1aβb.6.8–12.17–21 umfassen soll. Er interpretiert diesen Grundtext von Gen 15 als alte Überlieferung, der Gen 12f* vorangestellt ist. Mit der Ausklammerung von Gen 15,1aα deutet er zumindest das Problem an, dass diese relative Zeitangabe („nach diesen Ereignissen") die Altarbaunotiz (Gen 13,18) von der Wortereignisformel (Gen 15,1aβ) trennt. Die redaktionelle Floskel trägt der späteren Zwischenschaltung der Erzählung von Kapitel 14 Rechnung. Ebenso ist die Erzählung von der Bindung Isaaks Gen 22,1–19 durch V.1aα und V.20aα zwischen Kapitel 21 und die Liste der Nahoriden Gen 22,20–24 eingepasst. LEVIN (1993, 151) konstatiert, Gen 15,1–6 „hat ursprünglich an 13,18 angeschlossen", obgleich er einen überlieferungsgeschichtlichen Zusammenhang zwischen Gen 13 und Gen 18f annimmt (s. o. Seite 109ff und Seite 143f). Die Kennzeichnung „ursprünglich" ist eben auslegungsbedürftig. An eine „Ursprünglichkeit" auf literarischer Ebene kann nicht gedacht sein, da LEVIN (1993, 143–146) Gen 13,18 als „J"-Text liest, während er Gen 15 zu den nachredaktionellen Ergänzungen rechnet.

[97] SCHMID 1999, 176–180.

schen Zusammenhang Gen 13,18 innerhalb von Gen 11,27–13,18 steht. Gen 13,18 bildet den Abschluss eines mit Gen 11,27–12,9* einsetzenden und in Gen 13,5f.12f weitergeführten Erzählzusammenhangs. Daher ist beim Textbefund zu Gen 11,27–12,9, dem Übergang von der Ur- zur Erzelterngeschichte, anzusetzen, zumal Gen 13,18 vielfältige Bezüge zu Gen 12,1 und 12,7f aufweist.

4. Genesis 11,27–12,9: Der Übergang von der Urgeschichte zu der Erzelterngeschichte

4.1 Literarkritische Lösungen

Der Übergang von der Ur- zur Erzelterngeschichte ist eine der sensiblen Nahtstellen des Pentateuch[98]. Nach der von Gunkel formulierten und häufig rezipierten Lösung wird der nichtpriesterliche Textbestand in Gen 11,28–30; 12,1–4a.6–9, der *priesterliche Textanteil* dagegen in Gen 11,27.31f; 12,4b.5 gesehen[99]:

> (11,27) *Das sind die Toledot Terachs: Terach zeugte Abram, Nahor und Haran. Haran zeugte Lot.* (28) Haran starb vor seinem Vater Terach in seinem Geburtsland, in Ur in Chaldäa. (29) Abram und Nahor nahmen sich Frauen. Abrams Frau hieß Sarai und Nahors Frau Milka, die Tochter Harans, des Vaters der Milka und der Jiska. (30) Sarai war unfruchtbar, sie hatte kein Kind. (31) *Terach nahm Abram, seinen Sohn, und Lot, den Sohn seines Sohnes Haran, und Sarai, seine Schwiegertochter, die Frau Abrams, seines Sohnes. Sie zogen mit ihnen aus Ur in Chaldäa, um in das Land Kanaan zu gehen. Sie kamen nach Haran und ließen sich dort nieder. (32) Terach war 205 Jahre alt und starb in Haran.* (12,1) YHWH sprach zu Abram: Geh, geh aus dei-

---

[98] Allein ein Vergleich der drei meistrezipierten deutschsprachigen Genesiskommentare des 20. Jahrhunderts zeigt die Schwierigkeiten an. VON RAD (1976, 119–130; vgl. 1939, 59–62) zählt Gen 11,27–12,9 noch zur Urgeschichte, die Erzelterngeschichte beginnt nach seiner Interpretation mit Gen 12,10–13,1. Dagegen setzt die Kommentierung der Erzelterngeschichte bei Westermann bereits mit Gen 11,27 ein (WESTERMANN 1981, 150; so auch CRÜSEMANN 1981). GUNKEL (1910, 156ff) bespricht Gen 11,27.31f, d.h. den P-Anteil von Gen 11,27–32, noch im Rahmen der Urgeschichte, Gen 11,28–30 dagegen zählt er schon zur „Vätersage" (GUNKEL 1910, 159–163). Die Entscheidungen fallen demnach nicht bei dem vermeintlich theologisch gewichtigen Textabschnitt Gen 12,1–9, sondern bei der literarisch schwer zu fassenden genealogischen Erzählung Gen 11,27–32!

[99] GUNKEL 1910, 156–163; so oder ähnlich DILLMANN 1892, 213; HOLZINGER 1898, 117; EISSFELDT 1922, 18*; SKINNER 1930, 235; NOTH 1948, 29; ELLIGER 1952, 121; SPEISER 1964, 78f; KILIAN 1966, 279f; VON RAD 1976, 132; KÖCKERT 1988, 254; GÖRG 1989a; EMERTON 1992; LEVIN 1993, 140; POLA 1995, 122 Anm. 339.

nem Land, von deiner Verwandtschaft und aus deinem Vaterhaus in ein Land, das ich dir zeigen werde. (2) Ich will dich zu einem großen Volk machen, ich will dich segnen und dir einen großen Namen machen. Und du sollst ein Segen sein. (3) Ich will segnen, die dich segnen, und wer dich verflucht, den will ich verfluchen[100]. In dir sollen gesegnet sein alle Sippen der Erde. (4) Abram ging, wie YHWH zu ihm geredet hatte. Lot ging mit ihm. *Abram war 75 Jahre alt, als er aus Haran zog.* (5) *Abram nahm Sarai, seine Frau, und Lot, den Sohn seines Bruders, und allen Besitz, den sie erworben hatten, und die Menschen, die sie sich in Haran verschafft hatten. Sie zogen aus, um in das Land Kanaan zu gehen und sie kamen in das Land Kanaan.* (6) Abram durchzog das Land bis zum Platz Sichem, bis zum großen Baum More. Damals waren die Kanaaniter im Land. (7) YHWH erschien dem Abram und sagte: Deinen Nachkommen will ich dieses Land geben. Er baute dort einen Altar für YHWH, der ihm erschienen war. (8) Er zog von dort weiter auf das Gebirge und schlug sein Zelt auf, Bet-El im Westen und Ai im Osten. Er baute dort einen Altar für YHWH und rief den Namen YHWHs aus. (9) Abram brach auf und ging in den Negeb.

Während über die literarkritische Aufteilung in Gen 12,1–9 nahezu Einmütigkeit herrscht, wird die Schichtung in Gen 11,27–32 kontroverser diskutiert. Wellhausen rechnet lediglich V.29 zum vorpriesterlichen Bestand[101], Levin[102] immerhin noch V.29f. Die Zuweisung von V.28–30 zu einem vorpriesterlichen Erzählfaden erscheint willkürlich und dem Zwang entsprungen, zwischen den Genealogien in Gen 10f und dem Beginn der Abrahamgeschichte in Gen 12,1 noch einen verbindenden Text für „J" bzw. „JE" zu finden[103]. Dazu kommt die Schwierigkeit, dass die Ortsangabe בְּאוּר כַּשְׂדִּים (11,28) nicht mit

---

[100] Singularisch mit dem masoretischen Text; LXX, Samaritanus und andere Versionen lesen pluralisch; vgl. Apparat BHS; GUNKEL 1910, 164f; WESTERMANN 1981, 166f.

[101] WELLHAUSEN 1899, 7: „In 12,1 setzt JE voraus, dass man wisse, wer Abraham sei und woher er stamme, muss also zwischen ihm und Eber einen Zusammenhang hergestellt haben; mit anderen Worten—ein Analogon von 11,10ss. ist auch für JE unentbehrlich". Dieses findet Wellhausen in einem „Rest der jehovistischen Nachrichten über Abrahams Herkunft... 11,29".

[102] LEVIN 1993, 133–142. Dabei bestimmt er V.29 als vorjahwistische Quelle, als Auszug aus der „Genealogie Abrahams und Nahors" (LEVIN 1993, 139), V.30 dagegen zählt er zur Redaktionsarbeit von „J", da hier auf Gen 16,1a vorverwiesen wird (LEVIN 1993, 133). Allerdings sind keine wörtlichen, lediglich sachliche Anknüpfungspunkte gegeben. Als עקרה werden in den Erzelternerzählungen lediglich noch Rebekka (Gen 25,21) und Rahel (Gen 29,31) angesprochen. Insofern besteht kein zwingender Konnex zwischen Gen 11,30 und 16,1. V.27.31f zählt LEVIN (1993, 140f) zu P, V.28 bestimmt er als nachredaktionelle Ergänzung.

[103] VAN SETERS 1975, 225; BLUM 1984, 440f; UEHLINGER 1990, 578 Anm. 303.

einem frühdatierten „J" in Einklang zu bringen ist und daher zwangsläufig als Textzusatz erklärt wird[104]. Dazuhin sind in der Frage eines
formal und inhaltlich adäquaten Erzählanfangs argumentative Apori-
en nicht zu übersehen. So muss Kilian feststellen, dass Gen 11,28
„kein Anfang" ist. Er greift zu der Hilfsannahme, „dass auch eine zu
postulierende vorausgegangene J-Mitteilung über Terach, Abraham,
Nachor, Haran und über Haran-Lot erst infolge einer P-Überarbeitung
verloren gegangen ist bzw. einer entsprechenden P-Nachricht einge-
gliedert wurde"[105]. Levin hingegen stellt im Zusammenhang mit Gen
11,29 vergleichsweise unbekümmert fest: „Die Geschichte Abrahams
beginnt im erhaltenen Text mit der Nachricht über die Ehen Abrahams und Nahors"[106]. Eine solche erzählerische Exposition vor einem
YHWH-Befehl ist innerhalb der Erzelterngeschichte noch Gen 26,1–3
und Gen 31,1–3 bezeugt[107]. Gen 26,1 wird zunächst eine Hungersnot
erwähnt, sodann auf die frühere zur Zeit Abrahams verwiesen und
schließlich das Zusammentreffen von Isaak und Abimelech notiert,
bevor V.2a die Schilderung der Theophanie und des YHWH-Befehls

---

[104] GUNKEL 1910, 157.162; EISSFELDT 1922, 18*; SKINNER 1930, 239; SPEISER
1964, 80f; KILIAN 1966, 280; VON RAD 1976, 121; EMERTON 1992, 38–41. BUDDE
(1883, 426–445) und (HOLZINGER 1898, 118f) greifen zu der Annahme, dass die
Ortsangabe auf einen zweiten „Jahwisten" („J²") zurückgeht. JACOB (1934, 325)
behilft sich mit der Annahme, es handle sich nicht um das Ur in Süd-Mesopotamien.
Die Lesart der LXX ἐκ τῆς χώρας, was hebräisch ארץ voraussetzt, ist Interpretation
des Ausdrucks כַּשְׂדִּים, der bereits in der Antike als Anachronismus im Zusammenhang mit Abraham erkannt wurde.

[105] Beide Zitate KILIAN 1966, 280.

[106] LEVIN 1993, 139. Die Einschränkung „im erhaltenen Text" verstehe ich so,
dass Levin den erhaltenen Text des „Jahwisten" meint. Auf der Ebene des vorfindlichen kanonischen Textes beginnt die Geschichte Abrahams zweifellos mit der Ge-
burtsnotiz Gen 11,26f.

[107] In beiden Fällen ist ein auf das Land bezogener Imperativ (Fremdsein 26,3;
Rückkehr 31,3) mit der Mitsein-Verheißung עִמָּךְ וְאֶהְיֶה verbunden. Die Parallelität
zwischen 12,1.2a und 26,3a besteht in der Textstruktur, insofern die Aussagereihe
mit einem auf das Land bezogenen Imperativ beginnt גּוּר / 12,1 לֶךְ-לְךָ מֵאַרְצְךָ
הַזֹּאת בָּאָרֶץ 26,3 und in die wortgleiche Segenszusage וַאֲבָרֶכְךָ mündet. Eine Pa-
rallelstruktur ist auch zwischen Gen 12,1 und Gen 31,3 zu erkennen. Die Mitsein-
Verheißung Gen 31,3b entspricht dabei der Richtungsangabe Gen 12,1b, die inhaltlich auch als eine Art Verheißung verstanden werden kann. Die unterschiedliche
Ergänzung der in Gen 12,1a bzw. 31,3a weitgehend gleich formulierten Aufbruchs-
befehle durch eine Richtungsangabe bzw. eine Mitsein-Verheißung hat kontextuelle
Gründe. Nach Gen 12 wird Abraham in ein ihm unbekanntes Land geschickt. Daher
folgt dem Aufbruchsbefehl die Versicherung, dass es ein von YHWH ausersehenes
Land ist. Jakob dagegen wird, nach dem Text von Gen 31, in ein ihm bekanntes Land
zurückgeschickt. In diesem Zusammenhang wäre eine Formulierung wie Gen 12,1b
sinnlos. Daher erfolgt die einfache Zusage des Mitseins.

an Isaak, nicht nach Ägypten zu ziehen, erfolgen. Ähnlich ist Gen
31,1–3 aufgebaut. V.1f wird zunächst die für Jakob gefährliche Situation ausgeführt: Laban steht aufgrund der Intervention seiner Söhne nicht mehr zum vormals gegebenen Versprechen, Jakob droht
deshalb der Verlust seines bei Laban erworbenen Kleinviehbestandes.
Erst danach erfolgt V.3 der Befehl YHWHs an Jakob, in seine Heimat
zurückzukehren. Formgeschichtlich ist demnach ein Erzählanfang,
der im Sinne einer Situationsangabe einem YHWH-Befehl vorausgeht,
gut begründet. Die Hinweise auf Gen 26,1–3 und Gen 31,1–3 treffen
jedoch lediglich den vorliegenden Endtext und begründen insofern
die Kompositionsstruktur von Gen 11,27–12,3 insgesamt, nicht jedoch die von Gunkel, Kilian, Levin u.a. postulierten überlieferungsgeschichtlichen Vorstufen[108]. Aufgrund der genannten Probleme nei-
gen neuere Auslegungen dazu, Gen 11,27–32 als einheitlichen Text P
zuzuweisen[109] oder aber eine P-Verfasserschaft unter Verwendung
nicht mehr literarisch isolierbarer „J"-Motive anzunehmen[110]. Inwieweit dies dem Textbefund entspricht, wird zu überprüfen sein.

4.2 *Die Frage des Textanfangs*

Bei einer entscheidenden Nahtstelle des Buches Genesis bzw. des
Pentateuch darf ein deutlich markierter Textanfang erwartet werden.
Auf der Ebene des Endtextes liegt ein solcher zweifellos mit Gen
11,27 vor: תֶּרַח תּוֹלְדֹת וְאֵלֶּה „das sind die Toledot Terachs". Diese
Wendung entspricht formal den erzählerischen Neueinsätzen zur
Menschheitsgeschichte Gen 5,1 (אָדָם תּוֹלְדֹת סֵפֶר זֶה „das ist das
Buch der Toledot Adams"), zur Fluterzählung Gen 6,9 (תּוֹלְדֹת אֵלֶּה
נֹחַ „das sind die Toledot Noachs") sowie zur Jakob- und zur Josefge-
schichte (Gen 25,19 יִצְחָק תּוֹלְדֹת וְאֵלֶּה „das sind die Toledot Isaaks";
Gen 37,2 יַעֲקֹב תֹּלְדוֹת אֵלֶּה „das sind die Toledot Jakobs")[111]. Nach

---

[108] Zumindest nach der Analyse von LEVIN (1993, 201–206) sind weder Gen
26,1–3 noch Gen 31,1–3 als literarisch einheitliche Texte zu verstehen. In Gen 26,1–
3 unterscheidet Levin zwischen V.1aα (J^Q), V.2aα*.3a (J^R) und V.1aβγ.2 (ab אֶל).3b
(nachredaktionelle Ergänzungen R^S). Gen 31,1–3 zerlegt er in V.2 (J^Q), V.3 (J^R) und
V.1 (R^S) (LEVIN 1993, 237–244).

[109] VAN SETERS 1975, 225 (anders VAN SETERS 1992, 202: „J" mit P-Bearbeitung); BLUM 1984, 440f; KÖCKERT 1988, 262; UEHLINGER 1990, 578 Anm. 303;
PRUDKÝ 1995, 48; SKA 1997, 368f Anm. 9; RÖMER 2001b, 194ff. GÖRG (1989a)
weist jedoch auf die Sonderstellung von V.29f hin und erklärt die Verse als Zusatz zu
P.

[110] WESTERMANN 1981, 152f.160f; SCHARBERT 1983, 118ff; SEEBASS 1997, 2–8.

[111] Gen 25,19 ist statt Isaak möglicherweise „Abraham" zu lesen, s. o. Seite 140f.

der oben dargestellten literarkritischen Mehrheitsoption soll nun aber
der formal stimmige Erzählanfang Gen 11,27 zu P gehören, mithin
literarisch sekundär sein. Der literarisch primäre Erzählanfang der
Erzelterngeschichte ist nach diesen Analysen in Gen 12,1 bzw. Gen
11,28, allenfalls in Gen 11,29 zu finden. Gen 11,28 ist kein Beginn
einer Erzählung. Gleiches gilt für V.29[112]. Zu Gen 12,1 hat bereits
Wellhausen festgestellt, dass der Vers kein Erzählanfang ist. Es bleibt
unerwähnt „wer Abraham sei und woher er komme"[113]. Das aber steht
in 11,27–32. Dass auch eine Angabe über Abrahams Herkunft im
topographischen Sinne zu erwarten ist, zeigt ein Vergleich von Gen
12,1 mit dem korrespondierenden Vers Gen 13,18[114]. Dieser setzt sich
zusammen aus der dreifachen Formulierung der Ankunft und einer
konkreten Ortsangabe, die durch eine Altarbaunotiz erweitert ist. Die
dreifache Formulierung der Ankunft korrespondiert der dreifachen
Formulierung des Aufbruchs in Gen 12,1. Daher ist das Fehlen einer
Ortsangabe am Erzählanfang um so auffälliger, sofern dieser in Gen
12,1 gesehen wird[115]. Sowohl auf formaler wie auch auf inhaltlicher
Ebene ist demzufolge Gen 11,27 als einzig möglicher Erzählanfang
für die Abrahamgeschichte und mithin für die Erzelterngeschichte der
Genesis insgesamt anzusehen.

Das Problem der Erzählanfänge in biblischer Prosa ist bislang wenig untersucht. Einige Aspekte nennt Gross[116]. Er konzentriert sich jedoch in der
Hauptsache auf die Auslegung von Gen 1,1. Etwas ausführlicher behandelt
Niccacci das Problem. In einer Spezialuntersuchung will er durch den Vergleich von Buchanfängen die Organisation des Pentateuch erhellen[117]. In
seiner Syntax des hebräischen Verbs führt er drei Varianten der Erzähleröff-

---

[112] LEVIN (1993, 134) meint, dieses Problem umgehen zu können, indem er V.29
als Teil einer unvollständig erhaltenen vorjahwistischen Quelle bestimmt; ähnlich
argumentiert WELLHAUSEN (1899, 7), wenn er hier lediglich den „Rest der jehovistischen Nachrichten über Abrahams Herkunft" erkennt. Beide Interpretationen besa-
gen, lediglich etwas eleganter formuliert, dasselbe wie die These vom Textausfall,
die KILIAN (1966, 280) präsentiert.
[113] WELLHAUSEN 1899, 7.
[114] S. o. Seite 251ff.
[115] Für theologische Interpretationen von Gen 12,1–3 scheint die Ortsunabhän-
gigkeit von Gen 12,1 keinerlei Probleme zu bereiten: „Die Gottesrede ist nicht näher
lokalisiert. Sie ergeht offensichtlich in der Heimat Abrahams, die ungenannt bleibt,
aber außerhalb des Landes liegt, das Abraham erst noch zu sehen in Aussicht gestellt
wird" (KÖCKERT 1988, 254).
[116] GROSS 1981. Als Möglichkeiten nennt er das Erzähltempus (*wayyiqtol*), waw-
x-*qatal*, waw-Partizipialsatz, (waw-)Nominalsatz und ויהי.
[117] NICCACCI 1995.

nung an: waw-x-*qaṭal*, ויהי und Zeitangaben[118]. Da seine Arbeit jedoch auf Verbformen konzentriert ist, wird das Problem des Nominalsatzes nur gestreift[119]. Daraus geht zumindest hervor, dass Nominalsätze auch ohne vorausgehendes ויהי Erzählanfänge anzeigen können[120]. Im Falle von Gen 11,27 וְאֵלֶּה תּוֹלְדֹת תֶּרַח ist die formale Funktion als Erzählbeginn durch die Buchanfänge in Ex 1,1 (וְאֵלֶּה שְׁמוֹת „das sind die Namen") und Dtn 1,1 (אֵלֶּה הַדְּבָרִים „das sind die Worte")[121] gesichert.

Die These, dass Gen 11,27 der literarisch primäre Erzählanfang der Erzelterngeschichte sein muss, wirft erneut die Frage nach der diachronen Analyse von Gen 11,27–12,9 auf, insbesondere die Frage nach der Verhältnisbestimmung der vorgeblich priesterlichen und nichtpriesterlichen Textabschnitte. Eine ausführliche Analyse des Textabschnittes hat jüngst Ska vorgetragen[122]. Als literarisch primären Erzählfaden bestimmt er die Abschnitte, die traditionell P zugewiesen werden (Gen 11,27–32*; 12,4b.5). Dagegen interpretiert er Gen 12,1–4a als ein eigenständiges Traditionsstück, einen „texte flottant", der von sich aus keine Anknüpfungspunkte zu den vorausgehenden bzw. nachfolgenden Textpassagen zeigt[123]. Die Entstehung von Gen 12,1–4a sieht Ska in nachexilischer Zeit. Leitend für diese Ansetzung ist v.a. die Erklärung des Ausdrucks גּוֹי גָּדוֹל in V.2. Ausführlich und weitgehend nachvollziehbar wird aufgewiesen, dass hier bereits eine Verbindung deuteronomistischer und priesterlicher Traditionen vorausgesetzt ist[124]. Damit wäre Gen 12,1–4a im Umfeld der Pentateuchredaktion zu verorten[125]. Von einer nachpriesterschriftlichen Redaktion sei Gen 12,1–4a dann in den vorgegebenen P-Text eingefügt und so aus Stücken verschiedener Herkunft in Gen 11,27–32; 12,1–4a.4b–5.6–9 ein „récit de la migration d'Abraham" zusam-

---

[118] NICCACCI 1990, 47–62. Häufig sind ויהי und Zeitangabe kombiniert: Gen 14,1; 23,1; 38,1; Dtn 1,3; Jos 1,1; Ri 1,1; 15,1; 19,1; 1Sam 1,4; 8,1; 28,1; 2Sam 1,1; 8,1; 11,1f; 1Kön 6,1; 2Kön 18,1.

[119] NICCACCI 1990, 54.

[120] NICCACCI 1990, 56.

[121] PERLITT 1990, 8.

[122] SKA 1997.

[123] SKA 1997, 374.

[124] SKA 1997, 378–384. Dasselbe versucht SKA (1997, 384) auch für V.4a nachzuweisen, indem er auf die Wendung כַּאֲשֶׁר דִּבֶּר יהוה hinweist.

[125] SKA (1997, 380) verweist auf weitere Texte (Gen 26,2f; 31,3.13; 32,10; 46,1–5a), die in ähnlicher Weise wie Gen 12,1–4a die Darstellung der Erzelternzeit strukturieren. Er geht jedoch davon aus, dass diese Texte nicht von einer Hand stammen. Zu Gen 46,1–5a als Bestandteil der Pentateuchredaktion s. GERTZ 2000, 273–277.

mengestellt worden[126]. Diese Rekonstruktion von Ska ist zumindest an einem Punkt kritisch zu hinterfragen.

Nach Ska setzt Gen 12,6 voraus, dass Abraham nicht aus Mesopotamien einwanderte, sondern immer schon im Land Kanaan war. Daher ist Gen 12,6–9 von Gen 11,27–32; 12,4b.5 abzusetzen. Gen 12,6 ist jedoch ebensowenig ein Erzählanfang wie 12,1. Überdies stellt Gen 12,6–9 mitnichten ein in sich geschlossenes Überlieferungsstück dar, das sich ohne weiteres hätte mit einem P-Text und einer frei umlaufenden Verheißungsrede verbinden lassen. Allenfalls wäre im Blick auf Gen 12,6–9 von einem Überlieferungsfragment zu reden. Die These einer redaktionellen Zusammenstellung eher fragmentarischer Textstücke zu einem Wanderungsbericht in Gen 12,1–9 lässt sich jedoch nur schwer nachvollziehen, solange ungeklärt bleibt, woher die einzelnen Fragmente stammen und welches ihre ursprüngliche Erzählabsicht war. Der Textbefund legt es nahe, bei der herkömmlichen Annahme eines genuinen literarischen Zusammenhangs zwischen Gen 12,1–4a und Gen 12,6–9 zu bleiben. Die vier im Erzähltempus gehaltenen Verben der Bewegung (וַיֵּלֶךְ „er ging" V.4, וַיַּעֲבֹר „er durchzog" V.6, וַיַּעְתֵּק „er zog weiter" V.8, וַיִּסַּע „er brach auf" V.9) zeigen die Ausführung des V.1 ergangenen Befehls לֶךְ־לְךָ an[127]. Daher erscheint es angemessener, Gen 12,1–4a.6–9 insgesamt einer Bearbeitung zuzuweisen, die Gen 11,27–32 bereits voraussetzt[128].

Die grundlegende Erkenntnis von Ska und Römer, dass die traditionell P zugeschriebenen Textabschnitte innerhalb Gen 11,27–12,9 den literarischen Primärtext darstellen, ist freilich nicht neu. Ausführlich hat bereits Max Löhr das Verhältnis der vermeintlich priesterlichen und der nichtpriesterlichen Textabschnitte in Gen 11,27–12,9 kommentiert. Bei der Besprechung von Gen 12,4b.5 kommt er zu folgendem Ergebnis:

> Es wäre verkehrt, zu behaupten, dass hier eine einheitliche Darstellung vorliegt. Es beginnt vielmehr in 11,27 deutlich ein Neuanfang: Tholedot Therachs. Es wird zunächst der Personalbestand der Familie mitgeteilt, wobei v 30 verdächtig erscheinen könnte durch die besondere Heraushebung der Sarai, und dann die Wanderung Therachs samt ei-

---

[126] SKA 1997, 374.
[127] KÖCKERT 1988, 254f.
[128] RÖMER 2001b, 194ff. Unter der Voraussetzung, dass mit Gen 11,27–32 ein P-Text vorliegt, charakterisiert Römer diese Redaktion als nachpriesterlich mit deuteronomisierender Tendenz.

nem Teil der Seinen mit dem bestimmten Ziel, Land Kanaan, berichtet. Sie gelangen zunächst bis Charan, wo Therach stirbt. Lies in v 31 וַיֵּצֵא אֹתָם und streiche die chronologische Notiz v 32a als späteren Zusatz. Nach Therachs Tode das Haupt der Familie nimmt Abram die Fortsetzung der Wanderung nach Kanaan auf 12,5 und gelangt mit den Seinen ans Ziel. Das Ganze, 11,27–29.31.32b; 12,5 ist ein Ausschnitt vermutlich aus einer Geschichte Abrahams, die für vorexilischen Alters zu halten wenigstens nichts hindert. Verlockend dabei ist die Annahme, dass das אוּר כַּשְׂדִּים von Esra und seinen Leuten stammt..., die dadurch Abram mit dem damals mächtigen und hochkultivierten Babylonien in Zusammenhang bringen wollten. In diesen Passus ist eingefügt 12,1–4a bis יהוה—der Satz וַיֵּלֶךְ אִתּוֹ לוֹט ist späte harmonisierende Glosse —, welche Verse eine Motivierung des Aufbruchs Abrams geben wollen. Sie können nicht mit dem obigen Passus aus *einer* Feder stammen; das verbietet der Gegensatz zwischen dem unbekannten Ziel 12,1b und dem bestimmten Ziel, Land Kanaan, 11,31; 12,5. Die Fortsetzung v 6–8 ist aus derselben Feder wie v 1–4a. Das Wesentliche an diesem Komplex ist die Theophanie mit der Verheißung des Landes. Zwei Tatsachen werden sich nicht bestreiten lassen, 1. dass der »jahvistische« Passus hier als Einsatz dient in die Darstellung von P, und 2. dass die »jahvistischen« Elemente 12,1–4 und 6–8 theologischen Charakter tragen, während 11,27–29.31.32b; 12,5, die man der *Priesterschrift* zuweist, ganz *profanen* Inhalts sind[129].

Bei dieser Interpretation sind sieben Punkte hervorzuheben: (1) Der Erzählanfang liegt in Gen 11,27; (2) 11,30 ist in literarkritischer Hinsicht „verdächtig"; (3) 11,31 bietet textkritische Probleme; (4) die Erwähnung von Ur (11,28.31) ist möglicherweise sekundär; (5) die chronologischen Notizen 11,32; 12,4b sind Textzusätze; (6) 12,1–4a ist „Einfügung" und bietet eine nachgetragene theologische Interpretation des Textabschnittes; (7) die P zugeschriebenen Teile weisen keine Merkmale priesterlicher Theologie auf und können daher zeitlich relativ früh angesetzt werden. Punkt (1) wurde oben bereits ausführlich behandelt: Gen 11,27 muss der primäre Erzählanfang sein. Entscheidend ist zunächst der Punkt (7). Im Zusammenhang der Darstellung der Forschungsgeschichte wurde dargelegt, dass die herkömmlich P zugeschriebenen Textabschnitte in Gen 11,27–12,9 keine Merkmale priesterlicher Theologie aufweisen, wenn diese—sinnvollerweise—von Gen 17; 35,9–15 und Ex 6,2–8 her bestimmt wird[130]. Durch die überschriftartige Wendung am Eingang von Gen 11,27 („Das sind die Toledot Terachs") erweisen sich Gen 11,27–32*; 12,5

---

[129] LÖHR 1924, 21f.
[130] S. o. Seite 126f.

vielmehr als Teil einer Toledoterzählung. Der literarische Bestand der Toledoterzählung sowie die nähere Bestimmung der traditionell zu „J" gerechneten Passagen soll im Folgenden definiert werden.

4.3 *Genesis 12,1–9*

Bis auf die redaktionelle Formulierung am Ende von V.9, die mit der Einarbeitung der Preisgabeerzählung in Zusammenhang steht, lesen sich V.6–9 als einheitlicher Text. Auch der Nominalsatz V.6b ist nicht als sekundär einzustufen[131], obgleich er die den Abschnitt strukturierenden *wayyiqṭol*-Sätze unterbricht. Gen 12,6–9 finden sich zu viele formale Elemente auf engstem Raum, als dass solche syntaktischen Varianten literarkritisch ausgewertet werden können[132].

Eine literarkritische Scheidung legt sich dagegen in Gen 12,1–5 nahe. V.4 bricht Abraham gemäß der an ihn ergangenen Aufforderung (V.1–3) auf. Leitwort der V.1–4 ist הלך, das viermal zu finden ist[133]. V.5 erfolgt eine weitere Schilderung des Aufbruchs, die sowohl

---

[131] So, mit unterschiedlicher literarhistorischer Einordnung, HOLZINGER 1898, 138 („J"); PROCKSCH 1924, 97f („J"); EISSFELDT 1922, 19* („L"); BLUM 1984, 333f; KÖCKERT 1988, 254f; BERGE 1990, 29 („J"). Dagegen spricht GUNKEL (1910, 163) von einer „Glosse" und verweist auf 13,7b, s. dazu u. Seite 290 Anm. 238. LEVIN (1993, 137) rechnet V.6b zu „J" und hebt den Halbvers von einer vorjahwistischen Tradition in V.6a* ab; ähnlich KILIAN 1966, 3; WESTERMANN 1981, 179; VAN SETERS 1992, 246. Auch WEIMAR (1977, 50) sieht ein Gefälle zwischen V.6a* und V.6b, zählt jedoch V.6aα zu „J", V.6aβ und 6b zu „JE".

[132] KÖCKERT (1988, 254f) erhärtet die These der Einheitlichkeit und Zusammengehörigkeit von 12,6–8 u.a. durch einen Hinweis auf die Ortsangaben שָׁם in V.7 bzw. מִשָּׁם V.8. Diese Angaben verbinden jedoch, streng genommen, lediglich V.7b mit den Toponymen V.6a und der Aufbruchsnotiz V.8a. Die Zugehörigkeit des Nominalsatzes V.6b und der Theophanie/Verheißungs-Szene V.7a zum Erzählzusammenhang ist durch diese Wortanknüpfung nicht abgedeckt.

[133] Die Mehrzahl der Ausleger liest Gen 12,1–4a als einheitlichen Text. Dabei spielt es keine Rolle, ob von den Prämissen der Quellentheorie her argumentiert wird (DILLMANN 1892, 221–224; HOLZINGER 1898, 137; GUNKEL 1910, 163ff; PROCKSCH 1924, 90ff; SKINNER 1930, 242ff; NOTH 1948, 29; STECK 1971; VON RAD 1976, 121ff.126f; RUPRECHT 1979; BERGE 1990, 18–27; SCHMIDT 1992, 12ff; LEVIN 1993, 133–137; modifiziert SKA 1997), ob diese kritisch hinterfragt werden (CRÜSEMANN 1981; 1998; KÖCKERT 1988, 254) oder ob literaturwissenschaftliche Methoden zur Anwendung kommen (DIEDRICH 1979; AUFFRET 1982). Mitunter wird jedoch, aus unterschiedlichen Gründen, zwischen einer vorgegebenen Erzähltradition (V.1.4a) und der redaktionell hinzugefügten Verheißungsrede (V.2f) unterschieden (HOFTIJZER 1956, 14f.28ff; WINNETT 1965, 10–13; KILIAN 1966, 1ff.10ff; VAN SETERS 1975, 270ff; 1992, 246; EMERTON 1982, 21; STEINGRIMSSON 1989, 328). Wenn jedoch bereits V.1 zu einer redaktionellen Bearbeitung gehört, wie hier gezeigt werden soll, so erübrigt sich eine solche Differenzierung.

in den Verbformen (וַיִּקַּח „er nahm", וַיֵּצְאוּ „sie zogen aus") als auch hinsichtlich der Zielformulierung („in ein Land, das ich dir zeigen werde" V.1 / „in das Land Kanaan" V.5) von V.1–4a abweicht. Insbesondere die pluralische Formulierung וַיֵּצְאוּ, welche die ganze Familie als Einheit auffasst, unterscheidet V.5 von V.4a, wo Lot additiv neben Abraham gestellt ist. Zwischen die im Erzähltempus formulierten Passagen V.4a und V.5 ist der Nominalsatz V.4b mit der Altersangabe zu Abraham geschoben. Im Zusammenhang der Darstellung der Forschungsgeschichte wurde bereits auf die Sonderstellung dieser chronologischen Notizen verwiesen. Sie werden nur aus Verlegenheit zu P gerechnet, repräsentieren jedoch eine vergleichsweise späte, das Buch Genesis nochmals strukturierende Redaktionsstufe[134]. Diese Beurteilung trifft auch Gen 11,32a, obgleich der Satz von Gen 12,4b abweichend formuliert ist[135]. Gen 12,4b und Gen 12,5 sind demzufolge nicht auf einer literarischen Ebene zu lesen[136]. Gen 12,5 führt 11,31 weiter. Beide Verse sind syntaktisch und lexikalisch weitgehend parallel formuliert. Terach als Subjekt von Gen 11,31 ist ohne 11,27 nicht verständlich. Insofern führt Gen 12,5 den in 11,27 begonnenen Erzählfaden weiter. Allerdings sind auch Gen 12,1–4a durch den Hinweis auf die „Verwandtschaft" וּמִמּוֹלַדְתְּךָ ;12,1) בְּאֶרֶץ מוֹלַדְתּוֹ 11,28) mit Gen 11,27–32 verknüpft. Gen 11,28 wiederum ist mit 11,31 durch die Ortsangabe „Ur in Chaldäa" אוּר כַּשְׂדִּים verbunden. Der exegetische Knoten des gesamten Abschnittes Gen 11,27–12,9 liegt demnach in Gen 11,31.

---

[134] S. o. Seite 127.

[135] In Gen 11,32 ist das gesamte Lebensalter gezählt, vgl. die entsprechenden Notizen zu Abraham und Isaak (Gen 25,7; 35,28). Dagegen gibt Gen 12,4b das Alter bei einem bestimmten Lebensereignis (vgl. Gen 11,10; 17,1) an; detaillierte Analyse bei RENDTORFF 1976, 131–138.

[136] Mit dieser Einsicht klärt sich auch ein Problem, das SKA (1997, 375f) aufwirft: aufgrund der Zeitangabe „als er aus Haran zog" am Ende von V.4b müsste die Altersangabe nach der Schilderung des Aufbruchs (V.5) kommen, wenn Gen 11,27–32; 12,4b.5 Teil einer eigenständigen P-Erzählung darstellen sollen. Ska löst die Frage dahingehend, dass er die vorliegende Textfolge (Altersangabe vor dem Aufbruch) der nachpriesterlichen Redaktion zuschreibt, die verschiedene Einzeltraditionen in den P-Text einfügte und so den vorfindlichen Text von Gen 11,27–12,9 herstellte (s. o. Seite 264f). Diese Überlegungen treffen jedoch in erster Linie unser Verständnis von Logik. Der Duktus biblisch-hebräischer Prosa scheint davon abzuweichen. Die formalen Parallelen zu Gen 12,4b.5 wie Gen 11,10 oder 17,1 bringen auch jeweils die Altersangabe vor dem zu datierenden Ereignis.

4.4 *Genesis 11,31*

Nach der masoretischen Version besteht eine Spannung zwischen
V.31a und V.31b. In V.31a ist Terach Subjekt, entsprechend ist eine
singularische Verbform zu finden. V.31b dagegen bringt pluralische
Verbformen וַיֵּשְׁבוּ... וַיָּבֹאוּ... וַיֵּצְאוּ, ohne dass gesagt ist, wer die
handelnden Subjekte sind. Nach der masoretischen Punktierung ist
וַיֵּצְאוּ אִתָּם am Anfang von V.31b zu übersetzen: „und sie zogen mit
ihnen hinauf". Samaritanus, LXX, Vulgata und Vetus Latina interpretieren bzw. übersetzen jedoch וַיֹּצֵא אֹתָם „und er führte sie hinauf".
Damit ist ein Ausgleich zu V.31a hergestellt[137]. Dieser setzt jedoch
eine Änderung des Konsonantenbestandes von ויצאו zu ויצא voraus[138], wie er in der Peschitta bezeugt ist[139]. Da allerdings der textkritische Befund für die Pluralformen וַיָּבֹאוּ und וַיֵּשְׁבוּ nicht eindeutig
ist[140] bzw. die Singularformen der LXX leicht als Glättungen zwischen
V.31 und V.32 erklärt werden können, ist die pluralische Lesart וַיֵּצְאוּ
als lectio difficilior beizubehalten. Textkritisch ist demnach das Problem von V.31 nicht zu lösen[141]. Hilfreich ist ein Vergleich mit Gen
12,5:

---

[137] Für diese Lesart entscheiden sich u.a. DILLMANN 1892, 216f; GUNKEL 1910,
158; PROCKSCH 1924, 496f; SKINNER 1930, 238. HOLZINGER (1898, 117) führt lediglich die Varianten an. ZIMMERLI (1976, 15) streicht אֹתָם als „Dittographie".

[138] GÖRG 1989a, 66f. JACOB (1934, 328.395) meint, וַיֹּצֵא אֹתָם sei „unhebräisch".
Irreführend sind die Angaben bei WESTERMANN 1981, 151f. Er übersetzt mit dem
masoretischen Text „und sie zogen mit ihnen...", ohne dabei ein Problem zu sehen.
In den Anmerkungen zur Textkritik heißt es jedoch: „Sam, L, V lesen ויצאו אתם"!
Das wäre allerdings keine Variante zur masoretischen Version.

[139] JACOB (1934, 328) hält die Lesart der Peschitta für nicht akzeptabel, da zumindest „Terach" hätte wiederholt werden müssen.

[140] LXX übersetzt konsequenterweise an beiden Stellen Singular, ebenso Vetus
Latina. Damit glätten sie den Übergang zwischen V.31 und V.32, indem für V.31
durchgängig Terach als Subjekt gesehen wird. Dagegen behalten Samaritanus und
Vulgata die Pluralformen bei und folgen damit dem Textsinn.

[141] GÖRG (1989a, 66ff) versucht, dieses Problem zu lösen, indem er אתם nicht
als präpositionale Ergänzung, sondern als Nomen bestimmt. Er übersetzt den Ausdruck mit „Verwandtschaft". Dieser Vorschlag ist jedoch einigermaßen abwegig.
Görg muss auf die nur im adjektivischen Gebrauch bezeugte Wurzel איתן/אתן zurückgreifen, die u.a. „fest, dauerhaft, alt" bedeutet (Jer 5,15; Hi 12,19). Daraus erschließt er ein sonst nicht bezeugtes Nomen אתן/אתם. Eine interessante Auslegung
bietet die jüdische Exegese. Verschiedene Midraschim interpretieren „Ur" als „Feuer" und lesen Gen 11,31 als Flucht Abrahams vor dem Feuer(ofen) in Kasdim, in
dem Haran umkommt. Dabei sind Analogien zu Dan 3 unverkennbar (ZAKOVITCH
1999; ARNDT 2001).

Gen 11,31	12,5
וַיִּקַּח תֶּרַח	וַיִּקַּח אַבְרָם
אֶת־אַבְרָם בְּנוֹ	אֶת־שָׂרַי אִשְׁתּוֹ
וְאֶת־לוֹט בֶּן־הָרָן בֶּן־בְּנוֹ	וְאֶת־לוֹט בֶּן־אָחִיו
וְאֵת שָׂרַי כַּלָּתוֹ אֵשֶׁת אַבְרָם בְּנוֹ	וְאֶת־כָּל־רְכוּשָׁם אֲשֶׁר רָכָשׁוּ
	וְאֶת־הַנֶּפֶשׁ אֲשֶׁר־עָשׂוּ בְחָרָן
וַיֵּצְאוּ אִתָּם	וַיֵּצְאוּ
מֵאוּר כַּשְׂדִּים	
לָלֶכֶת אַרְצָה כְּנַעַן	לָלֶכֶת אַרְצָה כְּנַעַן
וַיָּבֹאוּ עַד־חָרָן	וַיָּבֹאוּ אַרְצָה כְּנָעַן
וַיֵּשְׁבוּ שָׁם	

Der Satzbau ist nahezu identisch. Auch Gen 12,5 ist der Wechsel von וַיִּקַּח sing. zu וַיֵּצְאוּ pl. zu beobachten. Gen 12,5 zeigt jedoch eine unmittelbare Fortsetzung der Aufbruchsnotiz וַיֵּצְאוּ durch die Zielangabe לָלֶכֶת אַרְצָה כְּנַעַן. Die Passage אִתָּם מֵאוּר כַּשְׂדִּים in 11,31 ist syntaktischer Überhang, demnach Textzusatz[142]. Dasselbe trifft auf Gen 11,28b zu. Auf die Sonderstellung der V.29f hat Görg noch einmal hingewiesen: V.29 werden andere Nachkommen Harans genannt als V.27, nach V.28 ist Haran bereits tot, in V.31f fehlen Angaben zu Nahor, Sara wird V.31a nochmals mit allen Titeln genannt[143].

4.5 Ergebnis der literarischen Analyse

Der literarisch primäre Erzählfaden findet sich in Gen 11,27.28a.31*. 32b; 12,5. Er ist von Gen 11,27 her als Toledoterzählung zu bestimmen. Dagegen erweisen sich Gen 11,28b.29.30 sowie die kurze Passage אִתָּם מֵאוּר כַּשְׂדִּים V.31b(Anfang) als Nachinterpretation, als redaktionelle Fortschreibung. Diese wird fortgesetzt in Gen 12,1–4a.6–9*. Die beiden Gen 11,27–12,9 konstituierenden Schichten werden in Gen 13 fortgeführt. Die literarisch primäre Toledoterzählung findet sich nach Gen 12,5 erst wieder in 13,12abα. In diesem Vers steht zum einen die 12,5 analog zu 11,31 zu erwartende Notiz vom „Wohnen" יָשַׁב אַבְרָם, zum anderen wird die topographische Angabe „Land Kanaan" aus 12,5 aufgenommen[144]. Die redaktionelle FortschreibFortschreibung wird in Gen 13,5f.12bβ.13.18 weiterge-

---

[142] Auch der Schlußsatz von Gen 11,31 fehlt 12,5, wird aber 13,12 nachgetragen.

[143] GÖRG 1989a. Görg folgert daraus, dass es sich bei V.29f um einen Zusatz zu P handelt.

[144] Die Kennzeichnung des Wohngebietes Lots als „Städte des Kreises" ist zumindest ein Hinweis darauf, dass auch Gen 19,29 zu der Toledoterzählung gehörte,

Fortschreibung wird in Gen 13,5f.12bβ.13.18 weitergeführt. 13,5 schließt mit der Formulierung „auch Lot ging mit Abraham" וְגַם־לְלוֹט an 12,9* „Abram brach auf und ging" וַיִּסַּע אַבְרָם הַהֹלֵךְ אֶת־אַבְרָם הָלוֹךְ an. Gen 13,6 trifft mit dem einfachen „das Land" den Sprachgebrauch von 12,6f. Ein besonderes Kennzeichen der Fortschreibung ist auch die Einführung des Zeltmotivs (13,12bβ.18). Insofern wird erzählerisch die Mamre-Sodom-Erzählung von Gen 18f vorbereitet (vgl. auch 13,13), wobei jedoch die Annahme eines ursprünglich unmittelbaren Anschlusses nicht zwingend ist. Gen 13,18 mit der Notiz zu Abraham in Mamre/Hebron gehört mithin nicht zum primären Erzählfaden am Einsatz der Erzelterngeschichte, sondern zu einer redaktionellen Fortschreibung. Da sich Gen 13,18 als literarisch sekundär gegenüber Gen 18,1 erweist, muss die Fortschreibung von Gen 11,27–13,18 diachron gegen die jahwisierende Ausschreibung der Mamre-Sodom-Erzählung in Gen 18f abgesetzt werden.

5. Die Toledoterzählung in Genesis 11,27–13,12

5.1 Erzählabsicht

Im Rahmen eines mit Gen 5,1 beginnenden „Toledotbuches" gestaltet die Toledoterzählung Gen 11,27–13,12 den Übergang von den Genealogien der Menschheitsgeschichte[145] zur Erzelterngeschichte durch die erzählerische Engführung von den Terachiden auf die Familie Abrahams im engeren Sinn:

> (11,27) Das sind die Toledot Terachs: Terach zeugte Abram, Nahor und Haran. Haran zeugte Lot. (28) Haran starb vor seinem Vater Terach [...]. (31) Terach nahm Abram, seinen Sohn, und Lot, den Sohn seines Sohnes Haran, und Sarai, seine Schwiegertochter, die Frau Abrams, seines Sohnes. Sie zogen aus [...], um in das Land Kanaan zu gehen. Sie kamen nach Haran und liessen sich dort nieder. (32) Terach [...] starb in Haran. (12,5) Abram nahm Sarai, seine Frau, und Lot, den Sohn seines Bruders, und allen Besitz, den sie erworben hatten, und die Menschen, die sie sich in Haran verschafft hatten. Sie zogen aus, um in das Land Kanaan zu gehen, und sie kamen in das Land Kanaan.

---

obgleich der Vers in jetzt vorliegender Form bereits eine P-Bearbeitung erfahren hat (S. o. Seite 171–177).

[145] Das mit Gen 5,1 beginnende Toledotbuch enthält keine ausgeführte Urgeschichte, da narrative Passagen weitgehend fehlen. Dagegen beziehen sich Gen 12,1–4a auf eine ausformulierte Urgeschichte, wie die Beobachtungen von WARNING (2000) zeigen.

(13,12) Abram wohnte im Land Kanaan und Lot wohnte in den Städten des Kreises.

Nach dem Tod Terachs übernimmt Abraham als Erstgeborener die Initiative. Er organisiert den Aufbruch (12,5). Lot ist ihm erzählerisch nachgeordnet. Einen Hinweis auf Lots todgeweihtes Schicksal enthält die Toledoterzählung nicht. Ein solcher Erzählzug wäre auch nicht angebracht, da Gen 19,29 lediglich die Rettung Lots aus der Zerstörung der „Städte des Kreises" festhält[146]. Die Toledoterzählung von Gen 11,27–13,12 ist „ganz *profanen* Inhalts"[147]. Der Text enthält keine Gottesbezeichnung. Insofern wird auch das Verhältnis Gottes zu den handelnden Menschen oder umgekehrt in keiner Weise thematisiert. Alles spielt sich im Rahmen innerweltlicher Erfahrungen ab: Zeugung, Geburt, Migration, Erwerb von Besitz und Sesshaftwerdung. Dabei ist nicht an eine dauerhaft nomadische Lebensweise gedacht. Die Migration von Nordsyrien nach Kanaan ist eine einmalige Verlagerung der Wohnsitze (11,31; 12,12), keine regelmäßig wiederkehrende Wanderbewegung.

Über die Genealogien ist die Abrahamfamilie in die vorderorientalische Völkergemeinschaft eingebunden. Dies wird auch formal zum Ausdruck gebracht, indem die einleitende Wendung von den Toledot Terachs (Gen 11,27) gleich lautet wie die entsprechenden Passagen in Gen 5–11. Gen 11,27–13,12 werden die Probleme allerdings kleinflächiger, in Engführung auf Palästina, abgehandelt. Insgesamt ist die Absicht zu bemerken, Abraham gegenüber seinen Verwandten siedlungsgeographisch abzugrenzen. Ein Teil der Familie, Nahor, bleibt an dem nicht genannten Ausgangspunkt. Terach stirbt im nordsyrischen Haran. Lot, der Nachfahre von Abrahams drittem Bruder Haran, zieht in die „Städte des Kreises". Damit ist eine Fokussierung auf Abraham als Bewohner Kanaans gegeben. Die Territorialangabe zu Abraham ist die allgemeinste, diejenigen zu Lot oder Terach sind präziser. Abraham repräsentiert den Teil der Familie mit dem weitläufigsten Siedlungsgebiet, die Wohnplätze seiner nördlichen und östlichen Verwandten sind demgegenüber fester umrissen und damit auch eingegrenzt.

Gen 14 und Gen 15 lassen sich aus unterschiedlichen Gründen nicht als ursprüngliche Fortsetzung der Toledoterzählung von Gen

---

[146] Im übrigen ist auch an diesem Vers die Nachordnung Lots abzulesen, denn Lot wird gerettet, weil „Gott an Abraham denkt".

[147] LÖHR 1924, 21f (Hervorhebung Löhr).

11ff verstehen. Gen 15 ist Lot nicht genannt. Gen 14 erzählt zwar von Abraham und Lot, das Kapitel bietet jedoch weder inhaltlich noch formal Anknüpfungspunkte an die Toledoterzählung, die im Sinne eines primären literarischen Zusammenhangs ausgewertet werden könnten. Gen 14 ist vielmehr eine Überlieferung eigener Art[148]. Der literarische Anschluss zu Gen 13,12 ist vielmehr dort zu suchen, wo auch die traditionelle Literarkritik die Fortführung des P-Fadens sieht, in Gen 16.

5.2 *Genesis 16*

Das Kapitel erzählt von der Vertreibung Hagars und der Geburt Ismaels. Seit den literarkritischen Analysen des 19. Jahrhunderts erkennen die meisten deutschsprachigen Ausleger zwei parallele Erzählfäden: V.1a.3.15f werden P[149], V.1b.2.4–14 einer vorpriesterlichen Quelle, meist „J", zugewiesen, wobei mitunter an eine dem Werk von „J" zugrunde liegende Einzelerzählung gedacht wird[150]. Die Argumente für die literarkritischen Scheidungen sind unterschiedlich. V.1a, der konstatiert, dass Sara noch kein Kind geboren hat, soll die P-Parallele zur entsprechenden Formulierung des vor-

---

[148] Darauf weisen die redaktionelle Wendung am Anfang von Gen 15,1 und die durch וַיְהִי eingeleitete Zeitangabe Gen 14,1. Beide Formulierungen deuten an, dass Gen 14 nachträglich in die Abrahamgeschichte eingepasst wurde.

[149] WELLHAUSEN (1899, 15) beschränkt den P-Anteil auf V.3.15f; so auch KNAUF 1985, 25; DILLMANN (1892, 253) bezieht V.1a mit ein, in Abgrenzung zu NÖLDEKE (1869, 19), der V.1 insgesamt zu seiner „Grundschrift" rechnet; die Analyse von DILLMANN übernehmen HOLZINGER 1898, 124; GUNKEL 1910, 264; EISSFELDT 1922, 24*f und mit ihnen eine Vielzahl der Ausleger im 20. Jahrhundert (vgl. die Übersichten bei ALEXANDER 1990, 134; SYRÉN 1993, 16); VON RAD (1976, 147f) zieht in der Übersetzung V.1a zu P, erwähnt aber in der Kommentierung lediglich V.3.15f; WESTERMANN (1981, 281.283) hält V.1a für „communis"; SEEBASS (1997, 91f) versieht V.1a mit Fragezeichen; ausführlicher Forschungsüberblick bei ALEXANDER 1990, 134–140. Zuletzt bringt RÖMER (1999) noch eine Variante ein, indem er auch V.10 zu P rechnet. VAN SETERS (1975, 192–196) und BLUM (1984, 315f) beschränken den P-Anteil im Sinne einer redaktionellen Bearbeitung auf die chronologischen Angaben V.3* und V.16.

[150] KILIAN 1966, 74–95; 1989, 165f; VAN SETERS 1975, 192–196; auch BLUM (1984, 315–320) hält einen vorpriesterlichen Grundbestand für eine „geschlossene Einzelerzählung" mit ätiologischer Ausrichtung. RÖMER (1999) erkennt in Gen 16* eine Erzählung aus der späten Königszeit, die im 6. Jh. v.Chr. in die Erstfassung des Abrahamzyklus übernommen wurde (vgl. RÖMER 2001b).

geblichen „J"-Verses Gen 11,30 sein[151]. Zu V.3 wird auf die Bezeichnung „Land Kanaan" sowie auf die chronologische Angabe verwiesen[152]. Das letztgenannte Argument wird auch für die P-Zuweisung
von V.16 beigebracht. Bei V.15 scheint die Namensgebung durch den
Vater für einen P-Kontext (vgl. Gen 17,19) zu sprechen[153]. Die Argumentation zu V.1a ist systemimmanent[154]. Aufgrund der Analyse
von Gen 11,27–32 ist vielmehr zu vermuten, dass sich Gen 16,1f zu
Gen 16,3 verhalten wie Gen 11,29f zu Gen 11,31*: Gen 16,1f sind
nachträgliche Ausmalung. Die Zeitangabe V.3 weicht erkennbar von
den chronologischen Notizen in Gen 11,32; 12,4b; 16,16 ab[155]. Diese
wurden als Teil einer späten, das Buch Genesis strukturierenden Redaktion bestimmt[156]. Eine solche literarhistorische Bestimmung ist für
Gen 16,3 nicht möglich. Das entscheidende Argument zu V.15 nennt
bereits Eerdmans: ohne die Feststellung der Geburt Ismaels bleibt
jede, wie auch immer qualifizierte vorpriesterliche Erzählung unab-
geschlossen, „ohne Schluß"[157]. Die Exegeten müssen deshalb zu
Hilfsannahmen greifen. Entweder wird eine vorpriesterliche Grundschicht postuliert[158], die eine unabgeschlossene[159], auf den weiteren

---

[151] DILLMANN 1892, 253. HOLZINGER (1898, 124) verweist auf „die pedantischen
Zusätze אברם אשת zu שרי"; so auch GUNKEL 1910, 264; kritisch dazu RENDTORFF
1976, 124.

[152] HOLZINGER 1898, 124; GUNKEL 1910, 264; WESTERMANN 1981, 286.

[153] HOLZINGER 1898, 124; GUNKEL 1910, 264.

[154] ALEXANDER 1990, 136.

[155] RENDTORFF 1976, 134. Diese Abweichung wird von VAN SETERS (1975, 292–
296) und (BLUM 1984, 315f) nicht vermerkt.

[156] S. o. Seite 127.

[157] EERDMANS 1909, 12. BLUM (1984, 315) erkennt, dass V.15 nicht P sein kann
(vgl. RENDTORFF 1976, 125f), sieht in dem Vers aber „nicht den originären Abschluß
der Erzählung... Dies zeigen der erzählerisch nicht vermittelte Wechsel des Hand-
lungsortes und die inhaltliche Differenz zu V.11 im Subjekt der Benennung des
Kindes" (BLUM 1984, 316). Was im Duktus der vorliegenden Version Schwierigkeiten bereitet, gilt nicht, wenn V.15 direkt auf V.3 bezogen wird.

[158] Seit WELLHAUSEN (1899, 19f) ist die Ausgrenzung von V.8ff, zumindest jedoch von V.9f, nahezu opinio communis (HOLZINGER 1898, 152; EISSFELDT 1922,
24*f; KILIAN 1966, 76ff; BLUM 1984, 316f; KÖCKERT 1988, 238f; LEVIN 1993, 151f;
RÖMER 1999). Dagegen geht DOZEMAN (1998) davon aus, dass V.11f innerhalb der
nichtpriesterlichen Erzählung sekundär sind.

[159] BLUM (1984, 317) behauptet zwar, dass die von ihm erhobene Grundschicht
(V.1f.3*.4–8.11–14) „eine geschlossene Einzelerzählung" darstellt, muss aber den
Schluss dieser Erzählung hypothetisch rekonstruieren, wenn er fortfährt, dass diese
Erzählung „offenbar mit dem Verbleib Hagars in der Wüste, möglicherweise auch
mit der Geburt Ismaels ebenda, endete". Die mitunter vertretene These, dass der
Abschluss der Erzählung in Gen 25,18* zu finden sei, verwirft BLUM 1984, 317

Erzählzusammenhang hin angelegte Erzählung mit weisheitstheo-
logischer Ausrichtung aufweist[160]; oder aber es wird ein unmittelbarer
literarischer Zusammenhang mit Gen 21,8–21 im Sinne einer „Hagar
story"[161] postuliert. Als Konsequenz der geschilderten literarkritischen Aporien legt sich die Annahme einer einheitlichen „spätjahwi-
stischen" Erzählung nahe[162]. Auf diese Weise lässt sich jedoch der
doppelte Erzählanfang in V.1f und V.3 nicht befriedigend erklären[163].

Als fester Punkt einer literarischen Analyse dient V.15. Hier liegt
der einzig überlieferte Erzählschluss. Daher muss von V.15 aus ein
primärer Erzählfaden rekonstruiert werden. V.15 ist nun schwerlich
als Fortsetzung von V.4–14 zu lesen. Die Argumente sind in den zitierten literarkritischen Arbeiten oft genug wiederholt worden und
müssen hier nicht erneut entfaltet werden. In Analogie zu den bei der
Analyse von Gen 11,27–13,18 festgestellten Ergebnissen lässt sich in
Gen 16 vielmehr eine sehr knappe Grunderzählung feststellen, die
V.3 und V.15 umfasst, möglicherweise ist noch V.4a einzuschließen[164]. Die vorgeblich „jahwistischen" Textabschnitte sind jahwisierende Fortschreibung[165].

Anm. 33. Das heißt: obwohl die Erzählung „geschlossen" sein soll, ist ein Schluss
nicht überliefert!

[160] KNAUF (1985, 25–37) bestimmt V.1f.4f.6.7a.8.11f als Grundschicht. Diese repräsentiert keine Ätiologie der Ismaeliter, sondern eine „novellistische Erzählung",
die in ihrer Aussageabsicht („*de hominum confusione et Dei providentia*", KNAUF
1985, 33) der Josefsnovelle nahesteht. Als Entstehungszeit sieht Knauf die Zeit
Hiskjias, da V.12 die Existenz der ostjordanischen Randstaaten voraussetzt. Eine
solche Interpretation überfrachtet die relativ kurze Erzählung zweifellos, insonderheit
wenn die Verfasser in der gebildeten Jerusalemer Oberschicht gesucht werden
(KNAUF 1985, 37). Zudem kann aus V.12 nur schwer ein Hinweis auf die ostjordanischen Staaten entnommen werden. Eine ätiologische Interpretation bieten GUNKEL
(1910, 190–193) und BLUM 1984, 315–320.

[161] DOZEMAN 1998.

[162] ALEXANDER 1990.

[163] Wie so häufig, haben auch an dieser Stelle die Textbeobachtungen von
GUNKEL (1910, 264) ihre Berechtigung.

[164] Diese Analyse trifft sich z.T. mit den Textbeobachtungen von LEVIN 1993,
147–152. Levin interpretiert V.1.3aα.b.4a.15 als den literarischen Nukleus des gesamten Kapitels, als eine vorjahwistische Überlieferung (J^Q), die von der „jahwistischen" Redaktion (J^R) aufgenommen wurde. Die Überlieferung von J^Q kennzeichnet
LEVIN (1993, 149) als „erweiterte genealogische Notiz". Den P-Anteil begrenzt Levin
auf V.3aβγ.16. Leider verunklart er diese Einsicht durch die Bemerkung, dass der
„eigentliche Bericht der Priesterschrift über die Geburt Ismaels… zugunsten von JE
verloren" ist (LEVIN 1993, 150).

[165] Die Bestimmung des erzählerischen Hauptbestandes von Gen 16 als einer redaktionellen Fortschreibung wird unterstrichen durch die nähere Interpretation, die

Die Grunderzählung Gen 16,3.4a.15 knüpft erkennbar an die Toledoterzählung Gen 11,27–13,12 an. Der Einsatz mit וַתִּקַּח (16,3) entspricht den Versanfängen der strukturierenden Verse Gen 11,31; 12,5. Auch die Ortsangabe „Land Kanaan" (16,3) fügt sich in den Kontext. Die gesamte Zeitangabe in V.3a (מִקֵּץ עֶשֶׂר שָׁנִים לְשֶׁבֶת אַבְרָם בְּאֶרֶץ כְּנָעַן „nachdem Abram zehn Jahre im Land Kanaan wohnte") nimmt Gen 13,12a (אַבְרָם יָשַׁב בְּאֶרֶץ־כְּנָעַן) nahezu wörtlich auf. Und die Namensgebung durch Abraham (16,15) entspricht der in Gen 11,27–13,12 beobachteten Fokussierung auf Abraham. Zehn Jahre nach der Sesshaftwerdung im Land Kanaan wird Abraham ein erster Sohn geboren. Die Geburt Ismaels ist keine Notmaßnahme. Von einer Unfruchtbarkeit Saras ist nicht die Rede. Allerdings dienen auch Gen 16,3.4a.15 der Abgrenzung Abrahams von seinen Familienmitgliedern. Ismael ist der Sohn einer ägyptischen Nebenfrau, er begründet eine genealogische Nebenlinie[166]. Ist in Gen 11,27–13,12 eine Abgrenzung gegen die nördliche und östliche Verwandtschaft zu erkennen, so dient das Gentilitium הַמִּצְרִית „die ägyptische" (16,3) als Hinweis auf die Abgrenzung gegen den südlich bzw. südwestlich des Landes Kanaan wohnenden Familienzweig[167]. Abraham bleibt in Kanaan souverän.

5.3 Datierung der Toledoterzählung

Eine Verbindung von Mesopotamien nach Palästina im Sinne einer Wanderbewegung ist erst in exilischen und nachexilischen Texten erwähnt. Darauf wird neuerdings in der Diskussion um die Datierung

---

KNAUF (1985, 34) für seine nichtpriesterliche Grundschicht präsentiert: „Die Erzählung entfaltet ihre Intention am stärksten, wenn ihr die Verheißung Gen. 15* vorausgeht", sie steht Gen 12,10–20 „stilistisch und in… geistiger Haltung" nahe. Knauf hält auch einen Bezug zu Gen 12,2 für möglich. Die Verweistexte sind im Rahmen der jahwisierenden Fortschreibung in Gen 12f bzw. als späte Textzusätze einzuordnen.

[166] LEVIN (1993, 150) stellt etwas verwundert fest: „Die ägyptische Herkunft der Sklavin gilt der Quelle als bemerkenswert, aber offenbar nicht als ungewöhnlich". Das Bemerkenswerte an der Kennzeichnung als Ägypterin liegt eben in der Erzählabsicht, die Ismaeliten als südwestlich von Kanaan lebende Verwandte Abrahams von diesem selbst zumindest siedlungsgeographisch abzugrenzen.

[167] Die Auslegung von RÖMER (1999), der in der Kennzeichnung Hagars als Ägypterin eine Anti-Exodus-Motivik erkennt und Hagar als weiblichen Mose interpretiert („Hagar ressemble à un Moïse féminin"; RÖMER 1999, 168), trifft die Gesamterzählung, also im wesentlichen den Teil des Kapitels, der hier als jahwisierende Fortschreibung bestimmt ist.

von Gen 11,27–12,9 hingewiesen[168]. Ska nennt in diesem Zusammenhang neben Gen 15,7 noch Jos 24,3 und Neh 9[169]. Die Toledoterzählung Gen 11,27–13,12 nennt jedoch nicht ausdrücklich „Ur in Chaldäa" (vgl. Neh 9,7) als Ausgangspunkt der einmaligen Wanderung nach Kanaan. Der erste namentlich genannte Ort ist Haran in Nordsyrien. Auch wenn Haran am Schnittpunkt von Syrien, Anatolien und Mesopotamien liegt und damit der Angabe „von jenseits des Flusses" (Jos 24,3) entsprechen könnte (*Abb. 1*), kann dies nur mit Vorbehalt in dem von Ska angesprochenen Sinne ausgewertet werden. Wenn Gen 16,3.4a.15 in die Diskussion mit einbezogen werden, ergeben sich zumindest zwei weitere historisch auswertbare Hinweise: der Ort Haran (Gen 11,31; 12,5) und die Ismaeliter (Gen 16,15).

(1) Die Besiedlung von Haran erstreckt sich vom 3. bis in das 1. Jt. v.Chr.[170] Eine übergeordnete Bedeutung erhielt der Ort aber erst am Ende des 7. und im 6. Jh. v.Chr. Im Jahr 612 v.Chr. wurde Haran kurzfristig Hauptstadt des neuassyrischen Reiches, bevor dieses 609 v.Chr. endgültig mit der Eroberung Ninives vom neubabylonischen Imperium abgelöst wurde[171]. Der neubabylonische König Nabonid (556–539 v.Chr.) baute den Tempel des Mondgottes Sin wieder auf und reaktivierte den Mondkult von Haran[172].

(2) Die Ismaeliter sind aus historischer Sicht eine „protobeduinische Stämmekonföderation"[173]. In neuassyrischen Quellen sind sie als *Šumuʾil* bekannt[174]. Ihre Existenz ist möglicherweise für das 8. Jh. v.Chr. vorauszusetzen, nachgewiesen ist sie jedoch erst für das 7. Jh. v.Chr. Spätestens im 6. Jh. v.Chr. löste sich die Konföderation auf, die einzelnen Stämme existierten jedoch weiter. In Palästina waren insbesondere die Kedar aktiv, die Gen 25,13 als Teil der Ismaeliter genannt sind. Neuassyrische Quellen des 7. Jhs. v.Chr. und auch Jer 2,10 sehen die Kedar im Osten, d.h. als Bewohner der östlich an Ammon, Moab und Edom angrenzenden Wüsten[175]. Diese Wüsten-

---

[168] SOGGIN 1997, 200; SKA 1997, 370ff.

[169] Zu Gen 15 s. u. Seite 280–283; zum literarischen und historischen Problem von Jos 24 jetzt BLUM (1997) mit älterer Literatur.

[170] PARROT 1962, 36–39; PRAG 1970; THOMPSON 1974, 304; RÖLLIG 1995.

[171] Haran wurde vermutlich 610 v.Chr. zerstört, zur Geschichte des Ortes zwischen 610 und 556 v.Chr. vgl. BALTZER 1973.

[172] LEWY 1945/46; GALLING 1964, 1–60.

[173] HÜBNER 1995.

[174] KNAUF 1985; RÖMER 1999, 167f.

[175] KNAUF 1985, 103.

bewohner werden gelegentlich summarisch als „Araber" bezeichnet
(Jer 25,24)[176]. Im 5. Jh. v.Chr. beherrschte der Araberfürst Geschem
(הָעַרְבִי נֶשֶׁם Neh 2,19; 6,1f) das Gebiet südlich bzw. südwestlich von
Juda, das Grenzgebiet also zwischen Juda und Ägypten[177]. Bereits
beim Feldzug des Kambyses nach Ägypten im Jahr 525 v.Chr. lei-
steten „Araber" wichtige logistische Hilfe[178]. Die Konstellation eines
territorialen und politischen Zusammenhangs zwischen einer Größe
„Ismael" und Ägypten ist demnach am ehesten im ausgehenden 6.
oder im 5. Jh. v.Chr. denkbar.

In das 6./5. Jh. v.Chr. weist auch die Kennzeichnung des Siedlungsgebietes Abrahams als „Land Kanaan". Die jahwisierende Fortschreibung interpretiert diese Angabe durch die Nennung der Orte
Sichem, Bet-El und Mamre/Hebron. Unter „Land Kanaan" verstanden die inneralttestamentlichen Kommentatoren demnach das zentrale Bergland nördlich und südlich von Jerusalem, die Kerngebiete
der vormaligen Staaten Israel und Juda. Die Bezeichnung setzt möglicherweise voraus, dass nördliches und südliches Bergland in einer
Verwaltungseinheit zusammengefasst waren. Gleichzeitig ist die Abgrenzung gegen den aramäischen Norden (Terach, Nahor), den Süd-
osten (Lot) und gegen das im Südwesten Palästinas gelegene Grenzgebiet zu Ägypten (Ismael) deutlich markiert. Eine solche Konstellation ist in der gesamten alttestamentlichen Zeit allein zwischen 586
und 450 v.Chr. bezeugt. Nach der Eroberung Jerusalems durch das
neubabylonische Heer wurde das Gebiet Judas zu der bereits nach
720 v.Chr. von den Assyrern eingerichteten Provinz Samaria geschlagen. Erst um die Mitte des 5. Jhs. v.Chr. wurde eine eigenständige Provinz Juda eingerichtet[179]. „Land Kanaan" meint im Gebrauch
von Gen 11ff die um das judäische Gebiet erweiterte Provinz Samaria
der neubabylonischen und frühpersischen Zeit. „Land Kanaan" ist
toponymisches Leitwort der Toledoterzählung in Gen 11,27–13,12.
Die Entstehung dieser Erzählung im ausgehenden 6. Jh. v.Chr. oder
am Beginn des 5. Jhs. v.Chr. ist durch verschiedenste Hinweise gut
begründet.

---

[176] Die Verbindung zu Ismael wird über Tema (Jer 25,23) gezogen, der Gen 25,
15 als einer der „Söhne Ismaels" genannt ist.
[177] ALT 1931b, 343ff; KNAUF 1985, 103f.
[178] LEMAIRE 1996a, 147f; 1999.
[179] S. o. Kapitel 3.

6. *Die jahwisierende Fortschreibung in Genesis 11,28–13,18*

6.1 *Erzählabsicht*

Gen 13,18 mit der Erwähnung Mamres und Hebrons gehört nicht zum Urgestein der Abrahamüberlieferung, vielmehr zu einer sekundären Fortschreibung. Das erzähltechnisch wichtigste Ziel der jahwisierenden Fortschreibung ist es, Abraham nach Mamre und Lot in die Gegend von Sodom zu bringen, dorthin, wo sie sich gemäß der Mamre-Sodom-Erzählung Gen 18f zu befinden haben. Der erzählerischen Vorbereitung von Gen 18,1–16 dient auch die Feststellung der Unfruchtbarkeit Saras (11,30). Das formale Grundgerüst des Textes ist itinerarartig. Alle Verben der Bewegung (נסע, עתק, עבר, הלך) laufen auf die Konstatierung des Ankommens und des festen Wohnens Gen 13,18 zu. In das Itinerargerüst sind eine Reihe weiterer Formelemente wie YHWH-Reden, eine Theophanie- und drei Altarbau-Notizen integriert. Daher muss von einer Mischform gesprochen werden.

Die Verben der Bewegung sowie das Motiv des Zeltens lassen Abraham und Lot als Nomaden erscheinen. Auch die Altarbauten außerhalb der genannten Hauptorte Sichem, Bet-El und Hebron könnten dieser Erzählabsicht dienen. Die Fiktion nomadischen Lebens erscheint jedoch gebrochen. Die nomadische Existenz ist lediglich eine vorübergehende. Den Schlusspunkt der Darstellung bildet die Sesshaftwerdung Abrahams. Die zwischen nomadischem Leben und Sesshaftigkeit changierende Darstellung unterstreicht erzählerisch die 12,7 ausdrücklich erst für die Nachkommen Abrahams zugesagte vollgültige Landgabe (vgl. Gen 15,18). Die Textfortschreibung reserviert das Privileg des zumindest vorübergehenden Wohnens im Land für Abraham (13,18). Die Kanaaniter sind zwar auch im Land (12,6), jedoch nicht als legitime Bewohner desselben. Gen 12,6b sagt lediglich „die Kannaniter waren damals im Land" וְהַכְּנַעֲנִי אָז בָּאָרֶץ, ohne dass die Wurzel ישׁב verwendet wird. Möglicherweise werden damit Landansprüche der Abrahamfamilie gegenüber dem nichtisraelitischen bzw. nichtjüdischen Bevölkerungsteil zur Sprache gebracht. Die im Lande herrschende Bevölkerung wird erzählerisch zurückgesetzt, um die Landansprüche Abrahams als des Protagonisten der judäischen Landbevölkerung zu unterstreichen.

Die jahwisierende Textfortschreibung stellt eine theologische Nachinterpretation der Toledoterzählung dar. Durchgängig ist das Verhältnis YHWH/Abraham zur Sprache gebracht. Dieses Verhältnis

ist dialogisch verstanden. Am Anfang (11,29) und am Ende (13,18)
steht eine Aktivität Abrahams. Dazwischen wechselt das agierende
Subjekt: YHWH (12,1), Abraham (12,4a.6), YHWH (12,7a), Abraham
(12,7b). Auch die Verwendung der Toponyme ist theologisch geprägt. Zunächst ist eines offensichtlich: Abrahams Wanderroute von
Mesopotamien über Sichem nach Bet-El ist eine Parallele zum Rei-
seweg Jakobs (Gen 33–35). Abraham vollzieht den späteren Weg
Jakobs/Israels. Insofern wird er mit Israel identifiziert. Die in diesem
Zusammenhang genannten Toponyme: Mesopotamien (Chaldäa),
großer Baum More bei Sichem, Bet-El, Mamre bei Hebron bergen
auf der Ebene theologischer Interpretation des Textes noch weitere
Aspekte. Zu deren näherem Verständnis ist zunächst ein Blick auf die
literarische Fortsetzung von Gen 13,18 in Gen 15 unabdingbar.

6.2 *Genesis 15*

Gen 15 bilden die Weiterführung der in Gen 11,28–13,18 festgestellten jahwisierenden Fortschreibung[180]. Für diese Annahme sprechen
auf der lexikalischen Ebene die bereits angesprochenen Querverweise
von Gen 12,7 nach Gen 15,18[181] oder auch die Wiederaufnahme des
Ortsnamens „Ur in Chaldäa" aus Gen 11,28.31 in Gen 15,7. Entscheidender ist jedoch die Beobachtung, dass der in Gen 12,1–4a.6–9
zu Tage tretende dialogische Charakter der Darstellung auch in Gen
15 durchgehend erkennbar ist. Das handelnde Subjekt wechselt ständig zwischen YHWH und Abraham (V.1/2f, V.5/6, V.7/8, V.9/10f,
V.13–16/18–21). Darüber hinaus wird das in Gen 11,28–13,18 konstatierte Schwanken zwischen nomadischer und sesshafter Lebensweise Abrahams übernommen. Gen 15,7 spricht das Land („dieses
Land" אֶת־הָאָרֶץ הַזֹּאת wie Gen 12,7!) Abraham selbst zu. Eine solche Landzusage setzt die Notiz von der Sesshaftwerdung Gen 13,18
voraus. Gen 15,18 kommt dann wieder auf die Landgabe an die
Nachfahren (Gen 12,7) zurück.
   Nicht selten wird Gen 15 zum Urgestein der Pentateuchüberliefe-
rung gerechnet[182]. Seit den Arbeiten von Kaiser[183] und Perlitt[184] wird

---

[180] Auch GUNKEL (1910, 183) verweist auf die Zusammenhänge zwischen Gen
12,1–4 und Gen 15; vgl. HA 1989, 217; COLLIN 1992, 226.
[181] S. o. Seite 254–257.
[182] WELLHAUSEN 1899, 21f; GALLING 1928, 38ff; EISSFELDT 1922, 23*f; CAZEL-
LES 1962; zuletzt ausführlich LOHFINK 1967; VON RAD 1976, 140–147; Forschungsüberblick bei HA 1989, 30–33; Frühdatierung auch noch bei RENDSBURG (1992) und
STOEBE 1997.

das Kapitel insgesamt oder ein Grundbestand desselben häufig als deuteronomisch bzw. deuteronomistisch qualifiziert[185]. Die Problematik dieser These wurde im Zusammenhang der Diskussion um eine deuteronomistische Bearbeitung im Buch Genesis erörtert[186]. Selbstverständlich fehlt es auch nicht an Versuchen, in Gen 15 neben einem Grundtext mehrere Bearbeitungsschichten herauszufiltern[187]. Angesichts der verschiedensten Formelemente, die in dem Kapitel vereint sind, fällt der rekonstruierte Grundtext äußerst knapp aus und entspricht selbst dann noch nicht den Ansprüchen literarischer Kohärenz[188].

Demgegenüber stehen Versuche, das Kapitel insgesamt als einen vergleichsweise späten Text zu betrachten[189], wobei meist gleichzeitig die literarische Einheitlichkeit aufgewiesen wird. Obwohl Gunkel an einer Quellenscheidung in „J^b" und „E" festhält, spricht auch er dem Kapitel ein hohes Alter ab. Er hält es für „eine spätere Neubildung" und verweist auf die Stilisierung Abrahams als Profet sowie auf das Glaubensmotiv. In Vorwegnahme neuerer Thesen erkennt Gunkel, dass Gen 15 von der deuteronomisch-deuteronomistischen Literatur abhängig sein muss[190]. Staerk erklärt den formal stark divergierenden Charakter der einzelnen Textabschnitte damit, dass es sich um „Kunstformen" handelt, die den „religiösen Grundgedanken" dienstbar gemacht sind[191]. Dieser Auslegungsansatz wird von Köckert

---

183 KAISER 1958.

184 PERLITT 1969, 68–77.

185 RENDTORFF 1980; ANBAR 1982; BLUM 1984, 366–383; BERGE 1990, 40–43; COLLIN 1992, 225ff; HAGELIA 1994; NOORT 1995.

186 S. o. Seite 113ff; zu Gen 15,18 s. auch o. Seite 254–257.

187 WEIMAR 1989; COLLIN 1992, 225ff; SEEBASS 1997, 61–82; RUPPERT 2000.

188 Weimars Schichtenmodell ist nur schwer nachvollziehbar. Insbesondere fällt der Verzicht auf formgeschichtliche Überlegungen auf. V.1–4 sollen eine Grundschicht bilden, die Weimar dem Elohisten zuweist. Bei V.1–4 handelt es sich jedoch nicht um eine Erzählung, sondern lediglich um eine „Dialogszene" (WEIMAR 1989, 391). Wie diese in den Rahmen eines elohistischen Werkes passt, das nach WEIMAR (1989, 396) als eine „Sammlung paradigmatischer Erzählungen aus prophetischem Geist" anzusehen ist, bleibt unerfindlich. Zudem weisen V.1–4 eine Reihe redundanter Formulierungen auf, so dass nicht einzusehen ist, warum eben dieser Abschnitt als einheitlich angesehen wird, wenn strenge literarkritische Maßstäbe angelegt werden.

189 CAQUOT 1962; HA 1989; LEVIN 1993, 151; RÖMER 1989/90; 1994; SCHMID 1999, 172–186.

190 GUNKEL 1910, 177–184, v.a. 183.

191 STAERK 1924, 63; ähnlich STAERK 1924, 41ff.

breit entfaltet[192]. Er bezeichnet Gen 15 als „künstliches Gebilde"[193] und spricht von einer „in das Gewand einer künstlichen Erzählung gehüllte[n] theologische[n] Abhandlung"[194]. Der Künstlichkeit entspricht die situationsgelöste Verwendung verschiedener Formelemente, v.a. aus der profetischen Sprache[195]. Dazu gehören u.a. die Wortereignisformel und das Heilsorakel. Vorausgesetzt ist nach Köckert auch der deuteronomistische „Vätereid"[196]. Von daher ist Gen 15 als nachdeuteronomistisch zu bestimmen. Ha erkennt in Gen 15 Einflüsse deuteronomistischer, priesterlicher und profetischer Literatur[197]. Nach seiner Interpretation setzt das Kapitel den gesamten Pentateuch voraus, es stellt „a theological compendium to the entire Pentateuchal history as Gen. 17 does to the Abraham cycle" dar[198]. Mit dieser Einschätzung bereitet Ha den Boden für die Auslegungen von Römer[199]. Auch dieser bezeichnet Gen 15 als „Inhaltsverzeichnis des Pentateuch"[200], als „Katechismus" für Abraham[201]. Ausführlich thematisiert Römer das Verhältnis von Gen 15 zu Gen 17. Die teilweise wörtlichen Übereinstimmungen[202] können prinzipiell in beide Richtungen interpretiert werden. Römer spricht sich jedoch mit guten Gründen für die Annahme aus, dass Gen 15 von Gen 17 abhängig

---

[192] KÖCKERT 1988, 204–247.

[193] KÖCKERT 1988, 208.

[194] KÖCKERT 1988, 222. Bereits CAQUOT (1962) erkennt in Gen 15 eine Pseudotradition und interpretiert das Kapitel als einen midraschartigen Text.

[195] Die Einheitlichkeit von Gen 15 trotz formaler Unterschiede der einzelnen Teilabschnitte betonen auch VAN SETERS 1975, 249–269; 1994, 240; SCHMID 1999, 172–186.

[196] KÖCKERT 1988, 231.

[197] HA 1989.

[198] HA 1989, 217. „Schon der eminent weitreichende Horizont von Gen 15 läßt es erwarten, dass man sich bei diesem Text eher am Ende der produktiven literarischen Gestaltung des Pentateuch befindet, als dass man Urgestein vor sich hat" (SCHMID 1999, 180).

[199] RÖMER 1989/90; 1994; 2001b, 198–210. Auf die Einheitlichkeit des Kapitels verweisen nach Römer nicht nur die Zusammengehörigkeit von V.11 und V.13–16, sondern auch Zahlenspiele: jeweils viermal erscheinen die Wurzeln זרע und יצא, am Schluss sind zehn Völker genannt, vierzigmal zehn ergibt vierhundert, also die Zahl der Jahre der Fremdlingschaft (V.13) (RÖMER 1989/90, 34–38).

[200] RÖMER 1989/90, 47.

[201] RÖMER 1994, 119.

[202] RÖMER 1989/90, 39f mit Tabelle.

ist[203]. Gen 15 hat den gesamten Pentateuch im Blick[204], Gen 17 ist eine spezielle „Patriarchenberit".

6.3 *Genesis 22,20–24*

In Gen 11,29 erscheint Nahor erkennbar aus der Verwandtschaft Abrahams hervorgehoben, indem er dem Protagonisten der Erzählung parallelisiert wird. Diese pointierte Gestaltung Nahors verlangt nach einer Erklärung. Nahor ist im Rahmen der Abrahamgeschichte erst wieder Gen 22,20–24 mit der Liste seiner Nachkommen erwähnt. Die Gen 11,29 aufgebaute Spannung wird erst hier gelöst, indem wir erfahren, dass Nahor im Zweistromland geblieben[205] und dort zu einer großen Familie angewachsen ist[206]. Erzählerisch ist die Priorität Abrahams gewahrt. Die zahlreiche Nachkommenschaft Nahors wird nicht lediglich konstatiert, sondern dem Abraham gemeldet. In der literarkritischen Exegese wird die Verbindung von Gen 11,29 und 22,20–24 quellenkritisch erklärt[207]. Aus redaktionskritischer Sicht hat

---

[203] In diesem Zusammenhang kann Römer auf Eerdmans verweisen, der zumindest Gen 15,1–6 als „eine Korrektur von Gen 17,17ff, wo Abraham die Verheißung Gottes mit ungläubigem Lächeln begrüßt" ansieht (EERDMANS 1909, 39). Zustimmend auch SCHMID 1999, 180–186. Die traditionelle zeitliche Vorordnung von Gen 15 erklärt Römer mit dem Einfluß des christlichen sola fide, das die Vorrangigkeit des Glaubens vor dem „gesetzlichen" Beschneidungsbund erfordert.

[204] Allerdings kann ich der Annahme, Gen 15 setze auch Gen 14 voraus, nicht folgen. Römer führt drei Gründe an: (1) Damaskus ist nur Gen 14,15 und 15,2 im Pentateuch genannt; (2) der Zahlenwert für „Eliëser" אֱלִיעֶזֶר (15,2) ist 318, also genau die Zahl der Männer Abrahams (14,14); (3) שָׁלֵם in 15,16 klingt an „Salem" (14,18) an und die Richtungsangabe הֵנָּה „hierher" (15,16) meint: nach Jerusalem (RÖMER 1989/90, 40f; 1994, 118). Die beiden ersten Argumente lassen sich auch in die entgegengesetzte Richtung verstehen: Gen 14 schreibt zwei auffällige Namensangaben von Gen 15 aus. Das dritte Argument ist zu vage. Auffällig ist sicherlich die pointierte Schlußstellung der Jebusiter in der Zehn-Völker-Liste Gen 15,19ff.

[205] Dies ist zwar nicht ausdrücklich gesagt, aber vom Erzählzusammenhang her gemeint. Insofern wird an dieser Stelle die erzählerische Offenheit von Gen 11,27 und 11,29 aufgenommen.

[206] Auch die Toledoterzählung führt die Gestalt des Nahor nach ihrer Einführung Gen 11,27 erzählerisch nicht weiter. Dieses Desiderat nimmt die jahwisierende Fortschreibung auf.

[207] DILLMANN 1892, 294f; HOLZINGER 1898, 165f; WELLHAUSEN 1899, 27; EISSFELDT 1922, 36*; PROCKSCH 1924, 141; NOTH 1948, 30; KILIAN 1966, 281f; SCHARBERT 1986, 168f; LEVIN 1993, 181ff. Allerdings weist NOTH (1948, 30 Anm. 89) in diesem Zusammenhang darauf hin, dass bei Listen, sowohl bei Ortslisten als auch bei Genealogien „die Frage der Quellenzugehörigkeit und überhaupt der Quellenhaftigkeit nicht sicher zu entscheiden" ist. Weitsichtig, wie so oft, zeigt sich GUNKEL (1910, 243), der hier einen Abschnitt „von spätester Hand" erkennt; ähnlich ZIMMERLI 1976, 215.

die erzählerisch aufbereitete Liste der Nahoriden Gen 22,20–24 rahmende Funktion[208]. Ein literarischer Grundbestand, der V.20aβb.
21abβ.22.23b umfasst[209], erfüllt im wesentlichen die Aufgabe, den
Komplex der Negeb-Erzählungen[210] Gen 20; 21,9–21.22–34 an die
Mamre-Erzählungen Gen 11,27–19,38* anzubinden[211]. Mit Gen 22,
20–23* ist ein Abschluss des erzählenden Bestandes der Abrahamgeschichte markiert[212]. Der Abschnitt wurde eigens für diesen Zweck
konzipiert und enthält ebensowenig wie Gen 11,27–13,18 älteres,
ursprünglich selbständiges und mithin historisch-geographisch aus-
wertbares Überlieferungsgut. Die Liste der Nahoriden ist ein „künstliches"[213], d.h. literarisches Gebilde. Sie dient dazu, den geographischen Horizont der Abrahamgeschichte nicht nur nach Norden (Nordsyrien, Mesopotamien, vgl. 11,27–32), sondern insbesondere nach
Süden (Edom, Arabien)[214] zu erweitern.

---

[208] WESTERMANN 1981, 448.

[209] JERICKE 1999; V.20aα dient wie Gen 22,1aα dem Einbau der Erzählung von
der Bindung Isaaks Gen 22,1–19. Die Apposition אֲבִי אֲרָם V.21b unterbricht die
Aufzählung der Eigennamen (GUNKEL 1910, 243; KILIAN 1966, 281). Nach verbreiteter Ansicht ist auch Gen 22,23a sekundär. Die Wendung soll die genealogische
Grundlage für die Erzählung Gen 24 schaffen (GUNKEL 1910, 243; NOTH 1948, 30
Anm. 89; KILIAN 1966, 281; ZIMMERLI 1976, 116; SCHARBERT 1986, 168f). Ebenso
ist V.24 als Textzusatz anzusehen. Statt des in V.20b und V.23b verwendeten יָלְדָה
steht וַתֵּלֶד. Zahlenangaben wie in V.23b haben in Listen meist Abschlussfunktion,
vgl. Gen 25,16 und die entsprechenden Angaben in Jos 15,21–62. Auch von daher
erweist sich V.24 als Textzusatz. In Analogie zur Jakob/Israel-Genealogie und zur
Liste der Ismaeliten Gen 25,12–16 soll durch Gen 22,24 die Zwölfzahl der Nahoriden
nachträglich hergestellt werden (DILLMANN 1892, 295; LEVIN 1993, 182).

[210] Diese Bezeichnung erscheint aufgrund der geographischen Konzentration auf
den Negeb (Gerar, Beerscheba, programmatisch Gen 20,1) sinnvoller als die von
LEVIN (1993, 440 Anm. 19) wieder eingeführte Charakterisierung als „elohistisch".
Die Erzählung Gen 22,1–19 zähle ich nicht zum ursprünglichen Bestand der Negeb-
Erzählungen. Ihrer Einbindung dient die Erzählung von der Geburt Isaaks Gen 21,1–
9 (JERICKE 1997b).

[211] JERICKE 1999.

[212] Daraus ergibt sich die Schlussfolgerung, dass sowohl Gen 23 als auch Gen 24
als Nachträge zu einer weitgehend abgeschlossenen Abrahamgeschichte zu verstehen
sind; vgl. andeutungsweise WESTERMANN 1981, 449: „Der Kreis von Abrahamerzählungen war in die Genealogie 11,27–32 und 21,1–7; 22,20–24 gefaßt. So tritt
noch deutlicher heraus, dass die Erzählungen von 21,8 bis Gn 24 Ende (außer 22,20–
24) Nachträge sind…".

[213] „… Namen alter Stämme, die künstlich zum Stammbaum zusammengesetzt
sind" (GUNKEL 1910, 243).

[214] Zumindest die beiden ersten Namen der Liste, Uz (Gen 36,28; Jer 25,20; Hi
1,1) und Bus (Jer 25,23; Hi 32,2.6), lassen sich im edomitischen bzw. nordarabischen
Bereich lokalisieren (ZIMMERLI 1976, 116f; WESTERMANN 1981, 450). NOTH (1951,
452f) rettet sich durch einen Kunstgriff. Er verzichtet auf die nähere Besprechung der

6.4 *Jahwisierende Redaktion (R^{jahw})*

Die in Gen 11,28*.29f.31b*; 12,1–4a.6–9*; 13,5f.12f*.18 festge-
stellte jahwisierende Fortschreibung ist Teil einer übergreifenden
Bearbeitungsschicht, zu der innerhalb der Abrahamgeschichte u.a.
noch Gen 15 und Gen 22,20–23* gerechnet werden können[215]. Für
die Qualifizierung der hier festgestellten jahwisierenden Redaktions-
schicht (im Folgenden R^{jahw}) als nachpriesterlich spricht die Beobachtung, dass Gen 13,18 offensichtlich in Kenntnis der Ortsangabe Gen
18,1 formuliert ist. Gen 18,1 wiederum gehört bereits einer das erzählerische Gefälle von Gen 18f formierenden nachpriesterlichen
Textausschreibung an[216].

Hans-Christoph Schmitt zählt Gen 15 zu einer Pentateuchredaktion
„im Geiste der Prophetie"[217]. Diese Definition gewinnt er in erster
Linie von dem Motiv des „Glaubens" her (אמן hif., Gen 15,6)[218], das
er auf Jes 7 zurückführt[219]. Der „profetische" Charakter, d.h. die Stilisierung Abrahams als Profet, ist in Gen 15 jedoch nicht allein an V.6
festzumachen. Das Kapitel insgesamt zeigt formale und inhaltliche
Elemente, wie sie in der profetischen Literatur zu finden sind[220]. Dar-

---

in V.21f genannten Namen und konzentriert sich auf die V.24 angeführten Bezeichnungen, um seine These vom „Aramäerstammbaum in Gn 22,20–24" bzw. vom
„sakralen Zwölferbunde" im aramäischen Bereich zu belegen.

[215] Querbezüge sind von Gen 18,18f und Gen 22,15–18 zu Gen 12,2f festzustellen. Gen 18,18 zitiert zweifellos Gen 12,2f. Die Verbindung jedoch von V.18 mit
V.17, der formalen Einleitung zum Dialog Abraham/YHWH V.23–33, und mit der
„gesetzlichen" Untermauerung V.19 lassen die Vermutung zu, dass Gen 18,18 bereits
eine Verarbeitung zweiter Hand bietet. Dagegen scheinen Gen 22,15–
18 mit den Stichworten אֲבָרֶכְךָ (V.17) und כְּכוֹכְבֵי „wie die Sterne" (V.17) Querverweise sowohl zu Gen 12,2 als auch zu Gen 15,5 zu enthalten. In der Formulierung
von Gen 22,17 liegt jedoch eine weit gefächerte Zusammenstellung von Formulierungen aus Gen 12,1–9 und Gen 15 vor, so dass auch hier an eine sekundäre Bildung
zu denken ist. Ähnliches gilt für Gen 26,2–5, insbesondere für V.4. Allein Gen
26,24.25a weisen in der Abfolge Theophanie-Notiz/YHWH-Rede/Altarbaunotiz/Aus-
rufen des YHWH-Namens/Zeltmotiv eine formale Parallele zu den itinerarartigen Texten der R^{jahw}, insbesondere zu Gen 12,7f, auf.

[216] S. o. Kapitel 5.

[217] SCHMITT 1982. Er verweist auf ähnliche Überlegungen bei RENDTORFF 1976.

[218] Zur Diskussion um das Verständnis dieses Verses zuletzt OEMING 1983; 1998;
MOSIS 1989 (mit der m.E. überzeugendsten Auslegung); BEHRENS 1997; SCHMID
1999, 184f Anm. 90.; WILLI-PLEIN 2000.

[219] Zum Zusammenhang von Gen 15 und Jes 7 zuletzt SCHMID 1999, 184f. Daneben ist die dialogische Darstellung zu nennen, wie sie hier für Gen 12,1–4a.6–9 und
Gen 15 erarbeitet wurde.

[220] Im Rückgriff auf KAISER (1958) nennt SCHMITT (1982, 178) noch V.1 mit der
Wortereignisformel und dem Wortempfang „in der Schau". Vgl. auch VAN SETERS

über hinaus wird Abraham in Gen 15 auch als Priester (V.8–12) und König gezeichnet. Für die Stilisierung als König spricht die vielfach beschriebene Parallelisierung von Abraham und David mit den wörtlichen Querverweisen zu 2Sam 7[221]. Schmid sieht einen literarischen Zusammenhang zwischen Gen 15, Ex 3f* und Jos 24[222]. Jos 24 ist allein deshalb mit in die Überlegungen einzuschließen, weil V.2 ausdrücklich auf das Paar Abraham/Nahor von Gen 11,29 und 22,20 zurückgreift[223]. Schmid geht davon aus, dass die Texte zu einer einheitlichen Redaktion gehören, die u.a. 2Sam 7 (Abraham/David) und 2Kön 24,7 (Glaubensmotiv) im Blick hat. Als Merkmale dieser Redaktion nennt er eine erkennbar königskritische Tendenz[224] und das Glaubensmotiv[225]. Allerdings lässt Schmid offen, ob die durch Gen 15 geprägte Redaktion gleichzeitig mit P eingearbeitet wurde oder nachpriesterlich ist[226]. Deutlich wird jedoch, dass die in Gen 11,28–13,18 herausgearbeitete und in Gen 15 fortgesetzte, hier R[jahw] genannte Redaktion nicht auf den Pentateuch beschränkt bleibt[227], sondern über denselben hinaus weist. Sie bindet die Erzelterngeschichte über die Mosegeschichte hinaus an die Überlieferungen von den Königen an. In diesem Horizont ist nun der theologische Gehalt der Ortsangabe von Gen 13,18 zu interpretieren, wobei im Detail nur auf den oben umrissenen Faden der R[jahw] innerhalb der Abrahamgeschichte eingegangen werden kann.

7. Theologie der Toponyme

7.1 Landtheologie

Die R[jahw] geht über das geographische Gesichtsfeld der Toledoterzählung in Gen 11,27–13,12*; 16,3.4a.15 und der Mamre-Sodom-

---

1975, 249–269; 1992, 248–251; DEURLOO 1988; KÖCKERT 1988, 211–223; HA 1989, 63–89; HAGELIA 1994, 194–200; SCHMID 1999, 180.

[221] VAN SETERS 1975, 254f; ANBAR 1982, 54f; BLUM 1984, 394; KÖCKERT 1988, 235; COLLIN 1992, 226; RENDSBURG 1992; SCHMID 1999, 184; DIETRICH 2000.

[222] SCHMID 1999, 179.184.

[223] Jos 24,2 nennt lediglich Abraham und Nahor als Söhne Terachs im Gegensatz zu Gen 11,27 (Toledotfaden), wo als dritter Sohn Haran aufgeführt ist.

[224] Zu Gen 15 in diesem Sinn s. DIETRICH 2000.

[225] SCHMID 1999, 241–250. Über das Glaubensmotiv bindet SCHMITT (1982) auch Ex 14,31; Num 14,11b; 20,12 an die durch Gen 15 geprägte Redaktion an.

[226] SCHMID 1999, 253ff.273–276.

[227] So jedoch RÖMER (2001b, 198–210) in Absetzung von Schmid.

Erzählung von Gen 18f entscheidend hinaus. Die beiden letztgenannten literarischen Gebilde beschränken sich auf die Randgebiete Syrien-Palästinas im Norden (Haran), Osten (Ammon, Moab) und Süden
(Grenzgebiet zu Ägypten). Die R^{jahw} dagegen zeichnet Abraham als
Vorstand einer noch weiter verzweigten Familie. Der Horizont wird
nach Nordosten (Mesopotamien) und nach Süden (Edom, Arabien)
ausgeweitet. Der von Abrahams Familie bewohnte Raum überbietet
auch die erzählerische Fiktion des Herrschaftsbereiches Davids. Gemäß der Darstellung von 2Sam 8 erstreckte sich dieser von Nordsyrien bis Edom[228]. Das davidische Herrschaftsgebilde stellt gegenüber
dem von Abraham und seinen unmittelbaren Verwandten abgedeck-
ten Siedlungsbereich einen Rückschritt, einen Verlust dar. Zudem
muss David sein Einflußgebiet durch militärische und verwaltungstechnische Maßnahmen mühsam zusammenhalten. Entsprechend labil
sind die Verhältnisse. Unter Salomo gehen bereits Randgebiete verloren (1Kön 11,14–25). Die Großfamilie Abrahams dagegen erfährt
ihren inneren Zusammenhalt aus der Blutsverwandtschaft. Nach ori-
entalischem Verständnis liegt darin ein weit größerer Wert und eine
weit größere Sicherheit als eine durch Regierungsmaßnahmen er-
zwungene Verbindung.

Die flächenmäßige Ausdehnung der Großfamilie Abrahams entspricht weitgehend der des neubabylonischen Reiches oder der perserzeitlichen Satrapie „Babylon und Jenseits des Flusses"[229]. Abraham wird demnach als Identifikationsfigur einer sich etablierenden
Diaspora präsentiert. Mittelpunkt der weitverzweigten Diaspora-Fa-
milie bleibt Juda, und zwar das traditionelle Juda mit seiner Hauptstadt Hebron. In dieser Konzeption liegt eine klare Spitze gegen die
von den Rückkehrern aus dem babylonischen Exil den achämenidischen Herrschern abgerungene Provinz Juda mit ihrer Zentrierung auf
Jerusalem und der südlichen Ausgrenzung Hebrons. Der feste und
sichere Mittelpunkt der Abrahamfamilie liegt außerhalb der perserzeitlichen Provinz Juda. Diese Verortung ist eine deutliche Abgrenzung gegen die ehemalige Oberschicht von Juda/Jerusalem, deren

---

[228] In Aufnahme eines entsprechend betitelten Aufsatzes von ALT (1950) wird bis
in neuere Zeit gerne vom „Großreich Davids" gesprochen (u.a. DONNER 2000, 220–
242).

[229] AHARONI/AVI-YONAH 1982, 104.107; DIAKONOFF 1985, 120; WEIPPERT 1988,
688; KESSLER 1991; DONNER 2001, 436. HÖGEMANN (1986) verzeichnet die Satrapie
unter der altpersischen Bezeichnung Athurā bzw. als 5. und 9. Steuerbezirk der Liste
Herodot III 89–95. Zum geschichtlichen Hintergrund s. o. Kapitel 3.

Hoffnungen und deren Aktivitäten sich in exilischer und nachexilischer Zeit auf Jerusalem (Ez, Jes 40–55)[230], auf die Wieder-errich-
tung des Tempels (Esr 3–6; Hag 1f), die Wiederbefestigung der Stadt
(Neh 2–4) und die Neubelebung der Daviddynastie bündelten[231]. Um
diese Ziele zu erreichen, arrangierte man sich mit der achämenidischen Zentralgewalt[232]. Abraham dagegen umgeht Jerusalem, weitgehend auch das Provinzgebiet[233]. Seine Ansprüche richten sich auf die
ländlichen Gebiete im zentralen Bergland mit den Hauptorten Sichem
im Norden und Hebron im Süden. Zudem pflegt er Kontakt mit der
bis Mesopotamien und Arabien verzweigten Dias-pora. In diesem
Sinne kann die Theologie der R^{jahw} als eine Landtheologie definiert
werden, die sich von der im Jesajabuch, in verschiedenen Psalmen[234]
oder auch in einer Redaktion der Königsbücher abzeichnenden[235],
städtisch geprägten Jerusalemer Theologie abgrenzt.

Die Landtheologie der R^{jahw} drückt sich auch darin aus, dass die
YHWH-Verehrung außerhalb fester Orte, an offenen Landheiligtümern
lokalisiert ist. Die eigentlichen Stätten der YHWH-Verehrung liegen
nicht *in* den Landstädten Sichem, Bet-El und Hebron, sondern *bei*
ihnen: bei dem großen Baum More (Gen 12,6), an einem Platz östlich
von Bet-El (Gen 12,8) und bei den großen Bäumen Mamre (Gen
13,18). Die Distanz zu den Landstädten kann als konstruktiv-kritisch
gekennzeichnet werden. Sie werden zwar genannt, allerdings lediglich als Verweisorte für die heiligen Plätze in ihrer Nähe.

---

[230] In aller Schärfe ist der Konflikt zwischen der nach Babylonien deportierten
Oberschicht und der in Juda verbliebenen Landbevölkerung Ez 33,24 ausgesprochen.
Es handelte sich also nicht um eine theologische Grundsatzfrage, sondern um hand-
feste materielle Interessen.

[231] Serubbabel war Davidide (Esr 3,2; Neh 12,1; Hag 1,1; 1Chr 3,17); vgl.
DONNER 2001, 442ff. SACCHI (1989) vermutet sogar, dass Scheschbazzar und Serubbabel Königsstatus innehatten und somit die davidische Dynastie nach 520 v.Chr.
kurzfristig weiterführten (vgl. DONNER 2001, 443 Anm. 22).

[232] Theologische Spitzenaussagen zur Legitimation dieser Politik sind sicher Jes
44,28; 45,1. In diesem Licht muss auch das den Büchern Esra/Nehemia programmatisch vorangestellte Kyros-Edikt (Esr 1) gelesen werden.

[233] Die Zugehörigkeit von Bet-El zur perserzeitlichen Provinz Juda ist literarische
Fiktion aus hellenistischer Zeit, s. o. Seite 87–90.

[234] ALBERTZ 1997a, 400 Anm. 58.

[235] Zu 2Kön 18–20 HARDMEIER 1990; 1991; ALBERTZ 1996b; 1997b. HARDMEIER
sieht hier das Werk national-religiöser Kreise. Albertz schreibt die „deuteronomistische" Redaktion der Königsbücher einer im babylonischen Exil wirkenden Elite
(Priester, Berufsprofeten) zu, die sich zum Teil aus Mitgliedern der Familie des Hil-
kija (2Kön 18,18.26.37) zusammensetzte.

7.2 *Antidynastische Ausrichtung*

Die bereits skizzierte Spitze gegen Jerusalem und gegen die angestrebte Neubelebung der Daviddynastie wird auch in der erzählerischen Parallelisierung von Abraham und David Gen 15 sichtbar. Der Erzvater wird nicht lediglich als König, sondern als König und Profet gezeichnet[236]. Abraham, der Profet, erhält wie David eine Dynastiezusage (Gen 15,3f). Diese erfolgt jedoch nicht in Jerusalem, sondern „bei den großen Bäumen Mamre bei Hebron" (Gen 13,18). Das Stichwort Hebron weist auf das frühe, noch nicht dynastisch geprägte Königtum Davids (2Sam 5,1–5). Zudem war dieses Königtum auf Juda beschränkt. Dem entspricht die Darstellung in Gen 12,1–9; 13,18. Abraham durchwandert zwar das nördliche Bergland, lässt sich aber in Juda dauerhaft nieder. Dort ist für längere Zeit sein Lebensmittelpunkt, bis er in den Negeb weiterzieht (Gen 20,1). Die königskritische Tendenz, die in Gen 15 festzustellen ist[237], lässt sich von Gen 13,18 her genauer fassen als eine Kritik am dynastischen Königtum, das die Davididen in Jerusalem etablierten und das die ehemalige Jerusalemer Elite in nachexilischer Zeit reaktivieren wollte. Einer solchen Aussageabsicht dienen auch die in Gen 12,6–9 sich findenden Toponyme Sichem und Bet-El. In Sichem residierte kurzfristig Jerobeam I. (1Kön 12,25). Nach dem vorliegenden Erzählzusammenhang wird er dort zum König proklamiert (1Kön 12,20; vgl. V.1–19). Bet-El war königliches Heiligtum (1Kön 12,29). Mit den topographischen Stichworten Sichem, Bet-El und Hebron wird eine Situation evoziert, als das Königtum noch unmittelbar vom Volk getragen war. Hierin liegt der eigentliche Sinn der Erwähnung der Landstädte. Und mit dieser Aussageabsicht, mit dem Plädoyer für ein vom Volk getragenes „profetisches" Königtum, ist demnach auch die theologische Spitze der Ortsbezeichnung בְּאֵלֹנֵי מַמְרֵא אֲשֶׁר בְּחֶבְרוֹן Gen 13,18 erfasst.

Die antidynastische Ausrichtung erstreckt sich auch auf den Bereich des Kultes. Sichem wird מְקוֹם שְׁכֶם „Platz Sichem" genannt. Der Vorsatz מְקוֹם könnte eine Anspielung auf Jerusalem sein, näherhin auf die Interpretation von Dtn 12 im Sinne einer Kultzentralisation am Heiligtum von Jerusalem. Gen 12,6–9; 13,18 hält dagegen:

---

[236] „Aus der Sicht von Gen 15 ist Abraham der erste Prophet Jhwhs" (SCHMID 1999, 180).

[237] KÖCKERT 1988, 222; möglicherweise auch in Gen 12,2f (KÖCKERT 1988, 294f); ähnlich SCHMID 1999, 184.

legitime Kultorte gibt es auch außerhalb von Jerusalem. Die erzählerische Spitze gegen Jerusalem ist allein schon dem Itinerar von Gen
12,6–9; 13,18 zu entnehmen. Der Weg von Bet-El nach Hebron, im
Altertum wie heute, führt selbstverständlich durch Jerusalem. Die
Nichterwähnung der Stadt erscheint provokativ. Allerdings ist ein
solches argumentum e silentio mit aller Vorsicht anzubringen.

7.3 Sozialgeschichtliche Interpretation

Der grundlegende Zug der R^{jahw} wurde als Landtheologie bezeichnet,
die sich gegen ein dynastisches Königtum und gegen die Zentrierung
der Macht in Jerusalem wendet. Konstruktiv wird dem der Gedanke
einer vom Volk getragenen Monarchie entgegengehalten, wie sie
gemäß der Überlieferung in der Frühzeit Davids existierte. Der König
ist nicht Wahrer einer mehr oder minder institutionalisierten Tradition, sondern Profet. Er steht in lebendigem Dialog mit YHWH. Die
relative literarhistorische Einordnung der R^{jahw} zeigt, dass sie zumindest die priesterliche Literatur voraussetzt. Demnach kann sich ihr
antidynastischer und antijerusalemitischer Zug nicht gegen die Davididen der Königszeit richten. Vielmehr geht die Spitze gegen die in
vieler Hinsicht einflußreiche Gruppe der Rückkehrer aus dem Exil.
Diese wollten im 5. Jh. v.Chr. offenbar die spätvorexilischen Verhältnisse restituieren. Dazu arrangierten sie sich mit den achämeni-
schen Herrschern. Sie begnügten sich mit einem Restjuda unter Ausschluss des südlichen judäischen Berglandes mit seinem traditionellen
städtischen Zentrum Hebron. Dafür erhielten sie eine eigenständige
Provinz Juda mit einem Statthalter. Dem hält die R^{jahw} einen klar formulierten Landanspruch entgegen, der über das Provinzgebiet hinaus-
reicht[238]. Den politischen Bestrebungen ab der Mitte des 5. Jhs. v.Chr.
werden die Verhältnisse der Exilszeit in Palästina entgegengehalten.
Dem entspricht die Nennung von Sichem, Bet-El und Hebron in den
Itineraren der R^{jahw}. Auf diese Weise wird die historische Situation
der neubabylonischen und frühpersischen Zeit (597–450 v.Chr.) evoziert, als die drei Orte in einer politischen Verwaltungseinheit, der

---

[238] Gestützt würde diese Deutung, wenn die Erwähnung der Perisiter (Gen 15,20)
als ein Hinweis auf die Perser zu deuten wäre (JERICKE 1997a, 216; zu einer sozialgeschichtlichen Deutung der Perisiter NIEMANN 1993b). Die Perisiter/Perser blieben
dann selbst als in der Sicht der R^{jahw} nicht mehr legitime Landesbewohner ungenannt
(Gen 12,6 im Gegensatz zu 13,7) bzw. würden in die Liste der Fremdvölker aufgenommen, die YHWH den Nachkommen Abrahams übergibt (Gen 15, 20).

Provinz Samaria, lagen[239]. Als Träger der R[jahw] können damit unschwer Teile der judäischen Landbevölkerung, die nicht in das babylonische Exil geführt wurden, identifiziert werden.

Hier ist zu fragen, inwieweit das mehrfach im Alten Testament genannte
„Volk des Landes", der *'am hā'āræṣ* (עַם הָאָרֶץ) mit den Trägern der R[jahw]
identisch sein könnte. Die Belege für den *'am hā'āræṣ* sind nicht eindeutig
zu interpretieren[240]. Sowohl die Bezeugungen in 2Kön und Jer zeigen jedoch[241], dass die solchermaßen benannte Gruppe als eine angesehen wurde,
die sich tatkräftig für die Erhaltung der davidischen Dynastie einsetzte[242].
Insofern ist mit dem *'am hā'āræṣ* eine landbesitzende Schicht gemeint, die
zusammen mit der Jerusalemer Beamten- und Priesterschaft „staatstragende"
Funktion hatte[243]. Möglicherweise bezeichnet *'am hā'āræṣ* sogar diejenigen
Angehörigen des davidischen Hofes, die in der Endphase des judäischen
Königtums, v.a. unter Zidkija, die durch immer höhere Abgaben in Schwierigkeit geratene Landbevölkerung durch Kredite von sich abhängig machten
und erst auf diese Weise zu Großgrundbesitzern wurden[244]. Eine enge Verbindung zwischen der Davidfamilie und dem *'am hā'āræṣ* ist auch noch in
Textstellen zu finden, die eindeutig als nachexilisch zu identifizieren sind.
So nennen Hag 2,4 und Sach 7,5 den *'am hā'āræṣ* zusammen mit dem Davididen Serubbabel und dem von den Achämeniden eingesetzten Hohenpriester Jeschua bzw. mit den Priestern insgesamt[245]. Die Mehrzahl der Belege
versteht demnach unter singularisch bezeichnetem *'am hā'āræṣ* eine die

---

[239] S. o. Seite 94ff.

[240] HULST 1976, 299ff; LIPIŃSKI 1989, 190f.

[241] 2Kön 11,14.18ff; 21,24; 23,30.35; 25,19; Jer 1,18; 34,19; 37,2; 44,21.

[242] ALBERTZ 1996a, 317.

[243] So schon grundlegend WÜRTHWEIN 1936. ALBERTZ (1996a, 313) sieht im
„Volk des Landes" die „Mittelschicht der grundbesitzenden Bauern Judas".

[244] DIETRICH (1997) interpretiert einige Formulierungen in Ez 7f in diesem Sinne.
Der Vers, in dem der *'am hā'āræṣ* genannt wird (Ez 7,27), könnte so verstanden
werden. Ez 8 nennt jedoch hauptsächlich kultische Vergehen, weniger soziale Fehl-
leistungen. Die von Dietrich vorgelegte Interpretation von Ez 33,24, die in dem Vers
eine Kritik an der Raffgier der in Juda verbliebenen Landjudäer auf Kosten der Exilierten erkennt, dürfte allenfalls die Intention des Ezechieltextes, nicht aber die sozialgeschichtliche Realität treffen. Die im Lande Verbliebenen erhielten die Ländereien
von den neubabylonischen Behörden, an eine Aneignung auf eigene Faust ist kaum
zu denken (vgl. 2Kön 25,12; Jer 52,16).

[245] Erst in Esr 4,4 wird der *'am hā'āræṣ* mit den samarischen und ammonitischen
Gegenspielern Serubbabels in Zusammenhang gebracht. Dieser Gebrauch ist aber
singulär. Davon abzusetzen sind die Belegstellen in Esr/Neh, wo in pluralischer
Formulierung von den „Völkern des Landes" die Rede ist. Hier sind eindeutig
Fremdvölker gemeint (GUNNEWEG 1983). Die Deutung von LIPIŃSKI (1989, 190), der
hier Nichtexilierte erkennt, die sich mit Nicht-Judäern vermischt hatten und daher
„das Werk der nationalen und religiösen Restauration hemmten", ist nicht mehr als
eine Vermutung. Den pluralischen Formulierungen in Esr/Neh entspricht der Gebrauch von *'am hā'āræṣ* in Gen 23,7.12f und Gen 42,6.

Daviddynastie stützende Gruppe. Ob dem eine vorexilische Realität entspricht[246] oder ob hier nachexilische Verhältnisse fiktiv auf die Königszeit übertragen werden[247], braucht in diesem Zusammenhang nicht zu interessieren. Wichtig ist nur die Feststellung, dass der ʿam hāʾāræṣ nicht ohne weiteres mit den Trägern der R[jahw] identisch sein kann.

Am Ende der Königsbücher werden zweimal die „Armen des Landes" דַּלַּת הָאָרֶץ (2Kön 25,12) bzw. דַּלַּת עַם־הָאָרֶץ (2Kön 24,14) genannt als diejenigen, die nicht in die Gefangenschaft nach Babel geführt werden. Die Bezeichnung ʿam hāʾāræṣ an der letztgenannten Textstelle (2Kön 24,14) ist vermutlich auf eine Kombination der Ausdrücke in Jer 52,15f zurückzuführen. Dort wird ein Teil der Exilierten als „Arme des Volkes" דַּלּוֹת הָעָם (V.15), die nicht Weggeführten jedoch als „Arme des Landes" דַּלּוֹת הָאָרֶץ (V.16) angesprochen. Auch Jer 40,7 lässt erkennen, dass die Bezeichnung, möglicherweise sogar die Selbstbezeichnung, der in Juda verbliebenen Landbevölkerung וּמִדַּלַּת הָאָרֶץ מֵאֲשֶׁר לֹא־הָגְלוּ בָּבֶלָה: war: „von den Armen des Landes, die nicht nach Babel geführt wurden". Die Aufgabe der im Land Zurückgelassenen wird 2Kön 25,12 und Jer 52,16 wortgleich formuliert. Sie sollen die Weinberge und die Ackerflächen bestellen: לְכֹרְמִים וּלְיֹגְבִים. Sie repräsentieren die bäuerliche Landbevölkerung, die zumindest in der Endphase des judäischen Königtums ohne eigenen Grundbesitz war. Möglicherweise handelt es sich um die ehemaligen Landeigentümer, die in den letzten Jahrzehnten des davidischen Königtums ihr Land an städtische Großgrundbesitzer verloren, nach 597 bzw. 586 v.Chr. jedoch im Auftrag der neubabylonischen Könige wieder ihre vormaligen Ländereien bewirtschafteten. Obgleich vermutlich ein großer Teil der Erträge nach Babylonien abgegeben werden musste oder gleich in Juda von neubabylonischen Beamten abgezweigt wurde[248], brachte diese Regelung sicherlich auch Vorteile für die Landjudäer[249]. Zum Konflikt musste es bei der sukzessiven Rückkehr der Exilierten im 5. Jh. v.Chr. kommen, da diese vermutlich ihre wie auch immer in der ausgehenden

---

[246] WÜRTHWEIN 1936; GUNNEWEG 1983; ALBERTZ 1996a, 304–321.

[247] So andeutungsweise WEINBERG 1974.

[248] Die Kombination von Wein- und Getreideanbau entsprach den Bedürfnissen des neubabylonischen Hofes, weil die königlichen Bediensteten in Naturalien, eben in Wein und Getreide, entlohnt wurden. Aus neuassyrischer Zeit ist diese Praxis gut dokumentiert (KINNIER WILSON 1972; GRAYSON 1993, 21f). Sie wurde bis in die achämenidische Zeit hinein aufrechterhalten. Erst im 5. Jh. v.Chr. sind Lohnzahlungen in Silber belegt (H.KOCH 1992, 36–62).

[249] BARSTAD 1997; LIPSCHITS 1998; 1999.

Königszeit erworbenen Landrechte geltend machten (Ez 33,24) und dabei offensichtlich von den persischen Behörden unterstützt wurden. Obgleich die ausdrückliche Erwähnung der Weinberge (2Kön 25,12; Jer 52,16) sicherlich in erster Linie wirtschaftliche Interessen der Neubabylonier spiegelt, so ist sie doch auch für die hier eingeschlagene Fragestellung von Interesse. Die Gegend von Hebron war —und ist es teilweise noch—ein Zentrum des Weinbaus[250]. Und hier, bei Hebron, markiert die R^{jahw} den dauerhaften Wohnsitz des Erzvaters Abraham. Eine weitere Identifikationsfigur der judäischen Landbevölkerung war Kaleb. Er erhält den Ehrentitel עבד יהוה (Num 14,24) und wird damit zur profetischen Mittlerfigur wie Mose[251]. Kaleb wird das Gebiet um Hebron und v.a. auch das Gebiet südlich der Stadt bis Debir/Kirjat-Sefer[252] zugeeignet (Jos 15,13–19; Ri 1,10– 15; vgl.Num 13,23f; 14,24)[253]. Abraham und Kaleb werden so Protagonisten der Landjudäer, die nach der Installierung der Provinz Juda südlich außerhalb des Provinzgebietes blieben und so in den idumäisch/edomitischen Einflußbereich gerieten. Nicht von ungefähr wird Kaleb über seinen Bruder Kenas (Jos 15,17; Ri 1,13) genealogisch mit Esau/Edom verbunden (Gen 36,11)[254]. Möglicherweise wurde die von den neubabylonischen Behörden im 6. und beginnenden 5. Jh. v.Chr. protegierte judäische Landbevölkerung nach der Einrichtung einer eigenständigen Provinz Juda in persischer Zeit um

---

[250] KARMON 1983, 207; ZWICKEL 1994. Bei ihrer Darstellung der politischen und ökonomischen Verhältnisse in Juda während der neubabylonischen Zeit haben BARSTAD (1997) und LIPSCHITS (1998; 1999) die Region von Hebron nicht im Blick. Insbesondere Lipschits geht davon aus, dass Juda bereits seit 597 v.Chr. den Status einer eigenständigen Provinz hatte, deren Südgrenze nördlich von Hebron verlief. Zur Kritik an dieser Sicht s. o. Seite 62–70.

[251] Wörtlich עבדי „mein Diener" innerhalb einer YHWH-Rede, vgl. JERICKE 1997a, 286f.

[252] *Hirbet Rabūd* (Koord. 1515.0933) ca. 13 km südwestlich von Hebron (JERICKE 1997a, 259f).

[253] Ich habe in diesen Texten eine Landnahmeüberlieferung gesehen (JERICKE 1997a, 319ff). Vermutlich ist diese Interpretation nicht aufrechtzuerhalten.

[254] Möglicherweise ist die damit verbundene Assimilation eine Erklärung für die edomfeindlichen Abschnitte in den aus Jerusalemer Sicht redigierten Profetenbüchern (Jes 34; Jer 49,7–22; Ez 35). An der historischen Oberfläche war sicher „die Besetzung des Südens des judäischen Staatsgebietes durch Edomiter" (Ez 35,10ff) ein auslösendes Moment für die Formulierung der gegen Edom gerichteten Worte (WEIPPERT 1982, 295). Sozialgeschichtlich gesehen mag aber die bereits auf die späte Königszeit zurückgehende Spannung zwischen den herrschenden Gruppen in Jerusalem und der Landbevölkerung Judas, die nach 450 v.Chr. teilweise „edomisiert" wurde, eine wesentliche Rolle gespielt haben.

die Mitte des 5. Jhs. v.Chr. nach Süden abgedrängt und ließ sich an den Rändern Judas bzw. ganz außerhalb des Provinzgebietes nieder. Dabei setzte eine allmähliche „Edomitisierung", vielleicht auch eine „Arabisierung" (vgl. Gen 25,1–6) ein. Die Texte der R^{jahw} repräsentieren noch eine offensiv-kritische Auseinandersetzung mit dieser Situation, währenddem mit Gen 23 ein spätes Zeugnis für die allmähliche Akzeptanz einer Lebensweise in einer von unterschiedlichen Gruppen bewohnten und von wechselnden Herrschaften geprägten „multikulturellen" Region außerhalb der Provinz Juda vorliegen dürfte[255].

7.4 Datierung

Nach den bisherigen Ausführungen ergibt sich eine Datierung der R^{jahw} um die Mitte des 5. Jhs. v.Chr. bzw. in der zweiten Hälfte des 5. Jhs. v.Chr., auf jeden Fall nach Installierung der Provinz Juda zur Zeit Nehemias. Für eine solche Datierung sind vor allem die inhaltlichen Gesichtspunkte und die sozialgeschichtlichen Überlegungen ausschlaggebend. Konkrete Anhaltspunkte für eine zeitliche Einordnung bietet der Text kaum. Die Ortsangabe „Ur in Chaldäa" ist außer Gen 11,28.31; 15,7 nur noch Neh 9,7 zu finden[256]. Die Erwähnung der Chaldäer (Gen 11,28.31) ist nicht vor dem ausgehenden 8., vernünftigerweise jedoch erst ab dem 7./6. Jh. v.Chr. denkbar[257]. Die Verbform וַלֶּד (Gen 11,30)[258] ist ein Arabismus, der als solcher ebenfalls nicht vor dem 7./6. Jh. v.Chr. zu erwarten ist[259]. Als terminus post quem ist demnach der Übergang vom 7. zum 6. Jh. v.Chr. zu bestimmen. Eine Datierung in die Endphase der Königszeit oder in die ersten Jahre der neubabylonischen Herrschaft entspräche der Besiedlungsgeschichte der drei genannten Landstädte Sichem, Bet-El und Hebron bzw. der durch ihre Erwähnung evozierten territorialgeschichtlichen Verhältnisse im 6. Jh. v.Chr. Gegen eine solche relative Frühdatierung sind jedoch mindestens zwei Gründe ins Feld zu führen:

---

[255] Zur territorialgeschichtlichen Situation im südlichen Palästina im 5. und 4. Jh. v.Chr. s. o. Seite 81–86.

[256] GOSSE 1997, 99.

[257] DIETRICH 1970, 5f; GÖRG 1991a.

[258] Die Form ist gegenüber der durch Samaritanus bezeugten Lesart ילד als lectio difficilior beizubehalten, vgl. HOLZINGER 1898, 118; WESTERMANN 1981, 151f.

[259] KNAUF 1997. Die Interpretation als „altertümliche Form" von ילד (SEEBASS 1997, 3) ist unbegründet.

(1) Im 7./6. Jh. v.Chr. waren die drei Landstädte Sichem, Bet-El und Hebron bewohnt. Im 6. Jh. v.Chr. lagen sie in einer Verwaltungseinheit[260]. Mamre existierte jedoch nicht vor der persischen Zeit, d.h. vor dem ausgehenden 6. Jh. v.Chr.[261]. Die Erwähnung von Mamre in einem Text des 7./6. Jhs. v.Chr. wäre nur denkbar, wenn man das Toponym im Sinne einer Geländebezeichnung versteht und keine Besiedlung an dem Platz voraussetzt. Von dem erzählerischen Zusammenhang in Gen 13,18 und 18,1 ist dies nicht völlig ausgeschlossen. Zugunsten einer solchen Annahme könnte immerhin ins Feld geführt werden, dass Mamre hier durch einen bekannten und möglicherweise bewohnten Ort näher definiert wird, dass bei Mamre demnach lediglich an einen unbesiedelten Platz bei Hebron gedacht ist. Die Interpretation der Textabschnitte der R[jahw] zeigt jedoch, dass das Stichwort „Hebron" Gen 13,18 nicht einen hinweisend-topographischen Zweck erfüllt, sondern vielmehr theologisch konnotiert ist. Der eigentliche Wohnort Abrahams ist Mamre, der Hinweis auf Hebron leitet zu Gen 15 über. Daher ist es weitaus sinnvoller anzunehmen, dass der Text abgefasst wurde, als Mamre existierte. Dies war um die Mitte des 5. Jhs. v.Chr. der Fall. Auf der anderen Seite ist es durchaus vorstellbar, dass ein Itinerar Sichem/Bet-El/Hebron in einer Zeit zusammengestellt wurde, als diese Orte nicht besiedelt waren[262]. Sie blickten auf eine bedeutende Tradition zurück, sowohl im allgemeinen historischen als auch im literarischen Sinn, als dass ein kurzfristiger Besiedlungshiatus sie hätte aus dem Gedächtnis der Bevölkerung verbannen können. Ähnliches gilt für die Frage der Verwaltungsgeschichte. Die in Gen 12,6–9; 13,18 vorausgesetzte territoriale Zusammengehörigkeit von Sichem, Bet-El und Hebron ist Fiktion, nicht Realität. Die Fiktion formuliert eine, von der aktuellen politischen Situation um oder nach 450 v.Chr. aus gesehen, konservative Vorstellung, diejenige nach Erhalt des territorialen Großgebildes Samaria/Juda, das in babylonischer Zeit entstanden war und nun zugunsten einer restjudäischen Provinz Juda aufgegeben wurde.

(2) Die Polemik von Ez 33,24 richtet sich gegen „die Bewohner jener Trümmer auf der Erde Israels" יֹשְׁבֵי הֶחֳרָבוֹת הָאֵלֶּה עַל־אַדְמַת יִשְׂרָאֵל, die sich auf Abraham berufen, um ihre Landansprüche zu legitimieren. Mehrheitlich gehen die Ausleger davon aus, dass Ez

---

[260] S. o. Seite 94ff.
[261] S. o. Kapitel 2 Abschnitt 2.
[262] S. o. Seite 94ff.

33,24 noch keine literarisch formulierte und in einen Erzählkontext eingebundene Verheißungsrede erfordert[263]. Mitunter wird der Vers jedoch nicht nur als Datierungskriterium für Gen 12,1–9 gesehen, sondern auch als Hinweis darauf verstanden, dass spätestens in den ersten Jahren nach 598 v.Chr. bereits eine ausformulierte Verheißungsrede wie Gen 12,7 oder Gen 15,18 vorlag[264]. Unter dem Einfluß des Kommentares von Zimmerli wird der Abschnitt Ez 33,23–29 dabei meist dem namengebenden Profeten zugeschrieben[265]. Allerdings erkennt Zimmerli, dass Ez 33,24 nicht vor 587/86 v.Chr. gesprochen sein kann bzw. dass der Vers „schon eine gewisse Distanz zum Brande der Stadt" verrät, „weil sie [die Zurückgebliebenen, D.J.] sich im Besitzgut der Deportierten einzurichten begonnen haben"[266]. In Konsequenz dieser Überlegungen rechnet Pohlmann den Text zu einer „golaorientierten Redaktion"[267], die „den Anspruch der ersten Gola bzw. ihrer Nachkommen auf die Führungsrolle für die Zeit während und nach den ersten Rückkehrerwellen aus dem babylonischen Exil" absichern will[268]. Diese Redaktion datiert Pohlmann „ins ausgehende 5. Jh."[269] Bei einer solchen Interpretation rückt Ez 33,24 in unmittelbare Nähe zum hier vorgeschlagenen zeitlichen Ansatz der R^{jahw}. Dabei ist sogar noch die Annahme möglich, dass der Text des Ezechielbuches auf Verheißungsreden wie Gen 12,7 und 15,7.18 reagiert.

Unter Einbeziehung dieser Gesichtspunkte ist daher die zeitliche Einordnung der zur R^{jahw} gerechneten Textabschnitte in Gen 11,27–13,18 in die zweite Hälfte des 5. Jhs. v.Chr., wie sie sich schon aus der theologischen und sozialgeschichtlichen Interpretation ergab, aufrechtzuerhalten.

---

[263] LOHFINK 1967, 14f; KÖCKERT 1988, 243; RÖMER 1990, 515; SCHMIDT 1992, 15f.

[264] ZIMMERLI 1979b, 819; BLUM 1984, 296.

[265] So zuletzt EHRLICH 1996.

[266] ZIMMERLI 1996b, 818.

[267] POHLMANN 1992, 10f.21–27; 1994.

[268] POHLMANN 1992, 247.

[269] POHLMANN 1994, 98.

KAPITEL SIEBEN

ABRAHAM IN MAMRE

1. *Allgemeines*

Der Zug nach Mamre beginnt mit dem Aufbruch der Terachiden (Gen 11,27–31). Nach weitläufigen Wanderungen (Gen 11,31–13,4) lässt sich Abraham „bei den großen Bäumen Mamre, die bei Hebron liegen" (Gen 13,18) nieder. Das Wohnen der Erzeltern in Mamre wird Gen 18,1 bestätigt. Der Vers bildet die Überschrift zu der kompakten Mamre-Sodom-Erzählung Gen 18f. Erst Gen 20,1 ziehen die Erzeltern in den Negeb. Die erzählerische Konzeption, die Abraham in Mamre lokalisiert, umfasst demnach den Textbereich von Gen 11,27 bis Gen 19,38. Dieser vergleichsweise geschlossene Abschnitt des Buches Genesis steht im Zentrum der vorliegenden Untersuchung zu „Abraham in Mamre".

Literarischer Basistext in Gen 11,27–19,38 ist eine Toledoterzählung, die im Rahmen eines die Genesis konstituierenden Toledotbuches (Gen 5,1) zu sehen ist[1]. Die Toledoterzählung lokalisiert Abraham noch ganz allgemein im „Land Kanaan" (Gen 11,31; 12,5; 13, 12). Eine erste theologisierende Interpretation der Toledoterzählung liegt in der P-Redaktion Gen 17* vor, wobei die genealogischen Notizen systematisiert werden.

Die Konzeption „Abraham in Mamre" beruht auf zwei nachpriesterlichen Textbearbeitungen. Die erste ist eine Textausschreibung, die im wesentlichen auf Gen 18f beschränkt bleibt und eine Mamre-Sodom-Erzählung konstituiert[2]. Die Bearbeitung wird als jahwisierende Ausschreibung bezeichnet, weil sie YHWH als Gegenüber der Erzeltern einführt. Auf die Mamre-Sodom-Erzählung ist die Lokalisierung Abrahams und Saras in Mamre Gen 18,1 zurückzuführen. Die

---

[1] In Modifizierung einer von EERDMANS (1908) vorgelegten These, s. o. Seite 134ff.

[2] Spuren sind noch in Gen 17,1–3a zu erkennen; s. o. Seite 217ff.

zweite Bearbeitung ist eine über den Pentateuch bis in die Königsbücher ausgreifende jahwisierende Redaktion (R^jahw). Innerhalb der Abrahamgeschichte ist sie Gen 11,28–31*; 12,1–4a.6–9*; 13,12b*.18 und Gen 15, aber auch noch Gen 22,20–24* greifbar. Die R^jahw führt Abraham zu seinem dauerhaften Wohnsitz Mamre (Gen 13,18), erweitert die Ortsangabe jedoch um den Hinweis auf Hebron, der Gen 15 vorbereitet.

Einen zumindest partiellen Abschluss des redaktionsgeschichtlich fassbaren Entstehungsprozesses der Abrahamgeschichte in Gen 11,27 –19,38 bilden Textabschnitte, die in Affinität zur Pentateuchredaktion gesehen werden können. Zu ihnen zählen u.a. Gen 12,10–20, einschließlich der redaktionellen Klammer Gen 13,1–4, und Gen 13,14– 17. Diese Textabschnitte bringen heilsgeschichtliche Traditionen wie Exodus und Landnahme in die Abrahamgeschichte ein. Damit weisen sie die Abrahamgeschichte—bzw. die Erzelterngeschichte überhaupt —als integrativen Bestandteil der Ätiologie Israels in einem eigenständigen Pentateuch aus.

Das abwechslungsreiche Panorama, das Gen 11,27–19,38 in der Zeichnung der Erzeltern bietet, ist auf die verschiedenen Bearbeitungen zurückzuführen. In der Toledoterzählung ist Abraham nicht viel mehr als ein Glied in der Reihe der Vorfahren Jakob/Israels. P zeichnet Abraham als eigenständigen Patriarchen und Ahnvater der Könige Israels und Judas. Die Mamre-Sodom-Erzählung bringt die Vorstellung von den Erzeltern als Vertretern des nomadisch-bäuerlichen Lebens ein, wobei ihnen, analog zu literarischen Gestalten der Frühgeschichte Israels wie Gideon und Simson, auch königliche und priesterliche Züge mitgegeben sind. Die R^jahw sieht Abraham als Wanderhirten und Profeten. Schließlich fügen die späten Textergänzungen die Vorstellung der heilsgeschichtlichen Prolepse an.

2. Die Toledoterzählung

Für die Toledoterzählung ist Abraham im wesentlichen der Ahnvater Jakob/Israels. Schon hier wird deutlich, dass Abraham eine fiktive Gestalt, eine literarische Figur ist. Die auf Abraham bezogenen Passagen sind lediglich genealogischer Vorbau zu der als Israel-Ätiologie verstandenen Jakobgeschichte[3]. Daher enthält die Toledoterzäh-

---

[3] DE PURY 1991; 1992; 1994; 2000; 2001.

lung in Gen 11,27–19,38 v.a. genealogische Notizen (11,27.28a.31*. 32b; 12,5; 13,12abα). Die Erzählung wird in Gen 16,3.4a.15 mit der Notiz von der Geburt Ismaels weitergeführt. Der Wohnort Abrahams wird in der Toledoterzählung nicht genauer angegeben, er wohnt im „Land Kanaan". Auch in dieser Hinsicht ist der Toledotfaden lediglich Basis, Vorstufe für die Konzeption „Abraham in Mamre". Das „Land Kanaan" umfasst Samaria und Juda[4]. Eine Abgrenzung gegen die Nachbarn im Norden und Süden ist offensichtlich. Die Abgrenzung nach Norden erfolgt durch die Todesnotiz zu Terach, der in Haran/Nordsyrien stirbt (Gen 11,32). Ismael als südlicher Nachbar ist der Sohn einer ägyptischen Nebenfrau[5].

Im Verlauf der uns fassbaren Geschichte Israels und Judas gab es nur einen Zeitraum, zu dem Samaria und Juda ein verwaltungsmäßig zusammenhängendes Territorium bildeten, unter Ausschluss südjudäisch-edomitischer Gebiete. Dies war die Zeit der babylonischen Herrschaft in Palästina und die frühpersische Zeit, also das 6. Jh. und die erste Hälfte des 5. Jhs. v.Chr. Nach 586 v.Chr. wurde Restjuda, das bis dato ein formal noch eigenes, wenn auch faktisch nicht unabhängiges Königreich war, mit der schon von den Assyrern eingerichteten Provinz Samaria/*Samerina* zusammengeschlossen. Wenn die Erwähnung Harans, das in der Endphase des neubabylonischen Reiches unter Nabonid eine herausgehobene Rolle spielte[6], und der Hinweis auf die Ismaeliter zusammen gesehen werden, ist eine Datierung der Toledoterzählung am Ausgang des 6. Jhs. oder am Beginn des 5. Jhs. v.Chr. als sehr wahrscheinlich anzusehen.

Die mit der durch die Zeugungsnotiz erweiterten Toledotformel (Gen 5,1; 6,9; 11,10; 11,27; 25,19) eingeleiteten Genealogien binden Abraham und Jakob in die Völkerwelt des Vorderen Orients ein. Augenscheinlich war die Zeit der neubabylonischen Herrschaft, und auch noch die frühe persische Zeit, eine Phase relativer Ruhe und Stabilität in Palästina, v.a. in Juda, das fern der politischen Zentren und der großen Handelsrouten lag. Die in Juda verbliebene Landbe-

---

[4] Zu erschließen ist dies v.a. aus den nachfolgend genannten Abgrenzungen gegen die Nachbarn, teilweise auch noch durch die Nachinterpretation der R[jahw], die „Land Kanaan" durch die Orte Sichem, Bet-El und Mamre/Hebron veranschaulicht (Gen 12,6ff; 13,18).

[5] Im Rahmen der Jakobgeschichte haben die ausleitenden Kapitel Gen 32f eine ähnliche Funktion. Das Zusammenwohnen Jakobs und Esaus wird zwar angestrebt, letztlich jedoch nicht vollzogen (vgl. Gen 33,16 mit 33,17–20).

[6] GALLING 1964, 1–60.

völkerung konnte sich als Teil einer größeren Gemeinschaft verstehen. Es war so etwas wie eine Atempause zwischen den Turbulenzen am Ende der Königszeit (7./6. Jh. v.Chr.) und denjenigen nach dem Tode Darius I. um die Mitte des 5. Jhs. v.Chr. Das Ende der Königszeit war gekennzeichnet durch die neubabylonische Expansion (2Kön 20,12–21; 24f), durch Auseinandersetzungen mit den östlichen Nachbarn und durch innerjudäische Parteibildungen (Jer 37–44). Um die Mitte des 5. Jhs. v.Chr. taten sich neue Unruhen und binnenjudäische bzw. judäisch-israelitische Fronten auf bei der Wiederbefestigung Jerusalems, der versuchten Revitalisierung der Daviddynastie und der Einrichtung einer völlig auf Jerusalem konzentrierten Provinz Juda (Esr/Neh).

Die Toledoterzählung formiert somit grundlegend den Charakter der Erzelterngeschichte. Nicht selten ist deshalb vom weitgehend friedlichen Grundton[7], „von der schönen, überwiegend friedvollen, »patriarchalischen« Grundstimmung der Erzvätergeschichte"[8] die Rede. Diese Ausrichtung ist interdependent zu der eben umrissenen politisch-sozialen Atempause zwischen 586 und ca. 450 v.Chr. Der „patriarchalisch"-friedlichen Grundstimmung folgen, trotz z.T. partikularer Zielvorstellungen, auch die nachfolgenden redaktionellen Bearbeitungen.

Die erste dieser Redaktionen, die priesterliche Bearbeitung P, fällt noch in das oben umrissene, vergleichsweise ruhige Zeitalter. In Gen 17 wird Abraham als Patriarch und Ahnvater des königszeitlichen Israel/Juda gezeichnet. Die Namensänderungen (V.5.15f) und die damit verbundenen Ätiologien schlagen einen weiten Bogen von Abraham zu den israelitischen und judäischen Königen. Zudem werden einige Erzählzüge, die der Toledotfaden durchaus profan schildert, begrifflich-theologisch interpretiert. Abraham ist nicht einfach der Bewohner des Landes Kanaan. Dieses Land wird ihm und seinen Nachkommen von Gott zum „dauerhaften Besitz" לַאֲחֻזַּת עוֹלָם gegeben (V.8). Vor allem aber wird das Verhältnis seiner beiden ältesten Söhne Ismael und Isaak geklärt (V.15–22). Die genealogische Hauptlinie wird mit Isaak weitergeführt, Ismael wird eine eigene Linie gründen. Diese P-Auslegung hatte Folgen für das weitere Wachstum der Abrahamgeschichte: (1) Zwischen Abraham- und Jakobgeschichte wurde eine aus z.T. bekannten Motiven zusammenge-

---

7   WORSCHECH 1983, 209f.
8   DONNER 2000, 84.

stellte kurze Isaakgeschichte (Gen 26) eingebaut[9]. (2) Die ursprüngliche Toledotformel für Abraham Gen 25,19 wurde in eine solche für Isaak umgeschrieben[10]. (3) Für Ismael wurde ein sekundärer Toledot-Abschnitt Gen 25,12–18 verfasst.

3. Die Mamre-Sodom-Erzählung Genesis 18 und 19

Die Mamre-Sodom-Erzählung führt erstmals den Ortsnamen Mamre in die Erzählungen der Erzelterngeschichte ein. Diese Ortsbezeichnung zählt demnach mitnichten zum Urgestein der Genesisüberlieferung. Mamre gehört zur „dritten Generation" der Textgenese. Die Eintragung des Toponyms war erst im ausgehenden 6. oder im 5. Jh. v.Chr. möglich, da vorher kein Ort namens Mamre existierte. Mamre/*Hirbet Nimrā* wurde zwar schon im Verlauf des 6. Jhs. v.Chr. besiedelt, existierte in dieser Zeit jedoch noch neben der städtischen Anlage von Hebron/*Tell er-Rumēde*. Die redaktionelle Einfügung des Ortsnamens setzt einen namentlich bekannten und in irgendeiner Weise genutzten Platz voraus. Das Toponym Mamre kann keine „kultpolitische Fiktion der nachexilischen (Jerusalemer) Orthodoxie"[11] sein. Eine literarische Ableitung ist nicht möglich. Ebensowenig ist bislang eine befriedigende etymologische Herleitung gelungen. Der Ortsname muss auf vorfindlicher Realität beruhen.

Die Einführung Mamres als Schauplatz der Mamre-Sodom-Erzählung Gen 18f hat im wesentlichen eine doppelte Abzweckung:

(1) Sie steht im Dienst einer dezidiert antistädtischen Landtheologie.

(2) Sie korrigiert die zumindest missverständliche Ortsangabe „unter dem Baum", wie sie ein möglicherweise übernommenes, lediglich bruchstückhaft erkennbares Traditionsfragment gebraucht. Die Mamre-Sodom-Erzählung macht daraus eine reine Ortsangabe. Der „Baum" ist nur einer von vielen Bäumen, eben einer von den „großen Bäumen Mamre".

---

[9] GUNKEL 1910, 293; SCHMID 1991.
[10] S. o. Seite 140f.
[11] DIEBNER 1975, 20. DIEBNER (1975, 26f) ist jedoch insofern im Recht, als er bereits vor 25 Jahren sah, dass Abraham zunächst nicht lokalisiert war und dass der Ortsname Mamre immer in „sekundären" Stücken verwendet ist.

3.1 *Landtheologie*

Die Bezeichnung Landtheologie meint eine Theologie der Landjudäer als Ausdruck ihres religiösen Selbstverständnisses. Die Gestaltung der Landtheologie der Mamre-Sodom-Erzählung erfolgt durch die Ausschreibung der möglicherweise übernommenen, jedoch allenfalls fragmentarisch fassbaren „Baumszene" (Gen 18,2–8*.16) zu einer breit angelegten Erzählung vom Segen für die Erzeltern und der Vernichtung Sodoms. Lot wird zwar aus der Vernichtung Sodoms und des Kikkar gerettet, sein Schicksal endet jedoch in einer Höhle, dem Ort des Todes. Das formal auffälligste Gestaltungsmittel ist die durchgängige Verwendung von Tageszeit- und Ortsangaben, die kontrastierend eingesetzt werden: Tag in Mamre/Nacht in Sodom, ländlicher Platz (Mamre)/Stadt (Sodom), Zelt der Begegnung/Haus= Tempel. Vor allem das letztgenannte Gegensatzpaar wird breit ausgeführt. Zelt bzw. Haus erscheinen leitmotivisch in Gen 18,1–16 bzw. Gen 19,1–11.

Abraham ist der wahre Priester, dem YHWH am Begegnungszelt erscheint. Das Begegnungszelt ist nicht als Provisorium einer Wüstenwanderungszeit, sondern als vollgültiges Heiligtum markiert. In diesem Sinne melden sich die nach 587/86 v.Chr. in Juda Verbliebenen über ihre Identifikationsfigur Abraham zu Wort. Sie stehen dabei in produktiver Auseinandersetzung mit der von den Rückkehrern aus dem babylonischen Exil formulierten P-Theologie. Steht der Abraham der P-Bearbeitung ganz im Dienst der Jerusalemer Hochtheologie, indem eine direkte Linie von ihm zu den fiktiv späteren Königen gezogen wird (Gen 17,6.16), so korrigiert die Mamre-Sodom-Erzählung dieses Bild nach „unten" und zeichnet Abraham als Repräsentanten der Landjudäer.

Abraham ist der wahre König, dem eine Dynastiebildung angesagt wird (Gen 18,1–16). Dieser König kommt aus den Kreisen der Landbevölkerung. Deshalb wohnt Abraham in Mamre. Der Ort war als Wohnplatz für die literarische Gestaltung der Erzelternerzählung geeignet, weil er unmittelbar bei Hebron lag, dem traditionellen Zentrum des ländlichen Juda. Die Verbindung von Mamre und Hebron wird jedoch von der Mamre-Sodom-Erzählung noch nicht ausdrücklich hergestellt. Auch Lot ist König. Als solcher sitzt er im Stadttor von Sodom[12]. Sein Königtum wird jedoch mit der Stadt vernichtet. Dieses Szenario von Gen 19 ist Anspielung auf das Schicksal Jerusalems und seiner Bewohner. Darauf weisen zum einen die Gen 19,12–16 mehrfach verwendeten Ausdrücke הַמָּקוֹם und הָעִיר für Sodom. „Die Stadt" הָעִיר in absoluter Verwendung ist Jerusalem. Daneben scheint der durchgehende Hinweis auf das „Haus" הַבַּיִת, in dem Lot wohnt (Gen 19,1–11) eine Metapher für den vorexilischen Tempel zu sein[13]. Stadt (הָעִיר), Tempelplatz (הַמָּקוֹם) und Tempelgebäude (הַבַּיִת) werden vernichtet. Die Schuld liegt bei den Bewohnern der Stadt selbst, welche die „Tür" הַדֶּלֶת des Hauses stürmen wollen (V.9)[14]. Gen 19 liegt eine erzählerische Aufbereitung der Ereignisse von 597 und 587/86 v.Chr. vor. Jerusalem wird zerstört, die wenigen Menschen, die entkommen, fliehen nach Ammon und Moab. Jerusalem ist zu Recht vernichtet worden, die nach Ammon und Moab Entkommenen sind Todgeweihte. Das ist die Botschaft der Mamre-Sodom-Erzählung in Gen 19. Dieser wird in Gen 18 die Selbstversicherung der in Juda verbliebenen ländlichen Bevölkerung entgegen gehalten. Ihre Lebensform ist eine zugleich königliche und priesterliche. Für dergleichen Institutionen benötigen sie keine städtisch organisierte Herrschaft.

In dieser Konzeption „Abraham in Mamre" liegt gleichzeitig ein Vorbehalt gegen die Erneuerung der politischen Situation, wie sie am Ende der monarchischen Zeit herrschte. Wiederaufbau des Tempels und Zentralisierung der Institutionen in Jerusalem sind unerwünscht. Eine solche Konzeption, die das Toponym Mamre gegen Sodom/Jerusalem ausspielt, ist erst im späteren 6., eher noch im 5. Jh. v.Chr. denkbar. Nach Ausweis der archäologischen Oberflächenuntersuchungen und nach dem Zeugnis der Königsstempel war Hebron in der späteren Königszeit, vom 8. bis zum 6. Jh. v.Chr., zwar ein regionales Zentrum, die gesamte Hebrongegend war jedoch politisch und wirt-

---

[12] Die Verbindung שַׁעַר + Eigenname ist nur noch für die Königsstädte Jerusalem und Samaria bezeugt; vgl. auch Ez 16, wo Samaria und Sodom als Schwestern Jerusalems bezeichnet werden.

[13] S. o. Seite 207f.

[14] Vgl. 2Kön 18,16: Hiskija zerbricht die vermutlich mit Gold beschichteten „Türen des Tempels" דַּלְתוֹת הֵיכַל יְהוָה, um mit dem so gewonnenen Wertstoff Tributzahlungen an die Assyrer leisten zu können. Jerusalem wird verschont. Aber die Episode von der Zurschaustellung der Tempelschätze gegenüber einer babylonischen Delegation (2Kön 20,12–21) weist auf das Ende der Stadt und des Tempels.

schaftlich von Jerusalem abhängig[15]. Die regionale Mittelpunktfunktion Hebrons dauerte vermutlich noch bis über 586 v.Chr. hinaus an. Erst am Ende des 6. oder zu Beginn des 5. Jhs. v.Chr. ist daher die oben umrissene Landtheologie einer sich unabhängig verstehenden judäischen Landbevölkerung denkbar. Wenn man die deutlich herausgestellte Funktion des Begegnungszeltes (Gen 18,1–16) und die sowohl formal als auch inhaltlich dazu kontrastierende Rolle des Tempels (Gen 19,1–11) in die Überlegungen einbezieht, so legt sich die Vermutung nahe, dass zur Zeit der literarischen Gestaltung der Mamre-Sodom-Erzählung der Jerusalemer Tempel bereits wieder in Betrieb genommen war. Der Wiederaufbau des Tempels zwischen 520 und 515 v.Chr. durch die ersten Rückkehrer aus Babylonien[16] wurde von der Landbevölkerung zum Anlass genommen, ein deutliches literarisches Zeichen gegen die Restituierung der spätvorexilischen Verhältnisse mit einer übermächtigen Hauptstadt Jerusalem zu setzen.

3.2 *Religionsgeschichtliche Erwägungen*

Die Eintragung des Ortsnamens Mamre ist ein literarischer Akt. Die Verbindungen zwischen Mamre und den Reminiszenzen an unorthodoxe Religionspraktiken der Königszeit—evoziert durch das Baummotiv und die Dreiergruppe—basieren nicht auf geschichtlicher Realität. Mamre ist kein Kultort. In dieser Weise hat erst die R[jahw] die Mamre-Sodom-Erzählung von Gen 18f verstanden. Sie lässt deshalb Abraham in Mamre einen YHWH-Altar bauen (Gen 13,18), um die letzten Verdachtsmomente über möglicherweise nichtjahwistische Praktiken am Ort zu beseitigen. Das Mamre von Gen 18,1 ist ein Platz der Gottesbegegnung. Der Ortsname selbst in seiner Vollform „große Bäume Mamre" dient dazu, die immerhin noch mögliche kultische Konnotation der Ortsbezeichnung „unter dem Baum" zu profanisieren. Dieselbe Aussageabsicht ist der von der Mamre-Sodom-Erzählung vorgenommenen Definition der drei Männer als YHWH und zwei Boten (Gen 19,1) zu entnehmen.

Der Jahwismus, der sich in der Mamre-Sodom-Erzählung zu Wort meldet, ist eher noch ein tastender. Die möglicherweise übernomme-

---

[15] S. o. Seite 33ff.
[16] GALLING 1964, v.a. 127–148.

nen Motive der Dreiergruppe und des Baumes bleiben stehen[17]. Der
Übergang von den „Männern" zu YHWH ist fließend (Gen 18,9). Im
Gegensatz zu Num 12 und der priesterlichen Heiligtumskonzeption,
ist Abrahams Frau Sara gleichberechtigt am Zelt der Begegnung. Sie
übernimmt auch Abrahams Rolle aus Gen 17: sie lacht und gibt somit
den erzählerisch-indirekten Hinweis auf den Namen des zugesagten
Sohnes. In dieser Hinsicht melden sich Vorstellungen und Praktiken
zu Wort, die vielleicht schon auf die späte Königszeit zurückgehen.
Neben dem Jerusalemer Hochkult scheint im ländlichen Bereich Judas eine Reihe unorthodoxer Religionspraktiken üblich gewesen zu
sein[18]. Eine Baumverehrung ist mittels ikonographischer Belege[19]
sowie indirekt aus der deuteronomistischen und profetischen Polemik[20] zu erschließen. Solche Praktiken sind sicherlich nicht im Bereich der persönlichen Frömmigkeit[21], sondern eher in einem religiösen Zwischenstratum, etwa im Rahmen eines Gemeinschaftskultes
innerhalb von Ortschaften oder an ländlichen Zentralheiligtümern,
anzusiedeln[22]. Die Mamre-Sodom-Erzählung selbst verwendet Dreiergruppe und Baummotiv profan: drei Männer, die sich unter einem
Baum niederlassen. Diese Profanität weist bereits auf einen Abstand
zu Verhältnissen, in denen Polytheismus und Baumverehrung zum
Alltag gehörten.

Wie bei der Toledoterzählung ist in der Mamre-Sodom-Erzählung
eine „internationale" Ausrichtung zu konstatieren. Die Verbindung
von Bewirtung und Belohnung, nicht selten in Form der Ankündi-

---

[17] Die Isolierung von V.14a als Grundlage einer steilen theologischen Interpretation ist kein angängiges Verfahren (BRUEGGEMANN 1982b; LEVIN 1993, 155: „Summe der Gotteslehre des Jahwisten"; Levin verweist auf Dtn 17,8, dort ist יִפָּלֵא jedoch
zunächst einmal juristischer Terminus, vgl. GERTZ 1994, 59).

[18] WEIPPERT 1990.

[19] KEEL 1998, 39–46.

[20] WEIPPERT 1990, 154–158.

[21] WESTERMANN 1981; ALBERTZ 1996a; 1997a.

[22] WEIPPERT (1990, 153f) spricht vom „Kult der lokalen oder regionalen Heiligtümer" als der mittleren von „drei Ebenen" (Familie, Wohnort/Region, Staat), auf
denen in der späteren Königszeit Religion praktiziert wurde (ähnlich SCHMID 1989,
381 Anm. 32; vgl. KEEL/UEHLINGER 1998, 470f). Auch STOLZ (1996, 121–124)
handelt die genannten Phänomene unter dem Stichwort „Lokale Kulte" ab. Er sieht
jedoch die Grenzen zwischen den Ebenen Familie und Wohnort/Region als „fließend" und leitet Praktiken wie Baumverehrung oder polytheistische Kulte „aus dem
Bereich privater Frömmigkeit, oder genauer: aus einem Bereich privater Religion im
Zusammenhang mit lokalen Heiligtümern" ab (STOLZ 1996, 123). Mir erscheint
jedoch die Deutekategorie „privat" für Verhältnisse der vorexilischen Zeit nicht
angemessen.

gung eines Kindes, gehört zu den verbreiteten Motiven der altvorderorientalischen Literatur. Zu verweisen ist in diesem Zusammenhang
u.a. auf das ugaritische *Dn'l*-Epos[23]. Allein in einem solchen Verstehenshorizont ist auch der Hinweis auf die seit Gunkel oft genannten
Belegstellen in der Literatur der hellenistisch-römischen Zeit (Ovid)
erlaubt[24]. In der Beharrung auf dem „internationalen" Aspekt liegt
sicherlich auch der Ansatzpunkt für die bis heute aktuelle ökumeni-
sche Aussagekraft der Figur Abraham[25].

4. *Die jahwisierende Redaktion* R[jahw]

Die R[jahw] erweitert die aus Gen 18,1 bekannte Ortsangabe Mamre um
den Hinweis auf Hebron (Gen 13,18). Die Formulierung von Gen
13,18 ist aber keinesfalls als Reflex auf eine vorfindliche Realität,
etwa auf die Wiederbesiedlung Hebrons, zurückzuführen. Die Wendung „bei den großen Bäumen Mamre, die bei Hebron liegen" steht
in der Linie einer schematischen, itinerarartigen Darstellung in Gen
12 und 13. Mit der Reihe der Gen 12,6ff; 13,18 genannten Landstädte
Sichem, Bet-El und Hebron wird die allgemeine Angabe „Land Kanaan" der Toledoterzählung konkretisiert. In dieser Veranschaulichung liegt gleichzeitig ein Anspruch beschlossen, der in den Verheißungsreden Gen 12,7; 15,7.18 auch deutlich ausgesprochen ist. Der
Anspruch richtet sich in erster Linie gegen die Rückkehrer aus dem
Exil, speziell gegen die zweite Welle von Rückkehrern um die Mitte
des 5. Jhs. v.Chr., die mit der Rückendeckung der achämenidischen
Behörden ihre alten Pfründe erneut ausschöpfen wollten und dabei
offenbar eine territoriale Reduzierung Judas akzeptierten. Dem hält
die R[jahw] eine konservative Vorstellung entgegen. Das „Land" hat die
traditionellen Gebiete von Samaria und Juda zu umfassen. Diese Vorstellung schließt das südlich außerhalb der perserzeitlichen Provinz
Juda gelegene Gebiet von Hebron ein. Damit greift die R[jahw] auf den
territorialen Zustand der neubabylonischen und frühpersischen Zeit
zurück. Neben der territorialen Frage spielte vornehmlich ein sozialer
Gesichtspunkt eine Rolle. Die Unabhängigkeit, die sich die Landbevölkerung während der neubabylonisch-frühpersischen Epoche er-

---

[23] XELLA 1978; AVISHUR 1986/87.
[24] GUNKEL (1910, 200) wertet die weite Verbreitung des Motivs jedoch als Zeichen für „uralte Züge" der Sage.
[25] S. o. Seite 1ff.

worben hatte, begünstigt durch den Zerfall oder die Zerstörung der
städtischen Zentren, wollte sie sich bewahren. Allenfalls war sie be-
reit, regionale städtische Zentren wie Sichem oder Hebron zu akzeptieren.

Die R^{jahw} setzt literarisch nicht an der Mamre-Sodom-Erzählung
von Gen 18f an, sondern unmittelbar am Basistext der Abrahamgeschichte, an der Toledoterzählung. Gleichwohl führt die R^{jahw} die
antistädtische Ausrichtung der Mamre-Sodom-Erzählung in modifizierter Form weiter. Die Plätze, an denen Abraham Altäre baut, liegen
nicht *in* den Städten, sondern lediglich *bei* ihnen. Allerdings spitzt
sich die antistädtische Komponente auf eine dezidiert antijerusalemi-
sche bzw. antidynastische zu. Gen 13,18 führen auf Gen 15 zu. In
diesem Kapitel wird Abraham eine Art Dynastiezusage gegeben
(V.1–6 mit Anklängen an 2Sam 7)[26]. Diese erfolgt nun nicht, wie bei
David, in Jerusalem, sondern in Mamre bei Hebron. Die königliche
Dynastie ist in einem Vertreter der Landbevölkerung zu sehen, sie ist
nicht städtisch, d.h. durch Jerusalem, geprägt. Auch die Kombination
von Dynastiezusage an Abraham und priesterlicher Funktion desselben, wie sie Gen 15 vorliegt, steht in der Linie der Landtheologie der
Mamre-Sodom-Erzählung (Gen 18,1–16).

Neu ist die profetische Zeichnung, v.a. der Rückgriff auf Stilmittel
der Schriftprofetie. Die Mamre-Sodom-Erzählung zeigt solche profetischen Anklänge allenfalls in der formalen Parallele zur Elischaerzählung 2Kön 4. R^{jahw} greift dagegen auf die Wortereignisformel und
andere Elemente der Schriftprofetie zurück[27]. Darin liegt ein im Vergleich zu der Mamre-Sodom-Erzählung stärker politisch-kämpferi-
sches Moment.

Modifikationen sind auch hinsichtlich der „internationalen" Ausrichtung, die sowohl in der Toledoterzählung als auch in der Mamre-
Sodom-Erzählung als Eingliederung der Erzelternfamilien in die vorderorientalische Völkerwelt entgegentritt, unverkennbar. Der Interna-
tionalismus, der sich in Abrahams Weg vom südlichen Mesopotamien
nach Ägypten (Gen 11,28–13,18) und in der Ausweitung seiner Familie nach Edom und Arabien (Gen 22,20–24*) zeigt, zielt nicht in
erster Linie auf die vorderorientalische kulturelle Ökumene, sondern
auf die jüdische Diaspora.

---

[26] Zuletzt SCHMID 1999, 184.
[27] Breite Dokumentation zu Gen 12 und Gen 15 bei KÖCKERT 1988.

5. *Sozialgeschichte*

Als stabiler Faktor im redaktionsgeschichtlichen Werdegang ist die nichtexilierte judäische Landbevölkerung zu sehen. Sie formiert die Mamre-Sodom-Erzählung und zeichnet darüber hinaus für die R^{jahw} verantwortlich. Die Mamre-Sodom-Erzählung spricht die Parteinahme für die ländliche Bevölkerung bereits klar aus, indem Institutionen wie Priester- und Königtum den im Zelt lebenden Erzeltern Abraham und Sara zugesprochen werden, wohingegen der Städter Lot zwar der Vernichtung der Städte entgeht, aber im Bannkreis dieser Vernichtung von der literarischen Bildfläche verschwindet. Die R^{jahw} ist insofern im Umkreis der Landjudäer anzusiedeln, als sie Abraham über verschiedene offene Plätze, an denen er Altäre errichtet, an seinen ländlichen Wohnplatz Mamre führt.

Wenn von der judäischen Landbevölkerung die Rede ist, so ist nicht an den im Alten Testament häufig genannten *ʿam hāʾāræṣ*, an das „Volk des Landes" zu denken. Diese Gruppe wird in den erhaltenen Textzeugnissen als überwiegend prodavidisch geschildert[28]. Vermutlich handelte es sich beim *ʿam hāʾāræṣ* um die landbesitzende Schicht, die nach 586 v.Chr. entweder deportiert wurde oder in das Ostjordanland flüchtete[29]. Für die nähere Identifizierung der nach 586 v.Chr. in Juda Verbliebenen bietet sich die Bezeichnung „Arme des Landes" *dalat hāʾāræṣ* (2Kön 25,12; Jer 52,15f) an. Insbesondere deren Apostrophierung als Weinbauern bringt sie mit der Gegend um Hebron in Verbindung[30].

---

[28] S. o. Seite 291f.

[29] Wenn Jer 40,11 in dieser Weise gedeutet werden kann.

[30] In ähnlicher Weise gilt dies für die Figur des Kaleb, der mit dem ansonsten für Mose, im Einzelfall auch für Abraham (Gen 26,24) reservierten Titel „Diener (*ʿæbæd*) YHWHs" ausgezeichnet wird (Num 14,24). Während Abraham als Protagonist der Landjudäer auf einer rein literarischen Ebene zu verstehen ist, liegt mit Kaleb möglicherweise eine historisch fassbare Gruppe der ländlichen Bevölkerung Judas aus exilischer und nachexilischer Zeit vor. In meiner Dissertation (JERICKE 1997a, 286f.340f) habe ich Kaleb als literarische Figur der nach 586 v.Chr. im Lande verbliebenen Judäer interpretiert, während ich den historischen Hintergrund von Texten wie Jos 15,13–19 und Ri 1,10–15 in der Landnahmezeit gesehen habe. Vermutlich sind die Verhältnisse doch umzukehren. Eine Gruppe, die sich auf Kaleb beruft, ist für die Zeit nach 586 v.Chr. historisch in Juda fassbar. Ihre Landansprüche verlegt sie fiktiv in eine vorstaatliche Landnahmezeit. Dies würde auch zur Praxis der Mamre-Sodom-Erzählung und der R^{jahw} passen, die erzählerisch auf fiktive Gestalten und Institutionen der vorstaatlichen Zeit zurückgreifen: auf charismatische Führer (Simson, Gideon), das Begegnungszelt oder das vordynastische Königtum.

Abraham wird vom genealogischen Ahnen (Toledoterzählung) zum Vorkämpfer für Landrechte (R^{jahw}). Letzten Endes geht es demnach um materielle Interessen, keineswegs in erster Linie um eine gedankliche Bewältigung der Situation der exilisch-nachexilischen Periode. Die Tendenz zur deutlicheren Hervorhebung der Landrechte entspricht der sozialgeschichtlichen Situation in der ausgehenden Königszeit und v.a. im 6. und 5. Jh. v.Chr[31]. Nach Ausweis der Königsstempel setzte im 8. Jh. v.Chr. eine flächendeckende Ausbeutung des ländlichen Raumes zugunsten des judäischen Königshofes und seiner v.a. militärischen Interessen ein[32].

Den Zusammenhang, den Welten[33] und Niemann[34] zwischen den auf den Stempeln genannten Orten (Hebron, Zif, Socho, *Mmšt*) und den davidischen Krongütern ziehen, ist nur der eine Aspekt. Die Kehrseite ist die systematische Requirierung wichtiger landwirtschaftlicher Güter, auf welche die Landbevölkerung Judas als Tausch- oder Handelsware angewiesen war. Zwickel versucht, beide Aspekte zu verbinden. Er interpretiert die Produktion der Vorratskrüge und den durch sie bewerkstelligten Warentransport als „ein umfangreiches staatliches Arbeitsbeschaffungs- und Wirtschaftsbelebungsprogramm" zur Bewältigung der durch die Flüchtlinge aus Samaria entstandenen Krise[35]. Zwickel vermutet, dass durch die königliche Verwaltung eine Überschußproduktion v.a. an Wein organisiert wurde, um den Handel zu intensivieren. Die Produktion lag in privater Hand, der Handel dagegen wurde vom Königshof kontrolliert. Die Stempelabdrücke auf den Krughenkeln waren dazu bestimmt, die Krüge wieder an den Ausgangsort zurückzutransportieren. Zwickels Interpretation basiert auf zwei optimistischen Prämissen, die nur schwer nachzuvollziehen sind: (1) Es war wirtschaftlich effektiv und technisch möglich, die Krüge im Leerzustand über weite Strecken an ihren Ausgangsort zu transportieren. (2) Nicht nur die Krüge, sondern auch Gewinnanteile flossen an die judäische Landbevölkerung zurück. Gegen die erste Annahme spricht allein die Beobachtung, dass die Krughenkel überwiegend an Plätzen gefunden wurden, die nicht mit dem eingestempelten Ort identisch sind. Jerusalem und Lachisch, woher die meisten Stempelabdrücke stammen, waren Bestimmungsorte nicht Produktionsstätten. Die Krüge blieben demnach am Zielort. Der eingestempelte Ortsname gibt den Platz an, an dem die Krüge vor dem Transport an die Be-

---

[31] Einen instruktiven und materialreichen Überblick über die Sozialgeschichte der fraglichen Zeit gibt MAIER 1995, 25–68. Dabei wird deutlich, dass zur Rekonstruktion der nachexilischen Geschichte die Texte in Esr/Neh oft zu unkritisch als Primärquellen gelesen werden. Wichtige Aspekte der sozialen Verhältnisse in der Königszeit liefert auch NIEMANN 1993a.

[32] S. o. Seite 27–31.

[33] WELTEN 1969.

[34] NIEMANN 1993a, 157–160.

[35] ZWICKEL 1994, 580–586; Zitat S. 584.

stimmungsorte gesammelt wurden. Die zweite Prämisse Zwickels ist nicht erweisbar. Durch die Stempelinschrift ist die königliche Kontrolle über den Handel gesichert. Daher erscheint es naheliegend anzunehmen, dass auch die Gewinne aus dem Handel an den Königshof gingen.

Die Königsstempel werden im 7. Jh. v.Chr. von den sogenannten Rosettenstempeln abgelöst[36]. Das Rosettenmuster ist auf Henkeln der gleichen Gefäßart in der entsprechenden Weise angebracht wie die Königsstempel. Auch die Verteilung der Stücke ist vergleichbar. Die Hauptfundplätze sind wie bei den Königsstempeln Jerusalem, *Rāmat Rāḥēl/Ḥirbet Ṣaliḥ* und Lachisch[37]. Allerdings wurden weit weniger Stücke mit Rosettenstempel gefunden als solche mit Königsstempel[38]. Auch eine Beischrift zum Rosettensymbol fehlt. Dennoch kann man von einem vergleichbaren sozialgeschichtlichen Kontext beider Fundgruppen ausgehen. Die Ausbeutung des Landes, wie sie offenbar unter Hiskija am Ende des 8. Jhs. v.Chr. mit einer gewissen Perfektion betrieben wurde, setzte sich unter seinen Nachfolgern fort.

Mit der neubabylonischen Eroberung Jerusalems und Judas änderte sich offenbar die Situation. Die Kleinbauern und Weingärtner bestellten im Auftrag der babylonischen Behörden die Ackerflächen und Weinberge. Ob sie dabei faktisch Landeigentümer wurden und den Ertrag voll nutzen konnten oder ob sie—was zu vermuten ist—Abgaben an den babylonischen bzw. ab 539 v.Chr. an den persischen Fiskus zu liefern hatten, ist für diese Untersuchung nicht entscheidend[39]. Der wichtigste Gesichtspunkt ist der, dass die judäische Landbevölkerung frei war von vormaligen Abhängigkeiten, v.a. gegenüber den letzten davidischen Königen und ihren Beamten in Jerusalem. Die frühen Rückkehrer aus dem babylonischen Exil deuteten mit dem Wiederaufbau des Tempels am Ende des 6. Jhs. v.Chr. eine Veränderung der Situation in Richtung auf Wiederherstellung der Verhältnisse des 8./7. Jhs. v.Chr. an. Darauf reagiert die Mamre-Sodom-Erzählung mit der Herausstellung des ländlichen Priestertums der Erzeltern. Um die Mitte des 5. Jhs. v.Chr., als der zweite Schub der Rückkehrer nach Jerusalem kam, spitzte sich die im 6. und im frühen 5. Jh. v.Chr. eher friedliche Situation wieder zu. Nach Unru-

---

[36] CAHILL 1995.
[37] CAHILL 1995, 232 Table 1.
[38] CAHILL (1995, 230) arbeitet auf der Basis von etwa 250 Stücken, das sind ca. 12 % der bislang entdeckten Königsstempel.
[39] Zu unterschiedlichen Thesen vgl. MAIER 1995, 43–51; BARSTAD 1996.

hen in Palästina und v.a. in Ägypten versprach sich der achämenidische Hof augenscheinlich mit der Einrichtung einer selbständigen Provinz Juda ein größeres Maß an Stabilität[40]. Daher wurden loyale Judäer als Beamte nach Jerusalem geschickt, welche die Stadt wieder als Kapitale restituierten[41]. Allerdings umfasste die neugegründete Provinz nur mehr ein Restjuda unter Ausschluss der südlichen Landesteile. Diese Reduzierung bedeutete höchstwahrscheinlich ein Entgegenkommen gegenüber den im südlichen Palästina lebenden edomitischen und arabischen Gruppen, die ungehindert die wichtigen Handelsroute nach Gaza kontrollieren konnten. Vielleicht war die Verkleinerung Judas gleichzeitig auch eine Vorsichtsmaßnahme gegen zu erwartende Konflikte um Landrecht zwischen den Rückkehrern aus Babylonien und den im Lande Verbliebenen. Die zuletzt angesprochenen Konflikte ließen sich nicht vermeiden. Denn Jerusalem lag wirtschaftlich darnieder. Um das städtische Leben zu aktivieren, mussten die neuen Statthalter auf die Ressourcen des Landes zurückgreifen. Und die vormaligen Landbesitzer unter den Rückkehrern, zumal die spätkönigszeitlichen Großgrundbesitzer, meldeten ihre Ansprüche in provozierender Weise an (Ez 33,24). Damit war strukturell eine ähnliche Situation gegeben wie in der ausgehenden Königszeit. Eine erneute „Agrarkrise" war angesagt[42]. Die Landjudäer, insbesondere die um Hebron wohnenden Gruppen, reagierten mit einem erzählerischen Rückgriff auf das vordynastische Königtum und einer unverhohlen antijerusalemischen Umgestaltung der Toledoterzählung in Gen 11,27–13,18 sowie einer Erweiterung derselben um die in Gen 15 erhaltene Erzählung. Dabei griffen sie auf literarische Muster der Schriftprofetie zurück. Die Schriftprofeten galten offenbar als die Vertreter sozialer Kritik schlechthin, v.a. auch gegenüber den in Jerusalem herrschenden Gruppen. Gegen die neuen Herrscher in der alten und neuen Hauptstadt, die mit achämenidischer Unterstützung agierten, konnte sich die judäische Landbevölkerung auf Dauer nicht behaupten. Als Folge des neu formierten Provinzialsystems kam das Gelände von Hebron mitsamt dem südlichen judäischen Bergland unter idumäischen Einfluß. Aus den ehemaligen Landjudäern wurden assimilierte Edomiter. Die Jerusalemer Theologie der nachexilischen Zeit okkupierte auch die schriftprofetischen Überlieferungen. In

---

[40] HOGLUND 1992, 244.
[41] ALBERTZ 1997a, 468–478.
[42] MAIER 1995, 67f.

Weiterführung des traditionellen Stadt/Land-Antagonismus unterzog sie die Profetenbücher einer durchgreifenden, nicht zum geringen Teil auch antiedomitischen Bearbeitung[43]. Unter dem Stichwort „Edom" der Fremdvölkerworte sind demnach nicht nur diejenigen Gruppen zu verstehen, die im edomitischen Kernland südöstlich des Toten Meeres lebten, sondern auch und vielleicht in erster Linie „edomitisierte" frühere Landjudäer. Nur aus einer solchen sozialgeschichtlichen Perspektive lässt sich m.E. das Nebeneinander der Schilderung Edoms als Bruder (Erzelterngeschichte) und „Erbfeind" (Profetenbücher) verstehen.

Zentrales Thema bleibt über alle Redaktionen hinweg die Lebensmöglichkeit der paradigmatischen Abrahamfamilie. Diese Familien-Ausrichtung meint aber nicht die uns geläufige Kleinfamile[44], sondern die alttestamentlich *bēt ᵓāb* bzw. *bēt ᵓābōt* genannte Einheit[45], die vorderorientalische Großfamilie. Die Definition über die solchermaßen verstandene Familie scheint ein wesentlicher Zug der exilisch-nachexilischen Landjudäer zu sein. Das ländlich-familiäre Leben der Erzeltern ist nicht Reflex einer vorstaatlichen Erzelternzeit[46], sondern Kennzeichen der judäischen Landbevölkerung des 6. und 5. Jhs. v.Chr. Allenfalls sind Rückschlüsse auf das ländliche Juda der späteren Königszeit erlaubt.

6. *Landtheologie und Theologie der Toponyme*

Den theologischen und sozialgeschichtlichen Impulsen, die für die Formierung der Konzeption „Abraham in Mamre" verantwortlich zeichnen, eignet ein konservativer Zug. Die Mamre-Sodom-Erzählung stellt sich gegen den Zentralismus in Jerusalem. Die R[jahw] knüpft an die Tradition eines nichtdynastischen Königtums der Frühzeit Davids und an territoriale Verhältnisse der Exilszeit an. Auffällig ist der immer exklusiver formulierte Jahwismus. Die Mamre-Sodom-Erzählung verbindet YHWH noch mit der Dreiergruppe, erst R[jahw] propagiert einen eindeutigen YHWH-Glauben und YHWH-Kult.

---

[43] Einige vorläufige Überlegungen zur Funktion der Fremdvölkerworte für die „Endredaktion" der Profetenbücher finden sich bei GOSSE 1997.

[44] In dieser Weise lesen sich jedoch weithin die entsprechenden Interpretationen von WESTERMANN (1981, 80–87) und ALBERTZ (1996a, 45–68; 1997a, 413–427).

[45] Zu den Begriffen vgl. MAIER 1995, 44–48; JERICKE 1997a, 277ff.

[46] So noch DONNER 2000, 84–97; ALBERTZ 1996a, 45–68.

In diesem Zusammenhang ist auch die sozialgeschichtliche und theologische Konnotation der Toponyme Mamre und Hebron zu sehen. Mamre steht für eine einfache, kleinräumig angelegte Landtheologie in Gen 18f. Die Wahl des vergleichsweise unscheinbaren Ortes ohne überregionale Bedeutung entspricht der theologischen Ausrichtung. Dagegen ist die R^{jahw} großräumiger angelegt. Dementsprechend schafft sie Eindeutigkeit nicht nur in der Frage der Gottesbeziehung, sondern auch in der Frage der Lokalisierung des Geschehens. Der unbekannte Platz Mamre wird durch den Hinweis auf die bekannte und traditionsreiche Stadt Hebron verdeutlicht. Der weit ausgreifenden literarischen und theologischen Konzeption entspricht die Wahl der überregional bekannten Stadt.

7. Folgerungen zur Redaktionsgeschichte des Buches Genesis

Für die Arbeit am Buch Genesis ist aufgrund der in dieser Studie vorgelegten Textanalysen mindestens die Schlussfolgerung zu ziehen, dass für die Auslegung der Erzelternerzählungen die Kombination einer feingliedrigen Literarkritik mit partiellen überlieferungsgeschichtlichen Überlegungen nicht mehr adäquat ist. Deshalb wurde hier ein redaktionsgeschichtliches Verfahren gewählt, eine Kombination von Fragmenten- und Ergänzungshypothese, ein Verfahren also, das zu Anfang des 20. Jahrhunderts den Abweichlern von der „Graf-Kuenen-Wellhausen-Schule" vorgeworfen wurde[47]. Letztlich wird es immer darum gehen, nicht bei bereits im voraus definierten Fragmenten, Quellen oder dergleichen anzusetzen, sondern beim vorliegenden Text. Die Herausarbeitung etwa von Redaktionsstufen und einem Basistext kann nur methodisches Hilfsmittel sein, den uns fremden und fernen Text in seiner geschichtlichen Genese etwas besser zu verstehen[48].

Zumindest zwei der drei in den Textanalysen erkannten redaktionellen Bearbeitungen beziehen sich unmittelbar auf die Toledoterzählung als dem literarischen Basistext. Sie setzen an verschiedenen Punkten dieser Erzählung an. Die P-Redaktion Gen 17 interpretiert das Verhältnis der beiden ältesten Söhne Abrahams. Die R^{jahw} in Gen 11,27–13,18 gestaltet die genealogischen Notizen zu einer Erzählung

---

[47] S. o. Seite 134ff.
[48] CARR 1996.

von den Wanderungen und der Sesshaftwerdung Abrahams und Lots.
Die Mamre-Sodom-Erzählung zeigt ihre Affinität zur Toledoterzählung indirekt, indem sie die steile P-Theologie von Gen 17 „nach
unten" korrigiert und dabei auch wieder die Zugehörigkeit der Erzeltern zur vorderorientalischen Kulturgemeinschaft betont. Die Toledoterzählung bleibt demnach über die verschiedenen redaktionellen
Bearbeitungen hinweg eine entscheidende Bezugsgröße. Auch in
dieser Hinsicht erweist sie sich als Basistext. Daher kann die genealogische Prägung der Genesis nicht allein auf die Jakobgeschichte
zurückgeführt werden[49], sie umfasst auch die Abrahamgeschichte.
Entscheidend ist jedoch die Einsicht, dass die genealogische Prägung
der Erzelterngeschichte insgesamt, die literarisch in der Strukturie-
rung durch die Toledot-Abschnitte unmittelbar kenntlich gemacht
wird, keine späte Übermalung ist. Die Toledotstruktur ist nicht redaktionelle Klammer[50], sondern Basis[51]. Alle folgenden Bearbeitungen, wie auch immer sie ausgerichtet sind, müssen auf den Toledotfaden Bezug nehmen und setzen meist unmittelbar an diesem an. In der
solcherart beständigen genealogischen Grundlegung erweist sich der
eigenständige Charakter des Buches Genesis gegenüber der Darstellung der Israelgeschichte in den Büchern Exodus bis Könige. Hier ist
eine solche Toledot-Strukturierung nicht auszumachen. Wer daher
neue Einsichten in der sogenannten Pentateuchfrage sucht, ist
schlecht beraten, sich auf eine Auslegung der Genesis zu stützen.
Untersuchungen im Bereich des Buches Exodus[52], des etwas ver-
nachlässigten Numeribuches oder auch der Bücher Josua und Richter[53] sind erfolgversprechender.

8. Folgerungen zur Pentateuchfrage

Fragen zur Entstehungsgeschichte des Pentateuch werden demnach in
dieser Untersuchung nicht oder nur am Rande behandelt. Dennoch
basiert jede Auslegung von Texten im Bereich der Bücher Gen–Dtn
auf irgendeinem „Pentateuch-Modell". Dieses wurde thetisch und in
einer gewissen Vorläufigkeit im Rahmen der Darstellung der For-

---

[49] So DE PURY 1991; 1992; 1994; 2001 (s. o. Seite 116–121).
[50] So noch RENDTORFF 1976; BLUM 1984.
[51] Im Grundsatz schon EERDMANS 1908.
[52] GERTZ 2000.
[53] BLUM 1997; RÖMER 1998.

schungsgeschichte präsentiert[54]. Insgesamt legt sich in der Frage der
Entstehung des Pentateuch samt seiner z.T. umfangreicheren Vorstufen eine Umkehrung traditioneller Ansichten nahe. Die Abschnitte,
die meist für vorpriesterlich gehalten wurden, erweisen sich als nachpriesterliche Ergänzungen verschiedener Prägung. Dagegen wird im
Bereich der Erzelterngeschichte ein Toledotfaden als Primärtext bestimmt, der Abschnitte enthält, die traditionell einer spät- oder nachpriesterlichen Bearbeitung zugerechnet werden. Dies bedeutet eine
Art Achsendrehung, wobei zumindest in der Genesis die P-Redaktion
als Achse anzusehen ist.

9. *Lokaltraditionen und alttestamentliche Texte*

Die literarische Formierung der Konzeption „Abraham in Mamre" im
5. Jh. v.Chr. durch die Mamre-Sodom-Erzählung und die R[jahw] sowie
die Lokalisierung Mamres auf der im 5. Jh. v.Chr. bewohnten *Ḥirbet
Nimrā* verkleinern den zeitlichen Abstand zu der Mamre-Lokaltradi-
tion, die sich an *Rāmet el-Ḫalīl* festmacht und die im ausgehenden 1.
Jh. v.Chr. entstand[55]. Die letztgenannte Ortslage zieht die jüdischen,
christlichen und islamischen Mamretraditionen an sich, die sich z.T.
bis in unsere Tage erhalten haben. Zwischen der sozusagen originären
Tradition des 5. Jhs. v.Chr. und der im historischen Sinne sekundären,
die ab dem 1. Jh. v.Chr. wirksam wird, vermitteln sowohl die Besiedlung von Hebron und *Ḥirbet Nimrā* in hellenistischer Zeit als
auch die Erzählung von Gen 23 oder die Pentateuchredaktion, die
vermutlich ebenfalls in die hellenistische Epoche zu datieren sind.
Die beiden in der vorliegenden Arbeit eingeschlagenen Wege, der
archäologische, der die Lokaltradtionen zu Mamre untersucht, und
der literarische, der die biblische Überlieferung beleuchtet, sind demnach, je auf ihre Weise, Auslegung einer vom 1. Jt. v.Chr. bis in unsere Zeit lebendigen Glaubensgeschichte. In dieser Hinsicht treffen sich
die materiellen und die literarischen Zeugnisse in einem Sinne, der
über ihre wissenschaftliche Aufbereitung hinausweist.

---

[54] S. o. Seite 151–155.
[55] S. o. Seite 40–48.

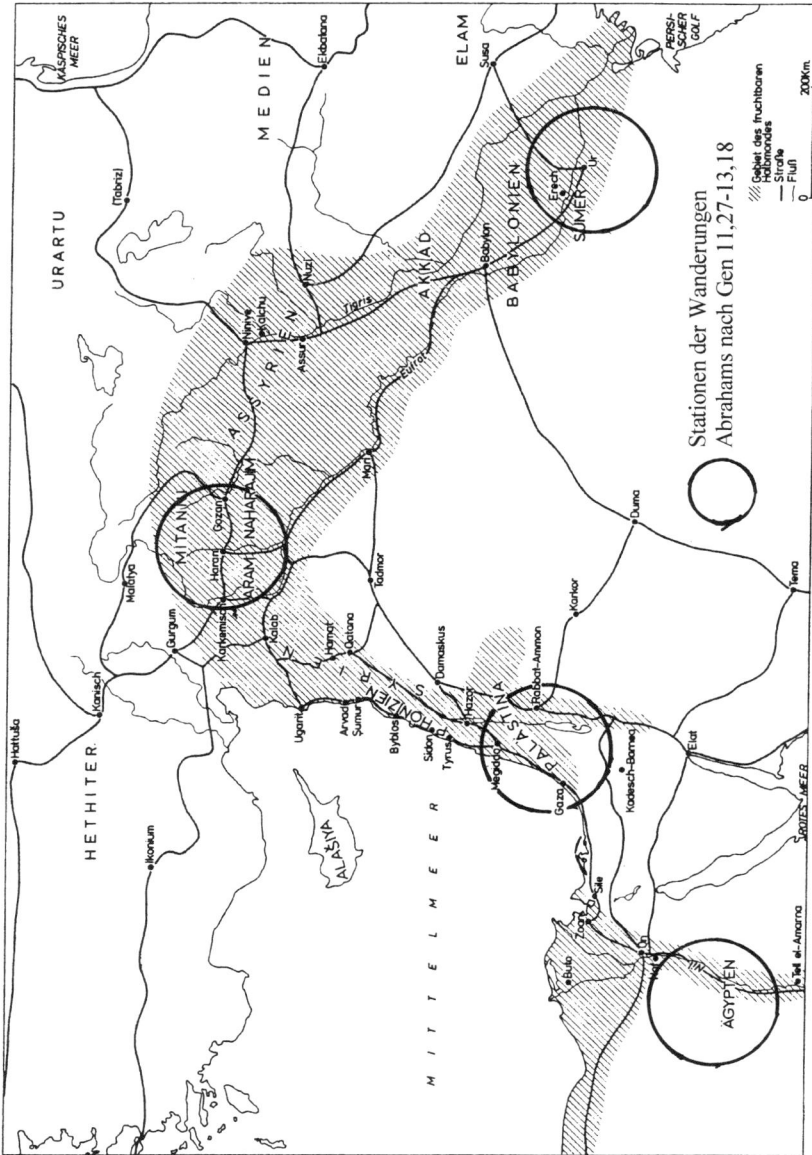

Abb. 1: Der Fruchtbare Halbmond (nach AHARONI 1984, 4 Karte 1)

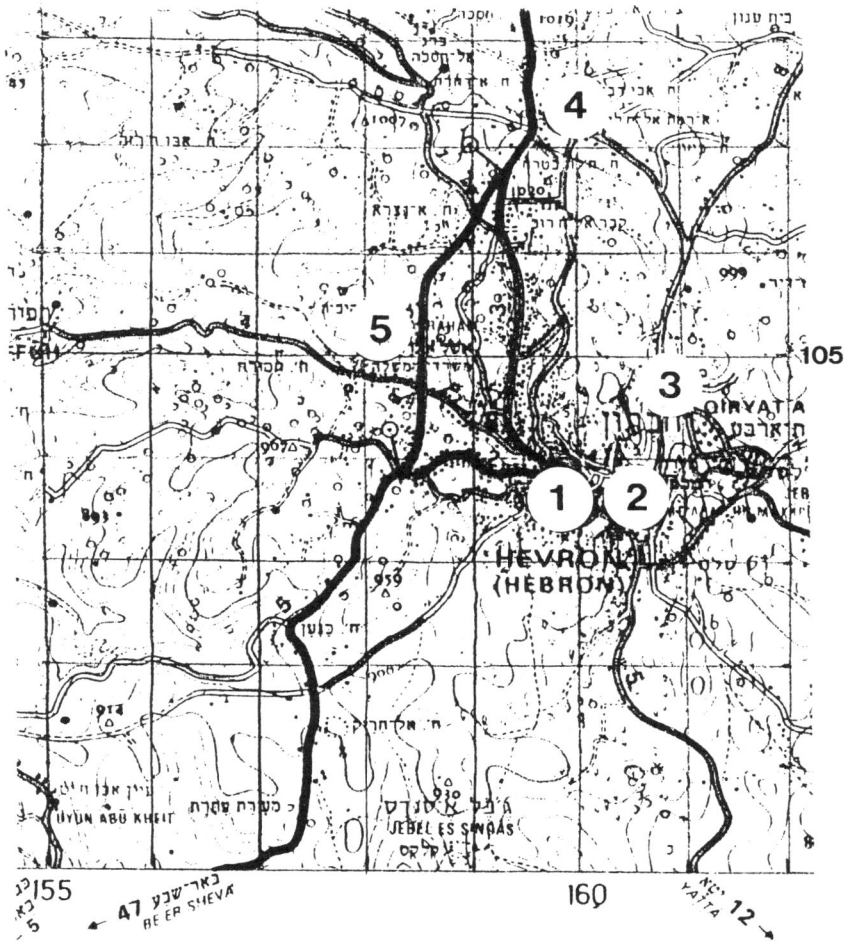

1 *Ğebel er-Rumēde* (alttestamentliches Hebron)
2 Heutiges Stadtgebiet (hellenistisch-römisches und spätantikes Hebron)
3 *Ḫirbet Nimrā* (alttestamentliches Mamre)
4 *Rāmet el-Ḫalīl* (römisches und spätantikes Mamre)
5 *Ḫirbet Sibte* (russisch-orthodoxe Lokaltradition zu Mamre)

Abb. 2: Hebron und Umgebung

1-5 vgl. *Abb. 2*

Abb. 3: Hebron und Umgebung am Ende des 19. Jahrhunderts
(nach SCHICK 1898)

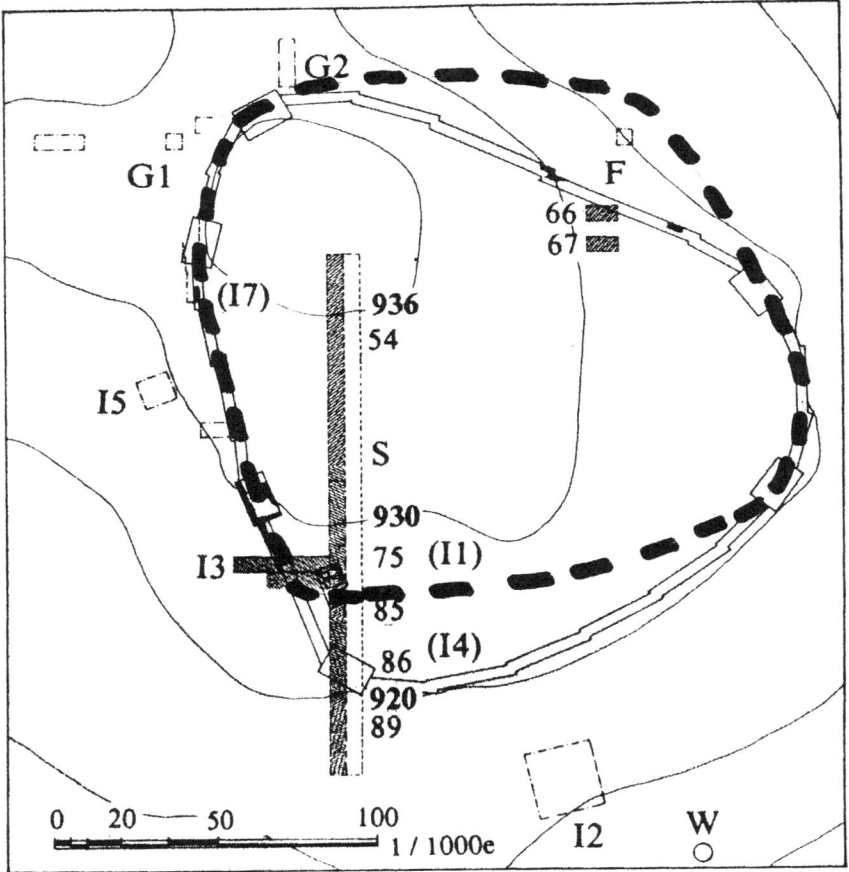

Abb. 4: Hebron/*Tell er-Rumēde*, 11./10. Jahrhundert v.Chr.
(nach OFER 1989, 90)

Site where *lmlk* stamps were found
Site where rosette stamps were found
Site where *lmlk*+rosette stamps were found
Area of the town lists
Auf den Stempeln genannte Orte
Antike Straßen

Beth-Horon
Mizpah
Kh. Shilḥah
Jericho
Gezer
Gibeon
Gibeah
Ekron
Timnah
Eshtaol
Malha
Jerusalem
Beth-shemesh
Kh. el-Abhar
Ramat Raḥel
Kh. er-Ras
Kh. Qumran
Mmšt ?
Gath
Azekah
Nebi Daniel
Kh. es-Samrah
Socoh
Bethlehem
Tell Bornât
Tell el-Beidah
Tel 'Erani
Tell Judeideh
Tel ash-Shuqf
Mareshah
Beth-zur
Lachish
Hebron
Tell Beit Mirsim
Sif
En-gedi
Debir
Maon
Tell Ḥalif
DEAD SEA
Arad
Tel Beer-sheba
Tel 'Ira
Tel Malḥata
Aroer

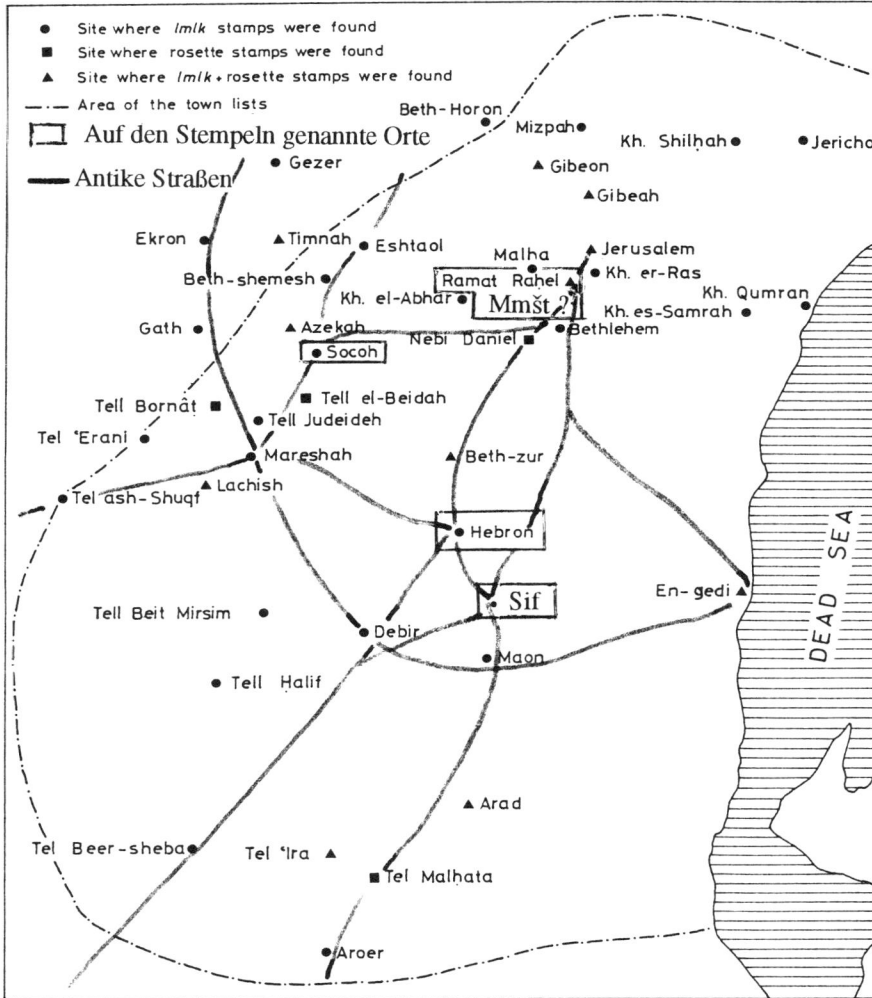

Abb. 5: Verteilung der Königsstempel
(nach NAʾAMAN 1991, 32 Fig. 2)

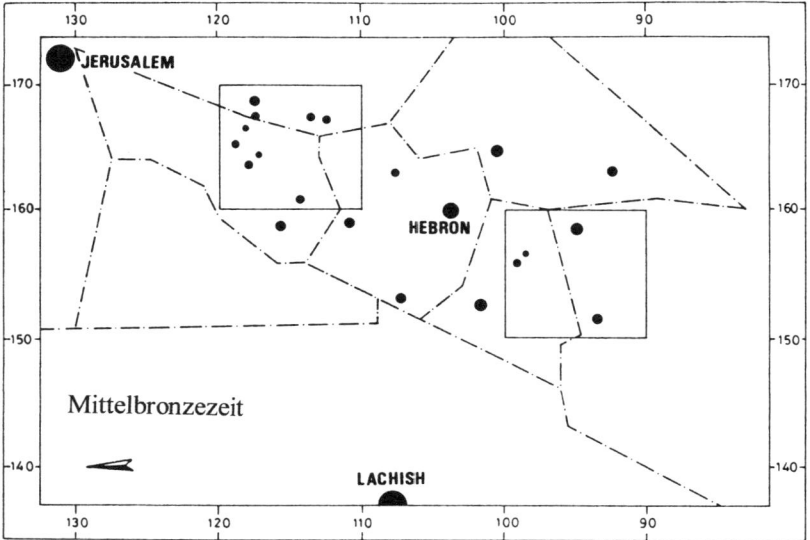

Fig. 2. Map of MB II sites in the Judean Hills

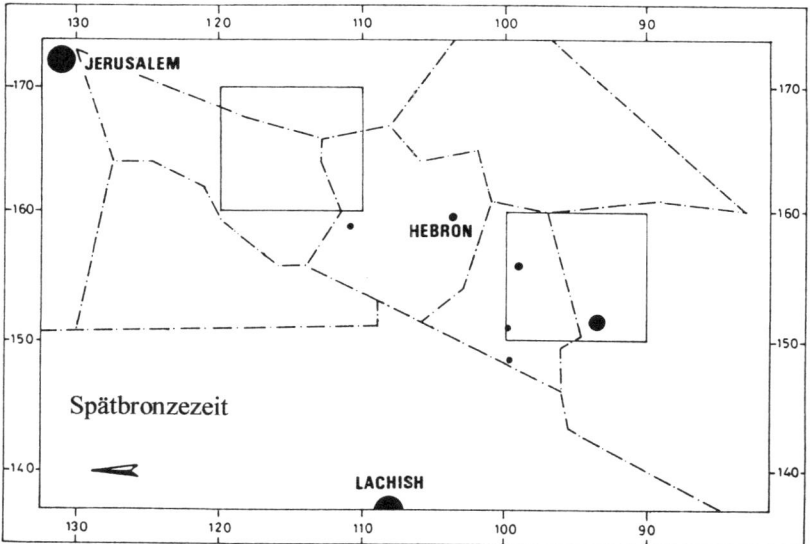

Fig. 3. Map of LB II sites in the Judean Hills

Abb. 6: Das judäische Bergland in der Bronzezeit
(nach OFER 1994, 101)

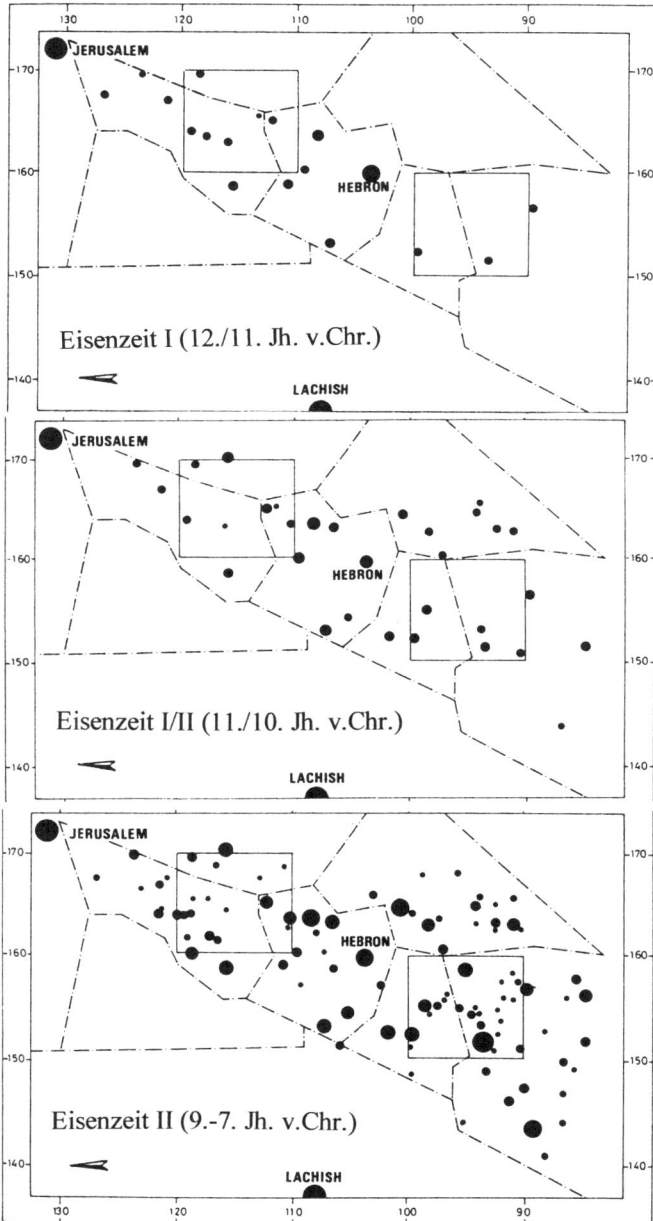

Abb. 7: Das judäische Bergland in der Eisenzeit
(nach OFER 1994, 103ff)

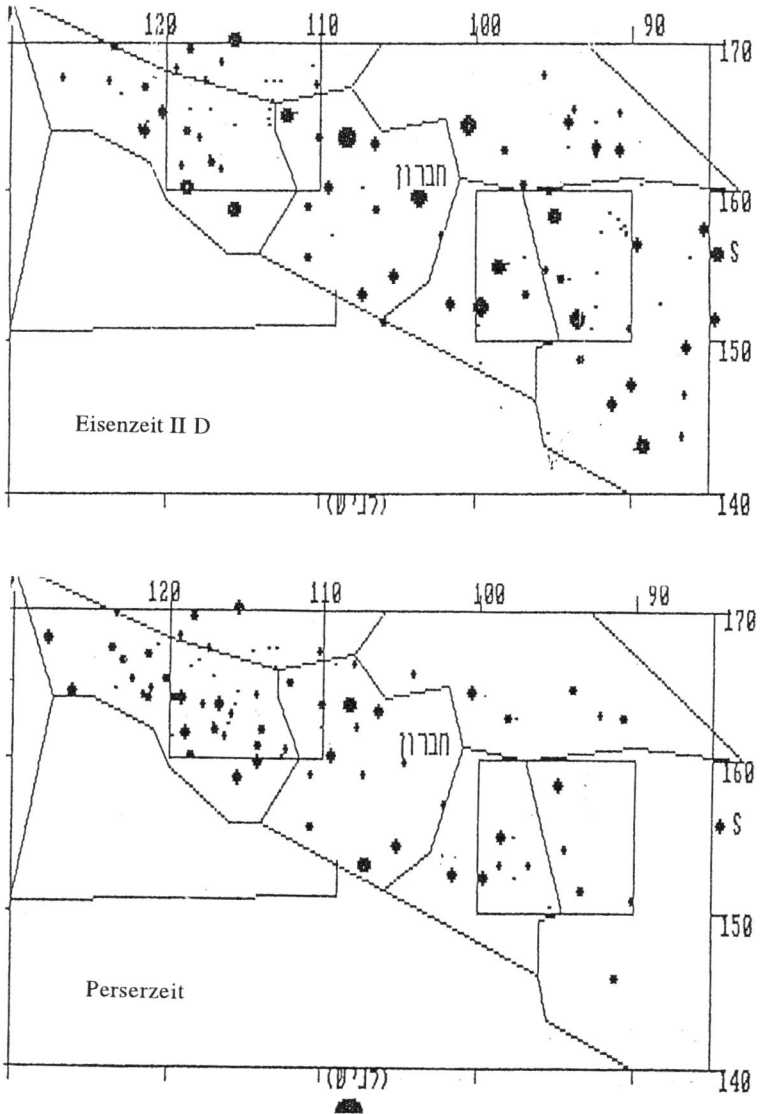

Abb. 8: Das judäische Bergland in der Perserzeit
(nach OFER 1993a, Abb. 60)

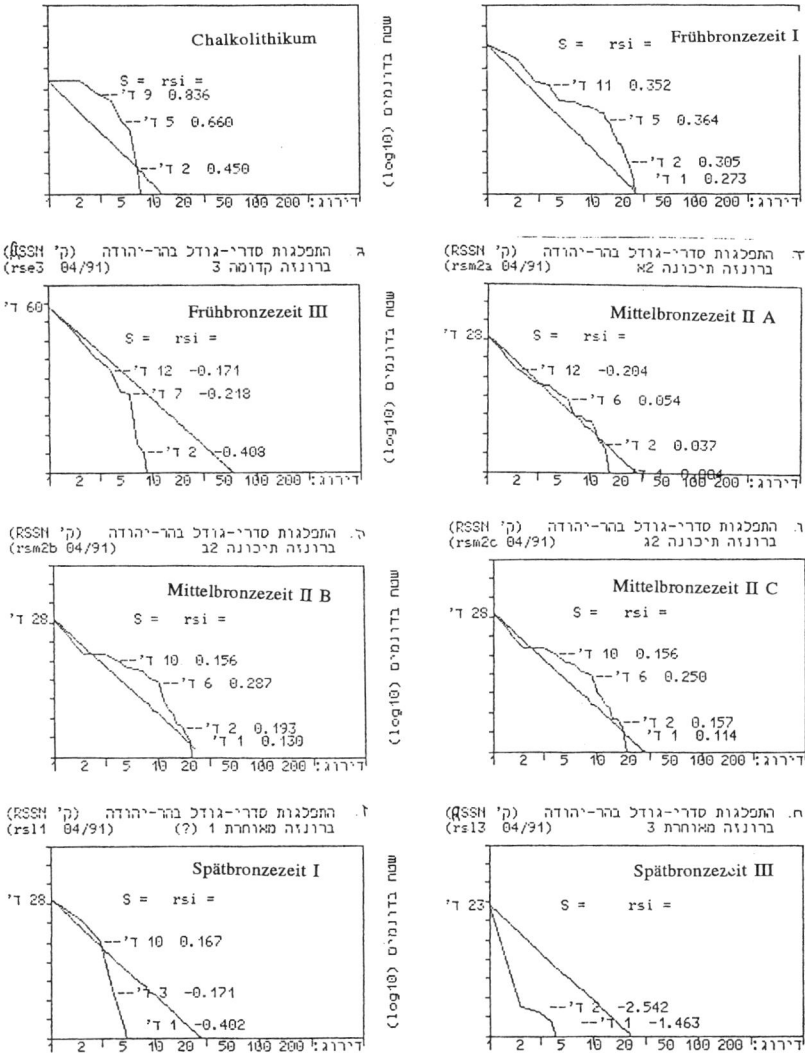

Abb. 9: Siedlungsstruktur (rsi) des judäischen Berglandes vom 4. bis zum 2. Jahrtausend v. Chr. (nach OFER 1993a, Fig. 90)

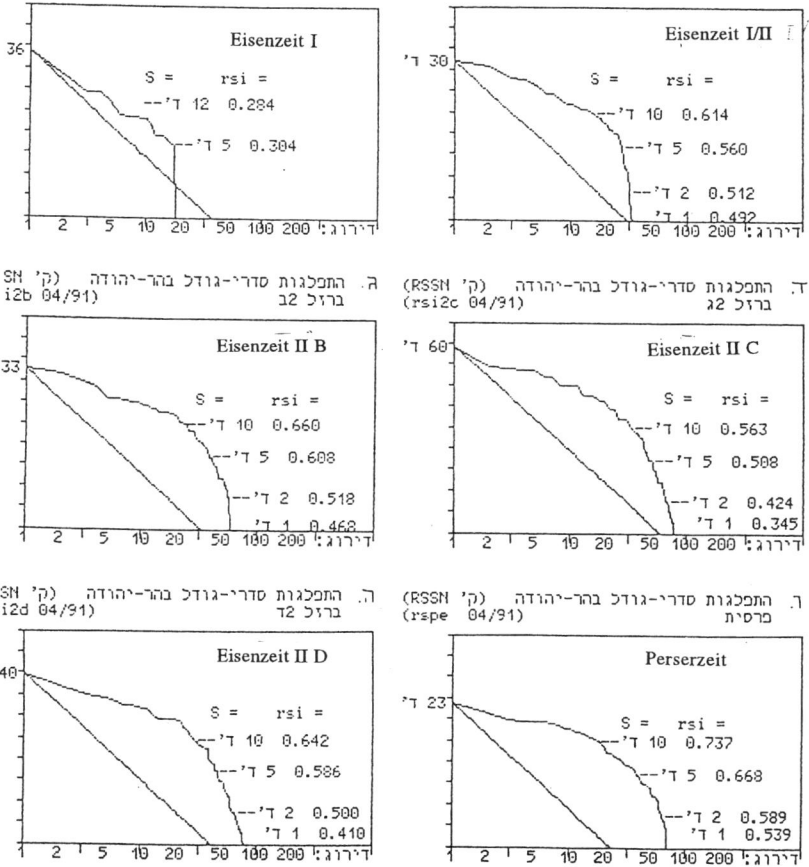

Abb. 10: Siedlungsstruktur (rsi) des judäischen Berglandes in der
Eisenzeit (nach OFER 1993a, Fig. 91)

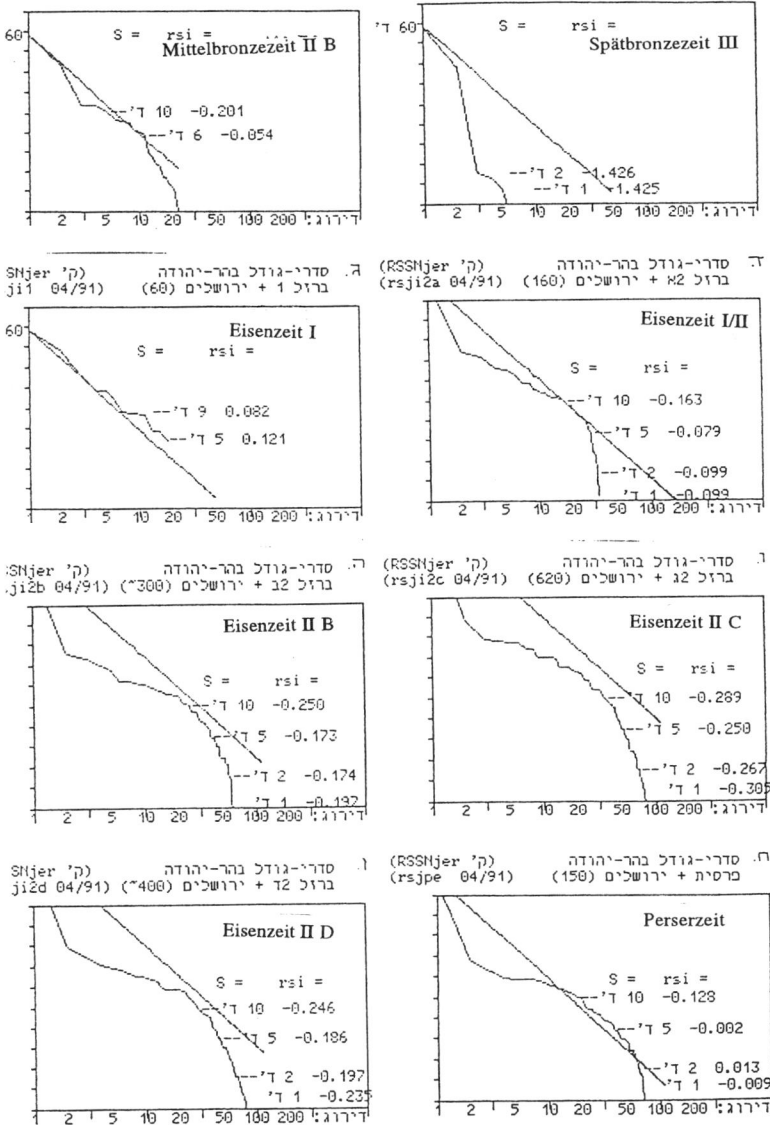

Abb. 11: Siedlungsstruktur (rsi) des judäischen Berglandes
einschließlich Jerusalem (nach OFER 1993a, Fig. 92)

Abb. 12: Die perserzeitlichen Provinzen in Palästina
(nach LEMAIRE 1994a, 12)

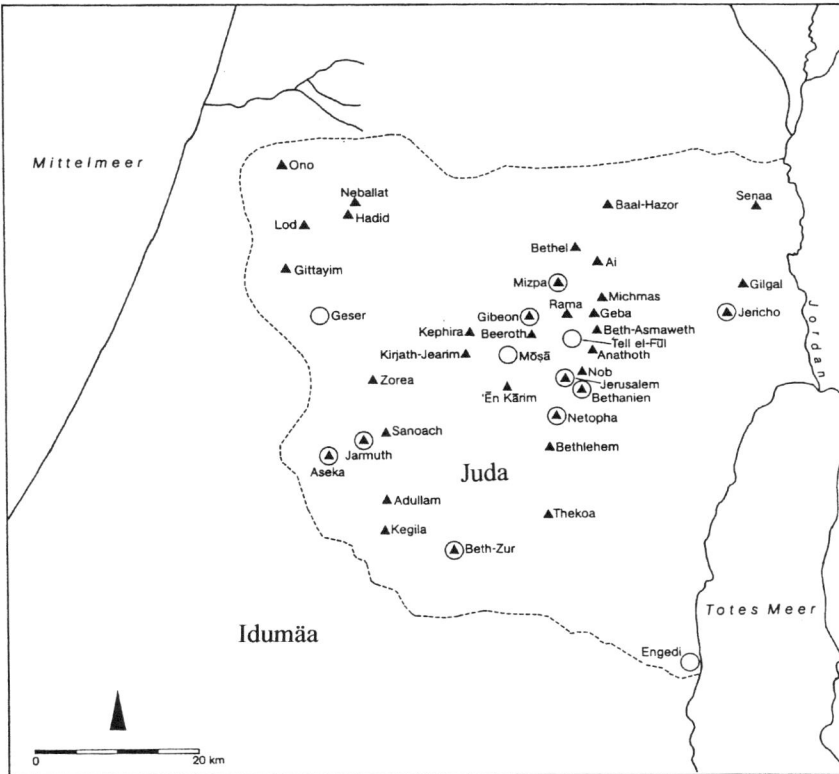

Die Provinz Juda: ▲ Im Esra- und Nehemiabuch genannte Orte, ○ Fundorte von Siegelabdrücken und Münzen der Provinz Juda.

Abb. 13: Die perserzeitliche Provinz Juda
(nach WEIPPERT 1988, 691 Abb. 5.2)

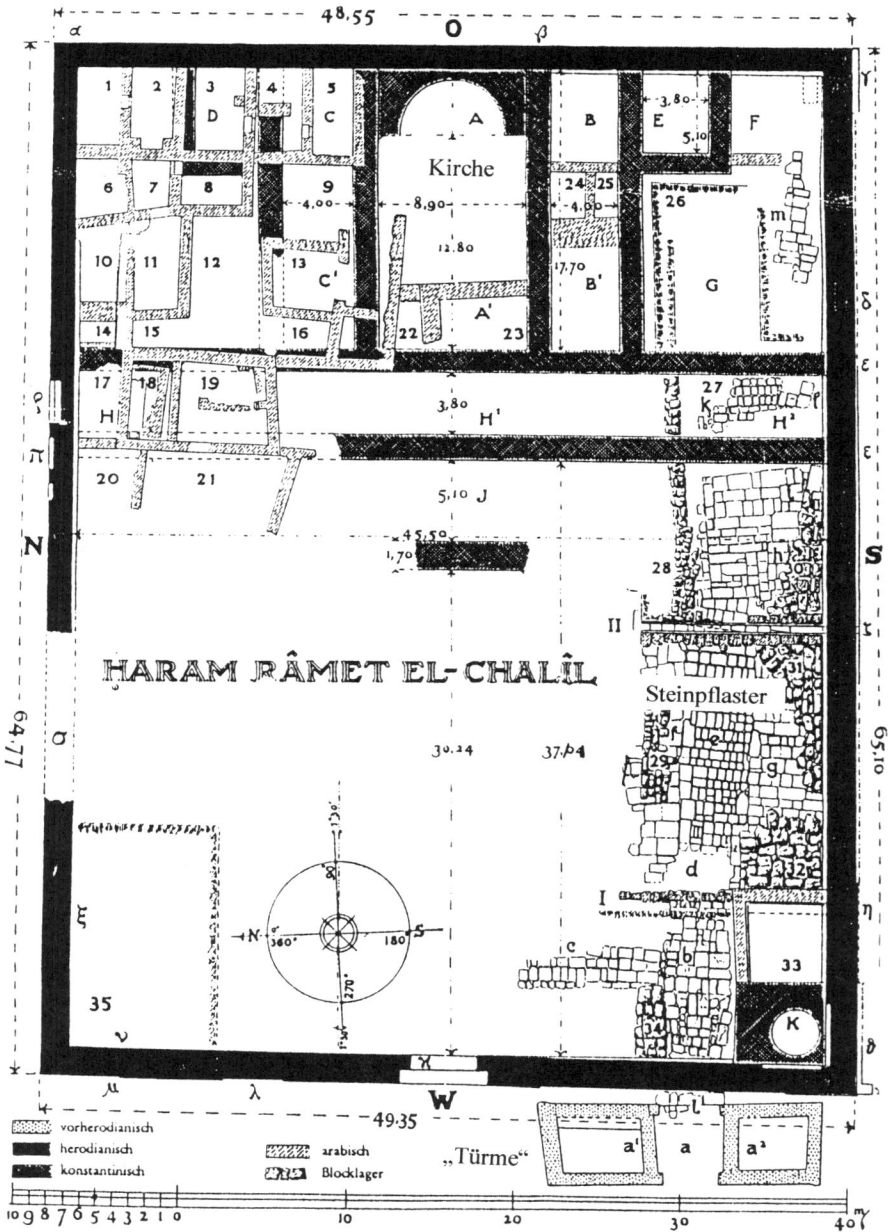

Abb. 14: *Rāmet el-Ḥalīl* (nach MADER 1957, II Plan I)

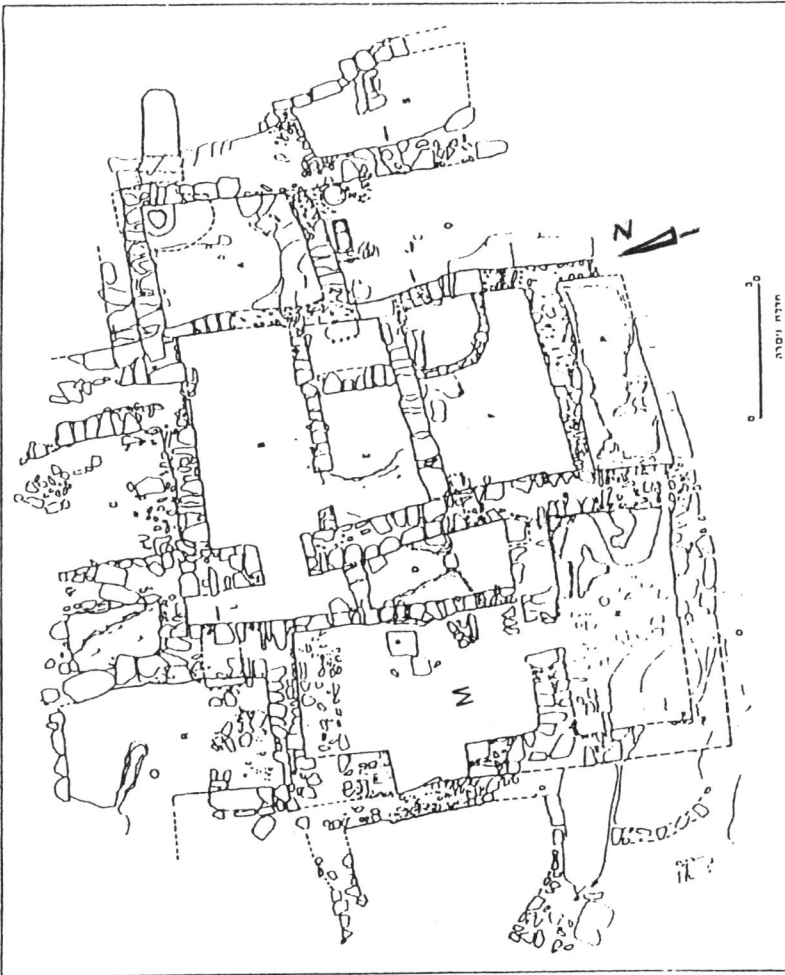

Abb. 15: *Ḫirbet Nimrā* (nach HIMZI/SHABTAI 1993, 67)

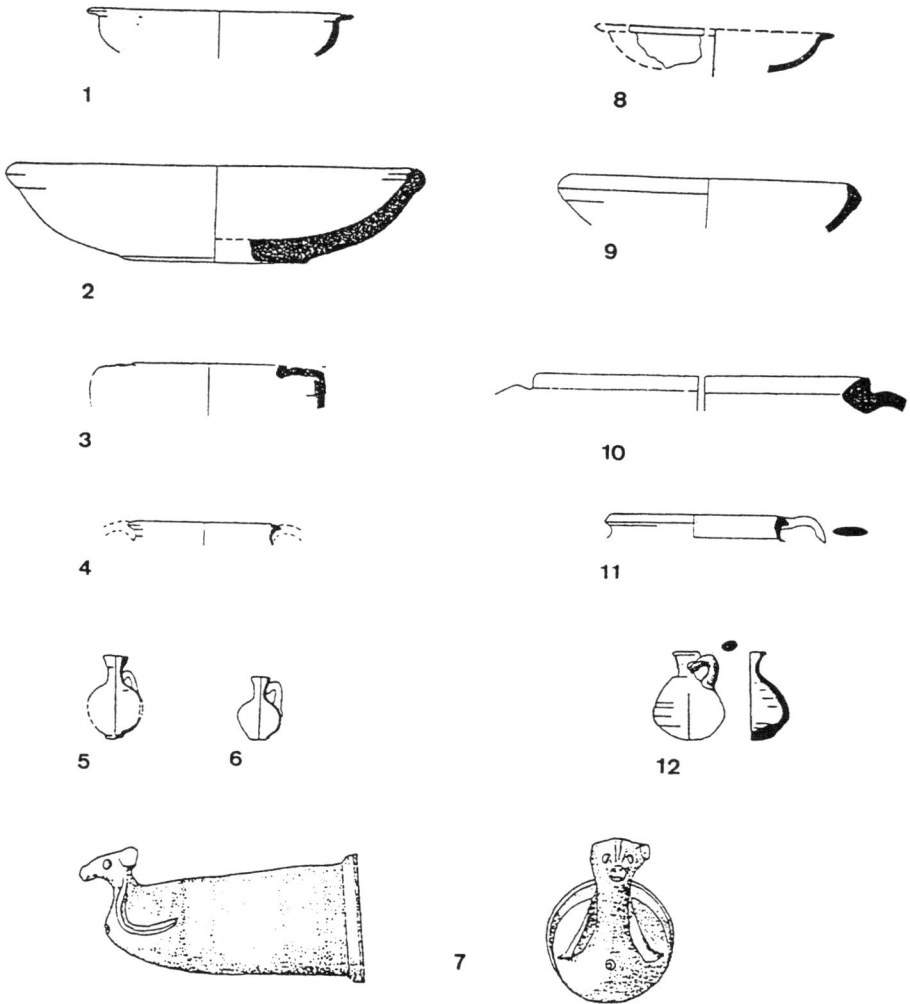

1-7	Ḥirbet Nimrā	HIMZI/SHABTAI 1993: Fig. 1 u. 2
8	Engedi V	B.MAZAR u.a. 1966:63 Fig.15:1
9	Ḥ.Abū et-Tuwēn	A.MAZAR 1981:236 Fig.3:1
10	Ḥ.Abū et-Tuwēn	A.MAZAR 1981:240 Fig.5:7
11	Ḥ.Abū et-Tuwēn	A.MAZAR 1981:238 Fig.4:15
12	ʿAin ʿArrub	STERN 1971:29 Fig.3:3

Abb. 16: *Ḥirbet Nimrā*, perserzeitliche Keramik und Vergleichsstücke
(nach JERICKE 1996, Abb. 2)

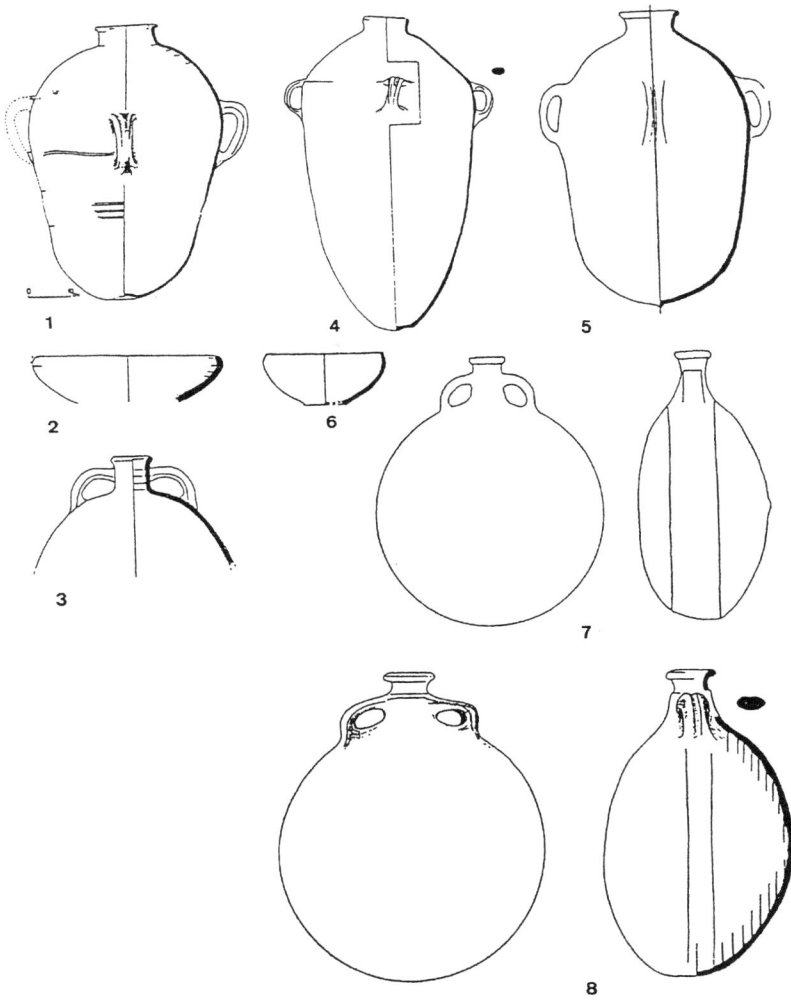

1-3	*Ḥirbet Nimrā*	HIMZI/SHABTAI 1993: Fig. 1 u. 2
4	Lachisch II	ZIMHONI 1990:33 Fig.22:1
5	Bet-Zur	SELLERS 1933:48 Pl.XII:10
6	Engedi V	B.MAZAR u.a. 1966:63 Fig.15:9
7	Lachisch	TUFNELL 1953:Pl.92:436
8	*'Ain 'Arrub*	STERN 1971:27 Fig.2:1

Abb. 17: *Ḥirbet Nimrā*, perserzeitliche Keramik und Vergleichsstücke
(nach JERICKE 1996, Abb. 3)

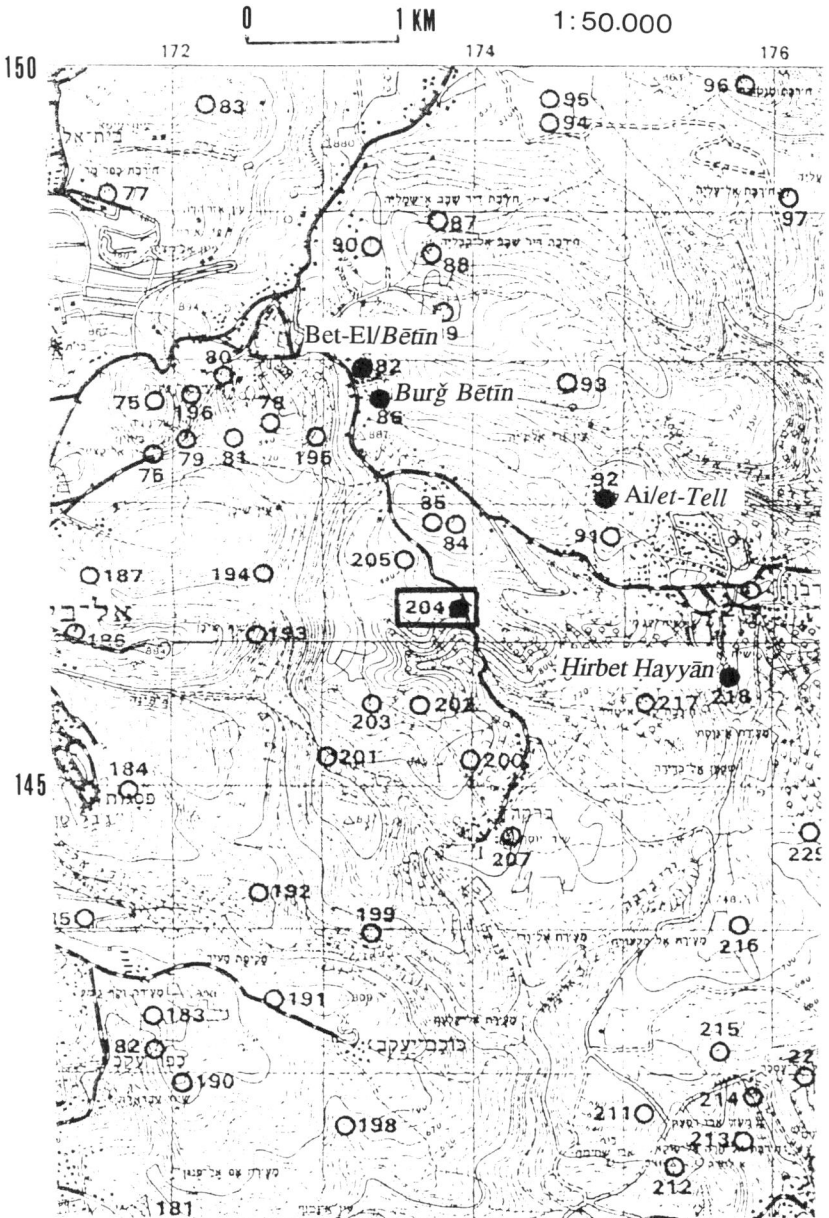

Abb. 18: Die Lage von Bet-El und Ai
(nach FINKELSTEIN/MAGEN 1993)

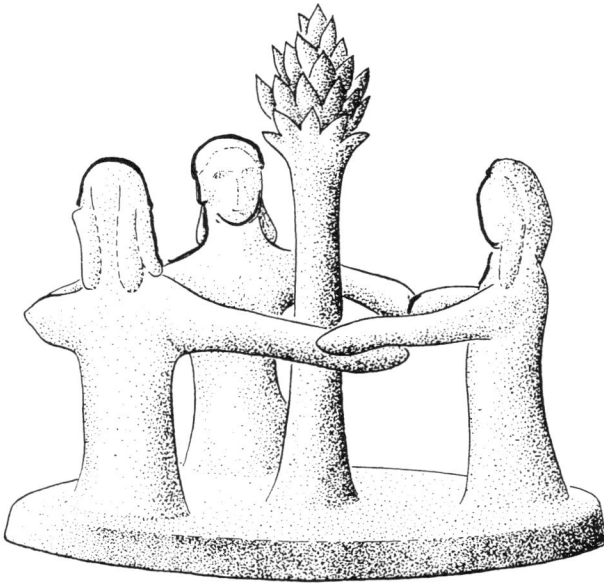

Abb. 19: Tonmodell aus Zypern, 7./6. Jahrhundert v.Chr.
(nach GALLING 1977a, 13 Abb. 4.2)

Abb. 20: Jugendlicher vierflügliger Gott, Knochenschnitzerei
Hazor Stratum VI, 8. Jahrhundert v.Chr.
(nach KEEL/UEHLINGER 1998, 221 Abb. 210)

ABKÜRZUNGEN

AASOR	Annual of the American Schools of Oriental Research
ADAJ	Annual of the Department of Antiquities of Jordan
ATD	Das Alte Testament Deutsch
BA	The Biblical Archaeologist
BASOR	The Bulletin of the American Schools of Oriental Research
BHK	Biblia Hebraica edidit Rudolf Kittel
BHS	Biblia Hebraica Stuttgartensia
BKV	Bibliothek der Kirchenväter
BWANT	Beiträge zur Wissenschaft vom Alten und Neuen Testament
BZAW	Beihefte zur Zeitschrift für die alttestamentliche Wissenschaft
CBQ	The Catholic Biblical Quarterly
DBAT	Dielheimer Blätter zum Alten Testament und seiner Rezeption in der Alten Kirche
EA	KNUDTZON, J. A. (ed.), Die El-Amarna-Tafeln (Leipzig 1915, Nachdruck Aalen 1964)
EÜ	Die Bibel. Einheitsübersetzung der Heiligen Schrift
EusOn	KLOSTERMANN, E. (ed.) Eusebius. Das Onomastikon der biblischen Ortsnamen (Die griechischen Schriftsteller der ersten drei Jahrhunderte 11/I, Eusebius III/1, Leipzig 1904, Nachdruck Hildesheim 1966).
FRLANT	Forschungen zur Religion und Literatur des Alten und Neuen Testaments
IEJ	Israel Exploration Journal
JNSL	Journal of Northwest Semitic Languages
JSHRZ	Jüdische Schriften aus hellenistisch-römischer Zeit
JSOT	Journal for the Study of the Old Testament
KAI	DONNER, H. / RÖLLIG, W. (ed.), Kanaanäische und aramäische Inschriften, 3 Bände (Wiesbaden 1962–1964).
LXX	Septuaginta
NBL	GÖRG, M. / LANG, B. (ed.), Neues Bibel-Lexikon, 3 Bände (Zürich 1991–2000).
OBO	Orbis Biblicus et Orientalis
OTS	Oudtestamentische Studiën
PEQ	Palestine Exploration Quarterly
PG	Patrologiae cursus completus. Accurante Jacques-Paul Migne. Series Graeca
PL	Patrologiae cursus completus. Accurante Jacques-Paul Migne. Series Latina
RGG[4]	BETZ, H. D. u.a. (ed.), Religion in Geschichte und Gegenwart. Handwörterbuch für Theologie und Religionswissenschaft, 4. Auflage (Tübingen 1998ff)
TAVO	Tübinger Atlas des Vorderen Orients
ThWAT	Theologisches Wörterbuch zum Alten Testament
TRE	Theologische Realenzyklopädie
WMANT	Wissenschaftliche Monographien zum Alten und Neuen Testament
WO	Die Welt des Orients
ZAR	Zeitschrift für Altorientalische und Biblische Rechtsgeschichte
ZAW	Zeitschrift für die alttestamentliche Wissenschaft
ZDPV	Zeitschrift des Deutschen Palästina-Vereins

LITERATUR

ABEL, F. M.
    1910   Mambré. Conférences de Saint-Etienne (École Pratique d'Études Bibliques, 1909–1910, Paris) 145–218.
    1921   La maison d'Abraham à Hébron, Journal of the Palestine Oriental Society 1, 138–142.
    1938   Géographie de la Palestine. Tome II: Géographie politique. Les villes (Paris).
    1952   Histoire de la Palestine. Depuis la conquête d'Alexandre jusqu'à l'invasion arabe. Tome I: De la conquête d'Alexandre jusqu'à la guerre juive (Paris).
    vgl. VINCENT, L. H.

AHARONI, Y.
    1956a   The Land of Gerar, IEJ 6, 26–32.
    1956b   Excavations at Ramath Raḥel, 1954. Preliminary Report, IEJ 6, 102–111. 137–157.
    1982   The Archaeology of the Land of Israel. From the Prehistoric Beginnings to the End of the First Temple Period (London).
    1984   Das Land der Bibel. Eine historische Geographie (Neukirchen-Vluyn).

AHARONI, Y. / AVI-YONAH, M.
    1982   Der Bibelatlas. Die Geschichte des Heiligen Landes 3000 Jahre vor Christus bis 200 Jahre nach Christus. 264 Karten mit kommentierendem Text (Hamburg).

AHARONI, Y. u.a.
    1993   Ramat Raḥel, in: STERN u.a. 1993, IV 1261–1267.

AHLSTRÖM, G. W.
    1993   The History of Ancient Palestine from the Palaeolithic Period to Alexander's Conquest (JSOT Supplement Series 146, Sheffield).

ALBERTZ, R.
    1996a   Religionsgeschichte Israels in alttestamentlicher Zeit. Teil 1: Von den Anfängen bis zum Ende der Königszeit (ATD Ergänzungsreihe 8/1, Göttingen ²1996, ¹1992).
    1996b   Le milieu des deutéronomistes, in: DE PURY u.a. 1996, 377–407.
    1997a   Religionsgeschichte Israels in alttestamentlicher Zeit. Teil 2: Vom Exil bis zu den Makkabäern (ATD Ergänzungsreihe 8/2, Göttingen ²1997, ¹1992).
    1997b   Wer waren die Deuteronomisten? Das historische Rätsel einer literarischen Hypothese, Evangelische Theologie 57, 319–338.
    2000   Die verhinderte Restauration, in: BLUM 2000b, 1–12.
    2001   Die Exilszeit. 6. Jahrhundert v. Chr. (Biblische Enzyklopädie 7, Stuttgart).

ALBERTZ, R. u.a. (ed.)
    1980   Werden und Wirken des Alten Testaments. Festschrift C. Westermann (Göttingen/Neukirchen-Vluyn).

ALBRIGHT, W. F.
    1924   Excavations and Results at Tell el-Fûl (Gibeah of Saul). Appendix V: Ai and Beth-aven, AASOR 4, 141–149.
    1926   The Jordan Valley in the Bronze Age, AASOR 6, 13–74.
    1928   Report of the Director of the School in Jerusalem, BASOR 32, 9–14.

1935 The Archaeology of Palestine and the Bible (New York u.a. [2]1935, [1]1932, Nachdruck Cambridge/MA 1974).

1946 From the Stone Age to Christianity. Monotheism and the Historical Process (Baltimore [2]1946, [1]1940).

1956 Archaeology and the Religion of Israel (Baltimore [4]1956, [1]1942).

1993 Beit Mirsim, Tell, in: STERN u.a. 1993, I 177–180.

ALEXANDER, T. D.

1990 The Hagar traditions in Genesis xvi and xxi, in: EMERTON, J. A. (ed.), Studies in the Pentateuch (Supplements to Vetus Testamentum 41, Leiden u.a.) 131–148.

ALONSO SCHÖKEL, L.

1962 Motivos sapienciales y de alianza en Gn 2–3, Biblica 43, 295–316.

ALSTON, W. A.

1988 Genesis 18,1–11, Interpretation 42, 397–402.

ALT, A.

1929 Der Gott der Väter (BWANT III/12, Stuttgart) = ALT 1968, 1–78.

1930a Die territorialgeschichtliche Bedeutung von Sanheribs Eingriff in Palästina, Palästina-Jahrbuch 25, 80–88 = ALT 1959, 242–249.

1931a Das Institut in den Jahren 1929 und 1930, Palästina-Jahrbuch 27, 5–50.

1931b Judas Nachbarn zur Zeit Nehemias, Palästina-Jahrbuch 27, 66–74 = ALT 1959, 338–345.

1934 Die Rolle Samarias bei der Entstehung des Judentums, in: Festschrift Otto Procksch zum Sechzigsten Geburtstag am 9. August 1934, überreicht von A. Alt u.a. (Leipzig) 5–28 = ALT 1959, 316–337.

1950 Das Großreich Davids, Theologische Literaturzeitung 75, 213–220 = ALT 1959, 66–75.

1951 Bemerkungen zu einigen judäischen Ortslisten des Alten Testaments, Beiträge zur biblischen Landes- und Altertumskunde 68, 193–210 = ALT 1959, 289–305.

1952 Festungen und Levitenorte im Lande Juda (unveröffentlicht) = ALT 1959, 306–315.

1959 Kleine Schriften zur Geschichte des Volkes Israel, Bd. II (München [2]1959, [1]1953).

1968 Kleine Schriften zur Geschichte des Volkes Israel, Bd. I (München [4]1968, [1]1953).

ALT, A. u.a. (ed.)

1913 Alttestamentliche Studien. Festschrift R. Kittel (Leipzig).

AMIRAN, R.

1969 Ancient Pottery of the Holy Land. From its Beginnings in the Neolithic Period to the End of the Iron Age (Jerusalem).

AMIRAN, R. / DUNAYEVSKY, I.

1958 The Assyrian Open-Court Building and its Palestinian Derivates, BASOR 149, 25–32.

AMIT, D.

1989/90 Hebron – ʿEn Gedi. Survey of Ancient Road, Excavations and Surveys in Israel 9, 161f.

1992 Hebron – ʿEn Gedi. Survey of Ancient Road, Eretz Israel 23, 345–362.

ANBAR, M.

1982 Gen 15: A Conflation of Two Deuteronomic Narratives, Journal of Biblical Literature 101, 39–55.

ANBAR, M. / NAʾAMAN, N.
   1986/87 An Account Tablet of Sheep from Ancient Hebron, Tel Aviv 13–14, 3–
        12.
ANDERSEN, F. I.
   1995   Genesis 14: An Enigma, in: WRIGHT u.a. 1995, 497–508.
ARDEN-CLOSE, C.-F.
   1951   The Cave of Machpela, PEQ 83, 69–77.
ARIEL, T. D. (ed.)
   2000   Excavations at the City of David 1978–1985. Volume VI : Inscriptions
        (Qedem 41, Jerusalem).
ARNDT, T.
   2001   Abraham aus dem ur kasdim. Midrasch-Motive, Mitteilungen und Bei-
        träge hrsg. von der Forschungsstelle Judentum an der Theologischen Fa-
        kultät Leipzig 18/19, 51–74.
ARNOLD, P. M.
   1989   Hosea and the Sin of Gibeah, CBQ 51, 447–460.
ASSMANN, J. / Harth, D. (ed.)
   1990   Kultur und Konflikt (Frankfurt/M.).
ATLAS OF ISRAEL
   1970   Cartography, Physical Geography, Human and Economic Geography and
        History (Jerusalem/Amsterdam).
AUFFRET, P.
   1982   Essai sur la structure littéraire de Gn 12,1–4a, Biblische Zeitschrift. Neue
        Folge 26, 243–248.
AULD, A. G.
   1989   Gideon: Hacking at the Heart of the Old Testament, Vetus Testamentum
        39, 257–267.
AURELIUS, E.
   1988   Der Fürbitter Israels. Eine Studie zum Mosebild im Alten Testament
        (Coniectanea biblica OT Series 27, Stockholm).
AVIGAD, N.
   1957   A New Class of Yehud Stamps, IEJ 7, 146–153.
   1976   Bullae and Seals from a Post-Exilic Judean Archive (Qedem 4, Jerusa-
        lem).
   1986   Hebrew Bullae from the Time of Jeremiah: Remnants of a Burnt Archive
        (Jerusalem).
   vgl. GEVA, H.
AVIGAD, N. / SASS, B.
   1997   Corpus of West Semitic Stamp Seals (Jerusalem).
AVIRAM, J. vgl. BIRAN, A.
AVISHUR, Y.
   1986/87 The Story of the Angel's Visit to Abraham (Gen 18,1–16) and its Paral-
        lel's in Ugaritic Literature (2 Aqhat V, 4–31), Beit Miqra 32, 168–177.
AVI-YONAH, M.
   1954   The Madaba Mosaic Map (Jerusalem).
   vgl. AHARONI, Y.
AVNI, G.
   1992   Survey of Deserted Bedouin Campsites in the Negev Highlands and its
        Implications for Archaeological Research, in: BAR-YOSEF/KHAZANOV
        1992, 241–254.

BACHER, W.
1909   Der Jahrmarkt an der Terebinthe bei Hebron, ZAW 29, 148–150.221.
BAENTSCH, B.
1903   Exodus—Leviticus—Numeri (Handkommentar zum Alten Testament I/2, Göttingen).
BALTZER, D.
1973   Harran nach 610 »medisch«? Kritische Überprüfung einer Hypothese, Die Welt des Orients 7, 86–95.
BARDTKE, H. u.a. (ed.)
1958   Gott und die Götter. Festschrift E. Fascher (Berlin).
BARGHOUTI, A. N.
1982   Urbanization of Palestine and Jordan in Hellenistic and Roman Times, Studies in the History and Archaeology of Jordan 1, 209–229.
BARKAY, G.
1993   The Redefining of Archaeological periods: Does the Date 587/586 B.C.E. Indeed Mark the End of the Iron Age Culture? in: BIRAN/AVIRAM 1993, 106–109.
1995   The King of Babylonia or a Judaean Official, IEJ 45, 41–47.
2000   Excavations at Ketef Hinnom in Jerusalem, in: GEVA 2000, 85–106.
BARKAY, G. / VAUGHN, A. G.
1996   New Readings of Hezekian Official Seal Impressions, BASOR 304, 29–54.
BARSTAD, H. M.
1996   The Myth of the Empty Land. A Study in the History and Archaeology of Judah During the „Exilic" Period (Oslo).
1997   The Babylonian Captivity of the Book of Isaiah. „Exilic" Judah and the Provenance of Isaiah 40–55 (Oslo).
BARTELMUS, R.
1993a   רחב rāḥaḇ, ThWAT VII, 449–460.
BARTELMUS, R. (ed.)
1993b   Konsequente Traditionsgeschichte. Festschrift K. Baltzer (OBO 126, Frei-burg,CH/Göttingen).
BAR-YOSEF, O. / KHAZANOV, A. (ed.)
1992   Pastoralism in the Levant. Archaeological Materials in Anthropological Perspectives (Madison).
BASSET, J.-C.
1997   Ibrāhīm à La Mecque, prophète de l'islam, in: RÖMER 1997b, 79–92.
BECK, A. B. u.a. (ed.)
1995   Fortunate the Eyes That See. Festschrift D. N. Freedman (Grand Rapids/Cambridge).
BECKER, U.
1990   Richterzeit und Königtum. Redaktionsgeschichtliche Studien zum Richterbuch (BZAW 192, Berlin/New York).
1997   Jesaja—von der Botschaft zum Buch (FRLANT 178, Göttingen).
BECKING, B.
1996   „Touch for Health…". Magic in II Reg 4,31–37 with a Remark on the History of Yahwism, ZAW 108, 34–54.
BEGRICH, G.
1989   Die Freundlichkeit Gottes als Grundform theologischen Redens, Evangelische Theologie 49, 218–231.

BEHRENS, A.
1997   Gen 15,6 und das Vorverständnis des Paulus, ZAW 109, 327–341.
BEIT-ARIEH, I.
1988   New Light on the Edomites, Biblical Archaeology Review 14/2, 28–41.
1998   Edomites in Judah at the End of the Iron Age, Michmanim 12, 18–
        22.48*. (Hebr. mit engl. Zsfg.)
BEN-SASSON, H. H. (ed.)
1978   Geschichte des Jüdischen Volkes, Bd. 1 (München).
BEN-ZVI, E.
1991   A Historical-Critical Study of the Book of Zephaniah (BZAW 198, Ber-
        lin/New York).
1992a   The Dialogue Between Abraham and YHWH in Gen 18:23–32. A Histori-
        cal Critical Analysis, JSOT 53, 27–46.
1992b   The Closing Words of the Pentateuchal Books. A Clue for the Historical
        Status of the Book of Genesis within the Pentateuch, Biblische Notizen
        62, 7–10.
BERGE, K.
1990   Die Zeit des Jahwisten. Ein Beitrag zur Datierung jahwistischer Väter-
        texte (BZAW 186, Berlin/New York).
BEYER, G.
1931   Das Stadtgebiet von Eleutheropolis im 4. Jahrhundert n.Chr. und seine
        Grenznachbarn, ZDPV 54, 209–271.
BEYERLE, S. u.a. (ed.)
1999   Recht und Ethos im Alten Testament—Gestalt und Wirkung. Festschrift
        H. Seebass (Neukirchen-Vluyn).
BIANCHI, F.
1996   I sigilli anepigrafi della Guidea achemenide: una nuova datazione, Studi
        epigrafici e linguistici 13, 79–90.
BIEBERSTEIN, K.
1995   Josua—Jordan—Jericho. Archäologie, Geschichte und Theologie der
        Landnahmeerzählungen Josua 1–6 (OBO 143, Freiburg,CH/Göttingen).
BIENKOWSKI, P.
2000   Transjordan and Assyria, in: STAGER u.a. 2000, 44–58.
BIRAN, A. / AVIRAM, J. (ed.)
1993   Biblical Archaeology Today, 1990. Proceedings of the Second Interna-
        tional Congress on Biblical Archaeology, Jerusalem, June-July 1990 (Je-
        rusalem).
BLENKINSOPP, J.
1982   Abraham and the Righteous of Sodom, Journal of Jewish Studies 33,
        119–132.
1989   Ezra—Nehemiah. A Commentary (London).
1990   The Judge of All the Earth. Theodicy in the Midrash on Genesis 18:22–
        33, Journal of Jewish Studies 41, 1–12.
1992   The Pentateuch. An Introduction on the First Five Books of the Bible
        (Doubleday).
1996   An Assessment of the Alleged Pre-Exilic Date of the Priestly Material in
        the Pentateuch, ZAW 108, 495–518.
BLOCK, D. I.
1990   Echo Narrative Technique in Hebrew Literature: A Study in Judges 19,
        The Westminster Theological Journal 52, 325–341.

BLUM, E.
1984   Die Komposition der Vätergeschichte (WMANT 57, Neukirchen-Vluyn).
1990   Studien zur Komposition des Pentateuch (BZAW 189, Berlin/New York).
1996/97 Jesajas prophetisches Testament. Beobachtungen zu Jes 1–11 (Teil I), ZAW 108, 547–568; (Teil II), ZAW 109, 12–29.
1997   Der kompositionelle Knoten am Übergang von Josua zu Richter. Ein Entflechtungsvorschlag, in: VERVENNE/LUST 1997, 181–212.
1998   Abraham. I. Altes Testament, RGG⁴, Bd. 1, 70–74.
2000a   Noch einmal: Jakobs Traum in Bethel—Genesis 28, 10–22, in: MCKENZIE/RÖMER 2000, 33–54.
BLUM, E. (ed.)
2000b   Mincha. Festgabe für Rolf Rendtorff zum 75. Geburtstag (Neukirchen-Vluyn).
BRAUNSTEIN-SILVESTRE, F. vgl. MIDANT-REYNES, B.
BREAM, H. N. u.a. (ed.)
1974   A Light unto My Path. Festschrift J. M. Myers (Philadelphia).
BRENNER, A. (ed.)
1993   Feminist Companion to Genesis (Sheffield).
BRETTLER, M. Z. vgl. RÖMER, T.
BREUKELMAN, F.
1991   Das Buch Genesis als das Buch der תולדות Adams, des Menschen—eine Analyse der Komposition des Buches, in: GNIEWOSS u.a. 1991, 72–97.
BRIGHT, J.
1972   A History of Israel (London ²1972, ¹1960).
BROCKELMANN, C.
1913   Grundriß der vergleichenden Grammatik der semitischen Sprachen. II. Band: Syntax (Berlin).
BRUEGGEMANN, W.
1982b   Impossibility and Epistemology in the Faith Tradition of Abraham and Sarah (Gen 18, 1–15), ZAW 94, 615–634.
BRUNNER, H.
1988   Gen 19 und das „Frauenverbrechen", Biblische Notizen 44, 21f.
BUDDE, K.
1883   Die Biblische Urgeschichte (Gen. 1–12,5) untersucht (Gießen).
1890   Die Bücher Richter und Samuel. Ihre Quellen und ihr Aufbau (Gießen).
1897   Das Buch der Richter (Kurzer Hand-Commentar zum Alten Testament VII, Freiburg/Br. u.a.).
1914   Ellä toledoth, ZAW 34, 241–253.
1916   Noch einmal »Ellä toledoth«, ZAW 36, 1–7.
BUNIMOVITZ, S.
1994   Socio-Political Transformations in the Central Hill Country in the Late Bronze-Iron I Transition, in: FINKELSTEIN/NAʾAMAN 1994, 179–202.
BUNIMOVITZ, S. / FAUST, A.
2001   Chronological Separation, Geographical Segregation, or Ethnic Demarcation? Ethnography and the Iron Age Low Chronology, BASOR 322, 1–10.
CAHILL, J. M.
1995   Rosette Stamp Seal Impressions from Ancient Judah, IEJ 45, 230–252.
CALLAWAY, J. A.
1993   Ai, in: STERN u.a. 1993, I 39–45.

CALLAWAY, J. A. / NICOL, M. B.
1966   A Sounding at Khirbet Ḥaiyân, BASOR 183, 12–19.
CALMEYER, P.
1990   Die sogenannte Fünfte Satrapie bei Herodot, Transeuphratène 3, 109–129.
CAMPBELL, E. F.
1965   Hebron, BA 28, 30–32.
1993   Shechem, Tell Balâtah, in: STERN u.a. 1993, IV 1345–1354.
CAQUOT, A.
1962   L'alliance avec Abram (Gen 15), Semitica 12, 51–66.
CAQUOT, A. / DELCOR, M. (ed.)
1981   Mélanges bibliques et orientaux en l'honneur de M. Henri Cazelles (Alter Orient und Altes Testament 212, Neukirchen-Vluyn).
CARR, D. M.
1996   Reading the Fractures of Genesis. Historical and Literary Approach (Louisville).
1998   Βίβλος γενέσεως Revisited: A Synchronic Analysis of Patterns in Genesis as Part of the Torah, ZAW 110, 159–172.327–347.
2001   Genesis in Relation to the Moses Story. Diachronic and Synchronic Perspectives, in: WÉNIN 2001, 273–295.
CARTER, C. E.
1994   The Province of Yehud in the Post-Exilic Period: Soundings in Site Distribution and Demography, in: ESKENAZI/RICHARDS 1994, 106–145.
1999   The Emergence of Yehud in the Persian Period. A Social and Demographic Study (JSOT Supplement Series 294, Sheffield).
CAZELLES, H.
1962   Connexions et structure de Gen 15, Revue Biblique 69, 321–349.
1989   Abraham au Negeb, in: GÖRG 1989b, 23–32.
CHADWICK, J. R.
1992   The archaeology of biblical Hebron in the Bronze and Iron Ages: An examination of the discoveries of the American Expedition to Hebron (Dissertation Utah).
CHAZAN, R. u.a. (ed.)
1999   Ki Baruch Hu. Festschrift B. Levine (Winona Lake).
CHEN, D.
1987   Measuring the Cave of Abraham in Hebron, Liber Annuus 37, 291–294.
CLARK, W. M.
1971   The Flood and the Structure of the Prepatriarchal History, ZAW 83, 184–211.
CLINES, D. J. A. u.a. (ed.)
1990   The Bible in Three Dimensions. Essays in Celebration of Forty Years of Biblical Studies in the University of Sheffield (JSOT Supplement Series 87, Sheffield).
COATS, G. W.
1983   Genesis. With an Introduction to Narrative Literature (Grand Rapids).
COHEN, R.
1992   The Nomadic or Semi-Nomadic Middle Bronze Age I Settlements in the Central Negev, in: BAR-YOSEF/KHAZANOV 1992, 105–131.
COHEN, R. / SCHMITT, G.
1980   Drei Studien zur Archäologie und Topographie Altisraels (Beihefte zum Tübinger Atlas des Vorderen Orients B 44, Wiesbaden).

COLLIN, M.
1992   Une tradition ancienne dans le cycle d'Abraham? in: HAUDEBERT 1992, 209–228.

COMMENGE-PELLERIN, C.
1990   La poterie de Safadi (Beershéva) au IVᵉ millénaire avant l'ère chrétienne (Les cahiers du centre de recherche français de Jérusalem 5, Paris).

CONRAD, D.
1999   Hobby oder Wissenschaft? Biblische Archäologie und ihre Stellung im Kanon der theologischen Fächer, ZDPV 115, 1–11.

CONTENSON, H. DE
1956   La céramique chalcolitique de Beersheba: étude typologique, IEJ 6, 163 – 179.226–238.

COOGAN, M. D. u.a. (ed.)
1994   Scripture and Other Artifacts. Festschrift P. J. King (Louisville).

COOTE, R. B. / WHITELAM, K. W.
1987   The Emergence of Early Israel in Historical Perspective (Sheffield).

COUGHENOUR, R. A.
1989   A Search for Maḥanaim, BASOR 273, 57–66.

COWLEY, A.
1923   Aramaic Papyri of the Fifth Century B.C. (Oxford).

CRENSHAW, J. L.
1970   Popular Questioning of the Justice of God in Ancient Israel, ZAW 82, 384–395.

CROSS, F. M.
1969   Judean Stamps, Eretz Israel 9, 20–27.
1974   The Papyri and their Historical Implications, in: LAPP/LAPP 1974, 17–24.
1980   Newly Found Inscriptions in Old Canaanite and Early Phoenician Scripts, BASOR 238, 1–20.

CRÜSEMANN, F.
1981   Die Eigenständigkeit der Urgeschichte. Ein Beitrag zur Diskussion um den »Jahwisten«, in: JEREMIAS/PERLITT 1981, 11–29.
1989a   Der Pentateuch als Tora. Prolegomena zur Interpretation seiner Endgestalt, Evangelische Theologie 49, 250–267.
1989b   Le pentateuque, une tora. Prolégomènes à l'interprétation de sa forme finale, in: DE PURY 1989b, 339–360.
1992   Die Tora. Theologie und Sozialgeschichte des alttestamentlichen Gesetzes (München).
1998   Menschheit und Volk. Israels Selbstdefinition im genealogischen System der Genesis, Evangelische Theologie 58, 180–195.

CÜPPERS, H. vgl. DONNER, H.

DALMAN, G.
1913   Die Mehlsorten im Alten Testament. Ein Beitrag zur biblischen Archäologie, in: ALT u.a. 1913, 61–69.

DALTON, C.
1897   Note on the Hebron Haram, PEQ 29, 54.

DAVIES, G. I.
2001   Genesis and the Early History of Israel. A Survey of Research, in: WÉNIN 2001, 105–134.

DAYAN, M.
1976   The Cave of Machpela—The Cave Beneath the Mosque, Qadmoniot 9, 128–131.

DECKERT, B. vgl. JAROŠ, K.

DELCOR, M. vgl. CAQUOT, A.

DERFLER, S. L.

1993   The Hellenistic Temple at Tel Beersheva (Lewiston/NY u.a.).

DEURLOO, K. A.

1988   Abraham, Profeet (Gen. 15 en 20), Amsterdamse Cahiers voor Exegese en Bijbelse Theologie 9, 35–46.

1990   Narrative Geography in the Abraham Cycle, OTS 26, 48–62.

1994   The Way of Abraham. Routes and Localities as Narrative Data in Gen. 11:27–25:11, in: KESSLER 1994, 95–112.

DEVRIES, L.

1997   Cities of the Biblical World. An Introduction to the Archaeology, Geography, and History of Biblical Sites (Peadbody/MA).

DIAKONOFF, L. M.

1985   Media, in: GERSHEVITCH 1985, 36–148.

DIEBNER, B. J.

1975   „Schaut Abraham an, euren Vater"—Spekulationen über die „Haftpunkte" der Abraham-Tradition. „Mamre" und „Machpela", DBAT 8, 18–35.

1983   Genesis als Buch der antik-jüdischen Bibel. Eine unhistorisch-kritische Spekulation, DBAT 17, 81–98.

1984   Drei Nachträge zu DBAT 17 (1983) S. 81–83, DBAT 18, 128–137.

1995   Wann sang Deborah ihr Lied? Überlegungen zu zwei der ältesten Texte des TNK (Ri 4 und 5), Amsterdamse Cahiers voor Exegese en Bijbelse Theologie 14, 106–130.

1998a   Gen 17 als „Mitte" eines Päsach-Zyklus der Torah, DBAT 29, 33–55.

1998b   … dass Abraham nur einmal „im Lande" war und ansonsten in Idumäa lebte, DBAT 29, 73–91.

DIEDRICH, F.

1979   Zur Literarkritik von Gen 12,1–4a, Biblische Notizen 8, 25–35.

DIESEL, A. u.a. (ed.)

1996   „Jedes Ding hat seine Zeit". Studien zur israelitischen und altorientalischen Weisheit. Festschrift D. Michel (BZAW 241, Berlin/New York).

DIETRICH, M.

1970   Die Aramäer Südbabyloniens in der Sargonidenzeit (700–648) (Alter Orient und Altes Testament 7, Neukirchen-Vluyn).

DIETRICH, W.

1997   Wem das Land gehört. Ein Beitrag zur Sozialgeschichte Israels im 6. Jahrhundert v.Chr., in: KESSLER u.a. 1997, 350–376.

2000   Die David-Abraham-Typologie im Alten Testament, in: GRAUPNER u.a. 2000, 41–56.

DIETRICH, W. / KLOPFENSTEIN, M. A. (ed.)

1994   Ein Gott allein? JHWH-Verehrung und biblischer Monotheismus im Kon-text der israelitischen und altorientalischen Religionsgeschichte (OBO 139, Freiburg,CH/Göttingen).

DIETRICH, W. / NAUMANN, T.

1995   Die Samuelbücher (Erträge der Forschung 287, Darmstadt).

DILLMANN, A.

1892   Die Genesis (Kurzgefaßtes exegetisches Handbuch 11, ⁶Leipzig).

DÖRRFUSS, E. M.
1994   Mose in den Chronikbüchern. Garant theokratischer Zukunftserwartung
        (BZAW 219, Berlin/New York).
DÖRRFUSS, E. M. / MAIER, C. (ed.)
1996   Am Fuß der Himmelsleiter—Gott suchen, den Menschen begegnen. Fest-
        schrift P. Welten (Berlin).
DOHMEN, C.
2001   Untergang oder Rettung der Quellenscheidung? Die Sintfluterzählung als
        Prüfstein der Pentateuchexegese, in: WÉNIN 2001, 81–104.
DONNER, H.
1979   Pilgerfahrt ins Heilige Land. Die ältesten Berichte christlicher Palästina-
        pilger (4.–7. Jahrhundert) (Stuttgart).
1992   The Mosaic Map of Madaba. An Introductory Guide (Kampen).
2000   Geschichte des Volkes Israel und seiner Nachbarn in Grundzügen. Teil 1:
        Von den Anfängen bis zur Staatenbildungszeit (ATD Ergänzungsreihe
        4/1, Göttingen ³2000, ¹1984).
2001   Geschichte des Volkes Israel und seiner Nachbarn in Grundzügen. Teil 2:
        Von der Königszeit bis zu Alexander dem Großen. Mit einem Ausblick
        auf die Geschichte des Judentums bis Bar Kochba (ATD
        Ergänzungsreihe 4/2, Göttingen ³2001, ¹1984).
DONNER, H. / CÜPPERS, H.
1977   Die Mosaikkarte von Madeba. Teil I: Tafelband (Wiesbaden).
DOTHAN, T.
1989   The Arrival of the Sea Peoples. Cultural Diversity in Early Iron Age Ca-
        naan, AASOR 49, 1–58.
DOZEMAN, T. B.
1998   The Wilderness and Salvation History in the Hagar Story, Journal of Bib-
        lical Literature 117, 23–43.
DUHM, B.
1922   Das Buch Jesaja (Handkommentar zum Alten Testament III/1, Göttingen
        ⁴1922, ¹1892).
DUMBRELL, W. J.
1971   The Tell el-Maskhuta Bowls and the „Kingdom" of Qedar in the Persian
        Period, BASOR 203, 33–44.
DUNAYEVSKY, I. vgl. AMIRAN, R.; MAZAR, B.
DUNCAN, J. G. vgl. MACALISTER, R. A. S.
DUPONT-SOMMER, A.
1930   Les fouilles du Ramet-el-Khalil près d'Hébron, Syria 11, 16–32.
DURAND, X.
1997   Des Grecs en Palestine au IIIᵉ siècle avant Jésus-Christ. Le dossier syrien
        des archives de Zénon de Caunos (261–252) (Cahiers de la Révue
        biblique 38, Paris).
DURHAM, J. I.
1987   Exodus (World Biblical Commentary 3, Waco).
EDGAR, C. C.
1925   Catalogue général des antiquités égyptiennes du Musée du Caire. Nᵒˢ
        59001–59139. Zenon Papyri. Vol. I (Kairo, Nachdruck Hildesheim/New
        York 1971).
EERDMANS, B. D.
1908   Alttestamentliche Studien. I. Die Komposition der Genesis (Gießen).
1910   Alttestamentliche Studien. III. Das Buch Exodus (Gießen).

EHRLICH, C. S.
1996   „Anti-Judaismus" in der hebräischen Bibel. Der Fall: Ezechiel, Vetus Te-
        stamentum 46, 169–178.
EHRLICH, Z. H. / ESHEL, Y. (ed.)
1993   Judaea and Samaria Research Studies. Proceedings of the 3rd Annual
        Meeting. (Hebr.)
EICHRODT, W.
1916   Die Quellen der Genesis von neuem untersucht (BZAW 31, Gießen).
EISSFELDT, O.
1922   Hexateuch-Synopse. Die Erzählung der fünf Bücher Mose und des
        Buches Josua mit dem Anfange des Richterbuches. In ihre vier Quellen
        zerlegt und in deutscher Übersetzung dargeboten samt einer in Einleitung
        und Anmerkungen gegebenen Begründung (Leipzig).
1958   Biblos geneseōs, in: BARDTKE u.a. 1958, 31–40 = EISSFELDT 1966, 458–
        470.
1966   Kleine Schriften. Bd. III, hrsg. von R. Sellheim und F. Mass (Tübingen).
ELBOGEN, I.
1931   Der jüdische Gottesdienst in seiner geschichtlichen Entwicklung (Frank-
        furt/M., ³1931, ¹1913).
ELLIGER, K.
1952   Sinn und Ursprung der priesterlichen Geschichtserzählung, Zeitschrift für
        Theologie und Kirche 49, 121–143 = ELLIGER 1966, 174–198.
1966   Kleine Schriften zum Alten Testament, hrsg. von H. Gese und O. Kaiser
        (Theologische Bücherei 32, München).
1975   Das Buch der zwölf Kleinen Propheten. II: Die Propheten Nahum, Haba-
        kuk, Zephanja, Haggai, Sacharja, Maleachi (ATD 25, Göttingen ⁷1975,
        ¹1949).
EMERTON, J. A.
1971   The Riddle of Gen XIV, Vetus Testamentum 21, 403–439.
1982   The Origin of the Promises to the Patriarchs in the Older Sources of the
        Book of Genesis, Vetus Testamentum 32, 14–32.
1987   An examination of some attempts to defend the unity of the flood narra-
        tive in Genesis. Part I, Vetus Testamentum 37, 401–420.
1988a   An examination of some attempts to defend the unity of the flood narra-
        tive in Genesis. Part II, Vetus Testamentum 38, 1–20.
1988b   The Priestly Writer in Genesis, Journal of Theological Studies 39, 381–
        400.
1992   The source analysis of Genesis xi 27–32, Vetus Testamentum 42, 37–46.
EMERTON, J. A. (ed.)
1991   Congress Volume. Leuven 1989 (Supplements to Vetus Testamentum 43,
        Leiden u.a.).
1995   Congress Volume. Paris 1992 (Supplements to Vetus Testamentum 61,
        Leiden u.a.).
1997   Congress Volume. Cambridge 1995 (Supplements to Vetus Testamentum
        66, Leiden u.a.).
EPHᶜAL, I.
1982   The Ancient Arabs. Nomads on the Borders of the Fertile Crescent, 9th–
        5th Centuries B.C. (Jerusalem/Leiden).
EPHᶜAL, I. / NAVEH, J.
1996   Aramaic Ostraca of the fourth century BC from Idumaea (Jerusalem).

ERFFA, H. M. VON
    1995   Ikonologie der Genesis. Die christlichen Bildthemen aus dem Alten Testament und ihre Quellen, Bd. 2 (München/Berlin).

ESHEL, Y. vgl. EHRLICH, Z. H.

ESKENAZI, T. C. / RICHARDS, K. H. (ed.)
    1994   Second Temple Studies. 2. Temple and Community in the Persian Period (JSOT Supplement Series 175, Sheffield).

FABRY, H.-J. (ed.)
    1977   Bausteine biblischer Theologie. Festschrift G. J. Botterweck (Bonner Biblische Beiträge 50, Köln/Bonn).

FINKELSTEIN, I.
    1988a The Archaeology of the Israelite Settlement (Jerusalem).
    1994a The Emergence of Israel: A Phase in the Cyclic History of Canaan in the Third and Second Millenia BCE, in: FINKELSTEIN/NAʾAMAN 1994, 150–178.
    1994b The Archaeology of the Days of Manasseh, in: COOGAN u.a. 1994, 169–187.
    1995   The Date of the Settlement of the Philistines in Canaan, Tel Aviv 22, 213–239.

FINKELSTEIN, I. / MAGEN, I.
    1993   Archaeological Survey of the Hill country of Benjamin (Jerusalem).

FINKELSTEIN, I. / NAʾAMAN, N. (ed.)
    1994   From Nomadism to Monarchy. Archaeological and Historical Aspects of Early Israel (Jerusalem).

FINKELSTEIN, L.
    1960   The Jewish Religion: Its Beliefs and Practices, in: DERS. (ed.), The Jews. Their History, Culture, and Religion, Bd. II (New York [3]1960, [1]1949) 1739–1801.

FIRMAGE, E.
    1999   Genesis 1 and the Priestly Agenda, Scandinavian Journal of the Old Testament 82, 97–114.

FISCHER, I.
    1994   Die Erzeltern Israels. Feministisch-theologische Studien zu Genesis 12–36 (BZAW 222, Berlin/New York).

FISHBANE, M. / TOV, E. (ed.)
    1992   „Shaʿarei talmon". Studies in the Bible, Qumran, and the Ancient Near East. Festschrift S. Talmon (Winona Lake).

FLEISHMAN, J.
    1995   The Investigating Commission of Tattenai: The Purpose of the Investigation and its Results, Hebrew Union College Annual 66, 81–102.

FRANK, F.
    1934   Aus der ʿAraba. I. Reiseberichte, ZDPV 57, 191–280.

FREI, P.
    1984   Zentralgewalt und Lokalautonomie im Achämenidenreich, in: FREI/KOCH 1984, 7–43.
    1990   Zentralgewalt und Lokalautonomie im achämenidischen Kleinasien, Transeuphratène 3, 157–171.
    1995   Die persische Reichsautorisation. Ein Überblick, ZAR 1, 1–35.
    1996   Zentralgewalt und Lokalautonomie im Achämenidenreich, in: FREI/KOCH 1996, 5–131.

FREI, P. / KOCH, K.
1984   Reichsidee und Reichsorganisation im Perserreich (OBO 55, [1]Freiburg, CH/Göttingen).
1996   Reichsidee und Reichsorganisation im Perserreich (OBO 55, [2]Freiburg, CH/Göttingen).

FREVEL, C.
1989   „Dies ist der Ort, von dem geschrieben steht...". Zum Verhältnis von Bibelwissenschaft und Palästinaarchäologie, Biblische Notizen 47, 35–89.
2000   Mit Blick auf das Land die Schöpfung erinnern. Zum Ende der Priestergrundschrift (Herders Biblische Studien 23, Freiburg/Br.).

FRIPP, E. I.
1892   Note on Genesis XVIII, ZAW 12, 23–29.

FRITZ, V.
1981   The „List of Rehoboam's Fortresses" in 2 Chr. 11:5–12 — Document from the Time of Josiah, Eretz Israel 15, 46*–53*.
1982   „Solange die Erde steht"—Vom Sinn der jahwistischen Fluterzählung in Gen 6–8, ZAW 94, 599–614.
1990   Die Stadt im alten Israel (München).
1994   Das Buch Josua (Handbuch zum Alten Testament 1/7, Tübingen).
1995   Haus, NBL II, 53–57.
1998   Das zweite Buch der Könige (Zürcher Bibelkommentar AT 10.2, Zürich).

FUCHS, A.
1994   Die Inschriften Sargons II. aus Khorsabad (Göttingen).

FUHS, H. F.
1984   Ezechiel 1–24 (Die Neue Echter Bibel, Würzburg).

GALLING, K.
1928   Die Erwählungstraditionen Israels (BZAW 48, Gießen).
1937   Biblisches Reallexikon (Handbuch zum Alten Testament I/1, [1]Tübingen).
1938   Denkmäler zur Geschichte Syriens und Palästinas unter der Herrschaft der Perser, Palästina-Jahrbuch 34, 59–79.
1954   Die Bücher der Chronik, Esra, Nehemia (ATD 12, Göttingen).
1964   Studien zur Geschichte Israels im persischen Zeitalter (Tübingen).
1977a   Aschera, in: GALLING 1977b, 12f.

GALLING, K. (ed.)
1977b   Biblisches Reallexikon (BRL[2]) (Handbuch zum Alten Testament I/1, [2]Tübingen).
1979   Textbuch zur Geschichte Israels (Tübingen [3]1979, [1]1950).

GARFINKEL, Y.
1985   A Hierarchic Pattern in the Private-Seal-Impressions on the »LMLK« Jar Handles, Eretz Israel 18, 69*.108–115. (Hebr. mit engl. Zsfg.)
1990   The Eliakim Na'ar Yokam Seal Impressions: Sixty Years of Confusion in Biblical Archaeological Research, BA 53, 74–79.

GARSTANG, J.
1931   Joshua, Judges (London).

GEIGER, A.
1928   Urschrift und Übersetzungen der Bibel in ihrer Abhängigkeit von der innern Entwicklung des Judentums (Frankfurt/M. [2]1928, [1]1857).

GEMSER, B.
1958   God in Genesis, OTS 12, 1–21.

GERSHEVITCH, I. (ed.)
1985   The Cambridge History of Iran. Vol. 2, The Median and Achaemenian Periods (Cambridge u.a.).

GERTZ, J. C.
1994   Die Gerichtsorganisation Israels im deuteronomischen Gesetz (FRLANT 165, Göttingen).
1995   Rezension GRÜNWALD 1992, ZAR 1, 155–159.
2000   Tradition und Redaktion in der Exoduserzählung. Untersuchungen zur Endredaktion des Pentateuch (FRLANT 186, Göttingen).

GESE, H.
1985   Die ältere Simsonüberlieferung (Richter c. 14–15), Zeitschrift für Theologie und Kirche 82, 261–280 = GESE 1991a, 52–71.
1986   Jakob und Mose: Hosea 12:3–14 als einheitlicher Text, in: VAN HENTEN u.a. 1986, 38–47 = GESE 1991a, 84–93.
1991a   Alttestamentliche Studien (Tübingen).
1991b   Die Komposition der Abrahamserzählung, in: GESE 1991a, 29–51.

GESENIUS, W. / KAUTZSCH, E.
1909   Hebräische Grammatik (Leipzig ^{28}1909, Halle ^{1}1813, Nachdruck Darmstadt 1991).

GEVA, H. (ed.)
2000   Ancient Jerusalem Revealed (Jerusalem ^{2}2000, ^{1}1994).

GEVA, H. / AVIGAD, N.
1993   Jerusalem. The Second Temple Period, in: STERN u.a. 1993, II 717–757.

GEYER, H.-G. u.a. (ed.)
1983   „Wenn nicht jetzt, wann dann?" Festschrift H.-J. Kraus (Neukirchen-Vluyn).

GEYER, P.
1898   Itinera Hierosolymitana. Saeculi IIII-VIII (Corpus Scriptorum Ecclesiasticorum Latinorum 39, Prag u.a.).

GIBSON, S. vgl. HEPPER, F. N.

GILLISCHEWSKI, E.
1923   Zur Literarkritik von Gen 18 und 19, ZAW 41, 76–83.

GILLMAYER-BUCHER, S.
1998   Von welcher sozialen Wirklichkeit erzählt Gen 24? Protokoll zur Bibel 7, 17–28.
2001   Genesis 24—ein Mosaik aus Texten, in: WÉNIN 2001, 521–532.

GINOUVES, R.
1994   Le château du Tobiade Hyrcan à ʿIraq al-Amir, Syria 71, 433–442.

GNIEWOSS, U. u.a. (ed.)
1991   Störenfriedels Zeddelkasten. Geschenkpapiere zum 60. Geburtstag von Friedrich-Wilhelm Marquardt (Berlin).

GÖRG, M.
1988   Abraham—historische Perspektiven, Biblische Notizen 41, 11–14.
1989a   Abra(ha)m—Wende zur Zukunft. Zum Beginn der priesterschriftlichen Abrahamsgeschichte, in: GÖRG 1989b, 61–71.
1991a   Chaldäer, NBL I, 362f.
1991b   Elephantine, NBL I, 512f.
1993   Richter (Die Neue Echter Bibel, Würzburg).

GÖRG, M. (ed.)
1989b   Die Väter Israels. Beiträge zur Theologie der Patriarchenüberlieferungen im Alten Testament. Festschrift J. Scharbert (Stuttgart).

GOLKA, F. W.
1978   Die theologischen Erzählungen im Abraham-Kreis, ZAW 90, 186–195.
GOMEZ DE SILVA, C. vgl. OVADIAH, A.
GORDON, C. H.
1940   Biblical Customs and the Nuzi Tablets, BA 3, 1–12.
1954   The Patriarchal Narratives, Journal of Near Eastern Studies 13, 56–59.
GOSSE, B.
1992   Isaïe 1 dans la rédaction du livre d'Isaïe, ZAW 104, 52–66.
1993   La tradition Yahviste en Gn 6,5–9,17, Henoch 15, 139–154.
1996   Melchisedech et le messianisme sacerdotal, Bibbia e Oriente 38, 79–89.
1997   Structuration des grands ensembles bibliques et intertextualité à l'époque perse. De la rédaction sacerdotale du livre d'Isaïe à la contestation de la Sagesse (BZAW 246, Berlin/New York).
GRANT, E. / WRIGHT, G. E.
1938   Ain Shems Excavations (Palestine). Part V (Pottery) (Haverford).
GRAUPNER, A. u.a.
2000   Verbindungslinien. Festschrift W. H. Schmidt (Neukirchen-Vluyn).
GRAYSON, A. K.
1993   Assyrian Officials and Power in the Ninth and Eighth Centuries, State Archive of Assyria Bulletin 7/1, 19–52.
GREENBERG, R.
1987   New Light on the Early Iron Age at Tell Beit Mirsim, BASOR 265, 55–80.
1993   Beit Mirsim, Tell, in: STERN u.a. 1993, I 180.
GREIFF, G.
1960   Was war ein ʾēlôn? ZDPV 76, 161–170.
GRESSMANN, H.
1913   Mose und seine Zeit. Ein Kommentar zu den Mose-Sagen (FRLANT 18, Göttingen).
1921   Die älteste Geschichtsschreibung und Prophetie Israels (von Samuel bis Amos und Hosea) (Die Schriften des Alten Testaments II/1, Göttingen ²1921, ¹1910).
1922   Die Anfänge Israels (Von 2. Mose bis Richter und Ruth) (Die Schriften des Alten Testaments I/2, Göttingen ²1922, ¹1914).
GROSS, W.
1981   Syntaktische Erscheinungen am Anfang althebräischer Erzählungen: Hintergrund und Vordergrund, in: EMERTON, J. A. (ed.), Congress Volume. Vienna 1980 (Supplements to Vetus Testamentum 32, Leiden) 131–145.
GROSS, W. (ed.)
1995   Jeremia und die „deuteronomistische Bewegung" (Bonner Biblische Beiträge 98, Weinheim).
GRÜNWALDT, K.
1992   Exil und Identität. Beschneidung, Passa und Sabbat in der Priesterschrift (Bonner Biblische Beiträge 85, Frankfurt/M.).
GUNKEL, H.
1910   Genesis, übersetzt und erklärt (Handkommentar zum Alten Testament I/1, Göttingen ³1910, ¹1901, ⁹1977).
1913   Reden und Aufsätze (Göttingen).
1920   Die Urgeschichte und die Patriarchen (Das erste Buch Mosis) (Die Schriften des Alten Testaments I/1, Göttingen ²1920, ¹1911).

GUNNEWEG, A. H. J.
1983 עם הארץ—A Semantic Revolution, ZAW 95, 437–440.
1985 Esra. Mit einer Zeittafel von Alfred Jepsen (Kommentar zum Alten Testament XIX/1, Gütersloh).
1987 Nehemia. Mit einer Zeittafel von Alfred Jepsen und einem Exkurs zur Topographie und Archäologie Jerusalems von Manfred Oeming (Kommentar zum Alten Testament XIX/2, Gütersloh).

GUTHE, H.
1908 Palästina (Monographien zur Erdkunde 21, Bielefeld/Leipzig).
1911 Bibelatlas in 20 Haupt- und 28 Nebenkarten (Leipzig).

HA, J.
1989 Genesis 15. A Theological Compendium of Pentateuchal History (BZAW 181, Berlin/New York).

HAAG, E.
1981 Abraham und Lot in Gen 18–19, in: CAQUOT/DELCOR 1981, 173–199.

HAGELIA, H.
1994 Numbering the Stars. A Phraseological Analysis of Genesis 15 (Coniectanea biblica OT Series 39, Stockholm).

HAHN, F.
1993 Die Gestalt Abrahams in der Sicht Philos, in: HAHN u.a. 1993, 203–215.

HAHN, F. u.a. (ed.)
1993 Zion—Ort der Begegnung. Festschrift L. Klein (Bonner Biblische Beiträge 90, Bodenheim).

HAHN, J.
1994 Moab und Israel, TRE 23, 124–129.

HALPERN, B.
1995 What They Don't Know Won't Hurt Them: Genesis 6–9, in: BECK u.a. 1995, 16–34.

HAMILTON, V. P.
1995 The Book of Genesis. Chapters 18–50 (The New International Commentary on the Old Testament, Grand Rapids).

HAMMOND, P. C.
1965 Hébron, Revue Biblique 72, 267–270.
1966 Hébron, Revue Biblique 73, 566–569.
1968 Hébron, Revue Biblique 75, 253–258.

HANBURY-TENISON, J. W.
1986 The Late Chalcolithic to Early Bronze Age Transition in Palestine and Transjordan (British Archaeological Reports, International Series 311, Oxford).

HARDMEIER, C.
1990 Prophetie im Streit vor dem Untergang Judas. Erzählkommunikative Studien zur Entstehungssituation der Jesaja- und Jeremiaerzählungen in IIReg 18–20 und Jer 37–40 (BZAW 187, Berlin/New York).
1991 Die Propheten Micha und Jesaja im Spiegel von Jeremia xvi und 2Regnum xviii-xx. Zur Prophetie-Rezeption in der nach-joschijanischen Zeit, in: EMERTON 1991, 172–189.

HARLAND, J. P.
1942 Sodom and Gomorrah. The Location of the Cities of the Plain, BA 5, 17–32.

HARTH, D. vgl. ASSMANN, J.

HAUDEBERT, P. (ed.)
1992   Le Pentateuque. Débats et Recherches. XIVe Congrès de l'ACFEB, Angers (1991) (Lectio divina 151, Paris).

HAUSMANN, J. u.a. (ed.)
1992   Alttestamentlicher Glaube und Biblische Theologie. Festschrift H. D. Preuss (Stuttgart).

HELCK, W.
1995   Die Beziehungen Ägyptens und Vorderasiens zur Ägäis bis ins 7. Jahrhundert v.Chr. Von Rosemarie Drenkhahn durchgesehene und bearbeitete Neuauflage (Erträge der Forschung 120, Darmstadt ²1995, ¹1979).

HEMPEL, J.
1929   Chronik, ZAW 47, 62–75.
1958   Mitteilungen. Zusammenfassung und Einzelforschung in der Archäologie, ZAW 70, 165–173.

HENDEL, R. S.
1995   Finding Historical Memories in the Patriarchal Narratives, Biblical Archaeology Review 21/4, 52–59.70f.

HENNESSY, J. B. vgl. HOMÈS-FREDERICQ, D.

HEPPER, F. N. / GIBSON, S.
1994   Abraham's Oak of Mamre: The Story of a Venerable Tree, PEQ 126, 94–105.

HERRMANN, S.
1980   Geschichte Israels in alttestamentlicher Zeit (München ²1980, ¹1973).

HERZOG, Z.
1986   Das Stadttor in Israel und in den Nachbarländern (Mainz).
1993   Beersheba. Tel Beersheba, in: STERN u.a. 1993, I 167–173.

HERZOG, Z. u.a.
1984   Beer-sheba II. The Early Iron Age Settlements (Tel Aviv).

HIMZI, H. / SHABTAI, Z.
1993   A Public Building from the Persian Period at Jabal Nimra, in: EHRLICH/ ESHEL 1993, 65–86. (Hebr.)

HOBBS, T. R.
1994   The „Fortresses of Rehobeam". Another Look, in: HOPFE 1994, 41–64.

HÖFNER, M.
2000   Remarks on Potsherds with Incised South Arabian Letters, in: ARIEL 2000, 26–28.

HÖGEMANN, P.
1986   Östlicher Mittelmeerraum. Das achämenidische Westreich von Kyros bis Xerxes (547–479/8 v.Chr.) (Tübinger Atlas des Vorderen Orients Karte B IV 23, Wiesbaden).
1992   Das alte Vorderasien und die Achämeniden. Ein Beitrag zur Herodot-Analyse (Beihefte zum Tübinger Atlas des Vorderen Orients B 98, Wiesbaden).

HOFTIJZER, J.
1956   Die Verheißungen an die drei Erzväter (Leiden).

HOGLUND, K. G.
1992   Achaemenid imperial administration in Syria-Palestine and the missions of Ezra and Nehemiah (Atlanta).

HOLZINGER, H.
1898   Genesis (Kurzer Hand-Commentar zum Alten Testament I, Freiburg/Br. u.a.).

1910   Nachprüfung von B. D. Eerdmans, Die Komposition der Genesis, ZAW
        30, 245–258.
HOMÈS-FREDERICQ, D. / HENNESSY, J. B.
1989   Archaeology of Jordan. Field Reports, Surveys and sites, 2 Bände (Leu-
        ven).
HOPFE, L. M. (ed.)
1994   Uncovering ancient stones. Festschrift H. N. Richardson (Winona Lake).
HOROWITZ, G.
1980   Town Planning of Hellenistic Marisa: A Reappraisal of the Excavations
        after Eighty Years, PEQ 112, 93–111.
HOUTMAN, C.
1994   Der Pentateuch. Die Geschichte seiner Erforschung neben einer Auswer-
        tung (Kampen).
1997   Zwei Sichtweisen von Israel als Minderheit inmitten der Bewohner Kana-
        ans. Ein Diskussionsbeitrag zum Verhältnis von J und Dtr(G), in: VER-
        VENNE/LUST 1997, 213–231.
HÜBNER, U.
1991   Das ikonographische Repertoire der ammonitischen Siegel und seine Ent-
        wicklung, in: SASS/UEHLINGER 1991, 130–160.
1992   Die Ammoniter. Untersuchungen zur Geschichte, Kultur und Religion ei-
        nes transjordanischen Volkes (Abhandlungen des Deutschen Palästina-
        Vereins 16, Wiesbaden).
1995   Ismaël/Ismaëliter, NBL II, 24–26.
1998   Biblische Archäologie, RGG⁴ 1, 709–711.
HULST, A. R.
1976   גּוֹי/עַם ʿam/gōj Volk, in: JENNI/WESTERMANN 1976, 290–325.
HURVITZ, A.
1988   Dating the Priestly Source in the Light of the Historical Study of Biblical
        Hebrew. A Century after Wellhausen, ZAW 100 Supplement, 88–100.
2000   Once Again: The Linguistic Profile of the Priestly Material in the Penta-
        teuch and ist Historical Age, ZAW 112, 180–191.
JACOB, B.
1930   Die biblische Sintfluterzählung. Ihre literarische Einheit (Berlin).
1934   Das erste Buch der Tora. Genesis (Berlin).
JACOBS, B.
1994   Die Satrapienverwaltung im Perserreich zur Zeit Darius III (Beihefte zum
        Tübinger Atlas des Vorderen Orients B 87, Wiesbaden).
JACOBSON, D. M.
1981   The Plan of the Ancient Haram El-Khalil in Hebron, PEQ 113, 73–80.
JAHNOW, H. u.a. (ed.)
1994   Feministische Hermeneutik und Erstes Testament. Analysen und Inter-
        pretationen (Stuttgart).
JAMIESON-DRAKE, D. W.
1991   Scribes and Schools in Monarchic Judah. A Socio-Archaeological Ap-
        proach (The Social World of Biblical Antiquitiy Series 9, Sheffield).
JAPHET, S.
1982   Sheshbazzar and Zerubbabel—Against the Background of the Historical
        and Religious Tendencies of Ezra-Nehemiah, ZAW 94, 66–98.
1983   People and Land in the Restoration Period, in: STRECKER 1983, 103–125.
1991   The relationship between Chronicles and Ezra-Nehemiah, in: EMERTON
        1991, 298–313.

1993 I & II Chronicles. A Commentary (London).

1994 Composition and Chronology in the Book of Ezra-Nehemia, in: ESKENAZI/ RICHARDS 1994, 189–216.

JAROŠ, K.

1976 Sichem. Eine archäologische und religionsgeschichtliche Studie mit besonderer Berücksichtigung von Jos 24 (OBO 11, Freiburg,CH/Göttingen).

1982 Hundert Inschriften aus Kanaan und Israel. Für den Hebräischunterricht bearbeitet (Freiburg,CH).

JENNI, E.

1978 אָב ʾāb Vater, in: JENNI/WESTERMANN 1978, 1–17.

JENNI, E. / WESTERMANN, C. (ed.)

1976 Theologisches Handwörterbuch zum Alten Testament. Band II (München/ Zürich).

1978 Theologisches Handwörterbuch zum Alten Testament. Band I (München/ Zürich ³1978, ¹1971).

JEREMIAS, J. / PERLITT, L. (ed.)

1981 Die Botschaft und die Boten. Festschrift H. W. Wolff (Neukirchen-Vluyn).

JERICKE, D.

1992 Tell es-Sebaᶜ Stratum V, ZDPV 108, 122–148.

1996 Die Lage des alttestamentlichen Mamre, in: DÖRRFUSS/MAIER 1996, 93–103.

1997a Die Landnahme im Negev. Protoisraelitische Gruppen im Süden Palästinas. Eine archäologische und exegetische Studie (Abhandlungen des Deutschen Palästina-Vereins 20, Wiesbaden).

1997b Die Geburt Isaaks—Gen 21,1–8, Biblische Notizen 88, 31–38.

1999 Die Liste der Nahoriden Gen 22,20–24. Eine redaktionsgeschichtliche Studie, ZAW 111, 481–497.

JERICKE, D. / SCHMITT, G.

1992 Palästina. Siedlungen in griechisch-römischer Zeit (ca. 300 v.Chr.–300 n.Chr.) (Tübinger Atlas des Vorderen Orients Karte B V 18, Wiesbaden).

JIRKU, A.

1969 Zweier-Gottheit und Dreier-Gottheit im altorientalischen Palästina-Syrien, Mélanges de l'Université Saint-Joseph 45, 399–404.

JOFFE, A. H.

1993 Settlement and Society in the Early Bronze Age i and ii Southern Levant. Complementarity and Contradiction in a Small-scale Complex Society (Sheffield).

JONKER, L. C.

1992 Samson in double vision: Judges 13–16 from historical-critical and narrative perspectives, JNSL 18, 49–66.

JOÜON, P.

1911/12 Notes de lexicographie hébraïque. L'expression kaᶜet ḥayyahᶜ à pareille époque dans un an, Mélanges de l'Université Saint-Joseph 5, 411f.

JÜNGLING, H.-W.

1981 Richter 19. Ein Plädoyer für das Königtum (Analecta Biblica 84, Rom).

JUNGE, E.

1937 Der Wiederaufbau des Heerwesens des Reiches Juda unter Josia (BWANT 75, Stuttgart).

KAESTLI, J.-D.
1997   Abraham, visionnaire apocalyptique: lectures midrashiques de Genèse 15, in: RÖMER 1997b, 35–52.

KAISER, O.
1958   Traditionsgeschichtliche Untersuchung von Genesis 15, ZAW 70, 107–126.
1973   Der Prophet Jesaja. Kapitel 13–39 (ATD 18, Göttingen).
1981   Das Buch des Propheten Jesaja. Kapitel 1–12 (ATD 17, Göttingen ⁵1981, ¹1960).
1994   Grundriß der Einleitung in die kanonischen und deuterokanonischen Schriften des Alten Testaments. Bd. 2: Die prophetischen Werke (Gütersloh).

KARGE, P.
1917   Rephaim. Die vorgeschichtliche Kultur Palästinas und Phöniziens. Archäologische und religionsgeschichtliche Studien (Paderborn).

KARMON, Y.
1983   Israel. Eine geographische Landeskunde (Darmstadt).

KASWALDER, P.
1993   Le tribà in Gde 1,1–2,5 e in Gdc 4–5, Liber Annuus 43, 89–113.

KEEL, O.
1980   Das Böcklein in der Milch seiner Mutter und Verwandtes. Im Lichte eines altorientalischen Bildmotivs (OBO 33, Freiburg,CH/Göttingen).
1998   Goddesses and Trees, New Moon and Yahweh. Ancient Near Eastern Art and the Hebrew Bible (JSOT Supplement Series 261, Sheffield).

KEEL, O. / KÜCHLER, M.
1982   Orte und Landschaften der Bibel. Ein Handbuch und Studien-Reiseführer zum Heiligen Land. Band 2: Der Süden (Zürich u.a.).

KEEL, O. / UEHLINGER, C.
1998   Göttinnen, Götter und Gottessymbole. Neue Erkenntnisse zur Religionsgeschichte Kanaans und Israels aufgrund bislang unerschlossener ikonographischer Quellen (Quaestiones disputatae 134, Freiburg/Br. u.a. ⁴1998, ¹1992).

KEEL, O. u.a.
1984   Orte und Landschaften der Bibel. Ein Handbuch und Studienreiseführer zum Heiligen Land. Bd. 1: Geographisch-geschichtliche Landeskunde (Einsiedeln u.a.).

KEIL, C. F.
1866   Biblischer Commentar über die Bücher Mose's. Bd. 1: Genesis und Exodus (Biblischer Commentar über das Alte Testament I/1, Leipzig).

KELLERMANN, D. u.a.
1992   Palästina. Siedlungen der Eisenzeit (ca. 1200–550 v.Chr.). Juda und Israel in der Königszeit (Tübinger Atlas des Vorderen Orients Karte B IV 6, Wiesbaden).

KELLERMANN, U.
1966   Die Listen in Nehemia 11. Eine Dokumentation aus den letzten Jahren des Reiches Juda? ZDPV 82, 209–227.
1967   Nehemia. Quellen, Überlieferung und Geschichte (BZAW 102, Berlin/New York).

KELSO, J. L.
1955   The Second Campaign at Bethel, BASOR 137, 5–10.
1993   Bethel, in: STERN u.a. 1993, I 192–194.

KELSO, J. L. u.a.
1968   The Excavations of Bethel (1934–1960) (AASOR 39, Cambridge/MA).

KEMPINSKI, A. / REICH, R. (ed.)
1992   The Architecture of Ancient Israel. From the Prehistoric to the Persian Periods (Jerusalem).

KESSLER, K.
1991   Das Neuassyrische Reich der Sargoniden (720–612 v.Chr.) und das Neubabylonische Reich (612–539 v.Chr.) (Tübinger Atlas des Vorderen Orients Karte B IV 13, Wiesbaden).

KESSLER, M. (ed.)
1994   Voices from Amsterdam. A Modern Tradition of Reading Biblical Narrative (Atlanta).

KESSLER, R. u.a. (ed.)
1997   „Ihr Völker alle, klatscht in die Hände!". Festschrift E. Gerstenberger (Münster).

KHAZANOV, A. vgl. BAR-YOSEF, O.

KHITROWO, B. DE
1889   Itinéraires russes en Orient (Société de l'Orient latin, Série géographique V, Genève).

KILIAN, R.
1966   Die vorpriesterlichen Abrahamsüberlieferungen. Literarkritisch und traditionsgeschichtlich untersucht (Bonner Biblische Beiträge 24, Bonn).
1970   Zur Überlieferungsgeschichte Lots, Biblische Zeitschrift. Neue Folge 14, 23–37.
1986   Jesaja 1–12 (Die Neue Echter Bibel, Würzburg).
1989   Nachtrag und Neuorientierung. Anmerkungen zum Jahwisten in den Abra-hamserzählungen, in: GÖRG 1989b, 155–167.
1994   Jesaja II, 13–19 (Die Neue Echter Bibel, Würzburg).

KINET, D.
2001   Geschichte Israels (Die Neue Echter Bibel Ergänzungsband 2 zum Alten Testament, Würzburg).

KING, G. R. D. u.a.
1987   Survey of Byzantine and Islamic sites in Jordan. Third Season Preliminary Report (1982), The Southern Ghōr, ADAJ 31, 439–459.

KINNIER WILSON, J. V.
1972   The Nimrud Wine Lists. A study of men and administration at the Assyrian capital in the Eighth Century B.C. (London).

KITCHEN, K.
1995   The Patriarchal Age. Myth or History, Biblical Archaeology Review 21/2, 48–57.88–95.

KLEIN, S.
1934   Palästinensisches im Jubiläenbuch, ZDPV 57, 7–27.

KLOPFENSTEIN, M. A. vgl. DIETRICH, W.

KNAUF, E. A.
1985   Ismael. Untersuchungen zur Geschichte Palästinas und Nordarabiens im 1. Jahrtausend v.Chr. (Abhandlungen des Deutschen Palästina-Vereins 7, Wiesbaden).
1988   Zur Herkunft und Sozialgeschichte Israels. „Das Böckchen in der Milch seiner Mutter", Biblica 69, 153–169.
1990   The Persian Administration in Arabia, Transeuphratène 2, 201–217.

1994   Die Umwelt des Alten Testaments (Neuer Stuttgarter Kommentar, Altes Testament Bd. 29, Stuttgart).

1995   Kedar und Kedrener, NBL II, 457f.

1997   Supplementa Ismaelitica. 17. ולד לה און Gen 11,30. 18. „Ross und Reiter warf er ins Meer", Biblische Notizen 86, 49f.

1998   Audiatur et altera pars. Zur Logik der Pentateuch-Redaktion, Bibel und Kirche 53, 118–126.

KNAUF, E. A. / LENZEN, C. J.

1987   Edomit Copper Industry, Studies in the History and Archaeology of Jordan 3, 83–88.

KNIPPING, B. R.

1998   Redaktionen: unverzichtbar, aber in Urkunden- bzw. Quellentheorie nicht angemessen berücksichtigt, Biblische Notizen 95, 45–70.

KNOHL, I.

1995   The Sanctuary of Silence. The Priestly Torah and the Holiness School (Minneapolis).

KOCH, H.

1992   Es kündet Dareios der König... Vom Leben im persischen Großreich (Mainz).

1993   Zu den Satrapien im Achämenidenreich, in: DIES., Achämeniden-Studien (Wiesbaden) 5–48.

1996   Rezension HÖGEMANN 1992, Zeitschrift der Deutschen Morgenländischen Gesellschaft 146, 183–198.

KOCH, K.

1996   Weltordnung und Reichsidee im alten Iran und ihre Auswirkungen auf die Provinz Jehud, in: FREI/KOCH 1996, 133–337.

1999   Die Toledot-Formeln als Strukturprinzip des Buches Genesis, in: BEYERLE u.a. 1999, 183–192.

vgl. FREI, P.

KOCHAVI, M.

1974   Khirbet Rabūd = Debir, Tel Aviv 1, 2–33.

KOCHAVI, M. u.a.

1972   Judaea, Samaria and the Golan. Archaeological Survey 1967–1968 (Jerusalem). (Hebr.)

KÖCKERT, M.

1988   Vätergott und Väterverheißungen. Eine Auseinandersetzung mit Albrecht Alt und seinen Erben (FRLANT 142, Göttingen).

KOEHLER, L.

1953   Syntactica IV. V. Die syntactischen Verhältnisse in Genesis, Vetus Testamentum 3, 299–305.

KRAETZSCHMAR, R.

1897   Der Mythus von Sodoms Ende, ZAW 17, 81–92.

KRAFELD-DAUGHERTY, M.

1994   Wohnen im Alten Orient. Eine Untersuchung zur Verwendung von Räumen in altorientalischen Wohnhäusern (Altertumskunde des Vorderen Orients 3, Münster).

KRAHMALKOV, C.

1994   Exodus Itinerary Confirmed by Egyptian Evidence, Biblical Archaeology Review 20/5, 54–62.

KRAPF, T.
1992   Die Priesterschrift und die vorexilische Zeit. Yehezkel Kaufmanns ver-
        nachlässigter Beitrag zur Geschichte der biblischen Religion (OBO 119,
        Freiburg,CH/Göttingen).
KRATZ, R. G.
1991   Kyros im Deuterojesaja-Buch. Redaktionsgeschichtliche Untersuchungen
        zu Entstehung und Theologie von Jes 40–55 (Forschungen zum Alten Te-
        stament 1, Tübingen).
2000   Die Komposition der erzählenden Bücher des Alten Testaments. Grund-
        wissen der Bibelkritik (Göttingen).
KRÜGER, T.
1988   Esra 1–6: Struktur und Konzept, Biblische Notizen 41, 65–75.
KÜCHLER, M. vgl. KEEL, O.
KÜLLING, S. R.
1964   Zur Datierung der »Genesis-P-Stücke«, namentlich des Kapitels Genesis
        XVII (Kampen).
KÜMPEL, R.
1977   Die „Begegnungstradition" von Mamre, in: FABRY 1977, 147–168.
KUHNEN, H.-P.
1990   Palästina in griechisch-römischer Zeit. Mit Beiträgen von Leo
        Mildenberg und Robert Wenning (Handbuch der Archäologie,
        Vorderasien II/2, München).
KUNTZMANN, R. (ed.)
1994   Ce Dieu qui vient. Mélanges offerts à Bernard Renaud (Lectio divina
        159, Paris).
LAATO, A.
1995   Assyrian propaganda and the falsification of history in the royal inscrip-
        tions of Sennacherib, Vetus Testamentum 45, 198–226.
LAPERROUSAZ, E.-M.
1994   Le statut de la province de Judée, in: LAPERROUSAZ/LEMAIRE 1994, 117–
        122.
LAPERROUSAZ, E.-M. / LEMAIRE, A. (ed.)
1994   La Palestine à l'époque perse (Paris).
LAPP, N. L.
1965   Appendix 7: Some Black- and Red-figured Attic Ware, in: WRIGHT 1965,
        238–241.
1985   The Stratum V Pottery from Balaṭah (Shechem), BASOR 257, 19–43.
1993   ʿIraq el-Emir, in: STERN u.a. 1993, II 646–649.
        vgl. LAPP, P. W.
LAPP, P. W.
1965   Tell el-Fûl, BA 28, 2–10.
LAPP, P. W. / LAPP, N. L. (ed.)
1974   Discoveries in the Wadi ed-Dâliyeh (AASOR 41, Cambridge/MA).
LASINE, S.
1984   Guest and Host in Judges 19. Lot's Hospitality in an Inverted World,
        JSOT 29, 37–59.
LEBRAM, J. C. H.
1987   Die Traditionsgeschichte der Esragestalt und die Frage nach dem histori-
        schen Esra, in: SANCISI-WEERDENBURG 1987, 103–138.

LEMAIRE, A.
1974 Un nouveau roi arabe de Qedar dans l'inscription de l'autel à encens de Lakish, Revue Biblique 81, 63–72.
1975 *Mmšt* = Amwas. Vers la solution d'une énigme de l'épigraphie hébraique, Revue Biblique 82, 15–23.
1981 Classification des Estampilles Royales Judéennes, Eretz Israel 15, 54*–60*.
1990b Populations et territoires de la Palestine à l'époque perse, Transeuphratène 3, 31–74.
1993 Cycle primitif d'Abraham et contexte géographico-historique, in: LEMAIRE/OTZEN 1993, 62–75.
1994a Histoire et administration de la Palestine à l'époque perse, in: LAPERROUSAZ/LEMAIRE 1994, 11–53.
1994b Épigraphie et numismatique palestiniennes, in: LAPERROUSAZ/LEMAIRE 1994, 261–287.
1996a Nouvelles inscriptions araméennes d'Idumée au Musée d'Israël (Supplément n° 3 Transeuphratène, Paris).
1996b Zorobabel et la Judée à la lumière de l'epigraphie (fin du VIe s. av. J.-C.), Revue Biblique 103, 48–57.
1999 Der Beitrag idumäischer Ostraka zur Geschichte Palästinas im Übergang von der persischen zur hellenistischen Zeit, ZDPV 115, 12–23.
vgl. LAPERROUSAZ, E.-M.
LEMAIRE, A. / OTZEN, B. (ed.)
1993 History and traditions of early Israel. Festschrift E. Nielsen (Supplements to Vetus Testamentum 50, Leiden).
LEMCHE, N. P.
1985 Early Israel. Anthropological and Historical Studies on the Israelite Society Before the Monarchy (Supplements to Vetus Testamentum 37, Leiden).
1988 Ancient Israel. A New History of Israelite Society (Sheffield).
1996 Die Vorgeschichte Israels. Von den Anfängen bis zum Ausgang des 13. Jahrhunderts v.Chr. (Biblische Enzyklopädie 1, Suttgart u.a.).
LENZEN, C. vgl. KNAUF, E. A.
LESKIEN, A.
1884 Die Pilgerfahrt des russischen Abtes Daniel ins heilige Land 1113–1115, ZDPV 7, 17–64.
LESTRANGE, G.
1890 Palestine Under the Moslems. A Description of Syria and the Holy Land From A.D. 650 To 1500. Translated From the Works of the Mediaeval Arab Geographers (Boston/New York, Nachdruck Frankfurt/M. 1993).
LETELLIER, R. I.
1995 Day in Mamre, Night in Sodom. Abraham and Lot in Gen 18 and 19 (Bib-lical Interpretation Series 10, Leiden).
LEUZE, O.
1935 Die Satrapieneinteilung in Syrien und im Zweistromland von 520–320 (Schriften der Königsberger Gelehrten Gesellschaft, Geisteswissenschaftliche Klasse 11/4, Halle).
LEVIN, C.
1984 Joschija im deuteronomistischen Geschichtswerk, ZAW 96, 351–354.
1993 Der Jahwist (FRLANT 157, Göttingen).

362 LITERATUR

LEWY, J.
1945/46 The Late Assyro-Babylonian Cult of the Moon and its Culmination at the Time of Nabonidus, Hebrew Union College Annual 19, 405–489.
LIDDEL, H. G. / SCOTT, R.
o. J.   A Greek-English lexicon. A new edition, rev. and augm. throughout by Henry Stuart Jones (Oxford).
LIPINSKI, E.
1974   ʿAnaq—Kiryat ʾArbaʿ—Hébron et ses sanctuaires tribaux, Vetus Testamentum 24, 41–55.
1989   Art עַם ʿam, ThWAT VI, 177–194.
LIPSCHITS, O.
1998   Nebuchadrezzar's Policy in „Ḫattu-Land" and the Fate of the Kingdom of Judah, Ugarit-Forschungen 30, 467–487.
1999   The History of the Benjamin Region under Babylonian Rule, Tel Aviv 26, 155–190.
LIWAK, R. / WAGNER, S. (ed.)
1991   Prophetie und geschichtliche Wirklichkeit. Festschrift S. Herrmann (Stuttgart).
LOADER, J. A.
1990   A Tale of Two Cities. Sodom and Gomorrah in the Old Testament. Early Jewish and early Christian Traditions (Kampen).
LODS, A.
1927   La caverne de Lot, Revue d'Histoire des Religions 95, 204–219.
LÖHR, M.
1924   Untersuchungen zum Hexateuchproblem I. Der Priesterkodex in der Genesis (BZAW 38, Gießen).
LOHFINK, N.
1967   Die Landverheißung als Eid. Eine Studie zu Gn 15 (Stuttgarter Bibelstudien 28, Stuttgart).
1978   Die Priesterschrift und die Geschichte, in: Congress Volume. Göttingen 1977 (Supplements to Vetus Testamentum 29, Leiden) 189–225 = LOHFINK 1988, 213–253.
1988   Studien zum Pentateuch (Stuttgarter biblische Aufsatzbände 4, Stuttgart).
1989   Dtn 12,1 und Gen 15,18: Das dem Samen Abrahams geschenkte Land als der Geltungsbereich der deuteronomischen Gesetze, in: GÖRG 1989b, 183–210.
1991   Die Väter Israels im Deuteronomium. Mit einer Stellungnahme von Thomas Römer (OBO 111, Freiburg,CH/Göttingen).
1992   Deutéronome et Pentateuque. État de la recherche, in: HAUDEBERT u.a. 1992, 35–64.
LORETZ, O.
1962   kᶜt ḥyh—„wie jetzt ums Jahr". Gen 18,10, Biblica 43, 75–78.
LOZA, J.
1995   Genèse xviii-xix: présence ou représentation de Yahvé? Essai sur la critique littéraire et la signification du récit, in : EMERTON 1995, 179–192.
LUX, R.
1995   »Und die Erde tat ihren Mund auf... «. Zum »aktuellen Erzählinteresse« Israels am Konflikt zwischen Mose und Datan und Abiram in Num 16, in: VIEWEGER/WASCHKE 1995, 187–216.
LUST, J. vgl. VERVENNE, M.

MACALISTER, R. A. S.
1912   The Excavations of Gezer. 1902–1905 and 1907–1909. Vol. II (London).
MACALISTER, R. A. S. / DUNCAN, J. G.
1926   Excavations on the Hill of Ophel, Jerusalem. 1923–1925 (Palestine Exploration Found Annual IV, London).
MACDONALD, B.
1992   The Southern Ghors and Northeast ʿArabah Archaeological Survey (Sheffield).
MACDONALD, B. u.a.
1987   Southern Ghors and Northeast ʿArabah Archaeological Survey 1986, Jordan. A Preliminary Report, ADAJ 31, 391–418.
1988   Southern Ghors and Northeast ʿAraba Archaeological Survey 1985 and 1986, Jordan: A Preliminary Report, BASOR 272, 23–45.
MACHINIST, P.
1994   The first coins of Judah and Samaria: Numismatics and history in the Achaemenid and early hellenistic periods, in: SANCISI-WEERDENBURG u.a. 1994, 365–379.
MACKAY, E. J. H. vgl. VINCENT, L. H.
MADER, A. E.
1918   Altchristliche Basiliken und Lokaltraditionen in Südjudäa. Archäologische und topographische Untersuchungen (Paderborn).
1930   Les fouilles allemandes au Râmet el Khalil, Revue Biblique 39, 85–117.199–225.
1957   Mambre. Die Ergebnisse der Ausgrabungen im heiligen Bezirk Râmet el-Ḥalîl in Südpalästina 1926–1928, 2 Bände (Freiburg/Br.).
MAGEN, I.
1991   Elonei Mamre—Herodian Cult Site, Qadmoniot 24, 46–55. (Hebr.)
1993   Mamre, in: STERN u.a. 1993, III 939–942.
vgl. FINKELSTEIN, I.; STERN, E.
MAIER, C.
1994   Jerusalem als Ehebrecherin in Ezechiel 16. Zur Verwendung und Funktion einer biblischen Metapher, in: JAHNOW u.a. 1994, 85–105.
1995   Die „fremde Frau" in Proverbien 1–9. Eine exegetische und sozialgeschichtliche Studie (OBO 144, Freiburg,CH/Göttingen).
vgl. DÖRRFUSS, E. M.
MALLOWAN, M. E. L. / WISEMAN, D. J. (ed.)
1960   Ur in Retrospect. In Memory of Sir C. Leonard Woolley, Iraq 22 (ganzes Heft).
MARGALIT, B.
1995   Observations on the Jael-Sisera-Story (Judges 4–5), in: WRIGHT u.a. 1995, 629–641.
MARTIN-ACHARD, R.
1969   Actualité d'Abraham (Neuchâtel).
1977   Abraham I, TRE 1, 364–372.
MATTHEWS, V. H.
1992   Hospitality and Hostility in Genesis 19 and Judges 19, Biblical Theology Bulletin 22, 3–11.
MATZAL, S. C.
2000   The structure of Ezra iv-vi, Vetus Testamentum 50, 566–569.
MAYER, W.
1995   Politik und Kriegskunst der Assyrer (Münster).

MAZAR, A.
1981   The Excavations at Khirbet Abu et-Twein and the System of Iron Age
        Fortresses in Judah, Eretz Israel 15, 83*f.229–249. (Hebr. mit engl.
        Zsfg.)
1982   Iron Age Fortresses in the Judean Hills, PEQ 114, 87–109.
1985   The Emergence of the Philistine Material Culture, IEJ 35, 95–107.
1990   Archaeology of the Land of the Bible (New York).
MAZAR, B.
1969   The Historical Background of the Book of Genesis, Journal of Near East-
        ern Studies 28, 73–83 = MAZAR 1986, 49–62.
1986   The Early Biblical Period. Historical Studies (Jerusalem).
MAZAR, B. / DUNAYEVSKY, I.
1967   En-Gedi. Fourth and Fifth Seasons of Excavations. Preliminary Report,
        IEJ 17, 133–143.
MAZAR, B. u.a.
1966   En-Gedi. The First and Second Seasons of Excavations 1961–1962 (ʿAti-
        qot English Series 5, Jerusalem).
MCDONOUGH, S. M.
1999   „And David was old, advanced in years"; 2 Samuel xxiv 18–25, 1 Kings i
        1, and Gen xxiii-xiv, Vetus Testamentum 49, 128–131.
MCEVENUE, S. E.
1971   The Narrative Style of the Priestly Writer (Analecta Biblica 50, Rom).
1981   The Political Structure in Judah from Cyrus to Nehemiah, CBQ 43, 353–
        364.
MCKENZIE, S. L. / RÖMER, T. (ed.)
2000   Rethinking the Foundations. Historiography in the Ancient World and in
        the Bible. Essays in Honour of John Van Seters (BZAW 294, Berlin/New
        York).
MEHLHAUSEN, J. (ed.)
1995   Pluralismus und Identität (Veröffentlichungen der Wissenschaftlichen
        Gesellschaft für Theologie 8, Gütersloh).
MENDENHALL, G. E.
1974   The Shady Side of Wisdom. The Date and Purpose of Genesis 3, in:
        BREAM u.a. 1974, 319–334.
MEYERS, E. M.
1985   The Shelomit Seal and the Judean Restoration. Some Additional Consi-
        derations, Eretz Israel 18, 33*–38*.
1987   The Persian Period and the Judean Restauration: From Zerubbabel to Ne-
        hemiah, in: MILLER u.a. 1987, 509–521.
MIDANT-REYNES, B. / BRAUNSTEIN-SILVESTRE, F.
1980   Kamel, Lexikon der Ägyptologie III, 304f.
MILDENBERG, L.
1988   Über das Kleingeld in der persischen Provinz Judäa, in: WEIPPERT 1988,
        719–728.
MILLARD, M.
2001   Die Genesis als Eröffnung der Tora. Kompositions- und auslegungsge-
        schichtliche Annäherungen an das erste Buch Mose (WMANT 90, Neu-
        kirchen-Vluyn).
MILLER, N.
1985   Patriarchal Burial site Explored for First Time in 700 Years, Biblical Ar-
        chaeology Review 11/3, 26–43.

MILLER, P. D. u.a. (ed.)
1987   Ancient Israelite Religion. Festschrift F. M. Cross (Philadelphia).

MITTMANN, S.
1975   Deuteronomium 1,1–6,3 literarkritisch und traditionsgeschichtlich untersucht (BZAW 139, Berlin/New York).
1977   Ri 1,16f. und das Siedlungsgebiet der kenitischen Sippe Hobab, ZDPV 93, 213–235.
1983   Die Küste Palästinas bei Herodot, ZDPV 99, 130–140.
1990   Hiskia und die Philister, JNSL 16, 91–106.
1991   „Königliches bat" und „ṭeṭ-Symbol". Mit einem Beitrag zu Micha 1,14b und 1 Chronik 4,21–23, ZDPV 107, 59–76.
1993   Josua 16,1 und die Präposition lə, Biblische Notizen 70, 14–20.
2000   Tobia, Sanballat und die persische Provinz Juda, JNSL 26, 1–50.

MÖLLE, H.
1973   Das Erscheinen Gottes im Pentateuch. Ein literaturwissenschaftlicher Bei-trag zur alttestamentlichen Exegese (Bern/Frankfurt,M.).

MÖLLER, C. / SCHMITT, G.
1976   Siedlungen Palästinas nach Flavius Josephus (Beihefte zum Tübinger Atlas des Vorderen Orients B 14, Wiesbaden).

MOLTMANN, J.
1991   In der Geschichte des dreieinigen Gottes. Beiträge zur trinitarischen Theo-logie (München).

MOMMSEN, M. u.a.
1984   The Provenance of the lmlk Jars, IEJ 34, 89–113.

MOOR, J. C. DE (ed.)
1995   Synchronic or diachronic? A Debate on Method in Old Testament Exegesis (OTS 34, Leiden u.a.).

MOOREY, P. R. S.
1982   Ur „of the Chaldees". A Revised and Updated Edition of Sir Leonard Woolley's Excavations at Ur (Ithaca/NY).

MORGENSTERN, J.
1939   The Mythological Background of Psalm 82, Hebrew Union College Annual 14, 93f.

MOSIS, R.
1989   „Glaube" und „Gerechtigkeit"—zu Gen 15,6, in: GÖRG 1989b, 225–257.

MOSIS, R. / RUPPERT, L. (ed.)
1989   Der Weg zum Menschen. Zur philosophischen und theologischen Anthropologie. Festschrift A. Deissler (Freiburg/Br.).

MOWINCKEL, S.
1964   Studien zu dem Buche Ezra-Nehemia. I. Die nachchronische Redaktion des Buches. Die Listen (Oslo).

NA'AMAN, N.
1979a   Sennacherib's Campaign to Judah and the Date of the LMLK Stamps, Vetus Testamentum 29, 61–86.
1979b   The Brook of Egypt and Assyrian Policy on the Border of Egypt, Tel Aviv 6, 68–90.
1980   The Shihor of Egypt and Shur that is before Egypt, Tel Aviv 7, 95–109.
1981   „Hebron was built seven years before Zoan in Egypt" (Numbers XIII 22), Vetus Testamentum 31, 488–492.
1986   Hezekiah's Fortified Cities and the LMLK Stamps, BASOR 261, 5–21.
1991   The Kingdom of Judah under Josiah, Tel Aviv 18, 3–71.

1992 Canaanite Jerusalem and Its Central Hill Country Neighbours in the Second Millenium B.C.E., Ugarit-Forschungen 24, 275–291.

1994a The „Conquest of Canaan" in the Book of Joshua and in History, in: FINKELSTEIN/NAʾAMAN 1994, 218–281.

1997a The Contribution of the Amarna Letters on Jerusalem's Political Position in the Tenth Century B.C.E., BASOR 304, 17–27.

2000 The Contribution of the Trojan Grey Ware from Lachish and Tel Miqne-Ekron to the Chronology of the Philistine Monochrome Pottery, BASOR 317, 1–7.

vgl. ANBAR, M; FINKELSTEIN, I.

NAUERTH, T.
1997 Untersuchungen zur Komposition der Jakoberzählungen. Auf der Suche nach der Endgestalt des Genesisbuches (Frankfurt/M.).

NAUMANN, T. vgl. DIETRICH, W.

NAVEH, J.
1992 Aramaic Ostraca and Jar Inscriptions from Tell Jemmeh, ʿAtiqot 21, 49–53.

NEEF, H.-D.
1987 Die Heilstraditionen Israels in der Verkündigung des Propheten Hosea (BZAW 169, Berlin/New York).

1994 Deboraerzählung und Deboralied: Beobachtungen zum Verhältnis von Jdc IV und V, Vetus Testamentum 44, 47–59.

1995a Ephraim. Studien zur Geschichte des Stammes Ephraim von der Landnahme bis zur frühen Königszeit (BZAW 238, Berlin/New York).

1995b Der Stil des Deboraliedes (Ri 5), Zeitschrift für Althebraistik 8, 275–293.

NEGEV, A.
1993 Kurnub, in: STERN u.a. 1993, III 882–893.

NEHER, A.
1979 Ezechiël, rédempteur de Sodome, Revue d'histoire et de philosophie religieuses 59, 483–490.

NETZER, E.
1992 Domestic Architecture in the Iron Age, in: KEMPINSKI/REICH 1992, 193–201.

NICCACCI, A.
1990 The syntax of the verb in Classical Hebrew prose (JSOT Supplement Series 86, Sheffield).

1995 Organizzazione canonica della Bibbia ebraica. Tra sintassi e retorica, Rivista biblica 43, 9–29.

NICOL, M. B. vgl. CALLAWAY, J. A.

NIDITCH, S.
1982 The „Sodomite" Theme in Judges 19–20: Family, Community and Social Disintegration, CBQ 44, 365–378.

NIEHR, H.
1998 Religionen in Israels Umwelt. Einführung in die nordwestsemitischen Religionen Syrien-Palästinas (Die Neue Echter Bibel Ergänzungsband 5 zum Alten Testament, Würzburg).

NIEMANN, H. M.
1993a Herrschaft, Königtum und Staat: Skizzen zur soziokulturellen Entwicklung im monarchischen Israel (Forschungen zum Alten Testament 6, Tübingen).

1993b Das Ende des Volkes der Perizziter—Über soziale Wandlungen Israels im Spiegel einer Begriffsgruppe, ZAW 105, 233–257.

NOCQUET, D.

1997 Abraham ou le „Père adopté": Où se cache l'historicité d'Abraham? Foi et vie. Cahier biblique 36, 35–53.

NÖLDEKE, T.

1869 Untersuchungen zur Kritik des Alten Testaments. 1. Die s. g. Grundschrift des Pentateuch (Kiel).

NOORT, E.

1995 „Land" in the Deuteronomistic Tradition—Genesis 15: The Historical and Theological Necessity of a Diachronic Approach, in: DE MOOR 1995, 129–144.

NORTH, R.

1958 Rezension MADER 1957, Biblische Zeitschrift. Neue Folge 2, 315–318.

NOTH, M.

1935 Bethel und Ai, Palästina-Jahrbuch 31, 7–29.

1938 Grundsätzliches zur geschichtlichen Deutung archäologischer Befunde auf dem Boden Palästinas, Palästina-Jahrbuch 34, 7–22 = NOTH 1971b, 3–16.

1943 Überlieferungsgeschichtliche Studien. Die sammelnden und bearbeiten-den Geschichtswerke im Alten Testament (Tübingen, Nachdruck Darm-stadt 1967).

1948 Überlieferungsgeschichte des Pentateuch (Stuttgart, Nachdruck Darm-stadt 1960).

1951 Die Nachbarn der israelitischen Stämme im Ostjordanlande, ZDPV 68, 1–50 = NOTH 1971b, 434–475.

1960 Der Beitrag der Archäologie zur Geschichte Israels, in: Congress Volume. Oxford 1959 (Supplements to Vetus Testamentum 7, Leiden) 262–282 = NOTH 1971b, 34–51.

1969 Geschichte Israels (Göttingen [7]1969, [1]1950).

1971a Das Buch Josua (Handbuch zum Alten Testament I/7, Tübingen [3]1971, [1]1937).

1971b Aufsätze zur biblischen Landes- und Altertumskunde. Hrsg. von H. W. Wolff, Bd. 1: Archäologische, exegetische und topographische Untersu-chungen zur Geschichte Israels (Neukirchen-Vluyn).

ODED, B.

1998 History vis-à-vis propaganda in the Assyrian royal inscriptions, Vetus Testamentum 48, 423–425.

OEMING, M.

1983 Ist Genesis 15,6 ein Beleg für die Anrechnung des Glaubens zur Gerech-tigkeit? ZAW 95, 182–197.

1989 Der Tell Jesreel (Hirbet Zer'īn). Studien zur Topographie, Archäologie und Geschichte, Jahrbuch des Deutschen Evangelischen Instituts für Al-tertumswissenschaft des Heiligen Landes 1, 56–78.

1990 Das wahre Israel. Die «genealogische Vorhalle» 1Chronik 1–9 (BWANT 128, Stuttgart u.a.).

1997a Tatsachenreport oder Glaubenszeugnis? Überlegungen zur geistigen und geistlichen Auseinandersetzung mit dem Fundamentalismus am Fallbei-spiel Abraham, in: OEMING 1997b, 47–61.

1998 Der Glaube Abrahams. Zur Rezeptionsgeschichte von Gen 15,6 in der Zeit des zweiten Tempels, ZAW 110, 16–33.

OEMING, M. (ed.)

1997b Die fundamentalistische Versuchung (Osnabrück).

OFER, A.

1984   Tell Rumeideh—1984, Excavations and Surveys in Israel 3, 94f.

1986   Tell Rumeideh (Hebron)—1985, Excavations and Surveys in Israel 5, 92f.

1987/88 Tell Rumeideh (Hebron)—1986, Excavations and Surveys in Israel 6, 92f.

1989   Excavations at Biblical Hebron, Qadmoniot 22, 88–93. (Hebr.)

1993a The Highland of Judah During the Biblical Period (Dissertation Tel Aviv). (Hebr. mit engl. Zsfg.)

1993b Hebron, in: STERN u.a. 1993, II 606–609.

1994   „All the Hill Country of Judah": From a Settlement Fringe to a Prosperous Monarchy, in: FINKELSTEIN/NAʾAMAN 1994, 92–121.

1998   The Judaean Hills in the Biblical Period, Qadmoniot 31, 40–52. (Hebr.)

OREN, E. D.

1993   Haror, Tel, in: STERN u.a. 1993, II 580–584.

OREN, E. D. u.a.

1991   Tel Haror—After Six Seasons, Qadmoniot 24/1–2, 2–19. (Hebr.)

OSWALD, W.

2001   Die Erzeltern als Schutzbürger. Überlegungen zum Thema von Gen 12, 10–20 mit Ausblick auf Gen 20; 21,22–34 und Gen 26, Biblische Notizen 106, 79–89.

OTTO, E.

1979   Jakob in Sichem. Überlieferungsgeschichtliche, archäologische und territorialgeschichtliche Studien zur Entstehungsgeschichte Israels (BWANT 110, Stuttgart u.a.).

1994   Art שַׁעַר šaʿar, ThWAT VIII, 358–403.

1995a Kritik der Pentateuchkomposition, Theologische Rundschau 60, 163–191.

1995b Zivile Funktion des Stadttores in Palästina und Mesopotamien, in: WIEPPERT/TIMM 1995, 188–197.

1996a Die Paradieserzählung Genesis 2–3: Eine nachpriesterschriftliche Lehrerzählung in ihrem religionsgeschichtlichen Kontext, in: DIESEL u.a. 1996, 167–192.

1997   Forschungen zur Priesterschrift, Theologische Rundschau 62, 1–50.

OTZEN, B. vgl. LEMAIRE, A.

OVADIAH, A.

1970   Corpus of the Byzantine Churches in the Holy Land (Bonn).

OVADIAH, A. / GOMEZ DE SILVA, C.

1982   Supplementum to the Corpus of the Byzantine Churches in the Holy Land, Levant 14, 122–170.

PARROT, A.

1962   Abraham et son temps (Neuchâtel).

PERDUE, L. G. u.a. (ed.)

1987   Archaeology and Biblical Interpretation. Festschrift D. Glenn Rose (Atlanta).

PERLITT, L.

1969   Bundestheologie im Alten Testament (WMANT 36, Neukirchen-Vluyn).

1990   Deuteronomium (1,1–18) (Biblischer Kommentar. Altes Testament V/1, 1. Lieferung, Neukirchen-Vluyn).

vgl. JEREMIAS, J.

PERROT, J.
1955 The Excavations at Tell Abu Matar, near Beersheba, IEJ 5, 17–40.73–84. 167–189.
1957 Les fouilles d'Abou-Matar près de Beersheba, Syria 34, 1–38.

PIOVANELLI, P.
1995 La condamnation de la diaspora égyptienne dans le livre de *Jérémie* (*JrA* 50,8–51,30/*JrB* 43,8–44,30), Transeuphratène 9, 35–49.

POHLMANN, K.-F.
1992 Ezechielstudien. Zur Redaktionsgeschichte des Buches und zur Frage nach den ältesten Texten (BZAW 202, Berlin/New York).
1994 Ezechiel oder das Buch von der Zukunft der Gola und der Heimkehr der Diaspora, in: KAISER 1994, 82–102.
1996 Das Buch des Propheten Hesekiel (Ezechiel) Kapitel 1–19 (ATD 22/1, Göttingen).

POLA, T.
1995 Die ursprüngliche Priesterschrift. Beobachtungen zur Literarkritik und Traditionsgeschichte von P^g (WMANT 70, Neukirchen-Vluyn).

PONS, J.
1990 Confrontation et Dialogue en Genèse 12–36, Études Théologiques et Religieuses 65, 15–26.

PORTEN, B.
1968 Archives from Elefantine. The life of an ancient Jewish Military Colony (Berkely/Los Angeles).
1996 The Elephantine Papyri in English. Three Millenia of Cross-Cultural Continuity and Change (Leiden u.a.).

PRAG, K.
1970 The 1959 Deep Sounding at Harran in Turkey, Levant 2, 63–94.
1985 Ancient and Modern Pastoral Migration in the Levant, Levant 17, 81–88.

PROCKSCH, O.
1924 Die Genesis (Kommentar zum Alten Testament I, Leipzig/Erlangen $^{2/3}$1924, ^{1}1913).

PROPP, W. H. C.
1996 The Priestly Source Recovered Intact? Vetus Testamentum 46, 458–478.

PRUDKÝ, M.
1995 „Geh hin in das Land, das ich dich sehen lassen werde"—Beobachtungen zu den Motiven, die „das Land" in der Einleitung des Abraham-Zyklus bestimmen (Gen 11,27–12,5), in: PRUDKÝ, M. (ed.), Landgabe. Festschrift J. Heller (Praha) 44–63.

PURY, A. DE
1975 Promesse divine et légende cultuelle dans le cycle de Jacob. Genèse 28 et les traditions patriarcales (Paris).
1988 La tradition patriarcale en Genèse 12–35, Lumière et vie 188, 21–34.
1989a La tradition patriarcale en Genèse 12–35, in: DE PURY 1989b, 259–270.
1991 Le cycle de Jacob comme légende autonome des origines d'Israël, in: EMERTON 1991, 78–96.
1992 Osée 12 et ses implications pour le débat actuel sur le Pentateuque, in: HAUDEBERT 1992, 175–207.
1994 Erwägungen zu einem vorexilischen Stämmejahwismus. Hosea 12 und die Auseinandersetzung um die Identität Israels und seines Gottes, in: DIET-RICH/KLOPFENSTEIN 1994, 413–439.

2000 Abraham: The Priestly Writer's „Ecumenical" Ancestor, in: MCKENZIE/ RÖMER 2000, 163–181.

2001 Situer le cycle de Jacob. Quelques réflexions, vingt-cinq ans plus tard, in: WENIN 2001, 213–241.

vgl. RÖMER, T.

PURY, A. DE (ed.)
1989b Le Pentateuque en question. Les origines et la composition des cinq premiers livres de la Bible à la lumière des recherches récentes (Genève).

PURY, A. DE u.a. (ed.)
1996 Israël construit son histoire. L'historiographie deutéronomiste à la lumière des recherches récentes (Genève).

RABE, N.
1994 Vom Gerücht zum Gericht. Die Kundschaftererzählung Num 13.14 als Neuansatz in der Pentateuchforschung (Tübingen/Basel).

RAD, G. VON
1934 Die Priesterschrift im Hexateuch. Literarisch untersucht und theologisch gewertet (BWANT 65, Stuttgart).

1969 Theologie des Alten Testaments. Bd. 1: Die Theologie der geschichtlichen Überlieferungen Israels (München ⁶1969, ¹1957).

1974 Gottes Wirken in Israel. Vorträge zum Alten Testament, hrsg. von O. H. Steck (Neukirchen).

1976 Das erste Buch Mose. Genesis (ATD 2/4, Göttingen ¹⁰1976, ¹1949).

RAINEY, A. F.
1969 The Satrapy „Beyond the River", Australian Journal of Biblical Archaeology 2, 51–78.

RAST, W. E.
1987 Bab edh-Dhra and the Origin of the Sodom Saga, in: PERDUE u.a. 1987, 185–201.

RAST, W. E. / SCHAUB, R. T.
1974 Survey of the Southeastern Plain of the Dead Sea, 1973, ADAJ 19, 5–53.

RAST, W. E. / SCHAUB, R. T. (ed.)
1981 The Southeastern Dead Sea Plains Expedition: An Interim Report of the 1977 Seasons (AASOR 46, Cambridge/MA).

REDFORD, D. B.
2000 New Light on Egypt's Stance Towars Asia, 610–586 BCE, in: MCKENZIE/RÖMER 2000, 183–195.

REEG, G.
1989 Die Ortsnamen Palästinas nach der rabbinischen Literatur (Beihefte zum Tübinger Atlas des Vorderen Orients B 51, Wiesbaden).

REICH, R.
1992 Building Materials and Architectural Elements in Ancient Israel, in: KEM-PINSKI/REICH 1992, 1–16.

vgl. KEMPINSKI, A.

RENAUD, B.
1990 Les généalogies et la structure de l'histoire sacerdotale dans le livre de Genèse, Revue Biblique 97, 5–30.

RENDSBURG, G. A.
1986 The Redaction of Genesis (Winona Lake).

1992 Notes on Genesis xv, Vetus Testamentum 42, 266–272.

RENDTORFF, R.
1976 Das überlieferungsgeschichtliche Problem des Pentateuch (BZAW 147, Berlin/New York).
1980 Genesis 15 im Rahmen der theologischen Bearbeitung der Vätergeschichten, in: ALBERTZ u.a. 1980, 75–81.
1983 Das Alte Testament. Eine Einführung (Neukirchen-Vluyn).
1984 Esra und das »Gesetz«, ZAW 96, 165–184.
1989 L'histoire biblique des origines (Gen 1–11) dans le contexte de la rédaction «sacerdotale» du Pentateuque, in: DE PURY 1989b, 83–94.

RENZ, J. / RÖLLIG, W.
1995 Handbuch der althebräischen Epigraphik, Bd. I-III (Darmstadt).

RICHARDS, K. H. vgl. ESKENAZI, T. C.

RICHTER, W.
1966 Traditionsgeschichtliche Untersuchungen zum Richterbuch (Bonner Biblische Beiträge 18, Bonn ²1966, ¹1963).
1970 Die sogenannten vorprophetischen Berufungsberichte. Eine literaturwissenschaftliche Studie zu 1 Sam 9,1–10,16, Ex 3f. und Ri 6,11b–17 (FRLANT 101, Göttingen).

RÖLLIG, W.
1995 Haran, NBL II, 43–45.
vgl. RENZ, J.

RÖMER, T.
1989/90 Genesis 15 und Genesis 17. Beobachtungen und Anfragen zu einem Dogma der „neueren" und „neuesten" Pentateuchkritik, DBAT 26, 32–47.
1990 Israels Väter. Untersuchungen zur Väterthematik im Deuteronomium und in der deuteronomistischen Tradition (OBO 99, Freiburg,CH/ Göttingen).
1994 Genèse 15 et les tensions de la communauté juive postexilique dans le cycle d'Abraham, Transeuphratène 7, 107–121.
1997a Transformations in Deuteronomistic and Biblical Historiography. On „Book-Finding" and Other Literary Strategies, ZAW 109, 1–11.
1998 Pentateuque, Hexateuque et historiographie deutéronomiste. Le problème du début et de la fin du livre de Josué, Transeuphratène 16, 71–86.
1999a Isaac et Ismaël, concurrents ou cohéritiers de la promesse? Une lecture de Genèse 16, Études Théologiques et Religieuses 74, 161–172.
1999b Deuteronomium 34 zwischen Pentateuch, Hexateuch und deuteronomistischem Geschichtswerk, ZAR 5, 167–178.
2001a La fin de l'historiographie deutéronomiste et le retour de l'Hexateuque, Theologische Zeitschrift 57, 269–280.
2001b Recherches actuelles sur le cycle d'Abraham, in: WENIN 2001, 179–211.
vgl. MCKENZIE, S. L.; DE PURY, A.

RÖMER, T. (ed.)
1997b Abraham. Nouvelle jeunesse d'un ancêtre (Genève).

RÖMER, T. C. / BRETTLER, M. Z.
2000 Deuteronomy 34 and the Case for a Persian Hexateuch, Journal of Biblical Literature 119, 401–419.

RÖMER, T. / PURY, A. DE
1996 L'historiographie deutéronomiste (HD): histoire de la recherche et enjeux du débat, in: DE PURY u.a. 1996, 9–120.

RÖMHELD, K. F. D.
1992 Von den Quellen der Kraft (Jdc 13), ZAW 104, 28–52.

ROLL, I.
1983 The Roman Road System in Judaea, Jerusalem Cathedra 3, 136–161.
ROSE, M.
1981 Deuteronomist und Jahwist. Untersuchungen zu den Berührungspunkten beider Literaturwerke (Zürich).
ROST, L.
1938 Die Vorstufen von Kirche und Synagoge im Alten Testament. Eine wortgeschichtliche Untersuchung (BWANT 76, Stuttgart, Nachdruck Darmstadt 1967).
RUDIN-O'BRASKY, T.
1982 The Patriarchs in Hebron and Sodom. A Study of the structure and composition of a biblical story (Jerusalem). (Hebr.)
RUDOLPH, W.
1949 Esra und Nehemia, samt 3. Esra (Handbuch zum Alten Testament I/20, Tübingen).
1958 Jeremia (Handbuch zum Alten Testament I/12, Tübingen ²1958, ¹1947).
RÜGER, H. P. vgl. GESE, H.
RÜTERSWÖRDEN, U.
1985 Die Beamten der israelitischen Königszeit. Eine Studie zu śr und vergleichbaren Begriffen (BWANT 117, Stuttgart u.a.).
1995 Die persische Reichsautorisation der Thora: fact or fiction? ZAR 1, 47–61.
RUPPERT, L.
1989 „Machen wir uns einen Namen..." (Gen 11,4). Zur Anthropologie der vorpriesterschriftlichen Urgeschichte, in: MOSIS/RUPPERT 1989, 28–45 = RUPPERT 1994a, 124–142.
1994a Studien zur Literaturgeschichte des Alten Testaments (Stuttgarter biblische Aufsatzbände 18, Stuttgart).
1994b „Zieh fort... in das Land, das ich dir zeigen werde" (Gn 12,1). Der wegweisende und erscheinende Gott in Gn 12 und 13, in: KUNTZMANN 1994, 69–94.
2000 Überlegungen zur Überlieferungs-, Kompositions- und Redaktionsgeschichte von Genesis 15, in: GRAUPNER u.a. 2000, 295–310.
vgl. MOSIS, R.
RUPRECHT, E.
1979 Vorgegebene Tradition und theologische Gestaltung in Genesis xii 1–3, Vetus Testamentum 29, 171–188.
SACCHI, P.
1989 L'esilio e la fine della monarchia davidica, Henoch 11, 131–148.
1995 Le Pentateuque, le Deuteronomiste et Spinoza, in: EMERTON 1995, 275–288.
SAEBØ, M.
1974 Grenzbeschreibung und Landideal im Alten Testament: Mit besonderer Berücksichtigung der min-ʿad-Formel, ZDPV 90, 14–37.
SAGGS, H. W. F.
1960 Ur of the Chaldees. A Problem of Identification, Iraq 22, 200–209.
SANCISI-WEERDENBURG, H. (ed.)
1987 Achaemenid History I. Sources, Structures and Synthesis, Proceedings of the Groningen 1983 Achaemenid History Workshop (Leiden).

SANCISI-WEERDENBURG, H. u.a. (ed.)
1994 Achaemenid History VIII. Continuity and Change. Proceedings of the last Achaemenid History Workshop, April 6–8, 1990, Ann Arbor, Michigan (Leiden).

SANDERS, J. A. (ed.)
1970 Essays in Honor of Nelson Glueck: Near Eastern Archaeology in the Twentieth Century (Garden City/NY).

SAPIN, J.
1991 Recherches sur les ressources et les fonctions économiques du secteur de Ono à l'époque perse, Transeuphratène 4, 51–62.

SARNA, N. M.
1977 Abraham in History, Biblical Archaeology Review 3/4, 5–9.

SASS, B.
1990 Arabs and Greeks in Late First Temple Jerusalem, PEQ 122, 59–61.

SASS, B. / UEHLINGER, C.
1991 Studies in the Iconography of Northwest Semitic Inscribed Seals (OBO 125, Freiburg,CH/Göttingen).

SCHAPER, J.
1995 The Jerusalem temple as an instrument of the Achaemenid fiscal administration, Vetus Testamentum 45, 528–539.

SCHARBERT, J.
1983 Genesis 1–11 (Die Neue Echter Bibel, Würzburg).
1986 Genesis 12–50 (Die Neue Echter Bibel, Würzburg).
1993 Die Landverheißung an die Väter als einfache Zusage, als Eid und als Bund, in: BARTELMUS 1993b, 337–354.

SCHATZ, W.
1972 Genesis 14. Eine Untersuchung (Bern/Frankfurt,M.).

SCHAUB, R. T. vgl. RAST, W. E.

SCHICK, C.
1898 Hebron and its Neighbourhoud, PEQ 30, 232–238.

SCHIPPER, B. U.
1999 Israel und Ägypten in der Königszeit. Die kulturellen Kontakte von Salomo bis zum Fall Jerusalems (OBO 170, Freiburg,CH/Göttingen).

SCHMID, H.
1991 Die Gestalt des Isaak. Ihr Verhältnis zur Abraham- und Jakobtradition (Erträge der Forschung 274, Darmstadt).

SCHMID, H. H.
1976 Der sogenannte Jahwist. Beobachtungen und Fragen zur Pentateuchforschung (Zürich).
1989 Vers une théologie du Pentateuque, in: DE PURY 1989b, 361–386.

SCHMID, K.
1999 Erzväter und Exodus. Untersuchungen zur doppelten Begründung der Ursprünge Israels innerhalb der Geschichtsbücher des Alten Testaments (WMANT 81, Neukirchen-Vluyn).

SCHMIDT, E. F.
1953 Persepolis I. Structures—Reliefs—Inscriptions (Chicago).

SCHMIDT, L.
1976 »De Deo«. Studien zur Literarkritik und Theologie des Buches Jona, des Gespräches zwischen Abraham und Jahwe in Gen 18,22ff. und von Hi 1 (BZAW 143, Berlin/New York).
1992 Väterverheißungen und Pentateuchfrage, ZAW 104, 1–27.

1993   Studien zur Priesterschrift (BZAW 214, Berlin/New York).
SCHMIDT, W. H.
1988   Exodus. 1. Teilband: Exodus 1–6 (Biblischer Kommentar. Altes Testament II/1, Neukirchen-Vluyn).
SCHMITT, A.
1975   Die Totenerweckung in 2 Kön 4,8–37. Eine literaturwissenschaftliche Untersuchung, Biblische Zeitschrift. Neue Folge 19, 1–25.
SCHMITT, G.
1973   Zu Gen 26,1–14, ZAW 85, 143–156.
1980   Bet-Awen, in: COHEN/SCHMITT 1980, 33–76.
1995   Siedlungen Palästinas in griechisch-römischer Zeit. Ostjordanland, Negeb und (in Auswahl) Westjordanland (Beihefte zum Tübinger Atlas des Vorderen Orients B 93, Wiesbaden).
vgl. COHEN, R.; JERICKE, D.; MÖLLER, C.
SCHMITT, H.-C.
1972   Elisa. Traditionsgeschichtliche Untersuchungen zur vorklassischen nordisraelitischen Prophetie (Gütersloh).
1982   Redaktion des Pentateuch im Geiste der Prophetie, Vetus Testamentum 32, 170–189.
1992   Das sogenannte vorprophetische Berufungsschema. Zur »geistigen Heimat« des Berufungsformulars von Ex 3,9–12; Jdc 6,11–24 und I Sam 9,1–10,16, ZAW 104, 202–216.
1995b   Die Suche nach der Identität des Jahweglaubens im nachexilischen Israel. Bemerkungen zur theologischen Intention der Endredaktion des Pentateuch, in: MEHLHAUSEN 1995, 259–278.
1997   Das spätdeuteronomistische Geschichtswerk Gen 1–II Reg 25 und seine theologische Intention, in: EMERTON 1997, 261–279.
2000   Die Erzählung vom Goldenen Kalb Ex. 32* und das Deuteronomistische Geschichtswerk, in: MCKENZIE/RÖMER 2000, 235–250.
SCHNEIDER, A. M.
1934   Bethel und seine altchristlichen Heiligtümer, ZDPV 57, 186–190.
SCHNIEWIND, W. / SIVIAN, D.
1997   The Elijah-Elisha Narratives: A Test case for the Northern dialect of Hebrew, Jewish Quarterly Review 87, 303–337.
SCHRADER, E. (ed.)
1869   Lehrbuch der historisch-kritischen Einleitung in die kanonischen und apokryphischen Bücher des Alten Testaments, sowie in die Bibelsammlung überhaupt, von Wilhelm Martin Leberecht de Wette. Neu bearbeitet von Dr. Eberhard Schrader, 8. Auflage (Berlin).
SCHRADER, L.
1998   Kommentierende Redaktion im Noah-Sintflut-Komplex der Genesis, ZAW 110, 489–502.
SCHREINER, J.
1992   Zur Theologie der Patriarchenerzählungen in Genesis 12–36, in: HAUSMANN u.a. 1992, 20–34.
SCHÜNGEL-STRAUTMANN, H.
1993   On the Creation of Man and Woman in Genesis 1–3. The History and Reception of the Texts Reconsidered, in: BRENNER 1993, 53–76.
SCHULTE, H.
1972   Die Entstehung der Geschichtsschreibung im Alten Israel (BZAW 128, Berlin/New York).

SCHUMACHER, G.
1908   Tell el-Mutesellim I (Leipzig).
SCHUNCK, K.-D.
1963   Benjamin. Untersuchungen zur Entstehung und Geschichte eines israeliti-
        schen Stammes (BZAW 86, Berlin/New York).
1980   Bethel, TRE 5, 757–759.
1999   Das Amt des פֶּחָה im Alten Testament, in: BEYERLE u.a. 1999, 91–99.
SCHWEIZER, H.
1983   Determination, Textdeixis—erläutert an Gen xviii 23–33, Vetus Testa-
        mentum 33, 113–118.
1984   Das seltsame Gespräch von Abraham und Jahwe (Gen 18,22–33), Theo-
        logische Quartalschrift. Tübingen 164, 121–139.
SCOTT, R. vgl. LIDDEL, H. G.
SEEBASS, H.
1984   Zur Exegese der Grenzbeschreibungen von Jos. 16,1–17,13, ZDPV 100,
        70–83.
1996   Genesis I. 1. Urgeschichte, 1,1–11,26 (Neukirchen-Vluyn).
1997   Genesis II/1. Vätergeschichte I (11,27–22,24) (Neukirchen-Vluyn).
SEGER, J. D.
1993   Ḥalif, Tel, in: STERN u.a. 1993, II 553–559.
SELLERS, O. R.
1933   The Citadel of Beth-Zur (Philadelphia).
SEYBOLD, K.
1991   Nahum, Habakuk, Zephanja (Zürcher Bibelkommentar AT 24.2, Zürich).
SHABTAI, Z. vgl. HIMZI, H.
SHANKS, H.
1980   Have Sodom and Gomorrah Been Found? Biblical Archaeology Review
        6/5, 27–36.
2000a   Abraham's Ur: Did Woolley Excavate the Wrong Place? Biblical
        Archaeology Review 26/1, 20–25.60.
2000b   Abraham's Ur: Is the Pope Going to the Wrong Place? Biblical Archae-
        ology Review 26/1, 16–19.66f.
SIMONS, J.
1937   Handbook for the Study of Egyptian Topographical Lists relating to
        Western Asia (Leiden).
1948   Two Notes on the Problem of the Pentapolis, OTS 5, 92–117.
1959   The Geographical and Topographical Texts of the Old Testament. A
        Concise Commentary in xxxii Chapters (Leiden).
SIMPSON, C. A.
1948   The Early Traditions of Israel. A Critical Analysis of the Pre-deutero-
        nomic Narrative of the Hexateuch (Oxford).
SINCLAIR, L. A.
1964   An Archaeological Study of Gibeah (Tell el-Fûl), BA 27, 52–64.
SINGER, I.
1994   Egyptians, Canaanites, and Philistines in the period of the Emergence of
        Israel, in: FINKELSTEIN/NAʾAMAN 1994, 282–338.
SIVIAN, D. vgl. SCHNIEWIND, W.
SKA, J.-L.
1979   La sortie d'Égypte (Ex 7–14) dans le récit sacerdotal (Pᵍ) et la tradition
        prophétique, Biblica 60, 191–215.

1987 L'arbre et la tente: la fonction du décor en Gn 18,1–15, Biblica 68, 383–389.

1989 Quelques remarques sur P^g et la dernière rédaction du Pentateuque, in: DE PURY 1989b, 95–128.

1994 El relato del diluvio. Un relato sacerdotal y algueros fragmentos rédactionales posteriores, Estudios Bíblicos 52, 37–62.

1995 De la relative indépendance de l'écrit sacerdotal, Biblica 76, 396–415.

1997 L'appel d'Abraham et l'acte de naissance d'Israël, in: VERVENNE/LUST 1997, 367–389.

SKINNER, J.
1930 A Critical and Exegetical Commentary on Genesis (The International Critical Commentary, Edinburgh ²1930, ¹1910).

SMEND, R. (sen.)
1912 Die Erzählung des Hexateuch. Auf ihre Quellen untersucht (Berlin).

SMEND, R. (jun.)
1989 Die Entstehung des Alten Testaments (Stuttgart ⁴1989, ¹1978).

SOGGIN, J. A.
1987 Le livre des Juges (Commentaire de l'Ancien Testament Vb, Genève).

1995 Abraham and the Eastern Kings: On Genesis 14, in: ZEVIT u.a. 1995, 283–292.

1997 Das Buch Genesis. Kommentar (Darmstadt).

SPEISER, E. A.
1964 Genesis. Introduction, Translation and Notes (The Anchor Bible 1, Garden City/NY).

STAERK, W.
1924 Zur alttestamentlichen Literarkritik. Grundsätzliches und Methodisches, ZAW 42, 34–74.

STAGER, L. E. u.a. (ed.)
2000 The Archaeology of Jordan and Beyond. Festschrift J. A. Sauer (Winona Lake).

STAUBLI, T.
1991 Das Image der Nomaden im Alten Israel und in der Ikonographie seiner seßhaften Nachbarn (OBO 107, Freiburg,CH/Göttingen).

1995 Kamel, NBL II, 434f.

STECK, O. H.
1971 Gen 12,1–3 und die Urgeschichte des Jahwisten, in: WOLFF 1971, 525–554.

1983 Bewahrheitungen des Prophetenworts. Überlieferungsgeschichtliche Skizze zu 1. Könige 22,1–38, in: GEYER u.a. 1983, 87–96.

STEINGRIMSSON, S. Ö.
1979 Vom Zeichen zur Geschichte. Eine literar- und formgeschichtliche Untersuchung von Ex 6,28–11,10 (Coniectanea biblica OT Series 14, Lund).

1989 Abram in Kanaᶜan. Einige literaturwissenschaftliche Beobachtungen zu den Wanderungsberichten in Gen 12–13, in: GÖRG 1989b, 327–341.

STEINS, G.
1995 Die Chronik als kanonisches Abschlußphänomen. Studien zur Entstehung und Theologie von 1/2 Chronik (Bonner Biblische Beiträge 93, Weinheim).

STERN, E.
1971 A Burial of the Persian Period near Hebron, IEJ 21, 25–30.

1978 Excavations at Tel Mevorakh (1973–1976). Part One: From the Iron Age to the Roman Period (Qedem 9, Jerusalem).

1980 Achaemenian Tombs from Shechem, Levant 12, 90–111.

1981 The Province of Yehud: the Vision and the Reality, The Jerusalem Cathedra 1, 9–21.

1982 The material culture of the land of the Bible in the Persian period 538–332 B.C. (Warminster).

STERN, E. / MAGEN, I.

1982 A Persian Period Pottery Assemblage from Qadum in the Samaria Region, Eretz Israel 16, 182–197.258*. (Hebr. mit engl. Zsfg.)

STERN, E. u.a. (ed.)

1993 The New Encyclopedia of Archaeological Excavations in the Holy Land (Jerusalem/New York).

STERN, M.

1981 Judaea and her Neighbours in the Days of Alexander Jannaeus, The Jerusalem Cathedra 1, 22–46.

STIPP, H.-J.

1987 Elischa—Propheten—Gottesmänner. Die Kompositionsgeschichte des Elischazyklus und verwandter Texte, rekonstruiert auf der Basis von Text- und Literarkritik zu 1Kön 20.22 und 2Kön 2–7 (St.Ottilien).

1992 Jeremia im Parteienstreit. Studien zur Textentwicklung von Jer 26, 36–43 und 45 als Beitrag zur Geschichte Jeremias, seines Buches und judäischer Parteien im 6. Jahrhundert (Bonner Biblische Beiträge 82, Frankfurt/M.).

1995 Simson, der Nasiräer, Vetus Testamentum 45, 337–369.

2000 Gedalja and die Kolonie von Mizpa, ZAR 6, 155–171.

STOEBE, H.-J.

1997 Erlebte Gegenwart—Verheissene Zukunft. Gedanken zu II Samuelis 7 und Genesis 15, Theologische Zeitschrift 53, 131–141.

STOLZ, F.

1996 Einführung in den biblischen Monotheismus (Darmstadt).

STRANGE, J.

1997 Geography and Tradition in the Patriarchal Narratives, Scandinavian Journal of the Old Testament 11, 210–222.

STRECK, M. P.

2001 Ur, NBL III, 975.

STRECKER, G. (ed.)

1983 Das Land Israel in biblischer Zeit. Jerusalem-Symposium 1981 (Göttingen).

SYRÉN, R.

1993 The Forsaken First-Born. A Study of a Recurrent Motif in the Patriarchal Narratives (JSOT Supplement Series 133, Sheffield).

TADMOR, H.

1978 Die Zeit des ersten Tempels, die babylonische Gefangenschaft und die Restauration, in: BEN-SASSON 1978, 115–228.

TENGSTRÖM, S.

1982 Die Toledotformel und die literarische Struktur der priesterlichen Erweiterungsschicht im Pentateuch (Uppsala).

THIEL, W.

1991 Pnuël im Alten Testament, in: LIWAK/WAGNER 1991, 398–414.

1992 Jahwe und Prophet in der Elisa-Tradition, in: HAUSMANN u.a. 1992, 93–103.

THOMPSON, T. L.
  1974   The Historicity of the Patriarchal Narratives (BZAW 133, Berlin/New
         York).
TIMM, S. vgl. WEIPPERT, M.
TOV, E. vgl. FISHBANE, M.
TUFNELL, O.
  1953   Lachish III (Tell ed-Duweir). The Iron Age (London u.a.).
TURNER, L. A.
  1990   Lot as Jekyll and Hyde. A Reading of Genesis 18–19, in: CLINES u.a.
         1990, 85–101.
TUSHINGHAM, A. D.
  1992   New Evidence on the Two-Winged *LMLK* Stamp, BASOR 287, 61–65.
UEHLINGER, C.
  1990   Weltreich und „eine Rede". Eine neue Deutung der sogenannten Turm-
         bauerzählung (Gen 11,1–9) (OBO 101, Freiburg,CH/Göttingen).
  vgl. KEEL, O.; SASS, B.
UFFENHEIMER, B.
  1975   Genesis 18–19. A New Approach, Mélanges André Neher (Paris) 145–
         153.
UNGNAD, A.
  1942/43 Die Zahl der von Sanherib deportierten Judäer, ZAW 59, 199–202.
USSISHKIN, D.
  1976   Royal Judean Storage Jars and Private Seal Impressions, BASOR 223, 1–
         13.
  1977   The Destruction of Lachish by Sennacherib and the Dating of the Royal
         Judean Storage Jars, Tel Aviv 4, 28–60.
  1982   The Conquest of Lachish by Sennacherib (Tel Aviv).
  1983   Excavations at Tel Lachish 1978–1983. Second Preliminary Report, Tel
         Aviv 10, 97–175.
  1993   Lachish, in: STERN u.a. 1993, 897–911.
  1997   Jezreel, Samaria and Megiddo: Royal Centres of Omri and Ahab, in:
         EMERTON 1997, 351–364.
VAN DER KOOIJ, G. vgl. HOFTIJZER, J.
VAN HATTEM, W. C.
  1981   Once Again: Sodom and Gomorrah, BA 44, 87–92.
VAN HENTEN, J. W. u.a. (ed.)
  1986   Tradition and Re-Interpretation in Jewish and Early Christian Literature.
         Festschrift J. C. H. Lebram (Leiden).
VAN SELMS, A.
  1958   The Canaanites in the Book of Genesis, OTS 12, 182–213.
VAN SETERS, J.
  1975   Abraham in History and Tradition (London).
  1978   Dating the Patriarchal Stories, Biblical Archaeology Review 4/4, 6–8.
  1983   In Search of History. Historiography in the Ancient World and the
         Origins of Biblical History (New Haven/London).
  1992   Prologue to History. The Yahwist as Historian in Genesis (Zürich).
  1994   The Life of Moses. The Yahwist as Historian in Exodus-Numbers
         (Kampen).
  1998   Divine Encounter at Bethel (Gen 28,10–22) in Recent Literary-Critical
         Study of Genesis, ZAW 110, 503–513.

VAN ZYL, A. H.
1960 The Moabites (Leiden).
VAUGHN, A. G.
1999 Theology, History, and Archaeology in the Chronicler's Account of Hezekiah (Atlanta).
vgl. BARKAY, G.
VAUX, R. DE
1958 Rezension MADER 1957, Revue Biblique 65, 594–598.
1970 On Right and Wrong Uses of Archaeology, in: SANDERS 1970, 64–80.
1971 Histoire ancienne d'Israël. Des origines à l'installation en Canaan (Paris).
VERVENNE, M. / LUST, J. (ed.)
1997 Deuteronomy and Deuteronomistic Literature. Festschrift C. H. W. Brekelmans (Leiden).
VIEWEGER, D. / WASCHKE, E.-J. (ed.)
1995 Von Gott reden. Beiträge zur Theologie und Exegese des Alten Testaments. Festschrift S. Wagner (Neukirchen-Vluyn).
VINCENT, L. H.
1929 Fouilles allemandes au Ramet el-Khalil, Revue Biblique 38, 107–110.
VINCENT, L. H. / ABEL, F. M.
1932 Emmaüs. Sa basilique et son histoire (Paris).
VINCENT, L. H. / MACKAY, E. J. H.
1923 Hébron. Le Ḥaram el-Khalîl, Sépulture des Patriarches (Paris).
WAGNER, S. vgl. LIWAK, R.
WASCHKE, E.-J. vgl. VIEWEGER, D.
WARNING, W.
2000 Terminologische Verknüpfungen und Genesis 12,1–3, Biblica 81, 386–390.
WEIMAR, P.
1974 Die Toledot-Formel in der priesterschriftlichen Geschichtsdarstellung, Biblische Zeitschrift. Neue Folge 18, 65–93.
1977 Untersuchungen zur Redaktionsgeschichte des Pentateuch (BZAW 146, Berlin/New York).
1988 Gen 17 und die priesterschriftliche Abrahamgeschichte, ZAW 100, 22–60.
1989 Genesis 15. Ein redaktionsgeschichtlicher Versuch, in: GÖRG 1989b, 361–411.
WEINBERG, J. P.
1974 Der ʿam hāʾreṣ des 6.–4. Jh. v. u. Z., Klio 55, 325–335.
1977 Zentral- und Partikulargewalt im achämenidischen Reich, Klio 59, 25–43.
1992 Die Mentalität der jerusalemischen Bürger-Tempel-Gemeinde des 6.–4. Jh. v. u. Z., Transeuphratène 5, 133–141.
WEIPPERT, H.
1977b Mauer und Mauertechnik , in: GALLING 1977b, 209–212.
1988 Palästina in vorhellenistischer Zeit (Handbuch der Archäologie, Vorderasien II/1, München).
WEIPPERT, M.
1964 Archäologischer Jahresbericht, ZDPV 80, 150–193.
1982 Edom und Israel, TRE 9, 291–299.

1990 Synkretismus und Monotheismus. Religionsinterne Konfliktbewältigung im alten Israel, in: ASSMANN/HARTH 1990, 143–179 = WEIPPERT 1997, 1–24.

1993 Geschichte Israels am Scheideweg, Theologische Rundschau 58, 71–103.

1997 Jahwe und die anderen Götter. Studien zur Religionsgeschichte des antiken Israel in ihrem syro-palästinischen Kontext (Forschungen zum Alten Testament 18, Tübingen).

WEIPPERT, M. / TIMM, S. (ed.)

1995 Meilenstein. Festschrift H. Donner (Ägypten und Altes Testament 30, Wiesbaden).

WEISMAN, Z.

1992 Ethnology, Etiology, Genealogy, and Historiography in the Tale of Lot and his Daughters, in: FISHBANE/TOV 1992, 43*–52*. (Hebr.)

WELLHAUSEN, J.

1899 Die Composition des Hexateuch und der historischen Bücher des Alten Testaments (Berlin ³1899, ¹1885; ⁴1963 Nachdruck).

1905 Prolegomena zur Geschichte Israels (Berlin ⁶1905).

WELTEN, P.

1969 Die Königs-Stempel. Ein Beitrag zur Militärpolitik Judas unter Hiskia und Josia (Abhandlungen des Deutschen Palästina-Vereins 1, Wiesbaden).

1973 Geschichte und Geschichtsdarstellung in den Chronikbüchern (WMANT 42, Neukirchen-Vluyn).

1977 Baum, sakraler, in: GALLING 1977b, 34–36.

1985 Hebron, TRE 14, 521–524.

1992 Mamre, TRE 22, 11–13.

WENHAM, G. J.

1999 The priority of P, Vetus Testamentum 49, 240–258.

WÉNIN, A. (ed.)

2001 Studies in the Book of Genesis. Literature, Redaction and History (Bibliotheca Ephemeridum theologicarum Lovaniensium 45, Leuven).

WESSELIUS, J. W.

1995 Herodotus, vader van de bijbelse geschiedenis? Amsterdamse Cahiers voor Exegese en Bijbelse Theologie 14, 9–61.

WESTERMANN, C.

1974 Genesis. 1. Teilband, Genesis 1–11 (Biblischer Kommentar. Altes Testament I/1, Neukirchen-Vluyn).

1975 Genesis 12–50 (Erträge der Forschung 48, Darmstadt).

1976 Die Verheißungen an die Väter (FRLANT 116, Göttingen).

1981 Genesis. 2. Teilband, Genesis 12–36 (Biblischer Kommentar. Altes Testament I/2, Neukirchen-Vluyn).

vgl. JENNI, E.

WHITELAM, K. W. vgl. COOTE, R. B.

WHITT, W. D.

1991 The Jacob Tradition in Hosea and their Relation to Genesis, ZAW 103, 18–43.

WHYBRAY, R. N.

1996 The Immorality of God: Reflection on Some Passages in Genesis, Job, Exodus and Numbers, JSOT 72, 89–120.

WIESEHÖFER, J.

1993 Das antike Persien. Von 550 v.Chr. bis 650 n.Chr. (München/Zürich).

1995 „Reichsgesetz" oder „Einzelfallgerechtigkeit". Bemerkungen zu P. Freis These von der achaimenidischen „Reichsautorisation", ZAR 1, 36–46.

WILDBERGER, H.
1972 Jesaja. 1. Teilband, Jesaja 1–12 (Biblischer Kommentar. Altes Testament X/1, Neukirchen-Vluyn).
1989 Jesaja. 2. Teilband, Jesaja 13–27 (Biblischer Kommentar. Altes Testament X/2, Neukirchen-Vluyn ²1989, ¹1978).

WILL, E. u.a.
1991 ʿIraq al-Amir. Le château du Tobiade Hyrcan (Paris).

WILLI, T.
1995 Juda—Jehud—Israel. Studien zum Selbstverständnis des Judentums in persischer Zeit (Forschungen zum Alten Testament 12, Tübingen).

WILLIAMSON, H. G. M.
1983 The Composition of Ezra i-vi, Journal of Theological Studies 33, 1–30.
1988 The Governors of Judah under the Persians, Tyndale Bulletin 39, 59–82.
1991 Jesreel in the Biblical Texts, Tel Aviv 18, 72–92.

WILLI-PLEIN, I.
2000 Zu A. Behrens, Gen 15,6 und das Vorverständnis des Paulus, ZAW 109 (1997) 327–341, ZAW 112, 396f.

WINNETT, F. V.
1965 Re-examining the Foundations, Journal of Biblical Literature 84, 1–19.

WISEMAN, D. J. vgl. MALLOWAN, M. E. L.

WOLFF, H. W.
1961 Dodekapropheton 1. Hosea (Biblischer Kommentar. Altes Testament XIV/1, Neukirchen).
1969 Dodekapropheton 2. Joel und Amos (Biblischer Kommentar. Altes Testament XIV/2, Neukirchen-Vluyn).

WOLFF, H. W. (ed.)
1971 Probleme biblischer Theologie. Festschrift G. von Rad (München).

WOOLLEY, L.
1957 Ur in Chaldäa. Zwölf Jahre Ausgrabungen in Abrahams Heimat (Wiesbaden ²1957, ¹1954).

WORSCHECH, U.
1983 Abraham. Eine sozialgeschichtliche Studie (Frankfurt/M. u.a.).
1992 Collared-Rim-Jars aus Moab. Anmerkungen zur Entwicklung und Verbreitung der Krüge mit „Halswulst", ZDPV 108, 149–155.

WRIGHT, D. P. u.a. (ed.)
1995 Pomegranates and Golden Bells. Festschrift J. Milgrom (Winona Lake).

WRIGHT, G. E.
1958 Biblische Archäologie (Göttingen).
1965 Shechem. The Biography of a Biblical City (London).
vgl. GRANT, E.

WÜRTHWEIN, E.
1936 Der ʿam haʾarez im Alten Testament (BWANT 69, Stuttgart).

WÜST, M.
1977 Bethel, in: GALLING 1977b, 44f.

XELLA, P.
1978 L'épisode de Danil et Kothar (KTU 1,17 [= CTA 17]) et Gen xviii 1–16, Vetus Testamentum 28, 483–488.

YEIVIN, Z.
1974 Note on the Makhpelah Cave (Hebron), ᶜAtiqot Hebrew Series 7, 8*.58–60. (Hebr. mit engl. Zsfg.)
1976/77 The Cave of the Machpelah, Qadmoniot 9, 125–129. (Hebr.)

ZAKOVITCH, Y.
1999 The Exodus from Ur of the Chaldeans: A Chapter in Literary Archaeology, in: CHAZAN u.a. 1999, 429–439.

ZENGER, E.
1997 Priesterschrift, TRE 27, 435–446.
2001 Das priester(schrift)liche Werk (»P«), in: ZENGER u.a. 2001, 142–162.

ZENGER, E. u.a. (ed.)
2001 Einleitung in das Alte Testament (Stuttgart ⁴2001, ¹1995).

ZEVIT, Z. u.a. (ed.)
1995 Solving Riddles and Unlying Knots. Festschrift J. C. Greenfield (Winona Lake).

ZIMHONI, O.
1990 Two Ceramic Assemblages from Lachish Levels III and II, Tel Aviv 17, 3–52.

ZIMMERLI, W.
1976 1. Mose 12–25 Abraham (Zürcher Bibelkommentar AT 1.2, Zürich).
1979a Ezechiel. 1. Teilband, Ezechiel 1–24 (Biblischer Kommentar. Altes Testament XIII/1, Neukirchen-Vluyn ²1979, ¹1969).
1979b Ezechiel. 2. Teilband, Ezechiel 25–48 (Biblischer Kommentar. Altes Testament XIII/2, Neukirchen-Vluyn ²1979, ¹1969).

ZORN, J. R.
1997 Mizpah. Newly Discovered Stratum Reveals Judah's Other Capital, Biblical Archaeology Review 23/5 (1997) 28–38.66.

ZWICKEL, W.
1990 Eisenzeitliche Ortslagen im Ostjordanland (Beihefte zum Tübinger Atlas des Vorderen Orients B 81, Wiesbaden).
1992 Der Altarbau Abrahams zwischen Bethel und Ai (Gen 12f). Ein Beitrag zur Datierung des Jahwisten, Biblische Zeitschrift. Neue Folge 36, 207–219.
1994 Wirtschaftliche Grundlagen in Zentraljuda gegen Ende des 8. Jh.s aus archäologischer Sicht. Mit einem Ausblick auf die wirtschaftliche Situation im 7. Jh., Ugarit-Forschungen 26, 557–592.

REGISTER

1. *Namen und Sachen*

2. Bibelstellen

CULTURE AND HISTORY
OF THE ANCIENT NEAR EAST

ISSN 1566-2055

1. Grootkerk, S.E. *Ancient Sites in Galilee.* A Toponymic Gazetteer. 2000.
   ISBN 90 04 11535 8
2. Higginbotham, C.R. *Egyptianization and Elite Emulation in Ramesside
   Palestine.* Governance and Accommodation on the Imperial Periph-ery.
   2000. ISBN 90 04 11768 7
3. Yamada, S. *The Construction of the Assyrian Empire.* A Historical Study of
   the Inscriptions of Shalmanesar III Relating to His Campaigns in the
   West. 2000. ISBN 90 04 11772 5
4. Yener, K.A. *The Domestication of Metals.* The Rise of Complex Metal
   Industries in Anatolia. 2000. ISBN 90 04 11864 0
5. Taracha, P. *Ersetzen und Entsühnen.* Das mittelhethitische Ersatzritual für
   den Großkönig Tuthalija (CTH *448.4) und verwandte Texte. 2000.
   ISBN 90 04 11910 8
6. Littauer, M.A. & Crouwel, J.H.and P. Raulwing (ed.) *Selected Writings on
   Chariots and other Early Vehicles, Riding and Harness.* 2002.
   ISBN 90 04 11799 7
7. Malamat, A. *History of Biblical Israel.* Major Problems and Minor
   Issues. 2001. ISBN 90 04 12009 2
8. Snell, D.C. *Flight and Freedom in the Ancient Near East.* 2001.
   ISBN 90 04 12010 6
9. Westbrook, R. & R. Jasnow (ed.) *Security for Debt in Ancient near Eastern
   Law.* 2002. ISBN 90 04 12124 2
10. Holloway, S.W. *Aššur is King! Aššur is King!* Religion in the Exercise of
    Power in the Neo-Assyrian Empire. 2002. ISBN 90 04 12328 8
11. Daviau, P.M.M. *Excavations at Tall Jawa, Jordan.* Volume I: The Iron Age
    Town. 2003. ISBN 90 04 13012 8. Volume 2: The Iron Age Artefacts.
    2002. ISBN 90 04 12363 6
12. Homan, M.M. *To your Tents, O Israel!* The terminology, function, form,
    and symbolism of tents in the Hebrew Bible and the ancient Near East.
    2002. ISBN 90 04 12606 6
13. Schreiber, N. *The Cypro-Phoenician Pottery of the Iron Age.* 2003.
    ISBN 90 04 12854 9
14. Schiffman, L.H. (ed.) *Semitic Papyrology in Context.* A Climate of Creativity.
    Papers from a New York University conference marking the retirement
    of Baruch A. Levine. 2003. ISBN 90 04 12885 9
15. Garr, W.R. *In His Own Image and Likeness.* Humanity, Divinity, and
    Monotheism. 2003. ISBN 90 04 12980 4
16. Redford, D.B. *The Northern Wars of Thutmose III.* The Foundations of
    the Egyptian Empire in Asia. 2003. ISBN 90 04 12989 8

17. Jericke, D. *Abraham in Mamre.* Historische und exegetische Studien zur Region von Hebron und zu Genesis 11,27-19,38. 2003.
ISBN 90 04 12939 1

.